JA, IN HAMBURG BIN ICH GEWESEN –
DICHTER IN HAMBURG

Irdisches Vergnügen am Alsterfluß

BARTHOLD HINRICH BROCKES
UND FRIEDRICH VON HAGEDORN
11

Ein Messias in Hamburg

FRIEDRICH GOTTLIEB KLOPSTOCK
33

JA, IN HAMBURG

»Wo ist das Haus, wo ich geküßt?«

HEINRICH HEINE
131

Ein Schweizer zu Besuch in Hamburg

JEREMIAS GOTTHELF
145

»Meine Hamburger Freundin ...«

FRIEDRICH HEBBEL
165

»Ja, in Hamburg bin ich gewesen ...«

GOTTHOLD EPHRAIM LESSING
53

»Der Mond ist aufgegangen ...«

MATTHIAS CLAUDIUS
81

Ein Paradies in Flottbeck

CASPAR VOGHT
107

BIN ICH GEWESEN

»Unter flatternden Fahnen«

DETLEV VON LILIENCRON
191

»Ich will ergründen alle Lust ...«

RICHARD DEHMEL
207

»Seefahrt ist not!«

GORCH FOCK
231

»Der Lord von Barmbeck«

JULIUS ADOLF PETERSEN
257

»Bei Altona auf der Chaussee ... «

JOACHIM RINGELNATZ
281

»Der stolzeste Tag in meinem Leben ... «

CARL VON OSSIETZKY
301

DICHTER IN HAMBURG

»Schuldig sind wir alle«

WILLI BREDEL
405

»Die unwiederbringliche Zeit«

JOACHIM MAASS
433

»Dafür kann man Hamburg manches verzeihen«

HANS ERICH NOSSACK
453

»Wie einst Lili Marleen ... «

HANS LEIP
327

»Ich bin berühmt, aber unbekannt«

HANS HENNY JAHNN
355

»Frühlingsschrei eines Müllesels«

PETER GAN
383

VORGESTELLT VON MATTHIAS WEGNER

unter Mitarbeit von Sonja Valentin, mit einem Vorwort von Ulrich Tukur und Ulrich Waller

CHRISTIANS

Skandal um Mephisto

KLAUS MANN
475

»Ich trage eine Eule nach Athen«

WOLFGANG HILDESHEIMER
497

»Die Göttin Großstadt hat uns ausgespuckt«

WOLFGANG BORCHERT
515

NACHBEMERKUNG 535
ANHANG 537

Oft wird das beste Buch durch andere begraben!
Ein Buch, das leben soll, muß seinen Schutzgeist haben!

Barthold Hinrich Brockes

Für die freundliche Unterstützung und Förderung dieser Publikation danken wir Herrn Michael Jahr sowie der Jungheinrich AG und der Hamburger Feuerkasse.

In Erinnerung an Hans Harder Biermann-Ratjen,
Kultursenator der Freien und Hansestadt Hamburg
1953 – 1966

VORWORT
HAMBURG – STADT DER DICHTER?

Woher kommt das Klischee, daß in Hamburg nur der zählt, der rechnen, aber nie der, der schreiben kann? Ist die »Stadt der Pfeffersäcke« wirklich eine Hochburg der Kunstbanausen? Warum benennt sie dann im Zentrum Straßen nach Hagedorn oder Brockes? Warum schreibt Lessing ausgerechnet hier seine »Hamburgische Dramaturgie«? Warum zog es Klaus und Erika Mann hierher? Und warum verließ Heine verärgert die Stadt?

Die Wahrheit liegt wohl in der Mitte. Daß Hamburg immer Künstler angezogen hat, kann man nicht bestreiten. Daß Hamburg eine Metropole der Literatur geworden wäre und deshalb viel getan hätte, um die Dichter, die hier geboren sind oder die es hierher verschlagen hatte, zu halten, kann man aber auch nicht behaupten. Der Wind, der hier Künstlern jeglichen Genres um die Ohren pfiff, war immer schon ein bißchen rauher als im Süden des deutschen Sprachraums. Die Sonne der Künste versteckt sich hier eben öfter als anderswo hinter dem grauen Himmel der alltäglichen Geschäfte.

Trotzdem konnte sich Hamburgs Musik- und Theaterleben immer am Glanz anderer Feudalstaaten oder Bürgerstädte messen lassen. Das Hamburger Publikum hat bis heute einen besonderen Ruf. Es gilt als sehr begeisterungsfähig und in seiner Zuneigung absolut treu. Viele Künstler kommen gerne hierher, um sich den Hamburgern zu zeigen.

Uns hat es vor 20 bzw. 15 Jahren nach Hamburg verschlagen. Und die Stadt ist wie eine Geliebte. Man mag oder man haßt sie. Nur gleichgültig ist sie einem nie, auch wenn sie selbst oft gleichgültig tut. Man muß sie manchmal auch verlassen, um wiederkommen zu können. Einer von uns (Tukur) hat Hamburg gerade mit Venedig vertauscht. Den anderen (Waller) hat es immer wieder in andere Städte gezogen; Hamburg ganz aufgeben würde er nie.

Wie ist es den Dichtern ergangen, hier in der Stadt? Wie haben sie sich gefühlt, wie haben sie Hamburg gesehen und beschrieben?

Die Reihe »Dichter in Hamburg« haben wir vor gut fünf Jahren aus der Taufe gehoben, um die Stadt mit ihren Dichtern zu versöhnen, und auch um viele Hamburger mit ihren Dichtern überhaupt erst bekannt zu machen. Dafür wurde eine besondere Form der Lesung gefunden: eine Mischung von Texten und Kommentar, um den spezifischen Lebensläufen und besonders den in Hamburg verbrachten Lebensabschnitten nachzuspüren.

Die Befunde waren für uns nicht überraschend: Vorsichtige Annäherungen und heftige Liebeserklärungen wechselten sich ab mit wütenden Abschieden und zornigen Verwünschungen. So viel hat sich im Lauf der Jahrhunderte nicht geändert an Nähe und Distanz, an Haß und Liebe zu dieser Stadt. Und doch hat Matthias Wegner immer wieder überraschende Funde gemacht, die die Stadt in ganz neuen, oft unbekannten Facetten aufscheinen lassen.

So ist im Lauf der Jahre ein literarischer Stadtführer entstanden, der nicht nur verschwundene Viertel und Menschen beschreibt. Mit ihm in der Hand kann man auch heute noch eine Entdeckungsreise zu bekannten und unbekannten Orten der Stadt machen. Man kann ein Hamburg erleben, wie es fast keiner kennt.

In den Hamburger Kammerspielen haben die besten Schauspieler der Stadt den Dichtern ihre Stimme gegeben. Tukur war der Lord von Barmbeck, Wolfgang Borchert, Hans Leip und Klaus Mann; der unvergessene Ulrich Wildgruber gab Matthias Claudius, dem oft verkannten Liedschreiber, die Statur des großen Dichters zurück; Barbara Nüsse bahnte uns den Weg zum fast vergessenen Friedrich Klopstock. Otto Sander war Hans Nossack, Christian Quadflieg Friedrich Hebbel und Carl von Ossietzky, Dietmar Mues Joachim Ringelnatz und Gotthold Ephraim Lessing, Matthias Fuchs Richard Dehmel, Joachim Maass und Peter Gan, Peter Franke und Donata Höffer Heinrich Heine, Christian Redl Hans Henny Jahnn, Burghart Klaußner Willi Bredel und Gorch Fock, Gerhard Garbers und Heinz Lück Barthold Hinrich Brockes und Friedrich von Hagedorn.

Und plötzlich erschienen hinter den Straßennamen wieder Menschen: Dichter in Hamburg.

Machen Sie mit diesen Dichtern eine Reise, erleben Sie das kleine Abenteuer um die Ecke. Behalten Sie die Stimmen der Schauspieler im Ohr und entdecken Sie Hamburg neu.

Ulrich Tukur/Ulrich Waller

IRDISCHES VERGNÜGEN AM ALSTERFLUSS

BARTHOLD HINRICH BROCKES (1680–1747) UND FRIEDRICH VON HAGEDORN (1708–1754)

Beginnen wir unsere literarische Reise im Hamburg des 18. Jahrhunderts, einer Zeit, da die deutsche Literatur noch ein wenig hinter der unserer Nachbarländer herhinkt. Es geht in der Dichtung etwas behäbig zu. Doch fern am Horizont lassen sich schon zaghaft die Lichter einer strahlenden klassischen Epoche erkennen. Noch aber herrscht in Deutschland eine weitgehend bürgerliche Ruhe vor dem genialischen Sturm.

Da wir uns in Hamburg befinden, sind wir rundum von Handel und Kommerz umgeben. »Hamburg ist nicht der Tempel der Musen, es ist ihre Herberge, und die Grazien wohnen dort nicht, sie logieren«, meinte damals der durchreisende dänische Schriftsteller Jens Baggesen. Das mag etwas zu einseitig gewesen sein, denn inzwischen erlebte Hamburg durchaus eine geistige Blüte. Die Stadt beherbergte die erste deutsche Bürgeroper, viele Gelehrte – und zahlreiche private Gesellschaften, in denen gelesen und disputiert wurde. Wie es in solchen literarischen Zirkeln am Anfang der Epoche der Aufklärung zuging, schilderte der Dichter Barthold Hinrich Brockes:

»Eine jede Familie bringt eine zugerichtete Schüssel, eine Bouteille Wein, und ein Buch mit. Derjenige, bei dem sie sich versammeln, gibt nichts als Tee, Kaffee, das Tischgerät und Gläser, aber kein Essen. Hierdurch wird alle Beschwerlichkeit der Hausfrau abgenommen. Sobald das Teetrinken vorbei ist, liest einer aus ihrer Mitte eine viertel Stunde. Hat die Gesellschaft Lust, ihre Gedanken darüber ergehen zu lassen, so ist solches erlaubt. Nach Verlauf einer halben Stunde liest ein anderer, was ihm gefällt, und so weiter. Von den Frauenzimmern bringt jede ihre Handarbeit mit sich, welche sie unter währendem Lesen verrichtet, wofern sie nicht selbst zu lesen Lust hat.«

Rund vierhundert solcher Lesegesellschaften hat es zwischen 1760 und 1800 in Hamburg gegeben. Sie wirkten jenem, ausschließlich auf das Erwerbsleben ausgerichteten, hanseatischen Kaufmannsgeist entgegen, den Christlob Mylius – ein Cousin Lessings – damals folgendermaßen beschrieb: »Mit der Gelehrsamkeit ist es in Hamburg schlecht beschaffen. Da hört man von nichts als Geld, Warencourant und Banco, leichtem und schwerem Gelde und tausend Kleinigkeiten, auch unter den vielen Doktoren und Licenciaten, welche meistens von Herzen unwissend sind. Was noch ja etwas von Universitäten an Verstande mitbringt, das frißt und säuft sich doch hier alles dumm. Weiber, Gärten, Schmäuse und Familienzeremonien sind der Gelehrten wie der Kaufleute meiste Beschäftigung.«

Das altbekannte Klischee von den musenfeindlichen Pfeffersäcken ist so alt wie die Stadt Hamburg selbst. Das strenge Urteil Mylius' übersah jedoch das einflußreiche Wirken zweier Dichter, die mit nimmermüder Fabulierkunst den Hamburgern von einem anderen Reich als dem des Geldes erzählen und sich dabei auch nicht durch manche Kritik und Kritiker beirren lassen. Brockes plädierte in der Zeitschrift »Der Patriot« nicht nur für »vernünftigen Umgang mit tugendhaften Leuten« und »Lesung tüchtiger Schriften«; er rief seine Mitarbeiter auch zur »Vertreibung der Unwissenheit, Vermehrung einer anständigen Freundlichkeit und ordentlichen Einrichtung ihrer Gesellschaft« auf. Friedrich von Hagedorn verkündete in seiner von epikureischer Lebensweisheit bestimmten Rokoko-Lyrik noch ganz andere Ideale:

An die Dichtkunst

Gespielin meiner Nebenstunden,
Bei der ein Teil der Zeit verschwunden,
Die mir, nicht andern, zugehört:
O Dichtkunst, die das Leben lindert!
Wie manchen Gram hast Du vermindert,
Wie manche Fröhlichkeit vermehrt!

Die Lust, vom Wahn mich zu entfernen
Und deinem Flaccus abzulernen,
Wie man durch echten Witz gefällt;
Die Lust, den Alten nachzustreben,
Ist mir im Zorn von Dir gegeben,
Wenn nicht mein Wunsch das Ziel erhält.

Zu eitel ist das Lob der Freunde:
Uns drohen in der Nachwelt Feinde,
Die finden unsre Größe klein.
Den jetzt an Liedern reichen Zeiten
Empfehl ich meine Kleinigkeiten:
Sie wollen nicht unsterblich sein.

Barthold Hinrich Brockes fürchtet die Spötter und Neider nicht weniger:

Freund, sterb ich einst, so wird ein Bösewicht,
Der itzt noch schweigt, mir keinen Nachruhm gönnen,
Und über mich und meinen Wert erkennen.
Es mag geschehn! Den Schnarcher fürcht ich nicht.
Aus Demut nur will ich ihn dir nicht nennen.
Sein Tadel ehrt, mehr als ein Lobgedicht.

Und wie eine Ermahnung an das »Literarische Quartett« unserer Tage klingt seine Beschwörung:

Oft wird das beste Buch durch andere begraben!
Ein Buch, das leben soll, muß seinen Schutzgeist haben!

Die beiden Dichter, die gewissermaßen den Eintritt Hamburgs in die deutsche Literaturgeschichte markieren, trennen 28 Jahre. Brockes wurde 1680 in Hamburg geboren, besuchte das Johanneum, studierte in Halle Jura, reiste danach in Europa umher, empörte sich über den Absolutismus am Hofe von Ludwig XV. in Versailles, bevor er sich in Hamburg niederließ und hier gewaltige literarische Aktivitäten entfaltete. Er gehörte zu den Gründern einer »Deutschübenden

Gesellschaft«, aus der später die »Patriotische Gesellschaft« hervorging und die sich als eine Art sozialer Bürgerinitiative verstand, nicht etwa als politische Vereinigung. 1735 nahm Brockes das Amt eines Statthalters in Ritzebüttel (heute ein Teil von Cuxhaven) an, kehrte aber nach sechs Jahren wieder nach Hamburg zurück. Als Ratsherr erfreute er sich nun eines geradezu aristokratischen Lebensstils, besuchte unentwegt Konzerte und Gesellschaften und widmete sich mit unermüdlichem Fleiß der Dichtkunst. Sein – durchaus sittsamer – Lebenswandel und seine Schreibtätigkeit gefielen freilich in Hamburg nicht jedermann.

»Doch habe ich nachmals bemerkt, daß nach der Beschaffenheit des Zustands unserer Stadt dergleichen Weg nicht ohne Gefahr sei, und man auf solche Weise an einem Ort, wo ein jeder auf das Commercium bedacht, anstatt Ehren einzulegen, den Namen eines Müßiggängers gar leicht davon tragen kann.«

Wenn wir an das 18. Jahrhundert denken, müssen wir uns in eine – zumindest nach heutigen Begriffen – nicht gerade bequeme Zeit zurückversetzen. Über die Beschwerlichkeiten einer Reise nach Hamburg zu seiner Zeit hat Brockes einen anschaulichen Bericht verfaßt:

Erinnerungen einiger Umstände bei einer gefährlichen Wasserfahrt von Ritzebüttel nach Hamburg

Früh, als annoch der reine Mond sein Silber-Horn im
Osten wies,
Noch eh Auroren sanftes Licht den Rosen-Schimmer
sehen ließ,
Betraten wir bereits die Yacht, worauf, als einem Wasser-
Wagen,
Des reichen Elbstroms breiter Rücken, uns nach Cuxhafen
hergetragen.
Um wiederum zurückzukehren. Die roten Flagg' und
Wimpel spielten,

Und walleten in kühler Luft, weil sie des Südwinds Hauchen fühlten.
Wir grüßten das verlassne Land mit unserm donnernden Geschütze;
Wir sahen auch gar bald darauf vom Schlosse, das uns dankt, die Blitze,
Und hörten der Kanonen Knall. Gleich zog man alle Segel auf,
Die eingetretne strenge Fluth befordert unsren schnellen Lauf,
Die güldne Sonne brach hervor, es glänzte die bestrahlte Fluth,
Luft, Himmel, Meer und Erde lachte, erquickt durch ihre Segensglut.
Inzwischen sah man hin und wieder sich, aus dem Wasser, Dueft erheben,
Und sie, eh man es sich versah, im Firmament, als Wolken, schweben,
Der Sonne Glanz und Licht verdunkeln. Der Südwind stärkte sich, und blies
So heftig, daß uns seine Wut, statt segeln nur lavieren ließ.
Die Ebbe widerstund uns auch. Wir mußten denn die Segeln brassen,
Und, wider Willen, unsern Anker nicht weit von Glückstadt fallen lassen.
Dies war geschehn, doch unvorsichtig. Der Schiffer hat uns
Auf eine Sandbank hingesetzt. Wir wußten nicht, daß dies geschehn,
Bis daß, nach mehr verlaufnem Wasser, wir einen Stoß am Steuer spürten;
Dabei bemerkten, daß die Schiffer sich draußen ungewöhnlich rührten;
Auch sahen, daß sie die Chaloupe mit vier Matrosen ausgeschickt,
Damit, durch einen andren Anker, wir von der Sandbank abgerückt

Und abgezogen werden mögten. Allein, es war des Windes
Blasen
so heftig, und die Schar der Wellen fing an, so fürchterlich
zu rasen,
Daß dieses Boot nicht nur, den Vorsatz zu enden, nicht im
Stande war;
Sie kamen durch der Wellen Wut noch in die äußerste
Gefahr,
Ihr Leben, wie wir, zu verlieren; so auch gewiß geschehen
wär,
Wenn sie den zugeworfnen Strick nicht noch erhascht.
Wie wir nun (wie es leicht zu glauben) so zwischen Furcht
und Hoffnung saßen;
Da ward ein großer Fischer-Ever von weitem unser noch
gewahr,
Und näherte sich unsrer Yacht. Wodurch denn unsere
Gefahr
Sich um ein gutes Teil verlor. Denn wenn nunmehr das
Schiff auch brechen,
Zerstoßen und zertrümmern würde, wir uns doch Hilf
annoch versprechen
Und in den Ever retten konnten. Es stürmete der Wind
Wut,
Es gossen schwarze Regenwolken auf uns solch eine dicke
Fluth,
Daß keiner oben bleiben konnte. Zuletzt kam noch ein
kleines Boot
Mit drei Matrosen auf uns zu, und minderte Gefahr und
Not.
Zumal, als sie sich seitwärts legten,
Und, durch den eingesenkten Anker, das Schiff von seinem
Ort bewegten,
Auch, ehe wir es fast gedachten,
Das Schiff, von seiner seichten Bank, auf mehr als zwölf
Fuß Wasser brachten.
Kaum hatten wir dies hinter uns, da fiel ein schrecklicher
Orkan,

Mit solcher wütenden Gewalt, uns und das Schiff von
hinten an,
Daß er die Segel fast zerriß; die Fluth fing gräulich an zu
schäumen
Und, in getürmte Wellenberge, zu schwellen und sich
aufzubäumen,
Wobei, als wie ein Wolkenbruch, ein ungestümer Regen
fiel.
Nunmehr war unser schwaches Schiff der Wellen und der
Stürme Spiel,
Es wankete die Wasserwelt in einem wallenden Gefühl (...)
Das Schiff bei Schulau, Wittenbergen und Blankenes'
vorbeigerissen,
So schnell als wie ein Pfeil vom Bogen. Doch nun ging die
Gefahr erst an.
Bei Neumühlen, Altona und Hamburg lagen viele Schiffe,
Durch welche wir passieren mußten. Es überdachte
jedermann,
Wie schwer dies würd', im Dunklen halten.
Denn wenn wir eines nur berührt, würd unser Schiff
sogleich zerspalten,
Zertrümmern und Zerscheitern müssen. Allein, es war kein
andrer Rat,
Vor Anker konnten wir nicht reiten; wir wären plötzlich
vollgeschlagen.
Das eine Boot war abgerissen, und von den Wellen
weggetragen;
Das andre war bereits gesunken. Der Ever, der noch bei
uns war,
Stund selbst in äußerster Gefahr,
Er konnte sich und uns nicht helfen. Weil Not nun kein
Gesetze hat,
So wagten wir's in Gottes Namen. Da hätte man nun ein
Geschrei
Von Backbord, Stürbord, von Louv-an,
Und andren lärmen hören sollen, bis daß uns endlich der
Orkan

Durch alle Schiffe glücklich trieb, und wir auf stille Wasser kamen,
Recht wie es eben Mitternacht. Ob, für die Huld, die wir verspürt,
Da uns der Schöpfer wunderbar,
Im Dunkeln selbst, durch Sturm und Fluth, und durch so mancherlei Gefahr, beschirmet in den Port geführt,
Nun nicht dem Herr der Wind' und Wellen Lob, Ehre, Preis und Dank gebührt,
Daran wird ja wohl niemand zweifeln, am wenigsten die wir erhalten,
Und wovon keiner nicht einmal die Mittel der Erhaltung weiß.
Dir sei denn, Herr, für Deinen Schutz und für Dein Väterliches Walten
Lob, Ehre, Ruhm und Dank, und Preis!

Das dramatische Abenteuer hindert Brockes nicht daran, anderntags die Elbe in freundlicherem Lichte zu sehen:

Wie angenehm, wie glatt, wie prächtig und wie schön
Ist diese Last der Fluten anzusehn!
So dacht ich, als ich jüngst an unsrer Elbe stand,
Als ich, zu unsrem Nutz, Vergnügen und Erspriessen,
Den großen Wasserkörper sah
So sanft, so majestätisch fliessen.
Kommt sonst verschiednen Weisen für,
Es sei die Fluth
Ein Saft der Welt, der Erde Blut;
So kömmt die Elbe mir,
Vornehmlich auch in unsrer Stadt Canälen,
Als Blut in Adern für. Denn wie der Adern Saft
Dem Körper Nahrung, Wachstum, Kraft,
Gesundheit, Leben bringt; so wird der Handelschaft
(Als unsrer Stadt und unsrer Börse Seelen)
Kraft, Nahrung, Wachstum, Geist und Leben,
Durch ihr Geblüt, durch ihren Strom, gegeben.

O reicher Gott, der du in diesem Fluß,
Der durch dein Wort allein bald gehn, bald kommen muß,
Dein Hamburg segnest, nährest, tränkest,
Und uns so mancher Füll aus deiner Fülle schenkest;
Erhalt uns diese Segens-Quelle!
Laß ihre Tief auf keiner Stelle
Sich mindern oder gar versiegen!

Friedrich von Hagedorn, als Sproß einer altadeligen, aber keineswegs begüterten Familie 1708 in Hamburg geboren, nahm das Leben etwas leichter. Er hatte zwar aus finanziellen Gründen sein Jura-Studium in Jena abbrechen und 1729 eine Stelle als Privatsekretär in London annehmen müssen (er blieb dort zwei Jahre), aber dann war er nach Hamburg zurückgekehrt, hatte die Tochter eines Schneiders geheiratet und sich ganz der bukolischen und anakreontischen Dichtkunst ergeben, wozu ihm die Anstellung als Sekretär einer englischen Handelsgesellschaft viel Zeit ließ. Im Eichenpark an der Alster befindet sich ein kleines, steinernes Denkmal zu Ehren dieses lebensfrohen Dichters, der seine Stadt mit so freudiger Inbrunst besungen hat. Allerdings bleiben nur wenige Besucher gelegentlich davor stehen.

Hagedorns Gedichte haben immer wieder die Komponisten auf den Plan gerufen. Wolfgang Amadeus Mozart zum Beispiel hat das Gedicht »Die Alte« von Hagedorn vertont:

Die Alte

Zu meiner Zeit
Bestand noch Recht und Billigkeit.
Da wurden auch aus Kindern Leute;
Da wurden auch aus Jungfern Bräute:
Doch alles mit Bescheidenheit.
Es ward kein Liebling zum Verräther,
Und unsre Jungfern freiten später:
Sie reizten nicht der Mütter Neid.
O gute Zeit!

Zu meiner Zeit
Befliß man sich der Heimlichkeit.
Genoß der Jüngling ein Vergnügen,
So war er dankbar und verschwiegen:
Und jetzt entdeckt er's ungescheut.
Die Regung mütterlicher Triebe,
Der Fürwitz und der Geist der Liebe
Fährt oftmals schon ins Flügelkleid.
O schlimme Zeit!

Zu meiner Zeit
Ward Pflicht und Ordnung nicht entweiht.
Der Mann ward, wie es sich gebühret,
Von einer lieben Frau regieret,
Trotz seiner stolzen Männlichkeit!
Die Fromme herrschte nur gelinder!
Uns blieb der Hut und ihm die Kinder.
Das war die Mode weit und breit.
O gute Zeit!

Zu meiner Zeit
War noch in Ehen Einigkeit.
Jetzt darf der Mann uns fast gebieten,
Uns widersprechen und uns hüten,
Wo man mit Freunden sich erfreut.
Mit dieser Neuerung im Lande,
Mit diesem Fluch im Ehestande
Hat ein Komet uns längst bedräut.
O schlimme Zeit!

Valentin Goerner setzte Hagedorns Loblied auf die Alster, auf der es weniger gefährlich zugeht als auf der Elbe, musikalisch um. Was Brockes die für die Kaufleute so wichtige Elbe war, das bedeutete für den bukolischen Dichter Hagedorn die liebliche Alster:

Die Alster

Befördrer vieler Lustbarkeiten,
Du angenehmer Alsterfluß!
Du mehrest Hamburgs Seltenheiten
Und ihren fröhlichen Genuß.
Dir schallen zur Ehre,
Du spielende Fluth!
Die singenden Chöre,
Der jauchzende Muth.

Der Elbe Schiffahrt macht uns reicher;
Die Alster lehrt gesellig sein!
Durch jene füllen sich die Speicher;
Auf dieser schmeckt der fremde Wein.
In treibenden Nachen
Schifft Eintracht und Lust,
Und Freiheit und Lachen
Erleichtern die Brust.

Das Ufer ziert ein Hang von Linden,
In dem wir holde Schöne sehn,
Die dort, wann Tag und Hitze schwinden,
Entzückend auf- und niedergehn.
Kaum haben vorzeiten
Die Nymphen der Jagd,
Dianen zur Seiten,
So reizend gelacht.

O siehst du jemals ohn' Ergötzen,
Hammonia! des Walles Pracht,
Wann ihn die blauen Wellen netzen
Und jeder Frühling schöner macht?
Wann jenes Gestade,
Das Flora geschmückt,
So manche Najade
Gefällig erblickt?

Ertönt, ihr scherzenden Gesänge,
Aus unserm Lustschiff um den Strand!
Den steifen Ernst, das Wortgepränge
Verweist die Alster auf das Land.
Du leeres Gewäsche,
Dem Menschenwitz fehlt!
O fahr' in die Frösche;
Nur uns nicht gequält!

Hier lärmt, in Nächten voll Vergnügen,
Der Pauken Schlag, des Waldhorns Schall;
Hier wirkt, bei Wein und süßen Zügen,
Die rege Freiheit überall.
Nichts lebet gebunden,
Was Freundschaft hier paart.
O glückliche Stunden!
O liebliche Fahrt!

Auch das Dörfchen Harvestehude am rechten Ufer der Alster hatte es Hagedorn angetan – und so hat er es vergnügt besungen:

Harvestehude

Ich bin ein Freund der Klosterländer,
Und gönn' und wünsch insonderheit
Den rechten Kern der Segenspfänder
Der jungferlichen Geistlichkeit.
Was Heilige für sich verwalten,
Das kann, das wird, das muß gedeihn,
Und frommer Schwestern Wohlverhalten
Sollt immer reich an Pfründen sein.

Ihr edlen Johanniterinnen,
Euch strömen Gut und Ehre zu;
Ihr seid ein Muster keuscher Sinnen
In Harvestehudens sichrer Ruh'.
Wie selten höret ihr die Klagen
Der buhlerischen Schmeichelei!
Euch drücken keine Landesplagen,
Kein Alp und keine Ketzerei.

Nichts ist so schön als Harvestehude,
Und darum ist es Euer wert,
Wo auch der allerkärgste Jude,
Den Silberling mit Muth verzehrt.
Das schwör ich bei der alten Linde,
In der so mancher Vogel heckt,
Die gegen wilde Wirbelwinde
Mit neunundneunzig Ästen deckt.

Hier gehet in gewölbten Lüften
Die Sonne recht gefällig auf,
Und lachet den beblümten Triften,
Und sieht mit Lust der Alster Lauf.
Oft taucht sich hier ein schöner Schwimmer
In ihrer Strahlen Widerschein,
Und oftmals heißt ihr erster Schimmer
Sogar die Tiere fröhlich sein.

Vielleicht wird jetzt mein Lied geraten;
Ein neuer Anblick gibt ihm Kraft:
Der Hügel der Licentiaten,
Die Landung einer Hauptmannschaft.
Doch wie? Ein Schwätzer kömmt gegangen,
Der Lust und Einfall unterbricht.
O hätt ich nur nicht angefangen!
Genug! Ich dichte weiter nicht!

Bei beiden Dichtern handelte es sich nicht ›nur‹ um wackere Lokalpatrioten. So sehr sie beide mit Herz und Verstand ihre Stadt liebten und lobten, so sehr wirkten sie doch auch weit über Hamburgs Grenzen hinaus. Barthold Hinrich Brockes' neunbändiges Gesamtwerk »Irdisches Vergnügen in Gott« folgte englischen und französischen Vorbildern, war beeinflußt durch die Philosophie von Leibniz und besang die Schönheit der Schöpfung. Er galt zu Recht als erster deutscher Naturdichter. Mit den Mitteln der Fabel und der Naturbeobachtung hat er die Sonnenseiten der Schöpfung unermüdlich gelobt. Was für uns heute oft allzu fromm klingen mag, war in Wahrheit eine Art Befreiungsschlag gegen das dogmatische kirchliche Denken – kritische Aufklärung eben. Und was Friedrich von Hagedorn angeht, so hat dieser, vor allem von Lafontaine und den griechischen Dichtern Horaz und Anakreon beflügelt, in seiner Rokoko-Lyrik dem deutschen Bürgertum zu einer neuen Form des Selbstbewußtseins und der Selbst-Idealisierung verholfen. Leichtigkeit, Biegsamkeit und vor allem eine gedrängte Kürze des Ausdrucks, wie sie das Französische und Englische zu der Zeit längst besaßen, zeichneten seine Lyrik aus. Eine Gesellschaft, die sich »Orden des guten Geschmacks« nannte, wählte ihn sogar zu ihrem Kanzler. Die Fabel, mittels derer sich so schön Aufklärung betreiben ließ, war für beide Dichter die ideale Form der moralischen Belehrung. Friedrich von Hagedorn gibt drei amüsante Beispiele:

Die Eulen

Der Uhu, der Kauz und zwo Eulen
Beklagten erbärmlich ihr Leid:
Wir singen, doch heißt es, wir heulen.
So grausam belügt uns der Neid.
Wir lösen der Nachtigall Proben,
Und weichen an Stimme nicht ihr.
Wir selber, wir müssen uns loben;
Es lobt uns ja keiner als wir.

Die Ameise und die Grille

Es sang die heisre Grille
Die ganze Sommerzeit,
Da sich in aller Stille
Die Ameis auch erfreut.
Sie häuft der Zellen Fülle
Mit kluger Emsigkeit.
Die Grille singt voll Freude
Um Feld und Busch und Hain,
Und sammelt kein Getreide
Zum nächsten Winter ein.
Als endlich sich die Sonne
Umwölkt dem Schützen naht,
Die Erde keine Wonne,
Und alles Mangel hat;
Da fühlt sich das Geschicke
Der darbenden Natur,
Und hoffet Trost und Glücke
Von ihrer Freundin nur.
Sie sagt: O leiht mir Weizen,
Geliebte Nachbarin.
Ihr werdet ja nicht geizen,
Ihr wißt, wie arm ich bin.
Die fragt: Zur Zeit der Rosen,

Was hast Du da gemacht?
Die hat den Virtuosen
Vielleicht nichts eingebracht.
Ich sang, zwar ungedungen;
Allein, was sollt' ich tun?
Du hast damals gesungen:
Wohlan, so tanze nun!

Der Kuckuck und die Lerche

Der Kuckuck fragt die Lerche:
Wie kömmt es, sage mir,
Daß die gereisten Störche
Nicht schlauer sind als wir?
Sie sollen uns beweisen,
Erwidert er, und lacht,
Daß nicht das viele Reisen
Die Dummen klüger macht.

Und auch Barthold Hinrich Brockes nutzte die Fabel:

Hans und Mops

Hans stund des Morgens auf, und Mops, sein Hund,
    zugleich;
Hans zog die Kleider an, reckt seinen Arm und gähnte;
Mops reckte, schüttelt sich, und dehnte
Nicht minder alle vier; gebacknen weißen Teig
Aß Hans; da Mops nur bloß vom schwarzen Brote fraß.
Mops trank das Wasser roh, und Hans gekochtes Naß.
Hans ging darauf in's Feld, Mops ebenfalls. Hans beschritte
Ein Pferd; Mops aber nicht, er lief, und jener ritte,
Bis daß der Mittag sie nach Hause wieder rief.
Hans aß; Mops ebenfalls. Wie Hans ein wenig schlief,
Schlief Mops nicht weniger. Das schöne Sonnenlicht
Ward nicht von Hans beschaut, von Mops ingleichen nicht.

Daß in der Frühlingszeit die Kreatur so schön,
Hat weder Hans noch Mops bemerkt und angesehn.
Sie machten sich daraus nicht die geringste Freude.
Durch wenig viel gesagt: sie schlief – und wachten beide;
Sie tranken beide Naß; sie aßen beide Brot:
Es lebten Hans und Mops; jetzt sind sie beide tot.

Die Gedichte von Barthold Hinrich Brockes wurden von Komponisten seiner Zeit oft vertont. Sowohl Johann Sebastian Bach als auch Händel und Telemann haben nach Texten von Brockes Oratorien komponiert. Brockes hat die Schönheit und Zweckmäßigkeit der von Gott nur dem Menschen zuliebe geschaffenen Welt mit solchem Eifer, solcher Inbrunst und so viel bürgerlichem Optimismus gefeiert, daß Friedrich von Schiller ihm in einer »Xenie« spöttisch die Worte in den Mund legte: »Welche Verehrung verdient der Weltenschöpfer, der gnädig, als er den Korkbaum schuf, gleich auch die Stöpsel erfand.«

Brockes besang in seinem Hauptwerk »Irdisches Vergnügen in Gott« unermüdlich die Versöhnung von Religion und Vernunft. Sein Leben und seine Dichtung standen bei seinen Zeitgenossen in hohem Ansehen. Seine ganz und gar bürgerliche Existenz war die eines pflichtbewußten Hanseaten, der sich unermüdlich für die Verbesserung der Erziehung und für die gesellschaftliche Rolle der Frau einsetzte. Seiner Ehe entstammten 12 Kinder. Vielfach wurde er mit Ehrungen überhäuft, immerhin hat er es in Hamburg als einziger Dichter einmal zu einem Senatorenamt gebracht.

Auch Goethe wußte übrigens die beiden Hamburger Poeten zu schätzen. In seiner Jugend schrieb er einmal an einen Freund: »Ich besitze schon die Handschrift mehrerer würdiger Hamburger. Sollte nicht ein Blättchen von Hagedorn, Brockes und Telemann aufzutreiben sein?« Später gewann sich Goethe einen anderen Hamburger zum Freund: In Karlsbad hatte er angeregt mit Baron Voght diskutiert und einmal in seinem Tagebuch notiert: »Mit Baron Voght von Hamburg, von den Armenanstalten in Hamburg und ökonomischen Einrichtungen in Flottbek. Mist von Hamburg per Schiff nach Flottbek. Mit Voght über Ansichten, woraus sich das einzelne herleitet.« Später wechselte man Briefe. Allerdings: Goethe kam nie bis Hamburg – dazu fehlte es ihm dann doch an ausreichenden Beweggründen.

In der Hamburger Gesellschaft kannte sich Brockes gut aus. Zu seinen engeren Freunden gehörte auch ein Arzt namens Carpser. Als »ein überaus geschickter Chirurgus« wurde er gerühmt, der »im Helfen und Wohltun seine einzige Freude fand«. Brockes hat ihm ein besonderes Denkmal gesetzt – und das Loblied, wie stets, mit seinem Enthusiasmus über die Nützlichkeit alles von Gott Geschaffenen gewürzt:

Der Zahn

Um größre Schmerzen zu vermeiden,
Entschloß ich mich, daß mir ein Zahn,
Der mir bishero wehgetan,
Würd ausgebrochen, zu erleiden.
Weil aber die Natur bei starken Gliedern
(So ich dem Schöpfer nie durch Dank kann genug erwidern)
Auch starke Zähne mir verliehen;
So schien es erst, als ob, ihn auszuziehen,
Der kluge Carpser selbst, der an Geschicklichkeit
Kaum seinesgleichen kennt, sich etwas scheut; allein,
Weil ich darauf bestund, war er dazu bereit.
Ich nahm mir vor, die strenge Pein,
Ohn alles Zucken, sonder Schrein,
Beherzt und standhaft auszustehen.
Wir hielten uns im Anfang beide gut:
Er brach; ich hielte fest, noch fester doch der Zahn.
Er knackt, ich wiche nicht. Doch endlich war mein Muth
Noch eher als der Zahn gebrochen.
Es riß ein gräßliches Gekrach,
Wodurch des ganzen Hauptes Knochen
Zu spalten schien, ein kurz, doch kläglich Ach
Mir aus der Brust. Die feurig wilde Pein,
Der bittre Schmerz, durchdrang so Fleisch als Bein,
Dies splittert, jenes riß, jedoch zu meinem Leide,
Kein einziges ganz entzwei;
Der Sehnen Zähigkeit band sie noch alle beide.
Den fast gelösten Zahn ergriff der Arzt auf's neu',

Und ich vor Unmut Mut. Erwählt aus zweien Bösen
Das kleinste, und fing an, das Zahnfleisch abzulösen.
Ob ich nun gleich die scharfen Schmerzen fühlte,
Wie er mir dazumal in frischer Wunde wühlte,
Wie er das Fleisch zerschnitt, so wirkete jedoch
Der noch weit größre Schmerz, den, wie es so gekracht,
Der Bruch mir kurz vorher gemacht,
Zusammt der Furcht, es würd annoch,
Dergleichen gräßliches Geknirsch von neuem kommen
Daß ich die Pein des Schnitts, wie herbe sie auch war,
Doch nicht so gar
Empfindlich aufgenommen.
Allein, mit welcher Lust nahm ich, bei aller Pein,
Den Ursprung meiner Qual, den nunmehr losen Zahn
Aus Carpser's blutgen Händen an!
Kaum konnte mir, ihn hin und her zu kehren,
Die Zacken anzusehn, ein kalter Schauer wehren,
Der plötzlich mich befiel. Ich leget ihn denn nieder,
Itzt aber nehm ich ihn auf's Neue wieder,
Beschau seine Krohn und messe
Derselben Breit und Festigkeit,
Beseh der Wurzeln Stärk und Größe,
Betrachte die Beschaffenheit
Wie er im Fleisch gesteckt,
Und werde nun sogar
Dadurch, weil Fleisch daran geblieben war,
Wie eine Haut auch noch den ganzen Knochen deckt,
Erstaunt gewahr, woraus ganz klar erscheinet,
Auf welche Weise Fleisch und Knochen sich vereinet.
Es zeiget mir der Rest
Von einer Sehn, auf welche Weise
An dieser zarten Haut so Fleisch als Sehne fest;
Doch geht sie nur so weit, als im Gehäuse
Der Zahn vorher gesteckt. Dies stellt mir nun von neuem
Ein weises Wunder dar; es scheint absonderlich
So künstlich zugericht, damit die Haut sich nicht verschöb
Und nicht verletzet würd' im Käuen.

Noch mehr, es kann in der Natur
An freier Luft ein Knochen nicht bestehen;
Daher wir denn, o Wunder, sehen
Wie eine künstliche besondere Glasur,
Die ihn so zieret als ihm nützet,
Den Zahn von außen deckt und schützet.
Daß aus des Kiefers fester Lade,
Man Zähne hebet sonder Schade,
Und daß die Wunden, ohn Verweilen
Und fernre Schmerzen, wieder heilen;
Ist auch ein großes Glück.

Je mehr ich nun auf unsre Zähne merke,
Je mehr find ich in ihnen Wunderwerke.
Daß unsre vordren Zähn im Munde
Die dünnsten, scharf und schneidend sein:
Das hat vermutlich dies zum Grunde,
Und gibt es selbst der Augenschein:
Damit die Speisen desto besser,
Ja gleichsam als mit einem Messer,
Dadurch geschnitten werden können.
Bewundernd seh ich auch die anderen Spitzen,
Die nahe bei den ersten sitzen,
Und die wir Hundezähne nennen.
Durch diese wird, was zäh, ereilet,
Zerdrückt, zermalmet und zerteilet.

Ist dies noch nicht der Weisheit gnug;
So laßt uns auch die Backenzähn',
Und ihre sondre Form besehn!
Daß wir bequemlich und mit Fug
Das Essen malmen können, reiben, pressen;
Sind diese nicht nur platt und breit,
Nein, zu besondrer Nutzbarkeit,
Mit kleinen Tiefen und mit Höhn
Recht wunderbar versehn.
Wenn nur allein die scharf – und spitzen Zähne hinten,

Die breiten vorn, im Munde stünden;
Wie mühsam würd aldann uns allen
Das itzo leichte Kauen fallen!

Bewundre doch, o Mensch, dies Wunder! stell es dir
Dem Schöpfer, der's gemacht, zum Ruhm, doch öfters für!
Bei jedem Bissen freu dich seiner Güte,
Und weil er ja für das, was er bescheret,
Nichts als ein fröhlich Herz begehret,
So opfer ihm ein dankbares Gemüte!

Zu den Freunden Hagedorns gehörte auch Christlob Mylius. Nach einem längeren Hamburg-Aufenthalt 1753 schrieb dieser: »Auf Dresser's Kaffeehause kommen die besten Kaufleute und Gelehrten täglich um diese Zeit (gemeint ist die Börsenzeit zwischen 12 und 14 Uhr, Anm. d. Hrsg.) zusammen, daher ich mich daselbst auch fleißig eingefunden. Unter denen, welche ich hier kennengelernt, nenne ich ernstlich den Herrn von Hagedorn, welcher ein Menschenfreund und ein lustiger Compagnon ist. Ich bin fast täglich mit ihm in Gesellschaft gewesen.« Brockes starb, 67 Jahre alt, 1747, Hagedorn, der nur 46 Jahre alt wurde, 1754. Vergessen sind diese beiden Hamburger nicht ganz – zumindest in gelehrten Büchern und Bibliotheken führen sie weiterhin ihr stilles, aber geachtetes Leben. Zudem gibt es in Hamburg bis heute sowohl eine Hagedornstraße wie eine – freilich weniger elegante – Brockesstraße. Besonders Hagedorns Ratschläge sind bis heute geeignet, den Hamburgern einen vergnügteren Blick auf sich selbst zu eröffnen – und auf ihre Stadt:

Erlernt von muntern Herzen
Die Kunst, beglückt zu scherzen,
Die Kunst, vergnügt zu sein.
Versucht es, laßt uns singen,
Das Alter zu verjüngen,
Die Jugend zu erfreun.
Macht neue Freundschaftsschlüsse!
Ihr Kinder, gebt Euch Küsse!
Ihr Väter, gebt Euch Wein!

EIN MESSIAS IN HAMBURG

FRIEDRICH GOTTLIEB KLOPSTOCK (1724–1803)

Sing, unsterbliche Seele, der sündigen Menschen Erlösung,
Die der Messias auf Erden in seiner Menschheit vollendet,
Und durch die er Adams Geschlechte die Liebe der
Gottheit
Mit dem Blute des heiligen Bundes von neuem geschenkt
hat.
Also geschah des Ewigen Wille. Vergebens erhub sich
Satan wider den göttlichen Sohn; umsonst stand Judäa
Wider ihn auf; er tats, und vollbrachte die große
Versöhnung.

Aber, o Werk, daß nur Gott allgegenwärtig erkennet,
Darf sich die Dichtkunst auch wohl aus dunkler Ferne dir
nähern?
Weihe sie, Geist Schöpfer, vor dem ich im stillen hier bete;
Führe sie mir, als deine Nachahmerin, voller Entzückung,
Voll unsterblicher, in verklärter Schönheit, entgegen.
Rüste sie mit jener tiefsinnigen einsamen Weisheit,
Mit der du, forschender Geist, die Tiefen Gottes
durchschauest;
Also werd ich durch sie Licht und Offenbarung sehen,
Und die Erlösung des großen Messias würdig besingen. (…)

Dies sind die Worte Friedrich Gottlieb Klopstocks, den der englische Dichter Samuel Taylor Coleridge nach einem Besuch in Hamburg im Jahre 1798 so beschreibt:

»Das Gesamtbild war nicht das von Festigkeit. Von Figur ist er eher unter dem Mittelmaß. Er trug gewaltige Halbstiefel, die seine Beine vollkommen ausfüllten, so entsetzlich waren sie angeschwollen. Obgleich aber weder W.(ordsworth) noch ich selber irgend ein Anzeichen geistiger Erhabenheit oder von Schwärmerei in seinem

KLOPSTOCK.

London, Published June 6, 1812, by Allard & Jones.

Ausdruck finden konnten, so machte doch seine Lebhaftigkeit und seine herzlich entgegenkommende Höflichkeit großen Eindruck auf uns beide. Mit meinem Freunde sprach er französisch und mit mir, wenn auch schwierig, einige Sätze auf englisch. Seine Aussprache war nicht im geringsten dadurch gehindert, daß ihm alle Oberzähne fehlten. (...) Mein Freund W. erzählte ihm, daß ich vorhätte, einige seiner Oden als Beispiel deutscher Lyrik in das Englische zu übersetzen. Darauf sagte er zu mir auf englisch: ›Ich wünschte, Sie würden einige ausgewählte Stellen des ‚Messias' ins Englische übersetzen, das würde mir eine Genugtuung Ihrem Landsmann gegenüber sein.‹ Dies war das Lebhafteste, was er in der ganzen Unterhaltung vorbrachte. Er sagte uns, daß seine erste Ode fünfzig Jahre älter war als seine letzte. Ich blickte auf ihn in großer Ergriffenheit; ich sah in ihm den ehrwürdigen Vater deutscher Dichtkunst, den guten Mann, den Christen, vierundsiebzig Jahre alt, mit seinen fürchterlich geschwollenen Beinen, jedoch tätig, lebhaft, fröhlich, gütig und mitteilsam. Ich fühlte, daß mir die Tränen in die Augen stiegen.«

In einem 1935 erschienenen Buch mit dem Titel »Klopstocks Entdeckung der Nation« von Heinz Kindermann (er war seit 1924 Professor für Theaterwissenschaft in Wien, seit 1936 in Münster und nach 1953 wieder in Wien; noch viele Nachkriegsjahre galt er als weithin geschätzter Nestor seiner Zunft, als habe es seine braunen Gesänge nie gegeben; seine weitverbreiteten Lehrbücher waren und sind z. T. heute noch Pflichtlektüre der Studenten) heißt es:

»Immer stärker begründet Klopstock am Ende seines Lebens die (...) deutsche Notwendigkeit zur Abwehr des demokratisch-französischen Geistes, der deutscher Art doppelt zuwiderlaufe; aus nationaler Andersartigkeit gegenüber dem erbbedingten germanischen Kulturkreis und aus weltanschaulicher Verführung zu Wegen, die weitab lägen von deutscher Innerlichkeit und Religiosität: Sprache und Schrifttum werden für Klopstock (...) zum ruhmvollen Schlachtfeld für die Ehre des deutschen Volkes.«

Friedrich Gottlieb Klopstock galt Generationen als einer der größten deutschen Dichter. Wie außer ihm nur Friedrich Hölderlin hat er die Sehnsüchte, Träume und Ideale der Deutschen beflügelt und vor Goethe und Schiller für Erleichterung darüber gesorgt, daß endlich auch die deutsche Literatur über einen revolutionären Heroen

der Poesie verfügte. Als 1748 die ersten drei »Messias«-Gesänge erschienen, war über Nacht ein neues Dichter-Bild geboren, in dem sich Religion, Nation und Literatur zu einem überwältigenden Strom enthusiastischer Verkündung und grenzenloser, ekstatischer Empfindung im Zeichen eines deutschen Zusammengehörigkeitspathos vereinten. Und in der Tat hatte dieser Wegbereiter der Klassiker für eine neue Qualität in der deutschen Literatur gesorgt. Sein Werk wirkte wie eine Befreiung aus aller bis dahin so hochgehaltenen Regelhaftigkeit der deutschen Sprache.

»Man hat viele überflüssige Regeln der Poesie gegeben, und bis zum Ekel wiederholt. Man hat viele von den notwendigsten noch nicht gegeben … Wenn der Ausdruck dem Gedanken ebenso angemessen ist, als der Gedanke dem Gegenstande, und dieser nicht allein gut gewählt, sondern auch in einem vorzüglich gefallenden Gesichtspunkt angesehn worden ist; so hat der Dichter allen Forderungen, die man ihm tun kann, genug getan.«

Friedrich Klopstock wurde am 2. Juli 1724 in Quedlinburg als Sohn einer großherrschaftlichen Kaufmannsfamilie geboren. In einer Abschiedsrede zum Ende seiner Schulzeit im Gymnasium forderte er, unter dem Einfluß der Schweizer Literaturtheoretiker Bodmer und Breitinger, ein »deutsches Heldengedicht«, und als er sich 1745 an der Universität von Jena als Student der Theologie immatrikulierte, begann er mit der Arbeit an seinem »Messias«. Fünf Jahre später wurde der 26jährige Hauslehrer in Langensalza. 1750 reiste er zu Jacob Bodmer in die Schweiz. Zur literarischen Ernte dieser Reise gehörte ein berühmtes Gedicht: »Der Zürcher See«. Es umspielt das Motiv der Freundschaft – eines der großen neuen Themen in der Epoche der Empfindsamkeit.

Schön ist, Mutter Natur, deiner Erfindung Pracht
Auf die Fluren verstreut, schöner ein froh Gesicht,
Das den großen Gedanken
Deiner Schöpfung noch einmal denkt.

Von des schimmernden Sees Traubengestaden her,
Oder, flohest du schon wieder zum Himmel auf,
Komm in rötendem Strahle
Auf dem Flügel der Abendluft,

Komm, und lehre mein Lied jugendlich heiter sein,
Süße Freude, wie du! Gleich dem beseelteren
Schnellen Jauchzen des Jünglings,
Sanft, der fühlenden Fanny gleich.

Schon lag hinter uns weit Uto, an dessen Fuß
Zürch in ruhigem Thal freie Bewohner nährt;
Schon war manches Gebirge
Voll von Reben vorbeigeflohn.

Jetzt entwölkte sich fern silberner Alpen Höh',
Und der Jünglinge Herz schlug schon empfindender,
Schon verrieth es beredter
Sich der schönen Begleiterin.

»Hallers Doris«, die sang, selber des Liedes werth,
Hirzels Daphne, den Kleist innig wie Gleimen liebt;
Und wir Jünglinge sangen
Und empfanden, wie Hagedorn.

Jetzo nahm uns die Au in die beschattenden
Kühlen Arme des Walds, welcher die Insel krönt;
Da, da kamest du, Freude,
Volles Maßes auf uns herab!

Göttin Freude, du selbst! Dich, wir empfanden dich!
Ja, du warest es selbst, Schwester der Menschlichkeit,
Deiner Unschuld Gespielin,
Die Dich über uns ganz ergoß!

Süß ist, fröhlicher Lenz, deiner Begeisterung Hauch,
Wenn die Flur dich gebiert, wenn sich dein Odem sanft
In der Jünglinge Herzen
Und die Herzen der Mädchen gießt.

Ach, du machst das Gefühl fliegend, es steigt durch dich
Jede blühende Brust schöner und bebender,
Lauter redet der Liebe
Nun entzauberter Mund durch dich!

Lieblich winket der Wein, wenn er Empfindungen,
Bess're sanftere Luft, wenn er Gedanken winkt,
Im sokratischen Becher
Von der thauenden Ros' umkränzt;

Wenn er dringt bis ins Herz und zu Entschließungen
Die der Säufer verkennt, jeden Gedanken weckt,
Wenn er lehret verachten,
Was nicht würdig des Weisen ist.

Reizvoll klinget des Ruhms lockender Silberton
In das schlagende Herz, und die Unsterblichkeit
Ist ein großer Gedanke,
Ist des Schweißes der Edeln werth!

Davon, daß es damals in Zürich doch etwas realer zuging, erzählt ein Brief Johann Kaspar Hirzels – von einem, der dabeigewesen ist – an Ewald von Kleist.

Zürich, den 4. August 1750

Unser neun Freunde entschlossen uns, Klopstock durch eine Lustschiffahrt die Schönheiten der Gegenden am Zürchersee und zugleich die Schönheit unsrer Mädchen kennen zu lehren. Jeder von uns verband sich, ein Mädchen auszusuchen, welches freundschaftlicher Verbindungen fähig wäre und die Schönheiten der Natur und des Geistes fühlte. Wir waren in der Auswahl glücklich. – Die süße Harmonie achtzehn edler Seelen machte diesen Tag zu einem der glücklichsten unsers Lebens und werth, Ihnen beschrieben zu werden. –

– – Der gesegnete Tag erschien, an welchem sich morgens um fünf Uhr die Freunde und, von ihnen geführt, ebenso viele Freundinnen versammelten, Alle beseelt vom gleichen Triebe, diesen Tag durch das reizendste Vergnügen merkwürdig zu machen. Klopstock würdigte meine zärtliche Doris an seiner Hand zu führen. – – – Rahn war so glücklich, Schinzens, des edeln Kaufmanns, Schwester mit sich zu bringen. Sie hatte Reize genug, Klopstock seine erste Liebe, die er im zwölften Jahre für ein ähnliches Mädchen fühlte, wieder rege zu machen. Würdigen Sie selbst hieraus den Charakter dieser Person! – – –

Das glückliche Schiff, dergleichen Zürich noch keines gesehen, rückte allgemach weiter. Wiesen, Weinberge, gelbe Kornfelder, aus denen fröhliche Schnitter jauchzten, Landhäuser von Bauern und Städtern flohen hinter uns, um andern Platz zu machen. – – Wir kamen an das Landhaus der trefflichen Eltern unsers Gesellschafters Keller. Hier stiegen wir aus, um ein Frühstück zu nehmen. Das ehrwürdige Paar – noch sind die Züge jugendlichen Frohsinns, gleich der Abenddämmerung eines schönen Tages, auf diesen Greisen-Gesichtern – empfing uns mit heiterm Lächeln, erfreuet, den geliebten Sohn in solcher Gesellschaft zu sehen. Beide begrüßten unsern Klopstock auf eine Art, die ihn überzeugte, daß sie die hohen Gedanken seines Gedichts empfunden haben. Sie priesen uns ihr Glück, in diesem Aufenthalt, ferne von städtischem Geräusch und Verdruß, befreit vom glänzenden Joche der Ehrenstellen leben zu können.

Klopstock rühmte die Schönheiten unserer Gegenden (...) – Doch schien unser Dichter weniger davon gerührt als von der Mannichfaltigkeit der menschlichen Charaktere, die sein Scharfblick auszuspähen vorfand. – – – Endlich stiegen wir, von den Segnungen unsrer ehrwürdigen Wirthe begleitet, wieder zu Schiffe und verließen voll Liebe und Dankbarkeit gegen dies theure Paar ihren glücklichen Wohnplatz. Von muntern Scherzen begleitet schlich die Vertraulichkeit sich in unsre Gesellschaft; die Mädchen waren bekannter geworden; Klopstock hatte durch seine einnehmenden Sitten und geistvollen Reden ihre allgemeine Hochachtung gewonnen, und sie wünschten alle, aus den Fragmenten zum vierten und fünften Gesang etwas von ihm zu hören. Der gefällige Klopstock entsprach dem einstimmigen Wunsche und las eine Stelle vor, die in unsere Seelen noch nie gefühlte Wehmut senkte. (...)

– Die ganze Gesellschaft ermunterte sich nach und nach. Lachender Scherz umhüpfte uns; Jeder suchte seine Schöne witzig zu unterhalten, und der schlaue Werdmüller haschte schalkhaft flüchtige Einfälle, die er der lustigen Gesellschaft zum Gelächter vorlegte. So rückten wir von einer angenehmen Gegend zur andern. Der Anblick verschiedener Landhäuser gab uns Stoff, den ungleichen Geschmack ihrer Besitzer zu recensiren. Dies verhinderte indessen nicht, daß wir unsre Aufmerksamkeit nicht immer wieder auf unsern Helden sammelten, den wir stets seiner würdig fanden. Über seine Fröhlichkeit herrscht freie Vernunft wie über seinen Ernst; feiner Witz begleitet seine Reden alle, deren Seele Gefälligkeit und Freude ist. Wenn uns seine ehrwürdigen Gedichte in eine zärtliche Wehmuth versetzten, so erheiterte uns bald wieder sein aufgeweckter Geist und führte die vorige Freude zurück. (...)

– So langten wir unvermerkt zu Meilen an, einem schönen Dorfe, vier Stunden von Zürich. Hier stiegen wir hochvergnügt aus dem Schiffe und brachten noch ein paar Stunden vor dem Mittagessen mit traulichen Gesprächen zu. – –

– Unter solchen harmlosen Reden verstrich die Zeit bis zum Mittagessen, wo wir die Tafel trefflich besetzt fanden. Da hatten wir keinen Mangel an Freude. Der Wein übte seine schöne Kraft an uns; die Vertraulichkeit wuchs mit der Fröhlichkeit; satirische Scherze umgaukelten uns, ein fröhliches Gelächter begleitete sie. (...)

(W)as mein Herz am meisten erfrischte, war Klopstock's Freude und der Dank, den er mir, als dem Urheber dieser Lustreise, auf die Wangen küßte. – Man sammelte sich bei der frohen Tafel, zerstreute sich dann wieder und genoß die Annehmlichkeiten dieses Ortes, bis verlängerte Schatten uns die Rückreise antreten hießen. Kaum waren wir eingeschifft, so wurde Klopstock noch um eine Vorlesung gebeten. Er gab uns ein Fragment: Abadonna, den redlichsten Teufel, den je die Hölle sah. – –

– Klopstock sah nicht gerne den Ernst so sehr überhand nehmen. Er las uns eine Anakreontische Ode seines Schmidt, ganz in Gleim's Geiste; dann sang er uns Lieder von Hagedorn vor. So schön fand ich sie noch nie; aber es ward auch kein Gedanke unempfunden gesungen; dies ersetzte, was an musikalischer Kunst mangelte. Läse man die Dichter nur immer in der gehörigen Stimmung, dann würden ihre Schönheiten nie verkannt. Die Sonne war allmählich niedergegangen; einmal noch schien sie sich zu erheben und lächelnd uns anzublicken; endlich sank sie ganz hinter die Berge hinab; das wallende Feuer, das noch eben auf dem Wasser schwebte, erlosch in ein dunkles Grün. Noch sahen wir an den entfernten Schneebergen beleuchtete Stellen. Doch die Dämmerung umzog auch diese mit ihrem grauen Flor und goß eine feierliche Stille über die Natur; sie wollte sich unser bemächtigen; wir widerstanden ihr aber tapfer. Begleitet von schwatzendem Witze, waren wir wieder unvermuthet bei dem Kellerschen Landhaus angelangt, wo wir gefrühstückt hatten. Lächelnd kam uns die ehrwürdige Dame entgegen. Unsre Freude hatte sich in ihr theilnehmendes Herz ergossen. Sie gab uns Lichter, damit wir nicht aufhören mußten, die Grazien der Fröhlichkeit und Freundschaft in den Blicken und Mienen zu sehen. Doch ließen wir von hier das Schiff eine ziemliche Strecke vorausfahren und gingen mit unsern Schönen in der kühlenden Dämmerung dem Gestade nach. Klopstock erblickte von ungefähr eine kleine Insel; diese besetzten wir; fünf Freunde mit ihren Mädchen nahmen den ganzen Raum ein (…). Hier endlich eroberte Klopstock von dem sprödesten der Mädchen einen Kuß, und wir eroberten auch Küsse. Denn wie wollten sie sich retten, die guten Mädchen, ohne die zarten Füße zu benetzen? Von diesem glücklichen Eilande eilten wir zu dem kleinen Port, wo wir uns zum letzten Male einschifften. Auch die Dämmerung war dem Schatten der Nacht gewichen; helle flimmerten die Sterne aus dem dunkelblauen Gewölke (…). Indessen näherten sich die Lichter der Stadt, und so sehr wir auch die Schiffer baten, langsamer zu fahren, befanden wir uns doch gleich nach zehn Uhr in der Stadt, und die glücklichste Schiffahrt war geendigt.

1751 erhielt Klopstock auf Betreiben eines Verehrers, des Grafen Bernsdorff, eine Anstellung als Hofdichter beim dänischen König Friedrich V. in Kopenhagen. Als der Gönner Graf Bernsdorff durch Struensee gestürzt wird, folgt Klopstock einer Einladung des Markgrafen Karl Friedrich von Baden. Dort veröffentlicht er viele Oden und sein bahnbrechendes Werk: »Die deutsche Gelehrtenrepublik«. 1776 aber zieht er nach Hamburg, das er schon vorher verschiedentlich besucht hat und wo eine Nichte wohnt, die er, nach dem Tod ihres Mannes, auch in zweiter Ehe heiraten wird. Hier beendet er die schon 1768 begonnene Dramentrilogie um Herrmann den Etrusker. Er begrüßt anfangs begeistert die Französische Revolution, wendet sich aber nach den Nachrichten von den Grauen der Jakobiner bald entrüstet von den, wie er sagt, »Hochverrätern der Menschheit« ab, behält jedoch das ihm 1792 von der Pariser Nationalversammlung verliehene französische Bürgerrecht.

Die Jakobiner

Die Korporationen (Verzeiht das Wort,
Das schlecht ist, wie die Sache) vernichtete
Das freie Frankreich; durchgehauen,
Zuckten im Sande die kleinen Schlangen.

Und doch erhob sich neben den liegenden
Die Korporation, der Jakoberklub!
Ihr Kopf durchrast Paris, und ihre
Schlängelung windet sich durch ganz Frankreich.

Ha, täubet euch denn Taubheit? Vernehmt ihr nicht,
Wie sie aus ihrem scheußlichen Innersten
Musik beginnt, die selten zweimal
Hörte der Wanderer? Wie sie klappert?

Treibt ihr die Riesenschlang' in die Höhle nicht
Zurück, und wälzt nicht Felsen dem Schlunde vor;
So wird ihr Geiferbiß die Freiheit,
Welch' ihr erschuft, in den Staub euch stürzen.

Am 14. März 1803 ist Klopstock in Hamburg gestorben. Seine Beerdigung übertraf alles bisher in Hamburg Dagewesene: Der Leichnam wird unter Begleitung von 25 000 Menschen und 126 Wagen von der Königstraße – heute Poststraße – zur Christianskirche in Ottensen überführt. Alle Hamburger Ratsherren, das diplomatische Corps, die Hamburger Pastoren und Kirchendiener, hinter der Grenze zum dänischen Altona auch eine Eskorte Husaren, acht »Marschälle« mit Zweispitzen und eine Schar in Weiß gekleideter Ehrenjungfrauen begleiten den Trauerzug. Unter dem Geläut aller Hamburger Kirchen und der Musik einer dänischen Militärkapelle wird der Sarg von den Hamburger reitenden Dienern vor den Altar getragen und nach einem Trauergottesdienst vor der Kirchenmauer in die Erde gesenkt. Rosen, Myrten und Lorbeerblätter, vor allem ein aufgeschlagenes Exemplar des »Messias« und ein Band seiner Gedichte bedecken ihn.

Klopstock ist 79 Jahre alt geworden, 33 davon hat er in Hamburg zugebracht. Man hat ihn hier nicht vergessen, auch wenn man ihn heute kaum noch liest. Sein Grab auf dem Friedhof von Ottensen wurde zu einem Wallfahrtsort. Schon wegen der wohlklingenden Grabinschriften lohnt sich ein Besuch noch heute.

Klopstock war in den Apriltagen des Jahres 1751 zum ersten Mal nach Hamburg gekommen, auf der Durchreise nach Kopenhagen. Er besuchte hier Friedrich von Hagedorn, aber es gab noch einen anderen Anlaß. Ein Freund hatte ihm von einer attraktiven jungen Dame erzählt, und die wollte Klopstock genauer in Augenschein nehmen. Aus einem kurzen Verhältnis zu jener »Fanny« war nichts Endgültiges geworden. So machte er den Schwestern Moller seine Aufwartung. In deren Hause ist gerade Wäsche- und Bügeltag. Dazu paßt das Auftreten des bereits in ganz Deutschland wie ein Heiliger bewunderten »Messias«-Dichters eher weniger. Doch der war keineswegs ein Kind von Traurigkeit. Besonders liebte er es, junge Mädchen zu küssen. Und bei Meta Moller war er an die Richtige geraten, wie ihre Briefe zeigen:

Hamburg, den 13. April 1751

Mein lieber Herr Klopstock!

Ihr Brief, den ich lange noch nicht erwarten konnte, hat meine Freundschaft zu Ihnen gewiß viele Jahre älter gemacht. Sie haben es wol gemerkt, daß ich schon grosse Lust hatte, wie Sie noch in Hamburg waren, Sie nicht als einen neuen Freund anzusehen. Ich musste mir aber doch Gewalt anthun mich dieser Lust nicht so gleich zu überlassen, weil es doch möglich war, daß die guten Eigenschaften, die ich an Ihnen bemerkte, nur so schienen. Ist es recht wahr, daß Sie mir gut sind? Ich glaube es bey nahe. Sie sind so gut gewesen alle Zeit, die Ihnen nur möglich war, bey mir zuzubringen, und schreiben schon den Tag nach Ihrer Abreise an mich. Ob ich Ihnen gut bin, das wissen sie wol, und ich sehe es nunmehr wol ein, daß es nur aus einer kleinen Eitelkeit hergekommen, wenn Sie mich so oft darum gefraget. Machen Sie nur nicht, daß ich es einmal bereue, daß ich jetzt zum ersten mal in meinem Leben, jemand so geschwinde bin gut geworden. In der Entfernung, wie wir jetzo sind, können Sie das schon dadurch verhüten, dass Sie fleissig an mich schreiben. (...)

Hamburg, den 14. May 1751

Es ist mir recht lieb, daß ich vorigen Posttag verhindert bin, Ihren Brief zu beantworten, mein lieber Klopstock. Ich war würklich recht aufgebracht über Ihren letzten Brief, und da ich auch nicht von den aller Gefassensten bin: So hätte ich Ihnen vielleicht auf eine Art antworten können, die Ihnen noch böser gemacht hätte, und die mich jetzt verdrösse. Sind Sie aber nicht ein rechter kleiner Affe, Klopstock! Sie nehmen es so übel, daß ich Ihre Bitte nicht so beantwortet habe, als Sie es sich vorgestellt. Sie können ja wol denken, daß ich sie nicht recht errathen habe. Was kann ich dafür, daß Sie mir mehr Verstand zutrauen als ich habe. Warum haben Sie es nicht gerade heraus gesagt, daß Sie mein Portrait haben wollten? Ich will Ihnen aber sagen, wie ich Ihre Bitte ausgeleget habe. Vorher müssen Sie wissen Hr. Klopstock, daß ich Ihnen erstaunlich gut war, und wenn Sie es erlauben wollen, so bin ich es auch noch. Je mehr Freundschaft man nun für jemand hat, je mehr fürchtet man. Und die Furcht macht einem allemal eine Sache wahrscheinlicher, als sie sonst ist. Nun glaubte ich schon, wie Sie noch hier waren, daß es Ihnen verdrösse, daß ich etwas von Ihrer Liebe wuste, und daß Sie selbst mir davon gesagt hätten. Ich glaubte dieses daher, weil Sie allemal, wann ich davon sprach, den Kopf schüttelten, ein krauß Gesicht machten und mir kaum antworteten. (...)

Ich hoffte, Sie würden mich in der Zeit besser kennen lernen. Ich bat Sie auch, Sie möchten sich erinnern, daß Sie mein Freund wären. Nämlich, Sie sollten sich nicht nur als einen guten Bekandten von mir ansehen. Mein ganzer Fehler ist also nur aus großer, zärtlicher Freundschaft hergekommen. Denn wenn ich nicht sehr viel von Ihnen hielte: So hätte ich nicht so sehr für Ihre Freundschaft gefürchtet.

Haben Sie nun Recht, mein lieber Klopstock, mir so sehr böse zu seyn? (...) Nein mein lieber Klopstock, das habe ich wirklich nicht an Ihnen verdient. Darum bin ich so sehr von Ihnen eingenommen gewesen, ehe ich Sie jemals gesehen hatte? Darum mußte mir Giseke unter allen seinen Freunden, immer am meisten von Ihnen erzählen? (Ja, wann ich das noch bedenke, es war schon so unter uns eingeführt, daß wir Sie immer meinen Klopstock nannten.) Darum habe ich so sehr gewünscht Sie kennen zu lernen, ehe ich wuste daß Sie hier kommen würden? (...)

Endlich nachdem Sie mir Ihr Herz beschreiben, so fragen Sie: was ich mit diesem Herzen anfangen will? Wie geschwinde würde ich Ihre Frage beantworten, wenn Sie mir keinen vierten Brief geschrieben hätten! Aber nun weis ich nicht ob ich das thun darf. Ich bin gewiß noch sehr Ihre Freundinn. Um Ihnen dieses zu beweisen würde ich Ihnen gewiß mein Portrait schicken, wenn ich nur gemahlt wäre. –

M. Moller

Ich weis nicht Hr. Kl. Wie Sie diesen Brief aufnehmen werden. Ich dächte, er verdiente eine sehr gute Aufnahme. Geschieht es aber nicht, so bedenken Sie, daß Sie selbst bestimmen wie weit meine Freundschaft zu Ihnen gehen darf.

Hamburg, den 17. November um halb 2 Uhr. 1752.

Ach, ich kans noch gar nicht vergessen, daß Du neulich meinetwegen so viel Sorg gehabt hast. Du Süßer! Bester! Bester! Wie kann ich Dir Deine Liebe vergelten, Klopstock! Wie kann ichs? Doch ich weis es ja einmal, daß ich sie weder vergelten noch verdienen kann, eben so wenig als ich meinem Gott für Dich dankbar genug seyn kann.

19.-21. November

Ach, ich will mich bestreben, so gut zu werden, als ich nur werden kann, und wie süß ist mir, daß Du solst mich so gut machen! Wie glückselig bin ich! (...)

Ach, Klopstock! Deine Geliebte! Deine Braut und bald Deine Frau! Deiner Söhne Mutter! Wie unaussprechlich ist das! Wie unaussprechlich! Nein, Klopstock! Nein! Das kannst Du nicht nachempfinden, das nicht – –

Meta Klopstock, geb. Moller

Die stürmische Liebe, die zwischen Meta und dem Dichter entbrennt, führt zu einem der zärtlichsten Ehebriefwechsel der deutschen Literatur. Am 10. Juni 1754 wurden die beiden in Hamburg getraut. In den Wintermonaten lebten sie beide nun in Kopenhagen, sonst in Hamburg, nur von gelegentlichen Reisen des Dichters unterbrochen.

D. 4ten Aug. 1758. Abends um 9 Uhr.

Guten Abend, Maus. Ich komme von einem sehr schönen Abend u. einem angenehmen Garten zu Hause. Ich bin nach meiner Art viel spaziert. Und wie ich mich zum Spiel setzte, da war meine Stelle so, daß ich beständig auf die grosse breite Elbe sah (denn hier ist sie breit). Du kannst denken, daß die Elbe mir immer die Ostsee war. Ach wie unaufhörlich habe ich an Dich gedacht! Wie sah ich alle Schiffe an, als wenns deins wär!

D. 5ten.

Das ist doch süß bey Lübeck, daß wir uns alle Tage schreiben können!

(…) Ich wollte, daß du mir auch so alles erzähltest, deine Briefe sind so kurz. Doch das soll dich nicht bewegen, ein Wort mehr zu schreiben, als du magst. Wenn du mir sagst, daß du mich herzlich liebst, so sind sie eigentlich sehr lang. (Hör, dein süsser Junge (ich hab ihn noch lieber seit dem) hüpft allemal wenn ich einen Brief von dir kriege, oder an dich schreibe – da eben.) Ja, mein bester Klopstock, Gott wird uns schon geben, was nach seiner Weisheit uns gut ist, u. wenn unsern Wünschen etwas fehlt, es uns ertragen helfen. (…)

Bernst, den 19 Sept.

Du meine Meta: betrübe mich so nicht, sagst du, und komm! Ach wie rührt mich das! Aber der Schiffer verreist erst Donnerstag, wie er sagt, und ich glaube auch nicht einmal, daß er Donnerstag verreist. Er hat noch nicht Ladung genug. Laß uns die wenige Zeit noch aushalten, meine Einzige!

Meine ganze Seele verlangt darnach, dich wieder zu sehn; aber ich mag nicht viel davon schreiben. Es bewegt mich zu sehr. Und ich will diese Bewegung gern zurück halten, weil ich gern mit Ruhe und Unterwerfung diesen Tag der Freude erwarten will. Thue du das auch, meine beste Meta! (Meine Hoffnung, daß unser Gott dich mir lassen wird, war gestern sehr lebhaft. Sie wurde es besonders durch die Beschreibung deines Wohlbefindens. Aber ich darf mir auch diesen Gedanken kaum recht denken. Er rührt mich zu stark!) Unser Gott wird es alles nach seiner Weisheit und Liebe machen! O welch eine wahre, nicht unruhige, Glückseligkeit liegt in diesem Gedanken, wenn man sich ihm recht überläßt!

Ich komme auf einen Augenblick zu dir zurück, um dir zu sagen, wie sehr lieb ich dich habe, und wie zärtlich ich dich bitte, meine Abwesenheit so wenig, als nur möglich ist, zu empfinden. Da ich das zweytemal von dir reiste, und nicht wuste, wann ich wiederkommen würde, und auch erst nach so langer Zeit wiederkam; und izt, da ich nur so kurze Zeit (freylich eine lange Zeit ohne diese Vergleichung) von dir bin. Da meine Zurückkunft so nahe ist; da mich nur mein Schiffer ein wenig aufhält; da wir so viel Ursache haben zu hoffen, daß dich Gott mit einem gesunden Kinde segnen, und mich mit Dir und dem Kinde segnen wird! (Laß uns diese Glückseligkeit recht überdenken, und gegen den Geber dankbar seyn.) Diese Betrachtung macht mich recht froh. Ich drücke dich fest an mein Herz, meine Meta.

Den Jungen, den die Klopstocks so sehnlich erwarteten, sollte es nie geben. Die Mutter überlebte die schmerzliche Fehlgeburt nicht. Nach vierjähriger Ehe starb sie am 28. November 1758 in Hamburg. So war sie die erste von beiden, die auf dem Ottenser Friedhof begraben wurde.

An seinen Freund Cramer schrieb Klopstock:

Hamb. den 5 Decemb.

Heute ist der Todestag meiner Meta. Und ich bin so ruhig. Kann ich das mir zuschreiben, mein C(ramer)? Gewiß nicht. – Ich schlafe wenig (…) und doch befinde ich mich nicht übel; und oft wohl. – Dem Gotte des Trostes sey für alle seine Gnade gedankt, die er mir erweist. Danken Sie unserm Gott mit mir, mein C. (…) Vom Freytage bis Dienstag Nachmittag gegen viere, haben ihre

Leiden gedauert; am stärksten aber sind sie vom Montag Abend um acht Uhr gewesen. (…) Da sie schon auf den zweiten Stul (…) gebracht worden war, und auch da schon wieder viel gelitten hatte, sagte ich ihr mit sehr viel Rührung ins Ohr: der Allerbarmherzigste ist mit dir! Ich sahe, wie sehr sie es fühlete. Vielleicht vermutete sie itzt das erstemal, daß ich dafür hielte, daß sie sterben würde. Ich sah dieß an ihrer Mine. (…) Sie wurde nach dem Aderlassen besser, aber auch bald hernach wieder schlechter. – Der Doctor, der sie operiren sollte, eilte. Doch (…)

Fortan lebte der verwitwete Dichter, von der Damenwelt andächtig umschwärmt, von den Herren als vorzüglicher Schach- und kluger Gesprächspartner gesucht, als Hamburgs, ja Deutschlands verehrter Dichterfürst. Johann Heinrich Voß meinte in einem Brief vom November 1772: »Mit dem Ruhm des größten Dichters verbindet er das des biederherzigsten Deutschen, des feinsten Weltmanns, des fröhlichsten Gesellschafters, des scharfsinnigsten Filosofen, des dankbarsten Sohnes und des feurigsten Christen. In Hamburg hat er eine Lesegesellschaft, meist von Frauenzimmern, errichtet. Sie kommen alle Abende zusammen, und die Dame, die eben präsidiert (eine Dame ist's immer), sucht die Gedichte aus, die hergelesen werden sollen. Die Vorleser sind ein paar Gymnasiasten, die erst Klopstock in der Declamation übt.«

Das Bild des erhabenen und frommen Dichters läßt allerdings oft vergessen, daß der junge Klopstock auch ein begeisterter und eleganter Reiter war, daß er besonders das Ballspiel auf dem Felde liebte und gerne unter fröhlichen Menschen war. Man erzählte sich, daß er in Dänemark überwiegend mit vornehmen Damen eine Art von Völkerball gespielt und dabei den oder die Gegner »meist so kräftig getroffen habe, daß rothe oder blaue Flecken an der Schulter nichts Seltenes waren«. Er muß ein schöner Mann gewesen sein. Als der vortreffliche Schwimmer einmal mit dem Grafen Friedrich von Stolberg im Eutiner See badete, rief ihm dieser zu: »Was würde Lavater nicht darum geben, Sie zu sehen! Er ließe Sie wahrlich so in Kupfer stechen!«

Und noch auf einem anderen Gebiet war er ein bewunderter Meister:

»Es ist doch ewig schade, liebster Gleim!« **schreibt er am 4. März 1766 an seinen Freund,** »daß Sie, wenn Sie kränkeln, sich nicht durch Schlittschuhlaufen curieren können. Es ist dies eine von den besten Curen:
Drei helle Stunden des Vormittags,
Zwei des Nachmittags,
Gute Gesellschaft!
Viel Frühstück.
Item ein wenig Nordwind zum Trunke bei der Arzenei.
Treib' Dieses acht Tage hintereinander! Probatum est!

Als ihn das Alter schließlich zwang, die Schlittschuhe im Hause zu lassen, gedachte er noch elegisch der Zeit der Pirouetten:

Winterfreuden (1797)

Also muß ich auf immer, Kristall der Ströme, dich meiden?
Darf nie wieder am Fuß schwingen die Flügel des Stahls?
Wasserkothurn, du warest der Heilenden einer; ich hätte,
Unbeseelet von dir, weniger Sonne gesehn!
Manche Rose hat mich erquickt; sie verwelkten! Und du
liegst,
Auch des Schimmers beraubt, liegst verrostet nun da!
Welche Tage gabest du mir! Wie begannen sie, wenn sich
In der Frühe Glanz färbte noch bleibender Reif;
Welche Nächte, wenn nun der Mond mit der Heitre des
Himmels,
Um der Schönheit Preis, siegend stritt, und besiegt.
Dann war leichter der Schwung, und die Stellung
unkünstlicher, froher
Dann der Rufenden Laut, blinkete heller der Wein,
Und wie war der Schlaf der endlich Ermüdeten eisern,
Wie unerwecklich! Wer schlief jemals am Baume wie wir?
Aber es kam mit gebotnem Gepolter der Knecht; und wir
Sahen
Wieder den farbigen Reif, wieder den Schimmer der Nacht.

Der du so oft mit der labenden Glut der gefühlten
Gesundheit
Mich durchströmetest, Quell längeren Lebens mir warst,
Wenn ich vorüberglitt an den helleblühteten Ulmen;
(Schnee war die Blume;) der Bahn warnende Stimme
vernahm,
Mit nachhorchendem Ohr; auch wohl hinschwebt' an der
Ostsee,
Zwischen der Sonne, die sank, und dem Monde, der stieg;
Oder wenn, den die Flocken zu tausenden in sich verhüllten,
Und den schwindelte, Sturm auf das Gestade mich warf:
Ach einst wurdest du mir, Kothurn, zum tragischen!
Führtest
Mich auf jüngeres Eis, welches dem Eilenden brach.
Bleich stand da der Gefährt; mein Schutzgeist gab mir
Entschluß ein;
Jener bebte nicht mehr: und die Errettung gelang.
Als sie noch schwankend schien, da rührte mich innig des
Himmels
Lichtere Bläue, vielleicht bald nun die letzte für mich!
Dank dir noch Einmal, Beindorf, daß du mich rettetest!
Dir kam
Lang schon die letzte; mir macht sie die Erde noch schön.

Der Dichter Klabund sagte einmal über Klopstock: »Alles, was er gewollt hat, hat er gekonnt. Wie ein Priester hat er seines Amtes gewaltet. Und wenn er, seine Bardengesänge (...) singend, den deutschen Göttern opferte, war das Gotteshaus gefüllt mit andächtigen Jünglingen und Jungfrauen, die in ihm den Stellvertreter des deutschen Gottes auf Erden, den deutschen Papst sahen.« Es war ein »Papst«, der über sich sagte:

Als ich unter den Menschen war, da war ich ein Jüngling,
Weiblich und zart von Gefühl.
Ganz zur Empfindung der Liebe geschaffen. So zärtlich
und fühlend
War kein Sterblicher mehr.

»JA, IN HAMBURG BIN ICH GEWESEN«

GOTTHOLD EPHRAIM LESSING (1729–1781)

Brief an Johann Wilhelm Ludwig Gleim, 1. Februar 1767

Liebster Freund,

Ihr Brief vom 6ten p. hat mich in Hamburg gesucht, als ich von da schon wieder weg war. Erst gestern habe ich ihn retour erhalten, und ich hoffe also Verzeihung, daß ich ihn so spät beantworte. Ich weiß nicht, wo ich anfangen soll: so vielerlei habe ich Ihnen zu melden. Ja, in Hamburg bin ich gewesen; und in neun bis zehn Wochen denke ich wiederum hinzugehen, – wahrscheinlicher Weise, um auf immer da zu bleiben. Ich hoffe, es soll mir nicht schwer fallen, Berlin zu vergeßen. Meine Freunde daselbst werden mir immer theuer, werden immer meine Freunde bleiben; aber alles übrige, vom größten bis zum kleinsten – Doch ich erinnere mich, Sie hören es ungern, wenn man sein Mißvergnügen über diese Königin der Städte verräth.

– Was hatte ich auf der verzweifelten Galeere zu suchen? – Fragen Sie mich nicht: auf was ich nach Hamburg gehe? Eigentlich auf nichts. Wenn sie mir in Hamburg nur nichts nehmen, so geben sie mir eben soviel, als sie mir hier gegeben haben. Doch Ihnen brauche ich nichts zu verbergen. Ich habe allerdings mit dem dortigen neuen Theater, und den Entrepreneurs deßelben, eine Art von Abkommen getroffen, welches mir auf einige Jahre ein ruhiges und angenehmes Leben verspricht. (…)

Hamburgische Dramaturgie
Hundert und erstes, zweites, drittes und viertes Stück

Den 19ten April 1768.

Als vor Jahr und Tag, einige gute Leute hier den Einfall bekamen, einen Versuch zu machen, ob nicht für das deutsche

Hamburgische Dramaturgie.

Erster Band.

Hamburg.
In Commission bey J. H. Cramer, in Bremen.

Titelblatt des 1. Bandes der Erstausgabe

Theater sich etwas mehr tun lasse, als unter der Verwaltung eines sogenannten Principals geschehen könne, weiß ich nicht, wie man auf mich dabei fiel, und sich träumen ließ, daß ich bei diesem Unternehmen wohl nützlich sein könnte? – Ich stand eben am Markte und war müßig; niemand wollte mich dingen: ohne Zweifel, wo mich niemand zu brauchen wußte; bis gerade auf die Freunde! – Noch sind mir in meinem Leben alle Beschämungen sehr gleichgültig gewesen; ich habe mich nie einer gedrungen, oder nur erboten; aber auch die geringste nicht von der Hand gewiesen, zu der ich mich auf einer Art von Prädilection erlesen zu sein glauben konnte.

Ob ich zur Aufnahme des hiesigen Theaters concurrieren wolle? darauf war also leicht geantwortet. Alle Bedenklichkeiten waren nur die: ob ich es könne? und wie ich es am besten könne? Ich bin weder Schauspieler, noch Dichter. Man erweiset mir zwar manchmal die Ehre, mich für den letzteren zu erkennen. Aber nur, weil man mich verkennt. Aus einigen dramatischen Versuchen, die ich gewagt habe, sollte man nicht so freigebig folgern. Nicht jeder, der den Pinsel in die Hand nimmt, und Farben verquistet, ist ein Maler. Die ältesten von jenen Versuchen sind in den Jahren hingeschrieben, in welchen man Lust und Leichtigkeit gern für ein Genie hält. Was in den neueren erträgliches ist, davon bin ich mir sehr bewußt, daß ich es einzig und allein der Critik zu verdanken habe. Ich fühle die lebendige Quelle nicht in mir, die durch eigene Kraft sich empor arbeitet, durch eigene Kraft in so reichen, so frischen, so reinen Strahlen aufschießt: ich muß alles durch Druckwerk und Röhren aus mir herauf pressen. Ich würde so arm, so kalt, so kurzsichtig sein, wenn ich nicht einigermaßen gelernt hätte, fremde Schätze bescheiden zu borgen, an fremdem Feuer mich zu wärmen, und durch die Gläser der Kunst mein Auge zu stärken. Ich bin daher immer beschämt oder verdrüßlich geworden, wenn ich zum Nachteil der Critik etwas las oder hörte. Sie soll das Genie ersticken, und ich schmeichelte mir, etwas von ihr zu erhalten, was dem Genie sehr nahe kömmt. Ich bin ein Lahmer, den eine Schmähschrift auf die Krücke unmöglich erbauen kann. Doch freilich: wie die Krücke dem Lahmen wohl hilft, sich von einem Orte zum andern zu bewegen, aber ihn nicht zum Läufer machen kann: so auch die Critik. Wenn ich mit ihrer Hülfe etwas zu Stande bringe, welches besser ist, als es einer von meinen Talenten ohne Critik machen würde: so kostet es mich so viel Zeit, ich muß von andern Geschäften so frei, von unwillkürlichen Zerstreuungen so ununterbrochen sein, ich muß meine ganze Belesenheit so gegenwärtig haben, ich muß bei jedem Schritte alle Bemerkungen, die ich jemals über Sitten und Leidenschaften gemacht, so ruhig durchlaufen können; daß zu einem Arbeiter, der ein Theater mit Neuigkeiten unterhalten soll, niemand in der Welt ungeschickter sein kann, als ich. (...)

Meine ersten Gedanken sind gewiß kein Haar besser, als Jedermanns erste Gedanken: und mit Jedermanns Gedanken bleibt man am klügsten zu Hause.

– Endlich fiel man darauf, selbst das, was mich zu einem so langsamen, oder, wie es meinen rüstigen Freunden scheint, so faulen Arbeiter macht, selbst das, an mir nutzen zu wollen: die Critik. Und so entsprang die Idee zu diesem Blatte. Sie gefiel mir, diese Idee. Sie erinnerte mich an die Didaskalien der Griechen, d. i. an die kurzen Nachrichten, dergleichen selbst Aristoteles von den Stücken der griechischen Bühne zu schreiben der Mühe wert gehalten. (...) Ich war schon Willens, das Blatt selbst Hamburgische Didaskalien zu nennen. Aber der Titel klang mir allzu fremd, und nun ist es mir sehr lieb, daß ich ihm diesen vorgezogen habe. (...)

»Sie sollten jeden Schritt begleiten, den die Kunst, sowohl des Dichter, als des Schauspielers hier tun würde.« Die letztere Hälfte bin ich sehr bald überdrüssig geworden. Wir haben Schauspieler, aber keine Schauspielkunst. Wenn es vor Alters eine solche Kunst gegeben hat: so haben wir sie nicht mehr; sie ist verloren; sie muß ganz von neuem wieder erfunden werden. Allgemeines Geschwätze darüber hat man in verschiedenen Sprachen genug: aber specielle, von jedermann erkannte, mit Deutlichkeit und Präcision abgefaßte Regeln, nach welchen der Tadel oder das Lob des Akteurs in einem besonderen Falle zu bestimmen sei, deren wüßte ich kaum zwei oder drei. Daher kömmt es, daß alles Raisonnement über diese Materie immer schwankend und vieldeutig scheinet, daß es eben kein Wunder ist, wenn der Schauspieler, der nichts als eine glückliche Routine hat, sich auf alle Weise dadurch beleidiget findet. Gelobt wird er sich nie genug, getadelt aber allezeit viel zu viel glauben: ja öfters wird er gar nicht einmal wissen, ob man ihn tadeln oder loben wollen. Überhaupt hat man die Anmerkung schon längst gemacht, daß die Empfindlichkeit der Künstler in Ansehung der Critik in eben dem Verhältnisse steigt, in welchem die Gewißheit und Deutlichkeit und Menge der Grundsätze ihrer Künste abnimmt. (...)

Aber die erste Hälfte meines Versprechens? Bei dieser ist freilich das Hier zur Zeit noch nicht sehr in Betrachtung gekommen, – und wie hätte es auch können? Die Schranken sind noch kaum geöffnet, und man wollte die Wettläufer lieber schon bei dem Ziele sehen; bei einem Ziele, das ihnen alle Augenblicke immer weiter und weiter hinausgesteckt wird? Wenn das Publikum fragt; was ist denn nun geschehen? und mit einem höhnischen Nichts sich selbst antwortet: so frage ich wiederum; und was hat denn das Publikum getan, damit etwas geschehen könnte? Auch nichts; ja noch etwas schlimmers, als nichts. Nicht genug, daß es das Werk nicht allein nicht befördert; es hat ihm nicht einmal seinen natürlichen Lauf gelassen. Über den gutherzigen Einfall, den Deutschen ein Nationaltheater zu verschaffen, da wir Deutsche noch keine Nation sind! Ich rede nicht von der politischen Verfassung, sondern bloß von dem sittlichen Charakter. Fast sollte man sagen, diese sei: keinen eigenen haben zu wollen. Wir sind noch immer die geschwornen Nachahmer alles Ausländischen, besonders noch immer die untertänigen Bewunderer der nie genug bewunderten Franzosen; alles was uns von jenseits dem Rheine kömmt, ist schön, reizend, allerliebst, göttlich; lieber verleugnen wir Gesicht und Gehör, als daß wir es anders finden sollten; lieber wollen wir Plumpheit für Ungezwungenheit, Frechheit für Grazie, Grimasse für Ausdruck, ein Geklingle von Reimen für Poesie, Geheule für Musik, uns einreden lassen, als im geringsten an der Superiorität zweifeln, welche dieses liebenswürdige Volk, dieses erste Volk in der Welt, wie es sich selbst sehr bescheiden zu nennen pflegt, in allem, was gut und schön und erhaben und anständig ist, von dem gerechten Schicksale zu seinem Anteile erhalten hat. –

Doch dieser Locus communis ist so abgedroschen, und die nähere Anwendung derselben könnte leicht so bitter werden, daß ich lieber davon abbreche.

Gotthold Ephraim Lessing, der Dichter und Kritiker aus Kamenz in der Oberlausitz, Essayist und Polemiker, Philosoph und Theologe, Dramaturg und Bibliothekar, in Hamburg: Diese Geschichte beginnt mit großen Erwartungen und hochfahrenden Plänen von mehreren Seiten. Den gelehrten und ehrgeizigen, 1729 geborenen Pastorensohn, der im Berlin Friedrichs des Großen vergeblich versucht hatte, Fuß zu fassen, ohne sich an ein Amt zu binden, hatte ein Lockruf ereilt, der ihm endlich all das versprach, was ihm bisher nicht erreichbar war: eine lohnende Aufgabe als Dramaturg und Theaterrezensent – und ein festes Einkommen. Dies in einer weltoffenen Handelsstadt, die im 18. Jahrhundert in ihrem kulturellen Zenit stand. Unzählige Lesegesellschaften, viele Literaten und Musiker lockten an das Tor zur Welt. In den Häusern des Mathematik-Professors Büsch, des Seidenhändlers König und der Familie Reimarus waren gesellige und geistige Zentren entstanden. In Hamburg hatte sich die bürgerliche Kultur selbstbewußter entfaltet als in anderen deutschen Städten. Johann Friedrich Löwen, einst Sekretär in Schwerin, war es gerade gelungen, den Leiter des 1765 an der Stelle der vormaligen Oper errichteten Schauspielhauses, Konrad Ernst Ackermann, von seinem Posten zu verdrängen. Gemeinsam mit einem Konsortium Hamburger Kaufleute hatte Löwen das Theater im Oktober 1766 für zehn Jahre gepachtet. Nicht weniger als ein deutsches Nationaltheater sollte daraus werden, mit Versorgungssicherheiten für Schauspieler im Alter, mit einem jährlichen Preis für das beste deutschsprachige Theaterstück. Die Kaufleute – von denen zwei gerade Konkurs gemacht hatten, einer keinen Heller geben konnte, zwei andere wegen ihres reformierten Glaubens keine Bürgerrechte besaßen – hatten mit dem in Deutschland bereits hoch angesehenen Lessing verhandelt. Dieser hatte sich am Ende des Jahres 1766 das Haus und die Stadt sorgfältig angesehen. Eigentlich wollte man ihn als Stückeschreiber verpflichten. Aber Lessing wußte, daß er nicht zum Lohnschreiber für den Zeitgeschmack taugte. Er wollte lieber »über« das Hamburger Theater als »für« das Theater schreiben.

Auf dem Brook

So wurde Lessing als »Konsulent« und Dramaturg des Theaters verpflichtet. In den ersten Apriltagen des Jahres 1767 zog er nach Hamburg, nahm zuerst Wohnung beim Kommissionsrat Schmidt in der Neustadt auf dem Brook, nahe dem »Michel«. Als er ein Jahr zuvor von Breslau nach Berlin gezogen war, hatten ihm Umzugshelfer mehrere seiner wertvollsten Bücher entwendet und sie als Makulatur an einen Butterkeller verkauft. Auch diesmal stahl man Lessing wichtige Bücher, von denen er ohnehin nur noch wenige besaß. Seinen Umzug, die Tilgung seiner Schulden in Berlin hatte er nur mit einer Versteigerung seiner Bibliothek finanzieren können. Der Erlös war enttäuschend ausgefallen.

»Hamburg, den 22. April 1767. Heute geschieht die Eröffnung der Bühne. Sie wird viel entscheiden; sie muß aber nicht alles entscheiden sollen. In den ersten Tagen werden sich die Urteile ziemlich durchkreuzen.«

Das Hamburger Senatsprotokoll verzeichnet zum Eröffnungstag eine Verfügung, »daß bey der zu vermuthenden Frequence im Schauspielhause, womit in diesen Tagen das Theater, unter dem neuen directorio, eröffnet werden möge, zur Abwendung aller Feuers-Gefahr, die Schlüssel auf den Nebenthüren des Comödienhauses in Bereitschaft seyn, und ein paar Sprützen zur Hand sein mögen«. Die Spritzen wurden nicht gebraucht; das Eröffnungsstück und seine Aufführung waren der Rede nicht wert.

»Man muß mit der Vorstellung eines Stückes zufrieden sein, wenn unter vier, fünf Personen, einige trefflich vortrefflich, die anderen gut gespielt haben. Wen, in den Nebenrollen, ein Anfänger oder sonst ein Notnagel, so sehr beleidiget, daß er über das ganze die Nase rümpft, der reise nach Utopien und besuche da die vollkommenen Theater.«

Doch dem fröhlichen Aufbruch folgte schon bald der Katzenjammer. Die Hamburger Schauspielstars ließen sich die Kritiken ihres Hausdramaturgen, die sie in der – zunächst als Loseblattsammlung angebotenen – »Hamburgischen Dramaturgie« unsterblich machen soll-

ten, nicht gefallen: Sie verbaten sich dergleichen bei der Direktion. Lessing ahnte schon früh, daß die Zukunft des Hamburger Theaters auf sehr wackeligen Beinen stand. Er schrieb seinem Bruder Karl im Mai 1767:

»Mit unserem Theater (das im Vertrauen!) gehen eine Menge Dinge vor, die mir nicht anstehen. Es ist eine Uneinigkeit unter den Entrepreneurs und keiner weiß, wer Koch oder Kellner ist.«

Im September 1767 wurde das Stück »Minna von Barnhelm«, das Lessing nach jahrelanger Arbeit gerade abgeschlossen hatte, in Hamburg uraufgeführt – mit mäßigem Erfolg. Zwar hatte die Kritik, nicht zuletzt auch Matthias Claudius im »Wandsbecker Bothen«, einhellig Beifall gezollt, doch das Hamburger Publikum muß sich so sehr gelangweilt haben, daß bei der Wiederholung zur Verbesserung der Stimmung Luftspringer ihre Künste zeigen mußten. Erst eine Aufführung in Berlin im folgenden Jahr brachte es wegen des großen Erfolgs zu zehn Wiederholungen. Auf der Suche nach materiellem Gewinn ließ sich Lessing in Hamburg noch auf ein kaufmännisches Abenteuer ein, zu dem ihm nahezu alle Voraussetzungen fehlten:

An Johann Gottfried Lessing, 21. Dezember 1767

Hochzuehrender Herr Vater,

Wenn es möglich wäre, Ihnen zu beschreiben, in was für Verwirrungen, Sorgen und Arbeiten ich seit Jahr und Tag stecke, wie mißvergnügt ich fast immer gewesen, wie erschöpft ich mich oft an Leibes und Seelenkräften befunden: ich weiß gewiß, Sie würden mir mein zeitheriges Stillschweigen nicht allein verzeihen, sondern es auch für den einzigen Beweis meiner kindlichen Achtung und Liebe halten, den ich Ihnen in dieser Zeit zu geben im Stande gewesen bin. Wenn ich einmal schreibe, ist mir es nicht möglich, anders zu schreiben, als ich eben denke und empfinde. Sie würden den unangenehmsten Brief zu sehen bekommen haben, und ich würde mit meinen Umständen noch unzufriedener geworden seyn, wenn ich mir vorgestellt hätte, wie viel Kummer sie meinen Eltern verursachen müßten. Am besten also, ich ließ sie gar nichts davon wißen; welches aber nicht anders geschehen konnte, als daß ich gar nicht schrieb.

Ich bin von Berlin weggegangen, nachdem mir das einzige, worauf ich so lange gehofft, und worauf man mich so oft vertröstet, fehlgeschlagen. Gewiße Vorschläge lockten mich hierher nach Hamburg, aber auch aus diesen ist wenig geworden, und ich habe mich endlich entschloßen, meine Versorgung und mein Glück von mir selbst abhängen zu laßen. Ich habe nehmlich alles, was ich noch in Vermögen gehabt, bis auf den letzten Heller zusammengenommen, und in Gemeinschaft mit einem Freunde, Namens Bode, allhier eine Druckerey angelegt. Der Vorschuß, den dieses Etablissement erfordert, hat mich genöthiget, den größten Theil meiner Bücher zu Gelde zu machen; aber ich hoffe, es soll mich nicht reuen. Wenn das Werk einmal in Gange ist, so hoffe ich für meinen Antheil als ein ehrlicher Mann davon leben zu können; und diese Aussicht ist mir um so viel schmeichelhafter, wenn ich mir vorstelle, daß ich meine beßere(n) Umstände auch mein(e) Geschwister werde können genießen laßen.

(…) Sobald die Elbe wieder fahrbar ist will ich unfehlbar eine kleine Provision an Zucker und Wein über Dresden an Sie übermachen. Ich wollte, daß es zu der Jubelfeyer geschehen könnte; aber die Fracht zur Achse ist nach dorthin eben so kostbar, als selten.

Ich empfehle mich indeß Dero väterlichem Andenken und Seegen, und wünsche Ihnen, nebst der Frau Mutter und Schwester, einen glücklichen und vergnügten Eintritt des bevorstehenden Neuenjahres. Der ich Zeitlebens verharre

Hamburg den 21 December 1767

Dero gehorsamster Sohn
Gotthold

Lessing hatte sich am Druckerei-Verlags- und Buchhandelsunternehmen des Hamburgers Joachim Christoph Bode beteiligt. Dieser war durch den Tod seiner Frau zu Geld gekommen und hatte, nachdem er Schafhirte, Oboist bei einer Militärkapelle, Student in Helmstedt, Musik- und Sprachlehrer und Übersetzer in Hamburg gewesen war,

eine »Buchhandlung der Gelehrten« veröffentlicht – eine Art Selbstverlag –, in der die besten deutschen Autoren versammelt und ihre Bücher besser als üblich honoriert werden sollten. Auch die »Hamburgische Dramaturgie«, zunächst als zweimal wöchentlich erscheinende Zeitschrift geplant, später jedoch unregelmäßig erschienen, wurde in dem gemeinsamen Unternehmen veröffentlicht. Allerdings führten das fehlende kaufmännische Geschick der beiden Teilhaber und vor allem die illegale Raubdruckerei der Zeit, die auch die »Hamburgische Dramaturgie« nicht verschonte, zu einem finanziellen Fiasko. Lessing zog sich bald wieder, statt mit Reichtümern mit neuen Schulden belastet, aus dem Unternehmen zurück. Daß der Dichter ein leidenschaftlicher, wenn auch weitgehend glückloser Spieler war, geht aus zahlreichen Belegen hervor. So berichtet Lessing an seine spätere Frau Eva König einmal:

Brief an Eva König, 15. Dezember 1770

Meine liebste Madam!

Ich weiß zwar nicht, ob ich es wagen darf, noch einmal nach Wien an Sie zu schreiben. Denn wenn Sie zu Ende des Januars wieder in Hamburg sein wollen, so kann Sie dieser Brief unmöglich mehr in Wien antreffen. Doch was wagen? Alles Unglück, was daraus erfolgen kann, ist, daß man Ihnen den Brief nachschickt.

Ich bin vorige Woche auf die unangenehmste Weise abgehalten worden, Ihnen von dem Ausfalle unsers Lotteriegeschäfts zu Hamburg Nachricht zu geben. Schließen Sie aus dieser Verzögerung aber nur ja nicht, daß es schlecht müsse abgelaufen sein. Nichts weniger, als schlecht; wir haben sehr viel gewonnen: denn wir haben nichts verloren. Ich hatte das Billet so eingerichtet, daß wir auf einen simplen Auszug schadlos wären, und den haben wir auf Nummer 19. bekommen; gerade auf der Nummer, auf der ich mir am wenigsten etwas versprochen hätte, weil sie in den vorhergehenden sieben Ziehungen bereits dreimal herausgekommen war. Damit Sie sehen, daß ich in wichtigen Angelegenheiten ein ordentlicher Mann bin, so lege ich Billet und Ziehungsschein mit bei. Ich denke auch, daß ich Ihre Einwilligung haben werde, unser Glück auf der nächsten Ziehung noch einmal zu versuchen.

Das Billet ist schon genommen, und zwar auf die nemlichen Nummern, nur Nummer 19. nicht, wofür ich 7. gewählt habe: denn 19. wird doch nicht des Henkers sein und sich wieder herausziehen lassen!

Wenn wir alle fünf Quaternen, und was denen anhängig, gewinnen: so komme ich Ihnen bis Mannheim entgegen. (…)

Die so vielversprechende Arbeit für das Hamburger Theater endet schnell. Zuerst bleibt das Hamburger Publikum aus, dann streiten sich die Betreiber untereinander, dann fehlt es endgültig an Geld. Seine Enttäuschung bringt Lessing bereits im Juni 1767 zum Ausdruck:

»Unsere Gelehrten selbst sind klein genug, die Nation in der Geringschätzung alles dessen zu bestärken, was nicht geradezu den Beutel füllet. Man spreche von einem Werke des Genies, von welchem man will; man rede von der Aufmunterung der Künstler; man äußere den Wunsch, daß eine reiche, blühende Stadt der anständigsten Erholung für Männer, die in ihren Geschäften des Tages Last und Hitze getragen, und der nützlichsten Zeitverkürzung für andere, die gar keine Geschäfte haben wollen (das wird doch wenigstens das Theater sein?), durch ihre bloße Teilnehmung aufhelfen möge: und sehe und höre um sich. ›Dem Himmel sei Dank‹ ruft nicht nur der Wucherer Albinus, ›daß unsere Bürger wichtigere Dinge zu tun haben!‹«

Auch unter Hamburgs Gelehrten also fand das Theater keinen Zuspruch. Der Versuch eines Nationaltheaters scheiterte am fehlenden Interesse und an der mangelnden Unterstützung des Hamburger Publikums. Zudem stieß auch der Intendant Löwen in der Stadt auf wenig Resonanz. Und die feinere Hamburger Gesellschaft, gelegentlichen Vergnügungen in den Volkstheatern vor den Toren der Stadt (an der Reeperbahn auf dem Spielbudenplatz zum Beispiel) nicht abgeneigt, ignorierte das Theatergeschehen am Gänsemarkt. Dadurch geriet Lessings Theater schon im Oktober 1767 in Finanznöte, und um die Jahreswende 1767/68 mußte es erst einmal seine Pforten schließen. Das Ensemble ging auf eine viermonatige Gastspielreise

nach Hannover. So blieb auch Lessings »Hamburgische Dramaturgie« ein Fragment – und doch ein bahnbrechendes Stück Theater- und Literaturgeschichte, das mehr verdient hat, als nur in der Schule und nur gezwungenermaßen gelesen zu werden.

Hamburgische Dramaturgie

Sechs und neunzigstes Stück

Den 1sten April, 1768

Das meiste, was wir Deutsche noch in der schönen Literatur haben, sind Versuche junger Leute. Ja das Vorurteil ist bei uns fast allgemein, daß es nur jungen Leuten zukomme, in diesem Felde zu arbeiten. Männer, sagt man, haben ernsthaftere Studia, oder wichtigere Geschäfte, zu welchen sie die Kirche oder der Staat auffordert. Verse und Komödien heißen Spielwerke; allenfalls nicht unnützliche Vorübungen, mit welchen man sich höchstens in sein fünf und zwanzigstes Jahr beschäftigen darf. Sobald wir uns dem männlichen Alter nähern, sollten wir fein alle unsere Kräfte einem nützlichen Amte widmen; und läßt uns dieses Amt einige Zeit, etwas zu schreiben, so soll man ja nichts anders schreiben, als was mit der Gravität und dem bürgerlichen Range desselben bestehen kann; ein hübsches Compendium aus den höhern Facultäten, eine gute Chronik von der lieben Vaterstadt, eine erbauliche Predigt und dergleichen.

Daher kömmt es denn auch, daß unsere schöne Literatur, ich will nicht bloß sagen gegen die schöne Literatur der Alten, sondern sogar fast gegen aller neuern polierten Völker ihre, ein so jugendliches, ja kindliches Ansehen hat, und noch lange, lange haben wird. An Blut und Leben, an Farbe und Feuer fehlet es ihr endlich nicht: aber Kräfte und Nerven, Mark und Knochen mangeln ihr noch sehr. Sie hat noch so wenig Werke, die ein Mann, der im Denken geübt ist, gern zur Hand nimmt, wenn er, zu seiner Erholung und Stärkung, einmal außer dem einförmigen ekeln Zirkel seiner alltäglichen Beschäftigungen denken will! Welche Nahrung kann so ein Mann wohl, z. E. in unsern höchst trivialen Komödien finden? Wortspiele, Sprichwörter, Späßchen, wie man sie alle Tage auf den Gassen hört: solches Zeug macht zwar das

Parterr zu lachen, das sich vergnügt, so gut es kann; wer aber von ihm mehr als den Bauch erschüttern will, wer zugleich mit seinem Verstande lachen will, der ist einmal da gewesen und kömmt nicht wieder.

Wer nichts hat, der kann nichts geben. Ein junger Mensch, der erst selbst in die Welt tritt, kann unmöglich die Welt kennen und sie schildern. Das größte komische Genie zeigt sich in seinen jugendlichen Werken hohl und leer; selbst von den ersten Stücken des Menanders sagt Plutarch, daß sie mit seinen spätern und letztern Stücken gar nicht zu vergleichen gewesen. Aus diesen aber, setzt er hinzu, könne man schließen, was er noch würde geleistet haben, wenn er länger gelebt hätte. Und wie jung meint man wohl, daß Menander starb? Wie viel Komödien meint man wohl, daß er erst geschrieben hatte? Nicht weniger als hundert und fünfe; und nicht jünger als zwei und fünfzig. Keiner von allen unsern verstorbenen komischen Dichtern, von denen es sich noch der Mühe verlohnte zu reden, ist so alt geworden; keiner von den itztlebenden ist es noch zur Zeit; keiner von beiden hat das vierte Teil so viel Stücke gemacht. Und die Critik sollte von ihnen nicht eben das zu sagen haben, was sie von dem Menander zu sagen fand? – Sie wage es aber nur, und spreche!

Herder, Lessing und Claudius vor dem »Baumhaus«

(...) Wer richtig raisonniert, erfindet auch: und wer erfinden will, muß raisonnieren können. Nur die glauben, daß sich das eine von dem andern trennen lasse, die zu keinem von beiden aufgelegt sind. Doch was halte ich mich mit diesen Schwätzern auf? Ich will meinen Gang gehen, und mich unbekümmert lassen, was die Grillen am Wege schwirren. (...)

Dennoch führte Lessing in seiner kurzen Hamburger Zeit ein Leben, das er rückblickend als ein glückliches empfand. Trotz seiner finanziellen Miseren war er gesellig, saß mit vielen Freunden vom Theater im »Ratskeller« oder auf der Galerie des »Baumhauses« unter freiem Himmel, gewann sich viele Bekannte und Freunde. Er besuchte den orthodoxen Hauptpastor Goeze, dessen Bibelsammlung und Temperament er bewunderte. Später einmal – Lessing hat Hamburg längst den Rücken gekehrt –, sollte der rhetorisch und philosophisch funkelnde Streit über Kirche und Dogmen mit diesem zuletzt doch philisterhaft engstirnigen Kirchenmann Aufklärungs-Furore machen und in die Literaturgeschichte eingehen. Lessing befreundete sich mit Carl Philipp Emanuel Bach, spielte besonders gerne mit dem verehrten Klopstock Schach und dürfte so manches Mal in Spielhallen anzutreffen gewesen sein. Seine Äußerungen über private Erlebnisse in Hamburg sind selbst in Briefen äußerst spärlich. Lessing schreibt fast ausschließlich über das, was ihn in seinen ruhelosen philosophischen, theologischen oder literarischen Gedanken beschäftigt, und seine geheimen Beobachtungen verwandelt er taktvoll in geschliffene Rhetorik.

Die Brille

Dem alten Freyherrn von Chrysant,
Wagts Amor, einen Streich zu spielen.
Für einen Hagestolz bekannt,
Fieng, um die Sechzig, er sich wieder an zu fühlen.

Es flatterte, von Alt und jung begafft,
Mit Reizen ganz besondrer Kraft,

Ein Bürgermädchen in der Nachbarschaft.
Dieß Bürgermädchen hieß Finette.
Finette ward des Freyherrn Siegerinn.
Ihr Bild stand mit ihm auf, und gieng mit ihm zu Bette.
Da dacht' in seinem Sinn
Der Freyherr: »Und warum denn nur ihr Bild?
»Ihr Bild, das zwar den Kopf, doch nicht die Arme füllt?
»Sie selbst steh' mit mir auf, und geh' mit mir zu Bette.
»Sie werde meine Frau! Es schelte, wer da schilt;
»Genäd'ge Tant' und Nicht' und Schwägerinn!
»Finett' ist meine Frau, und – ihre Dienerinn.«

Schon so gewiß? Man wird es hören.
Der Freyherr kömmt, sich zu erklären,
Ergreift das Mädchen bey der Hand,
Thut, wie ein Freyherr, ganz bekannt,
Und spricht: »Ich, Freyherr von Chrysant,
»Ich habe Sie, mein Kind, zu meiner Frau ersehen.
»Sie wird sich hoffentlich nicht selbst im Lichte stehen.
»Ich habe Guts die Hüll' und Fülle.«
Und hierauf las er ihr, durch eine große Brille
Von einem großen Zettel ab,
Wie viel ihm Gott an Gütern gab;
Wie reich er sie beschenken wolle;
Welch großen Witwenschatz sie einmal haben solle.
Dieß alles las der reiche Mann
Ihr von dem Zettel ab, und guckte durch die Brille
Bey jedem Punkte sie begierig an.

»Nun, Kind, was ist Ihr Wille?«
Mit diesen Worten schwieg der Freyherr stille,
Und nahm mit diesen Worten seine Brille –
(Denn, dacht' er, wird das Mädchen nun
So wie ein kluges Mädchen thun;
Wird mich und sie ihr schnelles Ja beglücken;
Werd' ich den ersten Kuß auf ihre Lippen drücken:
So könnt' ich, im Entzücken,

Die theure Brille leicht zerknicken!) –
Die theure Brille wohlbedächtig ab.

Finette, der dieß Zeit sich zu bedenken gab,
Bedachte sich, und sprach nach reichlichem Bedenken:
»Sie sprechen, gnäd'ger Herr, vom Freyen und vom
    Schenken:
»Ach! gnäd'ger Herr, das alles wär sehr schön!«
    Ich würd' in Sammt und Seide gehn –
»Was gehn? Ich würde nicht mehr gehn;«
    Ich würde stolz mit Sechsen fahren.
»Mir würden ganze Schaaren von Dienern zu Gebote stehn.
»Ach! wie gesagt, das alles wär' sehr schön,
»Wenn ich – wenn ich – –«
»Ein Wenn? Ich will doch sehn,
(Hier sahe man den alten Herrn sich blähn,)
Was für ein Wenn mir kann im Wege stehn!«

»Wenn ich nur nicht verschworen hätte – –«
»Verschworen? was? Finette,
»Verschworen nicht zu freyn? –
»O, Grille, rief der Freyherr, Grille!«
Und griff nach seiner Brille,
Und nahm das Mädchen durch die Brille
Nochmals in Augenschein,
Und rief beständig: »Grille! Grille!
»Verschworen nicht zu freyn!«

»Behüte!« sprach Finette,
»Verschworen nur mir keinen Mann zu freyn,
»Der so, wie Ihre Gnaden pflegt,
Die Augen in der Tasche trägt!«

An einen Geizigen

Ich dich beneiden? – Thor! Erspar', ererb', erwirb,
Hab' alles! – Brauche nichts, laß alles hier, und stirb!

Hinz und Kunz

Hinz: Was doch die Großen alles essen!
Gar Vogelnester; eins, zehn Thaler werth.
Kunz: Was? Nester? Hab' ich doch gehört, daß manche
    Land und Leute fressen.
Hinz: Kann seyn! kann seyn, Gevattersmann!
Bey Nestern fingen die denn an.

Die eheliche Liebe

Klorinde starb; sechs Wochen drauf
Gab auch ihr Mann das Leben auf,
Und seine Seele nahm aus diesem Weltgetümmel
Den pfeilgeraden Weg zum Himmel.
»Herr Petrus«, rief er, »aufgemacht!«
»Wer da?« – »Ein wahrer Christ.« –
»Was für ein wackrer Christ?« –
»Der manche Nacht,
»Seitdem die Schwindsucht ihn aufs Krankenbette brachte,
»In Furcht, Gebet und Zittern wachte.
»Macht bald!« – – Das Thor wird aufgethan.
»Ha! Ha! Klorindens Mann!
»Mein Freund, spricht Petrus, nur herein;
»Noch wird bey Eurer Frau ein Plätzchen ledig seyn.«
»Was? meine Frau im Himmel? wie?
»Klorinden habt Ihr eingenommen?
»Lebt wohl! habt Dank für Eure Müh!
»Ich will schon sonst wo unterkommen.«

Thrax und Stax

Stax: Thrax! eine taube Frau zu nehmen!
O Thrax, das nenn' ich dumm.
Thrax: Ja freylich, Stax! Ich muß mich schämen.
Doch sieh, ich hielt sie auch für stumm.

Seufzer eines Kranken

Hier lieg' ich schwach und siech;
Und ach! die liebe Sophilette
Weicht keinen Schritt von meinem Bette.
O! daß der Himmel mich
Von beiden Uebeln bald errette!

Ihr Wille und sein Wille

Er: Nein, liebe Frau, das geht nicht an:
Ich muß hier meinen Willen haben.
Sie: Und ich muß meinen haben, lieber Mann.
Er: Unmöglich!
Sie: Was? Nicht meinen Willen haben?
Schon gut! So sollst du mich in Monatsfrist begraben.
Er: Den Willen kannst du haben.

An einen Autor

Mit so bescheiden stolzem Wesen
Trägst du dein neustes Buch – welch ein Geschenk!
– mir an.
Doch, wenn ichs nehme, grundgelehrter Mann,
Mit Gunst: muß ich es dann auch lesen?

Der Schuster Franz

Es hat der Schuster Franz zum Dichter sich entzückt.
Was er als Schuster that, das thut er noch: er flickt.

Hänschen Schlau

»Es ist doch sonderbar bestellt«,
Sprach Hänschen Schlau zu Vetter Fritzen,
»Daß nur die Reichen in der Welt
»Das meiste Geld besitzen.«

*Auf einen Brand zu ***

Ein Hurenhaus gerieth um Mitternacht in Brand.
Schnell sprang, zum Löschen oder Retten,
Ein Dutzend Mönche von den Betten.
Wo waren die? Sie waren – – bey der Hand.
Ein Hurenhaus gerieth in Brand.

Grabschrift auf einen Gehenkten

Hier ruht er, wenn der Wind nicht weht!

In seinen »Briefen antiquarischen Inhalts« entfaltet Lessing – lange vor dem berühmten »Anti-Goeze« – sein gesamtes polemisch-rhetorisches Repertoire, um einen seiner Gegner, den Geheimrat Christian Adolph Klotz, in Hamburger Zeitungen mit scharfer Klinge in seine Schranken zu weisen. Dieser war ein ehrgeiziger, aber hochstaplerischer Blender, umgeben von schmeichlerischen Cliquen, ein willfähriger Lobredner und heimtückischer Verleumder, der Lessing schon in Halle und Berlin wegen seines Einflusses von Herzen hassen gelernt hatte. Jetzt, in Hamburg, geht es um die Frage »Wie die Alten den Tod gebildet«. Lessings umsichtige und kenntnisreiche

Beweisführung, vor allem aber seine Attacken auf Geheimrat Klotz, sprühen vor Formulierfreude:

»Immer glaubt Herr Klotz, mir auf den Versen zu sein. Aber immer, wenn ich mich, auf sein Zurufen, nach ihm umwende, sehe ich ihn, ganz seitab, in einer Staubwolke, auf einem Wege einherziehen, den ich nie betreten habe … Es ist, bei Gott, wohl eine große Freiheit, mir zu widersprechen. Und wer mir widerspricht, hat sich wohl sehr zu bekümmern, ob ich verdrüßlich werde, oder nicht! Allerdings sollte ein Widerspruch, als womit mich Herr Klotz verfolgt, in der Länge auch den gelassensten, kältesten Mann verdrüßlich machen. Wenn ich sage ›Es ist noch nicht Nacht‹, so sagt Herr Klotz ›Aber Mittag ist doch schon längst vorbei‹. Wenn ich sage ›Sieben und sieben macht nicht funfzehn‹, so sagt er: ›Aber sieben und achte macht doch funfzehn‹. Und das heißt er, mir widersprechen, mich widerlegen, mir unverzeihliche Irrtümer zeigen! Ich bitte ihn, einen Augenblick seinen Verstand etwas mehr als sein Gedächtnis zu Rate zu ziehen. Ich habe behauptet, daß die alten Artisten den Tod nicht als ein Skelett vorgestellt: heißt denn dieses von ihnen sagen, daß sie überhaupt kein Skelett vorgestellt? Ist denn unter diesen beiden Sätzen so ganz und gar kein Unterschied, daß wer den einen erweiset, auch notwendig den anderen erwiesen hat? Daß wer den einen leugnet, auch notwendig den anderen leugnen muß?«

Und in Anspielung auf Don Quichotes Kampf gegen die Windmühlen verspottet Lessing den Gegner:

»Ich bin wahrlich nur eine Mühle und kein Riese. Da stehe ich auf meinem Platz, ganz außer dem Dorfe, auf einem Sandhügel allein, und komme zu niemandem und helfe niemandem und lasse mir von niemandem helfen. Wenn ich in meinen Steinen etwas aufzuschütten habe, so mahle ich es ab, es mag sein, mit welchem Winde es sei. Alle zweiunddreißig Winde sind meine Freunde … Wen meine Flügel mit in die Luft schleudern, der hat es sich selbst anzuschreiben: auch kann ich ihn nicht sanfter niedersetzen, als er fällt …«

Im Herbst 1768 trennt sich Lessing ganz von dem Theaterunternehmen am Gänsemarkt, das so mühevoll hin und her schlingert. Er schreibt an seinen Berliner Freund Nicolai:

»Ich gehe künftigen Februar von Hamburg weg. Und wohin? Geraden Weges nach Rom. Sie lachen; aber Sie können gewiß glauben, daß es geschieht ... Was ich in Rom will, werde ich Ihnen aus Rom schreiben. Von hier aus kann ich Ihnen nur so viel sagen, daß ich in Rom wenigstens ebenso viel zu erwarten habe, als an einem Orte in Deutschland. Hier kann ich des Jahres nicht für 800 Reichsthaler leben, aber in Rom für 300 Reichsthaler ... Zur Ersparung der Kosten bin ich entschlossen, von hier nach Livorno zu Schiffe zu gehen. Es ist so gewiß, daß wir einander so bald nicht wieder zu sprechen bekommen dürften, wenn Sie nicht noch nach Hamburg kommen. Ich dächte, Sie kämen, um zugleich noch unser Theater zu sehen, welches auf Ostern gleichfalls auffliegt. Die besten Acteurs gehen alle ab: denn Ackermann übernimmt es wieder. Damit wäre es also auch vorbei. Von meiner Verbindung mit Bode habe ich mich auch bereits losgesagt, und nichts in der Welt kann mich länger hier halten. Alle Umstände scheinen es so einzuleiten, daß meine Geschichte die Geschichte von Salomons Katze werden soll, die sich alle Tage ein wenig weiter von ihrem Hause wagte, bis sie endlich gar nicht wieder kam.«

Hier irrte Lessing. Er sollte noch einige Zeit in Hamburg bleiben. Die »Hamburgische Dramaturgie« liegt im April 1769 als Buch gedruckt vor, aber er zögert die Abreise immer wieder hinaus, und sie wird ihn auch nicht nach Rom, sondern nach Wolfenbüttel führen, wohin ihn sein Freund Ebert empfohlen hatte. Italien konnte er dennoch später einmal besuchen: als Begleiter des Erbprinzen von Braunschweig im Jahre 1775. Einem Freund schreibt Lessing in seinem letzten Brief aus Hamburg am 15. April 1770, fast einen Tag genau drei Jahre nach seiner Ankunft in dieser Stadt:

»Im Grunde will ich es Ihnen doch nur gestehen, daß ich verschiedene Freunde hier nur ungern verlasse, und noch ungerner verlassen würde, wenn ich nicht ihresgleichen wieder zu finden hoffen dürfte.«

Lessing hat Hamburg geliebt. Herder, der ihn im Frühjahr 1770 in Hamburg besuchte, notierte danach: »Mit Lessing habe ich 14 vergnügte Tage gehabt und wacker herumgeschwärmt.« Am Schluß der »Hamburgischen Dramaturgie« hat der Dichter seinen Abschiedsschmerz deutlich gemacht und den eigentlichen Anlaß dafür: die Hamburger, benannt:

»Wenn das Publikum fragt, was ist denn nun geschehen? und mit einem höhnischen ›Nichts‹ sich selbst antwortet, so frage ich wiederum: und was hat denn das Publikum getan, damit etwas geschehen könnte? Auch nichts; ja, noch etwas schlimmeres als nichts. Nicht genug, daß es das Werk allein nicht befördert; es hat ihm nicht einmal seinen natürlichen Lauf gelassen.«

Der geizige Dichter

Du fragst, warum Semir ein reicher Geizhals ist?
Semir, der Dichter? er, den Welt und Nachwelt liest?
Weil, nach des Schicksals ew'gem Schluß,
Ein jeder Dichter darben muß.

Auch ein Grund dafür, daß Lessing seinen Abschied von Hamburg so lange hinauszögerte, könnte, neben den großen finanziellen Nöten und der Unsicherheit über seine Zukunft, ein sehr privater gewesen sein: Die Frau seines Freundes Koenig stand nach dessen plötzlichen Tod mit ihren vier Kindern allein da (für das jüngste hatte Lessing Pate gestanden), und zu eben dieser (als Eva Catharina von Hahn in Heidelberg geborenen) Eva Koenig hatte Lessing eine enge Zuneigung gefaßt. Der Briefwechsel mit ihr nach seiner Abreise wird sehr intensiv werden, wobei sich die ebenso spontan-offenherzige wie kluge Witwe mit ihren mitunter nicht weniger brillanten Briefen nicht hinter dem Dichter verstecken muß. Etwa 100 Briefe sind erhalten; davon etwa 80 von ihm. Einmal bittet Eva Koenig ihn darum, ihr »zu

sagen, wie man den Kitt um den Porcellain zu leimen macht. Was man hier reparieren lässt, hält nicht.« Lessing antwortet ihr postwendend:

»Der Kitt zum Porcellain besteht aus geronnener Milch und gelöschtem Kalke; nur muß jene ganz ohne Rahm sein, und durch ein Tuch rein ausgedruckt werden. Sodann nehmen Sie drei Teile dieser geronennen Milch und ein Teil von dem gelöschten Kalke, streichen es mit der Messerspitze gut durcheinander, und leimen damit, was Sie leimen wollen. Wenn es so lange hält, als unsre Freundschaft halten soll, so ist es ein Kitt, den wir loben wollen.«

Im Sommer 1771 hatte Lessing aus Wolfenbüttel nach Hamburg reisen wollen, um Eva Koenig die Verlobung anzutragen. Die Reise verzögerte sich wegen eines Besuchers, und erst fünf Jahre später, am 8. Oktober 1776, wird geheiratet: in Jork, im Alten Land, wo beider Freund aus Hamburg, der Kaufmann Johann Schuback, Sohn eines Hamburger Bürgermeisters, ein Haus besitzt. Im dortigen Kirchenbuch findet sich folgender Eintrag zur Trauung: »Herr Gotthold Ephraim Lessing, Herzoglich Braunschweig-Lüneb. Hof-Rath und Bibliothecarius zu Wolfenbüttel, und Frau Eva Catharina Koenig gebohrene von Hahn aus der Pfaltz, weiland Herrn Engelbrecht Koenig Kaufmanns in Hamburg nachgelassene Witwe, im Hause getraut.«

Am ersten Weihnachtstag 1777 kommt Eva Koenigs viertes und Lessings erstes Kind zur Welt.

Mein lieber Eschenburg,

ich ergreife den Augenblick, da meine Frau ganz ohne Besonnenheit liegt, um Ihnen für Ihren gütigen Anteil zu danken. Meine Freude war nur kurz: und ich verlor ihn so ungern, diesen Sohn, denn er hatte so viel Verstand! So viel Verstand! – War es nicht Verstand, daß man ihn mit eisern Zangen auf die Welt ziehen mußte? Daß er so bald Unrath merkte? – War es nicht Verstand, daß er die erste Gelegenheit ergriff, sich wieder davon zu machen? Freylich zerrt mir der kleine Wuschelkopf auch die Mutter mit fort! Denn noch ist wenig Hoffnung, daß ich sie behalten

werde. – Ich wollte es auch einmal so gut haben, wie andere Menschen. Aber es ist mir schlecht bekommen.
Lessing

Nach zehn Tagen der Bewußtlosigkeit gibt es für Eva Lessing noch einmal einen Funken Hoffnung, doch am 10. Januar 1778 stirbt sie an den Folgen der schweren Entbindung.

Lieber Eschenburg,
meine Frau ist todt: diese Erfahrung habe ich nun auch gemacht. Ich freue mich, daß mir viel dergleichen Erfahrungen nicht mehr übrig sein können zu machen; und ich bin ganz leicht.

Noch einmal wird sich Lessing von Wolfenbüttel aus zu einer seiner brillantesten Polemiken aufschwingen – der Kampfschrift gegen seinen einstigen Hamburger Gesprächspartner Goeze, dessen engstirnigem Dogmatismus der weltkluge, aber christliche Aufklärer jetzt die Stirn bietet. »Etwas Vorläufiges gegen des Herrn Hofrats Lessings mittelbare und unmittelbare feindselige Angriffe auf unsere allerheiligste Religion und auf den einigen Lehrgrund derselben, die heilige Schrift, von Johann Melchior Goeze, Hauptpastor an der St. Katharinen-Kirche in Hamburg« heißt eines der wütenden Goeze-Traktate. »Wahrlich, Herr Lessing muß wissen, daß sein Vorrat an Stinktöpfen unerschöpflich sey, daß er sich kein Bedenken macht, in einem einzigen Bogen so viel davon auf einmal zu schießen.«

Darauf Lessings Antwort:

»Izt ist mein Bogen voll, und mehr als einen Bogen sollen Sie nicht auf einmal von mir erhalten. Es ist erlaubt, Ihnen den Eimer faulenden Wassers, in welchem Sie mich ersäufen wollen, tropfenweise auf den entblößten Schädel fallen zu lassen.«

30 Jahre vorher hatte Lessing den Konflikt zwischen Orthodoxie und Toleranz einmal in eine gereimte Fabel gekleidet:

Die Bären

Den Bären glückt' es, nun schon seit geraumer Zeit,
Mit Brummen, plumpem Ernst und stolzer Frömmigkeit,
Das Sittenrichteramt, bey allen schwächern Thieren,
Aus angemaßter Macht, gleich Wütrichen, zu führen.
Ein jedes furchte sich, und keines war so kühn,
Sich um die saure Pflicht nebst ihnen zu bemühn;
Bis endlich noch im Fuchs der Patriot erwachte,
Und hier und da ein Fuchs auf Sittensprüche dachte.
Nun sah man beide stets auf gleiche Zwecke sehn;
Und beide sah man doch verschiedne Wege gehn.
Die Bären wollen nur durch Strenge heilig machen;
Die Füchse strafen auch, doch strafen sie mit Lachen.
Dort brauchet man nur Fluch, hier brauchet man nur Scherz;
Dort bessert man den Schein; hier bessert man das Herz.
Dort sieht man Düsternheit; hier sieht man Licht und Leben;
Dort nach der Heuchelei; hier nach der Tugend streben.
Du, der du weiter denkst, fragst du mich nicht geschwind:
Ob beide Theile wohl auch gute Freunde sind?
O wären sies! Welch Glück für Tugend, Witz und Sitten!
Doch nein, der arme Fuchs wird von dem Bär bestritten,
Und, trotz des guten Zwecks, von ihm in Bann gethan.
Warum? der Fuchs greift selbst die Bären tadelnd an.

Ich kann mich diesmal nicht bey der Moral verweilen;
Die fünfte Stunde schlägt; ich muß zum Schauplatz eilen.
Freund, leg die Predigt weg! Willst du nicht mit mir gehn?
Was spielt man? Den Tartüff. Dieß Schandstück sollt' ich sehn?

Der ausführliche Streit über Gott und die Gesetze, Rebellionsfurcht und Vernunft mit dem streitbaren Pastor war Lessings letzter wortreicher Disput, und er steht am Ende des Kapitels »Lessing und Hamburg«. Zwar besuchte der Dichter im Oktober 1780 die Stadt

noch einmal, doch seinen Freunden von einst fällt seine »Zerstreutheit«, seine »Schlafsucht« auf, und der neue Hamburger Theaterintendant notiert lakonisch: »Fürs Theater haben wir wenigstens nichts zu erwarten.« Seiner Stieftochter verspricht Lessing noch einen »fleißigen Winter«, doch am 15. Februar 1781 stirbt er, 52 Jahre alt, drei Jahre nach seiner Frau in Braunschweig an – wie es hieß – »Brustwassersucht«. Sein Freund Ebert hat berichtet, daß der Dichter »entschlossen, ruhig, voll Besinnung bis in den letzten Augenblick« gestorben ist. »Ich kann nicht sagen«, schreibt Herder, »wie mich sein Tod verödet hat; es ist, als ob dem Wanderer alle Sterne untergingen und nur der dunkle, wolkige Himmel bliebe.«

»Nicht die Wahrheit, in deren Besitz irgendein Mensch ist, oder zu sein vermeinet, sondern die aufrichtige Mühe, die er angewandt hat, hinter die Wahrheit zu kommen, macht den Wert des Menschen. Denn nicht durch den Besitz, sondern durch die Nachforschung der Wahrheit erweitern sich seine Kräfte, worin allein seine immer wachsende Vollkommenheit bestehet.«

Abschied an den Leser

Wenn du von allem dem, was diese Blätter füllt,
Mein Leser, nichts des Dankes werth gefunden:
So sey mir wenigstens für das verbunden,
Was ich zurück behielt.

»DER MOND IST AUFGEGANGEN …«
MATTHIAS CLAUDIUS (1740–1815)

Ankündigung des Wandsbecker Bothen

Ich bin ein Bothe und nichts mehr,
Was man mir gibt, das bring' ich her,
Gelehrte und polit'sche Mär;
Von Aly Bey und seinem Heer,
Vom Tartar-Chan, der wie ein Bär
Die Menschen frißt am schwarzen Meer
(Der ist kein angenehmer Herr),
Von Persien, wo mit seinem Speer
Der Prinz Heraklius wütet sehr.
Vom roten Gold, vom Sternenheer,
Von Unschuld, Tugend, die noch mehr
Als Gold und Sterne sind –
(Virgil läßt auch oft Verse leer),
Von dem verschwiegnen Freimäurer
Vielleicht wohl auch, doch heimlicher,
Von Fried-Traktaten, Krieg und Wehr,
Von Couriers, die von ohngefähr
Gewiß nicht reiten hin und her,
Vom Heringsfang, von Freud' und Gram,
Von Bender, das der Russe nahm,
Vom Lotto, das aus Welschland kam
Und nicht Quaternen mit sich nahm,
Vom Podagra, von Horn und Hamm,
Vom Zuckerrohr in Surinam,
Vom großen Mogul und Madam,
Von Zank, Erfindungen und Lehr',
Von groß Verdienst und kleiner Ehr'
Und tausend solchen Sachen mehr,
Die sich begeben ohngefähr
Und alle anzuführen schwer:

Aus allen Enden fern und nah,
Aus Asia und Afrika,
Europa und Amerika,
Und andern Ländern hie und da,
Doch nicht aus Cappadocia.
Die nackte Wahrheit lieb' ich sehr,
Doch gibt man mir noch etwas mehr,
Wenn's nur noch eine Sage wär',
Und wenn's ein Spott zur Bessrung wär',
Und wenn's ein sanftes Liedgen wär',
Und wenn es sonst so etwas wär',
Je nun – da bring' ichs auch mit her,
Dafür bezahlet mich mein Herr.
Als ich von Hause ging, sprach er:
Geh hin! und saget die und der,
Seht doch! wo kommt der Bote her?
So wünsche höflich dem und der
Ein fröhlich Neujahr und noch mehr
Und sprich, ich komm' von Wandsbeck her.

Mit diesen Versen kündigte der 30jährige Redakteur Matthias Claudius am 1. Januar 1771 eine neue Zeitschrift an: »Der Wandsbecker Bothe«. Ihr Titel wurde schnell zu seinem zweiten Namen – obwohl die über alle wichtigen Ereignisse in der Welt informierende, belehrende, kritisierende und literarisierende Zeitung alles andere als ein Erfolgsblatt war. Sie erschien viermal wöchentlich; ihr Preis betrug nur zwei Taler, und sie brachte es nie über eine Auflage von mehr als 400 verkauften Exemplaren. So lebte sie von ihrem Gönner, dem steinreichen Freiherrn von Schimmelmann. Der hatte sein Vermögen u. a. damit gemacht, daß er während des Siebenjährigen Krieges die preußische Armee mit Getreide belieferte, wofür er zwar kein Geld, aber die gesamten Bestände der Meißener Porzellanmanufaktur erhielt. Schimmelmann hatte diese nach Hamburg verschiffen lassen und für viel Geld nach England verkauft.

Der Wandsbeker Landesherr, der König von Dänemark, hatte den Kaufmann, der inzwischen mit der ganzen Welt Handel trieb und auch das lukrative Geschäft mit dem Import schwarzer Sklaven nicht

verschmähte, 1779 in den Adelsstand erhoben. Der Graf hatte zuvor schon zwei standesgemäße Adelssitze gekauft: die Schlösser von Ahrensburg (1759) und das Gut Wandsbek (1762). Letzteres allerdings ließ er sofort abreißen, um an gleicher Stelle ein neues, prachtvolleres mit 50 Zimmern zu errichten. Bei so viel zur Schau gestelltem Reichtum war es angebracht, auch etwas für Kultur und Moral zu tun, und so beauftragte der Baron den Verleger Bode mit der Herausgabe einer neuen Wandsbeker Zeitung. Dem Journalisten Matthias Claudius, am 15. August 1740 im holsteinischen Reinfeld geboren, nach Schuljahren in Plön und einem Studium in Jena einige Zeit Sekretär des Grafen Holstein in Kopenhagen und zuletzt Redakteur in Hamburg, war gerade vom Verleger der »Hamburgischen Adreß-Comptoir-Nachrichten« gekündigt worden. So machte ihn der Ruf aus Wandsbek überglücklich. Claudius gewinnt sich regelmäßige Mitarbeiter wie Lessing, Klopstock und Herder und komponiert aus Nachrichten aller Art, Betrachtungen, Gedichten und Rezensionen eine wahrlich »andere« Zeitung. Heute würde man sagen: ein Nachrichtenmagazin. Die meisten Beiträge steuert er selbst als Autor bei, schreibt fiktive Briefe an Gott und die Welt, verfaßt Rezensionen und immer wieder Gedichte:

Die Henne

Es war 'mal eine Henne fein,
Die legte fleißig Eier;
Und pflegte dann ganz ungemein,
Wenn sie ein Ei gelegt, zu schrei'n,
Als wär' im Hause Feuer.
Ein alter Truthahn in dem Stall,
Der Fait vom Denken machte,
Ward bös darob, und Knall und Fall
Trat er zur Henn' und sagte:
»Das Schrei'n, Frau Nachbarin, war eben nicht vonnöten;
Und weil es doch zum Ei nichts tut,
So legt das Ei, und damit gut!
Hört, seid darum gebeten!

Ihr wisset nicht, wie's durch den Kopf mir geht.«
»Hm!«, sprach die Nachbarin und tät
Mit einem Fuß vortreten,
»Ihr wißt wohl schön, was heuer
Die Mode mit sich bringt, ihr ungezognes Vieh!
Erst leg' ich meine Eier,
Dann rezensier ich sie.«

Die Mutter bei der Wiege

Schlaf, süßer Knabe, süß und mild!
Du deines Vaters Ebenbild!
Das bist du; zwar dein Vater spricht,
Du habest seine Nase nicht.

Nur eben itzo war er hier
Und sah dir ins Gesicht
Und sprach: Viel hat er zwar von mir,
Doch meine Nase nicht.
Mich dünkt es selbst, sie ist zu klein,
Doch muß es seine Nase sein;
Denn wenn's nicht seine Nase wär',
Wo hätt'st du denn die Nase her?

Schlaf, Knabe, was dein Vater spricht,
Spricht er wohl nur im Scherz;
Hab' immer seine Nase nicht,
Und habe nur sein Herz!

Ein Versuch in Versen

Die Römer, die vor vielen hundert Jahren,
Das erste Volk der Erde waren,
Doch wenigstens sich dünkten, es zu sein;
Die große Schreiber ihrer Taten

Und Dichter auch und große Redner hatten
Und Weise, groß und klein;
Die stolz auf ihrer Helden Scharen,
Auf ihre Regulos und Scipione waren,
Und Ursach hatten, es zu sein;
Die fingen endlich an und aßen Ochsenbraten,
Frisierten sich und tranken fleißig Wein –
Da war's geschehn um ihre Heldentaten,
Um ihre Dichter edlen Reih'n,
Um ihre Redner, ihre Schreiber;
Da wurden's große dicke Leiber
Und Memoires- und Zeitungs-Schreiber,
Und ihre Seelen wurden klein;
Da kamen Oper und Kastraten
Und Ehebruch und Advokaten
Und nistelten sich ein.
O, die verdammten Ochsenbraten!
O, der verdammte Wein!

Der Esel

Hab' nichts, mich dran zu freuen,
Bin dumm und ungestalt
Ohn' Mut und ohn' Gewalt;
Mein spotten und mich scheuen
Die Menschen, jung und alt;
Bin weder warm noch kalt;
Hab' nichts, mich dran zu freuen,
Bin dumm und ungestalt;
Muß Stroh und Disteln käuen;
Werd' unter Säcken alt –
Ah, die Natur schuf mich im Grimme!
Sie gab mir nichts als eine schöne Stimme.

Abendlied

Der Mond ist aufgegangen,
Die goldnen Sternlein prangen
Am Himmel hell und klar;
Der Wald steht still und schweiget,
Und aus den Wiesen steiget
Der weiße Nebel wunderbar.

Wie ist die Welt so stille,
Und in der Dämmrung Hülle
So traulich und so hold!
Als eine stille Kammer,
Wo ihr des Tages Jammer
Verschlafen und vergessen sollt.

Seht ihr den Mond dort stehen? –
Er ist nur halb zu sehen,
Und ist doch rund und schön!
So sind wohl manche Sachen,
Die wir getrost belachen,
Weil unsre Augen sie nicht sehn.
Wir stolzen Menschenkinder
Sind eitel arme Sünder
Und wissen gar nicht viel;
Wir spielen Luftgespinste
Und suchen viele Künste
Und kommen weiter von dem Ziel.

Gott, laß uns dein Heil schauen,
Auf nichts Vergänglichs trauen,
Nicht Eitelkeit uns freun!
Laß uns einfältig werden
Und vor dir hier auf Erden
Wie Kinder fromm und fröhlich sein!

Wollst endlich sonder Grämen
Aus dieser Welt uns nehmen
Durch einen sanften Tod!
Und, wenn du uns genommen,
Laß uns in Himmel kommen,
Du unser Herr und unser Gott!

So legt euch denn, ihr Brüder,
In Gottes Namen nieder;
Kalt ist der Abendhauch.
Verschon uns, Gott! mit Strafen,
Und laß uns ruhig schlafen!
Und unsern kranken Nachbarn auch!

Claudius' Gedichte riefen geradezu nach Lied-Kompositionen. Sein »Abendlied« wurde schon 1779 von Johann Abraham Peter Schulz vertont und ist seitdem wie ein Volkslied bekannt geworden.

Nicht jeder Dichter-Kollege wußte die Werke des Wandsbekers zu schätzen. Goethe, bei dem auch Claudius einmal in Weimar zur Audienz weilte, meinte über ihn, er sei »ein Narr, der voller Einfaltsprätentionen steckt. ›Meine Mutter hat Gänse‹ singt sich mit bequemerer Naivität als ein ›Allein Gott in der Höh sei Ehr'‹.« Und Wilhelm von Humboldt äußerte einmal (Schiller hat dies in einem Brief an Goethe berichtet), Claudius sei »eine völlige Null«. Mit der klassischen Strenge der Dichterfürsten hatte der etwas chaotische, nicht gerade diplomatisch-geschmeidige, sich um äußere Eleganz und einen hohen, kunstvollen Ton nicht scherende Claudius in der Tat wenig gemein. Eine Theaterezension, die er anläßlich der Hamburger Uraufführung von Lessings »Emilia Galotti« für den »Wandsbecker Bothen« schrieb, zeigt, daß Claudius sich der Geringschätzung seiner »großen« Kollegen wohl bewußt war.

Emilia Galotti, ein Trauerspiel von Gotthold Ephraim Lessing. Berlin, bei Voß, etc.

»Wollt's wohl machen wie der Maler Conti; er lehnte anfangs das Gemälde der Emilia verwandt gegen einen Stuhl, aber die Leser haben wohl nicht so viel Geduld als der Prinz, will's also lieber gleich umwenden, daß sie die runden hervorliegenden Figuren sehn, den rauhen biedern Odoardo, den feinen guten Appiani, den Engel Emilia, den schönen frechen infamen Sünder Angelo und den noch infamern Filou und Hofschranzen Marinelli. ›Der Künstler scheint mit dem Auge gemalt zu haben, weil so wenig auf dem langen Wege aus dem Auge durch den Arm in den Pinsel verloren gegangen ist; alles wie aus dem Spiegel gestohlen; das Stück soll nicht aufgehangen werden, soll bei der Hand bleiben, nicht wahr‹?

Das erste also, was ich von diesem Trauerspiel zu sagen habe, ist, daß es mir gefallen hat. Das heißt nun wohl eben nicht viel gesagt, aber es ist auch nie meine Sache gewesen, viel zu sagen; und wer da sagte, daß es ihm nicht gefallen habe, der hat doch noch weniger gesagt. Freilich wenn ich verstünde, was zu einem guten Trauerspiel gehört, so könnt' ich's alles weitläufig mit Gründen belegen und sagen so und so und dies und das und darum. So aber kann ich nur schlechthin sagen, was mir sonderlich gefallen hat, und das will ich frei tun, damit mich der Maler Conti nicht ins Kloster schicke. Sonderlich denn hat mir gefallen der Stolz des Malers Conti in seinem Gespräch mit'm Prinzen, sonderlich, daß Camillo Rota das Todesurteil doch wohl nicht mitgenommen hatte, sonderlich der Morgenbesuch des alten Odoardo, sonderlich Pirro und Angelo, sonderlich Odoardo und Claudia, sonderlich, daß Emilia nichts von dem Grafen Appiani auf dem Herzen behalten wollte, sonderlich die melancholische Schwärmerei des Grafen Appiani, sonderlich sein Gespräch mit dem Hofschranzen, sonderlich Angelo und Marinelli, sonderlich Emilia, sonderlich Marinelli und Claudia, sonderlich Orsina und Marinelli, sonderlich Odoardo und Orsina, sonderlich Marinelli, der Prinz und Odoardo, sonderlich das ganze Stück von der ›Kunst, die nach Brot geht‹ bis zu Odoardos schönem ›Zieh hin‹.

Der Schuß im 1. Auftritt des 3. Aktes hat mich recht erschreckt; ich war mir auf hundert Meile noch keinen Schuß vermuten(sic!). Auch die Orsina hat mich ein paarmal recht supreniert; der Henker erwarte so viel Geist, Entschlossenheit und feste Wut von einer solchen Nickel; 's ist gar ein verteufeltes Weib, aber meisterhaft wie die andern.

Ein Ding hab ich nicht recht in Kopf bringen können, wie nämlich die Emilia (S. 149) so zu sagen bei der Leiche ihres Appiani an ihre Verführung durch einen andern Mann und an ihr warmes Blut denken konnte. Mich dünkt, ich hätt' an ihrer Stelle nackt durch'n Heer der wollüstigsten Teufel gehen wollen, und keiner hätt' es wagen sollen, mich anzurühren. Doch das kommt mir wohl nur so vor, und ich hab's bloß gesagt, damit ich mich ganz ledig sagte. Wollt's auch für viel nicht mit Herrn Lessing verderben. Er fackelt nicht; zwar er gäb' sich auch mit'm schlichten Boten wohl nicht ab, er ist's so mit Geheimden Räten gewohnt.«

Der Dichter und Übersetzer Johann Heinrich Voß hat einmal über einen Besuch bei Claudius berichtet: »Vorgestern war ich mit Bode und Cramer bei Claudius in Wandsbeck und blieb die Nacht daselbst. Wir gingen in dem kleinen Holze spazieren, wo es überaus angenehm ist. Die Nachtigallen sangen wunderschön. Wir lagerten uns im Grase und hörten ihnen eine halbe Stunde zu. Claudius war von der Nachtigall gerührt und erzählte mir die Geschichte mit seiner Frau. Er hat ein vortreffliches Herz und verdiente glücklicher zu sein. Seine Frau ist wirklich sehr artig, und sie lieben sich beide auf's äußerste. Aber heiraten hätte er noch nicht sollen. Die Zeitung trägt nicht so viel, daß eine Familie davon leben kann. Indes ist Claudius immer zufrieden und munter und seine Frau auch. Wechselweise wiegen sie ihre Tochter oder tragen sie auf dem Arm herum. Ich habe mich gewundert, wie schön der Bote Wiegenlieder singen kann.«

Das Leben des Redakteurs Claudius verlief in äußerster Bescheidenheit. Der schmale Verdienst reichte kaum für das Notwendigste. Doch alle, die den bescheidenen, aber ungemein gastfreundlichen und oft heiteren Poeten besuchten, waren von seiner Aufrich-

Ein Weihnachtsabend bei Claudius. Neben Matthias Claudius (4. v. re.) Friedrich Gottlieb Klopstock (sitzend)

tigkeit, seiner teilnehmenden Menschlichkeit, von seinem Wissen und seiner Toleranz begeistert. Claudius war der Sohn eines Pfarrers. Er selbst war ein frommer, jedoch erst im Alter konservativer und dogmatischer Christ, der zeitlebens, besonders häufig auch im »Wandsbecker Bothen«, zu theologischen Fragen engagiert Stellung bezog. Aber seine Frau, seine zahlreichen Kinder – 12mal wurde er Vater, zwei Kinder starben früh – standen stets und für jeden weithin sichtbar im Zentrum seines Lebens.

»Ich habe, was Sie vielleicht nicht wissen, schon vor einigen Jahren ein Bauernmädchen aus Wandsbeck gefreit und dies Mädchen hat itzo einen hochrunden Leib und soll alle Stunden gebären und da kann ich unmöglich von ihr wegreisen, bis sie geboren hat, und denn muß ich ihr Warmbier kochen, mein lieber Gleim, und das Bett zurecht legen usw. Dazu kommt, daß ich etwas übersetze, das zu Weihnachten fertig sein soll, so daß ich noch nicht absehe, wie ich mich dem Kanonikus (= Gleim) in diesem Jahr noch zeige. Ein Kind habe ich schon, ein Mädchen von beinahe 2 Jahren, das hier neben mir am Tisch sitzt und mit Gewalt die Feder haben will. Das Erstgeborene war ein Junge, den hab ich aber nicht mehr; nun kommt wieder 'n Junge, den Gott geleite! Seit Johannis (= 21. Juni) schreib ich den Bothen nicht mehr und hätte eine kleine Stelle freilich wohl nötig, aber es hat von jeher nicht mit mir fort wollen. Ich möchte am liebsten auf dem Lande eine Stelle, die mir Zeit übrig ließe, und da wäre, denk ich, Postmeister wohl das beste. Ich kann auch zur Not Organist werden, aber die Stellen sind gewöhnlich auf dem Lande gar zu armselig, ob ich wohl nicht eben hoch hinaus will. Ich habe noch eine alte Mutter zwischen Hamburg und Lübeck, die vielleicht nur noch ein paar Jahre zu leben hat; je näher ich also bei Hamburg oder Lübeck bleiben kann, desto lieber tue ichs.«

Das Kind sollte kein Junge werden, sondern eine Tochter: Christiane. Die Geburt fällt in eine bittere Zeit: Die allzu kleine Auflage des »Wandsbecker Bothen«, von Claudius früh befürchtet, hat am 22. Juni 1775 zu seiner Kündigung geführt – ohne Ankündigung,

von heute auf morgen. Die Not ist wieder einmal groß. Claudius muß sich bewerben. Eine Fürsprache des Freundes Herder empfiehlt ihn nach Darmstadt:

Hochwohlgeborner Herr,

Gnädiger Herr Präsident,

ich habe einen Brief von Ero. Excellence an den Herrn Konsistorialrat Herder in Bückeburg gelesen und bin von der Nachsicht und großmütigen Güte, mit der Ero. Excellence darin von mir und einer Versorgung für mich zu sprechen geruhen, um desto lebhafter gerührt worden, da es mir so unerwartet kommt und alle meine Erwartungen so sehr übertrifft, ich auch überzeugt bin, daß ich alles meinem Freunde und Ero. Excellence Edelmut zu danken habe.

Ich habe eine alte Mutter, die ich, so lange sie noch lebt, ungerne verlasse; aber meine itzige Situation ist von der Art, daß ich eine irgend erträgliche Versorgung mit beiden Händen ergreifen muß, vielmehr eine so vorteilhafte als die ist, mit der Ero. Excellence mich beehren wollen. Es bliebe also nur die Frage, ob ich mir getrauen dürfte, eine solche Stelle anzunehmen, da einem ehrlichen Manne eine strenge Erfüllung der Pflichten, die er über sich nimmt, doch immer die Hauptsache bleibt. Und hierüber will ich aufrichtig und gerade heraus sein. Wenn ich von meiner Neigung sprechen dürfte, so ist die für ein einsames Leben, für ein nützliches Wirken im Stillen, für Feld und Wald und Bauernvolk von jeher gestimmt gewesen; das darf ich auch noch sagen, daß ich es an gutem Willen, herzlicher Tätigkeit und Treue nicht werde fehlen lassen; ob ich aber Geschick genug habe, ein Rad in der Maschine zu sein, dadurch ein Fürst seine Vatermilde über sein gutes Landvolk ausbreiten will, das weiß ich nicht, weil ich noch keine Erfahrung davon gemacht habe und ich nichts von mir annehmen mag, als was ich aus gehabter Erfahrung weiß, und ich noch keine Erlaubnis habe, auf die Winke und den guten Rat desjenigen zu rechnen, unter dessen Oberaufsicht die ganze Maschine ihre Wirkung tun soll. Sollten Ero. Excellence nach diesem Bekenntnis mich dieser oder einer andern kleinen Stelle einigermaßen würdig finden; so dürfte ich wohl hoffen, daß meine Überkunft bis zur gelindern Witterung Zeit hätte, da ich vor einigen Wochen erst wieder Vater geworden bin!

Ich empfehle mich Ero. Excellence hohem Wohlwollen und habe die Ehre mit der dankbarsten Hochachtung zu sein Ero. Excellence untertäniger Diener

Matthias Claudius

Claudius erhält die Anstellung. Herder soll Claudius in Darmstadt ein möbliertes Haus zur Miete beschaffen; der Dichter will nichts mitnehmen als »12 Hemden und neun Bücher«. Seine Frau Rebecca sieht das etwas anders, doch immerhin müssen Frachtkosten gespart werden. Drei Wochen lang feiert die Familie in Wandsbek Abschied, besucht Freunde und Verwandte in Hamburg und Lübeck. Im März 1776 rollt der Reisewagen schließlich in Richtung Süden. Aus Darmstadt kommen bald wehmütige Briefe:

»Wir haben einen großen Saal für Fremde, eine gute Stube für uns, und eine andre, wo der Nachttopf steht, und noch eine für Stina, und eine Küche, darin viel gebraten werden kann und wenig gebraten wird, und einen Keller, wo kein Wein darin ist, und einen Holzstall und ein Waschhaus und keinen Garten und so hol der Henker den großen Saal und die Stube für uns und die Stube mit dem Nachttopf und Küche und Keller und Waschhaus. (...) Von meiner hiesigen Lage weiß ich nicht eigentlich, was ich schreiben soll. Die Gegend ist hier ein Paradies, ich habe auch Essen und Trinken und noch übrig zu Coffee und Tabak, aber so sehr am rechten Ort als in Wandsbeck bin ich hier nicht; so gute Luft für meine Brust und so gute Freunde für mein Herz habe ich hier auch nicht, und also seht ihr, daß mir manches fehlt ad bene beateque vivendum (= um gut und glücklich zu leben) nach meiner Art; sonst aber kann ich nicht klagen und klage auch nicht, aber ich ginge lieber zurück, und meine Rebecca träumt auch immer von Wandsbeck und Reinfeld und Lübeck und Lüneburg und Lütjenburg und Hamburg usw.«

Claudius versucht sich ziemlich erfolglos als Mitarbeiter der Landkommission und redigiert deren »Hessen-Darmstädtische Privilegierte Land-Zeitung«, doch Präsident Moser ist mit dieser Tätigkeit bald alles andere als zufrieden und schreibt an den Dichter: »Ich hatte immer noch die heimliche Hoffnung bei mir genähret, daß Sie Lust und Geschmack an dieser Art Arbeit bekommen und mit Wärme und Eifer in eine Beschäftigung mit eingehen würden, welche wahre reine Menschenliebe zum Zweck und Gegenstand hat. Mit Betrübnis muß ich aber wahrnehmen, daß Ihnen je länger je mehr alles anekelt, was Landkommission heißt, daß Sie sich harte, unbillige und unbegründete Urteile über unsere Geschäfte erlauben, deren Zusammenhang Sie nicht einmal kennen, noch je gründlich zu kennen verlangt haben, mich selbst aber als einen einfältigen Tropf darstellen, der sich von schlechten Leuten wie einen Bären an der Nase herumführen ließe.«

Claudius, so hatte Johann Heinrich Merck beobachtet, »glaubte, bei der neu angestellten Landkommission viel Gutes stiften zu können. Er, dessen Herz aufwallte, wenn er einen Bauern und einen grünen Baum erblickte, bekam dafür nichts als ein Büro von Tabellenschmieden, Projekte zu neuen, windigen, unpraktischen Verordnungen, und – was das Schlimmste – einen aufgeblasenen, zweideutigen Direktor zu sehen. Er, dessen Nacken sich nicht gern für irgendjemand beugte, beugte sich also noch weniger vor der Würde seines Chefs und ward daher von ihm bald bei dem Präsidenten als ein ›untauglicher Faulenzer‹ angeschwärzt.«

So bat Claudius um Entlassung. Er ließ all seine Habe versteigern, und die Familie begab sich im April 1777 auf den Weg zurück nach Wandsbek – in eine ungewisse Zukunft. Eine Zeitlang spielte Claudius, gemeinsam mit Klopstock und Wieland, mit der Idee der Auswanderung nach Tahiti, das damals vielen als Inbegriff des Paradieses galt. Doch er wußte nur allzu gut um seine mangelnde Eignung zum Weltenbürger ...

Urians Reise um die Welt,
mit Anmerkungen

Wenn jemand eine Reise tut,
So kann er was verzählen;
Drum nahm ich meinen Stock und Hut,
Und tät das Reisen wählen.

Tutti
Da hat Er gar nicht übel dran getan;
Verzähl Er doch weiter Herr Urian!

Zuerst ging's an den Nordpol hin;
Da war es kalt, bei Ehre!
Da dacht ich denn in meinem Sinn,
Daß es hier besser wäre.

Tutti
Da hat Er gar nicht übel dran getan;
Verzähl Er doch weiter Herr Urian!

In Grönland freuten sie sich sehr,
Mich ihres Orts zu sehen,
Und setzten mir den Trankrug her;
Ich ließ ihn aber stehen.

Tutti
Da hat Er gar nicht übel dran getan;
Verzähl Er doch weiter Herr Urian!

Die Eskimo sind wild und groß,
Zu allem Guten träge;
Da schalt ich einen dicken Kloß,
Und kriegte viele Schläge.

Tutti
Da hat Er gar nicht übel dran getan;
Verzähl Er doch weiter Herr Urian!

Nun war ich in Amerika;
Da sagt ich zu mir: Lieber!
Nordwestpassage ist doch da;
Mach dich einmal darüber!

Tutti
Da hat Er gar nicht übel dran getan;
Verzähl Er doch weiter Herr Urian!
(…)
Von hier ging ich nach Mexiko;
Ist weiter als nach Bremen,
Da, dacht ich, liegt das Gold wie Stroh;
Du sollst'n Sackvoll nehmen.

Tutti
Da hat Er gar nicht übel dran getan;
Verzähl Er doch weiter Herr Urian!

Allein, allein, allein, allein,
Wie kann ein Mensch sich trügen!
Ich fand da nichts als Sand und Stein,
Und ließ den Sack da liegen.

Tutti
Da hat Er gar nicht übel dran getan;
Verzähl Er doch weiter Herr Urian!
(…)
Nach Java und nach Otaheit,
Und Afrika nicht minder;
Und sah bei der Gelegenheit
Viel Städt und Menschenkinder;

Tutti
Da hat Er gar nicht übel dran getan;
Verzähl Er doch weiter Herr Urian!

Und fand es überall wie hier,
Fand überall'n Sparren,
Die Menschen gradeso wie wir,
Und ebensolche Narren.

Tutti
Da hat Er gar nicht übel dran getan;
Verzähl Er doch weiter Herr Urian!

In den Jahren 1775 bis 1778 veröffentlichte Claudius drei Bände seiner »Sämmtlichen Werke«; zumeist enthalten sie seine Schriften aus dem »Wandsbecker Bothen«, der »Hessischen Landzeitung« und dem von Voß herausgegebenen »Musenalmanach«. (Um den Verkauf seiner Bücher mußte Claudius sich selbst kümmern, und auch das Geld für Papier und Druck hatte er aus eigener Tasche vorzuschießen.)

Claudius' erstes Kind, ein Sohn mit Namen Matthias, überlebte die Geburt nur wenige Stunden. Der Junge habe, so schreibt Claudius, nur so lange gelebt, »daß er einmal recht herzlich zum Monde aufweinen konnte«. Für den Vater, der selbst als Kind den Tod dreier Geschwister erleben mußte, wurde der Tod nicht nur im Leben, sondern vor allem in seiner Dichtung ein ständiger Begleiter. Viele Gedichte umkreisen dieses Thema immer wieder.

An den Tod. An meinem Geburtstag (1773)

Laß mich, Tod, laß mich noch leben! –
Sollt' ich auch wenig nur nützen,
Werd' ich doch weniger schaden,
Als die im Fürsten-Schloß sitzen
Und üble Anschläge geben
Und Völkerfluch auf sich laden;
Als die, die Rechte verdrehen,

Statt nach dem Rechten zu sehen;
Als die, die Buße verkünden
Und häufen Sünden auf Sünden;
Als die da Kranke zu heilen,
Schädliche Mittel erteilen;
Als die da Kriegern befehlen
Und grausam ihnen befehlen;
Der Helden Kriegskunst nicht nützen,
Um Länder weise zu schützen.
Tod, wenn sich diese nicht bessern,
Nimm die aus Häusern und Schlössern!
Und wenn du sie nun genommen,
Dann, Tod, sei mir willkommen.

Ein kurzes Gedicht mit dem Titel »Der Tod und das Mädchen« (1775) hat eine tiefe Spur in der nachfolgenden Romantik hinterlassen. Franz Schubert hat es zusammen mit anderen Claudius-Gedichten vom Tod vertont, zunächst als Lied und später als Streichquartett.

Der Tod und das Mädchen

Das Mädchen. Vorüber! Ach, vorüber!
Geh, wilder Knochenmann!
Ich bin noch jung, geh Lieber!
Und rühre mich nicht an.

Der Tod. Gib deine Hand, du schön und zart Gebild!
Bin Freund, und komme nicht, zu strafen.
Sei gutes Muts! ich bin nicht wild,
Sollst sanft in meinen Armen schlafen!

Als die Tochter Christiane im Alter von 21 Jahren stirbt, schreibt der Vater dieses Abschiedsgedicht:

Christiane

Es stand ein Sternlein am Himmel,
Ein Sternlein guter Art;
Das tät so lieblich scheinen,
So lieblich und so zart!

Ich wußte seine Stelle
Am Himmel, wo es stand;
Trat Abends vor die Schwelle
Und suchte, bis ich's fand;

Und blieb denn lange stehen,
Hatt' große Freud' in mir,
Das Sternlein anzusehen;
Und dankte Gott dafür.

Das Sternlein ist verschwunden;
Ich suche hin und her,
Wo ich es sonst gefunden,
Und find' es nun nicht mehr.

Als Claudius 1777 von Darmstadt nach Wandsbek zurückkehrt, ist er ein anderer. Die unglücklichen Jahre haben Spuren hinterlassen, und seine Heiterkeit wird seltener. Aber zu seiner Freude kann er wieder in die einstige Wohnung einziehen und sich als Übersetzer aus dem Englischen und Französischen, zudem als Erzieher der Kinder eines Freundes leidlich über Wasser halten. Der Dichter ist ein vorzüglicher Klavierspieler, und wenn Freunde ins Haus kommen – was eigentlich immer der Fall ist –, hören sie die gesamte Familie musizieren. Claudius liebt auch das Kegeln, und er läßt sich sogar zum Präsidenten aller Kegler und Keglerinnen ausrufen. Da ihm Graf Schimmelmann erlaubt hat, jederzeit einen Karpfen aus dem Wandsbeker Schloßteich zu holen, gibt es auch des öfteren ein Festmahl im Hause des Dichters. Im Sommer 1778 führt der Erbfolgekrieg Preußens mit Österreich in Deutschland zu allgemeiner Besorgnis. Für Claudius liefert er den Anlaß zu einem Gedicht, das bis heute aktuell geblieben ist:

Kriegslied (1779)

's ist Krieg! 's ist Krieg! O Gottes Engel wehre,
Und rede Du darein!
's ist leider Krieg – und ich begehre
Nicht schuld daran zu sein!
Was sollt' ich machen, wenn im Schlaf mit Grämen
Und blutig, bleich und blaß,
Die Geister der Erschlagnen zu mir kämen,
Und vor mir weinten, was?
Wenn wackre Männer, die sich Ehre suchten,
Verstümmelt und halb tot
Im Staub sich vor mir wälzten und mir fluchten
In ihrer Todesnot?
Wenn tausend tausend Väter, Mütter, Bräute,
So glücklich vor dem Krieg,
Nun alle elend, arme Leute,
Wehklagten über mich?
Wenn Hunger, böse Seuch' und ihre Nöten
Freund, Freund und Feind ins Grab
Versammleten, und mir zu Ehren krähten
Von einer Leich' herab?
Was hülf' mir Kron' und Land und Gold und Ehre?
Die könnten mich nicht freun!
's ist leider Krieg – und ich begehre
Nicht schuld daran zu sein!

Kriegerische Ereignisse werden auch die Ruhe im Hause des Dichters stören. Als Napoleons Truppen Hamburg besetzen und auch das dänische Wandsbek zum Heerlager wird, muß der nun 73jährige Claudius mit seiner Familie die Flucht antreten: Zuerst geht es nach Lütjenburg, dann nach Kiel und endlich nach Lübeck. Die Familie ernährt sich von Spenden guter Freunde. Erst nach Napoleons Abdankung kann sie wieder in das mittlerweile völlig verwüstete Haus in Wandsbek zurückkehren. Claudius läßt sich jedoch von solcherlei Widrigkeiten – seine Briefe zeigen dies – nicht aus dem seelischen Gleichgewicht bringen. Sein fester religiöser Halt, seine Zuversicht,

die auch nie die Toleranz gegenüber anderen Religionen außer acht läßt, und seine moralische Integrität schützen ihn vor jedem Pessimismus. Seinem Sohn Johannes, der Wandsbek in Richtung Hamburg verlassen hatte, um Kaufmann zu werden, sich dann aber doch zum Studium der Theologie in Schulpforta entschloß, hatte er im Jahre 1799 einen Brief geschrieben, in dem er die Leitsätze aus seiner eigenen Lebenserfahrung zusammenfaßte:

An meinen Sohn Johannes, 1799

Gold und Silber habe ich nicht; was ich aber habe, gebe ich Dir.

Lieber Johannes!

Die Zeit kommt allgemach heran, daß ich den Weg gehen muß, den man nicht wieder kömmt. Ich kann Dich nicht mitnehmen; und lasse Dich in einer Welt zurück, wo guter Rat nicht überflüssig ist.

Niemand ist weise von Mutterleibe an; Zeit und Erfahrung lehren hier und fegen die Tenne.

Ich habe die Welt länger gesehen als Du.

Es ist nicht alles Gold, lieber Sohn, was glänzet, und ich habe manchen Stern vom Himmel fallen und manchen Stab, auf den man sich verließ, brechen sehen.

Darum will ich Dir einigen Rat geben und Dir sagen, was ich funden habe und was die Zeit mich gelehret hat.

Es ist nichts groß, was nicht gut ist; und nichts wahr, was nicht bestehet.

Der Mensch ist hier nicht zu Hause, und er geht hier nicht von ungefähr in dem schlechten Rock umher. Denn siehe nur, alle andre Dinge hier mit und neben ihm sind und gehen dahin, ohne es zu wissen; der Mensch ist sich bewußt, und wie eine hohe bleibende Wand, an der die Schatten vorüber gehen. Alle Dinge mit und neben ihm gehen dahin, einer fremden Willkür und Macht unterworfen, er ist sich selbst anvertraut und trägt sein Leben in seiner Hand.

Und es ist nicht für ihn gleichgültig, ob er rechts oder links gehe.

Laß Dir nicht weismachen, daß er sich raten könne und selbst seinen Weg wisse.

Diese Welt ist für ihn zu wenig, und die unsichtbare siehet er nicht und kennet sie nicht.

Spare Dir denn vergebliche Mühe, und tue Dir kein Leid und besinne Dich Dein.

Halte Dich zu gut, Böses zu tun.

Hänge Dein Herz an kein vergänglich Ding.

Die Wahrheit richtet sich nicht nach uns, lieber Sohn, sondern wir müssen uns nach ihr richten.

Was Du sehen kannst, das siehe, und brauche Deine Augen, und über das Unsichtbare und Ewige halte Dich an Gottes Wort.

Bleibe der Religion Deiner Väter getreu und hasse die theologischen Kannengießer.

Scheue niemand so viel als Dich selbst. Inwendig in uns wohnet der Richter, der nicht trügt, und an dessen Stimme uns mehr gelegen ist als an dem Beifall der ganzen Welt und der Weisheit der Griechen und Egypter. Nimm es Dir vor, Sohn, nicht wider seine Stimme zu tun; und was Du sinnest und vorhast, schlage zuvor an Deine Stirne und frage ihn um Rat. Er spricht anfangs nur leise und stammelt wie ein unschuldiges Kind; doch wenn Du seine Unschuld ehrst, löset er gemach seine Zunge und wird Dir vernehmlicher sprechen.

Lerne gerne von andern, und wo von Weisheit, Menschenglück, Licht, Freiheit, Tugend etc. geredet wird, da höre fleißig zu. Doch traue nicht flugs und allerdings, denn die Wolken haben nicht alle Wasser, und es gibt mancherlei Weise. Sie meinen auch, daß sie die Sache hätten, wenn sie davon reden können und davon reden. Das ist aber nicht, Sohn. Man hat darum die Sache nicht, daß man davon reden kann und davon redet. Worte sind nur Worte, und wo sie so gar leicht und behende dahin fahren, da sei auf Deiner Hut, denn die Pferde, die den Wagen mit Gütern hinter sich haben, gehen langsameren Schrittes.

Erwarte nichts vom Treiben und den Treibern; und wo Geräusch auf der Gassen ist, da gehe fürbaß.

Wenn Dich jemand will Weisheit lehren, da siehe in sein Angesicht. Dünket er sich noch, und sei er noch so gelehrt und noch so berühmt, laß ihn und gehe seiner Kundschaft müßig. Was einer nicht hat, das kann er auch nicht geben. Und der ist nicht frei, der da will tun können, was er will, sondern der ist frei, der da wollen kann, was er tun soll. Und der ist nicht weise, der sich dünket, daß er wisse; sondern der ist weise, der seiner Unwissenheit inne geworden und durch die Sache des Dünkels genesen ist.

Was im Hirn ist, das ist im Hirn; und Existenz ist die erste aller Eigenschaften.

Wenn es Dir um Weisheit zu tun ist, suche s i e und nicht das Deine, und brich Deinen Willen und erwarte geduldig die Folgen.

Denke oft an heilige Dinge und sei gewiß, daß es nicht ohne Vorteil für Dich abgehe und der Sauerteig den ganzen Tag durchsäuere.

Verachte keine Religion, denn sie ist dem Geist gemeint, und Du weißt nicht, was unter unansehnlichen Bildern verborgen sein könne.

Es ist leicht zu verachten, Sohn; und verstehen ist viel besser.

Lehre nicht andre, bis Du selbst gelehrt bist.

Nimm Dich der Wahrheit an, wenn Du kannst, und laß Dich ihrentwegen hassen; doch wisse, daß D e i n e Sache nicht die Sache der Wahrheit ist, und hüte, daß sie nicht ineinander fließen, sonst hast Du Deinen Lohn dahin.

Tue das Gute vor Dich hin, und bekümmre Dich nicht, was daraus werden wird.

Wolle nur einerlei, und das wolle von Herzen.

Sorge für Deinen Leib, doch nicht so, als wenn er Deine Seele wäre.

Gehorche der Obrigkeit, und laß die andern über sie streiten.

Sei rechtschaffen gegen jedermann, doch vertraue Dich schwerlich.

Mische Dich nicht in fremde Dinge, aber die Deinigen tue mit Fleiß.

Schmeichle niemand, und laß Dir nicht schmeicheln.

Ehre einen jeden nach seinem Stande, und laß ihn sich schämen, wenn er's nicht verdient.

Werde niemand nichts schuldig; doch sei zuvorkommend, als ob sie alle Deine Gläubiger wären.

Wolle nicht immer großmütig sein, aber gerecht sei immer.

Mache niemand graue Haare, doch wenn Du Recht tust, hast Du um die Haare nicht zu sorgen.

Mißtraue der Gestikulation, und geberde Dich schlecht und recht.

Hilf und gib gerne, wenn Du hast, und dünke Dir darum nicht mehr; und wenn Du nicht hast, so habe den Trunk kalten Wassers zur Hand, und dünke Dir darum nicht weniger.

Tue keinem Mädchen Leides und denke, daß Deine Mutter auch ein Mädchen gewesen ist. Sage nicht alles, was Du weißt, aber wisse immer, was Du sagest.

Hänge Dich an keinen Großen.

Sitze nicht, wo die Spötter sitzen, denn sie sind die elendesten unter allen Kreaturen.

Nicht die frömmelnden, aber die frommen Menschen achte und gehe ihnen nach. Ein Mensch, der wahre Gottesfurcht im Herzen hat, ist wie die Sonne, die da scheinet und wärmt, wenn sie auch nicht redet.

Tue was des Lohnes wert ist, und begehre keinen.

Wenn Du Not hast, so klage sie Dir und keinem andern.

Habe immer etwas Gutes im Sinn.

Wenn ich gestorben bin, so drücke mir die Augen zu und beweine mich nicht.

Stehe Deiner Mutter bei und ehre sie so lange sie lebt, und begrabe sie neben mir.

Und sinne täglich nach über Tod und Leben, ob Du es finden möchtest, und habe einen freudigen Mut; und gehe nicht aus der Welt, ohne Deine Liebe und Ehrfurcht für den Stifter des Christentums durch irgendetwas öffentlich bezeuget zu haben.

Dein treuer Vater.

Am Ende seines Lebens zieht der nun schon kränkelnde alte Herr in das Haus seines Schwiegersohns, des Buchhändlers Friedrich Perthes, an den Jungfernstieg. In seinem 75. Lebensjahr stirbt

Matthias Claudius in Hamburg, am 21. Januar 1815. Man begräbt ihn auf dem Wandsbeker Friedhof, gleich neben der Grabstätte seines Gönners Schimmelmann und dessen Frau. Im »Valet an meine Leser« schreibt Claudius:

»Und somit will ich Feierabend machen und von meinen Lesern Abschied nehmen und zu guter Letzt noch einmal Hand geben. Ich entschuldige mich über meine Werke bei Ihnen nicht. Ich bin kein Gelehrter und habe mich nie für etwas ausgegeben. Und ich habe, als einfältiger Bote, nichts Großes bringen wollen, sondern nur etwas Kleines, das den Gelehrten zuwenig und zu geringe ist. Das aber habe ich nach meinem besten Gewissen gebracht; und ich sage in allen Treuen, daß ich nichts Bessers bringen konnte.«

EIN PARADIES IN FLOTTBECK
CASPAR VOGHT (1752–1839)

Im Jahre 1753 stattete Christlob Mylius, ein Vetter Gotthold Ephraim Lessings, Hamburg einen Besuch ab. »Da hörte man von nichts als Geld, Warencourant und Banco, leichtem und schwerem Gelde und tausend Kleinigkeiten«, notierte er danach. Seine Beobachtungen reihten sich in eine lange Liste skeptischer Hamburg-Urteile ein, die den Merkantilismus der Stadt mit scharfer Kritik bedachten. Selbst die sogenannten Gebildeten nahm Mylius nicht von seiner Schelte aus:

»Was noch je etwas von Universitäten an Verstande mitbringt, das frißt und säuft sich hier doch alles dumm. Weiber, Gärten, Schmäuse und Familienzeremonien sind der Gelehrten wie der Kaufleute meiste Beschäftigung.«

Ähnlich klingt es ein halbes Jahrhundert später bei dem Journalisten Garlieb Merkel, Kopenhagener Sekretär des Grafen Schimmelmann (des reichen Wandsbekers, der Matthias Claudius gelegentlich unter die Arme griff), wenn er Hamburgs »Gewinnsucht, Geldstolz, breiten Reichsstädtischen Philistersinn und Schlemmerei« geißelte, oder bei Wilhelm von Humboldt, der meinte, »der Luxus im Essen und Trinken ist sehr groß«, und »ziemlich groß« sei auch »die Sittenverderbnis«.

Das mochte alles zutreffen; und doch verdunkeln solcherlei Beobachtungen, daß die zweite Hälfte des 18. Jahrhunderts so etwas wie Hamburgs goldene Jahre waren. Nie zuvor hatte es zwischen Handel und Kultur eine so enge und fruchtbare Verbindung gegeben. Nie zuvor strahlten Musik und Poesie, Wohltätigkeit und Philosophie so hell über dem rührigen Treiben der Kaufleute. Nie zuvor hat Hamburg eine so magnetische Anziehungskraft gerade auch auf die Töchter und Söhne der Musen ausgeübt wie in den Jahrzehnten der Aufklärung. Deren heilsame Einflüsse kamen vor allem aus England – und nicht alle Kaufleute waren so musenfern, wie das Bild von den »Pfeffersäcken« glauben macht. Der Kaufmann Caspar Voght war vielleicht die ungewöhnlichste Persönlichkeit unter den hanseatischen Kaufleuten seiner Zeit. Da ein kleines Fragment seiner anschaulich beschriebenen Lebensgeschichte überliefert ist, wissen wir von ihm mehr als von anderen seiner zum Teil ebenfalls sehr verdienstvollen Weggefährten.

Was er seiner Stadt hinterlassen, worüber er in seinen vielen Briefen und theoretischen Abhandlungen berichtet hat, verbindet sich zu einem kleinen Kosmos, der den Glanz einer verantwortungsvollen Kaufmanns-Regentschaft beträchtlich erhöht hat. Seinen ererbten, durch geschickte Geschäftsabschlüsse später vermehrten Reichtum hat er wie wohl kaum ein anderer Hamburger seiner Epoche in den Dienst des kulturellen und sozialen Fortschritts gestellt. Nicht zuletzt aber hat er alles daran gesetzt, seine Bildung, seine humanen Überzeugungen bis ans Ende seines Lebens zu vervollkommnen. Arbeit an sich selbst statt Selbstzufriedenheit, Gemeinsinn statt Bequemlichkeit: Caspar Voghts Devise blieb nicht nur schöne Theorie, sondern gelangte auch zur praktischen Umsetzung.

Abendgesellschaft bei Baron Voght, um 1815

Gewiß verbanden in den »goldenen« Jahren Hamburgs während der Epoche der Aufklärung auch andere erfolgreiche Kaufleute das Geldverdienen mit edlen Zielsetzungen, aber Voght ragt zwischen ihnen hervor, weil für ihn Geist und Tat, Idee und Handeln, untrennbar waren.

Sein ausgeprägter Wunsch, sich dafür auch kräftig feiern und loben zu lassen, hing wohl damit zusammen, daß er der Sohn eines ungewöhnlich reichen Mannes war und seine eigenen Defizite als Erbe und Nachfahre mit rückhaltloser Schärfe diagnostizierte. Ein schlechtes Gewissen kann auch Gutes bewirken.

Die Kaufleute seiner Zeit haben ihn nach dem Ende seiner Firma bald vergessen. Aber daß der Jenisch-Park gerechterweise Voght-Park heißen müßte, daß »sein« Landhaus und nicht das pompöse Bürgerschloß des Barons Jenisch das bedeutsamere – und schönere – ist, daß sich darin einige Jahre lang Hamburgs erlesenste Geister trafen, daß man im Jenisch-Park, ja in ganz Flottbek, noch überall seine gestaltende Hand nachempfinden kann (z. B. an den strohgedeckten »Instenhäusern«) – viele achtlose Spaziergänger ahnen nichts mehr davon. Dabei zählt das Lebenswerk dieses Mannes, gehören Voghts schriftliche Ergüsse, seine Erinnerungen und Briefe ebenso wie sein tätiges Wirken als kultur- und sozialbewußter Handelsherr zu einem der strahlendsten Kapitel Hamburger Geschichte.

»Mein Durst nach Wissen war unersättlich; ich hörte aufmerksam zu, wenn Männer sprachen; konnte gar nicht wiedererzählen, was ich gelesen und gehört hatte; aber alle Erfindungsgabe war mir versagt, sowie die Gabe der Dichtung; und bis zu meinem jetzigen 87sten Jahre, habe ich weder eine Fabel noch eine Erzählung erfinden, noch einen Vers machen können, so innig mich auch alles Schöngedachte und Gesagte ergriff und sich meinem Gedächtnis einprägte. Den Horaz las ich früh; und alle bedeutenden Stellen seiner Oden und Episteln sind mir von daher noch heute gegenwärtig. (...) Gern saß ich zu den Füßen meiner Mutter, wenn sie die Laute spielte, aber tatenloser wie ich war wohl nie ein Knabe. (...) Mein Organ war zum Vorlesen trefflich, aber kein Sington wollte aus meiner Kehle. Das mußte ich bald aufgeben; aber bis zu meinen männlichen Jahren habe ich unendlich viel Zeit daran verwandt, es in der Musik, im Zeichnen weiterzubringen. Auge und Ohr waren gut, alle Theorie trefflich, mein Geschmack zart, mein Urteil rein, aber nie habe ich einen Baum, eine Landschaft, nicht einen Kopf, nicht eine Hand zeichnen können. Ich kannte die Regeln der Composition vollkommen, aber hervorbringen konnte ich nichts; und mit unsäglicher Mühe konnte ich es über den Generalbaß hinaus, auf dem Klavier zu keiner Fertigkeit bringen. Das hat mich oft sehr unglücklich gemacht, aber dagegen war nichts zu thun. Zu meinen Fehlern gehörte ein Grad des Leichtsinns, von dem man sich schwerlich einen Begriff machen kann. Bei allem was ich wollte, und ich wollte viel, übersah ich alle Schwierigkeiten; kam unbesonnen und vergeßlich, in häufige Verlegenheiten, aus denen ich mich meistens nicht ohne Gewandtheit herauszog (...).

(A)ber Liebe war in meinem Herzen. Innig und unbegrenzt war meine Liebe zu Eltern, Geschwistern und Lehrern; wie lebhaft das Bedürfniß, da wieder gut zu machen, wo ich gefehlt hatte! Warm mein Antheil an jeder Noth und mein Wunsch zu helfen wo ich konnte. Ich war wohl 7 Jahr, als meine Mutter mich mit in's Theater nahm. Das Bild des alten Hauses, die Loge steht noch vor mir; es ward (...) Richard III. aufgeführt. Als die Mörder in's Zimmer der jungen Prinzen traten, rief ich, meine Thränen waren lange vorher geflossen, mit lauter Stimme den jungen Prinzen zu, sie sollten sich retten. Das ganze Haus kehrte sich unwillig gegen die Loge; ich mußte nach Hause gebracht werden (...).«

Caspar Voghts Vater war der 12. Sohn eines Probstes aus der Umgebung Bremens und hatte es mit regem Handel zu einem beträchtlichen Vermögen gebracht. Der Sohn wuchs wohlbehütet heran, bis ihn eine schreckliche Krankheit ereilte, die ihm zeitlebens ins Gesicht geschrieben stand. Während einer langen Leidenszeit mußte er das Bett hüten. Es erging ihm dabei wie einem der Kranken aus Thomas Manns Romanen: Er erfuhr als »Moribunder« eine nicht nur für ihn selbst segensreiche Sublimierung.

»Die durch Lady Montague von Constantinopel nach London gebrachte Inoculation der Blattern war soeben in Hamburg bekannt geworden, und da gerade die Blattern der schlimmsten Art bei uns wüteten, sollten ich und meine beiden Schwestern soeben inoculiert werden, als die Seuche uns ergriff und mich besonders, auf eine fürchterliche Weise mißhandelte. Krankheiten anderer Art gesellten sich zu den Blattern, lange und oft. Während eines sechsmonatigen Krankenlagers erinnere ich mich nur, daß ich einst, unfähig zu sprechen und mich zu bewegen, meine Wärterinnen sagen hörte, nun wäre es aus, und daß in diesem Augenblick mir war, als wenn ein heller Glanz mich umleuchtete, und Freuden des Himmels mich umgaben. Die Folgen dieser Krankheit wirkten mächtig auf mein künftiges Leben, gaben ihm seinen Charakter, und erklären die Widersprüche, die sich in demselben finden werden (...).

(M)eine ganze Organisation war geschwächt; es war als wäre alles Sinnliche von mir abgestreift, und, wunderbar genug, was der Körper verlor, hatten die Geisteskräfte gewonnen. Mein Durst nach Wissen, mein ausdauernder Fleiß, der Schwung meiner Einbildungskraft, die Klarheit in meinem Kopf, die Wärme in meinem Herzen, alles war in einer höheren Potenz da; aber langsam, unglaublich langsam siegte der kaum merkliche Zuwachs körperlicher Lebenskräfte über die noch fortwährende innere Krankheit. Langsam kam der Haarwuchs wieder auf den kahlen Scheitel, auf den enthaarten Augenbrauen; und langsam verwuchsen die tiefen Spuren, mit welchen das fressende Übel die Züge meines Gesichts entstellt hatte.

(...) Neben meinem Krankenzimmer lag in einer Stube, aufgehäuft und bestäubt, eine Bibliothek, die mein Vater von seinem Bruder in London geerbt hatte. Es waren wohl dreihundert Bände in denen ich schwelgte (...). Alles blätterte ich, vieles studierte ich. Aus einer großen Vielseitigkeit entstand doch eine Einheit, und eigene Entwicklung brachte mich wohin wohl keine Lehrer mich gebracht hätten. Etwa im dreizehnten Jahre kam ich wieder unter die Menschen, aber tief in mir ist noch die Erinnerung aller Demütigungen, die ich nun und in den folgenden Jahren litt. Ich fühlte mich so weit über die jungen Leute meines Alters, und doch war ich in allen körperlichen Uebungen so ungeschickt; dem Ton der unter ihnen Mode war, so fremd. Sie konnten mich nicht als zu ihnen gehörig ansehen. Mit den jungen Mädchen ging es mir nicht besser, und wenn ihre Schönheit mich entzückte, so war kalte Höflichkeit alles was ich von ihnen erwarten konnte. Alles entfernte mich aus einer Welt, wo alles mich demütigte. Mein Vater hatte mich indessen auf's Comptoir genommen, und aus Liebe zu ihm übernahm ich gern die seelenlosen commerzialischen Arbeiten und tröstete mich mit der Sprachübung in den Briefen nach fremden Ländern, in Sprachen, die mein Vater nicht verstand, und in denen er vielleicht eine nicht kaufmännische Eleganz getadelt haben würde, die seine Correspondenten gewiß in Erstaunen setzte.«

Von der Krankheit geheilt, konnte Caspar Voght endlich das Gymnasium besuchen. Schließlich sollte aus ihm ein tüchtiger Kaufmann werden. Aber seine Interessen nahmen eine befremdliche, nicht nur seine Familie in Erstaunen versetzende Richtung:

»Meine Collegen auf dem Comptoir waren bisher rohe und ungebildete Menschen gewesen; nun hatte mein Vater einen jungen Sieveking, den Sohn eines wohlhabenen Tuchhändlers, (später einer der bedeutendsten Bürger, dessen Namen Hamburg noch mit Ehrfurcht nennt) aufgenommen. Er mochte einige Jahre älter sein als ich; durch ihn ging mir eine neue Welt auf. Mit angeborenem Scharfsinn hatte er sich frühe den Wissenschaften, der Sprachkunde, und mit Enthusiasmus der damals neu auflebenden Literatur hingegeben. Er war mit dem jungen Hudtwalcker, nachherigem Senator in Hamburg, innig vertraut. Beide hatten ihre Prosa nach Lessings Muster gebildet und in der lyrischen und idyllischen Gattung treffliche Sachen geliefert, aber ihre Reden blieben ein Geheimniß der Freimaurerlogen, und ihre Gedichte nur ihren Freunden.

(…) Wir stifteten die erste Lesebibliothek in Hamburg, und unser kleiner Club mietete ein Zimmer, in welchem Nicolai's deutsche Bibliothek, Weissens Bibliothek der Künste und Wissenschaften, die Göttinger gelehrten Anzeigen auf dem Tische lagen, von denen jene bald durch Lessings allmächtige, guten Geschmack verbreitende Litteraturbriefe verdunkelt wurden. Nicht beschreiben kann ich die Gefühle, welche die Geistesbefreiung der Zeit allgemein verbreitete; ihnen ähnelte späterhin das allgemeine Mitgefühl während des ersten Jahres der französischen Revolution. Noch empfinde ich die hohe Freude die mich erfüllte, wenn ich mit meinen beiden Freunden mich vor Sonnenaufgang aus dem Hause stahl, und am hohen Elbufer, auf dem Rasen hingestreckt, oder am friedlichen Ufer der Alster, den hehren Aufgang belauschte; sie mir ihre Ideen und Loblieder, ich ihnen meine Hymnen in nicht verächtlicher Prosa vorlas, und wir, durch Naturgenuß und Prosa beglückt, um 8 Uhr an unsere mechanischen Arbeiten gingen.«

Gegen solche Träumereien half am besten eine für Hamburger Kaufmannssöhne obligatorische Europa-Reise. Schließlich galt es ja auch, die geschäftlichen Kontakte der väterlichen Firma mit den auswärtigen Handelspartnern zu pflegen, und dafür eignete sich die Entsendung des künftigen Juniorchefs mehr als alles andere.

In England sollte der junge Hamburger vor allem die einflußreichen Bankiers kennenlernen, mit denen der Vater in enger Verbindung stand. Mehr allerdings als diese zogen ihn, glaubt man seinen Erinnerungen, deren Gattinnen und das Theater in den Bann.

»Die Größe Londons, die Schönheit seiner Brücken, der Wald der Masten auf der Themse, die Größe und Schönheit ihrer Kriegsschiffe, die Pracht der Docks und Dämme in ihren Häfen, der Reichtümer in ihren Arsenälen, erfüllte mich mit täglicher und stündlicher Bewunderung. Aber was war das alles gegen die der Zauberinsel so eigenen Naturschönheiten, die Ueppigkeit der Vegetation blühender Sträucher auf immer frischem dunkelgrünen Rasen, wogegen das Grün des Kontinents mir farblos erschien; die sanfte Abdachung ihrer Anhöhen, die, im Schatten hoher Eichen reinlich gehaltenen Pachthöfe, mit denen die sorgsam bebauten Felder besät sind, die reichen Ufer schöner Ströme; alles das füllte mich mit Entzücken. (...) Für die schönen Künste war mein Sinn noch nicht geöffnet; aber viele Stunden des Tages verwandte ich daran, den jetzigen Zustand der Litteratur in England kennen zu lernen. Viele Abendstunden widmete ich dem Theater. Lange konnte ich mich nicht an das Pathos der tragischen Declamation gewöhnen; es kam mir wie eine schwerfällige Melogen vor, und die Natürlichkeit der Bewegungen hatten die Engländer mit den Deutschen gemein. Kaum fing ich an mich daran zu gewöhnen, als ich das Glück hatte Garrick als Hamlet, König Lear und Richard III. zu sehen. (…) Vom ersten Augenblick an erregte er teilnehmende Aufmerksamkeit; Herr über die unglaubliche Beweglichkeit seiner Gesichtsmuskeln, des Blicks seinen hohen Auges; von einnehmender Liebe bis zur schrecklichsten Wut, das Einssein mit demselben Gefühl von der Haarspitze bis zur Fußsohle, ward sein Gefühl unwiderstehlich das Gefühl des Zuschauers. Nur mit dem, den er darstellte, fühlte man, lebte man, so lange man ihn sah; an ihn dachte man bis er wiedererschien, und erst spät, nachdem der Vorhang gefallen war, erinnerte man sich, das sei Garrick gewesen. Er war schuld daran, daß sich eigens einer der Bühnendichter bewegen ließ, mit mir den Shakespeare zu lesen, und an jedem Worte des Dichters hatte ich nun das Verständniß ganz, welches ich in Eschenburgs und Wielands Uebersetzung nur unvollkommen geahnt hatte.

(…) Wie nach vollendetem Aufenthalt in der glücklichen Insel meine Blicke über den Canal fielen, da erwachten alle meine Jugendträume wieder; ich eilte nach Paris. Es war eine andere Welt; leicht und gefällig bewegte sich alles um mich herum; meiner damaligen Stimmung nach, zu leicht. (…) Die damalige französische Lebensart, da man um 2 Uhr zu Tische ging, nachher noch Besuche machen, in's Theater und dann zu den lieblichen soupers gehen konnte, die mir so ganz neu waren, erlaubte mir, täglich die verschiedenen Theater zu besuchen (…).

In Bajonne traf ich einen hamburgischen Kaufmann und machte mit ihm die Reise durch Spanien nach Cadiz. In diesem Orte concentrierte sich noch damals der ganze Handel mit Süd-Amerika. Zahlreich war die Menge fremder und spanischer Kaufleute. Ein treffliches französisches, zwei spanische Schauspiele und eine recht gute italienische Oper und viele, täglich offene Häuser machten den Ort sehr angenehm. Sehr groß waren seine commerzialischen Verbindungen mit Hamburg. Ich gab mir alle mögliche Mühe meinem Vater, als Ersatz für meine großen Ausgaben, wichtige und jährlich sich wiederholende einträgliche Geschäfte zu verschaffen, und es gelang mir über meine Erwartung. Der Ernst der spanischen Männer mußte auf mich wirken, wenn ich auf sie wirken wollte; fremde Frauen waren fast gar nicht da. Nichts ist von den Französinnen entgegengesetzter als die Spanierinnen. In gesellschaftlichen Cirkeln, wohin sie nicht oft kamen, war auch nicht eine Spur von Gefallsucht in ihnen; keine Spur von Eitelkeit. Sie hielten die Männer in einer gewissen Entfernung und den Ketzer mehr als irgend einen andern. Das kochende Feuer in den Busen der Andalusierinnen brannte nur für einen Mann, mit einer Leidenschaft, von der keine Französin einen Begriff hat, und dann im tiefen Geheimniß verschleiert. Die Zeit welche mir übrig blieb, brachte ich auf das Studium der schönen spanischen Sprache zu, die ich mir bald gänzlich zu eigen machte. (...)

Ein Lehrer von der Universität in Madrid gab mir Unterricht in der spanischen Sprache. Eines Tages sagte er mir mit einer geheimnißvollen Miene, eine ihm bisher unbekannte Dame aus Malaga, deren Mann in Mexico eine hohe Charge bekleidete, die sich jetzt in Madrid befände, um die Zurückberufung ihres Mannes zu erbitten, habe mich in einigen der tulcas gesehen (so heißen die soirées, wo die Damen auf kleinen Stühlen umhersaßen, und die Männer fast auf den Knien vor ihnen sie mit Geschichten aller Art unterhielten; dann sangen die Damen wohl seguidillas, von der Guitarre begleitet, oder tanzten mit ihnen sehr bekannten Männern den Fandango; beides mit vielem Ausdruck und nationaler Leidenschaft). Sie habe erfahren, daß er mir Unterricht gebe, und habe Mittel jeder Art angewandt, ihn dazu zu bewegen, daß er auf irgend eine Weise mich ihr näher brächte. Er beschrieb sie mir als jung und schön; ich konnte nichts dawider haben, mich zu ihr führen zu lassen. Ich fand eine nicht große, aber äußerst gut gebildete Frau, ein graciöser Haarwuchs um eine liebliche Stirn, dunkle Locken an einen Hals hinunterfallend, dessen warme Tinte weder das eisige Weiß nördlicher Gegenden, noch das Braune südlicherer aufwies. Mehr zeigten die züchtigen Spanierinnen von ihren Reizen nicht, aber die feine Form der Hände, die kleinen gutgeformten Füße ließen alles Uebrige errathen. Umsonst suche ich mir die Mischung von äußerer Zurückhaltung mit dem feurigen Blick, dem klopfenden Busen zu versinnlichen, mit der sie so lange sich zurückhielt, bis sie sich überzeugt hatte, daß ihre Reize nicht ohne Wirkung auf mich geblieben wären. Was sie mir dann ward, kann nur der wissen, den eine Andalusierin geliebt hat. (…) Jede Stunde, die ich in Madrid den Geschäften und der Gesellschaft entziehen konnte, gehörte ihr; manchen Tag brachte ich ganz bei ihr zu, und diese, von der Natur mit Scharfsinn, Witz und Heiterkeit unglaublich begabt, die, außer in ihr Gebetbuch nie in ein ernsthaftes Buch geblickt hatte, hat mir auch nie eine Viertelstunde Langeweile gemacht.«

Schließlich in der Schweiz angelangt, bemühte sich Caspar Voght sogleich um Audienz bei einigen bekannten Gelehrten. Sie interessierten ihn offenbar sehr viel mehr als die vom Vater genannten Handelspartner. Er lernte in Zürich den jungen Schweizer Schriftsteller und Geistlichen Johann Kaspar Lavater, in Genf den Philosophen Voltaire kennen und führte mit ihnen ausführliche Konversation.

Weiter ging es nach Italien, wo ihn wiederum mehr als die väterlichen Geschäftsfreunde die schönen Künste und die Damenwelt entzücken sollten.

»Von hier aus besuchte ich Mailand, wo der kaiserliche Gouverneur Graf Firmian (…) mich gar gütig aufnahm. Sein Haus wie seine Bibliothek, welche damals eine in Italien seltene Sammlung englischer Bücher enthielt, stand mir offen. Von hier aus bereiste ich die vielen kleinen Höfe des damaligen Italiens. (…)

So kam ich auf meiner Rückreise nach Bergamo, wo meines Vaters Handelshaus, welches fast allen Verkauf italienischer Seide in Hamburg zu besorgen hatte, sehr viele Correspondenten zählte. Ich sollte bei dem Grafen Suardo, großem Gutsbesitzer, dessen große Seidenproductionen wir zu verkaufen hatten, wohnen. Ich ward von der untern Stadt, dem blühenden Wohnort der Fabrikanten, einen steilen Felsen hinauf zu dem obern Teil der Stadt geführt, wo die Paläste der Adligen waren. In einem dieser alten, ohne allen Luxus bewohnten Paläste ward ich durch den edlen Kreis empfangen, der ein vom österreichischen Felddienst zurückgezogener, auf seinen großen Gütern lebender österreichischer Generalfeldzeugmeister war. Seine Frau war von fast bürgerlichem Ansehen (...). Im Cabinet (es war ein herber Winter) saß am Kamin, nachlässig auf ihrem Sofastuhl hingelehnt, eine Frau von edler Gestalt; goldene Locken hingen um ihren weißen Hals; die schönen Arme lagen fast bewegungslos auf den Lehnen des Stuhls; in den sanften Zügen von classischer Schönheit war eine geistvolle Ruhe, die eine gewisse Tiefe der Gefühle verriet; ihr glanzvoller Blick war verschleiert wie durch eine fixe Idee.

(...) Nie hatte auf meiner langen Reise eine weibliche Gestalt diese tiefe und schnelle Wirkung auf mich gemacht. Signora Paulina Chrismondi, seit mehreren Jahren Witwe, hatte seit einigen Jahren ihren besten und einzigen Liebhaber und Freund, den Grafen Castelli, einen der ersten Literaten und einen der besten Dichter, in einer Sprache, in welcher der poetische Ausdruck so leicht war, verloren (...).

Ich trat an den Kamin; sie schien mich kaum zu bemerken (...). Sie schien nach und nach aufmerksamer zu werden; in den blauen Augen, die sie endlich auf mich richtete, schien ein Lächeln zu entstehen, es drückte Beifall, sogar Einverständniß aus; nie hat ein Bild mich so ergriffen (...). Dies Bild war vor mir, neben mir, als ich sie verließ und zu meinem Schlafzimmer geführt wurde. An sie dachte ich, meiner Ermüdung ungeachtet, in der langen Nacht (...).

Am andern Morgen schien ihr ganzes Wesen die Apathie verloren zu haben, in der ich sie gestern erblickte; sie war nicht lebhaft, aber ruhig ernst; ich hatte in ihrer Gegenwart nicht mehr die Zuversicht, mit der ich mich bisher den Frauen genähert hatte; sie war es, welche die Gegenstände der Unterredung wählte. Es war die schöne Natur Italiens, die Sitten seiner verschiedenen Bewohner, Kunst und Literatur. Der Ton ihrer Stimme, die Melodie ihrer Sprache entzückten mich; ich fühlte es, sie stehe weit über mir; mein höchster Wunsch war, ihr nicht zu mißfallen. So vergingen einige Tage; sie erfüllte mein ganzes Wesen. Was ist Liebe wenn es das nicht war was ich für sie fühlte! Ich wagte nicht, ihr etwas von dem zu sagen. (…) An jedem Tage kamen wir uns näher, schienen uns besser zu verstehen, zu erraten. Wir waren nur immer noch unter den Augen der Eltern, oder in dem kleinen Cirkel, den sie sahen, beisammen gewesen. Auch stumm an ihrer Seite zu sitzen war für mich der höchste Genuß; auch sie suchte die Gelegenheit, mir nahe zu sein, und doch hatte ich nicht den Mut gehabt, ihr ein Wort über dieses Verhältnis zu sagen. Zu schnell waren die 8 Tage verschwunden, die ich in Bergamo zuzubringen hatte. Der Graf und die Gräfin drangen in mich, zu bleiben. Mein guter Vater, so nachsichtig gegen mich, hatte mir nur 8 Tage für diesen Aufenthalt bestimmt. Er wollte mich zurückhaben und hatte mit allem väterlichen Ernst die Tage begrenzt, während welcher ich mich an jedem Orte meiner Rückreise aufzuhalten hätte. Mir zerriß das Herz, und doch erschrak ich, wenn ich daran dachte was daraus werden würde, wenn ich bliebe. Als ich abends Abschied nehmen wollte, sagte sie mir mit eigens bewegtem Tone, aber mit der Würde, welche sie nie verließ: ›Vous viendrez me voir demain matin.‹ Sie wohnte in einem Flügel des Palastes, wo sie ihren eigenen Haushalt hatte; ich war noch nie bei ihr gewesen; ich fand sie in ihrem Lehnstuhl, den Kopf auf ihren schönen Arm gelehnt. Ohne sich zu rühren, sagte sie mir mit einem Ton, in welchem Befehl und Bitte, Gewißheit und Wunsch durch einen ganz eigenen Zauber vereint waren: ›Vous ne partirez point.‹

(…) Ein lang verhaltenes Gefühl brach in mir heftig aus; ich fiel zu ihren Füßen, sie erhob mich, ich fiel in ihre Arme und – reiste nicht. Von nun an waren wir unzertrennlich in ihrem Hause, nur Mittags, in Bergamo um 2 Uhr, und spät abends waren wir bei den Eltern, die innig froh über die Veränderung waren, die mit Paulina vorging. Täglich wurden unsere Unterredungen inniger, stündlich wuchs ihr Vertrauen (…).

In den Zwischenstunden lasen wir die italienischen Dichter, selbst den Boccaccio. Lächelnde Laune stand ihr so gut, wie der Ausdruck tiefen Gefühls. Sie las spanisch, Stücke von Calderon und die schönsten der lyrischen Dichtungen, die im Parnasso espagnol gesammelt sind. Sie war die einzige Frau, die ich gekannt habe, die den nie erreichten, hochpoetischen Don Quixote würdigte und verstand. So flossen viel selige Tage dahin; ich erschrak oft über den Gedanken, daß sie aufhören mußten (...).«

Inzwischen war der Vater in Hamburg unruhig geworden, und dringende Briefe forderten die schnelle Rückkehr des Sohnes. So reiste dieser über Wien, Potsdam und Leipzig zurück an die Elbe, wo ihn das väterliche Comptoir erwartete.

»In Bergedorf, 2 Stunden vor Hamburg, kam mir meine geliebte Schwester entgegen (...). Sie hatte sich unendlich schön ausgebildet. Neben ihr saß im Wagen das Skelett eines 40jährigen Hamburger Stadtsekretairs, der in der Verehrung seines bürgerlichen Vaters erzogen, die ganze Pedanterie eines Spießbürgers hatte, der seine ganze Bildung auf der Universität erhalten hat. Sie war zu kurze Zeit verheiratet, zu jung um vorauszusehen, was ihr Leben sein würde; sie dauerte mich innigst, und nach dem nach 15 Jahr erfolgten Absterben ihres Mannes ist es mein Bestreben gewesen, sie so glücklich als möglich zu machen. Späterhin konnte ich das ihrem heiteren Sinn, ihrer Weltklugheit und ihrer Liebenswürdigkeit überlassen. Innig rührten mich die Freudenthränen meines Vaters und meiner Mutter; ich liebte sie von ganzer Seele. Wie viel war ich der gütigen Nachsicht meines Vaters schuldig. ›Weine nicht, mein Sohn‹, sagte der gute Alte, als auch meine Thränen flossen, ›wir haben dich ja wieder.‹ In meinem Innern sprach sich der Schwur aus, ihr Glück zu dem ersten Zweck meines Lebens zu machen, und jetzt, im 87sten Jahre meines Lebens, ist es mir ein hohes, unaussprechliches Gefühl, diesen Schwur auch nicht auf eine Stunde vergessen zu haben. Meine ältere Schwester, an meinen guten Freund Doorman verheiratet, mein einziger Freund Sieveking, teilten meine Umarmungen. Was hatte ich ihm nicht alles mitzuteilen! Natürlich war, daß alles übrige in Hamburg mir fremd und äußerst unschmackhaft war (...).

Mein Vater hatte mir und meinem Freunde einen kleinen Anteil in seiner Handlung gegeben, in der ich mein Geschäft mechanisch, fast ohne Gedanken, ohne alles Interesse, nur soviel zur Zufriedenheit meines Vaters, besonders während einer ziemlich langen Abwesenheit meines Freundes, nötig war, betrieb. Ich habe nie den Gedanken ausstehen können, die kostbare Lebenszeit zur Vermehrung des Vermögens zu verwenden. Meiner geistigen Unabhängigkeit war (welches wohl nur mir Idiosyncrasie zu entschuldigen ist) jedes Geschäft zuwider, das meine Thätigkeit beschränken konnte. Ich würde daher ein schlechter Arzt, Rechtsgelehrter, Magistrat geworden sein; aber dem Bedürfnis der Unabhängigkeit war der Trieb der Gemeinnützigkeit mindestens gleich.

(…) Ich ward Hamburger Bürger, ließ mich in die Bürgerwehr aufnehmen und übernahm nach der Reihe die kleinen bürgerlichen Officia, die auch unverheirateten Männern gegeben wurden. Das alles ließ mir bei meiner gewohnten Thätigkeit noch viel Zeit, mich der ersten Gesellschaft und den wenigen Cirkeln zu widmen, wo die geistvollsten Männer und Frauen sich versammelten. Ich ward Klopstocks Freund und Vorleser, sah bei der geistvollen Professorin Büsch (…) alle fremden Literaten und Dichter, die durch Hamburg und auch wohl dieses Cirkels wegen nach Hamburg kamen. Ich konnte es mir nicht ableugnen, daß ich eine in Hamburg ganz neue Erscheinung war, von den Männern angestaunt, von den Frauen für ganz liebenswürdig gehalten wurde. Bis zum Jahre 1781, als ich meinen Vater verlor, beschäftigte mich die Gesellschaft gar sehr. Ich stiftete einen zahlreichen Leseverein, aus welchem der Domherr Meyer noch jetzt lebt. Mit zwei leidenschaftlichen (…) Schauspielern richtete ich ein eigenes Theater ein, wo vor einem großen Publikum, ich unter geringeren Rollen, den Major Tellheim, den Odoardo, den Diego in Unzers Trauerspiel (…) spielte. Ich leitete die Subscriptionsbälle und Maskeraden. Als Schröder die Hamburger Bühne verließ, und Hamburg herumziehenden, schlechten Truppen preisgegeben werden sollte, vereinigte ich meine Freunde zu einer Subscription von 30 000 M., wozu mein Vater, der das Theater sehr liebte, bedeutend beitrug. Die Gesellschaft übernahm das Theater, und ich mit meinen beiden Freunden die Direction, die derer Unfähigkeit wegen (das mechanische darin ausgenommen) mir allein zufiel. Ich schrieb den Prolog zur Eröffnung des Theaters, welches mit einem der ersten Trauerspiele in Versen, ›Agnes Bernauerin‹ begonnen wurde.«

1781 starb der Vater im Alter von 73 Jahren. Die Zeit der sorglosen Vergnügungen war für den verwöhnten Sohn vorüber; von nun an mußte er sich alleine um das Geschäftliche kümmern. Zunächst schaffte er auch das. Caspar Voght führte das Handelshaus »Voght & Sieveking« zu seiner größten Blüte – allerdings war der Anteil seines Partners an diesem Erfolg beträchtlich.

»Mir, der ich Geldgeschäfte auf den Tod haßte und nicht verstand, mir ward die schwere Pflicht, das in der Handlung befindliche große Vermögen meiner Mutter zu administriren. Ich liebte meine Mutter innig, und der Gedanke, daß Unglück in den Geschäften sie um ihr Vermögen bringen konnte, bewog mich schon in den ersten Jahren, den bey weitem größten Theil des Vermögens der Handlung zu entziehen, weil der Abscheu für jede Beschränkung meiner Kräfte in einem engen geistlosen Kreis mir durchaus unmöglich war. Da ich über die Sicherheit des Vermögens meiner Mutter beruhigt war, wollte ich die Kräfte, die ich in mir fühlte, benutzen, um schnell dahin zu kommen, die Fesseln abzuwerfen, die mich drückten. Dazu kam ein Trieb der Eitelkeit, dessen ich mir bisher nicht bewußt worden war. Ich wollte der Börse, die mir gar wenig zutraute, beweisen, daß ich mit einem geringeren Capital größere Geschäfte glänzend durchzuführen im Stande sey.«

Voghts Lust am Landleben hatte in England neue Impulse erhalten. Als im Jahre 1785 einige Bauernhöfe am Elbufer, rund um das Flüßchen Flottbek, zum Verkauf standen, griff er zu und erwarb ein riesiges, hügeliges Gelände, um sich hier den Traum seines Lebens zu erfüllen. Zuerst dachte er nur an ein persönliches Refugium. Kaum im Besitz des Geländes, begann er jedoch, das Areal nach neuesten wissenschaftlichen und – nach englischem Vorbild – auch ästheti-

schen Gesichtspunkten zu einer »ornamented farm« umzugestalten und diese durch stetige Zukäufe Schritt für Schritt zu erweitern.

Unter seiner umsichtigen, die neueste Ökologie-, Agrar- und Botanikforschung berücksichtigenden Anleitung entwickelte sich das Anwesen zu einem wahren Landschafts- und Arbeitsparadies, wie man es in Hamburgs Umgebung nicht kannte. Kurz nach dem Erwerb des Geländes war Voght nach England gereist und hatte dort gründlich einige Land- und Herrensitze studiert, besonders den des Dichters Shenstone im Westen von London.

Aber es ging Voght keineswegs nur um den Ausbau eines malerischen Orts für großbürgerliches Wohlleben. Es ging ihm um die harmonische Verbindung von Kaufmannsfleiß und den sozialen Utopien der Epoche, von modernster Wissenschaft und Kultur. Geselligkeit und harte Arbeit sollten die Ideen der Aufklärung mit der natürlichen Beschaffenheit vor Hamburgs Toren und mit »hanseatischem« Handel und Wandel verschmelzen.

Etwa 30 Schüler wurden in Flottbek im Acker-, Obst- und Gemüseanbau unterrichtet. In Gewächshäusern wurden exotische Pflanzen gezüchtet. Nützlichkeit und Schönheit, aber auch sozialer Frieden in höchster Vollendung – das war der Leitgedanke des Musterguts. Auf seinen Reisen hatte Voght in Edinburgh den exzellenten Gärtner James Booth kennengelernt und ihn zum Umzug nach Flottbek bewogen. Hier entwarf Booth malerische Landschaften, legte künstliche Wasserfälle und Teiche an, errichtete eine Baumschule, zog exotische Baumsorten heran, etwa den Ginkgobaum, der dort noch immer zu finden ist und Hans Leip zu seiner gleichnamigen Erzählung anregte. Durch die Grünflächen und Wäldchen ließ Voght Spazier- und Arbeitswege legen, schuf idyllische Ruheorte mit Bänken und Seen, Statuen und Tempelchen. »Alles in Flottbeck ist in einem Geiste gedacht, ein Ganzes«, stellte ein Beobachter 1792 fest, fügte aber auch hinzu: »Der Geist Flottbecks ist ›au fond‹ Kaufmannsgeist.«

»Glückliche Tagelöhnerfamilien saßen am Sonntag vor den freundlichen Wohnungen, die ich ihnen erbaut hatte, mit ihren in eigener malerischer Landestracht wohlgekleideten Kindern, die ich durch einen jungen genialen Mann, der sie auch Gesang und

Musik lehrte, zu höherer Bildung, bei einfachen Sitten erziehen ließ, und frühe an ländliche Arbeit gewöhnte. Feste der Saat und der Ernte, des Alters und der Jugend, wechselten mit einander ab, von dem trefflichen Unzer besungen, und meinen Freunden geweiht, welche die schönere Jahreszeit in meiner Strohhütte und unter dem Schatten meiner Eiche zubrachten.«

»(…) Flottbecks Charakter ist heitere Ruhe und frohe Gemüthlichkeit (…). Hier und in einer andern ähnlichen nördenwärts vom Hofe gelegenen Reihe von kleinen Häuschen, wohnen außer dem Schmidt und dem Rademacher, etwa 25 Familien, deren Männer, Weiber und Kinder wohl 80 an der Zahl stete Beschäftigung bey der Landwirthschaft finden, die keine unverheiratete Knechte hält, und deren Intensität es möglich macht, bey einem Areal von 250 Tonnen, 3 bis 4000 Thaler jährlich an Tag- und Dienstlohn zu verwenden. (…) Einige von diesen Leuten sind mit dem Besitzer alt geworden, die mehrsten hat er zur Taufe, zur Trauung, und manche schon zu Grabe geführt. Es gab unter ihnen viele tüchtige Leute, deren häusliche Tugenden Achtung verdienten, und die dem Besitzer nicht selten Beweise treuer Anhänglichkeit gegeben haben.«

Bis 1797 hatte Voght nahe seinem Flottbeker Besitz in seinem Haus in Neumühlen gewohnt. Wenn er sich in Flottbek aufhielt, bewohnte er eines der alten Bauernhäuser, das aber 1793 durch einen Brand vernichtet wurde. Schließlich konnte er sein geräumiges Landhaus auf dem Farmgelände beziehen (von der Elbe aus gesehen links der heutigen Baron-Voght-Straße), das er sich von dem Hamburger Baumeister Johann August Arens bauen ließ. Darin ging es oft hoch her.

Im großen, nach Jahren der Verwahrlosung 1999 endlich wieder aufwendig renovierten Kaminsaal war nicht nur die hanseatische Welt der Sievekings und Reimarus, der Büschs und Hudtwalckers häufig zu Gast, sondern auch erlauchte Geister seiner Zeit. Gelegentlich gingen von hier aus auch Briefe nach Weimar an den Geheimrat Goethe, mit dem Voght wiederholt in Karlsbad beim beiderseitigen Kuraufenthalt zusammengetroffen war. Dieser hatte einmal

seinem Tagebuch anvertraut, Voght habe »hinter einer etwas rauhen bürgerlichen Schale (...) schöne Kenntnisse in literarischen Dingen«. Und einmal hatte er sich notiert: »Mit Baron Voght von Hamburg und ökonomischen Einrichtungen in Flottbeck, Mist von Hamburg per Schiff nach Flottbeck. Mit Voght über höhere Einsichten, woraus sich das Einzelne herleitet« – aber für einen Besuch Goethes in Flottbek fehlten dann doch die höheren Beweggründe. Auch mit Klopstock hatte er schließlich wenig im Sinn.

Voght, der den geselligen Umgang über alles liebte, blieb unverheiratet. Aber die Damen haben ihn gleichwohl immer verzaubert.

»Es mochte im Jahre 1784 sein, als ich die Bekanntschaft einer jungen Frau machte, die in allen ersten Gesellschaften Hamburgs eine glänzende Erscheinung war. (…) Diese, so allgemein geliebte Frau war klein, nicht einmal gut gebaut; eine dunkle Farbe deckte die nicht feine Haut ihres Gesichts; äußerst kurzsichtig, bedeckten nur zu oft die Gläser ihren Blick. Haarwuchs und Füße waren das einzige, was die Frauen schönes an ihr fanden, aber nie hatten Züge und Blicke mit einer größeren Mobilität Zartheit des Gefühls, Liebe und Güte, auf eine fast unbegreifliche Weise, mit Witz und Laune, mit Heiterkeit und Ernst verbunden. (…) Ihre Blicke drangen ins Herz (…). Sie kannte und liebte deutsche und englische, vorzüglich französische und italienische Literatur; sie hatte von den damals noch vorhandenen guten italienischen Sängerinnen das portamento, das *suave* in der Stimme gewonnen, womit sie die größten Arien damaliger Meister vortrug. Die italienische und französische Romanze, das deutsche Lied und die deutsche Ballade sang sie mit eigener Anmut. (…) Grazie war in allen ihren Bewegungen, und wo sie war, verschwand die Apathie in der Gesellschaft, und geistvolle Freude war um sie her. So wie ich damals war, konnte es nicht fehlen, daß ich diese so ausgezeichnete Frau für eine würdige Eroberung hielt; ich gab mir alle mögliche Mühe zu gefallen, und es gelang. (…) Ich accompagnierte sie auf dem Flügel, wie ich es in Italien gelernt hatte; sie war unerschöpflich in allen Mitteln, die Gesellschaft in lebendiger Bewegung zu halten. Komödie spielen, komische Aufzüge auf den Maskeraden, selbst unschuldige Redereien verbannten Langeweile und formelle Steifigkeit. (…) War es ein Wunder, wenn wir uns unentbehrlich und endlich unzertrennlich wurden?

(…) Zuletzt hatten (wir) Tugendhaften die Eifersucht ihres Mannes erregt. Eines Morgens sah ich sie bei einer vertrauten Freundin, die unsere Verbindung aus allen Kräften beschützt hatte. ›Wir müssen uns trennen,‹ sagte sie mit gebrochener Stimme (…) ›Sie müssen schnell abreisen (ich machte damals öfter Geschäftsreisen nach Frankreich und Belgien), wir werden uns vielleicht nach vielen Jahren erst wiedersehen, aber hindern soll man mich nicht, D i r dieses Andenken mitzugeben.‹ Hier schnitt sie sich eine lange Locke ihrer schönen Haare ab; Thränen benetzten sie, und wunderbar war die Ruhe und Festigkeit, mit der sie diese Worte sprach. (…) Von Schmerz und Freude erfüllt, sank ich zu ihren Füßen; ihr Mut sagte es mir, daß auch ich ein Opfer zu bringen hätte. Ich fühlte es, und doch rief ich schmerzlich aus: ›Wie unglücklich werde ich sein.‹ – ›Ich weiß,‹ sagte sie mit Engelsgüte, ›Du kannst mich nicht entbehren,‹ und nach einer kleinen Pause mit bedeutender Stimme: ›Du sollst mich nicht entbehren. Sprich mit meinen beiden Freundinnen,‹ und so entschlüpfte sie in ein Nebenzimmer. Ich eilte zu diesen; sie weinten mit dem beglückten Unglücklichen (…). Dann gaben die Freundinnen mir einen Brief von ihr; (…) sie gab sich ganz der höchsten Schwärmerei der Liebe hin; und das alles mit der Ruhe einer reinen Seele und der Energie, die in ihrem Charakter lag. Die Göttliche hatte mir die Entfernung zum Segen gemacht. Wöchentlich schrieb sie mir das Tagebuch ihres Herzens; wöchentlich ich ihr das meinige.

(…) Fast drei Jahre dauerte ununterbrochen diese einzige Verbindung, als veränderte Umstände ihren Mann bewogen hatten, in Altona ein Handelshaus zu errichten, was ihn ungemein beschäftigte. Nun versicherten mich meine Freundinnen, daß ich es wagen dürfte die Geliebte meines Herzens wiederzusehen und mit gehöriger Umsicht ihres Umgangs zu genießen. Es war in Flottbeck, als wir uns zuerst wieder in die Arme schlossen. (…) Ich durfte meinen Mund auf ihre Lippen drücken; es war nicht mehr bekämpfte Leidenschaft, Zeit und Entfernung hatten sie gereinigt. Inniges Einssein der Seelen, Zutrauen ohne Grenzen, Achtung ohne Maß, das war der Character der Liebe, welche die Leidenschaft besiegt hat, und auch dies schöne, seltene Gefühl, auch dies mußte mir Glücklichem werden.«

Am Ende des 18. Jahrhunderts hatte Voghts Firma, in der sein Freund und Partner Johann Heinrich Sieveking wohl den tragenden Part innehatte, dreihundert Mitarbeiter. Gewissermaßen nebenbei war Voght auch noch drei Jahre lang Direktor der Hamburger Bank. Während einer England-Reise hatte er sein Vermögen mit dem neu erblühten Amerika-Handel noch einmal beträchtlich vermehrt. Zu seinen besten Zeiten segelten 11 Schiffe unter seinem Namen.

Als Voghts Landhaus in Flottbek gerade fertig geworden war, ereignete sich jedoch eine persönliche Tragödie: Die sinkende Konjunktur im Kolonialwarenhandel und Veruntreuungen eines Angestellten hatten die Firma ruiniert und fast das gesamte Vermögen aufgezehrt.

»Dieses war das unglückliche Jahr, als der schnelle Fall der Colonialproducte allenthalben Bankerotte verursachte, und auch mich um die Hälfte meines geglaubten Vermögens brachte. Einige Symptome bewogen mich, die Sache näher zu untersuchen, und ich fand eine fürchterliche Unordnung, mir verschwiegene Verluste, Entwendungen, welche ein System von Lügen mir verborgen hatte. Der Elende, dem ich so unglücklicherweise mein Vertrauen geschenkt hatte, hatte indessen mir doch jahrelang in wichtigen Geschäften gedient. Ich verschaffte ihm eine einträgliche Directorstelle einer Assecuranzcompagnie und übertrug es einem alten, treuen Buchhalter, die zerstreuten Reste meines Vermögens zu sammeln, schränkte meine Ausgaben auf ein Sechstel der bisherigen ein, und freute mich darüber, daß es mich nicht schmerzte und daß meine Freunde sich mir, womöglich, noch näher gerückt sahen. Meine Ruhe und meine Heiterkeit erhielt sich bei dem vielen unangenehmen, was ich zu berichtigen und oft gut zu machen hatte, aber meine Gesundheit hatte gelitten (...).«

Noch einmal begab sich Voght nun, nachdem die Firma liquidiert worden war, auf weite Reisen. In Wien unterbreitete er dem Kaiser seine Reformprojekte zur Bekämpfung der Armut, mit denen er in Hamburg Furore gemacht hatte. Der Kaiser verlieh ihm den Titel eines Barons, den er geschmeichelt annahm, weil er, wie er betonte, zu nichts verpflichtete. Die Legende sagt, daß sich Hamburgs Kaufleute stets geweigert hätten, einen Adelstitel anzunehmen – gestimmt hat es nicht immer.

»Ich war in zwei bedeutenden bürgerlichen Officien werkthätig gewesen, aber das so wenig als der gestillte Durst des Wissens genügte meinem unwiderstehlichen Trieb zur Gemeinnützigkeit, als glücklicherweise in den Jahren 1786-87 das unsägliche Elend der untern Klassen in Hamburg, die ungeheuerste Bettelei, endlich einige Schriften des guten Professor Büsch und einige meiner Aufsätze, meine Mühe in den Versammlungen der patriotischen Gesellschaft das gesamte Publicum endlich zu einem einmütigen Entschluß gebracht hatte, diesem Elend durch eine verbesserte Armenordnung abzuhelfen. Büsch, der Syndicus Madsen, mein Freund Günther und ich setzten einen Plan durch, wie die Bürger selbst zu Vätern und Versorgern der Armut werden könnten. So etwas war bisher noch nirgend versucht worden. Die Stadt ward in 10 Armendistricte geteilt, zu deren Aufsicht mein Freund und ich nebst 8 älteren, minder tätigen Bürgern als Vorsteher gewählt wurde. (...) Jeder District war in 6 Quartiere abgeteilt worden. Drei der besten Bürger in jedem dieser 60 Quartiere wurden, nebst den Vorstehern, zur Untersuchung des Zustandes der Armen und zur Ausführung des von meinem Freunde und mir ferner zu bearbeitenden Planes gewählt. Mein Freund übernahm die Instruction für die Pfleger und die Medicinalordnung; ich die innere Organisation der Anstalt (...).

Im Winter 1802 kam an mich ein ähnliches Ansinnen aus Berlin. Der geheime Cabinetsrath Beyme führte mich zum Könige, der auf die verbindlichste Weise von mir verlangte, daß ich ihm meine Ansicht über die Armenhäuser und Armenanstalten in Berlin geben möchte. Ich that es, und als das geschehen war, folgte die Bitte, einer von seiner Majestät ernannten Commission meine Gedanken über eine Organisation der Armenanstalten selbst mitzutheilen. Die liebenswürdige Königin nahm an dem Fortgang meiner Arbeiten den wärmsten Antheil.

(...) Nach Hamburg zurückgekommen, fand ich die Armenanstalt im höchsten Flor. Auf den Punkt gekommen, der während 15 Jahre der Zweck meines unablässigen Strebens gewesen war, daß nämlich durch Erziehung der Kinder zur Industrie, durch Beschäftigung der Erwachsenen, durch zeitig angebotene zweckmäßige Hülfe jeder Art der Verarmung verhindert war, die Bettelei aufgehört hatte, und dem Pauperismus, diesem Krebsübel des Staates, ein Ende gemacht war. Nun war der Zeitpunkt gekommen, wo jene großen Ausgaben, die zur Erreichung so großer Zwecke das Publikum uns in jedem Jahre mit neuem Zutrauen in die Hände gelegt hatte, sich jährlich vermindern konnten und in wenig Jahren auf weniger als die Hälfte reduciert, diesen Zustand erhalten konnten.«

In Paris besuchte Voght im Jahre der französischen Besetzung Hamburgs Napoleon, wo er zu seinem Stolz auch diesem und der Kaiserin Josephine vorgestellt wurde und während der höfischen Festlichkeiten beide häufig zwei-, mindestens aber einmal wöchentlich aus der Nähe beobachten konnte. Zuletzt aber war sein Geld doch zur Neige gegangen. Er verkaufte sein gesamtes Flottbeker Anwesen an den gleichfalls geadelten jungen Senator Jenisch. Der ließ sich – die Zeiten waren nun nicht mehr die bescheidenen des 18. Jahrhunderts – von Arens (einige Pläne des zuerst beauftragten Friedrich Schinkel blieben leider unberücksichtigt) einen klotzigen Palast in unmittelbarer Nähe des Voght'schen Hauses errichten.

Voght mußte sich nun mit einem einfacheren Leben zufriedengeben. Er tat es mit Grandezza und ohne zu klagen. In seinem Haus durfte er bis zuletzt wohnen. Er blieb ein eifriger Briefschreiber und machte sich hochbetagt an die Niederschrift seiner Memoiren, obgleich er bescheiden meinte:

»Ich habe von jeher immer Widerwillen dagegen gehabt, als Schriftsteller zu erscheinen. Mich dünkte immer ein Nebenblick auf Ruf beflecke die Reinheit der Absicht. Nicht Worte wollte ich, sondern That, und unvergeßlich blieben mir die Worte des griechischen Baumeisters, der in einer Versammlung vor dem Volk den unpractischen Reden seiner Collegen ruhig zuhörte, und dann sich an das Volk mit den Worten wandte: ›Was diese Herren sagten, will ich thun.‹ «

Caspar Voght starb 1839 im Alter von 87 Jahren. Das Manuskript seiner Erinnerungen endet einigermaßen unvermittelt. Dennoch zeigt es, daß der in die Kunst und das Leben, die Poesie und die Damen zeitlebens verliebte Kaufmann und (Möchtegern-)Dichter ein aus allen herkömmlichen Kaufmanns-Rastern fallender Sonderling war: eine unermüdlich tätige und gestaltende, sich nicht mit den Unzulänglichkeiten der allgemeinen Lebensumstände abgebende Ausnahmeerscheinung, ein Ästhet von hohen Graden.

Gewiß war er auch ein übereifriger Nachempfinder, der – wie manche hanseatische Kaufleute bis heute – vor allem englische Lebensmuster zu imitieren suchte. Sicherlich hat er sich auch absichtsvoll etwas mehr stilisiert, als die Wirklichkeit beschaffen sein mochte. Aber er war ein liebenswerter Menschenfreund, ein überzeugter Aufklärer und ein wegweisender Patriarch, der nichts mehr haßte als merkantilen Eigennutz, pure Gewinnsucht, Geldstolz, Philistertum und bloße Prasserei. Darin jedenfalls ist dieser Kaufmann allen bis heute noch anzutreffenden, vermeintlichen oder tatsächlichen »Pfeffersäcken« ein nachahmenswertes Beispiel geblieben.

Leider gibt es auf dem Gelände des heutigen Jenisch-Parks kein Museum, das eingehender über Voght informiert. Es wäre eine lohnenswerte Aufgabe für innovative und dankbare Hamburger. Aber zumindest die Spaziergänger an der Flottbek können sich hineinversetzen in eine zwar untergegangene, aber immerhin noch in einigen Resten erkennbare Welt des schönen Traums vom irdischen Paradies und des nützlichen Gestaltens. Daß wir auch Caspar Voght zu den »Dichtern in Hamburg» gezählt haben, hätte den wackeren Kaufmann sicherlich mehr beglückt als alle seine geschäftlichen Erfolge.

»Ich hatte mich zu oft und zu lange mit Gegenständen der Wohlthätigkeit beschäftigt, um nicht zu wissen, daß nur der Wille uns gehöre, daß der Erfolg in der Hand der Vorsehung stehe, die besser als wir weiß wann und wie das Gute geschehen müsse; selbst gänzlicher Mangel an Erfolg dürfe unser Streben, Gutes zu wirken, nur mit neuem Muth zu neuen Versuchen beleben.«

»WO IST DAS HAUS, WO ICH GEKÜSST?«

HEINRICH HEINE (1797–1856)

Heine ist für alle da« konnte man im »Hamburger Abendblatt« zum 200. Geburtstag des Dichters lesen. Das war nicht immer so. Einmal hatte man ihn für 12 Jahre ausgebürgert. Seither ist Heinrich Heine eine Art Schutzheiliger der Emigranten geworden. Anders als die Emigranten der Hitler-Zeit wußte er nur nicht, daß er ins Exil gegangen war, als er sich 1831, nach einem Zerwürfnis mit seinem Onkel und lebenslangen Gönner Salomon Heine, in Paris niederließ. Vor seiner Abreise hatten ihn allerdings gutgemeinte Ratschläge erreicht, er möge »für eine Weile verschwinden«. Mit den Bundestagsbeschlüssen gegen das »Junge Deutschland« wurden seine Schriften verboten und dem Dichter bald weit Schlimmeres angedroht.

Als er am 13. Dezember 1797 als Harry Heine in Düsseldorf geboren wurde, erwartete ihn – so hat er selbst es beschrieben – »ein Höllenspektakel«. »Dein Großvater war ein kleiner Jude und hatte einen großen Bart«, hatte ihm sein Vater einst gesagt. Als der Knabe dies seinen Mitschülern erzählte, wurde »gelacht, gemeckert, gegrunzt, gebellt, gekräht«. Der Lehrer sorgte auf folgende Weise für Ordnung:

»(...) am Ende der Untersuchung ergab es sich, daß ich Ärmster überwiesen ward, durch meine Mitteilung über meinen Großvater den ganzen Lärm veranlaßt zu haben, und ich büßte meine Schuld durch eine bedeutende Anzahl Prügel. Es waren die ersten Prügel, die ich auf dieser Erde empfing. (...) Der Stock, womit ich geprügelt ward, war ein Rohr von gelber Farbe, doch die Streifen, welche dasselbe auf meinem Rücken ließ, waren dunkelblau. Ich habe sie nicht vergessen.«

Eigentlich hatte Heine Hamburger werden wollen. 1815, im Alter von 18 Jahren, besuchte er seinen reichen Onkel Salomon zum ersten

Mal in der Hansestadt. Dessen Wohnsitz lag freilich nicht auf Hamburger, sondern auf dänischem Boden an der Elbchaussee, gleich neben Rainvilles Garten. Heine bezog das kleine Gartenhäuschen im Park seines Onkels. Er trat bei ihm eine kaufmännische Lehre an, die aber vorzeitig endete. Ebenso vorzeitig endeten die Geschicke des kleinen Manufakturwarengeschäfts am Jungfernstieg, schräg gegenüber dem Alsterpavillon, das ihm der Onkel eingerichtet hatte: Mangels wirtschaftlichen Erfolgs mußte es nach einem Jahr wieder geschlossen werden. Salomon Heines angebliches Zitat: »Wenn mein Neffe was Ordentliches gelernt hätte, bräuchte er keine Bücher zu schreiben«, ist sprichwörtlich geworden. Doch obwohl Heine durchaus »etwas Ordentliches« gelernt hatte, nämlich die Juristerei, die er mit einem Examen und dem Doktortitel in Göttingen abgeschlossen hatte, entstand Buch um Buch. So konnte man 1997 mit einer Unzahl von Festlichkeiten den 200. Geburtstag eines Dichters feiern – und nicht etwa das Jubiläum eines Manufakturwarengeschäfts am Jungfernstieg.

Mit Heinrich Heine haben sich die Deutschen lange schwer getan – und er mit ihnen. Daß er zu den wichtigsten Autoren der deutschen Literaturgeschichte gehört, daß er als Überwinder einer bereits erstarrten romantischen Tradition ein Wegbereiter der Moderne war, daß sich viele seiner Werke auch im 21. Jahrhundert noch so lebendig und geistreich lesen wie je zuvor, das haben ihm seine nationalistischen, verbohrten Kritiker immer übelgenommen. Gerade das »Undeutliche«, Weltläufige und Ironisch-Vergnügte – das sich aus der Melancholie speiste – hat viele Teutonen (und Antisemiten) gegen ihn eingenommen.

Der Umgang der Hamburger mit diesem Dichter unterschied sich in nichts von dem der anderen Deutschen. »Bei Heine habe ich das Gefühl«, hat Martin Walser einmal gesagt, »von allen zu Denkmälern gewordenen Literaturpersonen fühlt sich sein Denkmal am wärmsten an.« Diese Worte müssen in Hamburg ungemütlich klingen. Hatte doch Hugo Lederer – dem wir das furchteinflößende Bismarck-Denkmal, aber auch das schönste steinerne Denkmal zweier Liebender auf dem Ohlsdorfer Friedhof verdanken – 1926 ein Heine-Denkmal im Stadtpark errichten dürfen. 1933 ließ der NS-Senat das Denkmal »dieses volksfremden Künstlers, der das deutsche Volk nie-

mals verstanden hat und der Mehrheit unseres Volkes immer fremd geblieben ist« (»Hamburger Tageblatt«) einschmelzen. 20 Jahre vorher hatte der Heine-Hasser Wilhelm II. das Heine-Denkmal aus dem »Sissi«-Park von Korfu an den Heine-Verleger Campe verkauft. Der wollte es der Stadt schenken, doch die wollte es nicht haben. Also ließ Campe es auf eigene Rechnung am Barkhof, am Durchgang von der Mönckebergstraße zur Spitalerstraße, aufstellen. Es wurde so oft besudelt und beschädigt, daß es 1926 in den Donnerschen Park an der Elbe verlegt werden mußte. Nur stand es auch dort nicht lange. Nach Korfu und Hamburg wurde 1933 Toulon seine bislang letzte Station. Der französische Schwiegersohn Campes hatte es dorthin in Sicherheit gebracht.

Seit 1982 steht auf dem Rathausplatz, der auch einmal Adolf-Hitler-Platz hieß, ein neues, Hugo Lederers Original nachempfundenes Heine-Denkmal. Vor allem dem Drängen Arie Gorals und Klaus Brieglebs ist das zu verdanken.

Die Hamburger haben viel Anlaß, gerade dieses Dichters mit besonderer Liebe zu gedenken.

Das neue Israelitische Hospital zu Hamburg

Ein Hospital für arme, kranke Juden,
Für Menschenkinder, welche dreifach elend,
Behaftet mit den bösen drei Gebresten,
Mit Armut, Körperschmerz und Judentume!

Das schlimmste von den dreien ist das letzte,
Das tausendjährige Familienübel,
Die aus dem Niltal mitgeschleppte Plage,
Der altegyptisch ungesunde Glauben.

Unheilbar tiefes Leid! Dagegen helfen
Nicht Dampfbad, Dusche, nicht die Apparate
Der Chirurgie, noch all die Arzeneien,
Die dieses Haus den siechen Gästen bietet.

Wird einst die Zeit die ewige Göttin, tilgen
Das dunkle Weh, das sich vererbt vom Vater
Herunter auf den Sohn, – wird einst der Enkel
Genesen und vernünftig sein und glücklich?

Ich weiß es nicht! Doch mittlerweile wollen
Wir preisen jenes Herz, das klug und liebreich
Zu lindern suchte, was der Linderung fähig,
Zeitlichen Balsam träufelnd in die Wunden.

Der teure Mann! Er baute hier ein Obdach
Für Leiden, welche heilbar durch die Künste
Des Arztes (oder auch des Todes!), sorgte
Für Polster, Labetrank, Wartung und Pflege –

Der Jungfernstieg zur Zeit Heinrich Heines

Ein Mann der Tat, tat er was eben tunlich;
Für gute Werke gab er hin den Taglohn
Am Abend seines Lebens, menschenfreundlich,
Durch Wohltun sich erholend von der Arbeit.

Er gab mit reicher Hand – doch reichre Spende
Entrollte manchmal seinem Aug, die Träne,
Die kostbar schöne Träne, die er weinte
Ob der unheilbar großen Brüderkrankheit.

~

»Die Stadt Hamburg ist eine gute Stadt; lauter solide Häuser. Hier herrscht nicht der schändliche Macbeth, sondern hier herrscht Banko. Der Geist Bankos herrscht überall in diesem kleinen Freistaate, dessen sichtbares Oberhaupt ein hoch- und wohlweiser Senat. In der Tat, es ist ein Freistaat und hier findet man die größte politische Freiheit. Die Bürger können hier tun was sie wollen und der hoch- und wohlweise Senat kann hier ebenfalls tun was er will; jeder ist hier freier Herr seiner Handlungen. (...) Hamburg ist die beste Republik. Seine Sitten sind englisch und sein Essen ist himmlisch. (...) Die Hamburger sind gute Leute und essen gut. Über Religion, Politik und Wissenschaft sind ihre respektiven Meinungen sehr verschieden, aber in Betreff des Essens herrscht das schönste Einverständnis. Mögen die christlichen Theologen dort noch so sehr streiten über die Bedeutung des Abendmahls; über die Bedeutung des Mittagmahls sind sie ganz einig. Mag es unter den Juden dort eine Partei geben, die das Tischgebet auf deutsch spricht, während eine andere es auf hebräisch absingt; beide Parteien essen und essen gut und wissen das Essen gleich richtig zu beurteilen. Die Advokaten, die Bratenwender der Gesetze, die so lange die Gesetze wenden und anwenden bis ein Braten für sie dabei abfällt, diese mögen noch so sehr streiten: ob die Gerichte öffentlich sein sollen oder nicht; darüber sind sie einig, daß alle Gerichte gut sein müssen, und jeder von ihnen hat sein Leibgericht. Das Militär denkt gewiß ganz tapfer spartanisch, aber von der schwarzen Suppe will es doch nichts wissen.

(...) Hamburg ist die Vaterstadt des (...) Rauchfleisches, und rühmt sich dessen, wie Mainz sich seines Johann Fausts und Eisleben sich seines Luthers zu rühmen pflegt. Aber was bedeutet die Buchdruckerei und die Reformation in Vergleichung mit Rauchfleisch? Ob beide ersteren genutzt oder geschadet, darüber streiten sich zwei Parteien in Deutschland; aber sogar unsere eifrigsten Jesuiten sind eingeständig, daß das Rauchfleisch eine gute, für den Menschen heilsame Erfindung ist.«

»(...) Hamburg ist erbaut von Karl dem Großen und wird bewohnt von 80,000 kleinen Leuten, die alle mit Karl dem Großen, der in Aachen begraben liegt, nicht tauschen würden. Vielleicht beträgt die Bevölkerung von Hamburg gegen 1000,000; ich weiß es nicht genau, obgleich ich ganze Tage lang auf den Straßen ging um mir dort die Menschen zu betrachten. Auch habe ich gewiß manchen Mann übersehen, indem die Frauen meine besondere Aufmerksamkeit in Anspruch nahmen. Letztere fand ich durchaus nicht mager, sondern meistens sogar korpulent, mitunter reizend schön, und im Durchschnitt, von einer gewissen wohlhabenden Sinnlichkeit, die mir bei Leibe! Nicht mißfiel. (...) Was die Männer betrifft, so sah ich meistens untersetzte Gestalten, verständige kalte Augen, kurze Stirn, nachlässig herabhängende, rote Wangen, die Eßwerkzeuge besonders ausgebildet, der Hut wie festgenagelt auf dem Kopf, und die Hände in beiden Hosentaschen, wie einer der eben fragen will: was hab ich zu bezahlen?

Zu den Merkwürdigkeiten der Stadt gehören: 1) Das alte Rathaus, wo die großen Hamburger Bankiers, aus Stein gemeißelt und mit Zepter und Reichsapfel in Händen, abkonterfeit stehen. 2) Die Börse, wo sich täglich die Söhne Hammonias versammeln, wie einst die Römer auf dem Forum, und wo über ihren Häuptern eine schwarze Ehrentafel hängt mit den Namen ausgezeichneter Mitbürger. 3) Die schöne Marianne, ein außerordentlich schönes Frauenzimmer, woran der Zahn der Zeit schon seit zwanzig Jahren kaut – nebenbei gesagt, ›der Zahn der Zeit‹ ist eine schlechte Metapher, denn sie ist so alt, daß sie gewiß keine Zähne mehr hat, nämlich die Zeit – die schöne Marianne hat vielmehr jetzt noch alle ihre Zähne und noch immer Haare darauf, nämlich auf den Zähnen. 4) Die ehemalige Zentralkassa. 5) Altona. 6) Die Originalmanuskripte von Marrs Tragödien. 7) Der Eigentümer des Rödingschen Kabinetts. 8) Die Börsenhalle. 9) Die Bacchushalle, und endlich 10) das Stadttheater. Letzteres verdient besonders gepriesen zu werden, seine Mitglieder sind lauter gute Bürger, ehrsame Hausväter, die sich nicht verstellen können und niemanden täuschen.«

»Es war aber ein gar lieblicher Frühlingstag, als ich zum erstenmal die Stadt Hamburg verlassen. Noch sehe ich wie im Hafen die goldnen Sonnenlichter auf die beteerten Schiffsbäuche spielen, und ich höre noch das heitre langhingesungene Hoiho! Der Matrosen. So ein Hafen im Frühling hat überdies die freundlichste Ähnlichkeit mit dem Gemüt eines Jünglings, der zum erstenmal in die Welt geht, sich zum erstenmal auf die hohe See des Lebens hinauswagt – noch sind alle seine Gedanken buntbewimpelt, Übermut schwellt alle seine Segel seiner Wünsche, Hoiho! – aber bald erheben sich die Stürme, der Horizont verdüstert sich, die Windsbraut heult, die Planken krachen, die Wellen zerbrechen das Steuer, und das arme Schiff zerschellt an romantischen Klippen oder strandet auf seicht-prosaischem Sand – oder vielleicht morsch und gebrochen, mit gekapptem Mast, ohne ein einziges Anker der Hoffnung, gelangt es wieder heim in den alten Hafen, und vermodert dort, abgetakelt kläglich, als ein elendes Wrack!

Aber es gibt auch Menschen, die nicht mit gewöhnlichen Schiffen verglichen werden dürfen, sondern mit Dampfschiffen. Diese tragen ein dunkles Feuer in der Brust und sie fahren gegen Wind und Wetter – Ihre Rauchflagge flattert wie der schwarze Federbusch des nächtlichen Reuters, ihre Zackenräder sind wie kolossale Pfundsporen, womit sie das Meer in die Wellenrippen stacheln, und das widerspenstisch schäumende Element muß ihrem Willen gehorchen, wie ein Roß – aber sehr oft platzt der Kessel, und der innere Brand verzehrt uns.

Doch ich will mich aus der Metapher wieder herausziehn und auf ein wirkliches Schiff setzen, welches von Hamburg nach Amsterdam fährt. Es war ein schwedisches Fahrzeug, hatte außer den Helden dieser Blätter auch Eisenbarren geladen, und sollte wahrscheinlich als Rückfracht eine Ladung Stockfische nach Hamburg, oder Eulen nach Athen bringen.

Die Ufergegenden der Elbe sind wunderlieblich. Besonders hinter Altona, bei Rainville. Unfern liegt Klopstock begraben. Ich kenne keine Gegend wo ein toter Dichter so gut begraben liegen kann wie dort. Als lebendiger Dichter dort zu leben, ist schon weit schwerer. Wie oft hab ich dein Grab besucht, Sänger des Messias, der du so rührend wahr die Leiden Jesu besungen! Du hast aber auch lang genug auf der Königstraße hinter dem Jungfernsteg gewohnt, um zu wissen, wie Propheten gekreuzigt werden.«

»(…) Für Leser denen die Stadt Hamburg nicht bekannt ist – und es gibt deren vielleicht in China und Oberbayern – für diese muß ich bemerken: daß der schönste Spaziergang der Söhne und Töchter Hammonias den rechtmäßigen Namen Jungfernsteg führt; daß er aus einer Lindenallee besteht, die auf der einen Seite von einer Reihe Häuser, auf der anderen Seite von dem großen Alsterbassin begrenzt wird; und daß vor letzterem, ins Wasser hineingebaut, zwei zeltartige lustige Kaffeehäuslein stehen, die man Pavillons nennt. Besonders vor dem einen, dem sogenannten Schweizerpavillon, läßt sich gut sitzen wenn es Sommer ist und die Nachmittagssonne nicht zu wild glüht, sondern nur heiter lächelt und mit ihrem Glanze die Linden, die Häuser, die Menschen, die Alster und die Schwäne, die sich darauf wiegen, fast märchenhaft lieblich übergießt. Da läßt sich gut sitzen, und da saß ich gut, gar manchen Sommernachmittag, und dachte, was ein junger Mensch zu denken pflegt, nämlich gar nichts, und betrachtete, was ein junger Mensch zu betrachten pflegt, nämlich die jungen Mädchen, die vorübergingen – und da flatterten sie vorüber jene holde Wesen mit ihren geflügelten Häubchen und ihren verdeckten Körbchen, worin nichts enthalten ist – da trippelten sie dahin, die bunten Vierlanderinnen, die ganz Hamburg mit Erdbeeren und eigener Milch versehen, und deren Röcke noch immer viel zu lang sind – da stolzierten die schönen Kaufmannstöchter, mit deren Liebe man auch so viel bares Geld bekömmt – da hüpft eine Amme, auf den Armen ein rosiges

Knäbchen, das sie beständig küßt, während sie an ihren Geliebten denkt – da wandeln Priesterinnen der schaumentstiegenen Göttin, hanseatische Vestalen, Dianen die auf Jagd gehen, Najaden, Dryaden, Hamadryaden und sonstige Predigerstöchter – ach! Da wandelt auch Minka und Heloisa! Wie oft saß ich vor dem Pavillon und sah sie vorüberwandeln in ihren rosagestreiften Roben – die Elle kostet 4 Mark und 3 Schilling und Herr Seligmann hat mir versichert, die Rosastreifen würden im Waschen die Farbe behalten – prächtige Dirnen! Riefen dann die tugendhaften Jünglinge, die neben mir saßen – Ich erinnere mich, ein großer Assekuradeur, der immer wie ein Pfingstochs geputzt ging, sagte einst: die eine möchte ich mir mal als Frühstück und die andere als Abendbrot zu Gemüte führen, und ich würde an solchem Tage gar nicht zu Mittag speisen – Sie ist ein Engel! Sagte einst ein Seekapitän ganz laut, so daß sich beide Mädchen zu gleicher Zeit umsahen, und sich dann einander eifersüchtig anblickten – Ich selber sagte nie etwas, und ich dachte meine süßesten Garnichtsgedanken, und betrachtete die Mädchen, und den heiter sanften Himmel, und den langen Petriturm mit der schlanken Taille, und die stille blaue Alster, worauf die Schwäne so stolz und so lieblich und so sicher umherschwammen. Die Schwäne! Stundenlang konnte ich sie betrachten, diese holden Geschöpfe mit ihren sanften langen Hälsen, wie sie sich üppig auf den weichen Fluten wiegten, wie sie zuweilen selig untertauchten und wieder auftauchten und übermütig plätscherten, bis der Himmel dunkelte, und die goldenen Sterne hervortraten, verlangend, verheißend, wunderbar zärtlich, verklärt. Die Sterne! Sind es goldne Blumen am bräutlichen Busen des Himmels? Sind es verliebte Engelsaugen, die sich sehnsüchtig spiegeln in den blauen Gewässern der Erde und mit den Schwänen buhlen?

– Ach! Das ist nun lange her. Ich war damals jung und törigt. Jetzt bin ich alt und törigt. Manche Blume ist unterdessen verwelkt und manche sogar zertreten worden. Manches seidne Kleid ist unterdessen zerrissen, und sogar der rosagestreifte Kattun des Herrn Seligmann hat unterdessen die Farbe verloren. Er selbst aber ist ebenfalls verblichen – die Firma ist jetzt ›Seligmanns selige Witwe‹ – und Heloisa, das sanfte Wesen, das geschaffen schien nur auf weichbeblümte indische Teppiche zu wandeln und mit Pfauenfedern gefächelt zu werden, sie ging unter in Matrosenlärm, Punsch, Tabaksrauch und schlechter Musik. Als ich Minka wiedersah – sie nannte sich jetzt Kathinka und wohnte zwischen Hamburg und Altona – da sah sie aus wie der Tempel Salomonis als ihn Nebukadnezar zerstört hatte und roch nach assyrischem Knaster – und als sie mir Heloisas Tod erzählte, weinte sie bitterlich und riß sich verzweiflungsvoll die Haare aus, und wurde schier ohnmächtig, und mußte ein großes Glas Branntwein austrinken, um zur Besinnung zu kommen.

Und die Stadt selbst, wie war sie verändert! Und der Jungfernsteg! Der Schnee lag auf den Dächern und es schien als hätten sogar die Häuser gealtert und weiße Haare bekommen. Die Linden des Jungfernstegs waren nur tote Bäume mit dürren Ästen, die sich gespenstisch im kalten Winde bewegten. Der Himmel war schneidend blau und dunkelte hastig. Es war Sonntag, fünf Uhr, die allgemeine Fütterungsstunde, und die Wagen rollten, Herren und Damen stiegen aus, mit einem gefrorenen Lächeln auf den hungrigen Lippen – Entsetzlich!«

Hamburg darf sich Heines trauriger Liebe rühmen, aber die meiste Zeit seines Lebens verbrachte der Dichter anderswo. Er studierte in Bonn, Göttingen und Berlin und beendete die Universität zuletzt wieder in Göttingen (1825). Danach lebte er bei seinen Eltern in Lüneburg, weilte gelegentlich zu Besuch in Hamburg, bereiste England. 1827 siedelte er nach München über, 1830 erneut nach Hamburg, aber seit 1831 lebte Heine als Journalist und Korrespondent der »Deutschen Allgemeinen Zeitung« in Paris. Sein Tod in der »Matratzengruft« am 17. Februar 1856, als Folge einer Rückenmarksentzündung, erfolgte am Ende eines langen und schweren Leidens – auch eines Leidens an den Deutschen.

»Ich hätte mir als lyrischer Dichter Ruhm erwerben können … und Deutschland hätte mich geliebt, als satirischer hätte es mich gefürchtet, als Polemiker hätte es auf mich gehört und mich gehaßt! Nun bin ich aber, Gott sei's geklagt, so ziemlich Alles gewesen und Niemand weiß mich zu classificiren; da mein

Deutschland sich aber nicht gern den Kopf über Kleinigkeiten, wie ich bin, zerbricht und zu viel zu thun hat, um die transscendentalen Ideen seiner Politiker zu begreifen, so macht es unter mein Dichten und Trachten einen Strich und sagt: diese Rechnung ist geschlossen!«

Noch 1952 erschien in Hamburg das von Historikern hochgeschätzte Buch Percy Ernst Schramms: »Hamburg, Deutschland und die Welt«. Schramm gehörte selbst einer alten Hamburger Kaufmannsfamilie an und war nach dem Krieg Professor für neuere Geschichte an der Universität Göttingen. Das Buch hatte schon während des »Dritten Reichs« eine erste Auflage erlebt, und der »hanseatische« Historiker hatte es auch danach nicht für notwendig erachtet, Zeilen über Heine wie diese zu streichen: »Was er einst gegen Hamburg und die Hamburger zusammengeschrieben hat, ist längst vergessen, bleibt aber doch ein wichtiges Dokument; denn seine Herabsetzung eines durch lange Jahrhunderte aufgebauten städtischen Gemeinwesens, zu dem er nicht gehörte und an dem er sich selbst rieb, ist ja – wenn man die Unflätigkeiten wegstreicht – die Verbeugung vor einer Macht, die sich nicht umstürzen, sondern höchstens durch giftige Säure anfressen ließ.« Heinrich Heine und Deutschland: Es ist eine unendliche Geschichte.

»Alles was deutsch ist, ist mir zuwider ... Alles Deutsche wirkt auf mich wie ein Brechpulver. Die deutsche Sprache zerreißt meine Ohren. Die eigenen Gedichte ekeln mich zuweilen an, wenn ich sehe, daß sie auf deutsch geschrieben sind.

(...) Ich weiß nur zu gut, daß mir das Deutsche das ist, was dem Fische das Wasser ist, daß ich aus diesem Lebenselement nicht heraus kann ... Ich liebe sogar im Grunde das Deutsche mehr als alles auf der Welt, ich habe meine Lust und Freude dran, und meine Brust ist ein Archiv deutschen Gefühls ...«

Denk ich an Deutschland in der Nacht,
Dann bin ich um den Schlaf gebracht,
Ich kann nicht mehr die Augen schließen,
Und meine heißen Tränen fließen.

Die Jahre kommen und vergehn!
Seit ich die Mutter nicht gesehn,
Zwölf Jahre sind schon hingegangen;
Es wächst mein Sehnen und Verlangen.

Mein Sehnen und Verlangen wächst.
Die alte Frau hat mich behext,
Ich denke immer an die alte,
Die alte Frau, die Gott erhalte!

Die alte Frau hat mich so lieb,
Und in den Briefen, die sie schrieb,
Seh ich, wie ihre Hand gezittert,
Wie tief das Mutterherz erschüttert.

Die Mutter liegt mir stets im Sinn.
Zwölf lange Jahre flossen hin,
Zwölf lange Jahre sind verflossen,
Seit ich sie nicht ans Herz geschlossen.

Deutschland hat ewigen Bestand,
Es ist ein kerngesundes Land,
Mit seinen Eichen, seinen Linden,
Werd ich es immer wiederfinden.

Nach Deutschland lechzt ich nicht so sehr,
Wenn nicht die Mutter dorten wär;
Das Vaterland wird nie verderben,
Jedoch die alte Frau kann sterben.

Seit ich das Land verlassen hab,
So viele sanken dort ins Grab,
Die ich geliebt – wenn ich sie zähle,
So will verbluten meine Seele.

Und zählen muß ich – Mit der Zahl
Schwillt immer höher meine Qual,
Mir ist, als wälzten sich die Leichen,
Auf meine Brust – Gottlob! Sie weichen!
Gottlob! Durch meine Fenster bricht
Französisch heitres Tageslicht;
Es kommt mein Weib, schön wie der Morgen,
Und lächelt fort die deutschen Sorgen.

Aber hinter Heines enttäuschter Deutschland-Liebe verbarg sich ein messerscharfes Bewußtsein um die deutsche Gefahr. Seiner Prophezeiung von 1834 mußte man sich 1933 schmerzlich erinnern:

»Der deutsche Donner ist freilich auch ein Deutscher und ist nicht sehr gelenkig und kommt etwas langsam herangerollt; aber kommen wird er, und wenn ihr es einst krachen hört, wie es noch niemals in der Weltgeschichte gekracht hat, so wißt: der deutsche Donner hat endlich sein Ziel erreicht. Bei diesem Geräusch werden die Adler aus der Luft tot niederfallen, und die Löwen in der fernsten Wüste Afrikas werden die Schwänze einkneifen und sich in ihren königlichen Höhlen verkriechen. Es wird ein Stück aufgeführt werden in Deutschland, wogegen die Französische Revolution nur wie eine harmlose Idylle erscheinen möchte.«

EIN SCHWEIZER ZU BESUCH IN HAMBURG

JEREMIAS GOTTHELF (1797–1854)

»Ich bin den 4. Oktober 1797 in Murten geboren, wo mein Vater, Bürger von Bern, deutscher Pfarrer war. Als wilder Junge besuchte ich die dortige Stadtschule, wo man mir gewöhnlich das Zeugnis gab, daß man mit dem Kopfe wohl, mit den Beinen aber, welche ich nie stillhalten konnte, übel zufrieden sei. Im Jahr 1805 erhielt mein Vater die Pfarrei Utzenstorf. Von da an unterrichtete er mich selbst, so daß ich im Jahr 1812 das Gymnasium in Bern beziehen konnte. Meine Kenntnisse gingen aber nicht weit über Griechisch und Latein hinaus. Nebenbei las ich Romane, wo viele ich zur Hand bringen konnte, trieb scharfen Schafhandel, lernte jagen, fischen, reiten, übte mich in allen Landarbeiten, einigen weiblichen Handarbeiten und brachte es in mehr als einem ländlichen Spiel zu bedeutender Fertigkeit. Der berühmte Professor Lutz, welcher damals dem Gymnasium vorstand, übte von allen meinen Lehrern, welche ich je gehabt, den größten Einfluss auf mein inneres Leben. Ich ging auf seinen Rat im Jahr 1814 als Externus in die Akademie über. Hier brachte ich drei Jahre in der sogenannten Philosophie sehr fleißig zu, trieb alte Sprachen, Mathematik, wo Johann Rudolf Wyß besonders väterlich und freundlich sich meiner annahm. Meiner Mutter selig sagte er einmal: ›Sagt doch eurem Sohne, er solle schöner schreiben lernen, er schreibt wie eine Sau …‹

Nach drei Jahren wurde ich auf legitime Weise in die Theologie aufgenommen. Drei Jahre brachte ich in der sogenannten Theologie zu; sie war für mich wissenschaftlich nicht fruchtbar. Die Gesellschaft, namentlich die weibliche, nahm mich mehr in Anspruch als die Wissenschaft. Es war die Rosenzeit meines Lebens. Im Jahre 1820 wurde ich Kandidat, zugleich Vikar bei meinem Vater, half in der Schule und wurde von meinem Vater geschult. Im Frühjahr besuchte ich Göttingen und blieb ein Jahr dort. Damals florierte Göttingen: über vierzig Schweizer waren

ALBERT BITZIUS.
(JEREMIAS GOTTHELF)

Gemalt v. Dietler. Gest. v. C. Gonzenbach

dort, von denen mehrere berühmt geworden, viele in ehrenwerter Stellung sind. Im Herbst besuchte ich die Insel Rügen – und zwar alleine. Im schönen Frühjahr 1820 kehrte ich über Leipzig, Dresden, München heim, ward wieder Vikar bei meinem Vater, beschäftigte mich mit der Schule, trieb Landwirtschaft, Volkspädagogik von allen Sorten. Es war die Zeit goldmacherischen Schwärmens! Der Tod meines Vaters 1824 zerstäubte die Ideale, und als Vikar der großen Gemeinde Herzogenbuchsee wurde ich eingeweiht in die Pastoralgeschäfte. Hier blieb ich fünf Jahre, bis ich als Vikar nach Bern an die Heilig-Geist-Kirche berufen wurde. Hier machte ich einen praktischen Kurs in der Armenpflege durch und genaue Bekanntschaft mit dem Stadtgesindel. Zu Ende des Jahres 1830 ging ich als Vikar nach Lützelflüh. Diese Pfarre liegt im schönsten Teil des Emmentals. Nach dem Tode des Pfarrers, Herrn Fasnacht, wurde ich im März 1832 zum Pfarrer erwählt. Ein Jahr später verheiratete ich mich mit der Großtochter meines letzten Prinzipals, der Tochter des seinerzeit berühmten Professor Zeender von Bern.

Damals war der Kanton Bern der Schauplatz verschiedenartiger Kriege, unter welchen doch keiner mit der Erbitterung geführt wurde wie der pädagogische. Als Mitglied der großen Schulkommission des Kantons und später als Schulkommissär wurde ich einigermaßen in diese Kriege verflochten. Der Charakter meiner Gemeinde weckte in mir immer das Bedürfnis, über Volkssachen schriftlich mich auszusprechen, während meiner Natur nichts widerlicher war, als sich ans Schreiben zu setzen. Seither nun will es gar kein Ende nehmen, so daß ich mich nicht sattsam genug wundern kann, wie aus einem Jungen, der seine Beine nicht stille zu halten vermochte, solch sitzender und schreibender Mensch herauswachsen konnte.«

Der Dichter, der da heranwuchs, nannte sich Jeremias Gotthelf – nach einer Figur aus seinem Roman »Der Bauernspiegel«. Sein richtiger Name lautete Albert Bitzius. Die burgundisch-schweizerische Kleinstadt Murten liegt auf der deutsch-französischen Sprachgrenze und hat eine tiefverwurzelte bäuerliche und bürgerliche Geschichte. Der Dorfpfarrersohn wächst wie ein Bauernknabe auf, und so steht

denn auch das Land- und Bauernleben im Zentrum seines Interesses. Jeremias Gotthelf wird der größte, weit über die Grenzen seiner Heimat hinaus wirkende Bauerndichter, den die deutschsprachige Literatur hervorgebracht hat. In seine Jugendzeit fällt die französische Invasion, die das alte patrizische Bern in einen gewaltigen Konflikt zwischen einer versinkenden, aristokratisch-bodenständigen und der heraufkommenden Welt des demokratischen Bürgertums treibt. Albert Bitzius zählt bald zu den liberalen Umstürzlern: Als Landpfarrer ist er ein radikaler Hitzkopf, der den Bauern ein von alten Dogmen befreites Christentum der Liebe und der Tat predigen will. Er stürzt sich mit feurigem Reformeifer auf die Verbesserung sozialer Strukturen, kämpft für neue Schulhäuser, höhere Löhne, besseren Unterricht. Erst einmal muß er jedoch selbst um Lohn und Brot, und das heißt: um eine Vikariatsstelle, kämpfen. Sein Bewerbungsschreiben an die Pfarrei Lützelflüh ist ein verzweifelter Schrei nach bürgerlicher Sicherheit:

»Hochdieselben werden begreifen, wie unangenehm es ist, in diesem Alter noch fremdes Brot zu essen, vielleicht nicht einmal fremdes Brot zu finden, sondern auf Borg leben, durch Schulden eine künftige Besoldung schmälern zu müssen, wie niederschlagend es für mich wäre, immer dienen zu müssen und trotz allen Fleißes, aller zugegebenen Tüchtigkeit, keine Anerkennung durch ein angemessenes Amt erhalten zu können.«

Er erhält die begehrte Pfarrstelle in Lützelflüh und wird dort 22 Jahre bleiben, gründet eine Familie und wird dreifacher Vater. Er bleibt ein leidenschaftlicher Reformer, doch die politische Radikalisierung Europas verfolgt er jetzt aus gesichertem Abstand. Gotthelf teilt die neuen Ideen des Liberalismus, aber er mißtraut ihren Wortführern. Beharrlich setzt er sein wichtigstes Reformwerk bei den Bauern durch: die Einrichtung einer Erziehungsanstalt für verwahrloste Knaben. Er schreibt Romane und Erzählungen in großer Zahl; fast immer stützt er sich dabei auf Selbsterlebtes. Scharfzüngig analysiert und brandmarkt er jede Form von Herzenskälte. Im Alter von fast 40 Jahren schreibt er den Roman »Der Bauernspiegel«, die kaum verschlüsselte Wiedergabe seiner eigenen Lebensgeschichte, seines aggressiven und beharrlichen Kampfes gegen die Mißstände in einer dumpfen, gefesselten, verrohten und rückständigen Welt. Auch sein zweites Buch, »Die Leiden und Freuden eines Schulmeisters«, wütet gegen den Starrsinn der Emmentaler Bauern. Wie sonntags von der Kanzel, so wettert er darin gegen die Rückständigkeit und Verstocktheit, beschreibt drastisch eine ›Welt von unten‹, schildert die Not der Bauern, kritisiert jedoch auch ihre eigene Mitschuld an dem herrschenden Elend und betont nachdrücklich die Notwendigkeit sozialer Veränderung.

Mit seinem erzählerischen Hauptwerk, »Uli der Knecht«, erfolgt ein Wechsel der Perspektive: Nun steht nicht mehr das Unglück der Abhängigen, sondern das Glück des bäuerlichen Lebens inmitten von Natur und Tradition im Mittelpunkt des Geschehens. Die Beschwörung der Schönheit der Welt, der Freude der Sinne, verdrängen Zorn und Anklage. Statt der krassen Zeichnung von Elend und Not leuchtet nun eine idealisierte Aufklärung. In diesen Jahren der Freischarenzüge wendet sich das Bild in und um Bern: Die neugeschaffene eidgenössische Verfassung von 1848 bringt eine moderne Schweiz hervor. Doch Gotthelf fühlt sich wie Goethes Zauberlehrling: In seinen Augen droht nun die Anarchie alles Errungene zu überschwemmen, und aus dem einst fortschrittlichen Pädagogen und Freund Pestalozzis wird zunehmend ein konservativer Bewahrer. Durch den Berliner Verleger Julius Springer werden seine Bücher im ganzen deutschen Sprachgebiet verbreitet und sind besonders in Berlin und in Norddeutschland überaus erfolgreich. Gotthelf ist jetzt bereits ein weithin berühmter Dichter, der wortgewaltig, mahnend und verstörend gegen den Zeitgeist antritt, wo immer er ihm begegnet. Doch mehr als sein reformerisches Denken von einst ist es nun allein sein Christentum, das er als flammende Waffe gegen den Materialismus einsetzt, sobald er dazu Gelegenheit findet. Den Dämon der Gottlosigkeit verfolgt der radikale Volksaufklärer in bäuerisch-archaischen, dramatischen Erzählungen (z. B. »Wie fünf Mädchen im Branntwein jämmerlich umkamen«, »Dursli, der Branntweinsäufer«, »Wie Anne Bäbi Jowäger haushaltet, und wie es ihr mit dem Doktor geht«), in denen er sprachgewaltig wie ein Barock-Prediger, aber auch mit anrührender Menschlichkeit und stilistischer Raffinesse gegen Dummheit, Faulheit, Habsucht und Sinnleere wettert.

1842 erscheint seine in Deutschland berühmteste Erzählung: »Die schwarze Spinne«. Während eines sonntäglichen Tauffestes auf einem reichen Emmentaler Bauernhof kommt es – der Großvater des Täuflings berichtet davon – zu einem gespenstischen Satanspakt, bei dem zuletzt nur durch das tödliche Opfer einer Bäuerin die Katastrophe, der Ausbruch des Bösen, verhindert wird. Behaglicher als in dieser Erzählung ist in der deutschsprachigen Literatur kaum je getafelt und geschmaust worden:

»Als endlich alle saßen, kam die Suppe auf den Tisch, eine schöne Fleischsuppe, mit Safran gefärbt und gewürzt und mit dem schönen, weißen Brot, das die Großmutter eingeschnitten, so dick gesättigt, daß von der Brühe wenig sichtbar war. Nun entblößten sich alle Häupter, die Hände falteten sich, und lange und feierlich betete jedes für sich zu dem Geber jeder guten Gabe. Dann erst griff man langsam zum blechernen Löffel, wischte denselben am schönen, feinen Tischtuch aus und ließ sich an die Suppe, und mancher Wunsch wurde laut: wenn man alle Tage eine solche hätte, so begehrte man nichts anderes. Als man mit der Suppe fertig war, wischte man die Löffel am Tischtuch wieder aus, die Züpfe wurden herumgeboten, jeder schnitt sich sein Stück ab und sah zu, wie die Voressen an Safranbrühe aufgetragen wurden, Voressen von Hirn, Schaffleisch, saure Leber. Als die erledigt waren in bedächtigem Zugreifen, kam in Schüsseln hoch aufgeschichtet das Rindfleisch, grünes und dürres, jedem nach Belieben, kamen dürre Bohnen und Kannenbirnenschnitze, breiter Speck dazu und prächtige Rückenstücke von dreizentnerigen Schweinen, so schön rot und weiß und saftig. Das folgte sich langsam alles, und wenn ein neuer Gast kam, so wurde von der Suppe her alles wieder aufgetragen, und jeder mußte da anfangen, wo die anderen auch, keinem wurde ein einziges Gericht geschenkt. Zwischendurch schenkte Benz, der Kindbettiman, aus den schönen, weißen Flaschen, welche eine Maß enthielten und mit Wappen und Sprüchen reich geziert waren, fleißig ein …

Unter Lachen und Scherz nahm man viel Fleisch zu sich, vergaß auch die Kannenbirnenschnitze nicht, bis endlich der ältere Götti sagte: es dünke ihn, man sollte einstweilen genug haben und etwas vom Tische weg, die Beine würden unter dem Tische ganz steif, und eine Pfeife schmecke nie besser, als wenn man zuvor Fleisch gegessen hätte. Dieser Rat erhielt allgemeinen Beifall, wie auch die Kindbettileute einredeten: man solle doch nicht vom Tische weg; wenn man einmal davon sei, so bringe man die Menschen fast nicht mehr dazu. ›Habe doch nicht Kummer, Base!‹ sagte der Vetter. ›Wenn du etwas Gutes auf den Tisch stellst, so hast du mit geringer Mühe uns wieder dabei, und wenn wir uns ein wenig strecken, so geht es um so handlicher wieder mit dem Essen.‹ Die Männer machten nun die Runde in den Ställen, taten einen Blick auf die Bühne, ob noch altes Heu vorhanden sei, rühmten das schöne Gras und schauten in die Bäume hinauf, wie groß der Segen wohl sein möge, der von ihnen zu hoffen sei. Unter einem der noch blühenden Bäume machte der Vetter halt und sagte: da schicke es sich wohl am besten abzusitzen und ein Pfeifchen anzustecken, es sei gut kühl da, und wenn die Weiber wieder etwas Gutes angerichtet hätten, so sei man nahe bei der Hand.«

Die Idylle ist freilich nur Teil einer verschränkten Rahmenhandlung. Kurz danach bricht vielfach Unheil in die Erzählung, die auf allegorische und gar nicht gemütliche Weise kollektive Verdrängung und Aberglaube geißelt. »Die schwarze Spinne« ist bis heute ein vieldeutiger Schlüsseltext der Schweizer Literatur und ein in aller Welt immer wieder neu gedeutetes Meisterwerk geblieben.

1821 hat der 24jährige Student Albert Bitzius von Göttingen aus, wo er ein Jahr studierte, eine lange Reise durch Norddeutschland unternommen, die ihn auch nach Hamburg führte. Noch gab es den Dichter Jeremias Gotthelf nicht, sondern nur den jungen Theologen Albert Bitzius. Seine Reise-Notizen, die den späteren Schriftsteller erahnen lassen, waren noch für ihn allein bestimmt.

»Spät am Abend, schon gegen neun Uhr war's, als wir in das beträchtliche, an der Elbe Hamburg gegenüber liegende Städtchen Harburg fuhren. Das gewöhnliche Paketboot war schon abgegangen und auch das Dampfboot; dem gewöhnlichen Lauf der Dinge nach hätten wir dort bleiben sollen. Allein, meine Gefährten, in Altona zu Hause, konnten nicht ertragen, so nahe bei ihren Eltern sie nicht diese Nacht noch zu begrüßen. Sie warben uns andere zur Überfahrt; ich machte von jeher etwas Ungewöhnliches, Tolles gerne mit, auch versprach ich mir vielen Genuß von dieser Wasserfahrt im Mondschein. Noch drei Studenten schlossen sich an, der vierte blieb aus Furcht zurück wie auch die Schottländer (die wir getroffen hatten), denn man wollte von Gefahr usw. sprechen; das focht uns aber wenig an, unsere Sorge war nur, einen Schiffer zu treffen, der sich dazu verstünde. Er fand sich auch bald, freilich teuer genug; wenn sich junge Leute was in den Kopf gesetzt, so hält sie ein paar Groschen nicht ab.

Die Elbe, in mehrere Arme geteilt, bildet eine Menge Inseln und fordert zur Überfahrt anderthalb Stunden. Da wir nachts in Harburg ankamen, so hatte ich den Lauf des Flusses nicht bemerken können, daher kannte ich weder die Richtung seines Laufes noch der Arme und Inseln Zusammenhang, Breite und Größe. Vom klar gewordenen Himmel leuchtete der Mond dem gleitenden Schifflein und erhellte die Gegend, daß alles unseren Augen erschien, aber nichts sich ins Auge fassen und überblicken ließ. Lieblich und lockend wie die Gärten der Armida schwand eine Insel nach der anderen vorüber; jedes Gebäude wurde in der wundersamen Beleuchtung zum Feenschloß, jede Hütte der Sitz einer Nymphe. Unübersehbar dehnten der Elbe Gewässer sich, aus silbernen Fluten des Mondes klares Bild zurückstrahlend. Wie die Inseln durchgesegelt waren und wir hineinfuhren in den großen Strom, da erhoben sich aus den Wellen die Türme von Hamburg und Altona, allmählich tauchten um sie herum auch die Städte auf, vermochten aber den um sie gelegten, magischen Schleier nicht zu durchbrechen; in diesem Zwielicht fand das Auge ihnen keine Grenzen, wie die Phantasie der Anschauung zu Hilfe kommen wollte, die Vorstellung schien immer hinter der Wirklichkeit zurückzubleiben. Das Herz schlug mir hoch, kaum konnte ich harren, solche Herrlichkeit im Lichte der Sonne zu schauen … Über die Wasser klangen singend und fluchend die Stimmen der wachenden Matrosen wie von Faunen, die das Baden der Nymphen belauschen … Wie vom hohen Turme herab die Glocke zwölfe schlug, stiegen wir in Altona ans Land; die nach ihren Eltern sich Sehnenden schieden mit dem Versprechen, morgen früh uns zu besuchen. Wir übrigen vier suchten müde und matt eine Herberge. Wie dort unsere etwas erstarrten Glieder durch Tee erwärmt waren, hatte auch bald Morpheus uns umschlungen und so fest, daß auch nicht ein Bild, durch früheres Anschauen oder Sinnen erweckt, durch seine Netze schlüpfen und unseren Geist umgaukeln konnte. Der Sonne Erwachen war nicht das unsrige; erst das ernste Sonntagsgeläute, das die Beter zur Kirche lud, rief uns aus dem Schlafe. Unsere Freunde zögerten zu erscheinen, die anderen gingen ihren Geschäften nach, die alle im Geldborgen bestanden, denn allen war die Barschaft ausgegangen.

Unterdessen betrachtete ich das Treiben der Altonaer Welt. Munter und geschäftigst wogten sie die Straßen auf und nieder, eine Menge Wagen mahnten beständig die zahlreichen Fußgänger, zur Seite zu weichen. Diese Lebhaftigkeit mußte ich bewundern, hingegen ärgerte mich ihre Geschäftigkeit, der völlige Mangel aller Sonntagsfeier und Ruhe. Endlich, des langen Harrens müde, nahm ich meinen Ranzen auf und wanderte Hamburg zu.«

Nun sieht sich der irritierte, aber neugierige Theologie-Student aus dem behaglichen Emmental zum ersten Mal mit dem Treiben vor und in der Großstadt konfrontiert:

»Beide Städte liegen kaum zehn Minuten auseinander, zwischen ihnen liegt der berüchtigte Hamburger Berg, das Absteigequartier der Matrosen. Hier reiht sich Bude an Bude, wo alles Mögliche zu finden ist; träte man unbekleidet aus Altona, im größten Wix könnte man in Hamburg eintreten. Hier haben auch Taschendiebe aller Art, wilde Tiere, Seiltänzer usw. ihre Stätte sich erwählt. Es herrscht hier das regste Leben; ich wußte nicht, wo ich zuerst hinsehen und wem ich ausweichen sollte. Wagen, Pferde, Menschen trieben mich ins Gedränge, daß ich an beständigem Sprung sein mußte und nichts mehr anschauen durfte, wenn ich mein Leben retten wollte.

Nach richtig befundenem Paß ließ mich die Wache durchs niedliche neumodische Tor passieren, das mit unserm obern viel

Ähnlichkeit hatte. Durch sieben mit Juden bewohnte Straßen ging ich dem »Wilden Mann« zu, der mir als Studentenkneipe, das heißt als gut und wohlfeil, empfohlen war. Meine Studentenkleidung fiel hier zum ersten Mal auf; nicht selten stund man still, mich betrachtend, hie und da ließ eine Stimme sich vernehmen: »Ein Studenter!« Ich sah hier zum ersten Mal das Gewühl und die Regsamkeit einer großen Handelsstadt. Wie ich die Leute so rasch und ängstlich durcheinander strömen sah, als suche man gegenseitig den Weg sich vorzulaufen, so wunderte ich mich wohl im ersten Augenblick, was es sein möchte, das die Menge nach sich zöge: Da sich mir allenthalben das nämliche Leben zeigte und die Eilenden in alle Richtungen sich durchkreuzten, so merkte ich, daß es nicht etwas Außergewöhnliches brauche, wie bei uns, um die Menschen in diese Bewegung zu setzen, sondern daß die Betriebsamkeit diese Beweglichkeit hervorbringe.«

Der Student und seine Begleiter begeben sich erst einmal nach Blankenese.

»Bald suchten die Schotten mich auf, und ich einigte mich mit ihnen zu einem Spaziergang nach Blankenes und dem berühmten Bauerischen Garten, aus welchem man eine herrliche Elbansicht haben sollte. Aus dem Tore des Gasthauses tretend, wurden wir gleich von den dort haltenden Kutschern umringt, die uns ihre Fuhrwerke anboten. Wir setzten uns auf einen Stuhlwagen, das hier gewöhnlichste Fuhrwerk. Es ist unseren Berner Wägeli ähnlich; das Gestell besteht aus Flechtwerk, die Sitze hängen in Riemen, sind aber hübsch gearbeitet, gemalt und gepolstert. Durch Altona rollte unser Wagen, eine große, weiter, schöner als Hamburg gebaute Stadt von mehr als dreißigtausend Einwohnern. Die beiden Städte wären schon längst zusammengewachsen, wenn nicht Altona ein dänisches Joch trüge. Längs der Elbe fuhren wir hin, an deren Ufern die prächtigen Paläste reicher Kaufleute prangten, während rechts fruchtbare Einschläge, mit lebendigen Zäunen eingefaßt, das Auge erfreuen.

Seltsam, wie die Menschen das Entgegengesetzteste zusammenzustellen pflegen. Wo am Wege links an der Elbe der weitberühmte Garten Rainvilles liegt, einst Adjudant eines bekannten französischen Generals während der Revolutionszeit, in dem alles, was die vier Weltteile dem lüsternen Gaumen hervorbringen, feilgeboten wird und die schöne Welt in allen möglichen Genüssen der Sinnlichkeit schwelt, steht gegenüber ernst und düster eine Kirche vom Kirchhof umschlungen, auf welchem Grabsteine und Kreuze den Ort bezeichnen, wo die Opfer des Todes ruhen und warnend den Lebendigen ihr Schicksal zeigen … Hier liegt die Hülle Klopstocks, dessen ziemlich einfacher und versteckter Grabstein sein Andenken nicht erhalten würde, hätte er selbst in den Werken seines Geistes nicht ein bleibendes und glänzenderes Monument gesetzt.

Je näher wir Blankenes kamen, desto dichter wurden die Züge der dahin Wallenden, desto zahlreicher die Fuhrwerke und Reiter, desto gedrängter die Restaurationen und vollgepfropfter mit Gästen. In buntem Gemisch bot das Leben in allen möglichen Gestalten sich dar: hochgeschmückte Damen in zierlichen Karossen, verschämte Landmädchen in bescheidenem Putz, alte Frauen, Repräsentantinnen einer vergangenen Zeit und bald dem Tod verlobt, unter blühenden Gestalten lebensreich und lebensfroh, Truppen kannegießender Herren, vor ihnen eine Kinderschar, von einem an Größe ihnen gleichen bucklichten Aesopen geleitet, mit dem sie einen Kletterkrieg begonnen und seiner beinahe Herr wurden und ihn spottend neckten.

Endlich kamen wir in Blankenes an, das durch die Menge der daselbst haltenden Equipagen schon kenntlich wurde. Blankenes ist ein ziemlicher Hügel an der Elbe, der, durch einen englischen Garten, einem Herrn Bauer gehörend, verschönert, eine weite Aussicht die Elbe hinunter und hinauf auf die gegenüber liegenden Inseln gewährt. Nachdem jeder mit vier Schilling den Eingang erkauft, betraten wir das Wunderwerk. Der Garten ist groß, man kann sich darin verirren, geschmackvoll und gut unterhalten. Auf den drei schönsten Punkten stehen ein gotischer Tempel und zwei Türme, von denen einer einen chinesischen vorstellt; sie sind aber ungenießbar, denn ihr Eingang ist verschlossen. Gebüsch umgibt sie, so daß man auch zu ihren Füßen keine Aussicht genießt. Im Tempel hingegen genießt man sie in aller Größe, allein ich bleibe davon unbefriedigt. In voriger Nacht war mir alles, die Elbe, die Inseln, Hamburg weit reizender vorgekommen; nun schien mir die viel gepriesene Gegend der Marsch kahl und unfreundlich, die Inseln unbebaut zum Teil, Hamburg wie jede andere Stadt. Die lange Elbe hinunter, wie zuletzt sie in den Horizont sich ergießt, tat mir weh in den Augen, daß ich sie abwenden mußte.«

Schließlich haben die jungen Herren den Ausgang des Parks gefunden, und die Fahrt geht zurück in Richtung Hamburg, genauer: ins Hamburger Theater, wo am selben Abend »Hamlet« gegeben wird.

»Hinter dem Jungfernstieg auf dem Gänsemarkt liegt es im Winkel; durch eine Menge finsterer Gänge muß man sich zum Eingang winden, der zu einem über meine Erwartungen kleinen, finstern und alles Glanzes entbehrenden Hause führt. Wo Schröder herrschte und die Hamburger Bühne vor allem mit Ruhm krönte, glaubte ich ein ganz anderes Lokal zu finden. Das gebildete Publikum war nicht zahlreich, die Logen waren fast leer, hingegen im Paradies lagen die Köpfe bis an die Diele schichtenweise dicht aufeinander. Wem die Last zu schwer wurde, der schlug seinen Nebenmann, dieser blieb nichts schuldig, so ward hier oben und vorne Kommödie gespielt.

Es ist doch eine kuriose Sache um den Geschmack des Publikums; werden solche großen herrlichen Trauerstücke auf die Bühne gebracht, fehlt die schöne Welt. Kommt hingegen die Reihe an ein halb saures Kotzebuesches Stück, so fehlen die Bänke, die die Zuschauer fassen. Oft habe ich die Entschuldigung gehört, man fürchte, daß jene verderbt aufgeführt werden; hier könnte diese Entschuldigung nicht gelten, da man das Theater für gut hält. Was über das Aufführen Hamlets auf deutschen Bühnen gesagt werden kann, steht weitläufig im Wilhelm Meister. Der Direktor sollte nicht Stücke auswählen, wo wegen Mangel an Zeit viel auszustreichen ist, wo öfters die herrlichsten Stellen ausgestrichen werden, weil sie ohne Störung des Zusammenhangs wegbleiben können.

Das Ganze wurde gut aufgeführt, d.h. ohne daß das schlechte Spiel von einem gestört worden wäre; aber auch keiner riß die Zuschauer hin und ließ sie vergessen, daß er Schauspieler sei. Nur eine Demoiselle Reinhold als Ophelia machte als Wahnsinnige tiefen Eindruck. Schön von Gestalt, schönen Zügen, die durch Blässe noch reizender wurden, sprach sie die bedeutungsvollen Sprüche mit tonloser, aber unendlich rührender Stimme; die schlanken Finger boten Blumen herum, aber vergessend das Angefangene, sanken die Blumen zur Erde, und etwas anderes begann sie, das ebenso unvollendet blieb und durch etwas Neues verdrängt wurde ... Das wunderliche Publikum schien meinen Geschmack nicht zu teilen; statt ihrer wurde Hamlet, ein junger Karl N. Jakoby, herausgerufen, der recht gut zuweilen gespielt, zuweilen aber gar arg aus seinem Charakter gefallen war.«

Einen sehr nachhaltigen Eindruck hat das Hamburger Theater bei dem Besucher aus dem Emmental also nicht hinterlassen. Schade, daß er in unseren Tagen seinen Besuch nicht noch einmal wiederholen kann. Möglicherweise gefiele ihm auch die Stadt Hamburg, die im Jahr 1820 noch das Gesicht der Jahre vor dem großen Brand trug, heute besser. Gotthelfs anfängliche Begeisterung legte sich damals sehr schnell, als er durch die Stadt wanderte.

»Wer Hamburg eine schöne Stadt nennt, dem kann ich keineswegs beistimmen; sie besteht aus hohen, aber nicht schönen Häusern, die außerordentlich eng ineinandergebaut sind, daß man nicht begreift, wie in solchem Umfange der Stadt eine solche Menschenmenge wohnen kann. Die Straßen sind meist eng und schmutzig (freilich regnete es beständig), mehr Gäßlein als Straßen, so daß man oft nicht weiß, wie den Wagen ausweichen. Auch die Kanäle, wodurch die Alster in die Elbe abfließt, haben etwas Trauriges und Ekelerregendes.

Nach langem Wandern kamen wir auf den bekannten Jungfernstieg, der an dem Becken der Alster liegt, das dieser aus dem Holstein kommende Fluß auf der Nordseite der Alster bildet. Hier sind die schönsten Gebäude; am lieblichsten schien es mir, hier zu wohnen. Aber nicht daß dieser Spaziergang so schön wäre, als er berühmt ist: die Bäume scheinen kaum zehn Jahre alt, bilden, glaube ich, drei Reihen und zwei kaum dreihundert Schritt lange Alleen. Das Angenehmste sind hier zwei Pavillons, unter denen eines das Schweizer Häuschen heißt, in dem man nicht rauchen darf, weil auch Damen hingehen ... Nachdem ich mich im Alsterpavillon gehörig gestärkt hatte, suchte ich erst einen Herrn Speckter, Besitzer einer vorzüglichen Steindruckerei, auf; der Mann war ein guter, fetter Alter, seine Frau ohne viel Lebensart, eine jener Physiognomien, die man nicht wohl leiden mag, die Tochter ein geschwätziges Mädchen, schon halb verblüht, der Sohn, sechzehn Jahre alt, ein hübscher, netter Junge. Die Aufnahme war ziemlich kalt.«

Auch ein zweiter Besuch bei dieser Familie, wenige Tage später, verläuft wenig erfolgreich. Ein hinzugekommener Hausfreund trägt dazu bei, daß sich der Gast vernachlässigt fühlt.

»Durch seine Arroganz und sein malitiöses Gesicht ärgerte ich mich so, daß ich das Abendessen nicht erwartete, zu dem ich geladen war, sondern fortlief.

Dienstag früh zogen wir aus, einen Spaziergang am Hafen zu machen. Wir liefen an demselben herum, so gut es sich tun ließ, d.h. an einer kleinen Ecke desselben, wo lauter mittelmäßige Schiffe lagen. Ich glaubte aber wunder, was ich gesehen hätte und konnte die großen dreimastigen Seeungeheuer, die länger waren als ein kleines Bauernhaus und wenigstens halb so groß, nicht genug anstaunen. Ein Schiffer, der uns so umherlaufen sah, bot uns an, im Hafen herumzuschiffen. Gerne nahmen wir an und durchkreuzten zwischen allen Schiffen den Hafen nach allen Seiten. Fahrzeuge von allen Nationen lagen da Bord an Bord, durch Bauart und Inschrift ihr Vaterland anzeigend.«

Land und Leute an der Elbe beginnen den jungen Schweizer offenbar zunehmend zu langweilen. Da beschert ihm eine – wenngleich sehr flüchtige – Begegnung mit einer Dame in kirchlicher Umgebung endlich eine willkommene Erfrischung:

»Nachdem auf dem Hamburger Berge das Frühstück eingenommen worden, eilten wir, den Michaelisturm zu besteigen, der höchste in Hamburg, einer der höchsten unter den hohen. Nach dem Glöckner fragend, wies man mich in ein elegantes Haus, das ich, eines Irrtums überzeugt, zagend öffnete. Völlig aus der Fassung brachte mich der Anblick eines prächtig gewachsenen Mädchens, äußerst elegant angezogen, das im Vorzimmer die hübschen Tassen reinigte. Auf meine schüchterne Frage, ich wünsche den Turm zu besteigen, man hätte mich irrigerweise hierher gewiesen, wandte sich ein schönes Gesicht um und bedeutete mit holder Stimme, daß ich allerdings am rechten Ort sei; statt aber selbst mitzukommen, schickte sie einen kleinen Unhold als Führer mit. Wenn ich vielen Reiseschreibern der Schweiz nachahmen wollte, so würde ich hier die Bemerkung hinzufügen oder hätte sie vielmehr vorangehen lassen: ›In Hamburg ist der Luxus ungeheuer, die Sigriste wohnen besser als unsere Pfarrherren, trinken ihren Kaffee aus Porzellan, und ihrer Töchter Négligé ist eleganter als der Ballanzug unserer Damen.‹

Der Junge führte uns zuerst in die Kirche. Anfangs wußten wir nicht, was der darin herrschende Lärm bedeute; es schien, als werde eine Auktion gehalten. Um eine Ecke tretend, erklärte sich das unerklärliche Getöse durch einen großen starken Mann, der,

Der Hamburger Hafen in der Segelschiffszeit

wie ein Prediger angezogen, von der Kanzel herunter einem halben Dutzend Zuhörer zudonnerte, worin das Erbe Christi bestehe. Ein Ausrufer, er mag ein noch so gutes Examen bestanden haben, ist ein Narr gegen ihn; so etwas Furchtbares, Betäubendes, habe ich noch nie gehört, wie die Stimme dieses Mannes war; schon hatten wir die Hälfte des Turmes erreicht, als wir ihn noch immer unter uns toben hörten. Was er sagte, war nur halb gedacht und paßte schlecht zu seinem Text. Wie ich mich über die Wenigkeit der Zuhörer und den scheußlichen Prediger bei einem Hamburger wunderte, erklärte er mir, daß die Kirche meist nur von solchen besucht werde, die den Prediger nicht zu sich einzuladen vermögen; solche natürlich verdienen auch nicht, daß der Prediger mit sonderlicher Speise sie traktiere. Werde in Hamburg ein Mahl gehalten, so glaube man, es fehle die Hauptsache, wenn nicht ein Pfarrer dabei sei …

Noch keinen hohen Turm habe ich so bequem zu besteigen gefunden und gefahrlos wie diesen, auch lohnte er die gehabte Mühe. Freilich gefiel mir auch jetzt die Gegend nicht, wie ich den Beschreibungen nach geglaubt, daß sie mir gefallen werde; freilich war es Herbst, das Wetter nicht sehr heiter, was der Gegend den Anstrich der Fruchtbarkeit, der ein flaches Land allein zum angenehmen macht, benahm. Was mich vorzüglich interessierte, war das auf einem äußerst kleinen Raume zusammengedrängte Hamburg. Man sah ganze Haufen Häuser, die, ineinander gebaut, keinen Zugang zu haben schienen, jedes Plätzchen benutzt, vier Pfähle aufzuschlagen und ein Dach darüber zu bauen.«

Anderentags besucht Gotthelf den Hort des Handels:

»Nach der Börse brauchte ich nicht zu fragen. Eilend strömte die Menge einem Orte zu, jede neue Straße mehrte die Masse, so daß man ordentlich zu dem Ort getragen wurde, wo, etwas tiefer als die Straße, eine bedeckte Halle – auf der Seite gegen den mit einem Gitter versehenen Hof offen – die Börse bildete. Ich hatte eine eigene Lust, einzig unter den Geschäftigen unteilnehmend, nicht Gewinnst suchend noch Verlust fürchtend, herumzuwandeln, ausgezeichnet auch unter den geputzten schwarzen Männern allein durch mein einfaches grünes Röckchen und die profane weiße Mütze. Wen nicht allzu wichtige Geschäfte fesselten, sah mir verwundert nach und flüsterte seine Glossen dem Nebenmanne.

Nachdem ich das Ganze betrachtet, stellte ich mich oben an den Eingang, um auch die Einzelnen ins Auge zu fassen. Hier eilte einer herbei mit ängstlichem Gesicht, wie ein Landmann nach einem Feuer eilt, neben dem seine Hütte steht, dort einer mit dem wohlbehaglichen Gefühl, daß er nicht zu eilen brauche, indem man seiner warten müsse. Hinter ihnen schritt einer auf hohem Kothurn der Freude, seinen Gewinn schon überschlagend; diesen in Gedanken Versunkenen stieß ein Eiliger fast übern Haufen, dem man ansah, daß er eine wichtige Nachricht zu verkündigen hätte und Aufsehen zu machen hoffe. Ein Anderer schlich furchtsam herbei, bald dort, bald da sich hinter jemand versteckend, nachdem er eines Gläubigers Gesicht erblickte, und hätte gern den wundervollen Ring gehabt, der die Macht verlieh, sich unsichtbar zu machen. In tiefem Gespräch wanderten andere und kürzten die Schritte, um das Geschäft zu Ende zu bringen, ehe sie unter die Haufen traten, um dann mit dem Erhandelten wieder handeln zu können.

Sind die Gelehrten in ihre Bücher versunken, sind's doch die Kaufleute in ihre Geschäfte viel mehr. Wie lange merkten die im freien Hofe stehenden, auf ihre Kleidung (wie ihr Anzug bewies) sehr viel haltenden Menschen nicht, daß es tüchtig regne, hielten die Regenschirme unterm Arm; nach und nach öffnete sich ein grünes Dach, aber Mancher war gewiß ganz naß, ehe er's merkte und sich mit dem in Händen haltenden Mittel sicherte. Es hat etwas Erregendes, sogar Ängstliches, zu wissen, daß unter unsren Augen über Millionen entschieden wird, ganze Schiffe verkauft und gekauft, für ungeheure Summen Staatspapiere umgewechselt werden, daß man das Gewicht der heutigen Börse vielleicht in Amerika fühlt und doch eigentlich nichts davon zu sehen oder zu hören ist.«

Während Gotthelfs Besuch in Hamburg muß es nahezu ununterbrochen geregnet haben. »Immerfort« habe das schlechte Wetter ange-

halten, und das habe zunehmend zu dem Gedanken geführt, den Besuch in der Hansestadt abzubrechen. Doch trat just im rechten Moment immer wieder eine schöne Hamburgerin auf den Plan, um den Reisenden mit der Unbill des Wetters zu versöhnen. Auch aus seinen Betrachtungen über den Geldhandel wird der junge Theologe durch ein weibliches Wesen gerissen. Diesmal ist es …

»… ein allerliebstes Holsteiner Mädchen, das lange vergebens den, andere Gedanken im Kopf habenden Börsenherren, seine schönen, appetitlichen Pfirsiche angeboten hatte. Ich schickte es anfangs auch fort, allein seinen schalkhaft bittenden Augen unter dem halben Bienenkorb hervor konnte ich nicht widerstehen … Ich glaube, ich hätte dem Wetterhexchen den ganzen Korb zuletzt abgekauft, wenn ich nicht Reißaus genommen. Seitdem kommt mir der Apfelfraß von Adam ganz natürlich vor; hat Eva es nur halb so listig und lieblich angestellt wie jenes niedliche Ding, sie hätte längst die Schlange verführen können, geschweige den ehrlichen Papa Adam.«

Im Alsterpavillon fühlte sich der Besucher, vor Regen und Wind geschützt, am wohlsten. Dort haben ihm, neben den Zigarren zu Kaffee und Schnaps, die so zahlreich ausliegenden Zeitungen besonders gut gefallen.

Einmal zieht es Gotthelf zu einem öffentlichen Ball, wo sich allerdings manche schöne Gestalt unter der Abendrobe als bedrohlich sündhaft erweist:

»Tritt man ein, so glaubt man, unter den vornehmsten Damen zu sein, ihre Anzüge äußerst kostbar und geschmackvoll; goldene Ketten, Uhren, Ringe sind nicht gespart, ihr Anstand und ihre feinen Züge scheinen fast bei allen einem obern Stande anzugehören. Doch sind es alles Mädchen, wie man sagt, die ihre Gunst sich erkaufen lassen, und die Bälle nichts als eine Art Kunstausstellung.«

Diese Erkenntnis ruft wieder den Sittenrichter, den Kämpfer gegen Ausschweifung und Laster in dem späteren Dichter auf den Plan:

»In Deutschland ist es schon dahin gekommen, daß in allen Städten das Laster unverhüllt sich zur Schau stellt, man sich dessen keineswegs schämt, ja der Jugend für erlaubt hält; in Frankreich und anderen Ländern muß es noch ärger sein.«

Daß der Besucher in Hamburg offenbar zum ersten Mal in seinem Leben mit Juden zusammentraf, geht aus verschiedenen Passagen seines Berichts hervor. Auch zeigt sich, daß dem jungen Gelehrten aus der Schweiz einige Klischees leicht von den Lippen gingen.

»Vor Prellerei kann man sich in großen Städten und besonders wo die Hälfte Juden sind wie in Hamburg, wo im Theater fast lauter Judensprache gesprochen wird und auf den Straßen gegen zwei christliche Gesichter immer ein Jude kommt, nicht genug Achtung nehmen.«

Es kommt sogar noch schlimmer: Der fromme Besucher wandelt auf Luthers Spuren. Der sonst so menschenfreundliche Christ formuliert in seinem Reisebericht – und nur in diesem – einmal Antisemitisches, das uns das Blut gefrieren läßt. Wir wollen diese Stellen hier verschweigen, denn sie rekapitulieren nur dumpfe Vorurteile ihrer Zeit. Walter Muschg, Gotthelfs Biograph und Herausgeber seiner Werke, meinte zu den drastischen Widersprüchen in Gotthelfs Leben und Werk, sein Begriff des Christentums habe mitunter zu schematischer Vereinfachung und zu Schlagworten geführt. Er habe »das Überhandnehmen der Unchristlichkeit in apokalyptischen Bildern als die neue Pest, als ein seelisches Massensterben der Menschheit am Horizont aufsteigen« sehen, so vor allem in der »Schwarzen Spinne« oder in »Zeitgeist und Berner Geist«. Es sei wegen seiner Ausfälle seinen Gegnern nicht schwergefallen, in ihm einen verbohrten Reaktionär zu sehen. Und an Passagen, vor allem im Spätwerk, die das begründen, fehlt es ja wirklich nicht.

»Ja, wenn die Weiber dieses Fieber haben und nicht mehr Hausmütter sind, etwa gar noch Zeitung lesen und darob die Kinder schreien lassen, bis sie schwarzbraun sind im Gesichte, dann wird eine saubere Rasse nachkommen, daß Gott erbarm!«

Verstörende Worte, die sich immer wieder vor das Bild dieses Dichters mit den vielen Gesichtern schieben. Er war ein religiöser Visionär, ein unermüdlicher Fabulierer, ein protestantischer Apologet des Bauerntums, ein sozial denkender und handelnder Aufklärer und zugleich ein wütender Rhetoriker, ein heidnischer Barbar. Sogar Elias Canetti, wahrlich kein Verehrer des Reaktionären, fühlte sich nach der Lektüre der »Schwarzen Spinne« von der, wie er schrieb, »Beredsamkeit Gotthelfs« angezogen. Er schildert in seiner »Geschichte einer Jugend« (»Die gerettete Zunge«) einen heftigen Konflikt, in den er bei einer Diskussion über Gotthelf mit seiner Mutter geriet.

Gotthelfs Angst vor jüdischen Dieben und Gaunern in Hamburg erweist sich zuletzt als gänzlich unbegründet: Es sind schließlich zwei christliche Gauner, denen es gelingt, den Besucher um sein Geld zu prellen! Als der Reisende nach einem erneuten Theaterabend, bei dem er wegen des »Konversationsstückes« diesmal voll auf seine Rechnung kommt, Hamburg wieder verläßt, hat sich seine Distanz gegenüber Großstädten wie dieser vergrößert und seine Liebe zum heimatlichen Emmental nur noch bekräftigt. Die anfängliche Verzückung beim ersten Anblick Hamburgs ist zuletzt reichlicher Ernüchterung gewichen. Die Welt des späteren Dichters Jeremias Gotthelf ist nicht eine kühle, während seines Besuches so abschreckend regnerische, norddeutsche Hafenstadt, sondern die heimatliche Gegend um Bern und das Emmental. Das macht Gotthelf mitnichten zu einem Provinzdichter; seine Beobachtung des Schweizer Mikrokosmos führt zu literarischen Ergebnissen von epischer Wucht, obgleich er auch in seinem Spätwerk immer häufiger in feierliche Erstarrung und einen moralisierenden Kanzelton verfällt.

Albert Bitzius wurde nur 57 Jahre alt. Er starb müde und vereinsamt. Der idyllische Rahmen seines Lebens trügt. Ein beschaulicher Biedermeier war er gewiß nicht – um so mehr ein zorniger Anwalt seiner Bauern aus dem Emmental. Unter den Hamburgern muß er sich sehr fremd gefühlt haben. Befremdlich muß er auch ihnen erschienen sein; so haben sie ihn und seine Hamburger Visite denn auch weitgehend vergessen. Selbst seinen 200. Geburtstag am 4. Oktober 1997 fanden die Hamburger keiner Erwähnung wert. Verdient hat Jeremias Gotthelf das nicht.

»MEINE HAMBURGER FREUNDIN ...«
FRIEDRICH HEBBEL (1813–1863)

Christian Friedrich Hebbel gehört mit Friedrich Gottlieb Klopstock und Gotthold Ephraim Lessing zu den drei »klassischen« Dichtern in Hamburg. Wie Lessing war auch Hebbel, mehr als alles andere, ein Theaterdichter; wie jenem war ihm in Hamburg wenig Erfolg beschieden. Wie Klopstock war er ein deutscher Patriot; der Durchbruch zum Ruhm aber gelang ihm anderswo: in Wien.

Unsere Erinnerung muß sich auf wenige Zusammenhänge beschränken, kann nur ganz am Rande dem Theater-Autor gelten. Aber es gibt bei Hebbel neben seinen Stücken und Gedichten noch manches andere zu entdecken, das ihn seinem Jahrhundert vielleicht mehr zu entreißen vermag als die Theaterstücke mit ihrer schwankenden Konjunktur.

An Ludwig Uhland

Wesselburen d. 9. August 1832.

Hochgeehrter Herr!

Verzeihen Sie es mir, daß ich so kühn bin, diese Zeilen an Sie zu richten. Ich bin der Sohn eines armen Mannes, 19 Jahre alt und gegenwärtig Schreiber in der hiesigen Kirchspielvogtei. Mein Vater starb in meinem 16. Lebensjahre und hinterließ meiner Mutter nichts, als zwei unmündige Kinder, mich und einen noch jüngern Bruder: auf meine Erziehung konnte daher nichts verwendet werden, und ich hatte nie Gelegenheit, eine andere als die hiesige Bürgerschule, zu besuchen, worin über 100 Kinder, die auf den verschiedenartigsten Stufen, des Alters sowohl, als der Fähigkeiten, stehen, in den Anfangsgründen der unentbehrlichsten Wissenschaften – im Lesen, Rechnen und Schreiben – sowie in der Religion, Unterricht erhalten, und wo ich mir um deswillen auch nur die allerdürftigsten Kenntnisse erwerben konnte. Gleich nach dem Absterben meines Vaters wurde ich von dem hiesigen Herrn Kirchspielvogt Mohr, einem so menschenfreundlichen, als

Deine Tugenden halte für allgemeine des Menschen,
Deine Fehler jedoch für dein besonderes Theil.
Friedrich Hebbel.

gebildeten Manne, ins Haus genommen, um ihm als Schreiber in seinen zahlreichen Geschäften beizustehen: mein Herr behandelt mich so gut, wie ich nur immer wünschen kann: ich könnte daher wohl mit meiner Lage zufrieden sein: allein, es fehlt mir hier fast an jeder Gelegenheit, mir einige Bildung zu erwerben, welche ich mir doch so außerordentlich gern erwerben mögte. Mein Herr sieht dieses selbst ein, und hat schon wiederholentlich gegen mich geäußert, daß ich nicht am rechten Platze stehe: er aber wußte so wenig einen Ausweg, als ich selbst: im vorigen Jahre faßte ich den Entschluß, aufs Theater zu gehen und wand mich zu dem Behuf schriftlich und mündlich an den Herrn Direktor Lebrün in Hamburg: dieser riet mir indes unbedingt davon ab, und mogte recht haben, indem ich den Plan, Schauspieler zu werden, weniger aus Liebe zur Sache, als aus Verzweiflung darüber, daß ich keine einzige Bahn vor mir sah, faßte. Nun ich diesen Entschluß aber aufgab, war ich wieder, wie ein Schiff auf stürmischem Meer, und wußte nicht, wohin, fühlte mich daher in jeder Hinsicht so unglücklich, wie sich ein Mensch, der durchaus keinen Lebensplan hat, nur immer fühlen kann: da richtete ich meine Hoffnung auf Sie, und ich weiß gewiß, diese meine Hoffnung wird mich nicht täuschen. Sie, hochgeehrter Herr, habe ich bewundert, seit ich Ihre vortrefflichen Gedichte kenne, nähmlich seit 2 Jahren: ein so großer Dichter muß ein ebenso großer Mensch sein und wird einen Unglücklichen, der sich an ihn klammert, gewiß nicht sinken lassen: dies fühle, dies weiß ich und habe daher im gerechten Vertrauen auf Ihren Edelmut dies Schreiben gewagt. Seit meiner frühesten Jugend hat mich eine unsichtbare Macht getrieben, dasjenige, was ich jemals gedacht, gefühlt und geträumt, in Reimen und Versen zu verkörpern, und dies wird ein Mann, der das Lied »Freie Kunst« gedichtet hat, nicht tadeln. Hochgeehrter Herr, nehmen Sie sich meiner an! Tun Sie für mich, was Sie können! Wenn Sie mir nur eine Schreiberstelle – bei Ihnen selbst, wage ich nicht zu hoffen – verschaffen könnten, damit ich, wenn ich mich hier losreiße, doch vorläufig geborgen wäre! Ein gutes Zeugnis von meinem Herrn kann ich beibringen. In einer Stadt wie Stuttgart würde ich gewiß tausendmal eher Gelegenheit finden, mir Bildung zu erwerben. Nochmals, hochgeehrter Herr, wiederhole ich meine Bitte: nehmen Sie sich meiner an! würdigen Sie mich wenigstens einer Antwort und sei'n Sie versichert, daß Sie mich schon durch eine solche Ihnen ewig verpflichten würden.

Ich bin in der größten Hochachtung Ihr ganz ergebenster
C.F. Hebbel

Als sich Hebbel 1832 an den damals in Deutschland umjubelten Ludwig Uhland wandte, um ihn (übrigens vergeblich) um Anstellung zu bitten, vereinfachte er seinen bisherigen Lebensweg natürlich ein wenig. Am 18. März 1813 wurde er in Wesselburen geboren. Seine Kindheit war hart, die Eltern lebten in kärglichen Verhältnissen.

»(...) In meinem vierten Jahre wurde ich in eine Klippschule gebracht. Eine alte Jungfer, Susanna mit Namen, hoch und männerhaft von Wuchs, mit freundlichen blauen Augen, die wie Lichter aus einem grau-blassen Gesicht hervorschimmerten, stand ihr vor. Wir Kinder wurden in dem geräumigen Saal, der zur Schulstube diente und ziemlich finster war, an den Wänden herum gepflanzt, die Knaben auf der einen Seite, die Mädchen auf der andern; Susannas Tisch, mit Schulbüchern beladen, stand in der Mitte, und sie selbst saß, ihre tönerne Pfeife im Munde und eine Tasse Tee vor sich, in einem Respekt einflößenden urväterlichen Lehnstuhl dahinter. Vor ihr lag ein langes Lineal, das aber nicht zum Linienziehen, sondern zu unserer Abstrafung benutzt wurde, wenn wir mit Stirnerunzeln und Räuspern nicht länger im Zaum zu halten waren; eine Tüte voll Rosinen, zur Belohnung außerordentlicher Tugenden bestimmt, lag daneben. Die Klapse fielen jedoch regelmäßiger, als die Rosinen, ja die Tüte war, so sparsam Susanna auch mit dem Inhalt umging, zuweilen völlig leer, wir lernten daher Kants kategorischen Imperativ zeitig genug kennen. An den Tisch wurde groß und klein von Zeit zu Zeit herangerufen, die vorgerückteren Schüler zum Schreibunterricht, der Troß, um seine Lektion aufzusagen und, wie es nun kam, Schläge auf die Finger mit dem Lineal oder Rosinen in Empfang zu nehmen. Eine unfreundliche Magd, die sich hin und wieder sogar einen Eingriff ins Strafamt erlaubte, ging ab und zu und ward von dem jüngsten Zuwachs mitunter auf äußerst unerfreuliche Weise in Anspruch genommen, weshalb sie scharf darüber wachte, daß er nicht zuviel von den mitgebrachten Süßigkeiten zu sich nahm. Hinter dem Hause war ein kleiner Hof, an den Susannas Gärtchen stieß; auf dem Hof trieben wir in den Freistunden unsere Spiele, das Gärtchen wurde vor uns verschlossen gehalten. Es stand voll Blumen, deren phantastische Gestalten ich noch im schwülen Sommerwind schwanken sehe; von diesen Blumen brach Susanna uns bei guter Laune wohl hin und wieder einige ab, jedoch erst dann, wenn sie dem Welken nah waren; früher raubte sie den sauber angelegten und sorgfältig gejäteten Beeten, zwischen denen sich Fuußsteige hinzogen, die kaum für die hüpfenden Vögel breit genug schienen, nichts von ihrem Schmuck. Susanna verteilte ihre Geschenke übrigens sehr parteiisch. Die Kinder wohlhabender Eltern erhielten das Beste und durften ihre oft unbescheidenen Wünsche laut aussprechen, ohne zurechtgewiesen zu werden; die Ärmeren mußten mit dem zufrieden sein, was übrigblieb, und bekamen gar nichts, wenn sie den Gnadenakt nicht stillschweigend abwarteten. Das trat am schreiendsten zu Weihnacht hervor. Dann fand eine große Verteilung von Kuchen und Nüssen statt, aber in treuster Befolgung der Evangeliumsworte: wer da hat, dem wird gegeben! Die Töchter des Kirchspielschreibers, einer gewaltigen Respektsperson, die Söhne des Arztes usw. wurden mit halben Dutzenden von Kuchen, mit ganzen Tüchern voll Nüsse beladen; die armen Teufel dagegen, deren Aussichten für den Heiligen Abend im Gegensatz zu diesen ausschließlich auf Susannas milder Hand beruhten, wurden kümmerlich abgefunden. Der Grund war, weil Susanna auf Gegen-Geschenke rechnete, auch wohl rechnen mußte, und von Leuten, die nur mit Mühe das Schulgeld aufzubringen wußten, keine erwarten durfte. Ich wurde nicht ganz zurückgesetzt, denn Susanne erhielt im Herbst regelmäßig von unserem Birnbaum ihren Tribut, und ich genoß ohnehin meines »guten Kopfs« wegen vor vielen eine Art von Vorzug, aber ich empfand den Unterschied doch auch und hatte besonders viel von der Magd zu leiden, die mir das Unschuldigste gehässig auslegte, das Ziehen eines Taschentuchs z.B. einmal als ein Zeichen, daß ich es gefüllt haben wolle, was mir die glühende Schamröte auf die Wangen und die Tränen in die Augen trieb. Sobald Susannas Parteilichkeit und die Ungerechtigkeit ihrer Magd mir ins Bewußtsein traten, hatte ich den Zauberkreis der Kindheit überschritten. Es geschah sehr früh.

Der Vater hätte seinen Sohn gerne als Bauer gesehen, aber dazu fehlte diesem jegliches Talent. Der Knabe mußte sich als Bote des Kirchspielvogts sein Brot selbst verdienen. Er hatte für ihn kleinere polizeiliche Dienste zu erledigen, die Pässe und Wanderbücher der Handwerker zu kontrollieren oder als Schreiber behilflich zu sein. Dafür durfte er bei bescheidenem Lohn, aber freundlicher Behandlung mit am Gesindetisch essen und im Verschlag des Kutschers unter der Treppe schlafen. Bald aber regte sich in ihm die Lust am Schreiben, und erste lyrische, epische und dramatische Versuche wurden in einem regionalen Blättchen, dem »Dithmarscher und Eiderstädter Boten«, auch gedruckt. Dann sorgte eine Gönnerin in Hamburg, Frau Doktor Amalie Schoppe, die auf seine Texte aufmerksam geworden war, dafür, daß er auch in einigen von ihr herausgegebenen Postillen (sie widmete sich mit Hingabe vor allem einem Mode- und Schneider-Magazin) veröffentlichen konnte. Aber es zog ihn zum Hamburger Theater, wo er sich – allerdings erfolglos – um eine Mitwirkung bewarb. Mit einer großzügigen Spende Amalie Schoppens versehen, schulte er sich im Alter von immerhin schon 22 Jahren am Johanneum ein. Dort lernte er allerlei kluge Köpfe kennen, fiel schnell durch seine Begabung auf, doch das Reifezeugnis blieb ihm aufgrund seiner ungenügenden Vorbildung verwehrt. Mit dem Rest des Geldes, das Amalie Schoppe für ihn gesammelt hatte, machte er sich zu Fuß nach Heidelberg auf, um mit der Jurisprudenz etwas »Ordentliches« zu erlernen. Doch auch das mußte mißlingen – wegen des fehlenden Reifezeugnisses. So befaßte er sich wieder fast ausschließlich mit der Dichtkunst, immer auf der geradezu wütenden Suche nach den eigenen Grenzen. Ein Jahr später siedelte Hebbel nach München um. Er lebte dort gleichfalls unter bescheidensten Verhältnissen, weitgehend von Kaffee und Brot. Die schlechte Ernährung in seinen jungen Jahren sollte noch einmal schlimme Folgen haben.

In Hamburg hatte er sich mit einer jungen Dame befreundet, die in seinem Leben noch eine bedeutende, wenn auch widersprüchliche Rolle spielen sollte.

An Elise Lensing

Heidelberg am 1 sten Ostertage 1836.

Meine teure, gute Elise!

Soeben habe ich von meinem Logis Besitz genommen und fühle jetzt kein anderes Bedürfnis, als Dir zu schreiben. Ich bin so sentimental, wie ein junges Mädchen, welches zum ersten Mal empfindet, daß es ein Herz hat; ich könnte mich sogleich auf den Postwagen setzen und nach Hamburg zurückfahren, Berge sind ein schlechter Ersatz für geliebte Menschen. Dies wird vorübergehen und muß vorübergehen; aber wahr ist es, der Abschied ist ein bloßes Fegefeuer und die Hölle beginnt, wo die Reise aufhört und der neue Lebenskreis anfängt. Könnte ich jetzt eine Stunde mit Dir in Deinem kleinen Kämmerlein sitzen, so läge darin mehr Lebensgenuß, als meine ganze Universitätszeit mir bieten wird. Von den Universitätsjahren verspreche ich mir überhaupt wenig Freude; über die Jahre, worin man sich mit Vergnügen von der Welt absondert und, statt ins allgemeine Meer zu verfließen, lieber als seichtes, elendes Bächlein dahinschleicht, bin ich hinaus; besaufen mag ich mich nicht, obwohl ich besoffen sein mag, und selbst die Beschäftigung mit der Wissenschaft wird mir wenig Erfreuliches gewähren, denn ich habe schon zu tief in das Nichts aller menschlichen Bestrebungen geblickt, und man pflanzt nicht gern einen Baum, von dem man weiß, daß er nur Holzäpfel trägt. Die Natur behauptet eigensinnig ihren Gang; was im Mai nicht blüht, wirds im September nicht nachholen. Dies mag gern Hypochondrie sein: einerlei, die Hypochondrie wäre nicht da, wenn etwas andres da wäre! (...)

Ich grüße und küsse Dich tausendmal und nenne Dich meine gute, teure, einzige Elise! Sei nicht grausam und laß mich nicht allzulange auf einen Brief von Dir warten, ich schmachte darnach. Das verfluchte Papier ist zu Ende, aber ich kann den Brief noch immer nicht schließen. Leichter wars mir ehemals, aus Deinem

Hause fortzugehen, ich konnte ja wieder kommen, sobald ich wollte. Nun, jedenfalls solls nicht sehr lange werden, daß wir uns wieder sehen; ich hoffe – obwohl ich in diesem Augenblick mit meinen Produkten unzufriedener bin, wie jemals – in lit. Hinsicht bald etwas zu verdienen, und die ersten paar Taler, die ich übrig habe, verwende ich auf eine Reise zu Dir. Ach, das verfluchte Geld! Hätte man den Bettel, wie glücklich könnte man sein. Jetzt fühlt man sich auf jedem Schritt eingeengt und beschränkt. Noch einmal, mein teurer Engel, lebe wohl!

(…)

Dein Friedrich

Die finanzielle Abhängigkeit von Elises Zuwendungen empfand Hebbel, gerade weil er ihrer so sehr bedurfte, stets als quälende Belastung. Die von Elise inständig erhoffte Ehe wollte er, trotz gelegentlichen Schwankens, zuletzt nie eingehen, was ihn immer wieder in Schuldvorwürfe und Selbstanklagen stürzte. In München fand er erst einmal einen fröhlichen, sinnlichen Ersatz: die Tischler-Tochter Beppy Schwarz, in deren kleinbürgerlichem Elternhaus er eine Zeitlang logierte. Die dort herrschenden Familienumstände bildeten die Vorlage für das bürgerliche Trauerstück »Maria Magdalena«, das Theatergeschichte schreiben sollte.

Wild entschlossen, ein anerkannter Dichter zu werden, bedingungs- und manchmal auch skrupellos, begann Hebbel bald, seine Umwelt und die verliebte Betty zu drangsalieren, um nicht zu sagen: zu tyrannisieren. Am liebsten war er mit sich, seinen Büchern und Manuskripten allein. Im Jahre 1838 starben sowohl die Mutter wie sein enger Freund Emil Rousseau; im März des Jahres kehrte er, enttäuscht über den ausbleibenden Erfolg, seine finanzielle Misere und die düsteren Aussichten, wieder zu Fuß, diesmal bei Regen und Schneegestöber, in Begleitung seines kleinen Hundes nach Hamburg zurück. An Hunden hing sein Herz schon seit seiner Kindheit.

Schau ich in die tiefste Ferne …

Schau ich in die tiefste Ferne
Meiner Kinderzeit hinab,
Steigt mit Vater und mit Mutter
Auch ein Hund aus seinem Grab.

Fröhlich kommt er hergesprungen,
Frischen Muts den Staub der Gruft,
Wie so oft den Sand der Straße,
Von sich schüttelnd in der Luft.

Mit den treuen braunen Augen
Blickt er wieder auf zu mir,
Und er scheint, wie einst, zu mahnen:
Geh doch nur, ich folge dir!

Denn in unserm Hause fehlte
Es an Dienern ganz und gar,
Doch die Mutter ließ mich laufen,
Wenn er mir zur Seite war.

Besser gab auch keine Amme
Je auf ihren Schützling acht,
Und er hatte schärfre Waffen
Und gebrauchte sie mit Macht.

Seine eignen Kameraden
Hielt er mit den Zähnen fern,
Und des Nachbars Katze ehrte
Ihn von selbst als ihren Herrn.

Doch, wenn ich dem alten Brunnen
Spielend nahte hinterm Haus,
bellte er mit heller Stimme
Meine Mutter gleich heraus.

Er erhielt von jedem Bissen
Seinen Teil, den ich bekam,
Und er war mir so ergeben,
Daß er selbst die Kirschen nahm.

Wie die beiden Dioskuren
Brachten wir die Tage hin,
Einer durch den andern glücklich,
Jede Stunde ein Gewinn.

Macht ich nicht auch halb vom Tode
Meinen treuen Pollux frei,
Ließ ichs nur, weil ich nicht ahnte,
Daß ich selbst der Kastor sei.

Aber allzu bald nur trübte
Uns der heitre Himmel sich,
Denn er hatte einen Fehler,
Diesen, daß er wuchs, wie ich.
Und an ihm erschien als Sünde,
Was an mir als Tugend galt,
Da man mich ums Wachsen lobte,
Aber ihn ums Wachsen schalt.

Immer größer ward der Hunger,
Immer kleiner ward das Brot,
und der eine konnte essen,
Was die Mutter beiden bot.

Als ich eines Morgens fragte,
Sagte man, er wäre fort
Und entlaufen, wie mein Hase,
Doch das war ein falsches Wort.

Noch denselben Abend kehrte
Er zu seinem Freund zurück,
Den zerbißnen Strick am Halse,
Doch das war ein kurzes Glück.

Denn, obgleich er mit ins Bette
Durfte, ach, ich bat so sehr,
War er morgens doch verschwunden,
Und ich sah ihn niemals mehr.

Ward er an die Eisenkette
Jetzt gelegt von seinem Herrn,
Oder fiel sein Los noch härter,
weiß ich nicht, doch blieb er fern!

Blick ich in die tiefste Ferne
Meiner Kinderzeit hinab,
Steigt mit Vater und mit Mutter
Auch ein Hund aus seinem Grab.

Die Hamburger Gönnerin Amalie Schoppe ließ ihn nach seiner Rückkehr ihr Mißbehagen über seine bisherigen Leistungen und Erfolge deutlich spüren, zumal er sich im Juli 1840 abermals verliebte. Diesmal war es eine Patriziertochter, die ihn in ihren Bann gezogen hatte: Emma Schröder. Umstände und Zeitpunkt waren um so delikater, als Elise Lensing inzwischen ein Kind von ihm erwartete. Am 5. November 1840 gebar sie ihm einen Sohn. Immerhin gelang es ihm jetzt, dem Verleger Julius Campe einen Vertrag und damit auch Honorar für ein Theaterstück mit dem Titel »Judith« abzuringen. Auch das Stück »Genoveva« entstand in dieser Zeit, ohne daß Hebbel die tiefen Zweifel am eigenen Talent verließen.

Für Hamburg interessierte sich der Dichter übrigens nicht im geringsten. Er fühlte sich in der Stadt alles andere als wohl. Den großen Brand von 1842 beobachtete er aus nächster Nähe:

Der Hopfenmarkt mit St. Nicolai vor dem Brand

Das brennende Hamburg

»Das brennende Hamburg war ein schrecklicher, aber zugleich ein gewaltiger Anblick. Das Überwältigende, was die Sinne nicht bloß erfüllte, sondern sie zerriß, schien neue Organe im menschlichen Geist zu erschließen, er fühlte sich über den Moment, über seine Drangsale und sein gemeinsames Leid, hinausgehoben und überschaute die Gegenwart, wie von der Höhe der Geschichte herab. Mir wenigstens war es, als ob ich nichts Gegenwärtiges sähe, aber die ungeheuersten Bilder der Vergangenheit standen vor meinem Blick, ich sah Karthago mit dem zerschmelzenden Moloch, ich sah Persepolis und die tanzende Thais, ich sah Moskau und den Imperator, wie er unwillig und finster den Kremlin verließ. Ja sogar in den Momenten, wo ich selbst mit Hand anlegte, war mir zumute wie bei einer Tätigkeit im Traum. Aber das brennende Hamburg verwandelte sich in ein niedergebranntes, der Feuerdrache zog sich wieder zusammen in den Funken, aus dem er hervorgekrochen war und der flammenrote Himmel wurde wieder trübselig und grau. Nun ward auch mir alles zur Gegenwart und anfangs zur Gegenwart ohne Zukunft, das stolze Element, das nichts verzehren kann, ohne es zugleich zu verklären, hatte sich zurückgezogen und bei dem nüchternen Tageslicht besah man sich mit Schauder und Entsetzen den Leichnam einer Stadt.

(...) Ich verließ Hamburg in Folge des großen Brandes, den ich mitmachte und bei dem ich fast erschlagen worden wäre, weil der Pöbel mich für einen Fremden, also einen Feueranleger hielt, mich rettete bloß mein Plattdeutsch.«

Wissen Sie, was mich zumeist am großen Brande entsetzte,
Welcher ein Fünftel der Stadt in Asche legte vor Jahren?
Nicht die flammenden Straßen mit ihren donnernden
Häusern,

Der Hamburger Brand von 1842

Welche vor dem Minierer gen Himmel flogen und barsten;
Nicht der tückische Wind, der wie ein dämonisches Wesen
Immer sich drehte, sobald die Spritzen Meister geworden;
Nicht die lodernde Börse mit all den Kaisergestalten,
Die das Römische Reich, doch auch uns Bürger bevogtet;
Nicht die grünlichen Flammen der Türme, welche von Kupfer
Sich ernährten und Blei und gräßlichen Regen verspritzten;
Nicht der endliche Sturz von Nikolai und Petri,
Fast so entsetzlich für uns, als bräche die Erde zusammen;
Nicht einmal das Geheul der Feuerglocken, die alles
Überwimmerten, selbst die Stundenuhren, so daß man
Keine einzige hörte, als wären die Zeiten vollendet
Und als müßte der Richter nun gleich in den Wolken erscheinen:
Alles dieses verschwand mir gegen die Hungergesichter,
Welche mit Ratten und Mäusen zutage sich drängten.
Ja, sie kamen mir vor, als sollten sie klagen und zeugen
Und erwarteten nur noch den Engel mit seiner Posaune.
Welch ein Elend erblickte ich! Und tief, wie unter der Erde
War es verborgen gewesen und stahl sich, als wäre es Sünde
Gegen die glücklichen Brüder, auch jetzt noch zögernd und ängstlich,
Und vom dräuenden Tode gejagt, hervor aus den Löchern!
Männer, Weiber und Kinder! Und das im christlichen Hamburg,
Welches der Armen und Kranken doch wahrlich nie noch vergessen!
Fast mit Grausen gedacht ich der eigenen Güter und schämte mich des eigenen Kummers!

Elise Lensings liebevoll angehäufte und Hebbel zugedachte Spargroschen reichten für dessen Leben nun endgültig nicht mehr aus, und so machte er sich im November 1842 auf den Weg nach Kopenhagen. Dort ersuchte er um eine Audienz beim König, um sich um eine Professur zu bewerben – wieder vergeblich. Aber ganz erfolglos war die

Reise doch nicht. Der König muß die Begabung des unzufriedenen und eigenbrötlerischen jungen Dichters erkannt haben: Hebbel erhielt ein großzügiges Reisestipendium. Damit reiste er erst einmal nach Paris, zog begeistert durch die Gemäldegalerien und die Theater, genoß die Metropole und gewann sich in dem hochgebildeten Felix Bamberg einen klugen und freundschaftlichen Gesprächspartner, ohne seine schriftstellerischen Ambitionen zu vernachlässigen.

»Paris, und wieder Paris! wird mancher Leser verdrießlich ausrufen. Und doch wird er dadurch nur beweisen, daß er noch nicht dort war, denn sonst würde er selbst einen Savojardenknaben mit Interesse anhören. Ich bin durchaus nicht enthusiastisch für die Franzosen eingenommen, ich weiß, daß wir sie in vielem übertreffen und nur in wenigem hinter ihnen zurückstehen. Aber ich liebe ihre Hauptstadt, trotz des physischen und moralischen Schlammes, an dem sie reich ist, und trotz der Koketterie, durch die sie den großartigen Eindruck, den sie immer und überall machen könnte, so oft selbst wieder zerstört. Denn in ihr drängt sich zwar nicht die Welt, aber doch so viel von der Welt zusammen, als ein Mensch mit seinen Organen auf einmal in sich aufzunehmen vermag, und wem sie nicht gefällt, der hat nicht bloß das Pech gehabt, in Krähwinkel geboren zu werden, sondern er verdient auch, in Krähwinkel zu sterben.

Ja, Paris ist eine Probe für den Besucher und nicht bloß in dem Sinn, daß er erfährt, wie ihm filtriertes Seinewasser bekommt, und wieviel Fett er nach einem Drei-Franken-Diner bei Herrn Richard im Palais Royal ansetzt. Der grobe Egoismus, der auf Geld und Amüsement versessene, mag dort gedeihen, der feinere wird erstickt. Es gibt Leute, die auf die Kirchtürme eifersüchtig sind, weil diese, wenn auch nur der Uhr wegen, öfter angesehen werden, als sie. Die sollen ja nicht hinreisen, denn sie, die vor Ärger erkranken, wenn unter zehn Personen, die ihnen begegnen, sich nicht neun nach ihrem Befinden erkundigen, werden es freilich nicht ertragen, daß sich in Paris keiner um sie bekümmert, als der sie betrügen, bestehlen oder zum besten haben will. Es gibt andere, gesteigerte Exemplare der nämlichen Spezies, die, wenn sie die Welt mit einem neuen Buch oder einem Gemälde beschenkten, kein Pferd und keinen Esel mehr besteigen, ohne in Gedanken auszurufen: Arme Kreatur, wüßtest du, wen du trägst! Die sollen auch zu Hause bleiben, denn an jeder Wirtstafel finden sie ihresgleichen, und es muß fatal sein, den Tischnachbar bei einer kitzlichen Wendung des Disputs durch rasches Aufknöpfen des Überrocks mit einem Orden zum Stillschweigen bringen zu wollen, und bei ihm auf denselben Schmuck zu stoßen. Doch, von den Narren abgesehen, es ist auch für den gewiegten Mann, auch für den, der nicht bloß seinen eigenen Kreis kennt, sondern der auch das Verhältnis dieses seines Kreises zum größern und größten ausgemessen hat, keine kleine Aufgabe, sich mit den ungeheuren Elementen, die sich in Paris regen und durcheinander bewegen, in das Gleichgewicht zu setzen, und wer schnell damit fertig wird, der weiß gar nicht, worum es sich handelt. Darum deutet der fliegende Enthusiasmus, der gleich beim ersten Spaziergang über die Boulevards sich einstellende und unaufhörlich Beifall klatschende Bewunderungsschwindel ebensogut auf Schwerpunktlosigkeit und innere Leere, wie die philisterhafte Nörgelei, welche die Stadt, ja Land und Volk nach der zerbrochenen Kaffeetasse, oder nach dem rauchenden Kamin beurteilt, und welche sich besser amüsiert, wenn sie die Beschreibung von Paris in Paris selbst hinterm Ofen nachliest, als wenn sie sich Paris mit eigenen Augen besieht, denn ob ein Ich verdunstet, oder vertrocknet, das ist völlig einerlei.

Die Metropole eines Landes ist die verkörperte Spitze seiner Geschichte, seines Entwicklungsprozesses. (...) Was würden wir zustande gebracht haben, wenn wir, wie die Franzosen, unsere miserabeln Privat-Streitigkeiten für den müßigen Sonntag aufschiebend, Hand in Hand gegangen, und beizeiten bemüht gewesen wären, das Haus, das uns alle schützen soll, unter Dach zu bringen! Ich bitte mir zuweilen in patriotischen Träumen eine Gesellschaft von steinernen Riesen-Gästen zusammen, die einen Begriff davon geben kann, wie die Hauptstadt Deutschlands wohl ungefähr aussehe, wenn Deutschland es, wie Frankreich, zu einer Hauptstadt gebracht hätte. Man denke sich den Wiener Stephansturm, den Straßburger und den Freiburger Münster, den

Kölner Dom, die Hamburger Petri-Kirche und so viele andere architektonische Trophäen des deutschen Geistes in den Ringmauern einer einzigen Stadt vereinigt, und man frage sich, ob sich in dieser Stadt dann nicht notwendig auch eine granitne Kaiser-Burg erheben müßte, und ob der darin thronende Kaiser nicht mit der Rechten den Szepter der römischen Imperatoren und mit der Linken den ehemals karthageniensischen, jetzt großbritannischen Dreizack schwingen würde. Es wäre doch herrlich, wenn diese Stadt nicht bloß in Vater Jahns Gehirn läge, und es ist geradezu lächerlich, wenn man unsere Zerissenheit und Zersplissenheit, die man höchstens als ein nun nicht mehr abzuwendendes Unglück ertragen kann, zu einer Quelle von, ich weiß nicht welchen, imaginären Vorteilen machen will. Allerdings würden wir keine gebornen Kosmopoliten sein, wenn wir in einem anderen, als dem etymologischen Sinn, Deutsche wären und sein könnten, denn auf die ganze Menschheit überträgt nur der seine Liebe, der keine Familie hat. Aber es ist keine beneidenswerte Lage, wenn man auf die Sonne zurückgehen muß, sobald man das Zentrum, mit dem man zusammenhängt, nachweisen soll. Die Sonne schützt nur die Planeten vorm Schwindel, nicht die Menschen.«

Der Kontakt zu Elise Lensing riß sowohl bei Hebbels Besuchen in Hamburg sowie brieflich nie ab, aber die marternde Reue über seine Weigerung, eine Ehe einzugehen, verließ ihn nicht. Zumal Elise inzwischen ein zweites Mal von ihm schwanger war. Immerhin bot er ihr einmal brieflich doch die Ehe an, um das Angebot unverzüglich mit dem Hinweis auf seine ungesicherte Existenzgrundlage zu widerrufen.

München, d. 19. Dez. 1836

Meine teure Elise!

Meinen Ansichten über die Ehe wünsch ich keinen Beifall, am wenigsten unter dem weiblichen Geschlecht. Sie gehen überhaupt nicht auf die Ehe selbst, sondern auf mein Verhältnis zur Ehe. Mir wird alles Unveränderliche zur Schranke und alle Schranke zur Beschränkung. Die Ehe ist eine bürgerliche, physische und in unendlich vielen Fällen auch geistige Notwendigkeit. Der Notwendigkeit ist die Menschheit unterordet; jede aber ist mit Regalien verknüpft. Das Individuum darf sich der Notwendigkeit entziehen, wenn es Kraft hat, den Freibrief durch Aufopferung zu lösen, darin liegt seine Freiheit. Ich kann alles, nur das nicht, was ich muß. Das liegt zum Teil in meiner Natur, zum Teil in der Natur des Künstlers überhaupt. Wenn ein Genie sich verheiratet, so geschieht immer ein Wunder, so gut, als wenn ein anderer sich nicht verheiratet. Nimm es als den höchsten Beweis meiner Achtung auf, daß ich Dir diese dunkelste Seite meines Ichs entschleiere; es ist zugleich unheimlich und gefährlich, wenn ein Mensch zum Fundament seines Wesens hinuntersteigt, und er tut gar wohl, wenn er niemals daran rüttelt, denn drunten lauern die Finsternis und der Wahnsinn. Neu kann Dir das alles freilich nicht sein, denn oft genug hab ich mich über jenen Punkt ausgesprochen, aber hier ists zusammengefaßt.

München, d. 17. Januar 1837

An Elise Lensing

Mit unendlicher Sehnsucht, teuerste Elise, hab ich längst Deinem Brief entgegengesehen. Gestern abends (Sonntag) erwartete ich ihn mit Sicherheit, heut ist er endlich eingetroffen und er hat mir einen reichen Augenblick, einen innigen Genuß, verschafft.

Wenn Du Ursach hast, meinem Dichter-Talent Achtung zu zollen und ich fühle, daß ich die verdiene, so hab ich ungleich mehr Ursach, die reine, sittliche Höhe, auf der Du stehst, zu bewundern, so mußt Du fühlen, daß Dir höchste Achtung niemand versagen darf. Du hast einen Punkt erreicht, den ich mit allen Kräften und bei allem Streben vielleicht nie erreichen, gewiß aber nicht übersteigen werde. Dadurch aber muß ein Zusammenhang, ein Friede in Deine Natur gekommen sein, gegen die alles andere gering ist. Denn das ist das letzte Ziel des Menschen, und daran allein ist seine Beruhigung auf Zeit und Ewigkeit geknüpft, daß er aus sich heraus ein dem Höchsten, Göttlichen Gemäßes entwickle, daß er sich selbst ein Bürge sei für die seinem Bedürfnis entsprechenden Verheißungen.

Das Heiligste und Wahrste, was an Verehrung, an Liebe, in meiner Brust liegt, ist Dir zugewandt, ist Dein auf immer. Dein hab ich in der Weihnachts-, in der Neujahrs-Nacht gedacht, Dein gedenk ich stets, wenn ich mein selbst am würdigsten bin, und unter allem Wünschenswerten, was ich von der Zukunft erwarte, ist mir das Wünschenswerteste, wieder mit Dir zusammenzuleben und, was die Stunde bringt, in Gemeinschaft mit Dir zu genießen, oder zu verscheuchen.

Das Stillschweigen aber, das Du mir über jenen Punkt auflegst, muß ich brechen. Mein Brief sollte nichts Besonderes, er sollte das Allgemeinste aussprechen; meinen Widerwillen nämlich gegen alle Satzung, meinen Ekel gegen Zwirnsfäden, wodurch die bürgerliche Ordnung Widerstrebendes binden zu können glaubt, meinen Abscheu gegen das Einschränken und Beschränken der edelsten menschlichen Verhältnisse, in den armseligen Kreis des irdischen Lebens, für widerwärtige Zwecke. Ich fühle mich im Ganzen und Großen, ich wurzle im Welt-All und nicht in einem Topf; ich denke aber nicht, daß die Früchte darum schlechter gedeihen, weil ich mich an Himmel und Erde zugleich erquicke, oder, daß sie dem Freund nicht schmecken, weil wohl auch für die Welt etwas abfällt.

Unsre Freundschaft ist die möglichst würdigste, darum auch dauerndste und innigste, die, während sich jede andere nach und nach ins Gemeine, wenigstens Unbedeutende, verliert, sich fort und fort steigert und, in welche Regionen wir, hier oder dort, auch hineingeraten mögen, aus jeder nur Lebensstoff saugt für schönere und immer schönere Blüten. Dies ist nicht Phrasengeklingel, sondern mein innerstes Gefühl, ja, meine klarste Überzeugung (...).

Im März 1843, während seines Aufenthaltes in Paris, begann Hebbel sich von Elise Lensing zu lösen. Im gleichen Jahr starb in Hamburg sein und Elises erster Sohn. Im Mai 1844 gebar ihm Elise einen zweiten Sohn, den Hebbel aber nie gesehen hat. Er wurde nur drei Jahre alt. Hebbels produktivste Phase hatte inzwischen begonnen. Langsam begann nun auch sein Ruhm zu wachsen. Mit den Mitteln des Stipendiums reiste er nach Italien, verkehrte dort unter Malern

und reichen Gönnern, und schließlich nach Wien, wo er Grillparzer begegnete und in den Bann des Burgtheaters und seiner Schauspieler, nicht zuletzt auch der Schauspielerinnen, geriet. Zu ihnen gehörte die gefeierte Heroine Christine Enghaus, und wie es um seine Beziehung zu dieser Schauspielerin bald stand, berichtete Hebbel am 23. Oktober 1846 seinem Freund Felix Bamberg.

»(...) Meine Hamburger Freundin hat mir hundert und tausend Mal gesagt und geschrieben – noch nach Rom, noch nach Wien, aber vor der Katastrophe – daß ich frei sei, daß ich jede Verbindung eingehen könne, wenn ich dadurch glücklich würde, daß sie sich auf eine endliche Trennung gefaßt mache. Gerade, weil sie dies tat, verehrte ich sie; gerade, weil sie mich frei sprach, fühlte ich mich gebunden, denn sonst hätte ich ihr bei der dem Weibe in Lebensverhältnissen angeborenen Klugheit und bei den zehn Jahren, die sie mir voraus hatte, das Unnatürliche in unserer Situation ganz anders zur Last gelegt. Hören Sie nun, wie sie sich benommen hat. Kaum hatte ich in meinen Briefen an sie den Namen des Fräulein Enghaus genannt, als sie mir, scheinbar naiv, aber unmöglich ohne Absicht, ich sage: unmöglich, eine der niedrigsten Verleumdungen mitteilte, die jemals über ein weibliches Wesen, ich sage nicht: über ein edles weibliches Wesen, ersonnen worden sind. Ich antwortete ihr mit jener Heftigkeit, die natürlich ist, wenn eine Dame, die man hochachtet, über ein Mädchen, das man liebt, Dinge schreibt, welche ihr selbst umso mehr schaden, je weniger sie diesem zu schaden vermögen; mit jener Heftigkeit, die ihr nach zehnjähriger vertrauter Bekanntschaft mit mir, gewiß nicht unerwartet kommen konnte; ich teilte ihr zugleich meine Neigung mit. Seit diesem Moment lernte ich eine ganz neue Seite ihrer Natur kennen; keine Idee, daß ihre Handlungen auch nur im entferntesten ihren Versicherungen glichen, keine Spur, daß sie sich mit einiger Würde in das Notwendige fände. In die jämmerlichsten Sophismen sich einspinnend, behauptete sie anfangs, es sei nicht die Sache, die sie verletze, sondern die Art, wie ich ihr die Sache mitgeteilt habe; dann, ich sei allerdings frei gewesen, aber nur für den Fall, daß ich ganz glücklich hätte werden können und ganz glücklich würde ich nicht; jetzt, nach der Trauung, verirrt sie sich bis zu den gröbsten Insulten, rechnet es sich als große Tat an, daß sie die Gerichte nicht gegen mich in Bewegung gesetzt hat, was sie bei dem Inhalt ihrer Briefe nicht konnte, überschüttet mich mit Auszügen aus meinen Briefen, die begreiflicherweise etwas ganz anderes sagen, als die Totalität der Korrespondenz, und fordert von mir, von mir, der ich sie seit Jahren ernähre, der ich mich ihretwegen in Italien mit Schulden beladen habe, gerichtliche Erklärungen über meine Bereitwilligkeit, für mein Kind zu sorgen. Natürlich fühle ich mich innerlich jetzt viel freier, als ich es getan haben würde, wenn sie sich entgegengesetzt benommen hätte, aber ich gestehe Ihnen, daß mir diese Erfahrung sehr bitter ist, denn ich weiß nicht, soll ich sagen: so ist sie? oder: so ist der Mensch!

Hier ist in wenigen Worten eine vollständige Darstellung der wichtigsten Krisis m(eines Lebens). Bewahren Sie diesen Brief auf; ich werde keinen zweiten dieser Art schreiben. (...)«

Nach dem Tode des Sohnes in Hamburg war es vor allem Christine Enghaus, die sich liebevoll um Elise Lensing sorgte. Das Ehepaar lud sie zur Tröstung nach Wien ein. Ein Jahr lang blieb Elise im Hause Hebbel, und als sie dann wieder nach Hamburg zurückreiste, vertraute ihr Christine Enghaus sogar noch ihr eigenes, uneheliches Kind zur Pflege an. Die vielbeschäftigte und an großen Theatern gastierende Schauspielerin fühlte sich außer Stande, die Rollen als Ehefrau, Schauspielerin und Mutter miteinander zu vereinen. Sie wurde jedoch erneut Mutter, brachte in ihrer Ehe mit Hebbel zuerst einen Sohn zur Welt, der schon nach zwei Monaten starb, danach eine Tochter. In seinem Theaterstück »Herodes und Mariamne« hat Hebbel sowohl Elise Lensing wie auch Christine Enghaus porträtiert: Christine stand als Mariamne, Elise als Salome Modell.

In Wien erreichte Hebbel endlich jenen gesellschaftlichen und finanziellen Status, nach dem er so lange vergeblich verlangt hatte. Stücke wie »Agnes Bernauer« oder »Gyges und sein Ring« brachten nicht nur am Burgtheater große Erfolge. Er war nach harten Jahren doch noch ein gefeierter Dichter geworden, reiste – zumeist mit seiner Frau – weiterhin viel umher, nach Italien, nach England und Frankreich, nach Prag und auch nach Hamburg zu seinem Verleger Campe,

weilte zur Kur in Marienbad und genoß nun überall große Anerkennung. In Gmunden, am Fuße des Traunsteins, erwarb das Ehepaar in jenem Jahr 1853 ein Sommerhaus, da Elise Lensing, Adressatin der schönsten und aufschlußreichsten Briefe Hebbels, in Hamburg starb.

Hebbel war nun endlich das, was man einen »gemachten Mann« nennt. Der Großherzog von Weimar, der um seine Übersiedlung nach Wien buhlte, lud ihn zu einer Aufführung von »Genoveva« ein. Hebbels nicht mehr fertiggestelltes Stück »Demetrius« spiegelt seine Erfahrungen in den feudalen Kreisen einer in Weimar lebenden russischen Großfürstin wider. In Wien werden, mit Christine Enghaus in der Hauptrolle, »Die Nibelungen« am 31. Januar 1861 mit durchschlagendem Erfolg aufgeführt. In Hamburg weiß man jetzt endlich, wer der Stadt da für immer verlorengegangen ist. Christine Enghaus hat übrigens dafür gesorgt, daß der Leichnam Elises vom Armenfriedhof in St. Georg später auf den Ohlsdorfer Friedhof umgebettet wurde – da lebte Hebbel schon nicht mehr.
Um seine Gesundheit stand es, auf dem Gipfel seines Ruhms, nicht mehr gut. Die Spätfolgen seiner entbehrungsreichen Jahre, immer öfter angekündigt durch schwere Erkrankungen, hatten ihn eingeholt. Als er kurz vor seinem Tod für die »Nibelungen« den Schiller-Preis erhielt, meinte er:

»Das ist das Menschenlos; bald fehlt uns der Wein,
bald fehlt uns der Becher.«

Am Morgen des 13. Dezember 1863 starb Hebbel in Wien. Die Ursache: Knochenerweichung der Wirbelsäule und der Rippen infolge mangelhafter Ernährung vieler Jahre.

Hebbels Briefe, seine Reflexionen und Tagebuch-Eintragungen bilden, gerade auch wegen ihrer Zerrissenheit und Widersprüchlichkeit, so etwas wie ein Werk für sich. Sie liefern den direktesten Zugang zu seiner spröden und kantigen, aber zugleich auch flammend-leidenschaftlichen Persönlichkeit, der es unter ständigen Selbstzweifeln zuletzt immer nur um die eigene dichterische Vervollkommnung ging, und das ohne Rücksichtnahme auf die Umwelt und die eigene Konstitution. Die Eintragungen und Epigramme aus Hebbels Notiz-

büchern verraten, ebenso wie seine Briefe, wohl am ehesten die zeitlose und facettenreiche Eigenwilligkeit dieses Dichters.

»Gestern habe ich zum erstenmal mein Logis gewechselt und bei all dem Hin und Herschleppen wertloser Sachen gefunden, daß ich eigentlich noch zu viel Eigentum habe. Original: der Karrenschieber, der mir half. Er kam des Morgens zu mir und sagte: ›Neh, Minschenfründe jift dat in Hamborch nich mehr; stell de Herr sich för: da jeh ich to eenem Satan von Wief und stell een Pand up eenen Sösseln, abertsch, dat Wief ist schlümmer, aß de Juden, seh nimmt mich den Pand.‹ Er hatte nämlich einen Schnaps auf Kredit trinken – und seinen leeren Geldbeutel zum Pfand setzen wollen. (...)«

»Jener Hamburger Arbeitsmann, der, betrunken und von Straßenkot über und über schmutzig, eine Dame im Vorbeitaumeln beschmutzt und als sie, indigniert, ihm zuruft: Schweinigel, sich umkehrt, sie betrachtet und sagt: Ih, schilt mich einen Schweinigel und ist selbst dreckig wie ein Schwein. (...)«

»Der Prosektor auf der Hamburger Anatomie, der auf einen Erhenkten, der Läuse hatte, erbost ist, die Gebeine, wenn sie ihm in die Hände fallen, naserümpfend, mit dem Ausruf: ›Schweinigel!‹ beiseite wirft, und wenn ein anderer Kadaver ohne Ungeziefer anlangt, sagt: ›Das ist doch ein ordentlicher, netter Mensch, aber jener Schweinigel – pfui!‹ (...)«

»Junge, nach Hamburg von den Hurenhändlern gelockte Mädchen werden in ein schlichtes Haus gebracht und da einige Tage mit Putz, Essen und Trinken, Geld zu Vergnügungen pp. versehen. Darauf werden ihnen die nichtswürdigen Anträge gemacht, und wenn sie diese mit Abscheu zurückweisen, so heißt es: Liebes Kind, hast du Geld? So und so viel bist du schuldig, bezahl das, dann kannst du gehen. (...)«

»Klopstocks Messias steht zu unserer Zeit, wie ein stattlicher gotischer Dom. Er ist herrlich genug und jeder fühlt Respekt, aber keiner tritt herein. (...)«

»Ein Lehrjunge in Hamburg träumt, er werde auf dem Wege nach Bergedorf ermordet und erzählt seinem Meister den Traum. ›Sonderbar ist es‹, sagt dieser, ›daß du eben heute mit Geld nach

Bergedorf mußt.‹ Der Junge hat die größte Angst, aber er muß fort. Als er auf der Straße nach Bergedorf an eine berüchtigte, einsame Stelle kommt, kehrt er um, geht ins nächste Dorf und bittet den Schulzen, ihm doch bis über die Strecke hinaus einen Begleiter mitzugeben. Der Schulze läßt seinen Knecht mitgehen. Sobald der Knecht den Jungen wieder verlassen hat, packt ihn noch einmal die Angst, er kehrt ins nämliche Dorf zu dem nämlichen Schulzen zurück und bittet ihn, ihm einen Begleiter bis ganz nach Bergedorf mitzugeben. Der Knecht muß abermals mitgehen. Nun erzählt der Junge diesem unterwegs den Traum und der Knecht ermordet ihn. (...)«

»Gestern abend durch Sturm und Nacht über den Wall. Auf der Lombardsbrücke stand ich, unter mir die schwarze, brausende Alster, vor mir den von den Lampen des Jungfernstiegs umschriebenen Lichtkreis und die Feenpaläste im Wasser. Die Schildwache, die mein Hineinschauen in die Wellen bemerkte, stand auf dem Sprung, mich zurückzuhalten, falls ich, wie ich Miene zu machen scheinen mogte, hineinspringen sollte. (...)«

»Poesie ist ein Blutsturz; der Dichter wird sein Blut los und es zerrinnt im Sande der Welt. (...)«

»Die deutsche Kritik ist die Windrose, die aus allen Richtungen zugleich bläst. (...)«

»In Dithmarschen hat mich keiner gekannt. Wenn ein Mensch im Sumpf liegt und dem Ertrinken nahe ist, kann ihn niemand kennenlernen. (...)«

Tröstung:

»Deutsche Autoren, man läßt euch freilich lebendig
verhungern,
Aber tröstet euch nur, denn man begräbt euch in Speck!«

Letzter Wunsch

Mancherlei Wünsche hatt ich und mancherlei hab ich fürs
Leben,
Einen einzigen nur spar ich mir auf für den Tod:
Daß sich in Flammen mein Geist entbinden möge, noch
glühend
Von dem letzten Gedicht, daß sich in Flammen mein Leib
Wandeln dürfe in Asche, bevor noch völlig das Antlitz
Sich zur Larve verstellt, das der Geliebten gefiel!
Jenes gab ich den Göttern anheim und dieses den
Freunden,
Die es wissen, wie sehr stets vor Gewürm ich gebebt;
Mögen sie still mir den Holzstoß errichten und rasch ihn
entzünden,
Ein gefälliger Wind bläset wohl freundlich hinein!

»UNTER FLATTERNDEN FAHNEN«

DETLEV VON LILIENCRON (1844–1909)

Unter den Dichtern in Hamburg sind uns bereits einige seltsame Käuze begegnet. Aber es war vielleicht keiner darunter, der so sehr aus allen herkömmlichen Rastern fiel wie Detlev von Liliencron, der dichtende Freiherr aus Kiel, der seine schönsten Jahre in Hamburg, genauer gesagt: in Ottensen und Rahlstedt, verbracht hat. Er gehörte einmal zu Deutschlands bekanntesten Autoren, freilich auch zu den erfolglosesten. Heute wird er kaum noch gelesen, und nur wenige Hamburger haben ihn in Erinnerung behalten.

Das Adelswappen derer von Liliencron mit den drei Schwertlilien stammte aus dem 17. Jahrhundert. Aus einer Dithmarscher Bauernfamilie erwachsen, war nach dem Dreißigjährigen Krieg ein Andreas Pauli in Wien Freiherr von Liliencron und Kopenhagener Staatsminister geworden. Abfällig wurde bald von den »bösen« Liliencrons und deren peinlichen Mesalliancen gesprochen. Eine Inderin, eine »Apfelhökerin« und eine Schweinehirtin gehörten dazu. Detlev, der Dichter, der eigentlich auf den Namen Friedrich getauft worden war, ließ sich später auch nicht mit unkonventionellen Verbindungen lumpen. Schon sein Großvater hatte seinen erheblichen Landsitz wegen seiner Heirat mit einer Dorfschreiberstochter und Gänsemagd eingebüßt. Zeitlebens hat der zumeist bettelarme und verschuldete Detlev von Liliencron dem entgangenen Erbe nachgetrauert. In seiner autobiographischen Skizze »Aus meinem Leben« schreibt er 1887:

»Geboren bin ich zu Kiel am 3. Juni 1844. Meine Geschwister haben früh die Händchen in ihren Särgen falten müssen. Meine verstorbene Mutter Adeline Sylvestra, geborene von Harten, fand ihre Wiege in Philadelphia. Dort stand mein Großvater als amerikanischer General. Er war, wenn auch über die Hälfte an Lebensjahren jünger, einer der letzten, innigeren Freunde des großen Washington.«

191 | Detlev von Liliencron, Aufnahme um 1880

Die Schuljahre waren ihm ein Greuel. »Liliencrönchen, Muttersöhnchen, Zierbarönchen«, riefen ihm die höheren Töchter nach. Er träumte sich in die Welt Lord Byrons, las Theodor Storm und schrieb später im Rückblick:

»Meine Knabenjahre sind einsam gegangen. Dazu kam die ›Dänenzeit‹. Diese allein war ein schwerer Druck auf allem. Von meinen Hauslehrern und von der Gelehrten Schule brachte ich wenig mit. Nur ›Geschichte‹ hat mich bis zum heutigen Tage immer gleich mit schlagendem Herzen festgehalten. Die Mathematik, ›die Schleifmühle des Kopfes‹, die mir auch bis zur Stunde eine mit tausend Schlüsseln verschlossene Tür ist, hat mir die schwersten Zeiten meines Daseins verursacht. Meine Untätigkeit brachte mir die entsprechenden Früchte. Nachhilfestunden waren die Folge. Aber dann war ich frei und lief in den Garten, ins Holz, in die Felder und überließ mich meinen Träumereien. früh bin ich Jäger geworden. Mit Hund und Gewehr allein durch Heide, Wald und Busch zu streifen, wird immer mir ein Tag zu leben Wert sein.«

Liliencron wollte von Kindheit an Soldat werden. In Dänemark war dies zu jener Zeit einem Schleswig-Holsteiner nicht möglich. Er ging deshalb nach Preußen, wollte Offizier der Kavallerie werden. Aber das Vermögen der Familie reichte nicht aus; es reichte nur zur Infanterie.

»Während meiner aktiven Soldatenzeit hatte ich das Glück, viel hin- und hergeworfen zu werden. Ich besuchte sieben Provinzen und sieben Garnisonen. Dadurch lernte ich Land und Leute kennen. 1864 bis 1865 war ich am Schluß der letzten Erhebung in Polen. Dann folgten der österreichische und französische Krieg. In beiden Feldzügen wurde ich verwundet.«

In seinem Roman »Leben und Lüge«, erstmals erschienen 1908, hat Liliencron seine Tagebücher aus dem Krieg 1870/71 eingearbeitet:

»Wir traten an und gingen in Kompagnie-Kolonnen vor. Es war so dunkel geworden, daß wir fast nichts mehr sehen konnten. Die schwarzen, geordeten und, so gut es ging, gerichteten Waffen marschierten nebeneinander über das leere weite Feld. Es war grabesstill. Kein Laut, kein Kommando durfte hörbar werden. Vor St. Remy stolperten wir schon über Tote und Verwundete. Der erste Gefallene lag in einem Schützengraben, zusammengeknickt. Ich fiel über einen erschossenen Offizier, der in den Knieen lag. Den rechten Arm hielt er wie im Krampf ganz grade in die Höhe, und in seiner rechten Hand steckte wie in einem Leuchter steil die Kerze: sein Degen. Als ich über ihn strauchelte, brach sein Körper zusammen. Ich verhedderte mich mit ihm auf einen Augenblick zu einem Klumpen.

Wir Offiziere gingen alle unsern Kompagnien voraus. (…) Marsch! marsch! hurra! Ein wahnsinniges Feuer empfängt uns: Gewehr-, Mitrailleusen- und Kartätschenfeuer. Ich sinke, verwundet am linken Knie, nieder. Roques fällt durch den Kopf geschossen auf mich. Ich höre seine letzten Worte: ›Meine Fr – – –‹. Er wollte sagen : Meine Frau. Nun war alles ein Durcheinander. (…) Alles roch nach Qualm und Blut. Verfaultes Stroh, niedergebrannte Häuser, in denen es oft noch glimmte und rauchte, weggeworfenes und im Schlamm verkommendes Hausgerät aller Art, Granatenlöcher, ein verwüsteter Kirchhof, aufgedunsene Pferdeleiber, zerbrochene Wagen, aufgerissene und entleerte Tornister, ein in einen Graben gestürztes Geschütz, zertrümmerte Fenster und Türen: der Krieg.«

Man meint, in diesen Sätzen Ernst Jünger zu hören. Liliencrons Kameraden schätzten seine umsichtige, ergebnisreiche Kunst der Patrouillenführung; ihretwegen wurde er bald über sein Regiment hinaus bekannt. Wenn die Kameraden im nächtlichen Zelt draußen einzelne Schüsse fallen hörten, wurde gesagt: »Da wirkt Liliencron wieder herum.« Liliencron eignete sich noch oft für heroische Verklärung.

In seinem berühmten Artikel »In dieser großen Zeit« vom Dezember 1914 in der »Fackel« bezeichnete Karl Kraus Liliencron als »Deutschlands größten neuzeitlichen Dichter« – »ein Dichter des Krieges, ein Opfer jener kulturellen Entwicklung, die vom Siege kam«.

Nach dem Ende des Krieges von 1870/71 verliebte Liliencron sich in Helene von Bodenhausen, Tochter eines Oberstleutnants. Er schrieb wilden Herzens an seinen alten Freund und Kameraden Baron von Seckendorff:

»(…) ich kann es Dir nicht beschreiben, wie unsäglich glücklich ich bin. Erfahre alles! – Zuerst: Sie hat kein Geld – was nun? – Sie ist aus uraltem Adel. Ich habe sie geliebt vom ersten Augenblick an, wo ich sie sah, und sie mich. – Ich spiele und singe mit ihr am Flügel, ich lese vor, wir spielen kindliche Spiele usw. –«

Liliencron nimmt, mittlerweile hochverschuldet, seinen Abschied vom Heer ohne Pension und flieht für zwei Jahre nach Amerika. Dort verdient er sich sein Geld als Sprachlehrer und Klavierspieler. Er sucht Zuflucht bei Verwandten in Philadelphia, Chicago und Texas. Seine Eindrücke von Amerika schildert er so:

»Wer auch nur wenige Wochen in den Vereinigten Staaten von Nordamerika gewesen ist, wird ein Gefühl der bedingungslosen Freiheit mit in sein Vaterland zurücknehmen und bis an seinen Tod daran zurückdenken. Frei! Mach und tue, was du willst. Das heißt: Stiehlst du einen Regenschirm, so wird dir unfehlbar eine Zuchthausstrafe von fünf Jahren zum Mindesten zuerkannt. Stiehlst du eine Million, man vergöttert dich und setzt dir ein Denkmal.

(…) Während meines Weges downtown, wie der New Yorker sagt, mußte ich fort und fort in die roten Abendwolken sehn, die über Castle Garden und Staten Island hingen. Eine untrennbare Sehnsucht nach Deutschland, nach den alten gewohnten Verhältnissen, überfiel mich. Zurück, zurück!«

1877 kommt Liliencron in Hamburg an. Von seiner kleinen Wohnung in der Neuen Straße Nr. 3 (heute: Danziger Straße) in Hamburg St. Georg und dann von seinem Zimmer in der Grindelallee Nr. 158 schreibt er nach allen Seiten um Anstellung. Er beginnt eine Ausbildung zum Gesangslehrer und heiratet 1878 Helene. Das Ehepaar zieht in das Haus Alsterweg 2 (heute: Schmilinskystraße), in eine

sehr bescheidene Wohnung, drei Treppen hoch. Im Herbst 1879 erhält er endlich eine feste Anstellung als Landratsschreiber in Eckernförde. Im November 1881 wird der Dichter zum Landratsamt Plön versetzt. Im Februar 1882 erstattet der Plöner Landrat von Brake folgenden Bericht über Liliencron:

»Der Premierlieutnant von Liliencron ist seinen Kenntnissen und Neigungen nach als Literat von Fach zu bezeichnen. Derselbe hat eine sehr annerkennenswerte Gewandtheit im Gebrauch der Feder und zur Behandlung allgemeiner literarischer Gegenstände, schreibt Novellen und huldigt der Dichtkunst. Eine besondere Neigung hat derselbe für das Studium der Geschichte, besonders der vaterländischen, und seine Kenntnisse sind in dieser Hinsicht recht schätzbar. Die älteren und neueren Verhältnisse von Schleswig-Holstein sind ihm geläufig, und ist er offenbar bemüht, seine Kenntnisse in dieser Richtung noch fortwährend zu vermehren. In der Behandlung der Verwaltungsgeschäfte besitzt derselbe dagegen bis jetzt nur eine geringe Übung. Seine Arbeiten sind oberflächlich, ungeschäftlich und wenig brauchbar, insbesondere fehlt ihm die Ausdauer, welche zu gründlicher Behandlung der Geschäfte unerläßlich ist, und ohne welche ein Fortschritt nur langsam möglich ist. Der Grund davon liegt teils in der ihm eigenen Unruhe und Hastigkeit, teils darin, daß er für die Verwaltungsgeschäfte nur wenig Neigung und Verständnis hat. Für eine *wichtigere* Verwaltungsstelle halte ich ihn daher noch nicht geeignet. Ob er unter eigener Verantwortung und im Zwange der Notwendigkeit mehr zu leisten imstande ist, vermag ich nicht zu beurteilen; es ist möglich, daß er alsdann sich zusammennimmt; immerhin aber möchte ich bei etwaiger Beförderung Vorsicht empfehlen, solange L. nicht in kleineren Verhältnissen seine praktische Brauchbarkeit bewiesen hat. Was seine Persönlichkeit im übrigen anlangt, so ist er von guten Formen, bescheiden, höflich und zuvorkommend, ein angenehmer und wegen seiner literarischen und historischen Kenntnisse auch interessanter Gesellschafter, der gewiß niemals Anlaß zu persönlichen Differenzen geben wird.«

Daraufhin werden Liliencron die Verwaltungsgeschäfte auf der Insel Pellworm übertragen, die bis dahin der Amtsrichter nebenamtlich geführt hatte. Es handelte sich um einen der allerkleinsten Geschäftsbezirke Preußens. Die »Antwort« des Dichters entbehrt nicht einer gewissen Komik:

Was willst du hier, das Land ist kalt
Und ohne Fröhlichkeit und Wälder.
Die Sonne scheint im Wolkenspalt
Nur selten warm auf karge Felder.
Was willst du hier?

Was willst du hier, die Möwe schreit,
Die Fischer rudern stumm die Kähne;
Hoch über Wassers Einsamkeit
Ziehn durch den Nebel wilde Schwäne.
Was willst du hier?

Was willst du hier, es droht das Meer,
Am Ufer schrecken Krüppelweiden;
Das Dasein würde dir zu schwer,
Du könntest niemals dich bescheiden.
Was willst du hier?

Was willst du hier, kein Ball, kein Rout,
Es knistert keine seidne Schleppe;
Ich stehe, naß bis auf die Haut,
Zum Jagdzug auf der Bollwerkstreppe.
Was willst du hier?

Was willst du hier, hier bückt sich nicht
Der Kavalier vor deiner Fahne;
Der Lotse bringt den Amtsbericht,
Er scheint mir heute stark im Trane.
Was willst du hier?

Was willst du hier, ein schwarzer Schlaf
Erstickt das Leben aller Enden;
Kein Bahnzug rollt, kein Telegraph
Kann Grüße seinen Lieben senden.
Was willst du hier?

Liliencron schickt seine lyrischen Versuche an Storm, Geibel und Klaus Groth. 1881 erscheinen erste Gedichte und Prosaarbeiten. Dann zerbricht seine Ehe; seine Frau Helene macht sich aus dem Staub und behält den Dichter nur als leichtlebigen »Danzbaron« in Erinnerung.

Trennung

Du warst meine Weggenossin
Zwei Jährlein oder drei;
Dann kamen die Abschiedsstunden,
Die schlugen uns schwere Wunden,
Und alles war vorbei.

Kehr müd ich nun nach Hause
Aus Arbeit, Schweiß und Dorn,
Hör ich durch öde Hallen
Dumpf meinen Schritt erschallen,
Ingrimmig flirrt mein Sporn.

Tat ich dir denn so Leides?
Verließest du mein Schloß,
Weil meiner Liebe Gedanken
Im Meer des Alltags versanken,
Das trostlos uns umfloß?

Und ruf ich deinen Namen,
Der hohle Widerklang
Gibt meinem bebendem Munde
Von höhnender Leere Kunde
Auf meinem Schattengang.

Des Lebens Bäckerfäusten
Entgeh ich nur mit dir;
Pack schnell deine Kisten und Kasten,
Keine Stunde darfst du rasten,
Bis du wieder bei mir.

1883 erscheinen unter dem Titel »Adjutantenritte« 79 Gedichte. Sie werden lange zu seinen beliebtesten Gedichten gehören. 1884 wird Liliencron Kirchspielvogt in Kellinghusen.

»Zu den vielen Scheußlichkeiten einer kleinen Stadt gehört nicht nur, daß jeder weiß, mit wieviel Schlucken jeder seinen Morgenkaffee zu nehmen pflegt; sondern die uns Menschen angebornen Eigenschaften des Neides und der Bosheit, des Mißgönnens und der Verleumdung wuchern hier in größeren, üppigern Blumen als anderswo. Und wo durchaus nichts entdeckt werden kann, wird erfunden.«

Doch Liliencron weiß sich zu trösten: Als er 1884 im Juni in der Waldschenke »Joachimsquelle« bei Kellinghusen an dem Novellenzyklus »Aus einer kleinen Stadt« arbeitet, schreibt ihm die 17jährige Bedienerin Augusta Brand, die später seine zweite Frau werden soll, ins Manuskript: »Detlef komm, wir wollen jetzt Rühreier und Schinken essen.«

Liliencron nimmt schließlich den Abschied von seinem Amt in Kellinghusen, weil seine vorgesetzte Behörde ein Schuldenverzeichnis von ihm verlangt, welches er verweigert.

»Hätte ich große Schulden und diese in zwei oder drei Posten, würde ich nicht eine Minute gezögert haben, das zergliederte Verzeichnis einzureichen. Aber der Gedanke, eine Liste kleiner Verbindlichkeiten der hohen Behörde zu unterbreiten, ist mir ein schrecklicher. Es liegt in der Natur der Sache und ist nicht unehrerbietig oder unrichtig gedacht, wenn ich sage, daß eine solche Liste, auf welcher Hinz und Kunz verzeichnet stehn, die entschiedenste Heiterkeit vom höchsten Herrn Präsidenten bis zum jüngsten Schreiber erregen muß. Ich bin zu alt, zu ernst und stehe in diesem Augenblick in zu schwerem Lebenskampf, um das ertragen zu können, und um von mir die Meinung aufkommen zu lassen, ich sei ein leichtsinniger Mensch und Schuldenmacher.«

In einem Gedicht hat er diese Erfahrungen verarbeitet:

Grabschrift

»Wie der von Wölfen wild verfolgte Schlitten,
So hetzte mich das Leben durch das Leben.«
Ich sah mich plötzlich selbst in ihrer Mitten,
Von heißen Zungen war ich rings umgeben:
Verleumdung, Neid und Bosheit unbestritten
Die gierigsten mit hungrigstem Bestreben.
Es lief ein gräßlich Tier mit leisen Tritten,
Gedankenlose Klatschsucht, faul daneben.

Liliencron ist nun endlich ein »freier« Dichter geworden und zieht nach Altona.

Ballade in G-Moll

Nach einer wilden, wüstdurchzechten Nacht,
Schon ränderte das erste Rot die Wolken,
Stahl ich mich aus dem Saale, die Genossen
Im Streite, lachend, lallend, unterm Tische,
Im weinerlichen Elend, schwer betrunken
Zurück in ihrem Durcheinander lassend.
Doch eh ich ging, bat einen meiner Runde
Ich mitzugehn und frische Luft zu schöpfen.
Im Nebenzimmer, das wir nun durchgingen,
Stand ein Klavier, und wie dahingezogen
Setzt an die Tasten sich mein junger Freund
Und spielt mir die Ballade G-Moll Chopins.
Und wie vom Geist des Weines angefeuert,

Vergeistert wie zu höherm Seelenflug,
Erwuchs zu mächtigem Wesen jenes Stück,
Nie hatt ich herrlicher es spielen hören.
Ich unterdessen schlich zum Fenster hin
Und schlug die Flügel auf, soweit ich konnte.
Der Sommermorgen friedet keusch vor mir;
Das Gras, die Blumen schlafen noch im Tau,
Kein Lüftchen regt sich, und kein Vogel zwitschert.
Doch da, in dieser leidenlosen Ruhe,
Entdeck an einem schmächtigen Ahornstamm
Ein blasses Mädchen ich. Die rechte Schläfe
Lehnt an den Baum; und aus den großen Augen
Tropft Trän auf Träne langsam auf die Hände,
Die schwach das Taschentüchlein drehn und zupfen
Und zitternd auseinanderzerren …

Detlev von Liliencron, der heroische Sänger von Tapferkeit und Mut, aber auch von Zärtlichkeit und Verzicht, bleibt kaisertreu bis zum letzten Atemzug.

»Mein Kaiser und mein Vaterland sind mir zwei heilige, unverrückbare Sterne. Aber alles Parteigezänk ist mir in den Tod zuwider. (…) Nein, den sozialdemokratischen Unsinn verstehe ich nicht. Was ich verstehe, ist der Anarchismus. Er, er, er läßt sich sehen. Das lobe ich mir: da kommt das scheußliche Raubtier, genannt der Mensch, doch direkt und ohne Heuchelei zum Vorschein. Im Anarchismus ist der beliebteste Kampf: Einer gegen die andern. Da stoßen wir uns gefälligst gegenseitig gleich auf der Straße nieder, ohne Rücksicht aufeinander; ja, das ist doch wenigstens interessant. Die verfluchte und verruchte Rasse der Menschen kommt hier einmal in ihrer Bestiennatur so wundervoll zum Vorschein.«

Er verherrlichte die Gründung des Deutschen Reichs und Wilhelm I. Und doch finden sich in seinen Kriegs-Dichtungen auch skeptische Untertöne. Am meisten liebte er das zurückgezogene Leben und vor allem: die Mädchen.

Früh am Tage

In der Fensterluken schmale Ritzen
Klemmt der Morgen seine Fingerspitzen.
Kann von meinem Mädchen mich nicht trennen,
Muß mit tausend Schmeichelnamen sie benennen.

Drängt die liebe Kleine nach der Türe,
Halt ich sie durch tausend Liebesschwüre.
Muß ich leider endlich selber treiben,
Fällt sie wortlos um den Hals mir, möchte bleiben.

Liebster, so, nun laß mich, laß mich gehen.
Doch im Gehen bleibt sie zögernd stehen.
Noch ein letztes Horchen, letzte Winke,
Und dann faßt und drückt sie leise, leis die Klinke.
Barfuß schleicht sie, daß sie keiner spüre,
Und ich schließe sachte, sacht die Türe.
Öffne leise, leise dann die Luken,
In die frische, schöne Morgenwelt zu gucken.

1892, eben ist Liliencron nach Hamburg übergesiedelt, bricht in der Stadt die Cholera aus. Seine geliebte Augusta, die ihm nach Hamburg gefolgt war, erkrankt nun schwer. Sie kommt zwar durch, wird aber dann von einem amerikanischen Ehepaar adoptiert, und Liliencron sieht sie nie wieder. 1904 stirbt sie – auf dem Weg zu ihm – in Liverpool. Seine finanziellen Verhältnisse sind verheerend. Karl Kraus schrieb zum 50. Geburtstag von Liliencron: »(…) Einst hat man Liliencron viel belobt, seinerzeit, als die ›Adjutantenritte‹ auf den Markt kamen, die durch ihre kecke Natürlichkeit und die originelle Plastik des Ausdruckes in literarischen Kreisen berechtigtes Aufsehen wachgerufen haben. Dann aber ward er seltsamerweise plötzlich vergessen, und das Publikum kaufte ihn nicht. Heute entbehrt der Dichter, der in keineswegs freiherrlichen Verhältnissen von seiner Hauptmannspension in Altona lebt, vollends der ihm so nothwendigen Beachtung und Förderung.«

Dichterlos in Kamtschatka

Geduld, Poet, und nicht gemuckst!
So heißt die Pille, die du schluckst.

Entsagung, in der Ecke stehn,
Von jedem Laffen falsch gesehn.

Dein Volk, wenn dich Diät geplagt,
Hat dir, wie stets, das Brot versagt.

Verzweiflung, und noch obendrein
Verlacht, verhöhnt, verspottet sein.

»Das Publikum, das Publikum!«
Ja, hat sich was mit Publikum.

»Der Kritikus, der Kritikus!«
Na, das ist erst der Hochgenuß.

»Der Nachruhm bringt dir manchen Toast!«
Nun wahrlich, auch ein schöner Trost.

»Der Dichter ist ein König traun.«
Er ist im Vaterland der Clown.

Vielleicht nach hundert Jahren Schicht
Zieht ein Professor dich ans Licht.

Und hin und her wird dann geredt,
Und du wirst um und um gedreht.

Viel Lärm, Bumbum, Radau, Juchhei:
Im Sarg ist alles einerlei.

Und ob die Welt dich dann zerreißt,
Ob die Nation als Gott dich preist:

Ganz gleich, der Wurm hat rund und rein
Dich längst poliert im schwarzen Schrein.

Wir fragen, wo dein Hügel steht;
Der ist versunken und verweht.

Was gehts dich an, was soll der Quark,
Fehlt dir des Lebens Milch und Mark.

Das sind des Dichters ewige Qualen
Im großen Reich der Kamtschatkalen.

Es dauerte länger als ein Jahrzehnt, bis die tausend Exemplare der »Adjutantenritte« vergriffen waren; noch im zehnten Jahr war mehr als ein Viertel der Bände unverkauft. Für seinen zweiten Gedichtband forderte Liliencron von seinem Verleger auch kein Geld beim Erscheinen. Ein Verehrer schickte ihm einmal eine Flasche Champagner ... Er hingegen war froh, wenn er einen Teller Aalsuppe ergattern konnte. Liliencron trägt nun nicht mehr die sonst an ihm gewohnte Lederjoppe, sondern einen Gehrock nach Art der Diplomaten, dazu kurzgeschnittenes Haar ohne Scheitel und einen nach oben gedrehten Schnurrbart. Noch einmal heiratet er: Diesmal ist es eine Bauerntochter.

Im Jahre 1898 entschließt sich Liliencron, zum ersten Mal selbst aus seinem Werk vorzutragen: Er geht auf Lesereise, rezitiert seine Dichtungen auf Kabarettbühnen und läßt sich zwischen Ostpreußen und Wien, zwischen dem Elsaß und Linz als Dichter, als patriotischer Dichter, feiern. Der Kaiser setzt Liliencron im Juli 1903 einen Ehrensold aus, womit dieser langsam seine Schulden abzahlen kann. Jeden übrigen Pfennig zahlt er in eine Versicherung für seine Familie ein; er hat jetzt eine Tochter und einen Sohn. Erste Bücher über ihn erscheinen. 1901 zieht Liliencron um, diesmal nach Alt-Rahlstedt. Elisabeth Förster-Nietzsche, Harry Graf Kessler und ein Fräulein Elise Königs aus Berlin versprechen, ihm auf Jahre hinaus die Miete zu zahlen.

In der »Fackel« Nr. 277/78 vom 31. März 1909 veröffentlicht Karl Kraus von Liliencron ein »Anakreontisches Liedel«:

Detlev von Liliencron mit einer Unbekannten

Immer bleibst du, wer du bist,
Nimm das Leben, wie es ist.
Wo du Rosen siehst im Garten,
Brich sie, und laß sie nicht warten.
Und im Sommervollmondschein
Laß dein Mädchen nicht allein.
Trinke in der Freundeskette,
Trink mit ihnen um die Wette,
Trinke bis ans Morgenrot,
Trinke bis an deinen Tod.
Diese Regeln sind nicht zierlich,
Aber auch nicht unmanierlich.
Jedenfalls, und das bleibt wahr,
Wer nicht bechert, bleibt ein Narr,
Wer nicht küßt Marie, Susanne,
Heute Bertha, morgen Anne,
Wer die Rosen läßt verwehn,
Eh er ihren Duft genossen,
Mag getrost zur Hölle gehn –
Denn der Himmel bleibt verschlossen
Allen denen, die auf Erden
Unbefriedigt müssen sterben.
Immer bleibst du, wer du bist,
Nimm das Leben, wie es ist.

An seinem 65. Geburtstag ernennt ihn die Universität Kiel zum Ehrendoktor. Der Kaiser gratuliert dem »begnadeten Dichter«, aber der erleidet den ersten von zwei Schlaganfällen. Noch im Sterben, am 22. Juli 1909 im Kreise seiner Familie, läßt er sich den »Hohenfriedberger Marsch« vorspielen.

In dem in der Hamburger Universitätsbibliothek lagernden Nachlaß Liliencrons findet sich ein Photo vom Dezember 1895, das den Dichter mit erhobenem Spazierstock zusammen mit Gustav Falke vor dem Klopstock-Grab in Altona zeigt. Auf die Rückseite hat Liliencron geschrieben: »Gustav und Detlev: Klopstocks Grab beschützend vor den bösen Naturalisten.«

Hermann Hesse äußerte sich über Liliencron zwiespältig:

»Was ich von den Versen Liliencrons las, machte mir jedesmal den Eindruck des Genialen, doch bin ich nie in ein eigentliches Verhältnis zu ihm gekommen, da ich bei aller Sympathie sein so typisch norddeutsches Wesen doch nie gründlich verstehen konnte.« Stefan Zweig hingegen war überzeugt: »Keine Ehrung ist für ihn zu viel!«

Es fiel ein Blatt vom Baum, es fiel
Durch fruchtbeschwerte Äste,
Nun geht zu euerm eignen Ziel,
Ihr meine letzten Gäste!

Zum eignen Ziel geht spielbereit,
Schwenkt hoch die Trauerfahnen,
Froh, daß ihr noch auf Erden seid,
Und nicht bei euern Ahnen!

»ICH WILL ERGRÜNDEN ALLE LUST…«

RICHARD DEHMEL (1863–1920)

Ich bin am 18. November 1863 geboren in Wendisch-Hermadorf beim Spreewald als ältester Sohn eines Försters. (…) Bis zu meinem neunten Lebensjahr besuchte ich die Stadtschule in Kremmen, dann das Berliner Sophien-Gymnasium. Ich gehörte immer zu den besten Schülern, war aber den meisten Lehrern wegen meines ungebundenen und manchmal wohl auch unbändigen Geistes verhaßt. Dies führte in der Prima zu einem so heftigen Zusammenstoß mit dem orthodoxen Direktor, daß meines Bleibens im Bannkreis der Berliner Schulhierarchie nicht länger war; ich ging nach Danzig und machte dort in einem halben Jahr mein Abiturexamen, trotzdem man mich in Berlin hatte 1½ Jahre zurückstellen wollen, wegen Unreife. Ich studierte dann (von Herbst 1882 ab) Philosophie und Naturwissenschaften, 7 Semester lang, redigierte zwischen durch des Brotes wegen eine rheinische Provinzialzeitung und eine Jagdzeitung in Berlin und sah mich schließlich noch zwei Semester in den sozialen Wissenschaften um. Ostern 1887 erwarb ich in Leipzig den Doktortitel mit einer Schrift über das Versicherungswesen und war dann bis 1895 Sekretär des Verbandes deutscher Feuerversicherungsgesellschaften. In diesem Amt mit seinem peinlichen Bureaudienst, der mich manchmal der Verzweiflung nah brachte, lernte ich Selbstbeherrschung und gab meine ersten drei Gedichtbücher heraus.

(…) Es ist mir nämlich wie den Singvögeln ergangen, die meist erst im Käfig ihre volle Stimme entwickeln; vor meinem 22. Lebensjahre habe ich nichts gedichtet, was der Rede wert wäre, und erst vom 24. ab lernte ich mich als Künstler züchten. Dann freilich wurde das Freiheitsbedürfnis, das aller Kunst (auch der im Vogelsang) letztinnerste Triebfeder ist, allmälig wieder stärker und stärker, und als ich mir gestehen durfte, daß meine künstlerische Wirkungskraft mich dazu berechtigte, gab ich mein bürgerliches Amt nach 7½ jähriger Tätigkeit auf, 32 Jahre alt.«

Richard Dehmel lebte von nun an als freier Schriftsteller. Allerdings verschweigt er in diesem Lebensabriß, daß nur eine Erbschaft seiner ersten Frau Paula den Sprung in die Freiheit ermöglichte. Bald schon umgab ihn die Aura eines großen Dichters. Manche Zeitgenossen nannten seinen Namen gerne im Zusammenhang mit Goethe. Das paßte allenfalls deshalb, weil das Kapitel über die beiden Dichter und ihre Frauen einige entfernte Ähnlichkeiten aufwies. Richard Dehmel schien Klassik und radikale Moderne in seiner Person und in seinem Werk zu vereinen. 1912 prophezeihte sein in Hamburg lebender Freund Detlev von Liliencron: »Von uns lebenden (zur Zeit bekannten) Künstlern des Verses wird keiner auf die Nachwelt kommen. Nur ein einziger: Richard Dehmel.« Ein Jahr später sagte Emil Ludwig: »In fünfzig Jahren heißt es nur noch: Nietzsche philosophus, Dehmel poeta«; und Frank Wedekind telegraphierte Dehmel zum 50. Geburtstag: »Herzlichen Glückwunsch dem größten deutschen Dichter.«

Es eint sie alle, daß sie sich gründlich geirrt haben. Der gefeierte Dichter seiner Zeit ist weitgehend vergessen und führt heute selbst in der Literaturgeschichte nur noch ein Schattendasein. In der Musik allerdings sind manche seiner Gedichte lebendig geblieben; die größten Komponisten seiner Zeit, unter ihnen Richard Strauß, Hans Pfitzner und Anton Schönberg, haben sie vertont. Dehmels Name und Werk verbindet sich mit dem Jugendstil – der nicht nur deutschen Kampfansage an entleerte Traditionen und erstarrte Bürgerlichkeit, der Neubewertung von Natur und sinnlicher Erfahrung, Kunst und Leben. »In der Natur ist nichts: Alles geschieht« – in diesen Worten Dehmels steckt der Kern dieser aus wissenschaftlichen Erkenntnissen und ästhetischen Konsequenzen erwachsenen Kunstauffassung am Ende des 19. Jahrhunderts. Aber was vor dem Ersten Weltkrieg noch als revolutionär empfunden wurde, galt danach schon als überlebt. Auch darin liegt ein Grund für die kurze Zeitspanne von Dehmels Ruhm. Dabei verhält es sich mit seiner Dichtung komplizierter, als es der Begriff »Jugendstil« verrät. Auch andere Strömungen seiner Zeit sind darin zu erkennen, zum Beispiel Naturalismus und Expressionismus. Er war ein Mann seltsamer Widersprüche und ein radikaler Einzelgänger – was seine vitale Sehnsucht nach ebenso intensiven wie wechselhaften Beziehungen zu vielerlei Damen und

die geradezu mythische Überhöhung alles Weiblichen nur beflügelte. Dehmels Dichtung erscheint auf den ersten Blick allzusehr ihrer Zeit verhaftet. Um so mehr kann uns die Suche nach einigen Spuren seines Lebens in Hamburg und anderswo den Zugang zu ihr erleichtern. Er selbst hätte sich indiskrete Blicke wohl verbeten:

»Das Leben des Dichters geht die Menschheit garnichts an; sie soll sich an seine Werke halten. (...) Ich halte die biographische Neugier, auch wenn sie sich ästhetisch drapiert und psychologisch frisiert, schlechtweg für eine Schamlosigkeit. Die Wissenschaft kann nicht ohne sie auskommen, soweit es sich um Feststellungen sittlicher Lebenswerte handelt, und jeder öffentlich wirkende Mensch muß ihr daher wohl oder übel sein Kämmerlein öffnen, resp. seinen Archivschrank; aber zur Abschätzung künstlerischer Werte, wie überhaupt schöpferischer Leistungen, trägt sie nicht das geringste bei. Gar wo sie nicht als Erkenntnismittel, sondern zum bloßen Selbstzweck gepflegt wird, frönt sie nur dem gemeinsten der geistigen Genüsse, dem Kitzel der Kammerdiener-Menschlichkeit.«

Freilich hatte Dehmel gute Gründe, einige Episoden seines Lebens hinter dem Schleier der edlen Kunst zu verhüllen. Wie er auch seine grazile Erscheinung stets hinter eleganter und stilisierter Garderobe verbarg. Er sah sich als einen Revolutionär im Geiste. Er liebte große Feste und Trinkgelage, die formvollendete Maskerade und das kunstvolle Rezitieren auch fremder Texte. Sein Leben währte nur 58 Jahre. Die letzten 19 davon verbrachte er, wenn auch oft von Reisen unterbrochen, in Hamburg. Diese Spuren sind nicht verweht: In der Richard-Dehmel-Straße 1 in Blankenese steht das Haus, in dem er und seine Frau Ida gewohnt haben. Wer es betritt, hat den Eindruck, das Ehepaar Dehmel sei nur für einen Augenblick außer Haus gegangen. Kein anderes Dichterhaus in Hamburg hat sich so unversehrt erhalten. Und kaum ein anderes Ehepaar der Literatur an Alster und Elbe stand jemals, und das weit über Hamburgs Grenzen hinaus, so sehr im Mittelpunkt geradezu kultischer Verehrung – und des Klatsches.

Aber komm mir nicht im langen Kleid!
komm gelaufen, daß die Funken stieben,
beide Arme offen und bereit!
Auf mein Schloß führt keine Galatreppe;
über Berge gehts, reiß ab die Schleppe,
nur mit kurzen Röcken kann man lieben!

Stell dich nicht erst vor den Spiegel groß!
Einsam ist die Nacht in meinem Walde,
und am schönsten bist du blaß und bloß,
nur beglänzt vom schwachen Licht der Sterne;
trotzig bellt ein Rehbock in der Ferne,
und ein Kuckuck lacht in meinem Walde.

Wie dein Ohr brennt! wie dein Mieder drückt!
rasch, reiß auf, du atmest mit Beschwerde;
o, wie hüpft dein Herzchen nun beglückt!
Komm, ich trage dich, du wildes Wunder:
wie dich Gott gemacht hat! weg den Plunder!
und dein Brautbett ist die ganze Erde.

Richard Dehmels erste Ehe vollzog sich vor seiner Hamburger Zeit. An einem Frühlingstag des Jahres 1886 hatte er im Hause seines Freundes Franz Oppenheimer gesessen und diesem einige Gedichte vorgetragen. Es öffnete sich die Tür, und Oppenheimers 25jährige Schwester betrat den Raum. Es war Liebe auf den ersten Blick. Paula Oppenheimer, die Tochter eines Rabbiners der Reformgemeinde Berlin, und der attraktive, ebenso ernste wie humorvolle Dichter heirateten drei Jahre später. Drei Kinder gingen aus der Ehe hervor. Sie regten den Vater zu liebevollen Kindergeschichten und -gedichten an. Manchmal entstanden sie sogar in elterlicher Gemeinschaftsarbeit.

Fragefritz und Plappertasche
Von Paula und Richard Dehmel

Fritz, ich möcht den Spaten haben.
»Mutterchen, warum?«
Möchte eine Grube graben.
»Mutterchen, warum?«

Möchte drin ein Bäumchen pflanzen.
»Mutterchen, warum?«
Wird mein Fritze drunter tanzen.
»Mutterchen, warum?«

Wird das Bäumchen Kirschen tragen.
»Mutterchen, warum?«
Ei, du mußt die Spatzen fragen,
Die sind nicht so dumm! –

Kommt die kleine Plappertasche:
»Mutterchen, nicht wahr,
ich bin klüger als der Fritze,
bin schon halb sechs Jahr!

Mutterchen, nicht wahr, der Fritze
ist ein Schaf, o jee!
Ich kann schon bis zwanzig zählen
und das A-B-C!«

Ja, du kleine Plappertasche,
laß den Fritz in Ruh!
Plappertasche, wische, wasche,
halt das Mäulchen zu!

Übermorgen in acht Wochen
kommt der Weihnachtsmann;
wenn du dann noch immer plapperst,
was bekommst du dann?
Einen großen Maulkorb! –

Fitzebutze

Lieber ßöner Hampelmann,
deine Detta sieht dich an!
Ich bin dhoß, und Du bist tlein;
willst du Fitzebutze sein?
Tomm!

Tomm auf Vaterns dhoßen Tuhl,
Bitzlibutzki, Blitzepul!
Vater sagt, man weiß es nicht,
wie man deinen Namen sp'icht.
Pst!

Pst, sagt Vater, Fitzebott
war einmal ein lieber Dott,
der auf einem Tuhle saß
und gebratne Menschen aß.
Huh!

Huh, sei dut, ich bin so tlein
und will immer a'tig sein.
Fitzebutze, du bist dhoß;
kleine Detta spaßt ja blos.
Ja?

Tlinglingling; wer b'ingt das Band?
Königin aus Mohrenland!
Tnicks!

Tniz, ich bin F'au Tönidin,
hab zwei Lippen von Butterrosin;
Fitzebutze, sieh mal an,
ei, wie Detta tanzen kann!
Hoppß!

Hopßa, hopßa, hopßassa:
Tönigin von Af'ika!
Flitzeputzig, Butzebein,
wann soll unse Hochzeit sein?
Du!

Du! Mein tleiner lieber Dott!
Du?! Sonst geh ich von dir fo't –
Ach, du dummer Hampelmann,
siehst ja Detta garnicht an!
Marsch! –

Dehmel liebte sein häusliches Familienleben; aber ebenso liebte er die freie Liebe, und dann wünschte er sich nicht nur die familiäre, sondern auch die Eintracht zwischen Ehefrau und Geliebter:

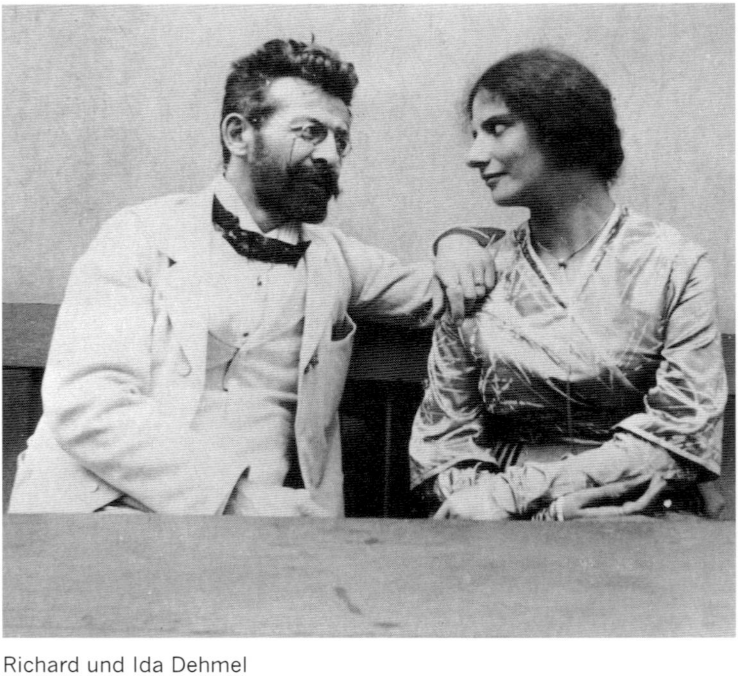

Richard und Ida Dehmel

Wirrsal

Weine nicht, mein treues Weib!

Jene andre, die mich auch liebt,
die beglückt wohl meinen Leib,
aber du hast meine ganze Seele.

Und du bist mir nicht verhaßt.
Mußt du sie nicht mit mir lieben,
die so innig zu mir paßt
wie mein ganzer Leib zu meiner Seele?
Sie beglückt doch diesen Leib,
den sie liebt und der sie auch liebt,
wie er dich beglückt, mein Weib!
Und dann hat sie meine ganze Seele.

Es waren solche Verse, die die Wilhelminische Gesellschaft ebenso entrüsteten, wie sie befreiend auf moralische Empfindlichkeiten einwirkten und eine neue Zeit verkündeten:

Venus Adultera

Komm, Schatz; komm, Ratz; laß das Wimmern!
Nein, das darf dich nicht bekümmern,
daß ich nicht »treu« bin; rück nur her!
Komm, ich hab ein Dutzend Seelen;
wer kann all die Kammern zählen,
sechse stehn mir grade leer.

Sieh nicht auf den Ring an meinem Finger!
Hoh, mein Kind, ich bin viel jünger
als mein narbigtes Gesicht.
Weißt du, die Runzeln und die Hiebe
tun erst die Würze zu Ehre und Liebe!
Ja, das nannt ich als Student schon Pflicht:

Viel geliebt! noch mehr getrunken!
kuscht euch, Unken und Hallunken!
heida, wie der Schläger pfiff!
Soll das Leben dir was nützen,
lerne brav dein Blut versprützen:
nicht gezuckt! los! blick und triff! –

Hast doch auch schon »Blut« verspritzt,
oft – – hui, wie dein Auge blitzt:
zürnst wohl gar dem frechen Buben?
Was denn: Tränen?? o nicht doch! oh!
Herzchen, so'was lernt man so
in der Luft der Ehestuben!

Komm: sei gut, Kind! gib mir die Hand!
Hast ja Mut, Kind – und hast Verstand:
nein, ich will dich nicht verführen.
Aber gelt, du wärst gern Braut?
Hier das Venushalsband deiner Haut
läßt verhaltene Wünsche spüren.

Sieh mich doch an, du: ich bin kein Dieb!
habe das Halsband nur so lieb
und deine dunkeln Augenringe.
Sieh doch, mein Blick ist ein zündender Pfeil,
sprühenden Fluges ein sausendes Seil:
komm, durch Höllen und Himmel soll's uns schwingen!

Ein anderes Gedicht: »Venus Consolatrix«, aus den »Verwandlungen der Venus. Erotische Rhapsodie mit einer moralischen Ouvertüre«, beschäftigte die Berliner Staatsanwaltschaft, und so befindet sich mitten im Text der dreibändigen S.-Fischer-Ausgabe von 1913 ein Einschub mit dem Hinweis: »Der Mittelsatz dieser Phantasie, der die sagenhaften Tugenden der Magdalenischen und Nazarenischen Maria in dem hier dargestellten weiblichen Wesen vereinigt, ist durch Urteil des Berliner Landgerichtes vom 30. August 1897 für unsittlich erklärt worden und darf daher nicht öffentlich mitgeteilt werden.«

In einem Brief an das Königliche Amtsgericht II Berlin vom 23. Juni 1897 schreibt Dehmel:

»Im Anschluß an meine gestrige Vernehmung über mein Buch *Weib und Welt* erlaube ich mir folgende Erklärung abzugeben: Zunächst muß ich schon im Hinblick auf den Inhalt des Buches bestreiten, daß es auf ein unbefangenes Gemüt einen unsittlichen, sei es gotteslästerlichen, sei es unzüchtigen, Eindruck machen kann. Es wird ja in dem Buche dargestellt, wie ein Mensch, der sich in Widerspruch zu seinen heiligsten Gewissensregungen einer sinnlichen Leidenschaft hingibt, in die schmerzlichsten Gewissensregungen einer sinnlichen Leidenschaft hingibt und schließlich gar in einen ihn entwürdigenden Tod getrieben wird. Es kann freilich nicht Aufgabe des Künstlers sein, die verführerischen Reize, die naturgemäß in jeder Leidenschaft liegen, zu bemänteln oder zu verhehlen; aber ich meine, daß Jeder, der dem menschlichen Geist die Augen über seine tierischen Triebe öffnen hilft, der wahrlichen Sittlichkeit besser dient, als mancher sittenpredigender Denunziant. (...) Schließlich erlaube ich mir noch die naheliegende Bemerkung, daß durch Herausreißung gewisser Stellen aus ihrem geistigen Zusammenhang die Schriften a l l e r Dichter, vom Altertum bis in die Neuzeit, ja selbst die Biblischen Schriften, benutzt werden könnten, um höchst unsittliche Machwerke daraus zusammenzustellen. Das dürfte aber keinen Schatten auf den ehrwürdigen Charakter dieser Schriften werfen, sondern nur auf die Gesinnung dessen, der sie aus Bosheit oder Unverstand in schlechten Ruf bringen möchte.«

Im »Schwarzen Ferkel«, einem Weinlokal in der Berliner Dorotheenstraße, traf sich in langen Nächten oft eine ausgelassene Künstlerrunde. Auch Edvard Munch und August Strindberg (der dem Lokal seinen Namen gegeben hatte) gehörten dazu. »Sie haben in der Nacht vom 7. September des Jahres gegen 3¼ Uhr in der Friedrichstraße vor Nr. 156 durch überlautes, straßenweit hörbares Lärmen die Ruhe in ungebührlicher Weise gestört. Die Übertretung wird bewiesen durch das Zeugnis des Wachtmeisters Tomatschki.« Zu solcherart Empörung luden Dehmels Ausschweifungen gelegentlich ein.

Aber im nächsten Augenblick konnte er schon wieder der melancholische Träumer und einsame Denker sein – auf die Damen wirkte beides gleich faszinierend. Am Rosenmontag des Jahres 1892 verhöhnte Dehmel, als Heiliger Antonius verkleidet, die Bürger im »Schwarzen Ferkel« auf eine auch für ihn ungewöhnliche Weise:

Gegen die böse Literatur,
Diese sentimentalen, frechen Poeten,
Diese lästermäuligen Teufelspropheten,
Die alles beim rechten Namen nennen
Und gar keine moralischen Rücksichten kennen.
Und ist doch in Deutschland alles so rein –
Aber dem Schweine ist alles Schwein.

Dehmel war alles andere als furchtsam; das sollte er später im Krieg unter Beweis stellen. Er war ein Vitalist, der »die wahren Schauer- und Trunkenheiten des Lebens«, das bacchantische Gelächter, die Abgründe der Seele, das Verschmelzen mit der Geliebten suchte – zu beidem wies Eros den Weg. Dessen Verherrlichung fügte sich in den Lebenskult der Jahrhundertwende. Aber Dehmels bewußte Mißachtung bürgerlicher Moralvorstellungen, seine wortreiche Feier von Lust und Liebe ließen nicht nur seine Dichtung revolutionär erscheinen, sie bestimmten auch sein eigenes Leben nach allen Regeln der Kunst.

Bekenntnis

Ich will ergründen alle Lust,
so tief ich dürsten kann;
ich will sie aus der ganzen Welt
schöpfen, und stürb ich dran.

Ich will's mit all der Schöpferwut,
die in uns lechzt und brennt;
ich will nicht zähmen meiner Glut
heißhungrig Element.

Ward ich durch frommer Lippen Macht,
durch zahmer Küsse Tausch?
Ich ward erzeugt in wilder Nacht
und großem Wollustrausch!

Und will nun leben so der Lust,
wie mich die Lust erschuf.
Schreit nur den Himmel an um mich,
ihr Beter von Beruf!

Herrliches Pärchen

Nein, wie sind wir herrlich beide!
ich mit meinem Räubersinn,
du in deinem Jägerkleide!
Sonntag gehn wir auf die Heide,
süße Lüneburgerin!

Zwanzigtausend Schafe schauen
immer wieder nach dir hin.
Huch! sie ließen gern sich kraulen,
und die Lerche juchzt im Blauen:
süße Lüneburgerin!

Bis sich Nacht und Nebel ballen;
ach, dann senken wir das Kinn.
Kaum ein Mäuschen rührt die Krallen;
huh, dann wirst du überfallen,
weil ich doch dein Räuber bin!

Der zunehmend gefeierte Dichter und hingebungsvoll bestaunte Rezitator eigener und fremder Werke verliebte sich ebenso häufig wie glühend in seine Verehrerinnen. Als er der schönen und klugen Ida Auerbach, die in distanzierter Ehe mit einem Berliner Kaufmann lebte, begegnete, war es wieder Liebe auf den ersten Blick, und um Dehmels Ehe war es bald geschehen. Dabei hatte er sich zunächst

vorgestellt, seine Beziehung zu seiner Frau, zu seiner neuen Geliebten, ja auch noch die zu einer anderen Freundin müßte sich doch zu aller fröhlichem Nutz und Frommen – vor allem dem seinigen – in Harmonie vereinigen lassen. Dazu kam es dann aber nicht. Kaum hatte Ida Auerbachs Ehemann Konkurs gemacht (er sah sich sogar dem Vorwurf ausgesetzt, dieser sei betrügerisch gewesen), verabschiedete sie sich mit ihrem Kind von Haus und Hof und zog in Dehmels Nähe nach Pankow. Nachdem beide endlich frei waren, verließen sie Berlin, heirateten und zogen nach Blankenese. Den Gedichtzyklus über seine Liebe zu Ida, einer umschwärmten, stets dekorativ gewandeten Schönheit (Dehmel selbst hat ihr malerische »Reform«-Gewänder entworfen), hat er »Zwei Menschen. Roman in Romanzen« genannt. Unverblümt erzählen die mystisch sehr überhöhten Verse von privater Zweisamkeit. Sie wurden gerade wegen ihrer erotischen Freizügigkeit und ihrer emphatischen Bildersprache als kühne, »moderne« Poesie bejubelt. Schon in seinem Zyklus »Die Verwandlungen der Venus« hatte er zum Ärger einiger aufgebrachter Gesetzeshüter verschiedene Variationen der Liebe in Reime gefaßt:

Venus Perversa

Dort sitz nieder! Sieben Kreuze
zwischen uns! und gönn mirs: sei nicht Tier!
Sondern ich suche andre Reize:
Dich: komm, liebe dich vor mir!
Dich nur, Dich! nur deine verschmachtenden Blicke
und deine zuckende Scham und deine scheuen
Seufzer gönn mir – ja, entzücke
mich mit deinen Rasereien!

Oh du, wenn die Knospen deiner welken
Brüste unter deinen tastenden Fingern
wieder schwellen wie in jüngern
Nächten – oh, dies Schwelgen –
gönn mir's, gönn mir's! Meine eigenen Freuden
sind mir Schaum, der bitter ist –

aber Du, wenn Du so stöhnst und glühst,
will ich mich an Deiner Wildheit weiden:

wie du gleich enttäuschten Bräuten
deine einsame Sehnsucht stilltest,
deine heimlichen Seligkeiten
mit berauschten Händen fühltest –
fühlt – stillst – – Seele, bricht dein Blick?
Oh du, laß mich diesen Blick genießen!
dies Verröcheln von Lippen bis zu Füßen!
recke dich nicht so starr zurück –

Ekelt dich? – Uh –: witterst du nun den reifen
Menschen? bist du satt der Kuhnatur?! –
Und wir schaudern: wir begreifen
den Triumph der Unnatur.

Auf einer Postkarte an Ida schrieb ihr Dehmel, er sei ein

»verrückter Dichter – tatsächlich verrückt, aus Rand und Band …: Ich habe die neue Form der Ballade gefunden, die keines antiquarischen Mummenschanzes mehr bedarf, und eine Form, die es erlaubt, in tausend Variationen ein ganzes Seelenleben und Menschenschicksal vorzuführen.«

Es wurde Richard und Ida Dehmels verzückte Liebesgeschichte in Versen unter dem Titel »Zwei Menschen« – der wohl bekannteste Zyklus von Dehmels Gedichten, der auch von Arnold Schönberg vertont worden ist.

Durch offne Fenster, lautlos, glänzt die Nacht.
Es regt sich nur das Licht der tausend Sterne.
Und Frühlingshauch. Und dunkelblaue Ferne.
Und manchmal eine Fledermaus auf Jagd.
Und Atemzüge, unterdrückt und schwer,
voller Spannung, mehr und mehr.
Jetzt rauscht ein Seidenglanz und bricht den Bann:

ein Weib drängt sich an einen Mann:
(...)
zwei Menschen stehn – noch tönen still die Türen –
mit Augen, die den Himmel nahe spüren,
enthüllt bis zu den Hüften da:

ein Mann mahnt: du! ein Weib haucht: ja.

Still sinkt ihr Arm von ihren braunen Brüsten,
die Lichter schauern immer schimmernder;

sein Blick erbebt, als ob sie lodern müßten.
Die Blumen atmen immer flimmernder.
(...)
Still nestelt sie am Goldband ihrer Lenden;
sein Körper spannt sich unter innern Bränden,
wie eines Kämpfers straff und schlank.
Still schaut sie auf. Er muß die Augen schließen.
Still weht ein Flor zu Boden. Er will sehn!
(...)
Er will sie ganz mit seinem Blick erkennen;
er sieht sie ganz nach seinem Blick entbrennen.
Er will nichts mehr als stehn und stehn
und still in ihre Seele sehn.
Er steht und muß die Hände heben,
als blende ihn das ewige Leben;
und dunkel rauscht der Weltraum. Da

mahnt sie ihn: du – da haucht er: ja –

und alles rauscht tief innerlich.
Zwei nackte Menschen einen sich.

Gustav Schiefler, ein Jurist und Kunstliebhaber, in dessen Hamburger Haus sich um die Jahrhundertwende alles traf, was in der Kunst Rang und Namen hatte, schrieb in seiner Hamburger Kulturgeschichte über jene Zeit: »Ende 1901 verlautete, Dehmel sei ›mit sei-

ner Muse‹ in Blankenese, der Frau, die ihn zu den ›Zwei Menschen‹ begeistert hatte. Diese war gleichsam wie eine elementare Macht in sein Leben getreten, alle Ketten und Fesseln sprengend. (...) Dann begegneten wir ihm mit jener Frau, mit der er inzwischen ehelich verbunden war. (...) Der Klang seiner Stimme und die Art seines Vorlesens machten ihn mir noch anziehender; die durchgearbeiteten Züge seines von schwarzem Haar und Bart eingerahmten Gesichts waren Zeugen manchen inneren Kampfes, aber der wohlwollende, ich möchte sagen: innige Glanz seines Auges bewies, daß er darüber zu seelischer Harmonie gekommen war. Frau Isi, die Bringerin dieses Glücks, stand neben ihm wie eine Schicksalsgöttin, hochgewachsen, starkknochig, von dunkler Hautfarbe. (...) Sie hatte etwas Erdhaft-Sinnliches, Fruchtbar-Mütterliches, was ihre Erscheinung – trotz ihrer unverkennbar semitischen Abstammung – von dem gewohnten Typ jüdischer Großstadtfrauen unterschied. Neben ihr sah er fast zierlich aus; die feinen Gelenke seiner Hände paßten gut zu dem durchgeistigten Ausdruck seines Antlitzes, dessen Form und Farbe auf den Einschlag slawischen Blutes deutete.«

Dann aber heißt es über Dehmel auch: »Ich habe ihn auf Gesellschaftsabenden und Sommerfesten mit jungen schönen Frauen so leidenschaftlich tanzen sehen, daß es an die Brunst eines Tieres gemahnte.« Es dauerte denn auch nicht lange, bis eine gerade 22jährige Dame Dehmels zweite Ehe zu gefährden begann. Sie hieß Maria Benemann und hat später in nicht eben taktvoller Weise ein Buch über ihre Beziehung zu Dehmel veröffentlicht, in dem sie ihre Verachtung gegenüber Ida Dehmel zum Ausdruck brachte. Aber Dehmel, schnell wieder ernüchtert, bat seine Frau um Verzeihung:

»Als Du nach meinem leichtsinnigen Seitensprung so in allen Grundfesten erschüttert warst, daß mir um meine gesunde Vernunft bange wurde, da habe ich voll Grauen erkannt, daß ich unser Lebensglück auf's Spiel gesetzt hatte. (...) Und nur in Dir finde ich dieses volle Glück, mit dem keine sinnliche Freude vergleichbar ist, und ich habe mir heilig vorgenommen, nie wieder einem Gelüst nachzugehen, das Dich irre an mich machen könnte, damit ich nicht selbst an mir irre würde.«

Da war der Ehefrieden recht bald wiederhergestellt. Ida Dehmel hat oft ihre menschliche Größe und ihre tiefe Liebe zu Richard Dehmel bewiesen. Er selbst war kein Kind von Traurigkeit und verscheuchte melancholische Anwandlungen nicht nur durch seinen schwärmerischen, poetischen Umgang mit Liebe und Eros, sondern auch mit erstaunlichen sportlichen Leistungen.

Radlers Seligkeit

Wer niemals fühlte per Pedal,
dem ist die Welt ein Jammertal!
Ich radle, radle, radle.

Wie herrlich lang war die Chaussee!
Gleich kommt das achte Feld voll Klee.
Ich radle, radle, radle.

Herrgott, wie groß ist die Natur!
Noch siebzehn Kilometer nur.
Ich radle, radle, radle.

Einst suchte man im Pilgerkleid
den Weg zur ewigen Seligkeit.
Ich radle, radle, radle.

So kann man einfach an den Zehn
den Fortschritt des Jahrhunderts sehn.
Ich radle, radle, radle.

Noch Joethe machte das zu Fuß,
und Schiller ritt den Pegasus.
Ick radle!

»Gestern mittag, ein Uhr zehn, Montblancgipfel. (...) Ja, nun war ich wirklich oben! Bei klarstem Himmel und schärfstem Nordwind. Von der Cabane Vallot bis zum Gipfel mußte mein Gefährte etwa 700 Stufen hacken; alles vereist. Über den vorletzten Grat mußten wir dicht hintereinander auf allen Vieren kriechen, um nicht hinabgeweht zu werden; ich habe mir drei Finger dabei erfroren. (...) Wir haben 9½ Stunden von der Domhütte (Aufbruch 3½ Uhr früh) bis zum Gipfel gebraucht; der Neuschnee teilweise bis zu den Lenden tief. (...) Wenn mir künftig etwas auf meiner Laufbahn schwerfallen sollte, wird mich immer der Gedanke spornen: du hast auf dem Montblanc gestanden.«

Dehmel hat auf Hamburg und die Hamburger mit Distanz, aber auch mit Sympathie und Dankbarkeit geblickt. Sein Blankeneser Haus, das er selbst entwarf und in der Formensprache des Jugendstils ausschmückte, hatten ihm Hamburger Freunde sogar geschenkt! Er liebte das Geräusch der in der Ferne vorbeiziehenden Schiffe und fühlte sich wohl in der Stadt. In einem langen Gedicht, »Die Hafenfeier«, in dem er die neu gebaute Imperator, damals das größte Passagierschiff der Welt, und den Reeder Albert Ballin ebenso feiert wie das emsige Treiben des Hafens, heißt es:

Innenansicht des Dehmel-Hauses in Blankenese

(…)

Vom stillen Hafen singt manch kleines Lied;
Hafen der Weltstadt, bist du jemals still?
O großer Braus der Unruhe, wenn schrill
werktags die Dampfbootschwärme, Fähren, Schlepper,
Jollen
Signale kreischend durchs Sprühwasser tollen,
Rauchwolken durchs Gestarr der Maste rollen,
durchs Möwengetümmel um Schlot und Spriet.

Sieh dort: der schlichte Mann in der Barkasse,
die unscheinbar vom wimmelnden Kai abschwenkt,
der ordnet dir die lärmende Masse.
Ihm dankt im stillen jede Speichergasse;
ein Schiffsherr ists, der viele Schiffe lenkt.

Vorbei an Docks, Hellingen, Höften, Leichtern, Kranen,
deren Getriebe seinem Antrieb entsprang,
rechnet sein Kopf wohl grad an neuen Bahnen
für unsre Herrschaft auf den Ozeanen,
doch durch die Brust wogt ihm wie dir ein Ahnen,
ein Drang, ein Klang, ein Urgesang:

Unruhe braust, wo sich der Geist aufrafft,
wo flügelfrei sich Mut und Wille verschwören,
Herzen und Hirne zur Tat zu empören.
Unruhe ists, was sich Beruhigung schafft,
was Freiheit und Gewalt zur Ordnung strafft,
um immer kühneren Flugs die Ruhe zu stören.
Unruhe heißt die Schöpferkraft.

(…)

Jetzt hüpft der emsige Herr von Bord; gewandt
schlüpft er durch festschmuckbunte Zuschauerhaufen.
Ein Riesenschiff soll heut von Stapel laufen.
Flaggen und Wimpel flirrn; guirlandenumspannt
harren zehntausendköpfig die Tribünen.

Der grüßt sich höflich durch, durch die Spaliere
der Würdenträger, Damen, Kavaliere,
Schutzleute, Kurtisanen p. p. – und dann:
ein Kaiser neigt sich vor dem jüdischen Mann,
der dieses Völkerfriedenswerk ersann, es neigen sich die
    Herren Offiziere.

Der Fürst begibt sich an die Kanzelstufe,
besteigt sie, spricht: Ich tauf dich Imperator.
Willig rollt der Koloß von seiner Kufe,
und auf der Strombahn im Sturm der Jubelrufe
wiegt sich ein Echo: Triumphator.

»Dehmel wußte schon«, meinte seine zweite Frau Ida einmal, »warum er Hamburg wählte. Er hatte genug von Berlin, der Stadt der Überreiztheit.« Und über die Hamburger habe er einmal gesagt: »Selbst wenn sie von Kaffeesäcken sprechen, kann man was lernen. (...) Das Interesse der Hamburger für Kunst und Dichtung ... ist aber recht kryptogam.«

Dehmel reiste viel, wurde ein gefragter Rezitator und Vortragender – bis der Erste Weltkrieg begann. Obgleich bereits 51 Jahre alt, meldete er sich, wie seine beiden Söhne und der Sohn Idas aus erster Ehe, umgehend zu den Waffen. Zuerst lag er in einem französischen Schützengraben und berichtete begeistert nach Hause: »Wer nur einen Funken Abenteuerlust in sich trägt, muß sich hier wie neu geboren fühlen.« Aber bald wurden seine Nachrichten düsterer:

»Bei uns im Schützengraben herrscht schon fast das Gefühl, daß der wichtigste Kampf, den wir im Augenblick führen, der gegen die – Läuse – ist. (...) Ob nicht die ganze Kriegsbegeisterung für's teure Vaterland und liebe Volk bloß ein Augenblicksrausch wie andere war? (...) Hier deutscher Unflat, dort französischer Unrat, und man kämpft um die heiligen Güter – o Menschheit!!«

Eine Venenentzündung zwang ihn wiederholt zurück von der Front, um eine Kur anzutreten.

»Ich bin nun 52 Jahre alt. Wenn ich mich auf den Kopf stelle: 25. Was hab ich nun eigentlich getan zwischen 25 und 52? Nichts weiter als daß ich der Menschenwelt sagte, was sie unter allen Umständen ist: ein ungeheures Kampfspiel von Zwiespältigkeiten, zwischen denen nur eins die ersehnte Eintracht stiftet: Gottergebenheit, ihr armen Teufel.«

Als Dehmel wieder in seine Feuerstellung in den Vogesen zurückkehrt, erkennt er mit Verachtung das Niveau der Offiziere:

»Der persönliche Witz kommt dabei immer mehr auf den Hund oder richtiger gesagt, auf's Schwein. (...) Es ist die bitterste Selbstüberwindung, für eine Sache weiterkämpfen zu müssen, deren menschlichen Unwert man zu spät erkannt hat.«

Nach dem Ende des Krieges blieben ihm nur noch ganze zwei Jahre in Blankenese. Seine erste Frau, Paula, war inzwischen gestorben, Ida Dehmels Sohn, Heinz-Lux Auerbach-Dehmel, im Krieg gefallen. Ihn selbst holte die alte Entzündung wieder ein. Er schrieb noch, wie schon früher gelegentlich, erfolglose Theaterstücke und einige Gedichte, doch seine Züge und Worte verbitterten sich. Am 8. Februar 1920 ist er in seinem Blankeneser Haus gestorben. Schon beim Einzug hatte er eine Urne und einen dafür geeigneten Eckplatz entworfen, in dem seine Asche und die seiner Frau vereinigt werden sollten. Die Urne mit der Asche der beiden steht noch immer an diesem Platz.

Ida Dehmel hat sich nach dem Tod ihres Mannes unermüdlich um sein Nachwirken gekümmert, sich selbst aktiv in die Frauenarbeit eingeschaltet, die GEDOK, eine Gesellschaft deutscher und österreichischer Künstlerinnen, gegründet und ihr eigenes Leben in einem nie veröffentlichten, jedoch im Hamburger Dehmel-Archiv (in

der Staats- und Universitätsbibliothek Carl von Ossietzky) mit Tausenden von Briefen aufbewahrten romanhaften Manuskript aufgezeichnet. Mit dem Beginn des Nazi-Terrors zerbrach ihr Lebensglück endgültig. 1942 nahm sie sich, von vielen ihrer einstigen Bewunderer inzwischen immer häufiger geschnitten und an einer schweren Krankheit leidend, im Blankeneser Dehmel-Haus das Leben.

Der Dichter steht am Herd und schürt
und wartet, daß sein Volk sich rührt.
Das Holz liegt da, der Funken auch;
wann springt die Flamme aus dem Rauch?

Das Publikum hat gezischt und geklatscht,
die Kritiker haben gequietscht und gequatscht.
Der Dichter lächelt: Das verschallt,
rings rauscht mein immergrüner Wald.

Was soll mir euer Lorbeer, Freunde;
an jedem Blatt zupfen hundert Feinde.
Bringt Blumen, edle Früchte, Wein:
die Kunst will sich des Lebens freun.
Den Lorbeer legt mir aufs Totenkissen;
da wird er nicht mehr heruntergerissen.

»SEEFAHRT IST NOT!« GORCH FOCK (1880–1916)

Unter den Dichtern in Hamburg war er einer der erfolgreichsten. Heute würde man ihn einen Bestseller-Autor nennen. Allerdings hat er selbst die massenhafte Verbreitung seiner Bücher kaum noch erlebt. Daß seine Werke in Auflagen erschienen, von denen andere Dichter in Hamburg nur träumen konnten, war vor allem der nationalsozialistischen Begeisterung für alles Bodenständige und Heimatlich-tümelnde zuzuschreiben. Da aber war Gorch Fock, der eigentlich Johann Kinau hieß und 1880 auf der Elbinsel Finkenwerder geboren wurde, bereits mehr als 20 Jahre tot. Daß sein Werk ohne sein Verschulden den Geruch der braunen Pest nie mehr ganz los wurde, hat freilich seiner Beliebtheit nicht geschadet, und so gilt der schreibende Seemann bis heute als einer der bekanntesten Schriftsteller des Nordens. Die niederdeutsche Mundart hat er in seinen Büchern gewissermaßen salonfähig gemacht. Auch die Dialoge in seinen hochdeutsch geschriebenen Werken halten sich an das Finkenwerder Platt.

Johann Kinau, der sich als Autor später Gorch Fock nannte, war ein kleiner, schmächtiger Knabe und schon früh das, was man eine »Leseratte« nennt. Die Schulzeit beendete er bereits mit dem Volksschulabschluß. Eine Krämerlehre schloß sich an, aber in seiner bescheidenen Dachstube lernte er nachts Sprachen und Stenographie. Schließlich schickte ihn die Mutter auf eine Handelsschule, die er mit einem »Sehr gut« in allen Fächern abschloß. Von 1898 bis 1899 war er Angestellter einer Frachtfirma in Bremerhaven, danach Buchhalter in einem thüringischen Kolonialwarengeschäft. Dann jedoch erhielt er die Chance, an der Berufsschule zu unterrichten. Er verschlang bergeweise Reclam-Hefte, las Goethe und Schiller, Shakespeare und Eichendorff, Heine und Hebbel, versuchte sich an einem Seeräuberdrama, an plattdeutschen Gedichten und Romanen. Am Beginn des neuen Jahrhunderts kehrte er nach Finkenwerder zurück, doch nun fühlte er sich unter den benachbarten Fischerfamilien wie ein Außenseiter. Er lebte kurze Zeit als Handlungsgehilfe in Bremen

und ging dann als Angestellter nach Halle, jene Stadt, in der der Wahl-Hamburger Graf Luckner geboren wurde. 1904 zog es Gorch Fock wieder nach Hamburg zurück. Gemeinsam mit einem einstigen Schulkameraden begann er, niederdeutsche Stücke und Artikel für Zeitungen zu schreiben. 1907 wurde er bei der HAPAG angeheuert, heiratete die Tochter eines Postbeamten, bezog mit ihr eine Zwei-Zimmer-Wohnung, wurde Vater eines Sohnes. In unaufhörlicher Nachtarbeit entstanden nun sowohl plattdeutsche wie hochdeutsche Erzählungen, Gedichte und Dramen. Sie alle besingen die »heile« Welt der Seefischer. Ein erstes Buch mit Seegeschichten erschien unter dem Titel »Schullengrieper und Tungenknieper«. Gorch Fock wurde in die Künstler- und Literatengruppe »Die Himmelsleiter« und in den Vorstand der »Literarischen Gesellschaft« aufgenommen. Damals entstand auch jener Roman, der ihn berühmt machen sollte: »Seefahrt ist not!«, in dem es um »die große Zeit Finkenwärders« und seine segelnden Fischer geht. Darin erzählt er eine heroische Lebens- und Familiengeschichte: die des Fischers Klaus Mewes, seiner Schiffsleute Kap Horn und Hein Mück, seiner Frau Gesa und ihres gemeinsamen Sohnes Klaus, genannt Klaus Störtebeker. Im Zentrum steht der Konflikt zwischen dem mutigen, seefahrenden Vater und der ängstlich an Haus und Herd klammernden Mutter um den Sohn: Soll er seiner leidenschaftlichen Begeisterung für das Fischer-Handwerk und die Seefahrt des Vaters oder dem – wie Fock es einmal in seinem Tagebuch notierte – »Weibischen der Zeit«, also dem ängstlichen Verbleiben an Land, folgen? Bevor der Leser erfährt, worauf die Sache hinausläuft, wird er mit der Finkenwerder Gesellschaft vertraut gemacht:

»›Insonderheit aber bitten wir dich für die, die auf dem Wasser ihre Nahrung suchen. Segne, segne die Fischerei auf der See und im Fluß, behüte Mann und Schiff in allen Gefahren!‹

Pastor Bodemann beugte den grauen Kopf tiefer als zuvor. Da hatte er laut und warm für seinen alten Kaiser gebetet, laut und warm, wie es ihm von Herzen kam, nicht leise und kalt, wie sein Vorgänger, ein zäher Welfe, der nur der kirchlichen Vorschrift nachgekommen war: ›Laß deine Gnade groß werden über deinen Knecht Wilhelm, unsern Kaiser und Herrn, und über das ganze kaiserliche Haus.‹ Die gefurchte Stirn berührte fast das schwarze Tuch, mit dem die Kanzel vom Sonntag Reminiszere bis zum stillen Freitag bedeckt war. Es schien, als wenn die Stimme ihm versagte und er aufhören müßte. Und er hielt überwältigt inne und ließ die große Stille kommen. Totenstill wurde es in der Kirche auf Finkenwärder. Regungslos saß die Gemeinde. In die Augen kam eine Dunkelheit wie von aufsteigenden Tränen. Und die See nahm das Wort, die Nordsee, die Mordsee – mit ihren jagenden, zerrissenen Wolken, mit ihrem pfeifenden, brausenden Sturm, mit ihren haushohen, schäumenden, brüllenden Seen, mit Brand und Wetterleuchten, mit Dünung und Gewitter –, mit geborstenen Segeln, gebrochenen Masten, blakenden Notfackeln, verlorenen Wracken und hilferufenden Fahrensleuten. Und es war niemand da, der nicht ihre Stimmen vernommen hätte. Die hellhaarigen Jungen auf den Bänken neben dem Altar, die als große Schleefen zu den gegenübersitzenden Konfirmandinnen hinübergelacht und ihnen zugenickt hatten, verjagten sich, legten beschämt die Hände zusammen und sahen vor sich hin, weil ihnen in der heiligen Stille die Väter und Brüder in den Sinn kamen, die draußen waren, und weil sie daran dachten, daß sie nach Ostern selbst in die Fischerei hineinkamen. Auch bei den rotbackigen Mädchen wurde es still. Alle falteten rasch die Hände, und manches Kinderherz bebte – vergessen war, daß sie abends am Deich einzuhüten hatten, und daß die Jungen dort vor den Fenstern trommelten und pfiffen, bis sie hineingelassen wurden und Blindekuh oder Sechsundsechzig mitspielen durften. (…) Von den mittleren Bänken kam ein Weinen und Schluchzen. Dort saßen die Seefischerwitwen, in ihren schwarzen Kleidern und mit den dunklen Kopftüchern wie morgenländische Klageweiber anzusehen. Der letzte Jahrgang hatte die Stirnen auf der harten Holzlehne liegen, als sei kein Leben mehr in ihm: so wollten es die Sitte und der Schmerz. Zuhinterst saß die greise Geeschen Witten, tiefe Runen im Gesicht, das einer Landkarte ähnlicher sah als einem Menschenantlitz. Sie konnte nur noch für Tote beten, denn alles Leben hatte sie der See übergeben: ihren Vater, der dreiundvierzig vor der holländischen Küste über Bord gekommen war, ihren Mann, der in den sechziger Jahren während der Äquinoktien untergegangen war, ihren Bruder, den sich die See fünf Jahre später bei Amrum geholt hatte, ihre beiden Söhne, die vor neun Jahren mit ihrem neuen Ewer verschollen waren. Sie wohnte ganz allein in ihrem großen, leeren Dachhaus, zwischen Netzen und Segeln, die die Gebliebenen zurückgelassen hatten, und wunderte sich, daß sie immer noch lebte, und daß auf ihrem Kirchplatz nicht schon lange eine andere saß. Einer aber war da, der hatte den Kopf nicht gesenkt und die Augen nicht zugemacht: Thees to Baben, der Segelmacher und Spökenkieker, der Blut stillen, Krankheiten besprechen, Hexen bannen und Schweine zum Fressen bringen konnte und die Gabe des Vorsehens und Vorhörens besaß. Er beobachtete den Pastor scharf, und als Bodemann die Augen schloß, machte Thees seine weit auf und starrte durch das verbleite Fenster, bis er ihn kommen sah, den langen, heimlichen Zug, der vom Deich stieg und über die Äcker, Gräben und Eischen wallte, ohne eines Weges oder Steges zu bedürfen, der durch die von selbst sperrweit aufgehenden Türen drängte und die Kirche füllte. Lautlos und gespenstisch besetzte er alle leeren Plätze und alle Gänge. Kopf an Kopf standen sie, die gekommen waren, die gebliebenen Fahrensleute, die alten und die jungen, die Schiffer und die Knechte. Mit weitgeöffneten, wasserleeren Augen sah der Segelmacher sie an. Wie sie über Bord gespült waren, standen und gingen sie, das Wasser leckte ihnen von den Südwestern, glänzte auf den Ölröcken und quoll aus den Seestiefeln. Der Spökenkieker sah sie und lugte, ob sie einen unter sich hatten, dessen Untergang am Deich noch nicht bekannt geworden war. Dabei blieb er ruhig, denn er war an Spuk gewöhnt: nur, wenn einer der Toten ihn ansah, schüttelte er den Kopf, als wenn er sagen wollte: an den Segeln hat es nicht gelegen, daß ihr geblieben seid: die Segel waren gut! Wobei er allerdings voraussetzte, daß er sie auch wirklich gemacht hatte.

Endlich – ein erlösendes Husten unten im Schiff, ein befreiendes Scharren oben auf dem Chor, ein dreistes Sperlingsgeschrei draußen in den Erlen und Eschen. Da vergingen Gespenster und Gedanken, die Sonnenstrahlen fingen wieder an zu spielen, und Alt-Bodemann bekam seine Sprache zurück. Und als er dann bei seinem Herrgott um den Hausstand anhielt und alle, die dazugehörten, um gottesfürchtige Eheleute, Eltern und Herren, gehorsame Kinder und frommes und getreues Gesinde, da war die große Stille vorüber: die Konfirmanden machten wieder ihre verstohlenen Zeichen, die Mädchen kicherten und stießen einander im geheimen an, Gesine Külper dachte an den ersten Schnellwalzer, Thees Segelmacher stützte die Ellbogen auf die Brüstung und hörte so nipp zu, als wenn er noch Pastor werden wollte, und die Fahrensleute rollten die Prüntjer geruhig wieder hinter die Kusen.«

Dann tritt der junge Klaus Mewes, der Sohn des Fischers, auf, der eigentliche Held des Romans, an dessen unbeirrbarer See-, Abenteuer- und Vaterliebe sich bald die ungezählten Knabenträume und heldischen Wunschvorstellungen einer Zeit entzündeten, die nach großen und kleinen Helden dürstete.

»Das war sein Junge, der kleine Mann mit den hellen Haaren, den blauen, nordischen Augen und dem wettergebräunten Gesicht, der eine graue, wollene Matrosenmütze aufhatte, um den Hals ein schottischbuntes Tuch trug, einen weißblauen Buscherump und eine marineblaue Büx anhatte und auf braunen Segeltuchschuhen ging, wie ein Janmaat, der auf Freiwache ist und sich landfein gemacht hat. Das war sein Junge! Wer den so gehen und stehen sah, dem mochte wohl das Gedicht von Uhland einfallen: Jung Siegfried war ein stolzer Knab – und durch die Brust seines Vaters brauste ein solches Lied, das die Orgel übertönte. Wieder nahm Klaus Mewes sich freudig und heilig vor, einen Fahrensmann aus ihm zu machen, einen Seefischer, einen so furchtlosen und verwegenen, wie Finkenwärder noch keinen gehabt hatte. Noch diesen Sommer wollte er ihn mit nach See nehmen, ob auch die Mutter weinte und die Leute den Kopf schüttelten. Lachend wollte er ihnen trotzen, denn er war es nicht gewohnt, auf andere zu hören, weder an Land noch auf See. Wie seinen Ewer, so steuerte er auch sein Leben selbst. Ja, Klaus Störtebeker sollte ein Fischermann werden.

(…) Er sprach mit seinem Jungen nichts als Fischerei und Seefahrt und erfüllte ihn mit nichts anderem, als daß er Fahrensmann werden müsse und solle. Was für Last haben die Frauen am Deich, daß sie die Kinder vom Graben und von der Elbe fernhalten, daß sie sie aus den Booten und Kähnen herausbringen! Goh man ne bit Woter! ist ihr zweites und drittes Wort. Was tut Klaus Mewes? Er lacht und sagt: ›Goh man betjen bit Woter, Störtebeker! Schipper man mol, klüs man mol not Fohrwoter raf, seil man betjen, swümm man mol, dor liggt de Boot, dor is de Kohn!‹ Und eines brannte er dem Jungen wie mit glühendem Eisen ins Herz und drückte es tief und unverwischbar, unauslöschlich ein: Ne bang warrn! Nicht bange werden, sonst kommst du nicht mit nach See! Nicht bange werden, zu keiner Zeit und Stunde, einerlei, ob es hell oder dunkel ist, ob es donnert oder blitzt oder weht, weder auf dem Wasser noch an Land, weder an den Masten noch auf den Bäumen, weder vor Menschen noch vor Tieren, weder vor Lebendigen noch vor Toten! Nicht bange werden, nicht bange werden! Und der Junge nahm es auf, wie das Segel den Wind. Bang dött ik ne warrn, ans komm ik ne no See, sagte er sich immer wieder, wenn ihm etwas Furcht einjagen wollte, und wurde dreist und verwegen, wie sein Vater es wollte.«

Gegen die trotzige Front von Vater und Sohn steht die besorgte Mama:

»Sie konnte die Fischer nicht verstehen! Sie war noch keine Fischerfrau geworden und fühlte wieder mit bitterem Schmerz, daß aus ihr niemals eine werden konnte. Immer noch graute ihr vor dem Wasser, und alle Schiffahrt war ihr fremd und unverständlich. Sie konnte sich nicht helfen. Das eine ließ sich nicht abschütteln und das andre nicht lernen. Klaus rüstete mit Gewalt zur Fahrt: sie sah ihre böse Zeit kommen, sie hörte schon den Regen gegen die Fenster schlagen und den Wind an der Tür saugen und wußte nicht, wie sie es wieder ertragen sollte, ihren Mann auf See zu wissen. Sie liebte ihn tief und heiß und lag in seinen Armen wie im Sonnenschein, aber seine Fahrten machten sie bange, und sie wünschte im Herzen nichts sehnlicher, als daß er kein Seefischer wäre, sondern Bauer oder Handwerker oder sonst etwas anderes an Land. Könnte er nicht etwas anderes beschicken, könnte er nicht sein Fahrzeug verkaufen, wie andere Fischer es getan hatten? Aber Klaus Mewes – und das tun? Sie mußte doch lächeln über den Gedanken. Bis Blankenese müßte es gewiß zu hören sein, sein Lachen, wenn sie davon spräche, daß er an Land bleiben solle. Da saß sie nun in ihrem Glück, um das die ganze, arme Heide sie beneidete, war eine große Seefischerfrau mit Haus und Hof und Deich, der jede Reise die Hundertmarkscheine auf den Tisch flogen, und war doch nur ein armes Weib voll Unruhe und Bangigkeit, die immer und überall Wetter und Wolken aufsteigen sah und ihres Lebens nicht froh werden konnte. Wie manchen Tag sehnte sie sich schon nach der stillen, einsamen Geest zurück, wo sie nichts von Schiffen und von Seefahrt gewußt hatte, wie manchen Tag, wenn die Elbe in Gischt und Schaum einherging! Wie manche Nacht ließ der Wind sie nicht einschlafen, wie manches Mal jagten die Blitze sie aus dem Bett, wie oft schreckten sie die Stimmen der geängstigten Schiffahrt im Nebel! Und immer allein zu sein! Der Mann war auf See, der Junge auf der Elbe! Mit den Finkenwärder Frauen hatte sie wenig Verkehr und Freundschaft, weil sie fühlte, daß sie als Butenländerin nicht ganz für voll angesehen wurde. Wie wichtig sie es in der Dönß hatten! Als wenn sie sie gar nicht vermißten! Wie sie lachten, Klaus Mewes am lautesten! Dieses Lachen hatte es ihr angetan, als er um sie geworben hatte, denn so hatte sie noch niemals jemand lachen gehört! Das hatte sie in seine Arme gedrängt, hatte sie von der Geest in die Marsch gelockt, von dem Heidehof in das Fischerhaus, und hatte sie nicht an die Not und Schwere des Seefischerlebens denken lassen. Vergessen war es gewesen, was sie gehört und gelesen hatte von Sturm und Untergang: wo einer so lachen konnte, da konnte weder Unglück noch Gefahr sein, hatte sie gemeint, als Klaus sie freite.

Er lachte noch just so wie damals, er hatte es noch nicht verlernt, aber sie konnte es jetzt nicht mehr ohne Schmerz hören, es schnitt ihr ins Herz, wenn sie an das Finkenwärder Elend, an die Witwen und Waisen, an all die Tränen und unruhigen Stunden dachte, es kam ihr wie ein Frevel, wie eine Sünde vor. Daß er so verwegen war, machte ihr das Herz noch schwerer, und eine trübe Ahnung früher Witwenschaft hing wie ein dunkles Gewölk über ihrem Leben.«

Ihr Sohn muß des öfteren in verborgenen Verstecken aufgestöbert werden.

»Sollte der Junge wieder in der Kombüse sitzen, wie er es schon mehrmals gemacht hatte, um sich an die Ewerluft zu gewöhnen? Klaus Mewes turnte auf das Deck und stieg in die stille, dunkle Kajüte hinab, die ihm nun beinahe fremd vorkommen wollte, so tot erschien sie ihm ohne das sonst ständig brennende Licht. Wo mochte der Junge sein? Wieder an Deck, horchte er von neuem, aber er vernahm nur das Tuten eines Dampfers, der dwars von der Nienstedter Kirche fuhr. Seine Flagge auf der Besan regte sich leicht im Abendwind, als er hinaufsah. Da schoß ihm jäh der Gedanke durch den Kopf: wenn ik di bloß ne halfstock holen mütt! – aber er jagte ihn von dannen, kletterte über das Schwert und schritt über das Eis nach dem Bollwerk zurück. Im Osten glomm der Lichtschein von Hamburg auf, der dem Landfremden eine weit entfernte, ungeheure Feuersbrunst vortäuschte. Da dachte Klaus Mewes an die alte Fischfrau Beeken Focken, die 1842 schon verheiratet gewesen war: so alt war sie. Die hatte einmal bei ihm auf dem Deich gestanden und mit ihren braunen, knochigen Fingern nach dem östlichen Abendrot gewiesen und gesagt: viel anders hätte sich das 1842 vom Deich aus auch nicht angesehen: nun wäre Hamburg schon so groß, daß es jede Nacht einen so großen Brand hätte. ›Jä, Beeken, dat magst du woll seggen: bi de veelen Wirtschaften‹, hatte er lachend geantwortet. Mit einem Mal drehte er sich um und sah Seemann auf dem Bollwerk stehen. ›Neem is Störtebeker, Seemann? Such! Such!‹ rief er hastig. Seeman wedelte mit dem Schwanz zum Zeichen, daß er verstanden hatte, und setzte sich gemächlich in Bewegung. Er schwankte von dem langen Leben an Bord wie ein wirklicher Seeman von einer Seite nach der anderen, wenn er lief. Klaus wußte schon Bescheid, es ging nach der Neßkule, in der der

Kahn lag: der Junge schipperte gewiß oder goß das Wasser aus seinem Fahrzeug, das etwas ziepte. Da lag aber der Kahn unter den krummen Wicheln und war nicht abgeleint wie sonst, der Riemen lag dwarß, und kein Junge war dabei: jach befiel ein ungeheurer Schreck den Fahrensmann, der auf der Doggerbank den bösesten Stürmen furchtlos in die Augen blicken konnte, und er lief in Sprüngen den Deich hinab. ›Klaus!‹ Der Störtebeker blieb ihm dies eine Mal doch in der Kehle stecken. ›Hier bün ik, Vadder, wat schall ik?‹ rief der Störtebeker, und eine dunkle Gestalt löste sich aus dem Schatten der Baumstämme, die den Schleusengraben wie Gespenster umstanden. Taumelnd kam sie näher und wäre umgeschossen, wenn der Seefischer sie nicht aufgefangen hätte. ›Wat is dor los, Störtebeker? Wat fehlt di? Büst du krank?‹ Der Junge sah blaß aus, aber er lächelte doch schon wieder verloren. ›Jo, Vadder, ik bün seekrank un mütt mi jümmer spee.‹ ›Wat kummt dat denn?‹ Der Junge wies nach dem grünen Kahn: ›Ik will mi seefast moken, Vadder, wat ik mi noher up See ne mihr to speen bruk. Un Jakob Husteen hett to mi seggt, denn müß ik jümmer mitten Kohn dümpeln. Örk, örk – war bün ik nu slecht toweg, Vadder, wat hebb ik förn bittern Geschmak innen Mund!‹

Klaus wollte lachen, lachen – er konnte es aber nicht, weil ihn die Tapferkeit des kleinen Kerls tief rührte, der so lange mit dem Kahn dümpelte, bis ihm schwindelig wurde, nur um sich seefest zu machen. ›Jä, Störtebeker, so geiht dat buten den ganzen Dag! Nu wullt doch gewiß ne mihr mit no See, watß.‹ Aber der Junge nickte herzhaft und sagte : ›Doch, Vadder! Morgen dümpel ik wedder un offermorgen un den Dag, de denn kummt, ok, bit ik ne mihr düsig warr und mi ne mihr breken mütt! Ik will mi doch to Sommer van Kap Horn und Hein Mück nix utlachen loten!‹«

Zur heftigen Besorgnis der Mutter nimmt der Vater seinen Sohn immer öfter mit auf seinem Ewer.

»Wie er sich freute, wie gesprächig er war, wie scharf er auf alles achtete! Zumeist stand er bei seinem Vater im Rudergang und half beim Steuern, sah aufmerksam auf Segel und Kompaß und hielt tapfer das Helmholz mit fest, dabei konnte er sich aber doch nicht enthalten, an den Streek zwischen Kirche und Apfelbaum zu erinnern: ›Düt mokt ober söbenmal soveel Spoß, Vadder!‹

Er ließ es sich sogar einfallen, beim Wenden ›Ree‹ zu rufen und Hein Mück nach der Fock zu schicken, bis sein Vater es wie der holländische Kapitän machte, dem der große Friedrich in der Ems mit ›Ree‹ zwischen sein Kommando kam, und sagte: ›Mynheer, dat Ree kummt mi to!‹

Als er genug gesteuert hatte, setzte er sich auf die Luken, zog Seemann an sich und ließ sich von Kap Horn und von seinem Vater alles verklaren, was es zu sehen gab, während sie mit der Ebbe elbabwärts kreuzten, wenn dieses Treiben noch den Namen Kreuzen verdiente. Da war Dockenhuden mit den vielen Tannenbäumen, da war Blankenese mit den vielen Ewern und dem hohen Süllberg, da war der Schweinesand mit seinen Wicheln, da war Hahnöfer mit den großen Bäumen, um die Hunderte von Krähen flogen, die dort ihre Nester hatten, da war Falkental mit dem Taucherdampfer, mit den Wracken und mit den zu Stein gewordenen Zementsäcken, da war Schulau mit dem Leuchtturm und dem Feuerschiff, dahinter Wedel mit dem Kirchturm und den roten Dächern, da war die Lühe mit ihrem hohen Deich – und von allem gab es Geschichten zu erzählen. Als sie bis zur Lühe gekommen waren, wogte die Flut ihnen entgegen und zwang sie, vor Anker zu gehen. Großsegel und Besan konnten die fünf Stunden geruhig stehen bleiben, nur die Fock ließen sie fallen, und den Klüver nahmen sie weg. Klaus Mewes langte den Kieker aus dem Nachthaus und suchte den Strom nach bekannten Fahrzeugen ab, denen er seinen Jungen mitgeben könne, aber er konnte zunächst nur einige Dreuchewer und Lühjollen ausmachen, die nicht in Frage kamen. So gingen sie erst in die Kajüte hinunter und setzten sich zum Kaffee nieder. ›Ik wull, dat geef brodte Schullen‹, rief Störtebeker übermütig, ›dor verlangt mi eulich no!‹ Er ging aber auch dem Groffbrot tüchtig in den Topp.

Klaus Mewes sah ihn an und freute sich seiner. Wenn Gesa Bescheid gewußt hätte, es wäre ihm von Herzen recht gewesen, den Jungen an Bord zu behalten: aber so ging es nicht; sie ängstigte sich ja zu Tode und suchte mit der Leuchte und mit der

Fischer in Finkenwerder

Harke, wenn er heute abend nicht an den Laden kam. Hein Mück dachte noch immer an die große, gefährliche Reise über das Eis, die Störtebeker gemacht hatte, und mit einem Mal sagte er mehr zu sich selbst als zu den andern: ›Junge, dat is jüst so as der Reiter und der Bodensee!‹

Gotts den Donner – Klaus Mewes verschüttete den halben Kaffee, und Kap Horn blieb der Brotknust im Halse stecken, so verwunderten sie sich dieser Rede ihres Speisenmeisters. ›Wat is dat?‹ fragte der Schiffer zuletzt. ›Och nix.‹ ›Nix?‹ ›Ne,nix!‹ ›Ik will di gliek bi nix! Hier vertillst oder du warrst afmunstert, un Klaus Störtebeker ward uns Kock‹, befahl Klaus.

›Och nix: ik dach bloß an en Gedicht in uns Leesbook, dat is meist als Störtebeker sien Reis.‹

›Upseggen!‹ Hein Mück bekam einen roten Kopf. Das war eine schöne Tasse Tee! Hätte er doch nichts gesagt! Nun mußte er in seine Koje steigen und sein Lesebuch aus dem Stroh suchen. Kap Horn konnte sich einen kleinen, freundlichen Hieb auf Klaus nicht verbeißen: ›Jä, Jä, Klaus Mees, du kiekst un wunnerst di woll, dat he sien Leesbok noch hett, wat? He hett dat nich so mokt as du. Du hest den lesten Dag jo all dien Beuker opfluckern loten, hest dor annen Westerdiek en grote Ostermoon von mokt!‹«

Den zeitlichen Hintergrund dieses trutzigen Familiendramas bilden jene Jahre, in denen das deutsche Kaiserreich den Griff nach der Weltmacht probte: Die Marine stand im hellsten Glorienschein; Admiral Tirpitz und der Kaiser beschworen die Seemacht Deutschland, und die Kinder patriotischer Eltern trugen stolz ihre Matrosenanzüge zur Schau. Auch Gorch Fock gehörte zu den begeisterten Patrioten, schwärmte von deutschen Helden und deutscher Seele wie die meisten seiner Umgebung – die Dichter keineswegs ausgeschlossen. Der nationale Taumel ist denn auch in »Seefahrt ist not!« nicht zu übersehen; doch ist er gekoppelt an den Lebensraum der Nordseefischer und an die Bewahrung ihrer inzwischen von Industrie und technischem Fortschritt bedrohten Traditionen.

»Es war Ostern auf Finkenwärder. An den Gräben standen die Wicheln mit silbernen Katzen, und die Erlen ließen braune Troddeln im Winde wehen. Die Pappeln leuchteten im Sonnenschein und glommen wie Frühlingsbräute mit hellblonden Scheiteln (...).

Und die Finkenwärder Fahrensleute feierten Ostern, indem sie um ihr Eiland gingen. Nur Ostern taten sie das, sonst nicht. Wann käme sonst auch wohl ein Fischermann dazu, einen Gang um sein Land zu machen? Er geht sowieso nicht gern, denn Seebeine sind nicht für Landwege geschaffen. Wintertags, wenn er zu Hause ist, lassen die grundlosen Wege es nicht zu, für die sie früher Stelzen gehabt haben, die aber abgekommen sind. Sommertags hat er zwischen Jütland und Niederland zu viel zu beschicken. Nur Ostern ging es klar.

Der Brauch entstammte der alten Zeit, als die Fischerei den ganzen Winter eingestellt war und die große, allgemeine Ausreise erst nach Ostern stattfand. Da lag es nahe, daß der Fischer noch einmal seine Insel auf den Kieker nahm, bevor er sich der See für lange Monde anvertraute! Auch die Konfirmanden, die mit zur See sollten, hatten ein Verlangen, den Deich noch einmal ganz unter den Füßen zu haben, bevor sie an Bord gingen. 1887 war diese uralte Sitte noch allgemein.

Wir denken an den Ostergang im *Faust*, lesende Seele, an den Doktor und seinen Famulus, an Bürger und Soldaten, Scholare und Handwerksburschen und an all das andre bunte Gewimmel vor dem Tor der bunten, mittelalterlichen Stadt Frankfurt, aber das muß verblassen vor der großen Deichwanderung der Fischer am Ostersonntag, die nachmittags anfängt und bis zum Abend währt und voll ist von Größe und Gewaltigkeit. Breit und blau grüßt die Elbe – im Hintergrunde steigen die Blankeneser Berge auf. Dampfer gehen auf und ab. Ihr Rauch weht über den Strom. Deutsche, englische, französische, nordische und holländische Flaggen flattern im Winde, Hunderte von braunen und griesen Segeln beleben das Fahrwasser gleich Riesenvögeln, und im Osten steigen die Hamburger Türme aus dem Hafendunst auf, wie Propheten aus dem Volk. Vom Bollwerk aber und von den Schallen grüßen die blanken Ewer und Kutter, die starken, schönen Schiffe, und ihre Flögel lachen im Sonnenschein, als wenn sie wüßten, daß es Ostern ist. Da liegt Schiff bei Schiff in nachbarlicher Eintracht, und jedes spiegelt sein Gesicht geruhig in dem stillen Wasser. Zwischen den Masten hängen die Kurren zum Trocknen, die sich ansehen lassen wie die Panzerhemden eines Hünengeschlechtes, das große Wäsche gehabt hat.

Das ist eine Seite des Deiches: auf der anderen stehen die Fischerhäuser mit moosbewachsenen Stroh- oder Pfannendächern, mit grünen Türen, geröteten Steinen und blanken Fenstern, hinter denen Blutstropfen, Schuhbäume, Geranien und andre Blumen blühen. Binnendeichs stehen die großen Hamenanker, die ausgedienten Kurrbäume, die aufgefischten Hummerkästen; dahinter liegen die braunen Äcker, von Gräben durchzogen, die grünen Wischen, die Wurten mit den großen Bauernhäusern, mit hohen Eschen, Linden und Eichen: Inseln inmitten der Insel.«

Endlich darf der Knabe mit an Bord. Los geht es, die Elbe abwärts und dann nach Bremen.

»H. F. Laertes, Unterscheidungssignal R. T. F. B., 28 Registertonnen groß, geführt von Schiffer Klaus Mewes, lag zu Bremen-Stadt an der Schlachte mit lebendigen Schollen. Das trübe, gelbe Wasser der Weser gurgelte um seinen Bug, und die Giebel der hohen Speicher blickten überlegen auf ihn herab, denn sie standen schon zweihundert Jahre und hatten Güter aller Zonen unter ihren Dächern. Auf der Kaje standen die Bremer Jungen und lachten über den kleinen Stintmajor, wie sie Störtebeker nannten. Als sie sich aber einfallen ließen, mit Steinen nach ihm zu werfen, da rief er: ›Ji verdreihten Zigarrensmokers!‹ (das hatte er von Kap Horn aufgeschnappt!), zog seine Seestiefel aus und ging ihnen mit der Handspake und mit Seeman zu Leibe, bis sie die Flucht ergriffen. Die Bremer Bürgerfrauen, Fischweiber, Kökschen und Arbeitsleute waren minder stolz als die alten Speicher und minder feindselig als die Jugend: sie kamen mit Körben und Netzen, mit Taschen und Eimern, besahen die Fische und kauften und kauften. Klaus Mewes, der auch die Bremer zu nehmen wußte, war den Fang bald los, zumal er ganz allein an der Schlachte lag. Der verrufene schiefe Weg nach Bremen hielt die andern Ewer fern. Um die letzte Stiege stritten sie förmlich: ein Kampf um die

Scholle entbrannte, dem Klaus Mewes lachend und mit seiner vollen Tasche klirrend zuguckte, bis er sagte: ›Nu is de Putt ut: Hein Mück, deck de Luken to!‹ Dann zählte er mit Störtebeker die vielen Groschen, Marken und Taler: es war wieder eine gute Reise, die die vielen Wind- und Stillentage, die dahinter lagen, lachend vergessen ließ.

Nach Mittag machten Klaus Mewes der Große und der Kleine und Kap Horn sich landfein und wiesen einander Bremen. Zunächst steuerten sie wie alle Fremden nach dem Markt und besahen den gewaltigen Dom, die graue Börse, den vergoldeten Schütting, das gründachige, verwitterte Rathaus und das hohe steife Standbild, die Rolandssäule. Störtebeker gefiel von all diesen Bauwerken eigentlich nur der Dom mit den beiden hohen Türmen: das Rathaus war ihm viel zu alt und zu voll von Grünspan; das könnten sie auch mal abschrubben, meinte er vorwurfsvoll. Der Roland aber war ihm nicht bunt genug und machte ein zu dummes Gesicht: als wenn er nicht bis fünf zählen könne, lachte er. Er verstummte aber, als sie dann am Denkmal des Heidenbekehrers Wilhaldi vorbei in den halbdunkeln, riesengroßen Dom traten, mit den leuchtenden Glasmalereien und der reichen Pracht der Wände, die dem nordischen Gotteshaus etwas Südlich-Katholisches gaben; – denn da gingen sie unhörbar auf weichen Teppichen, und alles war so still und so feierlich, wie es den Morgen gewesen war, als sie hinter Langeoog gelegen hatten und das Läuten der Glocken zu hören gewesen war. ›Hier in Bremen hett de lebe Gott dat doch beter als in Finkwarder‹, flüsterte er seinem Vater zu, der leise lachen mußte.

Sie besahen den Bleikeller unter dem Dom, in dem keine Leichen verwesen, und in dem die Särge reihenweise stehen. Schwedische Gräfinnen, englische Majore, bremische Bürger lagen da gelb und lederartig in offenen Steinsärgen, und die Ecken waren mit Totenschädeln ausgefüllt. Um die fortwirkende Kraft des Gewölbes zu beweisen, hingen auch frische Ratten, Hühner und andres Getier an den Pfeilern. Die trockne Luft des Raumes benahm den Seefischern fast den Atem, weshalb sie sich dort nicht lange im Schnack aufhielten. Als sie wieder vor dem Dom standen, sagte Kap Horn, er könne den bösen Geschmack nicht wieder aus dem Munde los werden. ›De mütt dolspeult warrn‹, sagte Klaus, ›lot uns man eenen genehmigen. Kumm, de Rotskiller is jo bi de Hand!‹ ›Rotskiller? Büst nich klok, Klaus? Dat is bloß wat for de Groten, for Reeder und Käppens, dor gifft bloß Wien, Minsch!‹ rief Janmaat, aber Klaus Mewes nahm ihn unter den Arm und bugsierte ihn in den von Hauff und Heine besungenen Bremer Ratskeller hinein. ›Een van de Groten bün ik ok‹, sagte er stolz, ›ik bün Reeder und Käppen, un Wien mag ik ok, un op de scheune Reis kann sowieso een up stohn! Kumm, Störtebeker!‹

Da gingen die drei getrost nach dem Ratskeller hinunter, setzten sich mitten zwischen die Pfeiler und besahen die Hausgelegenheit. ›Finkenwarder Fischermann kann allerwärts to Anker gohn‹, lachte Klaus, ›büst ok bang, Störtebeker?‹ ›Ne, bang bün ik ne, Vadder.‹

Mißtrauisch kam einer der Kellner näher, denn die Jan vom Moor konnten wohl nur versehentlich die Treppe heruntergefallen sein, die wollten gewiß zu Heini Holtentüffel und bei dem eine kleine Lage trinken: als Klaus Mewes, der es merkte, ihn groß und frei ansah und mit lauter Stimme zwei Flaschen Rheinweins zu einem Taler den Buddel und ein Glas süßen Weins für den Jungen bestellte. Da nickte er höflich und brachte das Verlangte.

Es schien allgemein aufzufallen, entweder, daß der Finkenwärder so laut oder daß er plattdeutsch sprach, denn an allen Tischen drehten sich die bedächtigen, geruhigen Bremer nach ihnen um, aber Klaus Mewes ließ sich dadurch in keiner Weise stören. Er rief den Kellner, und sie ließen sich durch alle Räume führen: sie sahen die Rose an der Decke, die ein italienischer Maler gemalt hatte, weil er seine Zeche nicht bezahlen konnte, sie sahen Fässer, die so groß waren wie ein kleines Haus, sie kamen durch den Apostelkeller, in dem zwölf nach den Jüngern benannte Fässer lagen, von denen der Judas sauer war, sie hörten von Wein, von dem jeder Tropfen dreitausend Mark kostete. Endlich hievten sie den Draggen und stiegen wieder ans Tageslicht. Die Bremer Stadtmusikanten, die Störtebeker noch durchaus sehen wollte, waren nicht auszumachen, so gingen sie durch die Langenstraße an dem schnörkelgesegneten Essighaus vorüber nach dem Ewer zurück. Nicht so gut lief die Fahrt ab, die Hein Mück abends unternahm, um sich etwas vorsingen zu lassen: er konnte das Bremer Bier so wenig vertragen, daß er allerhand Havereien machte und schließlich von einem Schutzmann an Bord gebracht werden mußte. Als er da noch weisen Wind hatte und sich nicht geben wollte, goß Klaus Mewes ihm einfach eine Pütze Weserwassers über den Kopf, um den großen Brand zu löschen.«

Natürlich steht der entschlossene deutsche Jüngling, den sie respektvoll Störtebeker nennen, seinen ganzen Mann. Schließlich hat er ja die Seefahrt und das Fischerei-Handwerk im Blut.

»Schollen, Zungen und Steinbutt, meist kleines Zeug, klatschten auf das Deck. Störtebecker und Hein Mück zogen das Fock auf und machten sich mit dem Knecht über die Fische her, Klaus aber nahm das Ruder und steuerte. Als keinerlei Aussicht war, daß das Wetter sich so bald ändere, dachte er hinter Wangerooge zu flüchten, dann aber besann er sich und hielt nach der Elbe hinüber, um zwischen den Baken bessere Gelegenheit zu erklüsen.

Gischt und Regen waren die Fahrtgenossen des Ewers, der vor dem mächtigen Druck der Segel durch das hohle Wasser schäumte wie ein Dampfer und manchen Spritzer überkriegte.

Die paar Petermännchen, Knurrhähne, Rotzungen, Rochen, Kleiße, Steinbutte, Taschen und Zungen waren bald verarbeitet. Dann spülten sie das Deck rein. Hein ging in die Kombüse, um Klöße zu braten und Kaffee zu brauen, Kap Horn aber blieb oben, sah Luken und Boot genau nach und packte alles in den Raum und die Plicht, was drift gehen konnte, denn es wollte schon dämmern, und niemand konnte wissen, was die Nacht noch brächte.

Die Elbe war weit weg. Sie konnten keine halbe Meile weit sehen, so diesig und unsichtig war die Luft. Der Wind wehte flagiger und stoßweiser als vorher und lief raumer. Sie segelten schon platt vor dem Laken, und die hohen Wogen liefen ihnen nach wie geifernde, hungrige Wölfe: eine große Gefahr für Boot und Segel. Aber der Laertes, der kühne Schwimmer, hielt kraftvoll den Kopf oben und ließ sich weder begraben noch aus dem

Kurs werfen. Störtebeker stand geruhig bei seinem Vater, ohne Bangigkeit, und half das Neuwerker Feuer suchen. Wenn die Luft nicht so dick gewesen wäre, hätten sie es längst in Sicht haben müssen.

Da weist Klaus Mewes nach Norden, wo urplötzlich eine blau-schwarze Wolkenwand wie ein gewaltiges Gebirge aus der See steigt. Mit unheimlicher Schnelligkeit fährt sie in die Höhe und verbreitet sich mit unfaßbarer Macht über den griesen Heben. Wetterleuchten, grelle Blitze und dumpfe Donnerschläge sind das nächste. ›Nu gifft wat!‹ ruft Kap Horn.

›Gläuf ik ok!‹ antwortete Klaus Mewes, ›goh no binnen, Störtebeker!‹

›Worüm, Vadder? Ik bün ne bang, lot mi man hier blieben!‹

›Ne, du müßt dol, Klaus, du speulst uns ober Burd! Goh gau no nerden un lot Hein de Kapp toschuben un blieft beid inne Koi, bit wi jo weder ropt!‹

Störtebeker sieht seinen Vater an, dann sagt er: ›Jo, Vadder!‹ und geht nach unten, denn er weiß, daß man dem Schiffer gehorchen muß und wenn man's auch zehnmal besser wüßte.(…)

Sie wissen, was geschehen wird: dennoch aber haben sie ein so jähes Umlaufen, ein so blitzschnelles Umspringen des Windes noch nicht erlebt und einen so furchtbaren Wirrwarr des Wassers auch noch nicht. Der Südwest hat ausgeweht: mit einer schweren Hagelflage in den Armen fegt ein eisiger Nordwest heran, trommelt und pfeift auf der See und wirft sich mit Ungestüm auf den Ewer. Unmittelbar darauf springt der Wind wieder um: Nord! Und noch kein Besinnen! abermals dreht er sich: Nordost, Nordoststurm. (…) Die See, die See!

Wie gischt und schäumt sie! Sie kocht!

Wie ein Amokläufer geht der Nordost die Sache an. Er faßt die schweren, langsamen Seen des Südwestes beim Schopf und dreht sie geradezu um. Furchtbar bearbeitet er sie mit seinen Fäusten, daß sie wild durcheinander laufen.

(…) Wie wild kommt der Sturm über den kleinen Fischerewer! Erst springt er ihn an, wie der Löwe ein Schaf, als wolle er ihn gleich beim ersten Anlauf kopfheister werfen. Als ihm das nicht gelingt, legt er sich so hart auf die Segel, daß sie den Ewer platt aufs Wasser drücken und er zittert und bebt, als könne er sich nicht wieder aufrichten. In der Kajüte purzelt Hein gegen den Ofen und Störtebecker gegen die Dielentür, an Deck aber klammern Schiffer und Knecht sich an die Wanten, um nicht über Bord zu spülen. (…)

Rumms! Rumms! Dröhnend wirft der Sturm den Giekbaum gegen das Boot und zerschlägt diesem Duchten und Dollbaum, er hebt ihn wieder und rammt fürchterlich auf das Deck. Kap Horn wäre getroffen und getötet worden, wenn Klaus ihn nicht beiseite gerissen hätte. Wieder ein harter Windstoß – da ein scharfer Knall: über dem zweiten Reff ist ein großes Loch in das Großsegel gerissen. Gau, gau, Klaus Mewes, oder dat ganze Seil geiht innen Dutt! Schon meinen sie, es geborgen zu haben, da greift das wilde Tier noch einmal danach, zwängt sich mit aller Gewalt hinein und schwenkt es als seine Fahne, dann aber gelingt es ihnen, es niederzuholen. Wütend heult der geprellte Sturm durch die Wanten, an denen es nichts zu beißen gibt, dann aber gewahrt er das Achtersegel, das noch steht, er macht einen krummen Buckel – und in Fetzen zerrissen fliegt die dunkle Besan in die Winde. Zwar ist der Ewer wieder aufgestanden, aber er ist jetzt ohne Segel und gehorcht nicht mehr dem Ruder. Er ist ein Spielball der brüllenden Seen. (…)

›Dor is en Licht!‹ ruft Kap Horn und weist über den Steven. Klaus blickt nach der bezeichneten Richtung und sieht ein Licht auf der See, hell und tröstend. Ein unerschrockener, unauslöschlicher Weiser, reißt dort das Elbfeuerschiff an seinen Ketten. Aber in welchem Kompaß? Klaus peilt und als er ›Nordost‹ ruft, da schüttelt der alte Matrose ernst den Kopf und sieht ihn an, denn ein Ankreuzen gegen den schweren Sturm ist mit dem Loch im Großsegel und ohne die Besan ein Ding der Unmöglichkeit. Die Elbe ist nicht zu erreichen.

Den Ewer treiben lassen, geht aber auch nicht an, denn sie haben keinen Platz: die gefährlichen Sandbänke der Westertill sind in bedrohlicher Nähe, und der Sturm muß sie gerade dahin werfen, wenn sie noch lange zögern.

Es hilft nichts: sie dürfen es nicht mehr mit ansehen, sie müssen handeln. Zurück müssen sie, zurück nach der Weser!

Wo ist dein Lachen geblieben, Klaus Mewes? Warum singst du nicht, der du doch sonst im Sturm gesungen hast? Denkst du deines Jungen? Der sitzt warm im Bauch des Ewers und lacht aus der Koje: So geiht he god! – und obgleich Hein Mück ihn stören will und sagt, es sei nichts Genaues, bleibt er fröhlich und lacht sorglos: ›Vadder is jo boben!‹ «

Der Mutter mißfällt das nautische Treiben ihres Sohnes gründlich, und so entschließt sie sich, per Eisenbahn ihren Männern nachzureisen, um ihren Zögling dem Vater und der Seefahrt wieder zu entreißen. Es hilft alles nichts: Der Fischersohn muß zurück an Mutters Schürze.

»Wie in einem Gefängnis verbrachte er seine Tage, ging seiner Mutter weit aus dem Wege und guckte viel nach dem Ewer aus, denn wenn er seinem Vater auch gram war, so verlangte ihn doch schon wieder sehr nach ihm: das Leben ohne seinen Vater war überhaupt kein Leben mehr für ihn.

Mit den andern Jungen konnte er sich nicht mehr stellen. Nach und nach erzürnte er sich mit allen, daß zuletzt kaum noch einer mit ihm sprach und keiner mehr nach dem Neß kam, mit ihm loszugehen, denn er sprach wie ein Großer mit ihnen, befahl noch mehr als früher, konnte keinen Widerspruch mehr vertragen (…). So war er die meiste Zeit allein.

Gesa ließ ihn in Ruhe. Wenn sie sich auch innerlich quälte, daß er ihr selten ein gutes Wort gönnte und einen Bogen um sie machte, so ließ sie sich äußerlich doch nichts anmerken, sondern wartete geduldig, daß die Zeit die große Wunde heile. Sie vertraute fest darauf, daß der Junge die See vergäße: so wenig kannte sie ihn.

Nach zwölf Tagen schwenkte Störtebeker den Kieker vor Freude und rief ins Haus: ›Vadder kummt up!‹ (…)

Und Störtebeker behielt recht: es war sein Vater, der mit der Flut und dem Westwind herankam und größer und größer wurde. Die braunen Lappen wuchsen, und der grüne Steven hob sich höher aus dem Wasser. Nun war auch die Nummer schon zu lesen: H. F. 125.

Störtebeker blieb am Bollwerk stehen und sah ihm unverwandt entgegen. Hätte er seinen Kahn schon gehabt, er wäre wieder hinausgewriggt und hätte das Fahrzeug jubelnd umkreist.

Da stand sein Vater am Ruder, und Seemann lief eifrig hin und her, sprang über Schoten und Blöcke und tat, als ob er der wichtigste Mann an Bord wäre. Da stand Kap Horn am Steven hinter dem Spill, um auf den ersten Ruf des Schiffers den Anker in die Tiefe donnern zu lassen, und Hein Mück hatte schon Hand an das Fockfall gelegt.

›Höh, Vadder!‹

So rief er über das Wasser und rief wieder und wieder: ›Höh, Vadder! Höh, Kap Horn! Höh, Hein Mück!‹«

Wenig später geht der Vater noch einmal ohne den Jungen auf See, und diesmal kommt es auf dem Schiff zu dramatischen Ereignissen:

»Der Wind wurde aber immer wilder und ochsiger, die schlimmen Regenflagen jagten einander, und die See kochte immer furchtbarer. Der Ewer wollte es auch mit dem gerefften Großsegel nicht mehr tun: sie mußten es wegnehmen und dafür den kleinen Klüver als Sturmsegel setzen, statt der Besan aber den dreieckigen Nackenhut. Als die Sturzseen über den Ewer brachen und alles zu Wasser machten, wurde Hein in die Koje geschickt, damit er nicht über Bord spüle, und Klaus Mewes blieb mit Kap Horn allein an Deck. Noch war keine Angst in sein Herz gekommen, so toll es auch im Wirbel ging, noch stand er fest, so glatt auch das Deck war, und so schwer auch die Wogen über den Setzbord schlugen! Noch immer lachte er des Sturmes und wünschte sich seinen Jungen herbei, damit er ihm zeigen könne, was Klüsen heiße. (…)

So jagte der Sturm sie die ganze Nacht; er wirbelte den Ewer vor sich her wie der Jäger das Wild, das er lahm geschossen hat. Die ganze Nacht trieben sie auf der wilden, hungrigen See, durchnäßt und ermattet, aber in eiserner Wachsamkeit. (…)

Gegen Morgen (…) flaute der Sturm ab, bekam der Ewer eine schwere Sturzsee über, die wie ein Felsen gegen den Steven schlug und verheerend über das Deck brandete und schäumte. Die Fischer fühlten sich emporgehoben und verloren den Grund unter den Füßen, sie mußten schwimmen und spülten hin und her, daß sie glaubten, der Ewer sei schon in die Tiefe gedrückt. Es war nichts mehr zu machen!

Klaus Mewes hatte sich gerade wieder aufgerichtet – da schrie er gellend auf, denn eine schwere, kreißende, ungeheure See hing wie ein Berg, wie ein Eisberg steil über ihm und senkte sich ehern. ›Holt jo fast, holt jo fast!‹ rief er schrill. Aber der Lärm des Wassers und des Windes drängte ihm die Worte in den Mund zurück und erstickte sie. Dann schleuderte die See ihn wie ein Gerümpel zur Seite und warf ihn gegen das Nachthaus, daß ihm Hören und Sehen vergehen wollte. Als der Ewer die Sturzsee überstanden hatte und sich wieder mit den kleinern Dwarsläufern abriß, hing Kap Horn mit zerrissenem Ölzeug und blutendem Gesicht in Lee an den Wanten, von Hein Mück war aber nichts mehr zu sehen, und mit ihm war auch das Boot vom Deck verschwunden: zerrissen lagen die Ketten auf den Luken. Sie suchten die See mit den Augen ab und warfen den Rettungsring über Bord, aber obgleich es schon einigermaßen hell geworden war, konnten sie doch weder Hein Mück noch das Boot entdecken. Nur wilde, graue See war ringsum: der Junge war weg ...

›Dat duert bloß en Ogenblick, denn is ut‹, sagte Kap Horn tröstend, der nach achtern gekommen war und sich bei seinem Schiffer hingestellt hatte.

Klaus Mewes gab keine Antwort, er blickte immer noch über die See und suchte seinen Speisemeister. Was sollte er sagen, wenn die Mutter angeweint kam und ihn fragte, wo er ihren Jungen gelassen hätte?

›Goh man dol, Kap Horn, hier up Deck ist nix mihr‹, rief Klaus, aber Kap Horn schüttelte den Kopf und blieb bei ihm. Wenn es zum Sterben gehen sollte – und so sah es ja aus, wollte er nicht in der verschlossenen Kajüte ersticken, sondern frei in der See ertrinken: bis es aber soweit war, wollte er bei seinem Schiffer ausharren.

Klaus Mewes gab noch nichts verloren, wenn er auch nicht mehr lachte, sondern ein ernstes Gesicht machte. Wie ein Wiking trotzte er der See, wie ein Löwe verteidigte er seinen Posten am Ruder (...).

Ein englischer Trawler kam in Sicht, ein Huller, das erste

Schiff seit zwei Tagen. Aber der lag beigedreht und hatte genug mit sich selbst zu tun. Dennoch hätte er vielleicht geholfen, wenn Klaus Mewes die Notflagge gezeigt hätte, aber Klaus Mewes dachte nicht daran. Sich von einem Ingelschmann ins Schlepptau nehmen lassen? Gott schall mi bewohren, dachte er und ließ John Bull stiemen, der dann auch wieder aus den Augen kam.

Sie trieben ja gut, ins Skagerrak hinein! Nördlich genug, um von Jütland freizuscheren, hatten sie nur mit der norwegischen Küste zu tun – und die war noch weit weg.

›Ik gläuf, wi kommt dorch‹, sagte der Knecht. Etwas verwundert sah der Schiffer ihn an. ›Wat schullen wi ne dörkommen!‹ antwortete er, ›Wi weut doch ne blieben!‹ (…)

Am späten Nachmittag aber wurde der Wind, der zeitweilig etwas schwächer gewesen war, zum Orkan! Das Fahrzeug arbeitete gewaltig und steckte mehr unter als über dem Wasser. Von allen Seiten sauste die wilde Dünung über Deck. Und siehe, siehe: eine Grundsee, die der Sturm in der Tiefe aufgerüttelt hatte und die mit Sand geschwängert und mit Muscheln und Steinen beladen war, schoß herauf, richtete sich urgewaltig auf und lief dem Ewer nach, der nicht von der Stelle konnte. Bleischwer stürzte sie sich auf das Vordeck und drückte es nieder, daß das Heck steil aus dem Wasser sprang und die Ketten mitgerissen wurden, dann packte sie den Ewer mit ihren Tigerkrallen an den Seiten und warf ihn dermaßen auf das Wasser, daß er nicht wieder aufstehen konnte.

Kap Horn kam nicht wieder an die Oberfläche, er fühlte, daß er den einen Arm nicht bewegen konnte, und sank langsam in die Tiefe. (…) Er hörte nicht mehr das Sausen des Wassers: eine große, tiefe Stille legte sich um ihn … ganz in der Weite klangen Glocken …

Klaus Mewes war es gelungen, die schweren Seestiefel loszuwerden, die ihn in die Tiefe ziehen wollten, wie seinen Knecht. (…) Er sah, wie der Ewer versank, wie die Masten sich noch einmal aufrichteten und dann untertauchten, daß kein Topp und kein Flögel mehr zu sehen waren. Blasen schossen steil aus dem Wasser, dann aber strich der Sturm mit unwirscher Hand über die Stelle hin und machte sie wieder so kraus, wie die ganze See war.

Klaus Mewes war allein: sein Knecht und sein Junge, sein

Hund und sein Ewer waren ertrunken, er trieb in der wilden Dünung von Skagen: nirgends war ein Schiff, nirgends ein Halt. Er dachte, eine Luke oder ein Brett des untergegangenen Ewers zu finden, aber er konnte nichts sehen.

›Geef di, geef di, Klaus Mewes!‹ brüllte die See, aber er gab sich nicht, mit aller Kraft hielt er sich oben, denn er wollte noch nicht sterben, und er konnte noch nicht sterben. Was sollte aus seinem Jungen werden, den keiner verstand als er? Wie die Sturzseen über den Ewer hergefallen waren, so würden sie am Deich über ihn herfallen und alles zerstören wollen, was er in ihm erbaut hatte: die schöne Furchtlosigkeit, die Liebe zur Seefischerei, das Vertrauen auf die eigene Kraft, die Freude am Sturm: alles würden sie ermorden wollen! Ob Störtebeker schon stark genug war, alles zu ertragen? Oder ob er wie ein armer Hase den vielen Hunden erlag, ob er den Sommer auf See vergaß und sich zu einem Schneider oder Schuster machen ließ? ›Gesa, Gesa, lot mi den Jungen!‹ rief er in den Sturm hinein. (…)

Klaus Mewes fühlte, daß seine Arme ermatteten, und daß er es nicht mehr lange machen konnte. Noch einmal ließ er sich von einer Wogenriesin emporheben und blickte von ihrem Gipfel wie vom Steven seines Ewers über die See, die er so sehr geliebt hatte, dann gab er es auf. Es paßte nicht zu seinem Wesen, sich im letzten Augenblick klein zu machen und mit den Seen um ein paar Minuten zu handeln. Er konnte doch sterben!

Er schrie nicht auf, noch wimmerte er, er warf sein Leben auch nicht dem Schicksal trotzig vor die Füße wie ein Junge. Groß und königlich, wie er gelebt hatte, starb er als ein tapferer Held, der weiß, daß er zu seines Gottes Freude gelebt hat, und daß er zu den Helden kommen wird. Mit einem Lachen auf den Lippen versank er, denn er sah einen glänzenden neuen Kutter mit leuchtenden, weißen Segeln und bunten Kränzen in den Toppen vor sich, der stolz dahinsegelte, und am Ruder stand ein lachender Junggast, sein Junge, sein Störtebeker … grüßend winkte er mit der Hand … fahr glücklich, Junge, fahr glücklich, sieh zu, daß du dein fröhliches Herz behältst, fahr glücklich! Guten Wind und mooi Fang, mien Jung! … Dann ging die gewaltige Dünung des Skagerraks über ihn hinweg.

Am Skagerrak, in der großen Seeschlacht von 1916, endete übrigens auch das Leben des Autors Gorch Fock. Kriegsbegeistert wie die meisten seiner Generation, hatte er eben seinen Militärdienst auf einem kleinen Kreuzer angetreten. Euphorisch notierte der inzwischen zu einiger Berühmtheit gelangte Volks-, um nicht zu sagen: Heimatschriftsteller, dessen lyrisches, dramatisches und erzählerisches Werk inzwischen fünf dicke Bände füllte, in seinem Tagebuch, daß ihn die Kampfeslust seiner Mitbesatzung in Begeisterung versetzt habe. Er beabsichtigte, seine Schlachterlebnisse in einem nächsten Buch auszubreiten. Daß ihm der zweifelhafte Heldentod einen Strich durch die Rechnung machen könnte, hat der 36jährige offenbar keinen Augenblick lang befürchtet. Aber während der Schlacht stürzte er aus dem Krähennest des Fockmastes in die See. Auf der schwedischen Insel Stensholmen hat man seinen Leichnam begraben. Der Ruhm Gorch Focks sollte 20 Jahre später, im Nazi-Reich, noch einmal ungeahnte Höhen erreichen: Sein Leben und Schreiben wurde nationalistisch verklärt und als Alibi für das Hineinziehen der Männer in den Krieg mißbraucht. In der Tat verdient der Aufstieg des literarischen Selfmademans und Außenseiters zum vielgelesenen Autor einigen Respekt. Wie Hermann Löns, der ebenfalls den Ersten Weltkrieg nicht überlebte und von den Nazis zu einem der Ihrigen gemacht wurde, galt und gilt er bis heute als volkstümlicher Barde des Nordens. »So gewiß sein Roman ›Seefahrt ist not!‹ auch in der hochdeutschen Literatur seinen Platz behauptet, so gewiß hat seine freie und kühne Art das Selbstvertrauen und den Ehrgeiz des ganzen niederdeutschen Schrifttums gehoben«, meinte sein Zeitgenosse Hans Fischer in seinem »Hamburger Kulturbilderbogen«. Auch Gorch Focks Bruder Jacob Kinau wurde ein beliebter Hamburger Dichter, schrieb ebenfalls vielgelesene, vornehmlich niederdeutsche Bücher. Mögen die von Gorch Fock oft beschworenen Werte längst ihre ganze Brüchigkeit und Fragwürdigkeit offenbart haben, mag die rührselige und heroische Vater-Sohn-Geschichte (und erst recht das Frauenbild) in »Seefahrt ist not!« den Zeitgeschmack inzwischen nicht mehr treffen: Das Buch und sein Autor dürften unsterblich bleiben – nicht zuletzt jenes Segel-Schulschiffs der Bundesmarine wegen, das respektvoll den Namen »Gorch Fock« trägt.

»DER LORD VON BARMBECK«

JULIUS ADOLF PETERSEN (1882–1933)

Bücher haben ihre Schicksale – und Ganoven erst recht. Diesen »Dichter in Hamburg« als Kollegen erleben zu müssen, blieb den anderen in diesem Buche versammelten Autoren erspart. Einige von ihnen hätten es sich gewiß verbeten. Doch gedichtet hat der »Lord von Barmbeck« wahrlich: Er hat ebenso anschaulich wie ausschweifend aus seinem Leben erzählt und dabei die Flügel der Poesie weit gespannt. Auf die Waagschale der Wirklichkeit sollte man seine Worte allerdings ebensowenig legen, wie man die höchsten Maßstäbe an seine stilistischen Mittel und seine sprachlichen Schöpfungen ansetzen darf.

Julius Adolf Petersen war schon zu Lebzeiten eine Hamburger Legende. Seinen Spitznamen hatte er dem Umstand zu verdanken, daß der Stadtteil Barmbek damals ein beliebter Zufluchtsort von Ganoven aus allen Himmelsrichtungen war und Petersen zu seinen Söhnen gehörte. Er war ein berüchtigter Dieb und Einbrecher, wußte sich aber tagsüber den Anschein eines rechtschaffenen Bürgers zu geben. Wegen seines stets äußerst eleganten Outfits nannte man ihn den »Lord«. In der Tat war sein Benehmen das eines Hamburger Gentlemans: Er ging nie ohne steifen schwarzen Hut und selten ohne schwarzen Schirm aus. Man hätte ihn für einen korrekten Hanseaten halten können, der eben von der Börse zurückkehrt. Petersen war gewissermaßen ein Hamburger Mackie Messer; passenderweise fiel die Uraufführung von Bertolt Brechts »Dreigroschenoper« (1928) genau in die Zeit seiner höchsten Popularität.

Als man Petersen 1927 wieder einmal bei einem seiner Raubzüge ertappte, verhaftete und hinter Gitter brachte, sollte es nicht das letzte Mal gewesen sein, denn der »Lord« war im Ausbrechen geübt. Damals aber, fünf Jahre vor seinem Tod, hat er hinter den Gefängnismauern sein Leben aufgezeichnet – so wie er es sehen und der Nachwelt darstellen wollte. Daß sich der schreibende Autodidakt in der Dichtung verblüffend gut auskannte, hat er in seinen »Memoiren« mit allerlei kühnen Querverweisen auf Gestalten der Dichtkunst mehrfach unter Beweis gestellt. Das Manuskript war, wie der Chronist Hamburger Polizeigeschichte, Helmut Ebeling, berichtet hat, in »zügiger, ausgeprägter Handschrift« geschrieben. Zu seinem Buch animiert hatten Petersen die vielen, in seinen Augen fälschlichen Presseberichte über ihn und ein Volksstück mit dem Titel »Der Lord von Barmbeck«, das noch während seiner Haftzeit in Hamburg aufgeführt wurde.

Eines der zahlreichen Meisterstücke, mit denen der Ganove aus Barmbek zu einem Medienhelden in den Hamburger Zeitungen wurde, das er aber in seinen »Erinnerungen« – wie so manches andere – verschwieg, war ein Raubüberfall auf den Geldtransport der Trabrennbahn Hamburg-Farmsen. Dabei erbeuteten Petersen und seine 11 Kumpane 200 000 Reichsmark. Auch mit anderen, nicht weniger einträglichen Einbrüchen brachte es der »Lord von Barmbeck« zusammen mit seinem Bruder und Komplizen Arnold zu ansehnlichem Besitz. Ein Hamburger Polizeiaushang versprach demjenigen 10 000 RM Belohnung, der sechs maskierte Männer entlarven könne, welche sich in der Nacht zum 30. September 1920 »im hiesigen Postamt 6 in der Susannenstraße mittels Einbruchs durch den Keller von der Hofseite aus Eingang verschafft und den wachhabenden Postbeamten unter Waffenanwendung in einen Schrank eingesperrt« und »nach Aufknabbern eines Geldschrankes 225.500 Reichsmark nebst Briefmarken im Wert von 356 000 Reichsmark sowie einen Geldbrief aus Potsdam, enthaltend 24 vierzehn- und 24 achtkarätige goldene Trauringe« geraubt hatten. Sie hätten unverkennbar Hamburger Plattdeutsch gesprochen, und einer von ihnen (der den Postbeamten bewachende Täter) habe andauernd gehüstelt, weshalb »angenommen werden kann, daß er mit einem Hals- oder Brustleiden behaftet ist«. Das dürfte auf Bruder Arnold zugetroffen haben. Als man die beiden nach langen Bemühungen schließlich »zur Strecke« brachte, legte der »Lord« ein umfassendes Geständnis ab. Auch dabei dürfte er es mit der Wahrheit nicht sehr genau genommen haben. Julius Adolf Petersen war als Erzähler mindestens ebenso einfallsreich wie als Ganove – und damit ist er in der Literaturgeschichte nicht der einzige, bei dem diese Gaben sich vereinen.

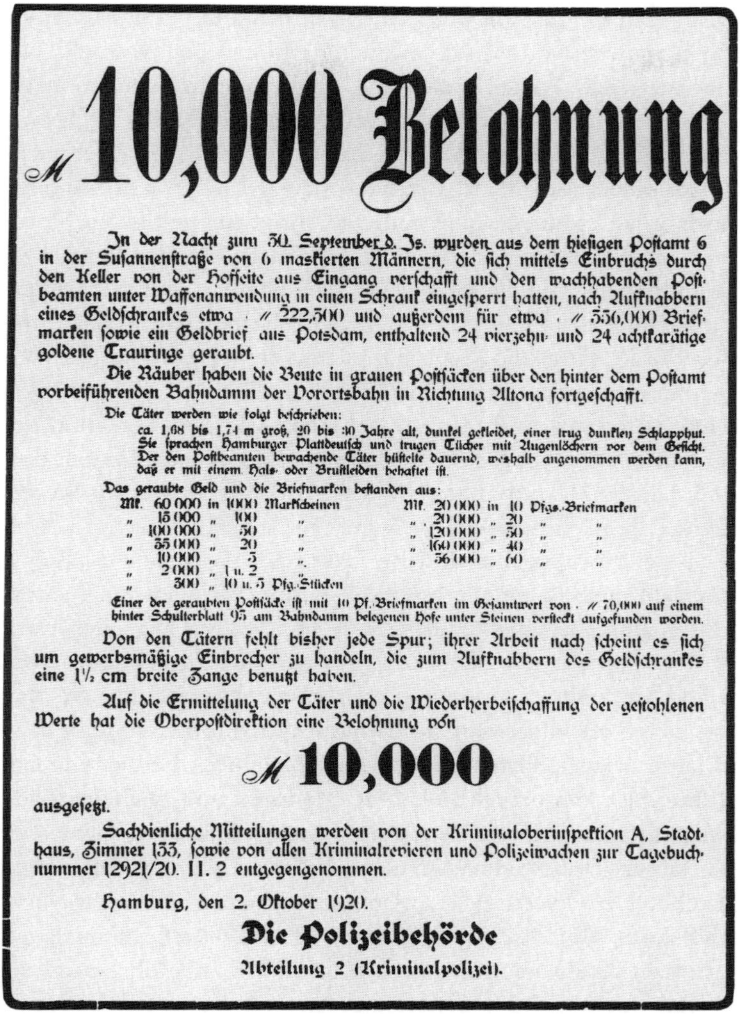

M 10,000 Belohnung

In der Nacht zum 30. September d. Js. wurden aus dem hiesigen Postamt 6 in der Susannenstraße von 6 maskierten Männern, die sich mittels Einbruchs durch den Keller von der Hofseite aus Eingang verschafft und den wachhabenden Postbeamten unter Waffenanwendung in einen Schrank eingesperrt hatten, nach Aufknabbern eines Geldschrankes etwa M 222,500 und außerdem für etwa M 336,000 Briefmarken sowie ein Geldbrief aus Potsdam, enthaltend 24 vierzehn- und 24 achtkarätige goldene Trauringe geraubt.

Die Räuber haben die Beute in grauen Postsäcken über den hinter dem Postamt vorbeiführenden Bahndamm der Vorortsbahn in Richtung Altona fortgeschafft.

Die Täter werden wie folgt beschrieben:

ca. 1,68 bis 1,74 m groß, 20 bis 30 Jahre alt, dunkel gekleidet, einer trug dunklen Schlapphut. Sie sprachen Hamburger Plattdeutsch und trugen Tücher mit Augenlöchern vor dem Gesicht. Der den Postbeamten bewachende Täter hüstelte dauernd, weshalb angenommen werden kann, daß er mit einem Hals- oder Brustleiden behaftet ist.

Das geraubte Geld und die Briefmarken bestanden aus:

Mk. 60 000	in 1000 Markscheinen	Mk. 20 000	in 10 Pfgs.-Briefmarken
„ 15 000	„ 100 „	„ 20 000	„ 20 „ „
„ 100 000	„ 50 „	„ 120 000	„ 30 „ „
„ 35 000	„ 20 „	„ 160 000	„ 40 „ „
„ 10 000	„ 5 „	„ 56 000	„ 60 „ „
„ 2 000	„ 1 u. 2 „		
„ 300	„ 10 u. 5 Pfg.-Stücken		

Einer der geraubten Postsäcke ist mit 10 Pf.-Briefmarken im Gesamtwert von M 70,000 auf einem hinter Schulterblatt 95 am Bahndamm belegenen Hofe unter Steinen versteckt aufgefunden worden.

Von den Tätern fehlt bisher jede Spur; ihrer Arbeit nach scheint es sich um gewerbsmäßige Einbrecher zu handeln, die zum Aufknabbern des Geldschrankes eine 1½ cm breite Zange benutzt haben.

Auf die Ermittelung der Täter und die Wiederherbeischaffung der gestohlenen Werte hat die Oberpostdirektion eine Belohnung von

M 10,000

ausgesetzt.

Sachdienliche Mitteilungen werden von der Kriminaloberinspektion A, Stadthaus, Zimmer 133, sowie von allen Kriminalrevieren und Polizeiwachen zur Tagebuchnummer 12921/20. II. 2 entgegengenommen.

Hamburg, den 2. Oktober 1920.

Die Polizeibehörde

Abteilung 2 (Kriminalpolizei).

Steckbrief von 1920

»Der Mensch, der mit dem Gesetz in Konflikt gerät, ist erstens ein bedauernswerter und zweitens ein unreifer Mensch. Die Überzeugung, die ich heute habe, hätte fürs ganze Leben zu einer guten bürgerlichen Einstellung genügt. Wenn ich heute, wo ich 15 Jahre hier hinter Mauern verbringen muß, recht oft nachdenke, wie es möglich ist, daß ich solche Bahn betrat, so kann ich noch so viel grübeln, eine Antwort bringt mir selbst der Sturm und der Regen nicht, der hier in der Einsamkeit an meinem Eisengitter rüttelt und klatscht. Ob ich heute mit meiner schwer errungenen Selbsterkenntnis ein gutes Glied der Gesellschaft ergeben würde, hätte kein Mensch Interesse dran. Die Vorstrafen bleiben für den Deklassierten ein Strick, den ihm bei seinen besten Absichten Senat und Staatsanwaltschaft wie die Dierection der Strafanstalt und sonstige liebe Mitmenschen jeden Moment drehen. Diesen Herrschaften fehlt eben das Verständnis für die seelische Auferstehung eines Gefangenen. (…) Die Tatsache, daß ich für Eigentumsvergehen 15 Jahre, was dem Worte lebenslänglich ziemlich die Stange hält, hinter Mauern verbringen muß, ist ein Hohn auf die Tendenzen des modernen Strafvollzugs, der heute in der Literatur mit allen Schlagwörtern hervorgehoben wird. Keine Vergeltung, sondern pädagogische Einwirkung, um den Bestraften ins bürgerliche Leben zurückzuführen. Ob man dazu 15 Jahre braucht, überlasse ich jedem einzelnen, darüber nachzudenken. (…) Auf allen meinen mysteriösen und gesetzwidrigen Wegen trug ich meistenteils eine Schußwaffe bei mir, habe aber nie, außer Drohungen, einen ernstlichen Gebrauch davon gemacht. (…) Diverse Male wurde von Polizeibeamten in rücksichtsloser Weise während meiner Flucht scharf auf mich geschossen. Die Kugeln flogen mir aus mehreren Rohren um die Ohren, durchschlugen einmal den Arm, ein andermal die Hand, trotzdem griff ich selbst bei 2 Mtr Distanz nicht zur Vergeltung. Auch als ich gestellt wurde und sich zwischen mir und 6 Revierpolizisten ein Feuergefecht entwickelte, sind mir nachher auf der Gerichtsverhandlung von den Polizeibeamten einwandsfrei nur Schreckschüsse bezeugt.

(…) Mein Geburtsjahr ist 1882, der Ort Hamm, ein Vorort von Hamburg. Mein Horoskop muß bei meiner Geburt ein Unglück angezeigt haben. Jedenfalls hat Mars regiert. Welch ein Blitzstrahl der erzürnten Gottheit schleuderte mich auf die Erde? Oder haben meine Vorahnen die Dämonen versucht und in ihr Reich eindringen wollen? Oder mit der Gewalt eines rasenden Achilles die sieben Siegel jener eisernen Töpfe brechen wollen, worin der weise König Salomo die Dämonen verschlossen und überwunden hatte? Sie rächten dies an einem Nachkommen; und setzten einen lebenden Erdenkloß auf die Welt mit dämonischem Geiste. Nach dem Urteil der Ärzte war ich im ersten Lebensjahre nicht lebefähig. Dieses ganze Jahr lief meine Mutter mit mir nach dem Krankenhaus; nur durch Eier- und Weinnahrung brachte sie mich durch. Heute frage ich mich, hätte mein Erzeuger nicht besser getan, statt meiner eine Reihe Kartoffeln gepflanzt zu haben?

In der Schule galt ich für ruhig und still, begriff alles sehr leicht, bis ins 11. Lebensjahr. Dann kamen Fächer, wo sich eine Müdigkeit einstellte; besonders in Geographie – hierfür war ich nicht zu begeistern. Auch für Gedichtelernen war ich nicht zu haben, wodurch der Lehrer recht oft gegen mich erbost war. In dieser Periode war bei mir der Rohrstock das ständige Gespenst und wurde ganz gefühllos gehandhabt, wenn ich mich im Lernen nach den Auffassungen des Lehrers nicht so zeigte, wie er sich sein Ziel gesteckt hatte. (…) Ein Vorfall in der II. Klasse als 13jähriger Junge mag hier ein Beispiel zeigen. Wir hatten Geographie. An der Wandtafel hing die Karte von Europa; der Lehrer, mit einem 80 cm langen Rohrstock in der Hand, lavierte damit auf der Karte, um die Namen der Hauptflüsse abzufragen, die er vorher gezeigt und erklärt hatte … Der Lehrer frug: ›Wo entspringt die Elbe?‹ Alle Schüler hoben die Finger hoch, ganz mechanisch ich auch. Oh, Schrecken, der Lehrer rief mich; ich konnte die Frage nicht beantworten, wodurch der Lehrer feststellte, daß ich bei Fragen durch Mithochheben des Fingers ihn täuschte. Darauf sagte er, daß ich in der Pause oben in der Klasse bleiben sollte; dies war die übliche Ankündigung, daß man eine Rohrstockzüchtigung in Empfang zu nehmen hatte, wenn die Klasse zur Pause auf dem Hof weilte. Diese Ankündigung der Hiebe machte mich für den Rest der Stunde trotzig, was der Lehrer nicht verdauen konnte. Ich mußte bis zum Schluß der Stunde mit dem Gesicht an dem Schrank stehen. Als es zur Pause klingelte und sämtliche Schüler in den Hof rannten, nahm der Lehrer mich vor, um wie üblich meinen Kopf, während ich mich bückte, zwischen die Beine zu nehmen und mir über meine vier Buchstaben eine Portion von dem langen Hafer zu verabreichen.

Mein Lehrer priemte, und wenn er bei den Züchtigungen im Zorn war, lief ihm die Kautabaksauce in den Vollbart. Diese Beobachtung, seine Art, meinen Kopf zwischen die Beine zu nehmen, ebenso meine Ansicht, daß er auf mir besonders herumhackte, ergrimmte mich während dieser Züchtigung derart, daß ich dem Lehrer ganz bedenklich in die Lenden biß. Von diesem Schmerz schrie der Lehrer auf, stieß mich zurück und bearbeitete mich mit ungezählten Stockhieben. Vor Wut und Schmerz noch mehr ergrimmt, riß ich ein vollgefülltes Tintenfaß aus dem Pult und warf es dem Lehrer ins Gesicht. Allmächtiger, wie ausgeknobelt, hatte sich der Inhalt über das ganze Gesicht des Lehrers ergossen. Diesmal floß Tinte statt Tabaksauce über seinen Vollbart. Als er mich in dieser Verfassung, das Gesicht in Wut und Haß verzerrt, angrinste, karackterisierte er den Moment, wie Othello der Mohr sich über seine liebliche Desdemona beugt und sie erstickt.

(...) Während der Lehrer mit seinem Mohrenantlitz die Wirkung meiner Handlung noch im Begriffe war zu begreifen, war ich aus der Tür gerannt, hatte meine Mütze auf dem Korridor vom Garderobenhaken genommen und über den Schulhof hinweg fluchtartig das Weite gesucht. 4 Wochen lang schwänzte ich die Schule. Aus Angst vor dem Vater ging ich nicht nach Hause, weil ich bei ihm kein Recht bekam; er stellte sich stets auf die Seite des Lehrers ... Mein 4wöchentliches Schuleschwänzen endigte durch meine liebe Mutter, die mit unendlicher Mühe den Vater versöhnte und dann zwei Tage und Nächte auf der Suche nach mir war, bis sie mich fand. Mit Warnungen und Verweisen wurde ich umgeschult. Aber in diesen 4 Wochen hatte ich Gift getrunken, Gift in vollen Zügen. Eine ganze Reihe Streiche und Untugenden hatte ich in meine Seele gegraben.«

Das Gift der Untugenden sollte viele Farben haben: In einer Kellerwohnung am Borstelmannsweg wuchs er auf. Eine Tante, auf deren

Gesicht, wie Petersen berichtet, »die Göttin der Gemeinheit ihren Stempel gedrückt hatte«, unternahm einige erfolglose Anstrengungen, »mit dem 13jährigen Jungen Liebesorgien zu feiern«. Ein Mädchen von der Straße weihte ihn in dunkle Gebräuche ein. Petersens Vater war Zigarrenarbeiter und hatte keine Zeit, sich um den Sprößling zu kümmern; die Mutter mußte mitverdienen. Mit dreizehn kam der Sohn zum ersten Mal mit dem Gesetz in Konflikt, weil er seiner Mutter den Inhalt einer gestohlenen Geldbörse ausgehändigt hatte. Die Sache kam heraus, und die Mutter mußte wegen »Fundunterschlagung« für drei Wochen ins Gefängnis. Der Sohn wurde nach fünf Tagen wieder entlassen und genoß seine Freiheit in vollen Zügen.

Der Knabe soll schließlich das Töpferhandwerk erlernen, was allerdings auf wenig Gegenliebe stößt. So schickt ihn der Vater nach Dänemark, wo Adolf nichts Besseres zu tun weiß, als ein Pferd zu stehlen und mit einem Mädchen namens Lisbeth zu deren Tante nach Hamburg in die Heilwigstraße zu flüchten.

»Als ich einmal über den Großmarkt in Hamburg schritt, wurde ich von einem vom Steinweg kommenden jungen Menschen von 20 Jahren gerufen. Als er näher kam, erkannte ich in ihm einen Jugendgenossen (…), durch den bei meinen Eltern die Polizei ins Haus kam. Sein Spitzname war Rabenmax, so genannt, weil er alles, was er sah, haben mußte. Zu seiner Linken im Arm hatte er eine junge Dame, die er für seine momentane Braut ausgab. Er war eine untersetzte Gestalt, rötliches Haar, das Gesicht trug den Stempel einer übernächtigten Lebensweise. Wenn er sprach und lachte, bewegten sich die Ohren. Seine Holde ihm zur Seite war zirka 18 Jahre alt, dunkelblond, ein Gesicht, das aussah wie der Tempel Salomonis, als ihn Nebukadnezar zerstört hatte.

(…) Hunderobert war Bäckerknecht bei einem Bäckermeister in der Uhlenhorst gewesen, aber rausgeworfen, weil er des öfteren mit seinen Händen ausgerutscht war, und zwar aus Versehen mit Willen in die Ladenkasse … Als ich ihn frug, warum er Hunderobert hieß, sagte er mir, wenn Hunde ihn schon von weitem witterten, zitterten sie schon und sträubten ihre Haare. Er habe schon verschiedene Hunde nachts, wenn er auf Tour ginge, kalt gemacht, und mit dem Blut bestreiche er sich Hände und Hosenbeine. Dies witterten die Hunde. Hunderobert kannte alle Verhältnisse dieses Meisters, auch daß die Wiederverkäuferstände am Ende jeden Monats ihre Ware bezahlten; weiter wußte er, daß der Bäckermeister das ganze Geld in der Wohnstube in einem verschlossenen Schreibsekretär aufbewahrte. Dieses Geld durch einen nächtlichen Einbruch an uns zu bringen, war der Gegenstand unserer Abmachung. Rabenmax verteilte die Rollen. Hunderobert durfte nicht so ins Hintertreffen gebracht werden; ein Blick des Meisters bei einer eventuellen Entdeckung oder Flucht hätte genügt, ihm, Robert, die dicksten Lampen zu bauen.

(...) Wir hatten uns um 1 Uhr nachts am Waisenhausgang auf der Uhlenhorst bestellt, wo wir alle drei pünktlich eintrafen. Dies war mein erster nächtlicher Einbruch, in einer Märznacht, die äußerst still war, kein Strauch oder Baum bewegte sich, auch war es ziemlich kalt. Mit scheuer Bewunderung schaute ich zu diesen beiden Genossen auf. Als wenn es sich um ein Geschäft handelte, redeten sie über diese Handlung. Gegen 1½ Uhr waren wir bei dem Grundstück des Bäckermeisters angelangt. Vor dem Torweg gab Hunderobert an Rabenmax noch einmal genaue Informationen über die Lage der Stuben mit der Stelle des Schreibtischs ab. Dann zog Robert sich etwas in gesicherte Entfernung zurück. Max und ich begaben uns von der Toreinfahrt aus, wo keine Tür oder Gitter uns Hindernis bot, auf den Hof, an die Gitterfenster der Bäckerwohnung. Max hatte sich alte Socken über die Stiefel gezogen, und ich mußte, weil ich mich damit nicht versorgt hatte, die Stiefel ausziehen. Nach einer kleinen Orientierung hatte er das betreffende Fenster gefunden und es mit ziemlicher Geschicklichkeit, da es nach der altmodischen Bauart durch 2 kleine Überhaken geschlossen war, mit einem Brecheisen geöffnet. Bevor er hineinkroch, ermahnte er mich noch einmal, scharf zu ›kneistern‹. Jetzt stand ich allein auf dem Hof, pendelte mit äußerster Gewissenhaftigkeit vom Hof durch den Torweg bis zur Straße und wieder zurück, ständig nach allen Richtungen kneisternd. (...) ½ Stunde hatte ich ungefähr Wache gehalten, alle Spukgestalten in allen Ecken gesehen, alle Furcht und Schrecken durchlebt, als Rabenmax wieder aus dem Fenster kletterte und erklärte, keine Streichhölzer mehr zu besitzen. Taschenlampen wie heute gab es derzeit noch nicht. Ich selbst hatte wenig Streichhölzer bei mir. Dies veranlaßte Rabenmax, den Fehler zu begehen, den Gaskronleuchter, der in der Mitte der Wohnstube hing, anzuzünden. Nun konnte ich vom dunklen Hof aus Rabenmaxens Tätigkeit beobachten; ich sah, wie er, mit einem Dolchmesser im Munde, das Brecheisen in der Hand, dem Schreibtisch zu Leibe ging und ihn ziemlich geräuschlos öffnete. Deutlich sah ich, wie er einen gefüllten großen Beutel hervorhob, sich unter den Kronleuchter stellte, den Inhalt mit funkelnden Augen beäugelte. Sah auch, wie Rabenmax einen herzhaften Griff in den Beutel machte, womit er Hunderobert und mich schwer rasiert. (Das heißt, hinsichtlich der Teilung uns betrog.) Als er diesen Genossenbetrug erledigt hatte, drehte er den Kronleuchter aus und stieg hinaus. Beide verließen wir den Torweg und gesellten uns zu Hunderobert, um in dessen Wohnung die Beute zu teilen. Das ganze Geld wurde auf den Tisch geschüttet und sortiert. Jeder erhielt 600 M. Gegen 4 Uhr morgens nahm ich Abschied, ging nach der Marktstraße, zog mich um und ging zur Arbeit. (...) Am anderen Tage las ich einen großen Artikel in der Zeitung über diesen Einbruch; 3000 M waren erbeutet. Jetzt kombinierte ich das mehrmalige Getuschel zwischen Robert und Max auf dem Wege nach Roberts Wohnung, wo wir teilten. Erst war ich am Tatort selber von Rabenmax rasiert und nachher auf raffinierte Art nochmal von beiden zusammen; ich nahm mir vor, beiden die Leviten zu lesen. Die nun folgenden Tage schwebte ich in Wonne. 18 M verdiente ich die Woche, und jetzt hatte ich bare 600 M im Besitz.«

Vier Wochen später werden seine Komplizen verhaftet. Petersen kann sich erst einmal unsichtbar machen, wird dann aber wegen einer Rauferei festgenommen und mangels Schuldbeweisen wieder auf freien Fuß gesetzt.

Aus Julius Adolf Petersen wird ein Einbruch-Spezialist für höhere Aufgaben. Besonders Geldschränke haben es ihm angetan. Doch nicht immer gehen seine Abenteuer gut aus: Mal hinterlassen die Schüsse der herbeigeholten Polizisten ihre unübersehbaren Spuren, mal muß der Ganove für kürzere Zeit hinter Gitter. Während ei-

ner solchen Haft aber kommt es ja nicht selten zu nützlichen und folgenreichen Kontakten.

»Während meiner Untersuchungshaft hatte ich einen Kaufmann, der nach 4 Monate langer Haft mit Einstellung des Verfahrens entlassen wurde, kennengelernt. (...) Dieses Kaufmanns erinnerte ich mich, um ihn gleich am selben Abend zu besuchen. (...) Mein Besuch war gleich von Erfolg gekrönt; er saß mit seiner Frau und zwei Kindern beim Abendbrot und empfing mich aufs herzlichste. Es war ein Eßzimmer, in dem ich empfangen wurde, das Buffet, die Kredenz, die Stühle, der Ausziehtisch, alles war von gediegener moderner Arbeit. Die wunderbaren Stores, der echte Teppich, die guten Bilder an der Wand, besonders die Beobachtung des Waltens einer sorgsamen Hausfrau, der Friede, die Zufriedenheit der Familienmitglieder, die aus ihren Augen hervorleuchtete, alles berührte mich bitter und ließ mich so restlos etwas Einsames, Verlassenes in meiner Seele empfinden, wenn ich an das Nichts dachte, vor dem ich stand. Wie bettelarm fühlte ich mich dieser Familie gegenüber, wie reich war dieser Kaufmann schon in dem Besitz einer solch guten Hausfrau.

Hochbahnzug nach Barmbek zur Zeit des I. Weltkrieges

(...) Diesen Kaufmann, den ich in Untersuchungshaft kennenlernte, nenne ich zur besseren Verständigung in Zukunft Plapp. (...) Plapp lud mich zum Sonnabend, 7 Uhr, zu sich, um mich von da in den Spielclub zu führen. (...) Nach einigem Versteckspielen kam er mit seinem Vorhaben heraus. An der Ecke von der Straße, wo seine Wohnung lag, wohnte ein Schlachtermeister, den er wiederholt beobachtet habe, wenn er Sonnabendabends mit seiner gefüllten Kasse nach Geschäftsschluß in eine Stube neben dem Laden gehe und dieses Geld in einem an der Ecke am Fenster befindlichen Geldschrank verschließe. Die Fenster befänden sich $1\frac{1}{2}$ Mtr über der Erde von der Straße aus; von da könnten wir den Schrank leicht forttragen, der dem Augenschein nach gut zu schleppen sei. Außerdem gehöre dem Schlachtermeister noch die Reihe Häuser von der Ecke bis an das Haus, wo er, der Handlanger, drin wohne. Demnach müsse der Kerl schwer Marie (viel Geld) haben. Plapp beichtete ich meine finanzielle Ebbe, um ihm gleich klarwerden zu lassen, daß mir im Klub keine Kosten entstehen dürften. Hierüber beruhigte er mich mit der Äußerung: ›Es ist für alles gesorgt.‹ Gegen 9.00 Uhr kamen wir im Klub an. Er war das Zentrum der Stadt, in einer der Straßen mit bestklingenden Namen, in einem – quasi – Pensionat mit feinster Aufmachung. (...) Hier sah ich sympathische wie abstoßende Gesichter. Herren, alle im Frackanzug mit Stehkragen und weißem Schlips, Damen in den elegantesten Abendkleidern, an Hals und Händen blendenden Schmuck. Ein Herr in Monockel, dem der Junker aus allen Knopflöchern äugelte, amüsierte mich durch seine Grimassen, die er zog, wenn sein Geld weg war. Unausgesprochene Flüche verrieten die Lippen. Ebenso lenkte eine Dame, die Plapp mir später als eine Baronin kennzeichnete, besonders mein Augenmerk auf sich. Diese Baronin pflasterte geradezu das Geld auf die Zahlen. Dann zeigte sie kurz vor dem Einrollen der Kugel eine Unruhe, die sich der ganzen Gestalt bemächtigte; sie wupperte in ihrem Klubsessel auf und nieder wie ein heißer Kartoffelpuffer in der Pfanne. Neben ihr saß als ständige Begleiterin eine 19jährige Nichte, eine Komtesse, die mit Sorge oder mit Freude Tantes Pech oder Glück verfolgte. Selbst spielte sie nicht (...).

Als ich die Baronin bei ihrem Spiel einen Augenblick aufmerksam beobachtete, weil mir noch alles neu war, blickte die Komtesse mich an. Ob es von mir Einbildung oder Selbstbetrug war, ist möglich, jedenfalls kam es mir so vor, als wenn sie mich etwas länger anschaute, als man sonst wohl einen Menschen flüchtig anblickte. Es ist doch eine bekannte Tatsache, daß Menschen, die sich zum ersten Mal im Leben sehen, nach dem ersten Blickwechsel sich zueinander hingezogen fühlen. Solches empfand ich in dem ersten Blick, den ich mit dieser Komtesse wechselte. Die kleine Beobachtung erwähne ich voraus, weil diese Komtesse später eine besondere Rolle spielte.

Gegen 12 Uhr ließ ›von X.‹ sich durch seinen Freund Plapp ablösen, um sich mit mir eingehend zu unterhalten, da er mir bis jetzt nur einen flüchtigen Gruß hatte bieten können. Wir zogen uns in die Erfrischungsstube zurück, warfen uns jeder in einen Klubsessel und ließen uns Zigarren und Kognak kommen. Bei dieser Gelegenheit trat von X. nach einer kleinen Einleitung mit seinem Anliegen hervor, wovon mir Plapp Andeutungen gemacht hatte, daß es eine ziemliche Portion Verwegenheit benötige. Es war eine regelrechte Bettentour, die ich in dem Schlosse seines bejahrten Vaters ausführen sollte. Es handelte sich nicht um Wertsachen oder Geld, sondern um ein Testament, das ich holen sollte, damit von X. es vernichten könne. Von X. war von drei Kindern das älteste und nach den Traditionen des Hauses derjenige, der beim Tode des Vaters das Schloß mit seinen großen Ländereien übernimmt. Die andern Kinder wurden abgefunden. Hier war solche traditionelle Übernahme bei dem Alter des Vaters absehbar nahe, da auch die Mutter schon mehrere Jahre tot war. In diesem Falle aber war der älteste, also dieser von X., mit dem ich mich unterhielt, enterbt, weil er leidenschaftlicher Spieler war und die Befürchtung bei seinem Vater entstanden sei, daß er das Schloß und die Ländereien an den Mann bringe. Deshalb sei die Schwester, die hinter ihm komme, zum Erben des Gutes ernannt. Von X. sei auf Pflichtteil gesetzt, von dem er bereits einen bedeutenden Teil erhalten habe.

Nach dieser Erklärung ließ ich eine Reihe Wenns und Abers vom Stapel, mit denen er nicht gerechnet hatte. Seine Absicht, mir von dem Schloß sowie den in Frage kommenden Zimmern eine gute übersichtliche Skizze zu entwerfen, überbrückte nicht alle Hindernisse. Besonders genaue Erklärungen mußte er mir geben, wann sein Vater den festesten Schlaf habe, damit ich die Geldschrankschlüssel aus seinem Nachtschrank, der vor seinem Bette stand, rausholen konnte. Nach seinen Erklärungen hatte das Schloß eine Unzahl von Zimmern, wo ich das richtige schwer ausfindig machen würde, aber stundenlang nachtwandeln konnte und nachher ganze Bücher von Schloßspuk und Gespenstern schreiben könnte. Hinzu kam noch das Vorhandensein eines Molosserhundes, der nächtlich seine Umtriebe auf den Korridoren hielt, um ungebetenen oder aus Versehen mit Willen verirrten Gästen Beine oder den Garaus zu machen. Für diese unheimlichen Dienste versprach mir von X. 10 Tausend Mark in bar und, falls er das Schloß mit seinen Ländern übernehme, eine Inspektorstelle mit der Verpflichtung, mich vorher landwirtschaftlich ausbilden zu lassen.

(...) Den Zug hatte ich so gewählt, daß er schon um 10 Uhr an der betreffenden Station war, wo ich aussteigen mußte. Um wieder ungesehen an das Schloß heranzukommen, schlug ich denselben Weg feldeinwärts ein, den ich mit dem Grafen gegangen war. Eine feuchte rabenschwarze Nacht umgab mich, die so recht in dem Menschen das Gruseln schaffen konnte, wenn er auf solchem Wege wie ich wandelte. Um 11 Uhr hatte ich die Lichtung des Waldes erreicht und die Hinterfront des Schlosses vor mir. (...) Oben im Turm war ein Fenster noch beleuchtet. Wartete vielleicht so ein Turmwächter schon auf mich, um mich in das unterste Verließ zu werfen, wo mein Heulen und Zähneklappern ungehört verhallte? Das Geschrei zweier Eulen, die vom Turm mit Geräusch im Walde verschwanden, erschreckte mich. Dieses Geräusch verscheuchte alle spukhaften Gedanken und spannte meine Nerven an. Nachdem ich 1 Stunde das Schloß rundum auf dicken Socken, die ich über die Stiefel gezogen, umschlichen und nichts Verdächtiges beobachtet hatte, pirschte ich mich an den vom Grafen bezeichneten Heu- und Strohschuppen heran, wo ich eine Leiter finden konnte. Schleunigst nahm ich jetzt die zirka 10 Mtr lange Leiter, setzte sie am Turme an und stieg in das nicht geschlossene Turmfenster hinein. Das vorhin oben im Turm erleuchtete Fenster war jetzt dunkel. Zuerst horchte ich 10 Minuten, vernahm aber kein Geräusch. Schritt für Schritt ging ich auf den über die Stiefel gezogenen Socken bis an die erste Tür, die ich mit einem mitgebrachten Dietrich öffnete. Hier legte ich mich an die Erde, nahm meine Skizze heraus, beleuchtete sie mit einer abgeblendeten Taschenlampe, ob ich richtig war und wie ich zu gehen hatte. Wieder lauschte ich erst etwas, um dann wieder Schritt für Schritt im langen, einmal rechts, einmal links abbiegenden Korridor entlang zu schreiten. Nachdem ich noch eine Tür aufgeschlossen hatte, stand ich vor einer Treppe, die nicht auf meiner Skizze stand. Also zurück, ich war verkehrt gegangen und lief nach den Angaben des Grafen Gefahr, in den Teil des Schlosses zu gelangen, wo der Molosserhund sich aufhielt. Wieder legte ich mich auf die Erde und suchte mit der Taschenlampe die Skizze ab. Jetzt sah ich meinen verkehrten Weg. Nach der Skizze mußte ich beim ersten Rechtsabbiegen des Korridors durch die Tür, die in diesem Winkel lag. Von dieser Tür aus, die ich übersehen hatte, gelangte ich auf einen anderen Korridor, wo links und rechts Türen abgingen. Der Skizze nach sollte die fünfte Tür die Schlafstube des Grafen sein und am Ende dieses Korridors sein Arbeitszimmer, wo der große Geldschrank stand. Vor der Tür, wo der alte Graf schlief, lauschte ich eine ganze Weile, konnte aber weder ein Schnarchen noch ein lautes Atmen hören. Eine Standuhr in einem andern Zimmer schlug 1 Uhr. Also die Geisterstunde war vorüber. Nach den Angaben des Sohnes sollte der Vater am sichersten nach 1 Uhr schlafen. Demnach mußte ich die richtige Zeit vor mir haben. Leise, den Atem angehalten, alle Nerven gespannt, nahm ich den Türdrücker in die Hand, klinkte die Tür äußerst leise auf und blieb ohne jegliches Geräusch stehen. Nach einigen Minuten machte ich die Tür so weit auf, daß ich hineingehen konnte, blieb aber erst wieder stehen. (…) Ein weicher Teppich lag auf der Erde, auf dem ich mich auf Händen und Füßen in kriechender Stellung vorwärtsschlich. Vor dem Bette des alten Grafen machte ich halt. Da ich mich schon eine Stunde in den dunklen Räumlichkeiten des Schlosses aufhielt, konnte ich ohne Licht so viel sehen, daß ich nirgends gegenlief. Der alte Graf hatte die eine Hand auf der Decke liegen, an deren kleinerem Finger sich ein großer Brillantring befand, der sogar im Dunkel ein schönes Feuer zeigte. Sein Atemzug war sehr leise, er schien zu träumen, weil er die Lippen bewegte, als wenn man spricht. Seine Gesichtszüge waren ganz die des Sohnes; dieselbe Lippenstellung und etwas schlaffe Züge. Zentimeterruckweise zog ich die Nachtschrankschieblade auf, ständig dem Schläfer ins Gesicht schauend. Als ich die Schieblade ganz auf hatte, mußte ich hochkommen und mit der Taschenlampe einen gedämpften Lichtstrahl in die Schieblade hineinbringen. Ein großes Bündel Schlüssel erblickte ich, das zweifellos Geräusch gemacht hätte, wenn ich es rausgenommen hätte. Deshalb nahm ich die ganze Schieblade, verließ das Schlafzimmer und fand nach einiger Mühe das Zimmer, in dem der Geldschrank stand. Hier fing ich mit der Zahlenzusammenstellung der Rosetten an, wie sie mir der Sohn erklärt hatte. Erst wollte und wollte es nicht klappen, der Verberger sprang nicht vom Schlüsselloch zurück. Schon fing mir der Mut an zu sinken, aber ich versuchte es noch ein letztes Mal. Da, ein Geräusch, was mich erst zusammenfahren ließ, aber nachdem ich geleuchtet hatte, sah ich, daß es der Verberger war, der die Feder freigegeben hatte. Jetzt fiel es nicht mehr schwer, den Schrank zu öffnen. Nachdem ich die beiden Schlösser aufgeschlossen, zog ich mit kräftigem Ruck die große Geldschranktür auf. Der Schrank war 2 Mtr hoch und zirka 5/4 Mtr breit, ein Koloß. In den Schrank leuchtete ich mit der unabgeblendeten Taschenlampe hinein. Nach einigem Suchen fand ich das versiegelte Testament, welches ich erstmal sicher an mich nahm; dann sättigte ich meine Neugierde an dem übrigen Inhalt. Außer einem Teil Geld war der gesamte Familienschmuck in 2 großen Fächern untergebracht. Besonders beäugte ich ein Diadem, worin ein nicht unbedeutender Stein von mindestens 5-6 Karat funkelte. Nur waren die Steine nicht mit der Anzahl Fassetten versehen, die die moderne Schleiferei heute schafft. Es waren alle Steine mit 24 Fassetten, wohingegen heute 48 in Brillanten geschliffen werden. Ebenso waren die Fassungen unmodern. Mitnehmen konnte ich weder vom Gelde noch von dem Schmuck, sonst wäre die ganze Testamentsentwendung bemerkt. Schweren Herzens trennte ich mich von dem Reichtum und schloß den Schrank, ohne Spuren zu hinterlassen, wieder ab. Den Verberger brauchte ich jetzt nur vors Schloß zu drücken, wo er von selber einschnappte. Auch die Stube schloß ich wieder ab, brachte auch die Schieblade mit den Schlüsseln wieder in die Schlafstube des alten Grafen, was ich ebenso geräuschlos und unbemerkt erledigte wie das Holen derselben. Leise klinkte ich die Schlafstubentüre wieder ein. Leichten Herzens eilte ich den Korridor entlang, dem Turmfenster zu, wo ich eingestiegen war. Eben bevor ich am Ende des Korridors angelangt war, hörte ich ein komisches Geräusch, was mich veranlaßte, schnell die Tür zu erreichen, die mich wieder in den Turm führen sollte. Soweit kam es aber gar nicht; im Nu fühlte ich mich von hinten gepackt. Am Zerren und Reißen an meinem Oberarm bemerkte ich sofort, daß es kein Mensch war, sondern der mir vom Sohne des alten Grafen karackterisierte Molosserhund! Jedenfalls hatte ihn das Geräusch, welches das Einschnappen des Verbergers verursachte, angelockt, oder der Zufall.

(…) Blitzartig bückte ich mich, wobei der Hund ganz auf meinem Rücken herumtorkelte und mir schon mit seinem Gebiß den Oberarm von allem Zeug entblößt hatte. Zweifellos hätte er mir sein Gebiß ins Genick versenkt, wenn ihn hier nicht der mir von der Gräfin am Hauptbahnhof ausgehändigte Schal, den ich 2mal um den Hals geschlagen hatte, daran gehindert hätte.
In dieser Situation nannte ich diverse Male den Namen des Hundes mit dem Zusatz ›Was machst du denn, pfui, schäm dich!‹ Diese Äußerung, die mir der Sohn für Eventualitäten mit auf den Weg gab und die immer angewandt wurde, wenn der Hund etwas Verbotenes ausübte, wirkte wie elektrisierend. Kaum hatte ich die Äußerung zweimal gemacht, als der Hund von mir abließ und, nachdem ich wieder aufrecht stand, an mir emporsprang, um nach Hundeart zu wedeln. (…) Der Hund war, auf den Hinterbeinen stehend, größer als ich. Nachdem ich ihn mit seiner Wedelei abgewehrt hatte, war ich einige Schritte vorwärts gegangen und durch die Tür, die in den Turm führte, verschwunden. Hinter mir schlug ich die Tür zu, die mich jetzt vom Hunde trennte. Schleunigst verschwand ich von dieser grausigen Stätte und

brachte die Leiter wieder an ihren Ort. Wie ich den Heimweg antrat, war es bereits 4 Uhr morgens. Das Blut rieselte mir vom hinteren Oberarm noch immer nach der Hand zu. Bös hatte mir der Hund in $\frac{1}{2}$ Minute zugesetzt. Das Zeug an der hinteren Schulter und am Oberarm war vollständig zerrissen. Dadurch wurde die Reise in der Bahn gefährlich. Im Wald zog ich das Jackett aus, band die Wunde mit meinem neuen halben Oberhemd zu und dann den Schal drüber. Das Jackett zog ich so an, daß nur ein Arm durchgesteckt war, den andern hielt ich unter der Jacke im Winkel, so wie man einen verwundeten Arm üblich trägt. Um 6 Uhr stieg ich in den ersten Zug. Glücklicherweise fand ich ein Coupé allein, wo sich während der Fahrt nur einmal ein Fahrgast einstellte, der nach einigen Stationen den Zug wieder verließ. Da es ein Bummelzug war, hielt er auch auf dem Sternschanzenbahnhof, wo ich ungeniert aussteigen konnte. Um 11 Uhr stieg ich hier aus, nahm ein Auto und fuhr bis kurz vor die Wohnung des von X. Als ich hier klingelte, erschien zufällig die Tochter, die mich noch nicht gesehen hatte. Übernächtigt, dreckig und zerlumpt, wie ich aussah, schien die Tochter mich nicht richtig verstanden zu haben, als ich sagte: ›Ich möchte den Herrn sprechen‹, denn sie warf die Tür wieder ins Schloß mit der Bemerkung: ›Kommen Sie ein andermal wieder!‹ Zweifellos hatte sie mich für einen Bettler angesehen. In dieser Lage war ich etwas gereizt veranlagt, weshalb ich mit einem derben Faustschlag an die Tür schlug und dabei ziemlich anhaltend klingelte. Darauf hörte ich die Tochter in der Wohnung rufen: ›Papa, komm doch bitte schnell her, hier ist ein aufdringlicher Mann, der gegen die Tür schlägt und andauernd klingelt, weil ich ihm nichts gegeben habe. Bringe ihn doch einmal aus dem Hause!‹ Gleich darauf stellte sich die Mama statt des gerufenen Papas ein, die die Haustür mit den Worten weit aufmachte: ›Was fällt Ihnen ein, mein Herr! Soll mein Mann Sie erst auf die Straße setzen?‹ Sie hatte es kaum ausgesprochen, als ich aus dem dunklen Flur in eine etwas heller beleuchtete Stelle in der Wohnung trat. Sofort erkannte sie mich, bat um Entschuldigung, machte der Tochter einen Vorwurf, nicht besser zugehört zu haben, und rief den Gemahl herbei, der flugs zur Stelle war. (…) Als ich mein Jackett ablegte und die Wunde aufband, wo rundum alles voll Blut war, herrschte in dem Salon, wo wir uns befanden, tiefes Schweigen. Die Tochter wurde beauftragt, in der Badestube alles klar zu machen, dem Dienstmädchen aber keine Anweisung zu geben. Als ich das Testament auf den Tisch legte, sah ich den Grafen am ganzen Leibe zittern, während die Frau sich entfärbte. Wie die Tochter rief, es sei alles in Ordnung, preßte der von X., bevor ich in die Badestube ging, das Wort heraus: ›Hast Du mit meinem Vater gekämpft? Lebt er, oder hast du ihn ins Jenseits befördert? Sprech es nicht aus, du tötest mich!‹ ›Nein‹, sagte ich, ›es war der Molosserhund, der mich, als ich fertig war, überraschte.‹ Ein tiefer Seufzer der Erleichterung entrang sich der Brust des Grafen, er umarmte mich vor Freude, während die Frau Freudentränen weinte. Nachdem ich gebadet hatte, wurde ich von der Frau verbunden, wobei die Tochter alle Handreichungen machte. Ein Anzug vom Grafen, der mir allerdings etwas zu klein war, sowie reine Wäsche, machten mich erst wieder zu einem Menschen. Nachdem ich gefrühstückt und eine dicke Schieberzigarre angezündet hatte, erzählte ich den ganzen Hergang. (…) Als ich nach dem Inhalt des Testaments frug, sagte mir von X., der Inhalt entspreche ganz ihrer Darstellung, die sie mir bereits gegeben hätten, daß er aufs Pflichtteil gesetzt sei, das nichtälteste Kind, also die Schwester, Schloß und Ländereien erhalte. Auch sei angeführt, daß er von dem Pflichtteil bereits eine große Summe erhalten habe. Leider aber, meinte von X., sei meine Mühe umsonst gewesen, dieses Testament habe noch eine Abschrift, die sich in den Händen eines Notars und Testamentvollstreckers befinde. Diese Kenntnis wirkte niederschmetternd auf beide Gatten. Als ich dies bemerkte und darüber lachte, wie sie darüber mißgestimmt sein könnten, meinten sie, ihnen sei das Lachen vergangen. Wie ich hierauf aber äußerte, nach der Kreishauptstadt zu fahren, um dort bei dem Notar das Dublikat zu holen, erheiterten sie sich wieder. Halbe Arbeit leistete ich nicht, versicherte ich beiden, aber eins bedinge ich, 5000 M. müßte ich erstmal haben, ich sei abgebrannt, was von X. als selbstverständlich ansah. Noch am selben Abend erhielt ich die 5000 M. und wurde zum andern Montag mit meiner Frau zu einem Familienabend eingeladen.«

Natürlich gelingt Petersen auch der Einbruch beim Notar: Er findet das Dublikat. Wenig später verhaftet man den Übeltäter dennoch, offensichtlich wegen diverser anderer Vergehen. Wieder einmal sitzt der »Lord von Barmbeck« hinter schwedischen Gardinen und sinnt auf einen Ausweg. Er ist nicht der einzige geblieben, dem die Flucht aus »Santa Fu« gelingen sollte ...

»Es mochte 12 Uhr nachts rum sein, als ich außerhalb des Zellenfensters ein Gespräch hörte. In dieser Verfassung sind menschliche Stimmen Abwechslung und lassen alte Lebensgeister wieder neu aufleben. Im Nu hatte ich meinen Schemel ans Fenster gestellt, kletterte oben drauf und lauschte, wo das Gespräch herrührte. Bald hatte ich festgestellt, daß es von zwei Zellennachbarn herrührte, die einen Stock unter mir lagen und sich über Ausbruchsabsichten unterhielten. Wie eine liebliche Schalmei erklang mir in dieser Lage das Wort ›Hunderobert‹. Dies veranlaßte mich, ihn anzurufen und mich zu erkennen zu geben, worauf Hunderobert in seiner derben Art rief: ›Hallo, Flegenwirt, hebbt se di snappt?‹ Nachdem wir die ersten Erkennungsgrüße ausgetauscht und uns gegenseitig das Faktum gesagt hatten, weshalb uns die Kralle der Gerechtigkeit in die Klauen nahm, wurde ich in die Ausbruchsabsichten eingeweiht, wofür ich mich sofort begeisterte. Eine Feile, die mir zum Durchsägen der Eisenstange fehlte, erhielt ich noch in derselben Nacht von Hunderobert, die ich mit einem Bindfaden, den ich aus der Matratze löste, heraufzog.

(...) 5 Tage hatte ich Zeit, bis die Stange durch sein mußte. Regelmäßig dreimal am Tage, wenn das Essen zu den Zellenklappen – Futterluken – hineingereicht wurde, feilte ich gute 10 Minuten. Durch das Geklapper mit dem Essenkessel war von meinem Feilen nicht viel zu hören. Die Spur verschmierte ich stets mit zerkautem Schwarzbrot, weil die Stangen hin und wieder revidiert wurden. Mittlerweile war der letzte Abend herangekommen, wo ich mit einigen letzten Feilstrichen die Stange durch hatte. Nachdem die 2 schweren Glockenschläge für den Beginn der Nachtruhe erschallt waren, fing ich an, mit Berserkerwut ziemlich geräuschlos die eiserne Bettstelle zu zerbrechen, um aus den Teilen eine Leiter herzustellen. Um die langen Stücke

Flachblech, worauf die Matratzen lagen, aus der Bettstelle zu entfernen, mußte ich rundherum die Stangen zerbrechen. Zur weiteren Sicherheit knotete ich das Bettlaken mit der wollenen Bettdecke zusammen, falls die eiserne Hängeleiter versagen sollte. Die Höhe war zum Runterspringen ungeeignet, weil ich im dritten Stock lag und unter den Fenstern noch eine kasemattenartige Vertiefung war. Am andern Morgen punkt 7 Uhr, als der Posten sich zur Ablösung an die Pforte begab und bevor sich der andere einstellte, wobei 8-10 Minuten vergingen, ertönte der Refrain: ›In der Nacht, in der Nacht, wenn die Liebe erwacht‹ usw. Dann kam erst der Kopf von Fuchs und dann sein halber Körper über die Mauer zum Vorschein. Rittlings setzte er sich auf die Mauer und stellte eine Leiter in den Hof. Schnell warf ich meine fabrizierte Leiter und das Bettuch aus dem Fenster, die ich vorher schon genügend von drinnen an der nicht durchgefeilten Stange befestigt hatte. Eine Etage tiefer blieb ich einen Moment auf dem Fenstergesims bei Hunderobert stehen, der mir am Abend vorher, auf meine Frage, ob er seine Stange durchhabe, erklärte, sie bedürfe nur noch eines kräftigen Stoßes. Deshalb trat ich mit den Füßen an die betreffende Stange, aber ohne Erfolg. Hunderobert hatte sich in dem noch durchzusägenden Rest verrechnet. Da ich keine Zeit mehr zu verlieren hatte, ließ ich mich ganz auf den Hof runter, lief die Leiter hinauf, die ich dann wieder an die Außenseite der Mauer stellte, und stand 5 Minuten nach 7 Uhr wohlbehalten in der Ringstraße im Vollbesitz meiner Freiheit. (...) 2 Tage später kam ich in Wandsbeck die Lübecker Straße beim Marktplatz entlang und erblickte im Schaufenster des Kühlschen Kohlenkontors mein Bild. Ein Lehrjunge stand davor, die Zeilen verschlingend. Wie ich mich neben ihn stellte, sagte er: ›Dat mutt ja ein ganz gefährlichen Kerl sien!‹ Ihm beipflichtend sagte ich: ›Wenn ich dem Kerl begegnen würde, ginge ich ihm weit aus dem Weg, der schießt einen gleich runter.‹ – ›Jo, dat glöv ich ouk‹, setzte der Lehrjunge hinzu. Wir gingen dann zusammen bis an die Holstenstraße, beide auf dem Wege über den Petersen eine vernichtende Kritick (sic!) haltend. Als ich mich von ihm getrennt hatte, meinte ich im stillen: ›Da sage noch einer, das Leben ist selbst in der Tragödie keine Komödie.‹«

Petersen legte bei seinen Vernehmungen stets den größten Wert darauf, als unschuldig zu gelten. Erstaunlich oft hat ihm die Polizei das auch abgenommen. Wenige Tage nach dem Überfall auf den Farmsener Geldtransport konnte man im »Hamburger Echo«, das Petersen als den vermutlichen Übeltäter genannt hatte, folgendes lesen:

»Heute erschien Herr Petersen, der als kaufmännischer Angestellter am Pulverteich 25 wohnt und dort polizeilich gemeldet ist, auf der Redaktion und teilte uns mit, daß er nicht der Attentäter wäre. Er sei überhaupt kein Ein-, sondern höchstens ein Ausbrecher. Der Untersuchungsrichter habe ihn selbst freigelassen, weil die 11 Einbrüche, die man ihm hatte nachweisen wollen, nicht von ihm ausgeführt worden seien. Seine letzte Straftat liege 12 Jahre zurück, und wenn immer von ihm als Ein- und Ausbrecher geschrieben werde, so könne er keine ehrliche Stellung erhalten.«

Unglücklich steht es inzwischen um die Ehe des Barmbeker »Lords«. Immer wieder hat ihm Gattin Helmi (die Heirat erfolgte nach einer langen Zeit des Werbens im Jahre 1919) – glaubt man seinen Worten – Anlaß zur Unzufriedenheit geliefert: Von einem »eisigen Herzen« ist da zu lesen, von Unnahbarkeit. Der Geburt einer gemeinsamen Tochter stehen diese Probleme allerdings nicht im Wege. Als Besitzer einer Hamburger Kellerkneipe am Schützenhof zeigt Petersen nach außen hin das friedliche Gesicht eines Hamburger Bürgers. Zum Ausgleich für das unauffällige Dasein gibt es glücklicherweise den Besuch eines geselligen Spielclubs. Dort trifft der »Lord« eines Abends eine junge Dame, die er als »Komtesse Elli« vorstellt.

»Sie war um 2 Jahre jünger wie Helmi, eine Brünette, eine 22jährige. Ihre Gestalt war schlank und von sympathischem Ebenmaß. Das Gesicht konnte man als Dutzendgesicht bezeichnen, solange sie schwieg. Einen faszinierenden Eindruck gewann es, wenn sie sprach. Hierbei kamen zwei Reihen blendend schöner Zähne zum Vorschein, die das Gesicht in eine Konstellation brachten, die absolut nichts im Einklang stand, wenn sie den Mund geschlossen hielt.«

Komtesse Elli erweist sich nicht nur als zärtliche Geliebte, sondern geradezu als ideale Partnerin für Petersens Unternehmungen. Die

beiden müssen eine schöne Zeit miteinander verbracht haben, doch das Glück währte nur kurz: Hamburgs Polizei konnte dem Treiben des »Lords von Barmbeck« bei einem seiner weiteren Abenteuer doch noch Einhalt gebieten und setzte ihn hinter Schloß und Riegel. Allein zwischen Juni 1921 und November 1922 wurde er in mehreren Verfahren zu insgesamt 50 Jahren Haft verurteilt. Im März 1924 reduzierte man diese Strafe mildtätig auf 15 Jahre Zuchthaus. Nach der Niederschrift seiner »Memoiren« wurde Petersen noch verschiedentlich auf Bewährung entlassen, 1932 sogar wegen guter Führung. Es lebe der milde Strafvollzug! Gebessert hatte ihn die Zeit der Besinnung und der Ausflüge in die Poesie keineswegs. Die Reuebekenntnisse waren schnell vergessen, und sogleich stand der »Lord« wieder im Mittelpunkt einer Schießerei (angeblich wegen einer Ganoven-Intrige). Im Oktober 1933 mußte er wieder einmal hinter Gitter; diesmal sollte es das letzte Mal sein. Inzwischen waren die Zustände auch in Hamburger Gefängnissen rauher geworden; an Ausbruch war jetzt nicht mehr zu denken. Im Zuchthaus Fuhlsbüttel (»Santa Fu«) verfaßte die Anstaltsleitung vier Wochen später einen lakonischen Bericht, in dem es heißt: »Der seit dem 20. November 1933 wegen schweren Diebstahls in Untersuchungshaft befindliche Julius Adolf Petersen (Lord von Barmbeck), geb. 7.10.1882 zu Hamburg, verheiratet, Kaufmann, hat sich am 21.11.1933 in der Zeit zwischen 19 Uhr 38 und 0 Uhr 19 in seiner Zelle erhängt. Nach Aufschluß seiner Zelle wurde Petersen mit einer Schlinge aus zwei Strümpfen und einem Taschentuch um den Hals in der linken Ecke hinter der Zellentür auf dem Fußboden in zusammengekauerter Stellung aufgefunden. Die Schlinge ist sofort von dem Aufseher gelöst worden. Sofort angestellte Wiederbelebungsversuche waren zwecklos.«

Vor seiner Verhaftung hat Petersen übrigens in einem Haus gewohnt, das man noch immer besuchen kann: In den Colonnaden Nr. 21 hatte er einer Freundin für immerhin 60 000 Reichsmark eine Pension gekauft, wohin er sich gerne, stets in feinstem Zwirn, für eine Weile zurückzog, um für sich und seine Kumpane neue Strategien auszubrüten. Daß wir heute mehr von ihm wissen als die Polizei-Chronik verrät, verdanken wir seinen dichterischen Fähigkeiten und seiner üppigen Phantasie, die er für sein Erinnerungsvermögen hielt!

»Auf Grund meiner Energie war ich fähig, aus meinem Gehirnschrank herauszureißen, was sich dort an Verirrungen eingenistet hatte. Es fiel mir nicht leicht, eingefleischte egoistische Anschauungen wollten und wollten nicht weichen. Der Geist Mephistos rang mächtig mit der Vernunft. Ich büße so, wie ich gefehlt habe. Kühn waren meine Handlungen, ohne Murren ist meine Buße. Daß ich von Moralhelden oder Berufskritikern von der ernsten wie von der satirischen Seite kritisiert werde, setze ich voraus und gebe ihnen allen recht. Auf diese Weise breche ich dem Sprichwort die Spitze: Es einem jeden recht zu machen, ist eine Kunst, die keiner kann.«

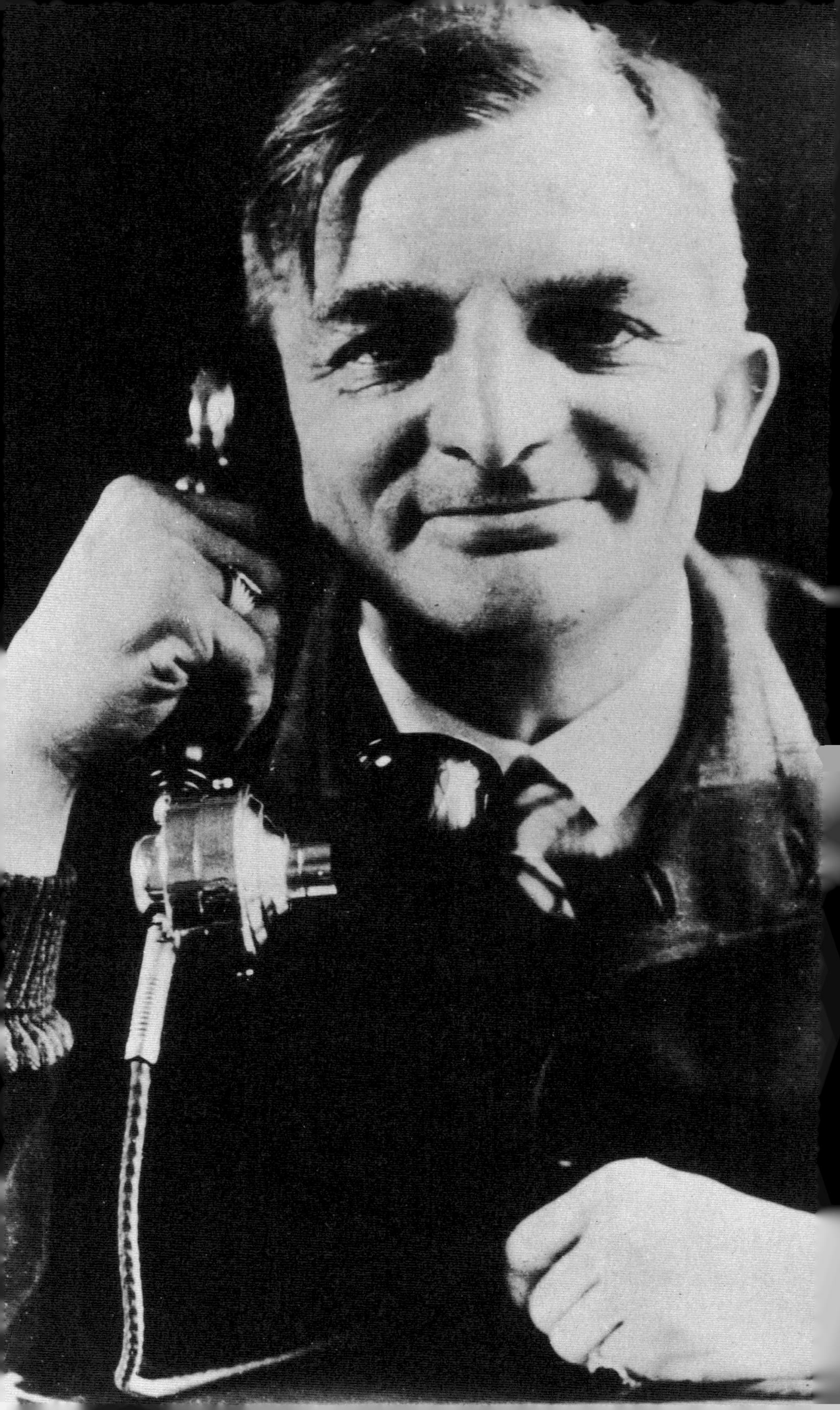

»BEI ALTONA AUF DER CHAUSSEE...«

JOACHIM RINGELNATZ (1883–1934)

Die Ameisen

In Hamburg lebten zwei Ameisen,
Die wollten nach Australien reisen.
Bei Altona auf der Chaussee
Da taten ihnen die Beine weh,
Und da verzichteten sie weise
Denn auf den letzten Teil der Reise.

So will man oft und kann doch nicht
Und leistet dann recht gern Verzicht.

Joachim Ringelnatz, an den in Hamburg eine schöne Treppe an der Elbe erinnert, war alles andere als ein Hamburger Dichter. Er war ein Sachse aus Wurzen, trieb sich als Seemann in Friedens- und Kriegszeiten auf den Weltmeeren herum, feierte seine größten Erfolge als Dichter in München und Berlin, zog auf der Suche nach bescheidenen Honoraren viele Jahre über Kleinkunst-Bühnen in ganz Deutschland, aber auch in Wien und Prag, bevor er im November 1934 im Alter von nur 51 Jahren in Berlin, von einer schweren Tuberkulose längst gezeichnet, starb. Doch er hat sich oft in Hamburg aufgehalten, und immer wieder finden sich in seinen Gedichten und Berichten – die Gesamtausgabe seiner Werke umfaßt sieben dicke Bände! – zärtliche Verweise auf die Stadt, in der er sich eine Zeitlang mehr schlecht als recht als kaufmännischer Lehrling versucht, das eine oder andere weibliche Herz gebrochen und einmal seine kurze Karriere als Seemann begonnen hatte.

Es war die Zeit, da man ihn noch nicht unter seinem später selbst gewählten Pseudonym, sondern allenfalls unter seinem richtigen Namen Hans Bötticher kannte. Leidlich bekannt war auch sein Vater Georg, damals schon ein Autor von zahlreichen Büchern mit

vergnüglicher Kinderlyrik und sächsischen Mundart-Geschichten, der seinem alles andere als pflegeleichten, wegen seiner langen Nase und seiner skurrilen, zierlichen Gestalt von seinen Altersgenossen oft verlachten Sohn eine solide bürgerliche Ausbildung angedeihen lassen wollte. Zu diesem Zweck hatte er ihn nach Hamburg gebracht. Der Sohn hat sich übrigens zeitlebens nie ganz aus dem Schatten dieses Vaters lösen können – diese Belastung und das Empfinden, von der Natur nicht eben bevorteilt worden zu sein, haben Joachim Ringelnatz eher zu einem melancholischen Ritter von der traurigen Gestalt als zu jenem glücklichen Spaßvogel werden lassen, den die literarische Welt in ihm gesehen hat oder sehen wollte …

Die lange Nase
(Eine Parabel)

Hans wird der Nasenkönig genannt,
Denn er hat eine lange Nase.
Sie rufen ihm's nach auf der Straße.
Hans lässt sie rufen; er macht sich nichts draus,
Die Eltern und Bruder und Schwester zu Haus,
Sie lachen ja alle so oft ihn aus
Und spotten über die Nase.
Hans kommt in die Schule. Er hört, daß man lacht,
Daß man sich über ihn lustig macht,
Daß man vom Nashorn, vom Rüsseltier spricht
Und von der Gurke in seinem Gesicht.
So folgt ihm der Ulk auf Schritt und Tritt,
Und Hans lacht mit.
Er wird ein Soldat. Er wird ein Mann,
Und überall trifft er den Spottvogel an.
Der pfeift und singt und läßt keine Ruh.
Hans lacht dazu.
Hans lacht dazu, wenn man witzelt und höhnt,
Er hat mit der Zeit sich daran wohl gewöhnt.

Hans freite des Nachbars Liesel so gern
Da drüber über der Straße.
Und er fragt ganz schüchtern mal bei ihr an,
Da sagt ihm die Liesel: Sie mag keinen Mann
Mit so einer langen Nase –

In der Nacht, im Garten vorm Rasenplatz,
Da küßt sich die Liesel mit ihrem Schatz.
Sie tanzen, sie springen, sie singen vereint,
Und drüben, über der Straße,
Im Stübchen, wo noch die Lampe scheint,
Sitzt Hans vorm Spiegel und weint und weint
Über die lange Nase.

»Geboren bin ich am 7. August 1883 zu Wurzen bei Leipzig, und die Neigung zum Schriftstellern, die mich von frühen Jahren an begleitet, habe ich wohl zum Teil vom Vater mitbekommen. In Leipzig besuchte ich sehr vorübergehend ein Gymnasium und erwarb auf einer Realschule das Einjährig-Freiwilligen-Zeugnis. Eine unbändige Abenteuerlust ließ mich den Seemannsberuf wählen. Ich fuhr als Schiffsjunge, Leichtmatrose und Matrose auf Seglern und Dampfschiffen einige Jahre lang nach Süd-, Zentral- und Nordamerika, Afrika, Spanien, Rußland – nach etwa 22 außerdeutschen Ländern. Einige davon lernte ich näher kennen, indem ich mehrmals desertierte und mich dann, meist mittellos, herumtrieb, bis ich irgendwelche Beschäftigung fand. So war ich einmal Verwalter eines recht wilden ›Boarding-House‹, ein andermal ›Schlangenbändiger‹ in einer Jahrmarktsbude. 1904 erledigte ich meine Militärzeit bei der Kaiserlichen Marine. Hierauf absolvierte ich eine zweijährige kaufmännische Lehrzeit bei der Ruberoid-Gesellschaft in Hamburg, die mich dann in Leipzig als Kommis beschäftigte und später von Frankfurt a. M. aus Hessen bereisen ließ. Nebenbei schrieb und zeichnete ich für Reklame.«

Wie sein ebenfalls schreibender sächsischer Landsmann Graf Luckner hatte er früh von der Seefahrt geträumt, und wie dieser war er als Schüler ein nahezu hoffnungsloser Fall.

»Keines der Lehrfächer regte mich an. Ich war in allen schlecht. Sogar im deutschen Aufsatz, für den ich durch meinen schriftstellernden Vater mehr mitbekommen hatte als die anderen Knaben. Im Zeichnen versagte ich völlig. Ich brachte es nicht fertig, ein einigermaßen sauberes Quadrat zu zeichnen. Fortan durfte ich die allgemeinen Zeichenübungen nicht mehr mitmachen, sondern mußte mich während des Unterrichts unbeteiligt auf eine Sonderbank setzen, wo es mir überlassen blieb, einen häßlichen Gipsdackel abzuzeichnen. (...)

Das einzige Verlockende am Königlichen Staatsgymnasium waren Senfgurken, die der Pedell selber einlegte und davon er uns gegen geringe Bezahlung verkaufte. Sie zergingen auf der Zunge wie Butter und schmeckten ungleich köstlicher als die gewohnten Mahlzeiten daheim. Obwohl Mutter (...) sehr gut kochte. Mit Liebe kochte! Hatten wir Gäste zu Hause, so bekam sie in der Küche vor Eifer und Aufregung eine purpurrote Glanznase. Wir Kinder mußten das essen, was die Eltern wählten und mußten im allgemeinen aufessen, was uns aufgelegt war. (...) Ich verabscheute Linsen. Einst hatte ich nachsitzen müssen und kam um eine Stunde zu spät heim. Nun sollte ich nachessen, und es gab Linsen. Da ich indessen allein im Zimmer war, verteilte ich das Gericht nach allen Seiten. Ein paar Löffel ins Ofenloch, ein paar Löffel hinters Büffett, ein paar zwischen die Sofapolster, und so fort. Auch die tiefen Schnitzereien an unserem eichenen Eßtisch boten Verstecke, um mittags unbeliebte Bissen via Serviette verschwinden zu lassen. Bob, der Dackel, war in dieser Beziehung auch stets auf unserer Seite ...

Ich wurde auch in der Quinta nicht versetzt, sondern mußte ein neues Jahr dort bleiben. Das hatte den einzigen Vorzug, daß ich von den neuen Klassengenossen zunächst als Älterer respektiert wurde. Meine Zeugnisse verschlechterten sich. (...) Mein Vater beschlagnahmte eine Sammlung von Ansichtskarten, die ich mir angelegt hatte und auf denen halbnackte Mädchen zu sehen waren. Er beschlagnahmte auch ein sehr aufregendes Buch, das ich von einem Freund eingetauscht hatte, und das den Titel trug *Der Frauenhandel in Wisconsin.* Nie habe ich das Buch wiedergesehen und suche es noch heute.

Das zweite Quinta-Jahr ging zu Ende. Meine Aussichten waren hoffnungslos. Es ereignete sich ein Zwischenfall, der dem Faß den Boden ausschlug. Meine Eltern hatten mir ein Jahresabonnement für den Zoo geschenkt. Weil dieser Tiergarten direkt neben dem Gymnasium lag, benutzte ich alle Pausen, um hinüberzulaufen. Nun war dort seit einiger Zeit eine Völkerschau zu sehen, und zwar drei Samoaner mit dreiundzwanzig Samoanerinnen. Herrliche, stattliche Gestalten. Die Frauen trugen nur ein hemdartiges Gewand und steckten sich Blumen ins Haar. Ich befand mich in den Pubertätsjahren und konnte mich an den bronzefarbenen, dunkelhaarigen Weibern nicht sattsehen. Da mein kleines Taschengeld nicht ausreichte, entwendete ich zu Hause nach und nach unseren gesamten Christbaumschmuck. Bald trugen alle Insulanerinnen Glaskugeln, kleine Weihnachtsmänner, Schokoladenherzen und Zuckerfiguren, Wachengel und Ketten im Haar. Sie dankten mir, indem sie mich anlächelten oder über mein blondes Haar strichen, was mich beseligte. Aber eine von ihnen erfüllte mir eines Tages meinen Wunsch, mir ein ›H‹ auf den Unterarm einzustechen. Das geschah in der großen Unterrichtspause. Die dauerte eine Viertel Stunde, das Tätowieren aber eineinehalbe Stunde. Es tat ein bischen weh und kostete auch ein Tröpfchen Blut. ›Wo bist du gewäsen?‹ fragte der Lehrer, als ich unter atemloser und schadenfroher Spannung meiner Klassengenossen den Schulraum betrat. Ich wußte: nun ist alles aus. Aufrecht ging ich an dem Lehrer vorbei an meinen Platz und sagte, jedes Wort stolz betonend: ›Ich habe mich tätowieren lassen!‹ Es war aus. Consilium abeundi.«

Hans Bötticher wird nach diesem Vorfall des Gymnasiums verwiesen, besucht eine Realschule und besteht schließlich im Jahr 1901 die Prüfung, mit der zugleich die Berechtigung verbunden ist, den einjährigen freiwilligen Militärdienst abzuleisten. Nun enstehen erste Gedichte und Geschichten, die in »Auerbachs Deutschem Kinderkalender«, den der Vater herausgibt, auch abgedruckt werden. Aber es zieht ihn zur See, und dazu reisen Vater und Sohn nach Hamburg. Eine Tagebuch-Eintragung hält den Besuch fest:

»Ich will da anfangen, wo ich meinem Vater noch einmal gute Nacht wünschte und wir beide uns über den Bettrand bogen, um einen Händedruck auszutauschen, der von Seiten meines Vaters wohl bedeutete: werde ein tüchtiger und glücklicher Mensch, und bei dem ich ihm ohne Sorge die Versicherung gab, daß er sich nicht um mich zu sorgen brauchte. Das war am Abend des 3. April 1901 in einem Hotelzimmer am Hamburger Hafen. Der Heuerbas Kerner, der mir für 400 Mark eine seemännische Ausrüstung geliefert und sich verpflichtet hatte, mich am nächsten Tage auf einem großen eisernen Segelschiff unterzubringen, hatte uns im besagten Hotel einquartiert, und wir schienen dort gut aufgehoben. Wir waren morgens aus Leipzig angekommen und hatten gleich den Heuerbas aufgesucht. Dieser Mann, der mir den Weg in die weite Welt zeigen sollte, war von kleiner, untersetzter Gestalt, hatte ein rundbackiges Gesicht, unstete Augen und kleine, fette Hände. Er trug eine blaue Schirmmütze und hielt beständig eine Zigarre zwischen den Lippen, und zwar immer in der Mitte des Mundes, was ihm einen gewissen Ausdruck von Dummheit verlieh. Herr Kerner hatte einen kleinen Laden direkt am Hafen in einer Straße, die sich Stubbenhuk nannte. Er verkaufte Herrenkonfektionssachen vom Kragenknopf bis zu ganzen Anzügen, aber weniger für gentlemen als für Arbeiter und besonders Seeleute; blaue Hemden und Blusen, blaue Mützen und blaue Tücher. Blau war die dort herrschende Farbe. In einer Ecke standen übereinander fünf oder sechs längliche gelbe Kisten, die wie Särge aussahen und die Kerner Seekisten nannte. Drei Stufen führten ins Hinterzimmer, einen kleinen Raum, der, wie ein dort stehender Schreibtisch verriet, als Kontor diente. Da oben wie unten hohe Regale mit aufgestapelten Kartons an den Wänden angebracht waren und unten auch noch ein langer Ladentisch stand, blieb nur noch ein schmaler Gang übrig, in dem sich beständig blaugekleidete Menschen herumdrückten. Kerner empfing uns mit großem Eifer und erklärte gleich meinem Vater, daß mein Schiff leider in Le Havre bliebe und er mich nun erst mit anderen erfahrenen Seeleuten zusammen nach dort bringen ließe, wodurch er den vereinbarten Preis von 400 auf 450 Mark erhöhen müsse und dabei noch etwas einbüße. Er wußte meinem

Vater jede Besorgnis auszureden und begann nun die für mich bestimmten Ausrüstungsgegenstände aufzuzählen, indem er sie, der Reihenfolge seines Prospektes entsprechend, auf dem Ladentisch ausbreitete. (…) Da war zunächst ein Monkey-Jackett, eine dicke blaue Jacke mit Sammetkragen, die bei Seeleuten den Überzieher ersetzt, ferner ein Anzug mit zwei Reihen Knöpfen und eine Schirmmütze, wie sie Kerner selbst trug. Dann kamen in viertel oder halben Dutzenden wollene und leichtere Hemden, Unterzeug, bunte Taschentücher, Strümpfe und die mich hierauf am meisten interessierenden Sachen, als ein Ölzeug mit Südwester, ein Paar Fausthandschuhe im Winter am Ruder zu tragen, ein paar Arbeitsjumper, ein Paket Tabak, Tabakspfeife, Streichhölzer, Soda, Seife und zuletzt ein dolchartiges Messer mit Scheide und Riemen. Das erschien mir das Wertvollste an der ganzen Ausrüstung. Meine achtzehnjährige Phantasie malte sich dabei abenteuerliche, wilde Szenen an fernen Küsten aus, wo dieses Messer eine Hauptrolle spielte. Zum Schluß schleppte Kerner einen der gelben Särge herbei, packte all diese Sachen hinein und deutete auf eine blau-weiß gestreifte Matratze, welche, um ein gleichfarbiges Keilkissen gewickelt, einer Riesenroulade gleich in einer Ecke stand. ›Das ist deine Ausrüstung‹, sagte er durch eine Handbewegung. (…) Am anderen Morgen brachte ich meinen Vater zur Bahn.

(…) Am anderen Morgen aber ließ mich Kerner in seinen Laden holen. Dort standen bei meinem Eintritt mehrere andere Schiffsjungen wartend umher und schimpften laut. Kerner nahm aber keine Notiz davon, sondern verhandelte sehr geschäftig mit einem Italiener. Ein langer Herr mit einer Glatze schaffte meine Ausrüstungsgegenstände in eine Droschke, die draußen wartete. Darauf wandte sich Kerner zu mir, gab mir mit einem halb freundlichen, halb boshaften Lächeln die Hand, und nach diesem Abschied stieg ich mit dem Glatzkopf in die Droschke. Fort rasselten wir.

Über holpriges Pflaster ging's. Mir war sehr beklommen zu Mute, und die Lustigkeit des Herrn Schütt – so hieß mein Begleiter – konnte mich nicht anstecken. Sein Lächeln hatte etwas sehr Ironisches. Bald kamen wir an das Freihafenviertel. Über

Brücken hinweg. Links und rechts zeigten sich die für Hamburg charakteristischen Fleete. Vor den langen Lagerhäusern standen große, eiserne Kräne. Arbeiter, Packer, Kutscher, Zollwächter waren überall lärmend beschäftigt.

Plattdeutsche Laute, Schimpfworte, Kommandos und Pfeifensignale drangen an mein Ohr. Aber alles, was ich sah, war mir fremd und abstoßend. Trotz des Lärms kam mir diese Umgebung so drückend schwül und öde vor, daß ich (…) ein Gefühl von zukünftigem Ärger und Enttäuschung hatte. Nun hielten wir am Petersenkai vor einem Dampfer. Meine Sachen wurden an Bord gebracht (…), und dann stand ich allein auf dem französischen Schiff ›Therese et Marie‹. Man wies mir einen Raum an, wo ich während der Überfahrt nach Le Havre wohnen sollte. Deutsche Matrosen, die mit mir auf die ›Elli‹ kommen sollten, nahmen mich in Empfang und schafften meine Sachen in den Zwischenraum; so nannten sie den Ort, wo wir zwischen Kisten und Ballen, selbst Versandgütern gleich, einquartiert wurden. Dann nahmen sie mich mit an Land in eine Kneipe, wo man Bier aus Flaschen trank (…) Ich kam mir auf einmal recht männlich und stark vor, als ich so unter den derben Gestalten stand, ihre rohen Späße hörte und mich bemühte, es ihnen im Trinken möglichst gleich zu tun. Sie wollten sich über meinen hohen Stehkragen totlachen und zogen aus ihm den Schluß, daß ich von feinen Leuten wäre. Sie ließen sich auch von mir erklären, wie ich auf den Gedanken gekommen sei, zur See zu gehen, und schütteten sich wieder aus vor Lachen, als sie hörten, daß ich Kerner 450 Mark habe zahlen müssen. Seitdem nannten sie mich nur noch Vierhundertmarksjung.«

Die erste Seereise wird ein Alptraum. Hunger, Seekrankheit, Heimweh tun das Ihrige dazu. In Le Havre besteigt Georg Bötticher die »Elli« – dieses Schiff aber erweist sich als ein verrotteter ostfriesischer Kahn. Die Koje gleicht einer Nußschale, der Küchen- und Kajütendienst des frischgebackenen Seemanns ist brutal. Aber Schiff und Mannschaft erreichen schließlich die westindischen Inseln. Bevor Georg Bötticher schließlich wieder in Europa ist, hat er mancherlei Qualen und Enttäuschungen zu überstehen. Vom Dienst auf See hat

Joachim Ringelnatz, Aufnahme um 1932

er bald genug. Jetzt hat er anderes vor: Der Vater empfiehlt ihn an einen Hamburger Kaufmann namens Ristelhüber, der ihn als Lehrling einstellt.

»Man zeigte und erklärte mir eine Kopiermaschine und die Funktion des Lochers oder eines Briefordners und wies mir andere leichte Aufgaben zu. Aber meine hornigen Hände waren an grobe Arbeit gewöhnt. Ich richtete mit meiner kräftigen Unbeholfenheit manches Unheil an. Die Briefe in der Kopiermaschine verwischten, weil ich zu viel Wasser verwandte, oder sie zerrissen unter meinen gewaltsamen Griffen. (…) Ich ging auch zum ersten Mal in ein Kabarett, in der Wexpassage. Eine robuste Dame sang dort allabendlich: ›I bin a armer Bettelbuah.‹ Dem Zauber dieser Dame unterlag ich eine Zeit lang.«

Ein männlicher Briefmark erlebte
Was Schönes, bevor er klebte.
Er war von einer Prinzessin beleckt.
Da war die Liebe in ihm erweckt.

Er wollte sie wiederküssen,
Da hat er verreisen müssen.
So liebte er sie vergebens.
Das ist die Tragik des Lebens.

Der Lehrherr kann mit dem neuen Mitarbeiter offenbar reichlich wenig anfangen. Er schickt ihn wieder als Matrose auf See zurück, danach läßt er ihn aber doch wieder für kurze Zeit bei sich arbeiten – bis den inzwischen 21jährigen schließlich die Einberufung erreicht. Nach einem Jahr bei der Marine kehrt Bötticher jedoch abermals nach Hamburg zurück, um seine Lehre bei einer Dachpappenfabrik fortzusetzen:

»Ruberoid G.m.b.H. Hamburg, Dovenhof. (...) Die Firma war sowohl in ihrem geschäftlichen Gebaren wie auch in ihrer Haltung zum Personal hamburgisch vornehm. (...) Ich wohnte in der Großen Reichenstraße bei einer Frau Blome, die auch einen Privatmittagtisch führte. Meine ersten Ölbilder entstanden (...). Ich dichtete und bekam die Gedichte von der ›Jugend‹, vom ›Kladderadatsch‹, von den ›Fliegenden Blättern‹ meistens zurück, obwohl ich meine Begleitschreiben bald stolz, bald neckisch, bald überbescheiden, versuchsweise fast jedesmal anders abfaßte. Mein Vater zahlte mir ein regelmäßiges Monatsgehalt und ermöglichte mir, daß ich abends eine Handelsschule besuchte, um mein Pidgin-Englisch zu verbessern und Spanisch zu lernen. Auch Klavierstunde nahm ich. Bei einem alten Pianisten. Der hatte einen großen Kater. Als ich den einmal in den Schwanz zwickte, schob mich der Lehrer zur Tür hinaus und sagte, ich möchte nie wieder zu ihm kommen. (...) Freudling hatte mich in eine neue Gesellschaft eingefügt. (...) Das waren ehemalige Kunstmaler, die nun als Anstreicher ihr Brot verdienten. Im Übrigen aber ein freies Künstlerleben führten. Lustige Mädchen nahmen daran teil, sogar die Gärtnerstochter Tetsche, aus dem letzten Hause Hamburgs, die auf der Vorortbahn zum Vergnügen die Notbremse zog und dann so unbezwingbar lachen konnte, daß ihr die Beamten verziehen.

Von den Malern war Hein Mark der Mittelpunkt. (...) Eines Tages bekam er einen Auftrag. Alles jubelte, denn wenn Hein Mark Geld erhielt, dann hatten alle etwas zu trinken und zu essen. Hein Mark hatte den Auftrag, den Schrank einer Bordellwirtin gelb anzustreichen. Ich bat ihn, mich als Gehilfen mitzunehmen. Er lieh mir einen Malkittel und gab mir einen Farbtopf in den Arm. So zogen wir ins Bordell. Da die Wirtin aber noch schlief, mußten wir lange bei den Mädchen warten. Die bewirteten uns nun als Privatbesuch nun sehr gastlich mit Kaffee und Kuchen, und es war interessant, sie von der anderen Seite kennenzulernen.«

In der Welt der hanseatischen Kontore war Hans Bötticher reichlich fehl am Platz. Er war jetzt ein leidenschaftlicher und ehrgeiziger Dichter und Zeichner geworden. Noch einmal wurde er von seinem Lehrherren mit einer anderen Aufgabe vertraut: er geht als »Kommis« der Fabrik für kurze Zeit nach Leipzig, dann nach Frankfurt am Main. Aber nirgendwo hielt es ihn lange. Er floh nach England, wurde in Amsterdam inhaftiert, in einen Käfig gesperrt und in diesem nach Deutschland abgeschoben, arbeitete dann kurze Zeit als Buchhalter in München, stets von der Hand in den Mund lebend. Aber in München lernte er das Künstlerlokal von Kathi Kobus, den »Simpl«, kennen, und dieser Ort wurde für ihn zum wichtigsten Schauplatz seines Lebens. Dabei kauft er sich in unmittelbarer Nähe auch noch einen Tabaksladen, den er auf großem Firmenschild »Zum Hausdichter« nennt. Wie so viele andere Künstler auch, hat München diesen Dichter förmlich zum Blühen gebracht (wieso eigentlich gelingt das in Hamburg so selten?). Das Geldverdienen funktionierte freilich auch im Tabaksladen nicht. Unruhig reiste Hans Bötticher, der als Dichter erst ab 1919 Joachim Ringelnatz heißen wird, weiterhin im Lande herum, brach Damenherzen, war für kurze Zeit Privatbibliothekar eines Grafen York von Wartenburg, später eines Freiherrn von Münchhausen, wurde Fremdenführer auf Burg Lauenstein in Oberfranken – und veröffentlichte erste, wenngleich erfolglose Bücher.

Die Schnupftabakdose

Es war eine Schnupftabakdose,
Die hatte Friedrich der Große
Sich selbst geschnitzt aus Nußbaumholz.
Und darauf war sie natürlich stolz.

Da kam ein Holzwurm gekrochen.
Der hatte Nußbaum gerochen.
Die Dose erzählte ihm lang und breit
Von Friedrich dem Großen und seiner Zeit.

Sie nannte den alten Fritz generös.
Da aber wurde der Holzwurm nervös
Und sagte, indem er zu bohren begann:
»Was geht mich Friedrich der Große an«.

~

Es war einmal ein schlimmer Husten,
Der hörte gar nicht auf zu pusten.
Zwar kroch er hinter eine Hand,
Was jedermann manierlich fand.
Und doch hat ihn der Doktor Lieben
Mit Liebens Malzbonbons vertrieben.
Bemerkt sei noch: Für dies Gedicht
Bezahlte mich Herr Lieben nicht.

~

Es war ein Stahlknopf irgendwo,
Der ohne Grund sein Knopfloch floh.
(Vulgär gesprochen: Es stand offen).
Ihm saß ein Fräulein vis-a-vis.
Das lachte plötzlich: Hi hi hi.
Da fühlte sich der Knopf getroffen
Und drehte stumm

Sich um.
Solch' Peinlichkeiten sind halt nur
Die schlimmen Folgen der Kultur.

Im Ersten Weltkrieg wird Hans Bötticher Marinesoldat. Er brachte es, obgleich die Begeisterung sich bald abkühlte, zum Marineleutnant. Aber aus dem Heldentod wurde nichts. Unverletzt erlebte der kampfesmutige und verträumte, nach außen heitere, in Wahrheit wohl oft grüblerische Dichter den Krieg. Als in Cuxhaven gerade bekannt wurde, daß in Deutschland die Revolution ausgebrochen war, erhielt er ein Telegramm zweier Freunde, das ihn nach Hamburg rief und ihm die Entlassung aus dem Militärdienst ermöglichte. Aber diesmal hielt es ihn nicht lange in Hamburg. Es zog ihn wieder nach München – und das gemeinsam mit einer seiner zahlreichen Damenbekanntschaften: Lona Pieper, die er einmal als »muschelverkalkte Perle« bezeichnete und fortan »Muschelkalk« nannte. Schon während des Kriegs hat er ihr seine Liebe bekannt:

22. April 1917

Muschelkalk, süßes Kind,

Als ich Hamburg verließ, die Stadt der Seemannsfreuden, als ich von den alten St.Pauli-Landungsbrücken ablegte und mein Schiffchen in stürmischem grauen Wetter wieder hinausführte zu mancher Sturm- und Drangfahrt, da zog ich bald einen Brief von Dir hervor, und wie ich die Worte las »in Liebe Muschelkalk«, da ward mir so warm ums Herz, und ich meinte Dich als einen Engel neben mir zu sehen. (…) Dein Leben, Lona, ist weiß schlohweiß, und das meinige ist düster im Bunten. Du bist so viel höher als ich. Und mich hat wohl Gott bestraft oder bestimmt, ein ruheloses Dasein zu führen, wie die Seevögel, die mutig und kühn und doch voll steter Angst sind.

Berlin, 22. April 1920

Hochverehrter Herr Bürgermeister. Nachstehende Zeilen mögen zu Ihrem Herzen sprechen, ich habe sie nach langer Überlegung, jedoch ohne Raffinement niedergeschrieben und alles zu vermeiden gesucht, was meiner ehrlichsten Überzeugung widerspräche. Ich bitte Sie, hoch verehrter Herr, darin einzuwilligen, daß ich Ihre Tochter Lona heirate, und bitte Sie, das mit Ihrem gütigen Wohlwollen zu unterstützen und mir Ihre väterliche Liebe zu schenken. (...) Wenn ich Ihnen schriebe: »Ich liebe Ihre Tochter. Ich kann ohne sie nicht leben. Ich verspreche dies und jenes ...« – was besagt das. Würde ein vorsätzlicher Betrüger, würden leichtfertige Menschen, die ihr Können und Vermögen überschätzen oder unreife Leute, die zu wenig Lebenserfahrung besitzen, um sich eine Vorstellung von der Zukunft zu machen, würden diese Ihnen doch sicherlich nichts Gegenteiliges schreiben (...) Mein Bruder (Bergdirektor) und meine Schwester sind glücklich verheiratet. Meine Mutter lebt in Leipzig in bescheidenen Verhältnissen und wird mir dermaleinst so gut wie nichts vererben. Ich selber habe kein Vermögen und weiß, daß auch Lona kein solches zu erwarten hat. Ich habe Ihrer Tochter häufig und eindringlichst vorgestellt, daß sie in einer Ehe mit mir auf vieles verzichten müsse, was andere wohlhabendere oder reiche Männer ihr bieten würden, deren sich ohne Zweifel noch viele und ansehnliche um sie bewerben würden. Ich habe ihr die eventuellen Entbehrungen und Sorgen, die sie bei mir riskieren würde schwarz und noch schlimmer geschildert, als ich selbst innerlich je befürchten könnte, und Lona hat mich wie in glücklicher Situation auch in ungünstiger und verzagter Stimmung kennengelernt. All das hat sie nicht abzuschrecken vermocht und sie hat mich ermächtigt, Ihnen meine Bitte vorzutragen. Wir sind entschlossen, so bald als möglich zu heiraten und uns eine kleine Wohnung einzurichten und alles, was für uns ist oder was noch kommen wird, zu teilen. (...) Ich bin gesund und arbeitsfreudig. Aber der Gedanke, jemanden zu wissen, für den man lebt und denkt und sorgt, würde mein und würde auch Lonas Leben vergolden. (...) In dem tröstlichen Bewußtsein nichts zurückgehalten und nichts beschönigt zu haben, sehe ich nun Ihrer gütigen Antwort mit hoffnungsvollster Erwartung entgegen und verbleibe mit herzlichster und hochachtungsvollster Verehrung Ihr ergebener

An seinem 37. Geburtstag heiraten Hans Bötticher/Joachim Ringelnatz und Muschelkalk. Am Vorabend einer ausgelassenen Feier im

»Simpl« liest Ringelnatz seiner Frau ein eben fertiggestelltes Gedicht vor, »Ansprache eines Fremden an eine Geschminkte vor dem Wilberforcemonument«, in dem es am Ende heißt:

Ich bin etwas schief ins Leben gebaut.
Wo mir alles rätselvoll ist und fremd,
Da wohnt meine Mutter! Quatsch! Ich bitte dich:
Sei recht laut!
Ich bin eine alte Kommode,
Oft mit Tinte oder Rotwein begossen;
Manchmal mit Fußtritten geschlossen.
Der wird kichern, der nach meinem Tode
Mein Geheimfach entdeckt.
Ach Kind, wenn du ahntest, wie Kunitzburger
Eierkuchen schmeckt!
Das ist nun kein richtiger Scherz.
Ich bin auch nicht richtig froh.
Ich habe auch kein richtiges Herz.
Ich bin nur ein kleiner, unanständiger Schalk.
Mein richtiges Herz. Das ist anderwärts, irgendwo
Im Muschelkalk.

Die winzige Münchener Wohnung war, wie der Freund Herbert Günther erzählt hat, »ein wohlgeordnetes Zauberreich, in dem er umherhuschte, zierlich wie ein Gnom, schenkfreudig wie ein Märchenkönig, zum Verlieben in seiner Höflichkeit und Güte. Seine Wohnung war ein Ankerplatz (...), kaum hatte er ohne Mittel geheiratet, begann seine Karriere als Artist mit Gastspielen in allen deutschen Städten, kamen seine Arbeiten und Erfolge als Dichter und als Maler.« Aber zufrieden war er mit seinem Wohnort trotz der vielen Reisereien bald doch nicht mehr. Das Ehepaar wurde der Münchener Bohème überdrüssig und zog im Februar 1930 nach Berlin an den Sachsenplatz in Neu-Westend. Weiterhin war Ringelnatz ständig auf Achse, verdiente sich bei seinen Gastspielen gerade so viel Geld, daß es für beide so eben zum Leben reichte, veröffentlichte Bücher und war nun doch so etwas wie ein bekannter und beliebter deutscher Autor geworden, der sich nicht mehr auf Bürostühlen oder Schiffen herumtreiben mußte.

Der Athlet

Mein Name ist Murxis, der Kraftmensch genannt.
Meine Nahrung ist Goulasch vom Elefant
In einer Soße des Stärkemehles.
Meine Heimat ist das Zentrum Südwales.
Upsala!

Ich wurde durch einen Kaiserschnitt
Geboren mit Hilfe von Dynamit.
Daß ich noch lebte, war reines Glück.
Von meiner Mutter blieb weniger zurück.
20 kg mit dem kleinen Finger.

Man baute um mich eine Art von Dock.
Mit Strebestützen im 16. Stock
Eines Wolkenkratzers von Rockefeller.
Das Stockwerk brach, man fand mich im Keller
Mit verschränkten Armen.

Ich war in allen Städten der Welt
Als Muster von Herkules ausgestellt.
Wer das bezweifelt – 5 Groschen –, der fordre
An der Kasse die Wachskabinettsordre.
Ich nenne mich selbst den Venus von Milo.
Bruttogewicht: 200 Kilo.

Es haben mich Königinnen betastet.
Ich habe einmal drei Wochen gefastet
Und unternehme auch heute noch Schritte
Zu meiner Entlastung. Und deshalb bitte
Ich die Herrschaften um ein kleines Douceur.

München – Hamburg – Altona – Amerika

Denn von München bis nach Hamburg hin,
Dritter Klasse, ist kein rechter Schlaf.
Ob Artist, ob müde oder Schaf –
Jedenfalls: ich merke steif: ich bin.
Aber grüßt mich in Hannover
Schon ein kühles, blondes Lineal.
Elbe abwärts, über den Kanal
Weht ein frischer Wind nach Dover.
Denn dies Hamburg liegt nicht weit vom Meere,
Wohin der Binnenländer sticht.
Und am Dammtor stehen Leip und Kläre,
Die wie Whiskysoda zu mir spricht.
Und ich melde dann
Mich bei dir an Deck,
Dicker, treuer Kaptein Muckelmann.
Und du lächelst über mein Gepäck.
Abends lassen wir uns hin und her
Bis nach Altona
Durch die Hafenkneipen treiben,
Nur damit wir unsrem Peter Scher
Nach Amerika
Eine schöne Ansichtskneipe schreiben.

In Hamburg hatte einmal der Weg des Seemanns Hans Bötticher begonnen. Der Dichter Joachim Ringelnatz hat immer wieder – und das im Gegensatz zu manchen anderen Dichtern – liebevoll an Hamburg zurückgedacht.

Hamburg

Das Hafenleid – die Alsterdiamanten –
Das sind für mich so fertige Begriffe,
Da fallen Zahlen um die großen Schiffe,
Wenn ich begönnert, aber mißverstanden

Zwischen den Reedern sitze an der Bar,
Die scheinbar nur um Whiskysoda knobeln.
Indessen denk ich immer vor den noblen
Kaufherren an mein schlecht gekämmtes Haar.

Dann die, die aus den Schiffen sich verstreuen:
Unangenehme, plumpe Wunderlinge,
Sie schenken bluterlebte Wunderdinge
Und wollen nichts, als sich mit andern freuen.
Wie sie das erste beste runter gießen,
So gierig wie die weißen Hafenraben – – –
Muß man den Schlüssel selbst erschmiedet haben,
Um ihre seltnen Märchen zu erschließen.

Und alles kenn' ich: Backbord, Luv und Lee,
Das »Rundstück warm«, die Segel und die Lichter,
Die hellen abgesalzenen Gesichter.
Fuhr ich vielleicht umsonst sechs Jahr zur See!

Hier bunte Ratsherrn flatternd um die Masten,
Dort steife Flaggen, die zur Börse hasten.
Und steife Grogs, Qualm, Tabak, Nebeldunst.
Du frägst nach Kunst? Ach Hummel, Hummel – Kunst!

Nachts klang zwölf Glasen – nein, vielleicht zwölf Uhr –
Wie aus Westindien – dumpfes Dampfertuten,
Ich träumte (aber dieses lüg ich nur)
Ich träumte eben von der Tante Bur, –
Kann es wohl sein, daß Augenwimpern bluten?
Hier trink ich morgens Bier auf nüchtern Magen
Und häufe Wurst auf grobes, schwarzes Brot,
Und fühle mich so stark in jeder Not,
Ich würde mich hier schämen, je zu klagen.

Postkarte an Muschelkalk

Hamburg, 1. 9. 1926

L./K. Ich wohne Badestr. 47 bei Flemming. Popp hat mich dort untergebracht, weil alle Wilkens noch 8 Tage verreist sind. Ich trete mit der bekannten Negertruppe chocolade-girls auf. Es scheint alles gut zu werden. Gesundheitlich ist noch der alte Standpunkt. Wenn ich money bekomme, gehe ich vorsichtshalber zum Arzt.

Herzlichst
D. Ringel

Über das unstete, ebenso von ausgelassener Lebensfreude wie von Arbeitswut und düsteren Stimmungen gezeichnete Leben des Joachim Ringelnatz, über seine umjubelten Auftritte und Eskapaden, über sein umfangreiches Werk als Dichter und Zeichner ließe sich noch viel erzählen. Sein Ende war bitter, nicht zuletzt seine letzten Tagebuch-Aufzeichnungen im Berliner Krankenhaus aus dem Jahre 1934 berichten darüber. Seine geliebte Muschelkalk hat ihn im Krankenhaus als »erstauntes, erschrockenes Kind mit ganz großen Augen« geschildert. »Wenn es ihm gut geht, sieht er aus wie ein schon gestorbener Weiser. Und zwischendurch ist er ganz der alte, macht Jux, krakeelt usw.«

Sein Biograph Walter Pape sagte über ihn: »Ringelnatz war im Leben, aber auch in der Dichtung alles andere als der saufende Kabarettpoet oder seine Selbstparodie Kuttel Daddeldu, wie es die Legende verbreitet.« Ein bißchen davon spiegelt sich in den letzten Versen von Ringelnatz' Gedicht: »Kinder, spielt mit einer Zwirnsrolle!«:

Denkt nach, dann könnt ihr zwischen Zeilen
Auch mit geschlossenen Augen lesen,
Daß Onkel Ringelnatz bisweilen
Ein herzbetrunkenes Kind gewesen.

»DER STOLZESTE TAG IN MEINEM LEBEN …«

CARL VON OSSIETZKY (1889–1938)

Pack schlägt sich!
An einen »guten Freund«.

Du hast mich bitter oft gekränkt
Mit manchem spitzig hartem Wort.
Du hast mir keine Qual geschenkt –
Ich trug es schweigend fort.

Du sagtest alles wie im Scherz
Umglänzt von trügerischem Schein,
und in mein Herz, mein wundes Herz
stachst lächelnd du hinein.

Ob ich dir zürne? – Solchen Tand
Laß ich vorerst in sichrer Ruh.
Reich mir die Hand – die Bruderhand,
ich bin ein Lump wie du!

Eine Fahrt auf der Alster

»Wer die Quelle von Hamburgs Ansehen und Reichtum kennen lernen möchte, der möge sich den Hafen mit seinem regen Leben ansehen. Es ist aber nicht zu zweifeln, daß ein Fremder unter der Fülle des Geschauten ermüdet und sich nach einem ruhigen Betrachten sehnt. Da bietet nun Hamburg eine reizvolle Abwechslung: die Alster. Jedem ist sie lieb und wert – schon ihrer Lage halber. Welche Großstadt bietet wohl innerhalb ihres Weichbildes solche Schönheiten? Wie wohltuend wirkt nicht der Anblick der klaren Wasserfläche, wenn wir aus dem Häusermeer hinausgelangen! Versuchen wir es, eine Fahrt durch die schönsten Teile zu schildern!

Wir besteigen ein Dampfboot, nachdem wir den Jungfernstieg mit seinen herrlichen Gebäuden und Promenaden verlassen haben.

Bietet schon die Binnenalster ein ungemein reizvolles Bild, so sind doch alle freudig überrascht, wenn nach dem Passieren der Lombardsbrücke die Außenalster wie ein See vor ihnen liegt. Schöne grüne Ufer mit prunkvollen Häusern grüßen von beiden Seiten. Auf dem Wasser selbst, welch buntes Bild! Ruder- und Segelboote sind an jedem schönen Tage reichlich vertreten; weißleuchtende Schwäne ergötzen das Auge des Fahrenden. Dann verengt sich die Alster wieder etwas, und wir können die Villen von Schwanenwiek, Uhlenhorst und Harvestehude anschauen. Hier sind die Wohnungen des Reichtums, Stätten der Erholung, der Annehmlichkeit. Wir können den Eingang zum idyllischen Feenteich sehen; das buntbewimpelte Uhlenhorster Fährhaus begrüßt uns.

Nach der Krugkoppelbrücke verliert sich allmählich der imposante Charakter. Der Fluß wird ganz schmal; wir können fast die Ufer mit den Händen erreichen. Wunderschön aber ist die Rückfahrt am Abend. Tausende bunte Lichter spiegeln sich im Wasser wieder, und alles zusammen erweckt beim Verlassen des Schiffes den Eindruck, daß wir einen schönen Tag verlebt haben.«

Er hatte ein Dichter in Hamburg werden wollen. Er wurde einer der größten, wenn auch umstrittensten Publizisten der Weimarer Republik, ein leidenschaftlicher Berliner, ein radikaler Moralist und pazifistischer Demokrat und schließlich ein heldenhafter Märtyrer: Carl von Ossietzky, der am 3. Oktober 1889 als Sohn eines oberschlesischen Milchhändlers und Speisewirts und der ebenfalls oberschlesischen Tochter eines Maschinenmeisters geboren, dort katholisch getauft und protestantisch konfirmiert wurde. Den kurzen Aufsatz über eine Alsterfahrt schrieb er am 24. September 1907 anläßlich seiner Bewerbung beim Amtsgericht Hamburg, wo er nach einer Eignungsprüfung, die er mit »genügendem, fast gutem« Ergebnis bestand, als Hilfsschreiber eingestellt wurde. Die häuslichen Verhältnisse waren nach dem frühen Tod des Vaters alles andere als behaglich. In einer Atmosphäre von Zwiespalt und Klatsch sei er aufgewachsen, hat er

berichtet. Er war wohl auch das, was man einen Schulversager nennt, und mehr als für alles andere interessierte er sich für Literatur und Theater. Dann erwachte das Interesse für den Journalismus, das ihn fortan nicht mehr losließ. Er heiratete eine in Indien aufgewachsene Engländerin und bezog mit ihr schnell wechselnde, immer höchst bescheidene Wohnungen in Hamburg. Auch später in Berlin wohnten er und seine Familie zumeist nur als Untermieter, oft möbliert. Als sich im Mai 1932 die Tore des Berliner Gefängnisses zum ersten Mal hinter ihm schlossen, mußte Ossietzky einen Fragebogen der Strafanstalt beantworten. Zwar veredelte er die Zeit am Amtsgericht Hamburg als kaufmännische Ausbildung, sonst aber gab er korrekt über die Stationen seines Lebens Auskunft.

Blick aus Ossietzkys Wohnung auf die Außenalster, um 1916

Lebenslauf nach einem Fragebogen der Strafanstalt, 10. Mai 1932

Zuname und sämtliche Vornamen?
Carl von Ossietzky.
Geburtstag?
3. Oktober 1889.
Geburtsort?
Hamburg.
Beruf?
Schriftsteller; 1919-1924 Redakteur der »Berliner Volkszeitung«, 1924-1926 Redakteur von »Tagebuch« und »Montag Morgen«, seit 1927 Herausgeber der »Weltbühne«.
Religionsbekenntnis?
Dissident.
Bei wem erzogen?
Bei den Eltern.
Welche Schule haben Sie besucht?
Oberrealschule, Einjährigen-Berechtigung.
Lebenslauf nach dem Verlassen der Schule?
Kaufmannslehre in Hamburg; später Schriftsteller, Journalist. Seit 1919 an Berliner
Zeitungen.
Haben Sie Vermögen?
Nein.
Wie hoch war Ihr Einkommen zur Zeit der Begehung der Tat?
Gehalt bei der »Weltbühne« ca. 10 000 Mark jährlich.
Letzter Aufenthalt und Wohnung?
Wilhelmstraße 11a.
Wo haben Sie zuletzt dauerhaft gewohnt?
Berlin.
Name, Stand und Wohnung der Eltern?
Vater – verstorben. Mutter – verstorben.
Sind Sie ledig?
Verheiratet.
Verheiratet mit wem?
Maud von Ossietzky geb. Woods, Berlin-Friedenau, Wilhelmstraße 11a, geb. 11. Dezember 1888 in Haiderabad, Indien.

Wieviel Kinder haben Sie?
Eine zwölfjährige Tochter.
Wie oft sind Sie vorbestraft?
Ein paar Pressedelikte.
Weshalb wurden Sie jetzt bestraft?
Landesverrat begangen durch die Presse.
Gestehen Sie die Ihnen zur Last gelegte Tat ein?
Nein. Ich werde nicht ruhen, die juristische Rehabilitation durchzusetzen.
Welche schweren Krankheiten haben Sie erlitten?
Keine besonderen Krankheiten, nur nervöse Störungen, vorübergehende Schlaflosigkeit und Herzbeschwerden.
Haben Sie besonders starke Leidenschaften?
Rauchen.
Was gedenken Sie nach der Entlassung zu tun?
Ich bin Herausgeber der »Weltbühne« und werde an diesen Platz zurückkehren.

Das war 1932. Doch greifen wir noch einmal zurück. Am 21. Februar 1911, nach einem heftigen Theaterskandal um Herbert Eulenbergs Komödie »Alles um Liebe« am Deutschen Schauspielhaus in Hamburg, schickt Carl von Ossietzky unaufgefordert seine erste Theaterkritik an die Zeitung »Das freie Volk«. Sie wird sogleich abgedruckt.

»Das freie Volk«, 25. Februar 1911

»Hamburg hat wieder einmal seinen Skandal gehabt. Nicht vor einem Chronometerladen am Schopenstehl – wie vor einigen Jahren – sondern in seiner vornehmsten Kunststätte. Diesmal waren es keine ›Halbstarken‹, die sich gegenseitig die gestohlenen Taschenuhren an den Kopf warfen; nein, ein gut bürgerliches Publikum fühlte das Bedürfnis, Radau zu machen und den Darstellern, die mit bewundernswertem Eifer an der Arbeit waren, eine Musterkollektion schönster Lokalausdrücke an den Kopf zu werfen. Das Parkett johlte und pfiff. Die Ränge tobten vor Wut. Und die alte Behauptung, daß die Galerie die meiste Einsicht zeige, muß feierlichst auf das Gebiet der Legende oder Theaterhumoreske verwiesen werden.

Und was war geschehen?

Man hatte riskiert, das Werk eines echten Dichters aufzuführen. Ein Werk, das gewiß nicht ohne Mängel ist. Ein Werk, vor dessen Schwächen selbst man in einer Zeit, wo die Plumpheiten Bernsteins und Batailles über die Bretter poltern, wo sich unter der Schutzmarke ›Schwank‹ die frechste Unkultur spreizt, wo Fulda auf tragischem Kothurne herumstolziert, allen Grund hat den Hut abzunehmen.

Der Duft der Romantik umgibt das Werk. Jener Duft, der uns den *Sommernachtstraum* und *Wie es euch gefällt* so wert macht. Die Buntheit der Geschehnisse, die Fülle kurioser Einfälle erwecken Erinnerungen an den Meister der deutschen Romantik, an den genial-konfusen *Ponce de Leon* Clemens Brentanos.

Das Publikum stand dem Werk anfangs wortlos und später aufgebracht gegenüber. Man hatte keinen Sinn für die Komik der Tragik einzelner Situationen. Man vermißte eine leicht faßbare Handlung. Der brutale Stoffhunger triumphierte über die zarten Gebilde einer Dichterphantasie. So ist das Publikum und auch der größte Teil der Kritik dem Werk eines Dichters, der künstlerisch auf einer längst vergangenen Zeit zu fußen scheint, der so gar keine Beziehungen zur Gegenwart zu haben scheint und doch mit beiden Armen in die Zukunft weist, nicht gerecht geworden. Die Minorität wurde niedergebrüllt. Es nützte nichts, daß in der ersten Parkettreihe Richard Dehmel sich freiwillig zum Organisator des Erfolges proklamierte, indem er mit dem Rücken gegen die Bühne demonstrativ applaudierte. Man gab an diesem Abend nichts auf Autoritäten.

So brutal auch die Formen der Ablehnung waren, blieb doch das Ganze ein Possenspiel, in dem das Publikum der blamierte Teil war.

Das zahlungsfähige Hamburger Bourgeoispublikum sollte sich aufrichtig schämen.«

Ossietzky hat auch in seiner Berliner Zeit regelmäßig über das Theater, gerade auch über das hamburgische, geschrieben, so etwa am

26. September 1925 im »Tage-Buch« über den Intendanten des Deutschen Schauspielhauses:

Der Baron Berger

»In diesen Tagen feierte das Hamburger Schauspielhaus seinen 25. Geburtstag. Berliner Kritiker, die zum Fest herbeigefahren kamen, schrieben nachher sichtlich enttäuscht, klagten, Schauspielkunst von vorgestern gefunden zu haben, leeren Pomp der Sprache und Gebärde, mit einem Wort: Hoftheater.

Dabei war die Gründung dieser Bühne um die Jahrhundertwende eine mutige, rebellische Tat. Ihre kurze Blüte und rapider Verfall ist verknüpft mit dem Namen des Barons Alfred von Berger, dem wieder dieses Hamburger Theater zum Schicksal wurde. Das Fatum hat sich mit ihm seltsame Umwege erlaubt: er wurde in Hamburg Theaterdirektor, um die Wiener Hofburg zu erobern. Der heutigen Generation dürfte der eigenartige Mann völlig entschwunden sein. Ein paar Novellen von ihm reichen vielleicht über den Tag hinaus.

Es war ein großes Erstaunen in Hamburg, als sich ihnen der neue Theatermann präsentierte: ein Wiener Literaturprofessor, bisher Sekretär des Burgtheaters, dazu Gatte einer gefeierten Schauspielerin, der ewigen Naiven dieses ehrwürdigen Instituts. So, wie sich die guten Hanseaten einen Professor vorstellten, sah der fremde Herr allerdings nicht aus. Eine ungeschlachte Cyklopengestalt mit einer unglaublich dicknasigen Nilpferd-Physiognomie. (›Bin ich wirklich so häßlich?‹, soll er zu Liebermann gesagt haben, als er sein Porträt betrachtete.) In diesem Hünen aber wohnte ein graziöser, südlich-lebendiger, komödiantisch vagabundierender Geist. Diese Hände, die eines Preisringers, waren nicht gewohnt zu kämpfen, sondern diplomatisch zu glätten, genießerisch zu liebkosen. Das Seltsame geschah: der Wiener Improvisator eroberte Hamburg kampflos, nein, er verführte, behexte es.

Er schmeichelte den Konservativen mit breiten, gewichtigen Klassikeraufführungen, den Jungen mit Ibsen und Hauptmann, dem großen Publikum mit jedem neuen Blumenthal, mit 300 Aufführungen von *Alt-Heidelberg*; mit dem Neuengagement anmutiger Aktricengesichter hielt er den Aufsichtsrat bei Laune ... Er war ein Teufelskerl. Niemals ist einem künstlerischen Menschen das greuliche Hamburger Klima leichter geworden. Er war der populärste Mann. Er machte mit einer Berührung das essigsaure Patriziat zuckersüß. Wilhelm II. favorisierte ihn, aber auch die roten Gewerkschaften feierten ihn als einen mutigen Kämpfer der Aufklärung gegen künstlerische und geistige Reaktion. Wahrscheinlich hatten sie alle recht.

Fragt man sich heute nach dem Warum dieses Erfolges, wird die Antwort ziemlich schwer. Mit scharmanter Beredsamkeit, gesellschaftlichem Tausendkünstlertum läßt sich schließlich zehn Jahre ein Salon beherrschen, aber nicht eine Stadt, und was für eine Stadt! Wahrscheinlich erklärt sich das alles nur aus den Hamburger Theaterverhältnissen, wie er sie vorfand und die allerdings ins Aschgraue gingen.

Er brachte die Freude an der Farbe ins Theater, den bunten, lustigen Aufzug, er machte aus jeder Neuaufführung ein Fest mit leuchtenden, lachenden Hintergründen. Wenn das alles auch nur Kulissenzauber war, schnell verblassend, die biedern Hanseaten (...) lernten von ihm die Flötentöne.

Alfred von Bergers Ausgang ist nicht ohne Tragik. Hamburg war ihm immer nur Zwischenstation gewesen, die Probeleistung, sein Ziel war die Hofburg. Bei jeder Schlenther-Krise – wurde sein Name genannt. Die Jahre gingen, er wurde nervös, zehrte sich im Warten auf, kümmerte sich weniger und weniger um seine Direktorenpflichten. Unter seinen Augen entwickelte sich ein munterer Schlendrian. Schließlich kam die große Stunde, aber ein kranker Mann ging an ein krankes Institut. Er hatte die Wiener Künste nach Hamburg gebracht und prosperiert, aber was er nach Wien brachte, das waren schließlich nur die Hamburger Künste. Und das war für 1910 zu wenig. Der alte Zauberer mochte die Magie entweichen fühlen, er wurde matt, er erlaubte der Krankheit, die jahrelang an ihm gefressen, die er mit ungeheurer Anstrengung zurückgedrängt, Fortschritte zu machen. Eines Tages legte er sich hin und starb schnell.

In der Hamburger Galerie hängt sein Bild von Liebermann. Da sitzt er vornübergeneigt, breitschultrig, schmerbäuchig, dicklippig, die Nilpferdnase phantastisch häßlich, eine Zigarre in den Fingern zerknautschend. Wie vital wirkt das alles. Seltsam, daß nicht nur dieser überlebendige Mensch dahin ist, sondern auch sein Theater müde, grau und verstaubt daliegt, wie ein einstmals leuchtender Makart, den man zusammengerollt ins Magazin geschoben hat. Ja, sein Schauspielhaus ist ein Theater der Alten für die Alten geworden. Nichts ist von Alfred von Berger jung geblieben als sein Bild.

Wer aber seine Blütezeit erlebte, wird gern Zeugnis ablegen, daß er für ein paar Jahre eine hoffnungslos unmusische Stadt froher und festlicher gemacht hat.«

Carl von Ossietzky war ein intimer Kenner der Literatur, ganz besonders der englischen. Doch früh schon schob sich sein politisches und soziales Interesse in den Vordergrund seines Denkens und Schreibens. Seine ersten Artikel lassen aufhorchen, bringen ihm aber auch schon vor Ausbruch des Ersten Weltkriegs eine Geldstrafe wegen öffentlicher Kritik an der Militärgerichtsbarkeit ein. Er hielt ab 1914 des öfteren Vorträge, wurde aber im Juli 1916 zum Kriegsdienst an der Westfront einberufen. Nach der Rückkehr zog er mit seiner Frau nach Berlin, wurde dort Sekretär der Deutschen Friedensgesellschaft, schrieb regelmäßig für die »Berliner Volkszeitung«, trat bei »Nie wieder Krieg«-Kundgebungen auf, kandidierte für die neugegründete Republikanische Partei, wurde deswegen wieder entlassen, wurde dann Redakteur der Zeitungen »Das neue Tage-Buch« und »Montag Morgen« und schließlich, am 1. April 1926, Redakteur der »Weltbühne«, was ihm übrigens schon 1927 eine Geldstrafe wegen Beleidigung der Marineleitung und 1928 eine Geldstrafe wegen Besprechens und Zitierens eines beschlagnahmten Buchs einbrachte. Carl von Ossietzkys Artikel werden in diesen Jahren zu einer weithin beachteten Stimme des pazifistisch-republikanischen Deutschland.

Ausverkauf (»Völker-Friede«, 1919)

»Nun gleiten wir alle sacht in den Winter unseres Mißvergnügens. Keinen fand diese Herbstsonnenwende zufrieden. Keiner sprach: ›Die Wolken all, die unser Haus bedräut, sind in des Weltmeers tiefem Schoß begraben.‹ Bleiern lastet es auf Siegern wie Besiegten. Bei den einen übertönt Festjubel nur mühsam die Stimmen banger Sorge, und manche tönende Fanfare findet zages, hohles Echo. Und die andern, die das Spiel verloren? Richtungslos irren sie. Sie wissen ausgehungerte Völker hinter sich, ausgehungert an Leib und Seele. Stumpf und müde geworden. Stumpf und müde ist selbst die Raserei. Da ist keiner, der es fühlt: ... die Helle vor mir, Finsternis im Rücken. Die Ratlosigkeit ist das Zeichen dieser Nachkriegszeit. Kein Aufschwung, sondern Verdrossenheit.

Gestehen wir es uns ein: auch auf uns Pazifisten lastet diese Verdrossenheit. Wie heiß haben wir in vergangenen Jahren nicht die Stunde ersehnt, die den Kriegsgott stürzen sollte. Wie hat sich unsere Sehnsucht nicht diese große Wende vorgestellt! Die Krieger zerbrechen ihre Schwerter, zertrümmern die Kanonen, und nach Unzeiten trennenden Hasses verlieren die Grenzen der Länder ihre unheimliche Kraft; die Menschheit als heiligen und unerschütterlichen Begriff in sich tragend, so ziehen die Scharen der Soldaten in die Heimat zurück. Verhehlen wir es uns nicht, dieser Augenblick, die ›weiße Sekunde‹, wie ihn Leonhard Frank so wunderbar nennt, ist nicht gekommen. Das Ende des Krieges bedeutete nicht Verbrüderung, sondern hart und eindeutig: Sieg der einen Koalition über die andere! Sieg mit allen Konsequenzen für Sieger wie Unterlegene! Die Völker, nach Entwaffnung, nach Ruhe verlangend, bleiben weiterhin angespannt, aufgeputscht, von neuem wird ihr natürliches Gefühl, das Vereinigung will und nicht Trennung, von nationalistischem Geschrei übertönt und irregeführt. Das Resultat ist ein jämmerliches. Die Chauvins aller Länder gehaben sich noch, als läge die Zukunft in ihrer Hand. (...)

Erst jetzt wird die europäische Fäulnis aus der Zeit vor 1914 wirklich offenbar. Jetzt muß auch der Blödeste die Schwären und

Gebresten, die man so nett ›Territorialprobleme‹ nennt, und die ein jeder Staat so ängstlich zu verbergen trachtete, obgleich der Geruch verriet (sic!). Daß nun die Hüllen heruntergerissen sind, das wäre an und für sich gewiß kein Schade. Gefährlich ist nur, daß man alle Konflikte noch immer mit den Mitteln der alten, durch die Ereignisse überholten und widerlegten Diplomatie zu lösen sucht. Daß noch immer die Einstellung eine durch und durch imperialistische ist. Daß noch immer der stolze Trödel der ›nationalen Ehre‹ mit seinen Fahnen und Wappentieren den Ausschlag gibt, während die wahren Bedürfnisse der Menschheit Überbrückung der Grenzen und gegenseitige Hilfe verlangen, wenn wir nicht einer Weltkatastrophe zutreiben wollen. Aber die Lenker unserer Geschicke schwelgen auf Trümmern, verschleudern mit großer Geste Länder und bestimmen kaltlächelnd Grenzen in Gebieten, die ihnen in gleichem Maße vertraut sind, wie etwa einem durchschnittlichen Europäer das Indianer-Territorium.

Ein Jahr nach Abschluß des Waffenstillstandes noch darf der alte Clemenceau, ein Mann von untadeliger demokratischer Vergangenheit, sich über alle Gebote der Demokratie hinwegsetzen und versuchen, seine persönliche Denkungsart, eine seltsame Mischung von nationalistischer Überreiztheit und verschrobener Bismärckerei, einem großen freiheitsliebenden Volke als nationale Gesinnung aufzupfropfen. Ein Jahr noch nach Abschluß des Waffenstillstandes treiben in Deutschland weite Volksschichten einen albernen Kultus mit dem wattierten Preisringer Ludendorff. Neue Zeit? Nein, noch taumelt alles im Labyrinth des Krieges. Damit ist aber unsere pazifistische Arbeit notwendiger denn jemals.

Es ist unsere höchste Pflicht, uns mit aller Kraft für die Durchdringung Deutschlands mit pazifistischem und demokratischem Geist einzusetzen. Wir müssen den Mut zu absolut neuen Methoden finden. Stärker noch als formale Schuldbekenntnisse, die von Skeptikern sehr leicht als Lippenbekenntnisse gewertet werden können, müßte eine solche Tat wahrhaft vorbildlich wirken und am allerersten geeignet sein, die Barrieren des Hasses und Mißtrauens um uns niederzulegen. Das ist der Weg zum Völkerbunde der Zukunft, der nicht aus dem Kalkül der Staatsmänner erwächst, sondern dem Rechtsempfinden der Völker. Dann erst wird die Stunde der Versöhnung anbrechen und der letzte Krieger sein Schwert unter Rosen begraben.«

»Das Sexualproblem der gebildeten Frau«

»Über dieses Thema las im Klindworth-Scharwenka-Saale eine sympathische junge Dame namens Gertrud Brewitz mit ungemein sympathischer Stimme einen ungemein sympathisch stilisierten Schülerinnenaufsatz vor, der mit dem solchen Leistungen innewohnenden Instinkt sorgfältig alles vermied, was zum Thema gehörte. Daß Sexualfragen nicht nur moralisch-ästhetisch, sondern vor allem sozial zu fassen sind – diese Erkenntnis, heute Gemeingut, hat noch nicht die Gestade der glückseligen Insel erreicht, auf der Fräulein Gertrud Brewitz sich zu ihren Mondscheinsonaten anregen läßt. Der Saal wies ebenso starke Lücken auf wie die Behandlung des Themas. Die gebildete Berlinerin von heute ist über Sexualprobleme hinaus.«

(»Berliner Volks-Zeitung«, 12. März 1921)

»Berliner Volks-Zeitung«, 22. Februar 1921
Der Dialog ohne Ende

»1348. – Am Rande einer deutschen Stadt

Er: Woher kommst du so spät?

Sie: Bin Wasser holen gegangen. Zwei Stunden bis zum Fluß. Wir wagen nicht aus dem Brunnen zu schöpfen; die Juden haben ihn vergiftet. Die Juden haben uns die Pest in die Stadt getragen. Ah, wenn uns jemand von dieser Rotte befreite!

Er: Pst, nicht so laut! Wir sind bereit; heute nacht geht's los. Wir schleichen uns mit den Pechkränzen ans Ghetto … und wenn sie herauskommen aus den Mauselöchern … heidi … es bleibt keiner lebendig! Sie haben das Blatterngift in unsere Brunnen getan und sitzen heil und gesund und gemästet in ihren Häusern, derweilen unsere Brüder und Schwestern verrecken wie das Vieh.

Sie: Recht so! Schlag' sie tot, schlag sie alle mausetot, die Juden … die Ju … den«

1921: Am 20. Februar in einem westlichen Café der Kulturmetropole Berlin

»Er: Ich komme soeben aus Glogau. Das war famos! An alle jüdischen Geschäfte haben sie Zettel geklebt: ›Raus mit den Juden!‹ Auch an die allerfeinsten, Cohnheim usw. – Übrigens, wie hast du gewählt?

Sie: Deutsche Volkspartei.

Er: Recht so!

Sie: Aber denk' dir mal an, es war doch ein Reinfall! Wie ich aus dem Wahllokal komme, fällt mir plötzlich etwas ein. Ich frage einen Herrn, ob die Deutsche Volkspartei auch Juden aufnehme. Ja, natürlich, sagt der. Das hätte ich wissen sollen!

Er: Sie dringen überall ein, die Juden. Selbst in die nationalen Parteien tragen sie das Gift des Internationalismus, den Geist der Zersetzung. Man sollte sie einfach totschlagen, die Juden … die Ju … den …«

»Berliner Volkszeitung«, 26. Januar 1922
Die Eisenbahnkrankheit

»Als vor beinahe hundert Jahren die ersten Eisenbahnen wie bunte gemächliche Riesenspielzeuge durch Europa zu rollen begannen, legte irgendein wissenschaftliches Kollegium in einem Gutachten die Meinung nieder, daß dieses neue Fortbewegungsmittel für die geistige Gesundheit der Fahrgäste gefährlich werden müßte. Wir sind heute allzu geneigt, über diese weitblickenden Herren zu spotten; tatsächlich ist ihre langatmige Abhandlung längst dem Lachkabinett kulturhistorischer Kuriositäten einverleibt.

Doch, Hand aufs Herz, haben sie nicht am Ende recht behalten? Ist nicht doch der Verstand der Menschheit seitdem ein wenig ins Kollern gekommen? Zum mindesten geht im Gehirn mancher Zeitgenossen eine merkwürdige Veränderung vor, sobald die Wagontür hinter ihnen zugeklappt ist.

Kein Zweifel: Es gibt eine Eisenbahnkrankheit! Ich denke da nicht an jene bis zu jäher Übelkeit aufsteigende Depression, die viele nach längerer Fahrt befällt. Das ist eine Angelegenheit der Magennerven, die ebenso gut beim Genuß der neuesten Operette wie bei der Lektüre besonders nationaler Zeitungen akut werden kann. Die Krankheit ist viel ernsthafter.

Wie viele Leutchen, die sonst friedfertig sind und auf kulante Umgangsformen Wert legen, nehmen, wenn der Zug sich in Bewegung gesetzt hat, eine brummige, unhöfliche Miene an, setzen sich herausfordernd den Kneifer auf und spähen umher, ob nicht eine fremde Stiefelspitze sich der ihrigen nähert oder im Gepäcknetz der Pappkasten des Nachbarn die eigene Handtasche in ihrer Bewegungsfreiheit zu beengen droht. (Von den Konflikten, die das Rauchen auf dem Gang mit sich bringt, sei barmherzig geschwiegen.)

Ganz schlimm aber wird es erst, wenn in einem schlecht gelüfteten Coupé politisiert wird. Politik und mangelhafte Ventilation scheinen überhaupt in innigen, bis heute noch nicht geklärten Beziehungen zu stehen.

Und über was wird im Zeichen des geflügelten Rades durchweg, ausschließlich geredet? Brauche ich es noch zu verraten? Über die Juden, die Juden, die Juden …! Wenn man im Sommer mit einem Bäderzug an die Nordseeküste, oder nur einmal von München nach Nürnberg gefahren ist, wird man den seltsamen Gedanken nicht los, als sei die Eisenbahn eine ausgeprägt antisemitische Erfindung.«

Der Fluch auf die Juden

»Die Judenfrage! In tausend Variationen kehrt dieses unerschöpfliche Thema wieder. Jeder trägt sein Scherflein bei. Der elegante Herr im Pelz und der ›kleine Mann‹ mit dem abwaschbaren Blechkragen; der Geschäftsreisende aus der Stadt und der Agrarier aus Pommern, der nach Berlin reist, um inmitten der Lockungen einer angekränkelten, international schillernden Weltstadtkultur mannhaft für deutsches Wesen Zeugnis abzulegen. Die Handwerkersfrau, die Bäuerin und die niedliche Krankenschwester, deren Pflege Gesunden zuträglicher ist als Kranken. (Daß auch ein Staatssekretär aus dem Reichspostministerium dem Einfluß dieser Atmosphäre unterliegen muß, versteht sich von selbst.)

Nein, die Eisenbahn hat uns nicht gut getan. Über den Wolken thront das Kollegium der Gutachter von Anno Dazumal und freut sich unbändig, daß ein Experiment von 100 Jahren seine These erhärtet hat.«

»Montag-Morgen«, 28. April 1924
Hitler als Erzieher
Was die deutsche Republik von ihren Gegnern lernen kann …

»Herr Esser, Hitlers Adlatus, hat in München in einer Rede die Befreiung seines Herrn und Meisters gefordert und dabei gesagt: ›Wir fordern von unsern Abgeordneten, daß ihre parlamentarische Tätigkeit nur im Auf- und Zuschlagen der Pultdeckel und im Blasen von Trillerpfeifen bestehen darf, bis Hitler wieder frei ist.‹

Adolf Hitlers Strafe ist eine reine Galanterie-Strafe, ein juristisch getünchter Erholungsurlaub. Und doch zetern seine Leute, als wäre hier seit der Kreuzigung Christi das größte Justizverbrechen geschehen.

Adolf Hitler hat in einem etwas propagandistisch wirkenden Anfall von Selbsterkenntnis gesagt, daß er kein Führer sei, sondern nur ein Trommler. Große Erkenntnisse hat er auch den Seinen wirklich nicht auf den Weg zu geben. Aber das Trommeln, ja, das Trommeln, das haben sie von ihm gelernt.«

Inzwischen haben sich die politischen Wolken über der labilen Weimarer Republik zu bedrohlichen Gewitterstürmen verdichtet. Als Ossietzky vom Gründer der »Weltbühne«, Siegfried Jacobsohn, als Redakteur angeheuert wurde, hatte er noch gegen dessen Skepsis zu

kämpfen: Als »einen der größten Umstandskommissarien, die mir je begegnet sind« empfand ihn Jacobsohn. Er bemerkte, in Anbetracht von Ossietzkys unberlinischer Sprödigkeit bissig, »an dem ist ein Halbdutzend alter Jungfern verlorengegangen«, er sei »bestimmt nicht die beste Acquisition, die ich gemacht habe, aber sicherlich eine der besseren. Leider scheint er menschlich nicht ganz zuverlässig zu sein.« Auch bei Kurt Tucholsky gab es Reserven – beide haben sich in diesem Kollegen gründlich geirrt. Als Jacobsohn am 3. Dezember 1926 starb, übernahm Tucholsky die Leitung der Redaktion, beklagte sich immer wieder über seine Kollegen, hielt Ossietzky für »langweilig«, »faul und unfähig«, aber nach einem versöhnlichen Gespräch änderte sich fortan das Impressum: »Unter Mitarbeit von Kurt Tucholsky (geleitet von Carl von Ossietzky)«, hieß es jetzt. Ossietzky stand der Berliner Redaktion vor; Tucholsky sandte seine Beiträge bald aus Paris. Zeitschrift und Redaktionsleiter gerieten immer mehr in den sich zunehmend verschärfenden Kampf zwischen Sozialisten und Kommunisten. Ossietzky öffnete sich unter dem Trommelfeuer auf die Linke dem Kommunismus, ohne jedoch Stalins Diktatur zu verharmlosen. Aber eine förmliche Lawine politischer Prozesse gegen die »Weltbühne« konnte auch er nicht verhindern, wobei es nie um Artikel aus seiner Feder ging. Im März 1929 ließ er den Artikel eines Luftfahrtexperten drucken, der den Mißbrauch von Steuergeldern aus dem Etat der Reichswehr zum Gegenstand hatte. Das gab dem Reichswehrminister Groener die Gelegenheit zur Strafanzeige, und obwohl das Auswärtige Amt zu verstehen gab, daß das, was der Artikel über militärische Vorbereitungen enthielt, »in Luftfahrtkreisen« kein Geheimnis sei, beharrte der Reichswehrminister auf seiner Anklage wegen »Denunziantentums«.

»Die Weltbühne«, 1. Dezember 2000
Der Weltbühnen-Prozeß

»Der IV. Strafsenat des Reichsgerichts hat am 23. November den Schriftsteller Walter Kreiser und mich als verantwortlichen Leiter der Weltbühne zu einer Gefängnisstrafe von anderthalb Jahren verurteilt wegen Verbrechens wegen § 1 Absatz 2 des Gesetzes über den Verrat militärischer Geheimnisse. Gegenstand der Anklage war der Artikel Kreisers vom 12. März 1929 ›Windiges aus der deutschen Luftfahrt‹. Zwischen dem Verbrechen und der Sühne liegt also ein Zeitraum von zweienhalb Jahren. In dieser Zeit ist das Heft mit dem landesverräterischen Artikel nicht einen Tag beschlagnahmt gewesen. In dieser Zeit hielt sich Kreiser, gelernter Flugzeugtechniker und Konstrukteur, beinahe ein Jahr in Amerika auf, um in Philadelphia für das Pennsylvania Aircraft Syndicate zu arbeiten. In dieser Zeit hat Kreiser unserm Anwalt Alfred Apfel jede Adressenänderung mitgeteilt und ist schließlich in dem heitern aber unangebrachten Vertrauen zurückgekehrt, daß vor der Sagazität des höchsten Gerichtes die Anklage wie eine Seifenblase zerplatzen würde.

Diese frohe Gewißheit habe ich niemals geteilt, wenn ich auch diesen Ausgang nicht für denkbar halten konnte. Ich weiß, daß jeder Journalist, der sich kritisch mit der Reichswehr beschäftigt, ein Landesverratsverfahren zu gewärtigen hat; das ist ein natürliches Berufsrisiko. Dennoch war diesmal für eine reizende Abwechslung gesorgt: wir verließen den Saal nicht als Landesverräter sondern als Spione.

Ich weiß mich in bester Übereinstimmung mit Kreiser, wenn ich hier erkläre, daß Anklage und Urteil an unsern Absichten glatt vorbeitreffen, daß wir noch heute zu ihnen stehen und nichts zu widerrufen haben. Der Artikel Kreisers befaßte sich mit Bedenklichem aus dem Luftfahrtetat, er behandelte Tariffragen der Piloten und Facharbeiter auf den Flugplätzen, er geißelte die Vergeudung von Steuergeldern in einem schlecht kontrollierten Subventionswesen, er streifte zum Schluß ganz episodisch eine militärische Spielerei, die bereits durch eine Reichstagsdrucksache den politisch Interessierten zugänglich war. Kreiser, damals stellvertretender Abteilungsleiter im Deutschen Verkehrsverbund, ist in diesen Fragen sehr sachverständig. Den Spion möchte ich sehen, der seinen Auftraggebern eine Information zu bringen wagt, die bereits seit einem Jahr im Druck vorliegt. Er würde im Gleitflug vor der Tür landen. Außerdem hat die Weltbühne im Laufe der Jahre genügend weltpolitische Artikel gebracht und dabei auf Tarnung verzichtet. Die Frankfurter Zeitung meint zwar, daß wir uns häufig im Tone zu vergreifen pflegten. Eh bien, aber Hinterhältigkeit ist uns noch niemals vorgeworfen worden.

Anderthalb Jahre Freiheitsstrafe? Es ist nicht so schlimm, denn es ist mit der Freiheit in Deutschland nicht weit her. Mählich verblassen die Unterschiede zwischen Eingesperrten und Nichteingesperrten. Jeder Publizist, der in bewegter Zeit seinem Gewissen folgt, weiß, daß er gefährlich lebt. Die beste politische Publizistik wurde stets heimlich in Dunkelkammern geschrieben, nächtlich an Mauern geklebt, während Denunzianten durch die Straßen schlichen und auf den großen Plätzen die Soldaten in Karrees standen. Wer, wie der Schriftsteller, an die immaterielle Kraft des in die Welt hinausgeschleuderten Wortes glaubt, der wird also nicht jammern, wenn dieses, Körper geworden, als Gummiknüppel oder Stahlmantel oder Gefängnishaft wieder auf ihn zurückprallt.«

Am 10. Mai 1932 trat Carl von Ossietzky, bis vor die Tore des Gefängnisses Berlin-Tegel begleitet von einer großen Schar von Freunden und Anhängern, seine Haft an.

An Maud, 10.5.1932

Absender:
Name: v. Ossietzky
Buch-Nr.: 337

Berlin-Tegel, den 10. Mai 1932
Seidelstraße 39

Liebste Maudi,

den ersten Tag hätte ich hinter mir. Was soll ich schreiben? Es ist einsam hier, ich habe nichts zu rauchen und weder Bücher noch Papier. Weiß Gott, wann ich das bekomme. Aber die Beamten, die ich gesprochen habe, sind alle freundlich und nett und voll Interesse für mich. Die Zelle ist hell und frisch gestrichen, infolgedessen sehr sauber. Sie wirkt mit ihrem Steinboden wie ein großes Badezimmer. Das ist alles gar nicht übel und wahrscheinlich das Beste, was heute geliefert werden kann. Aber die Vorstellung, daß hier jemand viele Monate sitzen soll, ist doch phantastisch.

Vielleicht wird dich trösten, was Du inzwischen von Dr. Apfel und anderen gehört hast, die mich hinausgeleitet haben. Es war(en) sehr viele Leute gekommen, ein paar berühmte Schriftsteller dazwischen wie Toller, Feuchtwanger, Arnold Zweig, Roda Roda, Leonhard Frank. Es gab Ansprachen, es wurde wieder und wieder photographiert. Unter Hochrufen ging ich durchs Gefängnistor. Dieser Tag, der der traurigste hätte werden können, ist für mich der stolzeste meines Lebens geworden.

Dennoch war es gut, daß Du das nicht hast miterlebt. Mich hat es erschüttert, dich hätte es völlig kaputt gemacht. Hoffentlich hat man Dir alles gut und genau geschildert. Es muß auch in den Zeitungen einiges stehen.

Ich bin sehr traurig, wenn ich an unsern gestrigen Abend zurückdenke. Wir hätten unser letztes Zusammensein vor langer Trennung nicht gereizte Auseinandersetzungen tragen dürfen. Wahrscheinlich habe ich durch meine eignen Darlegungen Dir sehr weh getan. Vergiß nicht, daß das nicht meine Absicht war. Diese Zeit ist ohnehin nicht leicht für uns, und wir waren beide wohl etwas verwirrt.

Liebes, liebes Kind – jetzt wird für längere Dauer kein Brief mehr gestattet sein. Bitte, achte sorgfältig auf dich, pflege dich – Deine Entsagung hilft mir nichts. Grüße unsere Kleine, wenn Du hinfährst. Küsse Sie (!) für mich. Ich hoffe, von Dir bald zu hören. Verzweifle nicht, es muß besser werden. Vieles möchte ich Dir heute abend schreiben, was ich als zu persönlich, nicht schreibe. Ach, liebe Maus, Freundin meiner Jugend, ich wünsche Dir gute Tage, Dir soll das Leben leicht werden. Bitte, sei nicht einsam, verkrieche dich nicht. Trotzdem man mich eingesperrt hat, ist es jetzt sehr ehrenvoll, meine Frau zu sein. Auf all das hast Du Anspruch, nutze es! Ich bin ruhiger, wenn ich weiß, daß es Dir gut geht.

Grüße bitte die Redaktion, Frau Jacobsohn, Frl. Hünicke. Es geht mir gut! Bitte Grüße zu übermitteln an Arnheim, der sehr krank ist.

Ich küsse dich, mein liebes Kind; trag den Kopf hoch. Es wird nicht so schlimm.

Dein Carl

Im Juli entließ man Ossietzky für einige Tage, denn abermals mußte er vor Gericht erscheinen, wegen eines Artikels, den Tucholsky in Paris ein Jahr vorher zum Jahrestag des Kriegsausbruchs von 1914 geschrieben hatte und der die berühmt gewordenen Zeilen enthielt, die nur aus ihrer Zeit heraus verstanden werden können: »Da gab es vier Jahre lang ganze Quadratmeilen Landes, auf denen war der Mord obligatorisch, während er eine halbe Stunde davon ebenso streng verboten war. Sagte ich Mord? Natürlich Mord. Soldaten sind Mörder.«

Ossietzkys Plädoyer vor Gericht gestaltete sich zu einem Triumph – er wurde freigesprochen. Weihnachten 1932 wurde er vorzeitig wieder entlassen.

»Die Weltbühne«, 27. Dezember 1932
Rückkehr

»Im Gefängnis gewesen sein, das ist ein großes Erlebnis, das kein politischer Mensch aus seinem Dasein streichen kann.

Es ist die Berührung mit einer abgesonderten Welt, die eingemauert zwischen uns ragt und von der wir weniger wissen als von Tibet oder der Osterinsel. Das Gefängnis, das heute in Deutschland nicht mehr strafen sondern bessern und erziehen soll, ist damit sozusagen zum Lazarett der bürgerlichen Ordnung avanciert. Ich habe das Gefängnis nicht als ein Haus der gewollten Härte und der traditionellen Quälereien kennen gelernt, aber auch so bleibt es ein Haus des Jammers, in dem hinter jeder Eisentür ein andrer trauriger Globus kreist, durch schicksalsmäßige Verstrickung in dieser Bahn gehalten. Schuld –? In diesem Hause fällt das Wort nicht, hier gibt es nur Opfer. Als ich zwei Tage vor Weihnachten hinausging, hatte ich ein Würgen im Halse, das so etwas wie schlechtes Gewissen war, weil ich heimkehren durfte und die Andern blieben.

Es ist in der Weltbühne in der letzten Zeit von mir etwas zu viel die Rede gewesen. Zeitungsmenschen soll man nur hören aber nicht sehen. Ich beklage aufrichtig, daß dieser kleine Stilfehler vermerkt werden muß, und ich schreibe die Verantwortung dafür Umständen zu, die keiner der freundlichen Schreiber verschuldet hat.

Jetzt, wo ich in die Redaktion zurückkehre, ist es mir ein Herzensbedürfnis, allen, die meine Freilassung durch Wort und Schrift, durch öffentliche Zustimmung und politische Handlung unterstützt haben, allen, die Zeichen von Sympathie in meine Zelle gelangen ließen, meinen Dank auszusprechen. Es ist selbstverständlich, daß ein beträchtlicher Teil davon der Sache und nicht der Person galt. Der Kampf um die Amnestie ging diesmal nicht um den Einzelnen, wie etwa noch im Falle Max Hölz. Es ist ja bekannt, daß schließlich die sozialdemokratische Fraktion den Ausschlag gab, indem sie darauf beharrte: wenn der Landesverräter nicht freigegeben wird, so fällt das Ganze ins Wasser! Als dann später die erforderliche Zweidrittelmehrheit zustande kam, bemerkte ein sozialdemokratischer Abgeordneter resigniert: So, jetzt kann er wieder auf uns schimpfen! Hm.

Die Weltbühne hat ein kampfreiches halbes Jahr hinter sich, und sie hat Geist und Bestand gewahrt. Das Leipziger Urteil vom 23. November 1931 hat sich als Blindgänger erwiesen. Das ist das Verdienst der Mitarbeiterschaft mit Hellmut von Gerlach an der Spitze. Wir wollen uns nicht gegenseitig feiern und für große Männer erklären, denn wir sind, wenn man will, eine Verschwörung, jedenfalls kein Verein. Wenn auch getrennt, haben wir gemeinsam eine dramatische Zeit durchschritten, und das bindet mehr als Statuten oder ein Zeremoniell.

Die Sitzung geht weiter.«

In seinem letzten politischen Artikel vom 14. Februar 1933 in der »Weltbühne« schrieb Carl von Ossietzky:

»Wo eine diktatorische Herrschaft verwehren will, daß Ideen ausgesprochen, geformt, niedergeschrieben, verbreitet werden, da gibt es bald Verwesung, Friedhofsgeruch.«

Wie recht er behalten sollte! Aber der Preis für seinen unbeugsamen Mut war furchtbar. Am Morgen nach dem Reichstagsbrand – seine Freunde hatten ihn in der Nacht zur sofortigen Emigration gedrängt,

aber er hatte sich geweigert, sicher auch wegen der Sorge um seine inzwischen alkoholkranke Frau und seine kleine Tochter – wurde er wiederum verhaftet und in das Konzentrationslager Sonnenburg verlegt.

In einem Bericht eines Mithäftlings heißt es:

»Ossietzky wurde als Landesverräter und, trotz rein arischer Abstimmung, als ›Jude‹ und ›Judensau‹ besonders malträtiert. Die Gefangenen traten auf dem Hof zum Dienst an. Carl von Ossietzky wurde im Laufschritt umhergejagt, mußte sich hinwerfen, aufstehen, wieder hinwerfen, wieder aufstehen. Betrunkene SA-Leute ließen sich das Vergnügen nicht nehmen, hinter ihm herzulaufen und Ungeschicklichkeiten Ossietzkys durch Schläge oder Fußtritte zu bestrafen. Oft vermochte sich Ossietzky kaum noch zu erheben, stumm lag er da, ohne Protest, ohne seinen Schmerz zu äußern. Solche Augenblicke benutzte der Sturmführer Bahr, ihn mit den Füßen zu stoßen und zu brüllen: ›Du polnische Sau, verrecke endlich‹. Wenn sich Ossietzky erhob, wurde er wieder geschlagen und getreten. (...) Die Grausamkeiten, die seine Peiniger ersannen, zerstörten seine Gesundheit, er brach zusammen ...«

In einem anderen Bericht eines Mithäftlings heißt es:

»Ossietzky ertrug alles mit stoischer Ruhe. Er schämte sich, daß ihm die Hände zitterten, und er steckte sie in die Ärmel, um das Zittern nicht zu zeigen.«

Der Leiter des Geheimen Staatspolizeiamtes berichtete über einen Besuch in Sonnenburg: »Der Anblick der Gefangenen war schlechthin unbeschreiblich. Es waren Gestalten wie aus einem Spuk oder aus einem dämonischen Traum. Aus den zerbeulten und zerfetzten Kleidern ragten verquollene Köpfe heraus wie Kürbisse, gelb, grün und bläulich angelaufene Gesichter, die nichts mehr von einem Menschengesicht an sich hatten. Die bloßen Körperteile waren mit Striemen und geronnenem Blut bedeckt. Ich konnte Ossietzky kaum noch erkennen. Er bat nur mit schwacher Stimme, daß man ihn aus dieser Hölle befreien sollte.«

Viele Freunde und Anhänger im Ausland entfesselten 1935 eine Kampagne, um Ossietzky den Friedensnobelpreis zuzusprechen. Thomas Mann wandte sich mit einem flehenden Brief an das Preiskomitee, in dem es heißt: »Welch eine Woge der Freude und Genugtuung würde durch die geistige Welt gehen, wenn das Comité (…) einem Märtyrer der Friedensidee wie dem seit drei Jahren das Konzentrationslager erduldenden Ossietzky den Friedenspreis zuerteilen würde, ist in Worten schwer auszudrücken (…). Ein solches Wächterzeichen (…) wäre für Millionen verdüsterter und verängstigter Zeitgenossen die Verleihung des Friedenspreises an den deutschen Dulder. Geben Sie ihn im Namen Ihrer aller, ich bitte Sie von Herzen darum, geben Sie der Welt dieses Zeichen!« 1935 wurde das Zeichen nicht vergeben. Aber alle Bemühungen der deutschen Regierung konnten die Zuerkennung des Friedensnobelpreises an Carl von Ossietzky im nächsten Jahr nicht mehr verhindern. Er erhielt die Nachricht im Krankenhaus, in das der inzwischen Todkranke eingeliefert worden war. Göring bot ihm für den Fall, daß er den Preis ablehne, die Freiheit und eine Lebensrente an. Ossietzkys finanzielle Mittel waren restlos erschöpft. Er widerstand ein weiteres Mal.

5. April 1933

Liebste Maudie,

Deinen letzten Brief habe ich am Sonnabend vor acht Tagen gehabt. Ich wollte, Du hättest öfter geschrieben, denn ich bin in großer Sorge, wie es Dir geht, namentlich, wie es um Deine Gesundheit steht. Bei solcher Trennung ohne Nachricht, das führt zu schweren Gedanken.

Es hat aber keinen Zweck, hier zu quängeln. Notwendig ist es, daß ich Dich endlich einmal spreche, hoffentlich bist Du nicht ernstlich krank.

Ich bitte Dich also, beim Polizeipräsidium Abteilung I um Sprecherlaubnis nachzusuchen. Die Begründung liegt in unsern wirtschaftlichen Verhältnissen, über die ich ganz unorientiert bin, Vermietung der Wohnung, Deine weitere Existenz, Schulangelegenheiten etc. Ich zweifle nicht, daß Du die Erlaubnis zu einer kurzen Unterredung erhalten wirst.

Mir geht es hier noch immer erträglich, natürlich sind die Sorgen groß. Es hat keinen Zweck, sich darüber schriftlich zu verbreiten. Mündlich ist das viel einfacher.

Alles Gute für Baby.

Grüße Milly recht schön.

Ich umarme dich vielmals

Dein Carl

Erklärung Ossietzkys zum Friedensnobelpreis (Entwurf), 26.11.1936

Berlin, 26. Novbr 36

»Nach längerer Überlegung bin ich zu dem Entschluß gekommen, den mir zugefallenen Friedensnobelpreis anzunehmen. Die mir von dem Vertreter des Geh. Staatspolizeiamtes vorgetragene Anschauung, daß ich mich damit aus der deutschen Volksgemeinschaft ausschließe, vermag ich nicht zu teilen. Der Nobelpreis für den Frieden ist kein Zeichen des innern politischen Kampfes sondern der Verständigung zwischen den Völkern. Als Träger des Preises werde ich stets den berechtigten Interessen Deutschlands in Europa Rechnung tragen. Zur Annahme des Preises bewegt mich auch der Umstand, daß eine Ablehnung mißdeutet werden könnte. Es würde die Behauptung aufgestellt werden können, ich hätte unter Druck gehandelt, was wieder neue Protestaktionen zur Folge haben dürfte. Es ist draußen, soweit ich es beurteilen kann, ein ›Fall Ossietzky‹ entstanden. Die Annahme beendigt ihn, die Ablehnung verewigt ihn.«

Göring verbot Ossietzkys Reise nach Oslo. Ein Anwalt nahm das Geld entgegen und unterschlug es. Er kaufte u. a. ein Kino in Berlin dafür. Carl von Ossietzkys letzte Hoffnung auf eine Besserung seiner Lage schwand endgültig. Er starb am 4. Mai 1938 unter Polizeibewachung in einem Berliner Sanatorium. In einer Erinnerung seiner Frau Maud heißt es: »Die Gestapo begann sofort, ihre Vorkehrungen zu treffen. Sie verbot, daß auch nur ein Wort über Carls Tod gesprochen wurde. (...) Eine Totenfeier durfte nicht stattfinden.«

»Die Evangelien berichten von dem Leiden des Gottessohnes, seinem Begräbnis und seiner Auferstehung. Seltsam, in allen Mythen stirbt der junge, herrliche Gott des bitteren Todes und wird unter Wehklagen bestattet. Aber nicht lange und die Grabessteine weichen: er steht wieder auf. Entspricht dieses Symbol nicht einem tiefinnersten Bedürfnis? Wir alle, die wir für eine Wahrheit kämpfen, haben Stunden des Zagens. Wie viel, so fragen wir, haben wir gehofft und gearbeitet, und wie wenig ist in Erfüllung gegangen. Und eines traurigen Tages begraben wir unsere Hoffnungen. Aber was daran gut, was unvergänglich ist, das sprengt die Grabeshülle und erwacht in uns zu neuem, siegreichen Leben.«

»WIE EINST LILI MARLEEN …«

HANS LEIP (1893–1983)

Der Schutt

Und als ich über die Brücke kam, Schutt, nichts als Schutt,
als ich über die tote Brücke kam, da stand mein Vater
und drohte mir, als wollt er sagen: Das dank ich dir! Und
suchte
und suchte, was er nicht fand,
und hob gegen mich die alte Hand, der ich im Wege stand.
Und als ich über die Straße kam, Schutt, nichts als Schutt,
als ich über die tote Straße kam, da stand meine Mutter
und sah
mich an,
und sah mich aus den Trümmern an, und huschte und
wischte hin und her,
als wenn's in den alten Stuben wär, und weinte sehr.
Und als ich über den Torweg kam, Schutt, nichts als Schutt,
als ich über den toten Torweg kam, da stand mein Bruder
und lachte mich aus
und war von den Flammen ganz klein und kraus
und sang von unserer Kindheit ein Lied,
von der Zeiten Glück und Unterschied, ein trauriges Lied.
Und als ich über den Garten kam, Schutt, nichts als Schutt,
als ich über den toten Garten kam, da standen meine
Schwestern
drei
und fragten, ob ich es wirklich sei oder nur die
Vergangenheit,
und trugen alle ein schwarzes Kleid wegen der toten
Vergangenheit.
Und als ich über den Schulhof kam, Schutt, nichts als
Schutt,

da stand mein alter Lehrer so grau und wußte das Gute
und Böse
genau und wies mit dem Finger nach hier und dort
in der Menschheit Irrsinn und Brand und Mord und fand
kein
Wort, und fand kein Wort.

Dieses Gedicht entstand 1943, zwischen schweren Bombenangriffen auf Hamburg. Es wurde damals in der Zeitschrift »Der Simplizissimus« veröffentlicht. Hans Leip gehörte – obgleich von der Seuche des Nationalsozialismus nicht befallen – zu jenen Autoren, die im »Dritten Reich« geduldet wurden. Heftige Äußerungen des Widerspruchs waren seine Sache nicht. Er paßte sich nicht bedingungslos an, aber er eckte auch nicht an. Nach der Machtübernahme durch die Nationalsozialisten arbeitete Hans Leip zuerst bei der »Hamburger Illustrierten«, dann wurde er Mitarbeiter der UFA, schrieb verhalten satirische Prosa und Theaterstücke und schlug sich schließlich unversehrt und einigermaßen unbescholten durch die Kriegsjahre.

Die Welt, in die Hans Leip 1893 hineingeboren wurde, hatte dem jungen Hamburger erst einmal friedliche Aussichten versprochen. Er genoß seine Jugend, liebte die Mädchen und segelte mit Begeisterung auf Alster und Elbe. Seine Mutter hatte sich gewünscht, daß er Theologie studieren solle, aber die finanziellen Mittel reichten nur für ein Lehrerseminar. Er begeisterte sich schnell für deutsche Sprache und Literatur; für seine künstlerische Entwicklung wurden vor allem die sonntäglichen Vorlesungen des Hamburger Kunsthallen-Direktors Alfred Lichtwark bedeutsam. An der Knabenschule Billhörner Röhrendamm (Rothenburgsort) trat er, »ziemlich lustlos«, seinen Lehrer-Dienst an. Einmal notiert Hans Leip in sein Tagebuch: »Schule wenig Reiz. Jungens faul und dumm. Liegt manchmal an mir, müde, unvorbereitet. Jungens geht jedes sprachliche und schöne Gefühl ab.«

Sein Sinnen und Trachten hatte andere Ziele als den Lehrerberuf; sein Leben hatte er sich ganz anders vorgestellt.

»Am letzten Sommertag 1893 wurde ich in der Freien und Hansestadt geboren, viertes Kind meiner Eltern, weitab vom Hafen in der Freiligrathallee Nummer 6. Allee, das bedeutet Baumgang, in diesem Falle leicht anmaßend für die dürftigen Vorgärten einer Reihe Hinterhäuser. Dennoch blieb das Blättergrün vorm Fenster mir ein unbewußter Anreiz für spätere Wohnfragen. Doch damals zogen wir bald in die laute Lange Reihe (Nr. 91), vier Stock hoch und sogar unter einem ›griechischen Tempelgiebel‹. Von den Stuben aus sah man viele Dächer und Schornsteine, aber über den Firsten gen West manchmal auch die Spitzen weißer Segel von der nahen Außenalster. Freiligrath sei ein Dichter gewesen, sagte meine Mutter. Sie hätte gern gesehen, daß ich auch einer würde. Oder doch wenigstens Pastor. Beides schien ihrer ländlichen Herkunft nächst dem lieben Gott das Erhabenste. Immerhin verfaßte mein Vater zu ihren Geburtstagen ein Gedicht. Meine älteren Schwestern lächelten darüber. Das bedrückte mich. Ich hätte es selber gern besser gekonnt. Obwohl ich sowieso nur Seemann werden wollte und wie Freiligrath weit in der Welt herumkommen.

Die Bäume, die Segel, die Verse, die weite Welt. Mein Vater war unruhig an Land gestiegen und vorübergehend Kutscher bei der englischen Porzellanfirma Davenport, Filiale Hamburg. Die Schale, aus der ich zu Hause getauft wurde, stammte daher. Vielleicht rührt aus ihr der Gedanke, der mich oft in London beschlich: Wäre ich nicht Hanseat, hätte ich wohl Engländer sein mögen. Das war damals, als Großbritannien noch weit um den Globus reichte und seinen Bürgern die Welt unbegrenzt offenstand wie den Deutschen nie und Churchill noch nicht von seinen Gegnern Churchyard und Totengräber des Empire genannt wurde.«

Die Hafentore

Da kamen wir bei Nacht von Land
zu den drei Hafentoren.
Das eine ging nach Tulifant,
das andere nach Schön-Brabant,
das dritte zu den Mohren.

In Tulifant, du weißt Bescheid,
da blüht die Seidenweide.
Das Über-, Ober-, Unterkleid
zu jeder Nacht- und Tageszeit
ist Seide, Seide, Seide.
In Schön-Brabant gehn, welch ein Traum,
die Mädchen ganz in Spitzen.
Das rischelrascht wie Wogenschaum,
und manchmal sieht man's durch den Saum
wie Morgensonne blitzen.

Doch bei den Mohren geht man nackt,
das scheint mir weit bequemer.
Da tanzt man jetzt den Katertakt,
und sonntags wird man angelackt.
Den Lack kriegt man beim Krämer.
Und kommen wir bei Nacht von Land,
was heißt hier, Zeit verloren.
So laßt uns denn gen Tulifant
und eben nach Schön-Brabant
und gleichfalls zu den Mohren!

Der Erste Weltkrieg sah den 21jährigen sogleich als Gardefüselier an der Ostfront. Erhalten ist ein Brief, den Hans Leip ein Jahr später, am 12. April 1915, aus den Karpaten an seine Schwester in Hamburg schrieb:

Liebes Gretchen,

wann diese Post Euch erreicht, ist nicht abzusehen, denn wir liegen weit weg aus aller Welt im Schneeschlamm am Zwinin. Die Verbindungswege sind sehr dürftig und nur für die armen, abgetriebenen Maulesel gangbar, und die bringen nur Munition und etwas Schiffszwieback (österreichischen!) und keine Post und nehmen, wenns gut geht, die schmutzige Offizierswäsche mit zurück. Verwundete müssen auf Zeltbahnen zu Tal geschleift werden, aber meistens sterben sie vorher oder bleiben gleich im meterhohen Tauschlamm stecken, wo denn die, die den Winter über gefallen sind, langsam herauskommen, eine schwarze Hand erst, dann ein Knie, dann das schwarze, arme Gesicht. Auf den Kleidungsstücken hält sich der Schnee länger. Die ganze Front riecht schaurig süßlich nach den Verwesenden, es riecht wie Hamburger Aalsuppe, sagte einer aus meiner Gruppe, Möller, auch aus Hamburg. Er ist gestern gefallen und war ein netter Junge. Er wollte zeigen, daß er nicht bange ist und stellte sich auf eine Kiste und sah zu den Russen hinüber, die oben gut eingebaut sitzen. Und – zick – hatte er den hier üblichen Kopfschuss. Sein Gehirn spritzte uns aufs Zeug, und er sah aus wie die Mettwurst, die einer hier, ein Bauer von Beruf, neulich bekam und alleine ißt, und er ließ sich auch heute nicht dabei stören trotz der deutlichen Erinnerung. Es sind sibirische Scharfschützen, die uns gegenüber in den gewaltigen Bergtannen sitzen. Ich will mich gut in Deckung halten. Demnächst wird wohl der Zwinin gestürmt. Wir haben Verstärkung und sollen auch Handgranaten haben, mit denen schon viel Unfug in den eigenen Reihen angerichtet wurde. Auch sind nun die lange gewünschten Pioniere mit Minenwerfern da …

Ich kann diesen Brief vielleicht selber mitnehmen nach Tucholka, wo ich zwei sibirische Gefangene abliefern soll, die sehr viel besser ausgerüstet sind als wir und einen trefflichen Eindruck machen. Es sind Bauernsöhne, hörte ich … Die Landschaft ist großartig, so beschwerlich sie ist; ich möchte sie einmal als freier Mensch genießen. Ich habe ein Gedicht an die neue Hamburger Zeitung geschickt, wundere Dich nicht, wenn es etwas traurig ist, wenn es gedruckt würde. Manchmal singen wir noch, aber nicht oft. Herzliche Grüße an alle.

Wenige Tage nach dem Schreiben dieses Briefes, den Leip nicht ohne Bedacht in sein Buch »Der Widerschein« aufgenommen hat (es erschien 1943 im Cotta Verlag Stuttgart), schickte man den Verwundeten zurück in ein Hamburger Lazarett, wo er die lange Zeit der Genesung vornehmlich mit Lesen und dem Schreiben zubrachte. Es entstanden literarische Skizzen und immer wieder Gedichte.

Blankenese

Ein Kleingebirg aus bunten Muscheln,
darüber dick die Wolken kuscheln.
Darunter Flaggen hin und her,
des Stromes Überseeverkehr.

Hoch auf der schlanken Promenade
Haus über Haus das Grüngestade.
Ein kleines Nest, ein großes Bild.
Die Architekten lächeln mild.

Ein Dorf, das wie ein Eden liegt
und sanft nach Grog und Flundern riecht.
Von angenehmen Parks verschönt,
von einer Gastwirtsburg gekrönt.

Die stille Zuflucht – im Vertrauen –
zeitmüder Schlemmer, schöner Frauen.
Der Liebesstrand, das Sonntagsbad,
das Tanzlokal der großen Stadt.
Treppauf, treppab die Winkelgänge,
Schlafpuppengärten, Netzgehänge,
Boot, Abendbank und Fliesenkram,
versponnen, blond und tugendsam.

Solide Wäsche bauscht im Wind,
mit fremden Münzen spielt ein Kind,
ein Junge träumt von großer Fahrt,
ein Alter spinnt in seinen Bart.

Hoch über Baum und Schornsteindach
kommt man zu Atem allgemach.
Es brist herauf so meergeschwellt,
tief unten blitzt die weite Welt.

Nach dem Ende des Ersten Weltkriegs begann für Hans Leip eine Zeit ausgelassener Lebens- und Künstlerfreuden. Hans Henny Jahnn hat sich später an Begegnungen mit dem hageren und aufgeschossenen Hans Leip inmitten der damaligen Hamburger Künstler-Bohème erinnert:

»Es bedurfte eines so trefflichen Buches wie Godekes Knecht, um Hans Leip meine uneingeschränkte Bewunderung zu zollen. – Nebenbei gesagt: er machte es mir auch sonst nicht leicht. Er neigte zum Poltern, und sein Körperlängenmaß überragt das meine um ein Beträchtliches, so daß ich, wenn wir stehend miteinander sprachen, gleichsam unter ihm stand. Und dann die zwei Jahre weniger – von jeder Schlagfertigkeit entblößt. Ich war damit sowieso beschämt.

Der Hamburger Hafen war mir vertraut von Kindesbeinen an. Aber Hans Leip verstand so viel mehr vom Segeln und was dazu gehört, daß ich notwendigerweise zu einem abfälligen Urteil über mich kommen mußte. – Doch es ändert sich das Veränderbare. Es wurde die ›Hamburger Gruppe‹ gebildet. Ich war einer der Neun neben Leip, Much, Höger, Beil, Blunck, Haalck, Schurek, Klutmann. Wie es dazu kam, weiß ich nicht mehr. Es wurde mit einigem Hochmut und Selbstbewußtsein mancherlei in Szene gesetzt, damit die Freie und Hansestadt einmal aus erster Hand erführe, daß Leute am Werk waren, die noch etwas anderes verstanden, als Gewinnprozente zu berechnen. Es begann somit ein tollkühner Abschnitt der Geistesgeschichte Hamburgs, freilich ein nur sehr kurzer.

Die Hamburger Gruppe richtete ihr eigenes Künstlerfest ein. ›Die silbergrüne Dschunke‹ – oder war es doch das ›Mondhaus zu Bimbelin‹? – ist mir am deutlichsten in der Erinnerung. Hans Leip schrieb eine Pantomime, und mir fiel die Aufgabe zu, Verse zu fabrizieren, die der Magier Klutmann, der von der Decke des großen Saales im Curio-Haus herabschwebte, zu sprechen hatte. Es ist der einzige größere lyrische Singsang geblieben, den ich der Öffentlichkeit zugemutet habe. Leip hat für die Aufführung noch einiges gestrichen, und das war gut. (…) Nachdem die Pantomime nebst Magier und Versen verschwunden war, stürmte (das

Publikum) das runde Bühnenpodium in der Mitte des Saales. Viele, die auf der Scheibe keinen Platz mehr finden konnten, begannen von außen am eisernen Geländer ihre Kräfte rhythmisch zu betätigen – bis die Konstruktion Högers zusammenbrach. Niemand wurde verletzt.«

1921 bezog Hans Leip ein Atelier in Hamburg – direkt an der Binnenalster, wo man sich heute eher dem Kommerz als der Kunst widmet …

»Zehn Jahre habe ich dort gewohnt, 1921-31, Ecke Jungfernstieg und Neuerwall, hoch über dem vornehmsten Hamburger Juwelengeschäft (…). Anfangs besaß ich nichts als einen Teekessel, einen kleinen Gaskocher und eine Wolldecke, und auf der Holzwolle, in die der Gaskocher verpackt gewesen, schlief ich, und schlief betört und betrunken von meiner neugewonnenen Einsamkeit in dieser Himmelsecke, nicht, ohne anfangs auch nachts ab und an aufzuspringen und ans Fenster zu stürzen, den unerhörten Blick zu trinken über die Binnenalster und die Lombardsbrücke und die Außenalster bis zum Uhlenhorster Fährhaus, dessen Lichter erst spät zu verlöschen pflegten und so weit her bis zu mir, bis auf meine Wand herüberschienen in der Nacht. Bald wuchs mein Hausrat, wie es immer geschieht, wenn man sich danach umsieht. Als Tisch fand sich eine ausgediente lange und breite glatte Wandverschalung auf dem Hausboden und wurde auf zwei von der Kunstgewerbeschule entliehene Böcke gelegt und hat mir viele Jahre zum Schreiben und Zeichnen gedient und gelegentlich als bescheidene Festtafel. Aus den Rumpelkammern wohl gesonnener Bekannter verfügten sich ein eisernes Bett und Bettzeug, ein Stuhl und ein wenig Küchengeschirr zu mir. Den Kleiderschrank baute ich selber und den Küchentisch und die Küchenbank und viele Bücherregale, die sich langsam füllten. Die Heizung besorgte vorerst ein kleiner eiserner, qualmiger Ofen, und da das Ofenrohr schief, ungeschlacht und häßlich eine halbe Wand entlanglief, führte ich es als schwarzen, bewegten Streifen malerisch um das ganze Zimmer und füllte die langen Felder darüber mit einem Fries vagantischer Figuren. Über die Tür aber schrieb ich den altbewährten Spruch: Scheu die Reu!, was manche Besucher als »Scher di rut!« zu entziffern vermeinten, und bei dieser Meinung habe ich einige auch gern belassen. Das und die Bemalung der abgetrennten ›Tee-mit-Rum-Ecke‹ und der gemalte Reigen an der Decke über der selbstgezimmerten Hängelaterne und die zarten Fresken des Schlafraumes, das ging alles schon vor der Zerstörung des Hauses unter, als ich ausgezogen war, um von der Alster an die Elbe umzusiedeln. Meine Nachfolgerin, pietätlos wie alle Nachfolgerinnen und zudem eine Fotografin, ließ meine unfotographischen Pinseleien restlos überstreichen. Nun wäre es sowieso dahin, wie auch das, was ich in den Geschäftsräumen an die Wand gemalt, zumal in der kleinen Bar, wo in den Jahren nach dem ersten Weltkrieg das Leben köstlich überschäumte als ein täglich neues Geschenk. Gewiß, die Ausstattung mag dort zeitgebunden gewesen sein, aber sie war als Zeitdokument großartig und beschwingt. (...) Und wie oft dort im Hochparterre und gänzlich unhanseatisch war das Geklapper der Schreibmaschinen nach Feierabend abgelöst vom aufreizenden Genäsel des Grammophons und dem bewegten Geschleife der Tanzschritte heiterer Gäste, denen ich nicht faul zugesellt war manche liebe Nacht. Aber mehr als das zog mich die Einsamkeit, zog mich hinauf in meine stille Bude, dem Himmel näher, und der Schall des irdischen Vergnügens stieg sickernd durch die Dielen mir nach, aber ich begann zu schreiben. Waren es bis dahin nur kleine Sachen gewesen, zu raschem Verbrauch und Honorar, jetzt hatte mich ein größerer Ehrgeiz gepackt, angefacht durch die herablassend wohlwollende Bemerkung der Ministersgattin und Malerin Käthe Köster, die mir nicht das ›Sitzfleisch‹ zutrauen wollte, das nötig sei, um einen Roman zu schreiben, wie ihr Mann es fertiggebracht. Somit wollte ich es beweisen und mir zugleich ein Ventil gönnen für das, was sich in mir an Erfahrung angestaut, und schrieb den Pfuhl, darin alles brandete, was mich bewegte in dem frischen Sturm und Drang der Künste jener Tage, den man als Expressionismus bezeichnet, und ich nannte meine liebe Vaterstadt darin ›Mulemutt‹, und es ist ihre Zerstörung darin schauerlich und absonderlich vorausgeahnt worden. (...) Nun liegt die treffliche Ecke in Schutt. Schutt bedeckt die unsichtbaren Spuren der vielen Füße, die dort, berühmt, berüchtigt und harmlos, treppauf und –ab gestiegen. Welch großartig tiefe Gespräche sind dort geführt worden, welch heitere Feste gefeiert, welch Unmaß an lebensberauschtem Juchhei hatte Platz dort in den bunten Wänden und wieviel verliebte und verrückte Seufzer hingen dort in den Winkeln! Viele der Namen, die dort geweilt, leuchteten damals und leuchten noch immer oder leuchten erst jetzt und immer mehr, andere sind vergangen wie dieses Haus. Hermann Horn, Willy Seidel, Hans Friedrich Blunck, Hans Much, Fritz Höger, Ringelnatz, Erika Mann, und einmal hat sogar Knut Hamsun vor meiner Tür gestanden, und ich war nicht da, und viele Maler und Musiker gingen dort aus und ein, und Weise und Narren und große Tänzerinnen, Mary Wigman, die Palukka, Ursula Falke, und große Schauspieler, Gustaf Gründgens, Wolf Beneckendorff, Paul Kemp. Und Elisabeth Flickenschild, achtzehnjährig, die rote Haarflamme übers linke Auge gewischt, las aus den Nächtezetteln der Sinsebal vor:

›Wie war es doch? …
Nun geht viel Zärtlichkrit und Säuseln von den dunkeln Vorhängen. Der Schimmer auf der Tapete zittert ein wenig, draußen knurrt ein Wagen vorbei, vorbei …‹

Ja vorbei! Ich sah das Haus nach dem zweiten Angriff von weitem, als ich mit Flüchtenden über die Lombardsbrücke kam. Der Aufbau war weggebrannt, es sah aus wie in den ersten Jahren, als ich dort wohnte, dort an der Himmelsecke; mein Fenster schien offen, und es war, als blicke ich dort wie einst über die Alster in den aufsteigenden Mond.«

1923 erschien Hans Leips erster Roman, »Der Pfuhl«; 1925 folgte der Roman »Godekes Knecht«, in dem ein Magister vom Untergang der Likedeler im Sommer 1402 erzählt. Es sind jene Freibeuter der Meere, die auch als »Vitalienbrüder« Nord- und Ostsee unsicher machten, dabei aber keineswegs Seeräuber im landläufigen Sinne waren, sondern Außenseiter, Aufrührer, Umstürzler, Schwärmer und Sektierer.

»Ich schickte das Manuskript an Rowohlt. Er verlor es auf einer Skitour. Auch die Durchschrift schien verloren. Ich hatte sie auf Anraten eines Reporters an die Kölnische Zeitung geschickt, wo ein Wettbewerb ausgeschrieben war. Zu spät hörte ich, es seien mehrere Exemplare erforderlich. Meine Handnotizen waren fast unleserlich. Ich verzweifelte, die Arbeit, ein Piratenstoff, Godekes Knecht, hatte mich ausgewrungen und mir sozusagen die Haare ins Hirn gesogen. Meine Selbstmordstimmung löste sich durch ein erfreuliches Telegramm, eben vor Weihnachten.«

Der Preisrichter der »Kölnischen Zeitung«, der Hans Leip den ersten Preis zusprach, war übrigens Thomas Mann. Leip, nun um so mehr ermutigt, schrieb weitere Romane, von denen einer fast so erfolgreich wurde wie sein späterer Bestseller »Jan Himp und die kleine Brise«: »Der Nigger auf Scharhörn«. Dieser Roman vom verlorenen und wiedergefundenen Mohrenkind thematisiert den Traum von einer allumfassenden, romantischen Menschenliebe. Er enthält einige zarte Querverweise auf Harriet Beecher-Stowes »Onkel Toms Hütte« und auf Daniel Defoes idealisierten »Freitag« in »Robinson Crusoe«. Das Meer und die Ferne, der Hamburger Hafen und seine vermeintliche, heute längst entschwundene Romantik, für die es in unseren automatisierten Elektronik-, Krahn- und Containerzeiten keinen Platz mehr gibt, die Liebe und das Fernweh, das bescheidene kleine Glück und das große Abenteuer – das wurden die großen Themen Hans Leips. Sie haben ihn bis zum Ende seines Lebens nicht mehr losgelassen. Ihre Bagatellisierung durch die Schlagerindustrie ist nicht dem Schriftsteller anzulasten, dessen poetische Ironie und liebenswürdige Melancholie nichts mit der Vordergründigkeit von Schlagertexten zu tun haben. Dennoch haben die Liedermacher Hans Leip gerne kopiert oder sich seiner bedient. Auch dann noch, als er, längst ernüchtert und – vielleicht wegen des schwindenden Echos aus Hamburg – auch ein wenig verbittert, die Gestade der Elbe mit dem schweizerischen Ufer des Bodensees vertauscht hatte.

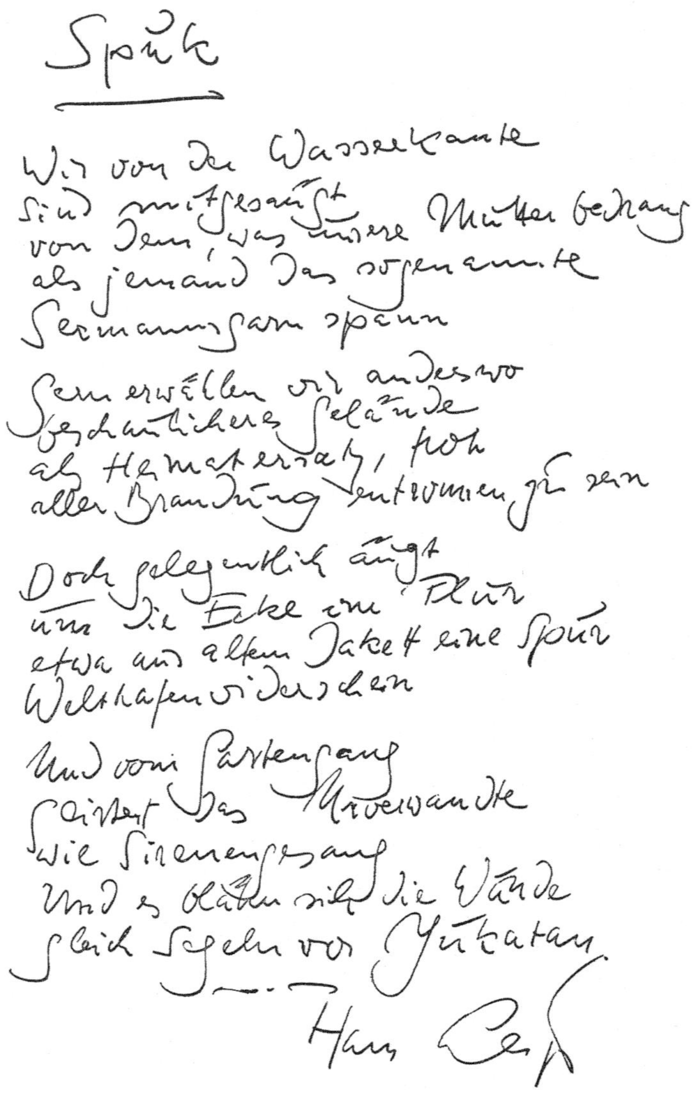
Spuk

Wir von der Wasserkante
sind mitgesäugt
von dem, was unsere Mütter bedrang
als jemand das sogenannte
Seemannsgarn spann

Gern erwählen wir anderswo
beschaulichere Gelände
als Heimatersatz, froh
aller Brandung entkommen zu sein

Doch gelegentlich äugt
um die Ecke ein Flur
etwa am alten Jacket eine Spur
Welthafenwiedersehen

Und vom Gartengang
geistert das Meerverwandte
wie Sirenengesang
Und es blähen sich die Wände
gleich Segeln vor Yucatan.

Hans Leip

Handschriftliches Gedicht von Hans Leip

Große Fahrt

Morgens im Hafen
lag das Schiff am Kai,
viele schöne Mädchen
gingen da vorbei,
trugen bunte Blumen,
die dort blühn an Land,
und die Schönste winkte
mit der braunen Hand.
Weit weg, weit weg,
weit weg über Süd,
wo die Sonne glüht
in der Fremde.

Abends im Hafen
sangen sie ade,
und das Schiff fuhr weiter
auf die hohe See;
eine rote Blume
lag verwelkt an Deck,
und es kam ein Wind auf,
und der blies sie weg.
Weit weg, weit weg,
weit weg über Süd,
wo die Sonne glüht
in der Fremde.

Was wir auch sehen
von der weiten Welt,
etwas bleibt doch immer,
das uns mehr gefällt,
heimlich in die Ferne
spähn wir danach aus
und sind in Gedanken
glücklich und zu Haus.
Weit weg, weit weg,

weit weg über Nord,
aus der Fremde fort
in die Heimat.

Hans Leip hat sein Leben lang viel geschrieben. Eines seiner allerfrühesten Liebesgedichte aber sollte alle späteren in den Schatten stellen: »Lili Marleen«.

Lili Marleen

Vor der Kaserne,
vor dem großen Tor
stand eine Laterne,
und steht sie noch davor,
so wolln wir uns da wiedersehn,
wie einst, Lili Marleen.

Unsre beiden Schatten
sahn wie einer aus;
daß wir so lieb uns hatten,
das sah man gleich daraus.
Und alle Leute solln es sehn,
wenn wir bei der Laterne stehn
wie einst, Lili Marleen.

Schon rief der Posten:
Sie blasen Zapfenstreich;
es kann drei Tage kosten! –
Kamerad, ich komm ja gleich.
Da sagten wir auf Wiedersehn.
Wie gerne wollt ich mit dir gehn,
mit dir, Lili Marleen!

Deine Schritte kennt sie,
deinen zieren Gang,
alle Abend brennt sie,
mich vergaß sie lang.

Und sollte mir ein Leids geschehn,
wer wird bei der Laterne stehn
mit dir, Lili Marleen?

Aus dem stillen Raume,
aus der Erde Grund
hebt mich wie im Traume
dein verliebter Mund.
Wenn sich die späten Nebel drehn,
werd ich bei der Laterne stehn
wie einst, Lili Marleen.

»Ich war mit einer Absturzverletzung aus der Karpatenhölle davongekommen, und ich zögerte rund zwei Jahrzehnte später, als schon die Ahnung neuer Massengräber über Europa aufschwelte,

Lale Andersen singt »Lili Marleen«, 1943

das makabre Lied in meine erste Gedichtsammlung, *Die Hafenorgel*, aufzunehmen. War es mir doch bei der Entstehung allzusehr an die Kehle gegangen, April 1915, auf Wache vor der Kaserne der Gardefüsiliere zu Berlin, in der frostigen, von einer Straßenlaterne durchschimmerten Nacht vorm Abmarsch zur Schlachtbank ins Feld. Und ich war verliebt in zwei höchst ehrbare Mädchen, die jung waren wie ich, kaum zwanzig. Die eine, Lili, war Helferin in einem Gemüseladen; die andere, Marleen, Tochter eines Arztes, war Helferin in einem Lazarett.«

In den späten dreißiger Jahren, mitten in der Zeit des »Dritten Reichs« also, war das Gedicht aus einer anderen Epoche dem hochbegabten, aber durch peinliche musikalische Verbeugungen vor den neuen Machthabern bald kompromittierten Komponisten Norbert Schultze in die Hände gefallen. Was dieser Komponist von »Bomben auf England« dann daraus machte, verriet, jedenfalls in der ersten Fassung, eine deutliche Verwandtschaft mit der braunen Marschmusik.

Lale Andersen, deren Ruhm mit »Lili Marleen« nach oben schnellte, notierte im Oktober 1941 mit ebensoviel Stolz wie Skepsis in ihr Tagebuch: »Manchmal, wenn ich an Luciennes ›Parlez moi d'amour‹ oder an Tino Rossis ›J'attendrai‹ gedacht habe, glaubte ich, so etwas sei bei mir nie möglich, daß einmal ein Lied durch mich das Lied ganz Europas werden könne. Und nun ist von diesen Liedern eines das Lied dieser Zeit geworden, und ich muß mich daran gewöhnen, ›berühmt‹ zu sein. Es wird sicher nicht allzu lange dauern.« Es dauert bis heute. Ihr Ruhm verbindet sich vor allem mit diesem einen Lied. Lale Andersen hat »Lili Marleen« auch nach dem Ende des Kriegs noch oft gesungen. Allerdings verraten ihre späteren Aufnahmen nichts mehr von der Sprache der braunen Märsche. Mit einem Male ist der martialische Rhythmus getilgt und das Lied in die schnulzige Nachkriegs-Schlager-Seligkeit getaucht, die Lale Andersen auch mit anderen Liedern so erfolgreich bediente. Die Magie des Textes und die Anpassungsfähigkeit der Komposition von »Lili Marleen« erwiesen sich jedoch als unzerstörbar. Viele Interpreten und Interpretinnen, von Bing Crosby bis Freddy Quinn, von Marlene Dietrich bis Hanna Schygulla, haben dafür gesorgt, daß der

einfache, aber anrührende Text aus dem Ersten und die wandlungsfähige Musik aus dem Zweiten Weltkrieg ein Klassiker geworden sind. Aber damals, im Kriegsjahr 1940, hatte der Soldatensender Belgrad – ein Propagandasender der Nationalsozialisten – »Lilli Marleen« in Lale Andersens Vertonung allnächtlich zum Abschluß seines Programms ertönen lassen und damit offenbar nicht nur deutsche Soldaten erfreut. Laut Hans Leip soll General Eisenhower einmal über ihn gesagt haben: »Dieser Poet ist der einzige Deutsche, der während des Krieges der ganzen Welt Freude gemacht hat.« Und der amerikanische Schriftsteller John Steinbeck äußerte sich über »Lili Marleen« folgendermaßen: »Es ist das schönste Liebeslied aller Zeiten. Schade, daß es auf deutsch entstand.«

»Die meisten Gedichte, die ich unter dem Titel *Die Hafenorgel* gesammelt habe, sind in den berühmten und berüchtigten zwanziger Jahren entstanden, mit denen meine eigenen zwanziger Jahre noch etwas zusammengerieten. Nur wenige der Verse schrieb ich vorher, so ›Lili Marleen‹ 1915. Später aber verging mir wie manchem anderen die Lust zum Singen. Denn es handelt sich wirklich vor allem um Lieder, die aus Laune und Gelegenheit in Wind und Wetter, zur Gitarre und Ziehharmonika sich gebildet hatten und zu eigener Melodie auch gesungen wurden, damals im Sommer 1920 zumal, als ich armselig, aber verliebt am Elbestrand zu Hamburg-Oevelgönne hauste. Um alles, was ich damals begann und beging und was um mich sich begab, schwang die See. Eigene Erinnerungen mischten sich mit denen der Vorfahren und meiner Freunde und mit meinen Fernhin-Begehrlichkeiten.«

Zeichnung von Hans Leip

Oevelgönne

Oevel-Oevelgönne,
buddelbunter Butt,
sah ich sieben Segel
mittenmang im Mutt.
Junge, in die sieben
muß ich mich verlieben.

Oevel-Oevelgönne,
Moije Milchmannsmagd.
Ob ich es wohl könne,
hat sie mich gefragt,
ihr das Schuhband lösen
mit den siebzehn Ösen.

Oevel-Oevelgönne,
kleine Muggepick
blieb verdimmich stecken
mittenmang im Schlick.
Mädchen, nimm dein Hemde,
denn es kommen Fremde.

Spaziergänger im Hamburger Jenischpark bleiben gelegentlich vor einem mächtigen Baum stehen, den im 18. Jahrhundert ein reicher Hanseat dort gepflanzt hat und der durch Hans Leip fast so unsterblich geworden ist wie die Mädchen Lili und Marleen: der Gingkobaum.

Der Gingkobaum

»Im Jenischpark auf dem hohen Ufer zu Teufelsbrück bei Altona steht ein ehrwürdiger Gingkobaum. Jedermann kann ihn ansehen. Der Park ist öffentlich.

Eines sonnigen Nachmittags kam eine Studentin durch die Gartengefilde, die älter sind als alle anderen englischen Gärten des Festlandes, und verhielt unter dem breiten, lichten Geäste des fremden Baumes, bog ein Blatt herab und betrachtete es eingehend. Denn sie studierte Biologie. Das kleine Blatt sah aus wie ein dunkelgrün lederner Puppenfächer. Aber da es keine Puppenfächer solcher Art gibt, verwarf das Fräulein den Vergleich, mußte aber dennoch an ihre einstigen Püppchen denken, die überhaupt keine Fächer gehabt hatten, sondern in altbäuerliche Tracht gekleidet gewesen waren auf der Insel Sylt, wo sie herstammte, und die aus lila und rosa Herzmuscheln gegessen und getrunken hatten. Und während sie in der betreffenden Abteilung ihres Verstandes wissenschaftlich nachlas und neu notierte, wie einzigartig diese Sorte Baum sei, die stehengeblieben ist auf halbem Wege vom Nadel- zum Laubholz, vermerkte ihr unwissenschaftlich phantastisches Herz: Es ist eine Krone, behängt mit lauter uralten, platt, ledern und dunkel gewordenen Herzmuscheln. Denn sie war in den Jahren, da man manchmal das Leben als eine große Trauer empfindet.

Als sie noch so verweilte und den bedrängenden Duft jungen Grases und aufbrechender Knospen einatmete, den der wässerige Wind unter den zeitlosen Wipfel des Gingkobaumes trug, erging sich vom Herrenhause her eine Gruppe ernster Männer. Es waren einige Räte der Stadt mit fremdländischen Gästen, mit japanischen Arbeiterführern, die zur Erkundung eines vorbildli-

Zeichnung von Hans Leip zu »Der Gingkobaum«

chen Fürsorgewesens nach Deutschland gereist waren und auch dem kleinen gerühmten Altona ihren Besuch abstatteten. Sie waren in europäischer Kleidung und schritten bescheiden und höflich lächelnd neben den sich heiter zeigenden, massigeren Herren und gelangten wie zufällig an den Gingkobaum, wo sie allesamt stehenblieben.

Der freundliche Wohlfahrtsdirektor der Stadt, der die kleine Versammlung führte, sagte da in Freude, einen Anknüpfungspunkt zwischen den Völkern gefunden zu haben, poetischer als die Statistik der Arbeitslosen und der Krisengelder: ›Ein Gingkobaum, meine Herren. Er muß an die hundert Jahre alt sein.‹ Die schmächtigen Japaner bestätigten es mit höflichem Nicken. Sie hatten einen Dolmetscher unter sich, einen jungen Arzt, der in Tokio studiert und schon von seinem Vater, der auch Arzt war, an Hand medizinischer Bücher Deutsch gelernt hatte.

›Ja‹, fuhr der Wohlfahrtsdirektor fort: ›Es gibt einen Brief darüber. Ein japanischer Handelsfreund hat diesen Baum dem ehemaligen Besitzer dieses Parks als Angebinde geschickt, und eine schilfgeflochtene Tasche voll japanischer Erde, darin er gewurzelt, hat sich hier dem deutschen Boden vermählt und ihm die Anpassung leichter gemacht.‹ Die Gäste vernahmen es, und der Stadtrat sah, wie es sie rührte. Darum setzte er offenen Gemütes hinzu: ›Möge dieses Sie heimatlicher anmuten, meine Herren, als das, was Europa, wie Sie vorhin gespürt, aus Ihrem Tee gemacht hat!‹ ›Oh, wir danken Ihnen!‹ antwortete da der junge Dolmetscher mit einer kleinen Verbeugung, und seine Freunde verbeugten sich alle mit. Seine Stimme klang vorsichtig. Er hatte so sehr oft noch nicht Gelegenheit gehabt, sein Deutsch anzuwenden, und es klang wie zart gepinselt und mit altem Goldstaub gefärbt: ›Wir danken Ihnen für Ihre Güte!‹ sagte er: ›Es ist viel Heimat für uns, was wir hören und sehen. Viele Leute in Osaka haben nie einen grünen Baum zu sehen. Ich bin Arzt in einem Krankenhaus dort. Es sind Fabrikarbeiter.‹

Das junge Mädchen stand ganz in der Nähe, anscheinend versunken in die Betrachtung eines Büschels blaßroter Aurikeln. Es war ihr wie ein Wunder, unter dem fremden Baume so von ungefähr alsbald die dazugehörigen fremden Gesichter zu erleben. Wie durfte man da etwa undankbar schnell enteilen! Sie stand indes zu fern, um die Erwiderung des jungen Arztes aufzufassen, sie vernahm nur den Wohllaut seiner Stimme, und indem sie seine zierliche Erscheinung verstohlen und undeutlich in den Augenwinkeln erfaßte, floß das Aurikelnbeet unter ihr zusammen in geschlossenere Töne, gestickt oder gemalt, hingehaucht auf Lack, auf Porzellan, auf Goldpapier, auf dünne gebleichte Seide. Gebildete Erinnerungen an Farbendrucke und Gelesenes formten dort eine helle fremde Landschaft, weiß und silbergrau das Haupt des Fuyisan unter lila verschwebendem Himmel über einem türkisgrünen See, davor stand der alte Gingkobaum und ein lackrotes aufgebogenes Tempeltor, und daneben saß der junge japanische Mann mit zedernholzfarbenem Antlitz und schwarzgetuschten, bogigen Brauen und weise-stillem Lächeln und war gekleidet in einen dunkelvioletten Seidenkimono mit blauem und goldenem und blaßrotem Getier und hatte neben sich eine bauchige messingne Aschenschale und rauchte aus dünner silberner Pfeife.

In Wirklichkeit rauchte er eine Zigarette und trug einen Cutaway und einen weichen, grauen, amerikanischen Hut, und sein Kragen war ein wenig hoch, und sein Schlips war grün mit aurikelroten Tupfen.

Die Herren waren vom Poetischen gleich wieder auf das Soziale gekommen und schritten gemessen zurück zum Herrenhaus. Die kleine Studentin hatten sie gar nicht beachtet. Sie waren mit den Nöten der Zeit beschäftigt. Die kleine Studentin, nachdem sie sich umgesehen und niemanden mehr erblickt hatte, auch keinen Parkwächter, pflückte ein Blatt von dem Gingkobaum und legte es zu Hause in ein Buch von Dauthendey, das ›Die fliegende Erde‹ heißt und aus lauter Lobgesängen einer Weltreise besteht. Es war ein Verlegenheitsgeschenk einer Freundin gewesen, das nun auf einmal tiefere Bedeutung gewann. Die Studentin wählte lange unter den japanischen Hymnen des unruhigen Dichters, der, halb Journalist, halb ätherisch Verrückter, scharfsichtig und berauscht die Seiten seines Reisetagebuches gefüllt hatte. Sie suchte nach einem japanischen Mannesnamen und legte nach einigem Zögern, dann aber innerst erschauernd, das kleine ledrige Gingkobaumblatt zu der Geschichte der Brüder Juro und Goro und der Kurtisane Tora Gozen.

Es war das längste Gedicht im ganzen Buch, sie hatte es bislang immer überschlagen, und als sie es jetzt las, war es ganz unpassend blutig und grausig. Jedoch der Name Goro bestimmte sie, das Blatt an dieser Stelle liegenzulassen. Und zwei Verse sind es, die sie dann mit klopfendem Pulse die Nacht noch auswendig lernte, anstatt sich auf ihr Seminar vorzubereiten:

Und Goro sieht Tora am Gitter dort stehen. Da werden des durstigen Goro Augäpfel, die vorher tot, wie tauendes Eis im Abendrot, und sie müssen heiß das Mädchen betrachten … Das weiße Antlitz von Tora Gozen anschauen, sie, die schönste der tanzenden Frauen, sie, die zart ist wie auf einem Spiegel ein Atemhauch. Sie ist den Zuschauern erschienen wie ein Abendsegel im Abendwind, faltenlos und weiß, ein Segel, das seinen Schein leis in die Seewelle goß …

Die Studentin hieß nicht Tora, sie hieß Omke Prott, was immerhin auch kein gewöhnlicher Name ist. Sie war weit entfernt, sich mit der schönen Kurtisane und zarten Tänzerin Tora Gozen gleichzustellen. Sie war eher derb und groß als zart und war sehr unjapanisch blond. Dennoch machte es ihr die Schläfen heiß. Sie war noch recht kindlich, aber sie konnte sich erschreckend gut in die Angelegenheit hineinversetzen. Sie suchte nach biologischen Erklärungen. Ihr Großvater war Kapitän auf einem Ostasiendampfer gewesen und hatte sicher im Yoshiwara zu Tokio so eine kleine süße Teetänzerin kennengelernt und geliebt. Das war es. Und da es nun wissenschaftlich kühl und sachlich auseinandergelegt war, hätte sie dem Verstande nach zufrieden einschlafen können. Sie hatte aber in dem lieblosen Mietszimmer, an dessen Scheibe der Großstadtlärm als eine unreine Brandung schlug, die ganze Nacht Heimweh nach ihrer Insel. Sie fühlte sich eins mit dem fremden jungen Mann und auch ganz ohne lyrisches Beiwerk. Er stammte ja auch von einer Insel und war fern davon.

Allerdings hatte sie das unaufdringliche Erlebnis ziemlich vergessen, als sie bei Beginn des neuen Semesters den jungen Japaner plötzlich in der Eingangshalle der Universität sah. Sofort stand die unscheinbare Begegnung unter dem alten Gingkobaum in jenem Frühlingsgarten vor ihrer Seele und dazu der wortelose Wohlklang der fremden Stimme und der Name Goro und das Inselheimweh. Der junge Arzt fühlte ihren Blick, hob nachdenklich die schwarzen Augen, zog die Luft ein, grüßte bescheiden und verschwand in einem Hörsaal.

Medizin! sagte sich die junge Studentin: Ist er es oder ist er es nicht? Sie erkundigte sich und erfuhr, daß er längst Amt und Titel habe, drüben in Japan, und daß er fließend Deutsch spreche und einige Vorlesungen belegen wolle, ehe er in die Heimat zurückkehre.

Die kleine Studentin belegte auch einige Vorlesungen Medizin. Ihr Professor lobte ihren Fleiß. Es wäre immer gut zu erkennen, wie sehr die Medizin im Grunde ein biologisches Studium sei.

Nun sah sie den schmächtigen stillen Fremdling jeden Tag. Sie hörte nicht viel von dem, was vom Katheder aufstieg in der Unwiderlegbarkeit fachlicher Satzgefüge. Ihre Phantasie tuschte an zartfarbenen Holzschnitten, darin der Name Goro in prinzlichen Gewändern eine teils sinnliche, teils heldische Rolle spielte. Ich heiße Omke, ich heiße nicht Tora, dachte sie und lächelte darüber oder ärgerte sich, je nach Laune.

Es war Herbst. Omke sehnte sich oft, noch einmal in den Park zu gehen und am Gingkobaum auf ein Wunder zu warten. Sie malte es sich in Gedanken aus, aber den Tatsachen nach erschien es ihr doch zu unwahrscheinlich, und darum blieb sie lieber in der Stadt und ging vor der städtischen Klinik auf und ab. Dort war Goro auf Gastspiel und arbeitete im Labor, um zu lernen, nur zu lernen, und war als tüchtig gerühmt.

Bin ich ein alberner Backfisch, schrie Omke sich innerlich an. Aber es war nichts zu wollen. Ihr Großvater hatte schuld mit seinem Yoshiwaraseitensprung. Sie läutete an der Klinikklingel und fragte nach dem japanischen Arzte. Sie wußte auch längst, daß er Dr. Yeiji hieß. Die Schwester ließ das hübsche Mädchen mit gleichmütiger Verbindlichkeit wie eine Patientin in ein privates Wartezimmer treten und nahm die Visitenkarte. Omke Prott hatte sich eine nette Visitenkarte drucken lassen. Es dauerte nicht lange, da kam Dr. Yeji lächelnd und lautlos in schneeweißem Kittel herein. Omke blieb sitzen, sie wollte nicht größer sein als er. Er fragte höflich mit einatmender, feierlicher und tiefer Verbeugung nach ihren Wünschen. Sie wurde sehr rot und stammelte: ›Möchten Sie mich untersuchen. Ich glaube, ich habe einen Herzfehler.‹ Der junge Arzt neigte seinen glänzenden schwarzen Scheitel und dankte der Dame vielmals für das große Vertrauen, aber er müsse leider bedauern, er sei nicht hier, um eine Praxis auszuüben, er sei mit Studien beschäftigt und müsse die Dame an den Geheimrat selber verweisen.

›Mein Gott!‹ flüsterte sie geschlagen. Wie komme ich überhaupt dazu! dachte sie. Ihr Gesicht war nun ganz weiß. Der Arzt in seiner Höflichkeit wagte erst jetzt, sie richtig anzublicken. »Ah so«, sagte er dann: ›Sie sind ja Kollegin im Kolleg. Oh, was ist Ihnen? Ist Ihnen nicht gut?‹ Er faßte behutsam ihren Puls. Sie entzog ihm die Hand. Es war unnennbar sanft, wie er sie berührt hatte. Eine große rote Nelke, wie mit Goldstaub betäubt, stand in einer matten irdenen Vase. Der Duft war betäubend. ›Nein!‹ sagte sie willenlos. Sie erhob sich mit Mühe. Sie überragte den dunklen Scheitel des Arztes um das schmale Oval ihres friesischen Gesichtes: ›Ich wollte Ihnen japanische Holzschnitte verkaufen.‹ Er entgegnete gleichmütig freundlich: ›Sehr, sehr lieb. Ich werde sie kaufen. Verzeihung sehr, ich bin ein Sammler nicht. Viel, viel Arbeit und immer. Schöne Blätter, Hukusai, Sie wissen, in meiner Familie, so in der Ecke, alte Blätter, vom Vater, vom Großvater, vom Urgroßvater und so weiter, sind sehr schön.‹

Er umging die Absage mit vielen hilflosen blumigen Wendungen. Sie unterbrach seine Höflichkeit, indem sie keinen Zweifel daran ließ, daß sie ihn durchschaue: ›Wohnen Sie dort ganz ohne Möbel?‹ fragte sie und war froh, daß er nicht sammelte. Sie besaß gar keine Holzschnitte außer denen in ihrer Phantasie. ›Wir in Osaka wohnen ganz europäisch. Ich habe gelernt, auf Stühlen zu setzen. Verzeihung, sitzen, zu sitzen. Setzen wir uns? O bitte, bitte sehr!‹ sagte er. Sie setzten sich beide, entfernt voneinander. ›Wie schade!‹ antwortete Omke. ›Ich habe Sie mir immer in einem dunkelveilchenfarbenen Kimono vorgestellt, der bestickt ist mit goldenen Blumen und allerhand Getier.‹ Er lächelte gleichmäßig fort: ›Mein Vater, ja, noch. Wir nur selten. Tag der Fische vielleicht, wenn gerade Urlaub. Oder die Päonienblüte.‹ Sie vermeinte, Heimweh in seiner Stimme zu spüren: ›Sie Armer!‹ sagte sie. Er wehrte sanft ab. Seine Augen hatten glimmende Funken. Er sog den Atem tief in der Höflichkeit seiner Sitte ein. Er saugt mich ein, aber er sieht mich gar nicht an, dachte die kleine Studentin. Nun sprach er weiter, als spreche er zu einer fernen Versammlung. Sein Deutsch wurde fließender, als lese er ab: ›Wir haben auch gelernt, daß es noch mehr gibt, als nur Schönheit im Leben. Vielleicht war Japan besser ohne Fabriken. Aber wir haben kein Recht zu fragen. Es ist Schicksal. Wir müssen es so gut machen, wie es geht. Wir müssen die Infektion, die aus dem Westen kommt, überwinden und überwinden helfen.‹ ›Sie waren bei der Abordnung der japanischen Arbeiterschaft. Warum sind Sie nicht mehr dabei?‹ fragte Omke nun. Ihr Herz war kühl, aber es tat weh. Der Laut der fremden Stimme war kühlend und schmerzhaft zugleich. ›Ich war der Dolmetscher. Ich bin noch dabei. Ich lerne, unseren Arbeitern zu helfen.‹ ›Warum bleiben Sie nicht hier?‹ fragte die kleine Studentin da leise.

Der junge Gelehrte merkte nun, daß ihr Tonfall mehr als einen höflichen Beiklang hatte. Er beobachtete sie eine Weile aufmerksam. Sie erschien sehr fremd und sonderbar, ein modernes Girl, ein Moga. Es war sein Fall nicht. Aber dennoch, es schmeichelte ihm. Er bat sie, einen Augenblick zu verweilen, schlüpfte lautlos aus der Tür und kam nach kurzer Zeit wieder. Er trug ein japanisches Schwert in der Hand. Es stak in zartgeschnitzter elfenbeinerner Scheide. Er zeigte es ihr. Auf dem bronzenen Stichblatt saßen goldene Käfer zwischen Gingkoblättern. ›Mein Vater hat es mir geschickt. Gestern kam es. Und morgen schon fahre ich nach Hause.‹ »Warum?« fragte sie mit verschnürter Kehle: »Ist es der Krieg?« Er nickte langsam. Man sah ihm nicht an, ob er traurig oder begeistert sei. Er drückte das Schwert seiner Ahnen an die Stirn. »Mein Großvater trug es noch!« sagte er voll Ehrfurcht: »Heute sind Waffen sachlicher. Man lebt und man tötet weniger schön.«

›Mein Großvater – ‹ setzte Fräulein Omke da mit verzweifelter Bitterkeit an, führte aber den Satz nicht zu Ende, der eine

Rechtfertigung für ihren Aufenthalt in diesem Wartezimmer enthalten sollte. Sie wußte auch nicht einmal, ob sie das Wort für das Sankt Pauli Tokios, Yoshiwara, richtig aussprechen würde.

Der Arzt erging sich nun in einigen wohlgesitteten Formeln über Großväter im allgemeinen und hängte daran viele Entschuldigungen ohne nähere Bezeichnung. Schließlich erkannte das gute Kind, daß er in Wahrheit sicher keine einzige Sekunde Zeit gehabt habe, sich dem Unfug ihres Besuches zu widmen. Sie verabschiedete sich und wünschte ihm Glück. Er lächelte undurchsichtig.

Als sich jedoch die Tür hinter ihr schloß, starrte der kleine, edle, fremde Mann mit bekümmerten Augen auf das leere, weißgestrichene Holz, das ihre Erscheinung zugedeckt hatte. Er hatte gar keine Gedanken für dergleichen gehabt, es galt, pflichtgetreu Urlaub und Stipendium auszunutzen, es hatte nur Bazillenkulturen und Serumlösungen gegeben und gewissenhafte Einsichten in den Betrieb mustergültiger Volksgesundheitspflege. Nun war ihm ein europäisches Abenteuer vorbeigelaufen. Oder war es nicht das? Oder hätte es vielleicht mehr sein können? Jetzt, zu guter Letzt. Nun war es sowieso zu spät. Er zog seinen Füllhalter und schrieb, einer raschen, trüben Eingebung folgend, in japanischen Zeichen: Bitte benachrichtigen! auf die Rückseite der kleinen Visitenkarte. Dann steckte er sie sorgfältig zu sich.

Es waren die Wirren um China, die ihn in die Heimat und an die Front riefen.

Eines Tages, es war schon wieder Frühling, erhielt ein gewisses Fräulein Omke Prott, Studentin der Biologie, auf Veranlassung der japanischen Militärbehörde und durch das deutsche Konsulat in Osaka die Mitteilung, daß der Feldarzt Dr. Yeiji gefallen sei.

Die Studentin ging den Tag in den Park, der auf den Höhen überm Strom liegt. Es regnete sehr, und sie hörte fern die Dampfer rufen, die in die weite Welt fahren. Sie hatte inzwischen ein wenig Japanisch gelernt, und in den feuchten Stamm des Gingkobaumes ritzte sie unter Tränen das Zeichen, das den Helden Goro bedeutet. Denn so hatte sie ihn doch immer bei sich genannt. Sie weinte darum auch sehr, weil sie damals vergessen hatte, ihm zu erzählen, daß sie hier einander zum ersten Male begegnet seien und daß die Gingkoblätter auf dem Stichblatt seines Ahnenschwertes mehr sein müßten als bloßer Zufall. Und daß er und sie beide Inselkinder seien.

Das blaßrote Aurikelnbeet war auch wieder zur Stelle. Und sie weinte sich satt wegen der allgemeinen und der besonderen Grausamkeit des Daseins; wie es denn gut ist, zu trauern um einen Geliebten, der es im Herzen war, es aber in der gnadenlosen Wirklichkeit gewiß nicht hätte sein können.«

Stets hat Hans Leip darunter gelitten, als Autor eines kleinen Jugendgedichts, nicht aber als Autor eines umfangreichen lyrischen und erzählerischen Gesamtwerks berühmt geworden zu sein. Auch seine Bilder und Graphiken, von denen die Hamburger Kunsthalle immerhin einige angekauft hat, blieben den Freunden und Kennern vorbehalten. Viele Zeichnungen zieren anmutig Hans Leips Bücher, die einmal fast so etwas wie Bestseller waren. Sein Verhältnis zu den Hamburgern verdüsterte sich in den Nachkriegsjahren zusehends. Er fühlte sich immer mehr als Fremder, denn die Zeit schien mit diesem einst so beliebten Schriftsteller kaum noch etwas anfangen zu können. Seit 1954 wohnte er in Fruthwilen im schweizerischen Thurgau, wo er sich 1961 ein Haus bauen ließ. Nur noch selten kehrte er nach Hamburg zurück, um alte Freunde, zum Beispiel Axel Caesar Springer, zu besuchen. Kleine Ehrungen wie der Titel eines Professors oder eine Ausstellung seiner Bilder blieben ziemlich unbeachtet. In einem (bisher unveröffentlichten) Brief vom 18. November 1961 an den damaligen Hamburger Kultursenator Hans Harder Biermann-Ratjen schrieb er nicht ohne leise Genugtuung:

»Unser Blick vom Fenster geht über die lohende Herbstlandschaft auf einen See, der heute Meeresweite vortäuscht; sehr lieblich ist's in der großen und milden Bläue, sehr beruhigend für's alternde Herz. Und da wir an die 500 m höher liegen als das Elbufer, empfinden meine müde werdenden Schultern es als angenehmer denn die vaterstädtische Atmosphäre.«

Leips Bücher verschwanden nun auch aus den Buchhandlungen. Am 6. Juni 1983 ist Hans Leip, der glühende Sänger eines idealisierten

und stilisierten, in jedem Fall verwehten Hamburg, der Dichter der Elbe, des Meeres und der Liebe Wellen, im Alter von 90 Jahren in der Schweiz gestorben.

Heimweh

Weißt du noch zu Haus,
wo der Flieder stand?
Und im Flieder sang der Star.
Übers Feld hinaus
in das grüne Land,
wo die See dahinter war.
Hinter Lizard Kap
liegt das Meer, das Meer,
und wir reisen unsere Zeit.
Brist ein Lüftchen knapp,
brist von Osten her,
und da liegt die Heimat weit.
Keine Blume blüht
und kein Vogel singt
auf der schattenlosen See.
Nur die Sonne glüht,
nur die Welle schwingt
und der Wind singt weh ade.

Zeichnung von Hans Leip zu »Lili Marleen«

»ICH BIN BERÜHMT, ABER UNBEKANNT«

HANS HENNY JAHNN (1894–1959)

»Man ist fast machtlos in einer Nation, die den Tod von 50 Millionen Menschen verursacht hat, die besiegt wurde und einen wirtschaftlichen Aufschwung genommen hat, der sich ausschließlich mit Faustrecht erklären läßt. Es ist mir innerhalb dieser Nation noch kein Mörder begegnet. Es gibt nur Unschuldige. Die Mörder haben sich in pensionsberechtigte Beamte verwandelt. Es gibt so unüberschaubar viele Fälle der Wandlungen, die mehr oder minder durch drei Stufen bezeichnet werden können: Kommunist – Nationalsozialist – Christ. Wer bei der letzten Stufe angelangt ist, kann in seinem Herzen niemals Nationalsozialist gewesen sein und war von Anfang an dazu berufen, den Kreuzzug gegen den Osten zu predigen. So sieht es mit der deutschen Seele aus.«

Als Hans Henny Jahnn im Juni 1957 diese Zeilen an Erika Mann schreibt, gilt er nicht nur in seiner Hansestadt als fragwürdiger Exzentriker, der in seinem engen und einfachen Domizil im Hirschpark, zu dem ihm die Hansestadt verhalf, viele Gleichgesinnte versammelt. Mit Freunden und Scharen von Besuchern – darunter Hubert Fichte, Hans Erich Nossack, Klaus Rainer Röhl, Oberbaudirektor Hebebrand – diskutiert er nächtelang, erzählt ausschweifende Geschichten und verwickelt sich in leidenschaftliche Streitereien. »Seine Sturheit«, so meint sein Biograph Thomas Freeman, »war sprichwörtlich.« Seine Realitätsferne, seine ständigen Geldnöte, seine ausschweifenden Phantasien, seine tiefen Ängste, sein Hang, überall Feinde zu wittern, ließen ihn als außerordentlich schwierig gelten. Aber an glühenden Bewunderern fehlte es ihm nie – ihnen und vor allem sich selbst galt Jahnn als einer der größten deutschen Schriftsteller dieses Jahrhunderts.

Ein Jahr zuvor hatte ihm die Hansestadt Hamburg den Lessing-Preis verliehen. Es war – nach dem Kleist-Preis von 1920 – die

21/2 47.
Hans Henny Jahn

zweite große Auszeichnung für sein schriftstellerisches Werk. Sie gewährte ihm für einen Augenblick die Empfindung öffentlicher Anerkennung, nach der es ihn so verlangte und die ihm so oft versagt geblieben war. Als ihm der damalige Kultursenator Hans Harder Biermann-Ratjen den Preis überreichte, sagte dieser: »Sie wissen, daß diese Verleihung keine Wunder wirken kann, keine bleibende Versöhnung zu stiften vermag zwischen dem einsamen Geist und seinen Widerpartnern – der dumpfen Menge, dem fühllosen Staat, der zwielichtigen Politik. Dieser Preis wird Sie nicht entlasten von Ihrer Mühsal, denn Sie werden fortfahren, gegen den Widersinn der Zustände, gegen das Mißverhältnis zwischen innerem Rang und äußerer Macht zu protestieren und dieser schlechtesten aller Welten vorzuhalten, wie leicht es ihr sei, durch einen einzigen radikalen Entschluß zur besten aller denkbaren zu werden.«

Die Beziehung zwischen dem Dichter Hans Henny Jahnn und seiner Stadt ist die Geschichte einer ständig scheiternden Liebesbeziehung. Anders als oft (vor allem von ihm selbst) behauptet, hat die Stadt, haben der Senat und verschiedene Institutionen mehr für diesen Dichter getan als für jeden seiner Kollegen. Aber Maßlosigkeit, Unbedingtheit und ein unstillbarer Hunger nach Anerkennung gehörten zu Jahnns Persönlichkeit ebenso wie zu seinem steinbruchartigen, alle herkömmlichen Grenzen sprengenden Werk. Dieser Dichter, Orgelbauer, Landwirt, Viehzuchtexperte und emphatische Träumer war zeitlebens ein personifiziertes Skandalon. Er ist es bis heute geblieben. Noch immer sind seine Bewunderer und Verächter zahlreich. Noch immer ist Hans Henny Jahnn vielen Hamburgern ein berühmter Fremder. Als einen Fremden hat er sich selbst stets empfunden, und für alles Fremde, für alles Außenseitertum hatte er denn auch ein leidenschaftliches Herz.

»Ich bin in Stellingen aufgewachsen; wir waren Hamburger Bürger. Als Junge trieb ich mich viel im Hamburger Hafen herum, was schon der Betrieb meines Vaters mit sich brachte. Ich war riesig stark. Einmal wettete ich, ich war etwa zwölfjährig, mit meinem Bruder, daß ich für eine Mark einen Stein, der in unserem Garten aus dem Boden vorstand, ausgraben und eine bestimmte, ziemlich große Strecke weit transportieren würde. Bei der Ausführung stellte sich der Stein als ein sehr großer, viele Zentner schwerer Block heraus. Ich mußte eine weite Grube um ihn herum auswerfen, die sogar ein Stück weit in die Staatstraße hinausreichte. Die halbe Nachbarschaft interessierte sich für meine Unternehmung; schließlich fiel aber ein Stück Gartenzaun auf die Straße, und es kam ein böses Schreiben der Polizei, daß die Unordnung binnen einer Woche zu verschwinden habe, was den Vater gewaltig gegen mich aufregte. Eine Nachbarin stellte mir ihr Pferd zur Verfügung; so wurde die Aufgabe schließlich gelöst, aber die Mark bekam ich doch nicht.

Der Stein lag nun an einer Stelle hinten im Garten. Wir beschlossen nach Jungenart, noch andere Blöcke herbeizuschaffen und einen ganzen Hügel aufzutürmen. Solche Blöcke lagen, nicht sehr nahe, in einer Kiesgrube. Ich beförderte sie mit unglaublicher Ausdauer Stück um Stück aus dem Grund die hohe und sehr steile Grubenböschung hinauf. Das Schwerste war der oberste Absatz, wo die Humusschicht etwa halb mannshoch senkrecht abgestochen war. Ich kann nicht mehr erklären, wie ich das fertig brachte. Bei dieser Gelegenheit bin ich zum ersten Mal einem Dichter begegnet. Ich hatte eben wieder einen Block das oberste Stück hinaufgestemmt und preßte ihn mit dem Körper gegen die Rasenkante, als ich einen Mann mit Notizbuch vor mir sah, der nach seinem ganzen Gebaren ein Dichter war – es könnte dem Aussehen nach sehr wohl Dehmel gewesen sein. Der sagte vorwurfsvoll in improvisierten Versen zu mir: Willst du nicht lieber einen Strauß Blumen für deine Mutter pflücken? Es machte einen so lähmenden Eindruck auf mich, daß ich den Stein in die Grube zurückrollen ließ und von vorn beginnen mußte.

Als kleiner Schüler fiel ich einmal einem ausgewachsenen Sadisten von Lehrer in die Hände. Er erschien eines Morgens als Vertreter in der Klasse, setzte uns sofort mit schweren Drohungen in Schrecken und prügelte dann, ohne jeden Anlaß, einen Schüler so furchtbar, daß ein einziger Schrei aus der Klasse aufstieg und dann Totenstille eintrat. In diese Stille hinein lachte ich – ein Lachen des irren Entsetzens und der Hilflosigkeit. Der Lehrer stellte sich vor mich hin und sagte: Das nächstemal kommst du an die Reihe. Ich antwortete: Dann sage ich es meinem Vater.

Er blickte mich an, wurde kreidebleich und trat weg. Aber während seines ganzen Vikariats, viele Wochen lang, blickte er mich nicht an und stellte keine Frage an mich.

Als ich später in die Oberrealschule übertrat, fand ich zu meinem Schrecken eben diesen Mann als meinen Lehrer für Französisch und Englisch vor. Ich wußte sofort, daß hier ein Kampf aufs Messer bevorstand, daß nur einer von uns bleiben könne. Meine Schulzeit wurde furchtbar. Ich war in allen Fächern einer der Hervorragendsten, nur in Französisch und Englisch hoffnungslos, ein Idiot. Die Hefte schwammen vor roter Tinte, kein Wort war recht, und nie wurde mir gesagt, wie es besser zu machen sei. Schließlich stellte mich einer der andern Lehrer zur Rede und wollte wissen, wie ein solches Versagen möglich sei. Nun, sagte ich, wir kennen uns eben von früher. Was das heißen solle? Na, sagte ich, ich weiß, daß der Mann als Sadist von den Unterklassen zu den älteren Schülern versetzt worden ist; ich habe das Unglück gehabt, schon in seiner Unterklasse gewesen zu sein. Der Lehrer verstummte und versprach, sich die Sache zu überlegen. Etwas später wurde mir von dem Quäler wieder ein über und über korrigiertes Heft zugeschmissen und angedeutet, daß das Abitur für mich ausgeschlossen sei. Ich sah mir das Heft an, blätterte drin herum und fragte schließlich, ob ich auf das Katheder kommen dürfe, um ihm etwas zu zeigen. Es wurde in drohendem Ton bewilligt. Sehen Sie mal, sagte ich, ich habe in diesem Aufsatz lauter Ausdrücke verwendet, die Sie mir das letztemal hineinkorrigiert haben. Nun streichen Sie sie aus und ersetzen sie durch genau dieselben, die Sie mir dort durchgestrichen hatten. Er sah mir ins Gesicht. Noch am gleichen Tag suchte er um seine Versetzung nach.

Ich habe in der Schule maßlos gelitten. Es kam hauptsächlich von meinem Aussehen, ich muß abstoßend häßlich gewesen sein. Ich wurde von den Kameraden verhöhnt und mißhandelt und wehrte mich wegen meiner religiösen Überzeugung nie. Harms teilte diese, wehrte sich aber und walkte von Zeit zu Zeit auch einen meiner Gegner durch. So war ich der Verachtetste, aber andererseits auch wieder sehr respektiert, weil ich ungewöhnlich begabt war. Ich war zwar bärenstark, aber wegen des langen Schulwegs ewig übermüdet. Dazu entsetzlich faul. Ich machte schon als Schüler eine Erfindung, die unter den Lehrern und Kameraden größtes Aufsehen erregte: ich fand ein Verfahren, um die Temperierung eines Klaviers durch elektrische Schwingungen zu verändern. Einer der Lehrer hatte solche Achtung vor mir, daß er mich nahe an sich zog und mir die ungewöhnlichsten Bekenntnisse über sich und sein Leben machte; aber zwischendurch sagte er immer: Weißt du, Jahnn, du bist doch verrückt, verrückt bist du doch.

Ein Grund für diese verbreitete Meinung war etwa, daß ich jeden Aufsatz mit Adam und Eva anfing. Der Deutschlehrer wütete dagegen, aber ich erklärte, ich könne nichts dafür, für mich fange eben alles dort an. (Ich begann etwa: Als Adam und Eva den Apfel gegessen hatten, war es ihnen klar, daß die Erfindung des Flugzeuges nur eine Frage der Zeit sein könne.) Den Mitschülern gegenüber behauptete ich, es sei möglich, jedes Thema mit jedem Satz zu beginnen. Darauf wurde eine Wette abgeschlossen; ich sollte den nächsten Aufsatz mit einem Satz über die Glühbirne beginnen. Ich weiß noch, daß dieses nächste Thema ›Sanherib und Hiskia‹ lautete.

Damals, in der Mittelschule, war meine fromme Periode. Es war meine dunkelste Zeit. Ich war gänzlich verbohrt in christliche Gedanken und lief ständig mit einem Neuen Testament in der Rocktasche herum. Der Ursprung des ganzen Zustandes lag bei einer Freundin von Harms, die ihn in dieser Richtung beeinflußte, wodurch auch ich hineingezogen wurde. Wir beschlossen, mit den christlichen Forderungen vollkommen Ernst zu machen und zum Beispiel unter keinen Umständen mehr zu lügen, woraus sich katastrophale Folgen ergaben. Wir wurden für verrückt erklärt. Wir trugen eines Morgens eine Bank in das Klassenzimmer, stellten sie vor die andern Bänke, setzten uns hinein und erklärten dem Lehrer, der sich gefoppt glaubte, wir seien entschlossen, nicht mehr zu mogeln, was natürlich schärfste Auseinandersetzungen mit den Kameraden zur Folge hatte. Als der Mathematikprofessor mich fragte, weshalb ich die Aufgaben nicht gemacht hätte, erklärte ich, ich hätte keine Zeit gehabt. Furchtbarer Wutausbruch: wieso keine Zeit, ob das eine Antwort sei? Ich berichtete wahrheitsgemäß, was ich alles in der Zeit gearbeitet hätte und wie mir für die mathematischen Aufgaben keine Zeit übriggeblieben sei. Neuer Wutausbruch, auf den ich erklärte, daß mir unter diesen Umständen nur übrig bleibe, ihn zu belügen, daß ich ihm aber aufgrund meiner Überzeugungen schon jetzt in aller Form erkläre, daß ich das nächstemal auf seinen Wunsch eine Lüge zu sagen genötigt sei.«

In Jahnns frühe Kindheit fällt jene Episode, auf die er selbst vieles in seinem Leben zurückgeführt hat. In »Fluß ohne Ufer«, seinem epischen Hauptwerk, dessen Titel wie ein Symbol seines Lebens und seines Werkes erscheint, hat er darüber berichtet:

»Der Zoologische Garten unserer Stadt veranstaltete in jedem Jahre während der Sommermonate eine Menschenschau. Das bedeutete, eine Handelsagentur oder der Impresario für willenlose, halbverkaufte, halbbestochene Menschen vermittelte dem halbwissenschaftlichen Institut die Einwanderung einer Gruppe von Afrikanern, Indios, Südseeinsulanern oder Ceylonesen. Diese sehenswerten Menschen wurden hinter Barrieren in einer künstlichen Landschaft mit nachgebildeten Dörfern oder Hütten, um ein natürliches Dasein in ihrer Heimat vorzutäuschen, untergebracht.

Meine Freundschaft mit dem Sohn des königlichen Kaufmannes bestand noch. Seine Famile besaß eine Aktie des Tiergartens; statt einer Dividende genossen die Besitzer das Recht freien Eintritts für sich und ihre Angehörigen. Der Sohn des königlichen Kaufmannes, er verfügte immer über kleine Beträge Taschengeldes, stand mit den Aufsehern und Tierwärtern auf gutem Fuße; er kannte die Kunst der Bestechung mittels einer Zigarette; und wenn der überwundene Erwachsene rauchte, tat er es auch, im Schatten einer gemeinsamen Schuld. Er log mich als einen Verwandten von sich ohne Bezahlung in den Zoologischen Garten hinein. Nachdem er mehrmals mit mir die Pforte ›für Aktionäre‹ durchschritten, wagte ich den Gang auch ohne ihn, und man ließ mich hineinschlüpfen. In jenem Sommer, ich war auf dem Wege vom vierzehnten zum fünfzehnten Lebensjahr, zeigte man eine Truppe von Somalileuten. Ich lief so oft zu ihnen, wie ich es einrichten konnte. Zu ihnen und zu einem Tiger, der mein Herz überwunden hatte. Ich habe einmal vor seinem Käfig geweint. –

Die erwachsenen Somalimänner mit den gescheitelten eitlen Frisuren und die drei oder vier abgehärmten Frauen waren mir gleichgültig. Ich verachtete sie vielleicht, weil sie (ihr Vertrag schrieb das vor) Tänze aufführten, die unecht waren; weil sie sich wie wilde Menschen benahmen, und doch in Wirklichkeit von der Langeweile benagt waren. Ihre Gier richtete sich auf den Tand der weißen Menschen. Sie verkauften Postkarten und Zuckerholz. Sie wurden, damit die den Tiergarten besuchenden jungen Damen in nicht zu große Gefahren gerieten, einmal wöchentlich in ein Bordell gefahren. (Das erzählte mir mein Freund, der Sohn des königlichen Kaufmannes.) Wir entrüsteten uns, aber wir hatten keinerlei intime Kenntnisse. Bei der Truppe war ein zwölfjähriger Knabe. Anfangs glaubte ich, er müsse so alt sein wie ich. Es war die Gleichheit der körperlichen Entwicklung, die mir diese Meinung eingab. Ich versuchte mit ihm zu sprechen, aber er kannte nur die Bedeutung weniger englischer und französischer Vokabeln, und meine kunstvollen Ausführungen in diesen Sprachen schienen jenseits seines Fassungsvermögens zu sein.

Er lächelte mich entsagend an. Unwillkürlich bezog ich sein Verhalten auf den unvorteilhaften Unterschied zwischen ihm und mir. Ich sah ihn hinter Gittern wie jenen Tiger, wie alle Tiere dieses verfluchten Ortes. Ich kann ohne Reue die Schmach gestehen, ich besuchte am Ende nur seinetwegen den Zoologischen Garten, nur um auf Augenblicke sein Gesicht, die Würde seiner Gestalt zu sehen. (Jetzt habe ich beides vergessen.) Ich weiß, die Gedanken, die mich Tag und Nacht bewegten, waren frevelhaft, es waren absolute Wünsche, die jenseits der Vernunft, ganz und gar unklug und ungezügelt waren. Ich wollte die Adler befreien, ich wollte den Tiger befreien, ich wollte ihn befreien. Ich wollte eine Gemeinschaft mit ihm, von deren Wirklichkeit ich nicht die entfernteste Vorstellung hatte. Das grenzenlose Begehren, in seiner Nähe zu sein, stand in vollkommenem Gegensatz zur Ratlosigkeit, die mich befiel, wenn ich neben ihm war, nur durch ein Gitter getrennt. Hätte er, klüger als ich, die Wirrsal meiner Seele gedeutet und mir die Liebe angetragen, nach der ich dürstete, ich wäre geflohen. Aber er lächelte entsagend. Vielleicht verachtete er mich. Vielleicht belud seine körperliche Entwicklung ihn mit dem gleichen unerfüllbaren Begehren, mit dem reinsten und unbedingtesten Gefühl, zu einer neuen Möglichkeit bereit zu sein.

Eines Tages öffnete ich die Gittertür des künstlichen Adlerhorstreviers. Ein Wärter entdeckte die offene Tür und schloß sie wieder. Keiner der Adler war davongeflogen. Ich erfuhr es später. Aber mit diesem Anfang der Befreiungshandlungen waren meine Kraft und mein Mut erschöpft. In mir hauste jetzt die Angst, daß ich ein Verbrecher sei. Die Vorstellung, daß ich den Tiger freiließe, ging über mich hinweg und warf mich zuboden. Die Befreiung des Äthiopierfreundes zu einem Menschen, ich konnte den Weg nicht erkennen. Die Barriere war ja übersteigbar; aber das Nachher war zähe Finsternis, die keine Einbildung erleuchten konnte.

Ich besuchte den Zoologischen Garten nicht wieder. Ich gestand mir in unheilvollen Nächten, daß ich den Somaliknaben mehr liebte als den Sohn des königlichen Kaufmannes, und mit frostiger Ehrlichkeit kündigte ich diese Freundschaft. Es wurde Herbst, und die Truppe der Äthiopier zog davon. Ich war verbittert und einsam, krank an mir selbst. Meine Sehnsucht hatte kein Ziel. Die kalte Zeit meiner körperlichen Reife war da. Diese fürchterliche Verlassenheit, in der man nicht einmal sich selbst besitzt.«

1929 entstand der große, unvollendete Roman »Perrudja«, ein an James Joyce geschultes Epos von homerischem Ausmaß. Naturwissenschaft und Tiefenpsychologie, Sprachkrise und musikalische Erzählweise, die den inneren Monolog und eine bis zur Abstraktion vordringende Leitmotivik auf verschiedenen Stilebenen vorantreiben, verbinden sich darin zu einem erratischen Kunstwerk modernen Erzählens. Klaus Mann hat diese Reise in die Tiefen des Unbewußten, der Triebe und der Fleischlichkeit folgendermaßen beschrieben: »Wie bei Döblin überstürzen sich die Anekdoten und die Aufzählun-

gen, die Liederrefrains, medizinischen Konstatierungen, alten Sprüche, Kochrezepte, Obszönitäten, Legenden; die Namen von Edelsteinen, spanischen Generalen, Fleisch-, Gemüse-, Marmeladensorten, technische Einrichtungen wirbeln, jagen sich durcheinander.«

In seiner norwegischen Bergeinsamkeit kämpft Perrudja, eine Inkarnation des einsamen Künstlers und Weltenbewegers, um die Erfüllung in der Liebe. In schweifenden Visionen, Geschichtsdeutungen und archaisch stilisierenden Erzählungen, die immer wieder um Jahnns Lebensthema, die Homoerotik, kreisen, entwirft er mythische Grundmuster von Auflehnung und Schöpfungsklage. In diesem Roman findet sich auch die Erzählung »Polarstern und Tigerin«:

Polarstern und Tigerin

»Fu Tung wohnte am Rande eines Dorfes, das halb hinaufgetrieben gegen die nördlichen Berge lag. Wenn die Luft dünn und trocken war, konnte er silbern in der Ferne den großen Fluß erkennen, der von Norden kam und in hartem Winkel sich nach Osten gegen das Meer wälzte. Aber nur selten war die Luft gläsern, meist klebrig und wie Rauch, zumal wenn die südlichen und östlichen Winde sich vor den hohen Bergen fingen, so daß die Gipfel zu dampfen begannen und Nebel hinabfloß in die Täler. Der Schaum des Südwindes, so sagten die Bauern, gebäre den Regen, der, wenn er einmal zu rinnen begonnen, sich oft wochenlang nicht erschöpfte. Zehntausend schmutzige Bäche zerlösten den Boden und trugen ihn fort gegen den großen Fluß, der gelb und hoch in den Ufern ging mit lautlosen Wirbeln.

Fünfzehn Meilen von der Stadt Si Ngan Fu entfernt lag das Dorf, zu dessen Rechten Fu Tungs Hütte gezählt wurde. Er selbst war vor Monaten heimlich in ärmlichen Kleidern durch ein Tor der dicken Mauer geflohen, gleich nachdem es des Morgens geöffnet worden war, vor dem erwachenden Lärm der großen Stadt Si Ngan Fu. Er hatte die staubige Straße mit seinen Tränen genetzt – und dieses ist seine Geschichte.

Sein Vater war ein reicher Salzhändler gewesen, der einen großen Stapel- und Umschlagplatz an der Straße nach großen

Ebenen zu besessen hatte. Sein Sohn hatte die ersten Examen bestanden, und die Familie hoffte, ihn bald als Tao-tai im Gerichtsyamen beglückwünschen zu können.

Eines Tages war in die Stadt Si Ngan Fu der Fürst der Provinz gekommen. Mitten im Sommer hatte er seine Güter verlassen, sich losgerissen von den Teichen, auf denen blaue Lotusblumen schaukelten. Bald wußte jeder, daß die Untersuchungen begonnen hatten. Eine Woche nach dem Eintreffen des Großmächtigen und Unfehlbaren hingen am Südtor der Stadt zum Entsetzen der Einwohner sieben abgeschlagene Köpfe in der Sonne. Fu Tungs Vater wurde von den Bütteln eines Morgens von der Bettmatte gestoßen und zum Yamen geschleppt. Er kehrte von dort nicht zurück. Es wurde ruchbar, daß alle Vermögen, Güter, Gärten, Häuser des reichen Mannes beschlagnahmt waren. Ob er selbst noch lebte, wußte man nicht. Man war der Meinung, daß er nach Peking geschafft werden sollte, um dort abgeurteilt zu werden. So standen die Dinge, als Fu Tung durch das kleine Tor der Stadtmauer, die Pforte der Schiffer, entwich. Er war arm geworden, ohne das Geschick zu kennen, arm zu sein. Er fürchtete den Groll der Ahnen, weil er ihre Grabstätte ohne Pflege und ohne Abwehr die Verhaftung des Vaters gelassen hatte. Doch waren diese Sorgen leicht gegenüber dem, was ihn bewegte.

Er liebte Cho Wen, die Tochter des reichen Cho Wang. Ihr Vater hatte der Heiratsvermittlerin mitteilen lassen, er werde ihre Bemühungen honorieren, da ja ihr Auftraggeber neuerdings ein Strolch geworden. Aber weiteren Bemühungen in der Sache Fu Tung möge sie sich nicht hingeben. Die Tochter wurde in diesen verhängnisvollen Tagen behütet, so daß niemand sie von Angesicht zu Angesicht zu sehen bekam, ausgenommen eine alte Dienerin mit hängenden Brüsten, wie es Cho Wen schien, aus gelbem Leder, weshalb sie Furcht vor ihr empfand und bei ihrem Anblick in eine Ecke zu den Ahnentafeln floh. Fu Tung hatte sich in der Nacht vor seiner Flucht dem Hause Cho Wangs zu nähern gewagt, um, wenn nicht anders, so doch als Dieb das Gesicht der Geliebten noch einmal zu sehen. Aber das Unternehmen hatte einen bösen Ausgang genommen. Er war im Garten des reichen Mannes durch einen Wächter niedergeschlagen worden. Lautlos war er auf den Rasen geglitten, ohnmächtig; der Wächter aber mußte ihn über die Straße in die dunkle Vorhalle eines benachbarten kleinen Tempels geschafft haben. Dort erwachte der Jüngling aus seiner Ohnmacht, begriff allmählich den Ort seines Aufenthaltes und was ihm geschehen war. Die Schmerzen über seinem Herzen waren groß, so daß er die Furcht halb vergaß, die der Ort ihm bereitete, und bis zum Morgen verweilte er zwischen Pein und ohnmächtigem Schlaf.

Am nächsten Tag war er fern der Stadt auf den Straßen der Provinz. Er kam in das Dorf Wo Tschen. Seine Füße weigerten sich, ihn weiter fortzutragen von der großen Stadt, von dem Ort, wo Cho Wen gefangengehalten wurde. Eine unkluge Hoffnung pflanzte sich ihm ein. Er trug noch einen kostbaren Ring am Finger. Dafür erstand er einen kleinen Garten und eine Hütte am Rande des Dorfes. Unentwegt dann begann er sich einzureden, daß er warten müsse auf die Entwirrung seines Geschicks. Wie hoffnungslos auch seine Liebe geworden war, er vermochte nicht, sie zu begraben. Er fühlte, daß vor Trauer seine Kräfte abnahmen und Siechtum an seiner Türe lauerte. Dennoch beharrte er, die gleiche Glückseligkeit zu fordern, die sich einmal in seinen Augen verfangen hatte und die nicht Raum ließ für eine andere Welt.

Wer aber würde glauben wollen, daß es Cho Wen anders ergangen? Die Verzweiflung verbarg sie. Die Tränen unterschlug sie dem Tag und ließ ihnen nur des Nachts freien Lauf. Die Furcht um das ungewisse Los Fu Tungs trieb sie zu Findigkeiten. Bald wußte sie von jener unglücklichen Nacht, in der er gekommen, um sie noch einmal zu sehen. Sie erfuhr auch von seiner Flucht ins Land. Sie schlich zu Zauberern, zu alten Frauen, die es aus der Schwere halberbrüteter Eier ablesen wollten. Aber alle Auskunft war eitel. Endlich beschloß sie, ihn zu suchen. Sie hatte die Zuversicht, daß er sich nicht weiter von Si Ngan Fu verborgen halten würde, als die Furcht um sein Leben ihn fortgetrieben. Sie nahm einige Kostbarkeiten mit sich, stahl sich vom Hause fort und machte sich auf die Wanderschaft. Sie ging die Straße südlich, aber sie fand ihn nicht. Wen auch immer sie fragte, niemand hatte den Fu Tung ihrer Beschreibung gesehen. Als sie nach vielen Wochen sich auf dem Heimweg befand, ging sie nicht durch die Mauern der Stadt. Sie versuchte, die Straße zu gewinnen, die östlich führte. Sie gelangte in die große fruchtbare Ebene, wo sich die Städte und Dörfer unentwirrbar drängten. Aber nach einigen Tagen ward ihr Herz verzagt; sie sagte sich, daß sie Fu Tung hier nicht würde finden können. Abermals wanderte sie die Straße zurück, und die Mauern der unheimlichen Stadt tauchten vor ihren Augen auf. Jetzt wanderte sie westlich. Die Gegend wurde öde und menschenleer. Meile um Meile, die sie zurücklegte, brachte sie der großen Gebirgsmauer näher, aus deren Eiswüsten der Hoangho sein Wasser zog. Da schoben sich die Gneisbarren ineinander und voreinander, so daß Berg und Tal entstanden, hoch genug, daß man übersehen konnte, eine ärmliche Straße suchte nach Pässen und flüchtete in die Niederung der Täler. Einsiedler und fromme Mönche hatten unterhalb der Pässe ihre Wohnstätte aufgeschlagen und bannten die Geister, die um die bleichen Gebeine der im Schneesturm Umgekommenen frierend jammerten. Bei der Klause eines Einsiedlers, der das Dunkel seiner Hütte mit der unnahbar lächelnden Gebärde vieler Buddhas angefüllt hatte, beschloß Cho Wen, in Furcht vor dem stummen Drohen der Steinwüste, eine mildere Straße zu wählen. Sie ließ den Segen des frommen Mannes auf ihr zerrissenes Herz tropfen; im Dunkel der Hütte schluchzte sie zu den Göttern, die nur zu lächeln wußten. Die nächste Woche schlich sie am Rande der nördlichen Berge entlang auf krausen Pfaden, wurde durch die Felsen immer wieder gegen den Fluß gedrängt, den sie fliehen wollte, weil er der bösen Stadt Si Ngang Fu zustrebte.

Endlich erreichte sie die Straße, die vor Monaten Fu Tung genommen hatte. Sie ahnte es nicht. Ihr Mund fragte voll leerer Hoffnung nach dem Geliebten. Da geschah es, daß ein Bettelmönch, den sie angeredet, ihr Auskunft geben konnte. Ihr Herz stand still vor Freude; aber ihre Füße strebten zu ihm. Sie trat in seine Hütte. Sie erkannten sich und sanken wie tot aneinander hin. Am Abend dieses Tages führten sie ein Gespräch, in dem sie ihre gegenseitige Liebe beschrieben. Sie dichtete die Worte: ›Wenn ich in deinem Schoß ruhe, vernehmen meine Sinne den Duft junger Kaktusblüten‹, und er antwortete: ›Der Liebende, der vereint ist mit der Geliebten, vergißt alle Mühe vor der Bestätigung seines Glücks.‹ Sie wieder: ›Der Durst ist vergangen. Wie sollte wohl die Lotosblüte, die auf dem Wasser schwimmt, nach Trank verlangen?‹ Als Antwort er: ›Die Musik webt mit ihren Tönen ein Kleid, so weich wie die Strahlen des Mondes. Der Hauch der Geliebten aber ist samtener als die Melodie der Flöte. Es ruht der Geist des Genossen wie auf dem Schleier der Milchstraße.‹ – ›Die Stirn des Geliebten ist flach und von schöner Glätte.‹ – ›Und der Geliebten Brüste wie edle Pferde, die sich hoch aufbäumen.‹ Mit solchen Reden und Spielen verbrachten sie die ganze Nacht. Ihr Glück wuchs mit jedem Tage ihrer Vereinigung. Aber es nahm ein jähes Ende.

An einem Abend, als sie wieder beieinander hockten, gewahrten sie, daß von außen eine Hand den Vorhang der Fensteröffnung zurückschlug. Ein platter Kopf zwängte sich in das Licht der Hütte, und Cho Wen erkannte an dem Eindringling das Gesicht eines Mannes, der im Dienst ihres Vaters stand. Die Angst gab ihr ein, zu fliehen. Ohne Gruß riß sie sich los von Fu Tung, eilte zur Tür und in die finstere regenschwere Nacht. Sie kannte den Weg nicht; aber er war dunkel und verriet sie nicht. Der Schrecken trieb sie, ohne Absicht umherzuirren. Sie wußte nicht, daß sie gegen den großen Fluß eilte. Dichte Nebel stiegen vom Boden auf und hüllten sie ein. Sie war dankbar jedem Versteck. Über ebene Sande ging ihr Fuß. Der Sand war feucht und moosig; aber sie achtete nicht darauf. Halbdürres Schilf begann von allen Seiten zu wuchern. Sie war in den Sumpf geraten, der sich in der Niederung des Hoangho ausdehnt. Sie sah sich von Rinnsalen umgeben; aber immer noch glaubte sie an eine Brücke vorwärts, bis ein Windstoß in den dampfenden Nebel fuhr und ihr die nähere Umgebung mit zehntausend Tümpeln entblößte. Sie begriff, daß sie verirrt und gefangen war, und begann zu weinen. Doch die Himmel enthüllten sich.

Der Geist des Polarsternes sah ihre Gefangenschaft. Er regierte gerade den hündischen Monat, und da Cho Wen schön war, beschloß er, sie zu seiner Geliebten zu machen. Er verließ sein Haus und schwebte hinab, auf den Sumpf zu. Sie gewahrte in der Luft ein feuriges Rad, das gezackt war, ähnlich den Flügeln einer Windmühle. Er rollte auf sie zu und stand plötzlich neben ihr im Sumpf als ein fünfstrahliger Stern, dessen Arme hart und kräftig schimmerten und wie lebendig leuchteten, doch ohne daß ein Feuer Cho Wen erwärmte. Sie fühlte es von dem Stern ihr entgegenströmen wie Worte, auch glaubte sie eine menschliche Gestalt zu erkennen. Sie folgte dem Geheiß, sich auf eine der Sternzacken zu setzen und sich dort festzuklammern, und der Stern entschwebte mit ihr. Bald aber fühlte sie, daß sie betrogen war und daß der Geist sie nicht an einen guten Platz der Erde führen würde. Sie dachte an Fu Tung, daß er ihr unerreichbar bleiben würde, wenn der Polarstern sie am Himmel gefangenhielte. Da übermannte der Schmerz sie von neuem, und obgleich sie schon sehr hoch über der Erde schwebten, ließ sie sich hinabfallen. Bei dem Sturz schwanden ihr die Sinne.

Am Rande der unermeßlichen Schneewüste des Altaigebirges hatte eine Tigerin ein Junges zur Welt gebracht. Das Kind der Tigerin aber konnte nicht zum Leben kommen, weil kein Geist nahe war, der in seinen Körper hätte einziehen können. Cho Wen war viele hundert Meilen fortgetragen. Ihr Leib fiel nicht weit von der Stätte, wo die Tigerin ihr Junges geworfen hatte, zur Erde und zerschlug sich auf dem nackten Felsen. Sogleich verließ der Geist ihren toten Körper. Die Tigerin aber, die sie hatte herabfallen sehen, hatte sich der Stelle genähert. Sie packte den Geist und zwang ihn, in den Leichnam ihres Kindes einzuziehen. So ward Cho Wen an den Zitzen der Tigerin ernährt, in der Gestalt eines Raubtieres.

Sie vergaß Fu Tung nicht. Als sie der Mutter entwöhnt und zu einem kräftigen Tier herangewachsen war, beschloß sie, das Wagnis der tausend Gefahren auf sich zu nehmen, und machte sich nach der Wohnung Fu Tungs auf den Weg. Als sie in Wo Tschen angekommen war, umschlich sie das Haus Fu Tungs; aber sie vernahm aus dem Innern keinen Laut. Da stieß sie die Tür auf. Er war krank. Er hatte die Hoffnung, Cho Wen je wieder zu sehen, aufgegeben. Er sehnte sich, zu sterben.

Als er die Tigerin an seinem Lager sah, erschrak er nicht; er sagte vielmehr: ›Der Tod kommt eilends, denn ich habe ihn gerufen. Mein Leib ist träge und stirbt langsam; meine Seele ist fleißig und hat einen guten Wunsch getan.‹

Traurig fragte die Tigerin: ›Erkennst du mich nicht?‹ Er verwunderte sich über das Wort und antwortete: ›Woher sollte ich dich kennen?‹ Da begann sie zu seufzen und zu klagen: ›Weshalb bin ich verwandelt? Wirst du mich nie mehr in deine Arme schließen?‹ Plötzlich aber begann sie zu deklamieren: ›Der Durst ist vergangen. Wie sollte die Lotosblume, die auf dem Wasser schwimmt, nach Trank verlangen?‹ Da rief er ihren Namen aus: ›Cho Wen!‹ Und sie antwortete: ›Ich bin's.‹

Langsam begannen seine Lebensgeister sich wieder zu regen. Eine kleine Röte fächelte auf seinen Wangen. Wechselreden gingen hin und wieder. Sie aber klagte dringlicher von Tag zu Tag: ›Du wirst mich nicht lieben können.‹ Er versicherte es Mal um Mal; aber ob er auch das zauberhafte Fell streichelte, er erkannte Cho Wen nur an der Süßigkeit ihrer Stimme. Rätselhaft lagen wilde Pranken, ein noch wilderer Schädel vor seinen Augen. Traurigkeit ließ Tränen in seine Augen treten. Da hörte er die Frage an seinem Ohr: ›Würdest du mein Los teilen, um mich lieben zu können?‹ Freudig bejahte er. Da senkte die Tigerin ihre weißen Zähne gegen seinen schmalen Hals und sog ihm das Blut aus. Als er reglos dalag, begann sie seinen Leib zu verschlingen. Als sie ihn fast ganz verzehrt hatte und nur sein Herz übrig war, bemerkte sie, daß es noch schlug. Da verschlang die Tigerin auch das zuckende Herz. Doch auch in ihrem Leibe hörte es nicht auf zu schlagen, und bald fühlte sie, daß sie schwanger geworden war. Sie lief zurück in die Berge und gebar dort ein Junges. Sie säugte es, und es wuchs heran. Es wurde ein stattlicher Tiger. Sie vergaß, daß sie ihn geboren. Sie wußte: es war Fu Tung. Fortan lebten sie als Tiger und Tigerin.«

Hans Henny Jahnn wurde am 17. Dezember 1894 als Sohn eines Schiffszimmermanns in Stellingen bei Hamburg geboren. 1915 floh er mit seinem Freund Gottlieb Harms vor der drohenden Einberufung nach Norwegen, wo er sich mit schriftstellerischen Arbeiten, aber vor allem auch mit seiner großen Leidenschaft, dem Orgelbau, beschäftigte. An die 100 Orgeln hat Jahnn im Laufe seines Lebens gebaut; zeitweilig war er Orgelsachverständiger der Stadt Hamburg.

»Zur Orgel bin ich eigentlich zufällig gekommen, wenigstens zur Orgelforschung. Ich hatte ein Kultbauwerk gezeichnet, in das auch eine Orgel eingezeichnet werden sollte. Ich wollte daher wissen, wie lang, hoch und dick eine Pfeife sei, um die Maße richtig zu halten. Ich kaufte mir einige Handbücher, in denen aber merkwürdigerweise nichts darüber zu lesen war. Ich griff zum großen ›Töpfer‹, einem maßgebenden deutschen Handbuch des 19. Jahrhunderts, und erfuhr zwar dort das Gewünschte, sah aber bei dieser Gelegenheit, daß für die Festlegung der Pfeifendimensionen keine festen Gesichtspunkte bestanden; es war alles die vollkommene Verwirrung und Anarchie. Niemand wußte, wie Maße und Klänge zusammenhingen, man verfuhr unbeschreiblich primitiv und ganz vom Zufall abhängig. Durch die Wahrnehmung kam ich, ohne es zu wollen, in einen Strudel hinein, auf die abschüssige Bahn des Orgelgelehrten. Ich wurde hineingetrieben in etwas, das aussichtslos war, weil von vorneherein feststand, daß die Mühe, die ich dafür aufwendete, nie nach Gebühr entlohnt werden könnte.«

Nach dem Ersten Weltkrieg kehren die Freunde nach Deutschland zurück, wohnen teils in Hamburg, teils in der Lüneburger Heide, wo sie, ganz im Stile einer nach neuen Weltentwürfen Ausschau haltenden Zeit, gemeinsam an einem utopischen Projekt von gigantischen Ausmaßen arbeiten: der »Glaubensgemeinde Ugrino«. Die Verschmelzung von Kunst und Religiosität nach dem Vorbild mittelalterlicher Bauhütten wirbt Mitglieder, entwirft architektonische Projekte, kauft Grundstücke für Kultstätten, unternimmt in einem eigenen Verlag großangelegte Musik-Editionen und betreibt die Restaurierung der Orgel in der Hamburger Jakobi-Kirche.

»Als ich nach Deutschland zurückkehrte, sah ich, wie Harms, im elterlichen Haus alles mit ganz andern Augen an. Wir waren von Grund auf verändert. Ich konnte mit den Eltern über nichts mehr sprechen. Der Vater hatte durch die Kriegszeit viel von seiner Großzügigkeit eingebüßt, sein Vermögen schrumpfte zusammen. Damals trugen wir ihm unsern Plan vor, ein großes Rittergut in Mecklenburg zu kaufen, wodurch sein Besitz gerettet worden wäre; der alte Harms wollte aber nichts davon wissen (er hat es mit dem Verlust seines Vermögens gebüßt), und mein Vater klammerte sich an einen Glauben an die Beständigkeit der Goldmark, als diese längst ein Phantom geworden war. Wir bekamen von Deutschland gleich bei der Rückkehr einen jämmerlichen Eindruck: alle Menschen liefen in Lumpen herum, unterernährt, halb

Der Dammtorbahnhof, 1949. Den Wartesaal nutzte Jahnn gern für Verabredungen mit Freunden

verhungert, verzweifelt. Dauernd fielen Schießereien vor, es war eine sehr bewegte Zeit, das Leben ungemütlich und verwahrlost, aber hinter allem lebte doch ein Gefühl, als ob nun endlich die Zeit gekommen sei, einen großen Aufbau zu beginnen. In dieser Lage beschlossen wir, etwas zu tun. Wir zogen aus – nach Eckel.(...) Wie soll ich erzählen, was nun kommt. Eckel ist die interessanteste und die schlimmste Zeit meines Lebens. Ich habe ein Vermögen verwüstet mit dem unbedingten Ziel vor Augen, etwas zu erreichen, einmal mehr als nur Worte zu schaffen. Und der Versuch ist mir zu hundert Prozent vorbeigelungen, der ganze große Lebensabschnitt ist für mich verloren. Es ging um Ugrino. (...) Es war der nüchterne Versuch, auf Biegen und Brechen ein neues Weltbild in die Wirklichkeit einzubauen. So etwas tut man nur einmal. Wenn man damit scheitert, erholt man sich von der Niederlage nicht mehr. Was damals geschah, habe ich bis heute nicht verarbeitet. Es war hauptsächlich durch Harms' und meine Energie getragen. Wir sahen: Die Welt war im Krieg pleite gegangen, und wollten neue Gesichtspunkte an sie herantragen. Ugrino bedeutete für Harms und mich, aber auch für alle Beteiligten einfach: ein Übermaß an Arbeit, unter dem wir zusammenbrachen und das besonders dem geschwächten Harms schwer zusetzte. Als das Unternehmen zusammengebrochen war, konnte ich lange Zeit das bloße Wort nicht mehr ertragen. Franz war seither Bildhauer geworden. Das erste, was wir taten, war, daß wir den Bau eines riesigen Ateliers in Angriff nahmen. Es war mein erster wirklicher Bau und steht heute noch. Ich kaufte mir einen mächtigen Zeichentisch. Wir ließen auf unsere Kosten eine 6 Kilometer lange Telefonleitung über das Land erstellen. Wir kauften uns eine wunderbare Halbblutfuchsstute für 10 000 Mark, dazu Sattelzeug, Geschirr und Wagen. Ein Pferdestall wurde gebaut. Wir wollten ihn möglichst billig haben, und da das Gut hauptsächlich aus einem Wald bestand, stellten wir einen Holzfäller darin an, damit wir den Schuppen mit Bäumen aus unserem eigenen Wald bauen konnten – er kostete trotzdem ein Vermögen. Es wurde ein Pferdeknecht eingestellt, dazu eine Haushälterin und ein Gipser. Weihnachten 1919 war alles fertig. Die Luft hatte sich unterdessen mit politischen Spannungen geladen. Alles erwartete die ›neue Revolution‹, die sich dann als der Kapp-Putsch entlud. Wir deckten uns also für zwei Jahre mit Hafer ein, den in der Folge die Mäuse fraßen, mit Kisten voll Konserven, Zucker, Büchsenfleisch usw.

(…) Mein Ziel war: bauen, bauen, bauen – nämlich: vorhandenen Stein rhythmisch gliedern. Ich schuf Hunderte von Entwürfen, dazu die Zeichnungen für meine ›Theorie des Gewölbes‹. Meine Mitarbeiter waren Franz und Harms. Franz schuf in dieser Zeit seinen ›Totentanz‹, eine plastische Illustration zum ›Pastor Ephraim magnus‹, die jetzt in meinem Besitz ist und von der ich glaube, daß sie das nächste Jahrtausend überdauern wird. Franz war sicher prädestiniert, einer der größten aller Bildhauer zu werden. Zwei Jahre lang arbeitete er wie ein Meister höchsten Ranges, dann war es völlig aus mit ihm. Er verlor seine Fähigkeiten vollkommen – es ist ein beispielloser Fall. Jetzt lungert er als ein gänzlich belangloser Schnorrer in Hamburg herum und behauptet, sein ganzes damaliges Schaffen sei nur eine Suggestion durch mich gewesen, was natürlich ganz falsch ist. Harms aber war mein Meister. Er ordnete die bei mir vorhandenen Begabungen. Ohne ihn wäre ich heute ein noch chaotischerer Mensch, als ich es bin. Ich war groß in der Wühlarbeit, hatte aber nur selten die Kraft, den Schlußstein auf meine Errungenschaften zu setzen: das tat er. (…) Ich gehe unter Verschmähung aller Umwege auf das Ziel los und habe das entsetzlich teuer bezahlen müssen. Nur Harms ist schuld, daß unser Verlag nicht längst Pleite gemacht hat. So habe ich auch nie Geld mit meinen Orgeln verdient, während alle andern an ihnen reich wurden, z. B. ein Schüler von mir, der jetzt in Paris ein großer Herr ist. Bis zu meinem 33. Jahr habe ich überhaupt nichts Nennenswertes verdient und nie einen Finger gerührt, bloß um Geld zu bekommen. Wie stand ich da, als ich plötzlich eine große Familie erhalten sollte. Noch heute habe ich die schwersten Hemmungen zu überwinden, wenn ich als Orgelsachbereiter eine Rechnung für meine Arbeit schreiben soll, und führe oft die unnötigsten Korrespondenzen, nur weil ich nicht imstande bin, einfach meine Forderung zu stellen.

Ugrino wurde jetzt als Organisation aufgezogen. (Es wurde 1920 gegründet und 1925 wegen Geldmangels aufgelöst.) Sie lag in den Händen von J. und Eggers, später kam Ondérka dazu. Wir schufteten mit unerhörter Energie. Alles war auf ein ungeheures Tempo eingestellt. Es sollten gewaltige Kultstätten aus dem Boden gestampft, und gleichzeitig sollte Geld für unsere Pläne beschafft werden. (...) Wahrscheinlich ging Ugrino an diesem Tempo zugrunde, das wir gleich zu Beginn vorlegten: alle brachen unter ihm zusammen, auch ich, der sie antrieb. Dazu kam, daß durch die Inflation unsere Geldmittel zusammenschmolzen, und dann machten wir uns an zu viele Unternehmungen zugleich (...).

Ich wollte wirkliche Pyramiden bauen. Ich rechnete aus, welche Summen sich ergäben, wenn es gelänge, jeden Deutschen dazu zu bewegen, daß er wöchentlich eine Zigarre weniger rauchte oder ein Kinobillet einsparte. Ich sprach darüber in Versammlungen und in privaten Zirkeln, ich besuchte durch ganz Deutschland die maßgebenden Persönlichkeiten: Schriftsteller, Redakteure, bildende Künstler usw. Bei vielen weckte ich große Sympathie für die Sache, aber wirkliche Zuschüsse bekam ich keine. Ich bin sicher vor allem deshalb eine so bekannte Figur geworden, weil ich in Ugrino gereist bin (...).

Wir hatten in der schlimmsten Inflation 1200 englische Pfund auf unser Konto Landkauf gesammelt. Es handelte sich um das Territorium für die Kultbauten. Eggers machte die ersten Sondierungen, es schlossen sich unendliche Erkundungsfahrten unserer Deputationen an, wir beschäftigten einen eigenen Makler. Endlich wurde das geeignete Gelände gefunden. Aber es stellte sich heraus, daß das Schlüsselstück nicht käuflich war. Um es zu bekommen, sollten wir ein gewisses Gut kaufen, weil der Besitzer einen auf diesem stehenden Eichenwald als Kompensation haben wollte. Wir berieten eine halbe Stunde lang und beschlossen, das Gut zu kaufen. So geschah es. Wir erwarben den Hof Beseland in Wendland, bei Tangermünde, ohne ihn gesehen zu haben. Das Ende war, daß jener Bauer doch absprang; er wollte nun den Eichenwald nicht mehr, und wir besaßen irgendwo im Heideland ein Gut mit einem Pächter darauf, das wir z. T. aus unserem Landkauffonds bezahlt hatten. Wir haben es ein einziges Mal gesehen, als wir einen Anstandsbesuch machten. Hätten wir es behalten!

Diese Landkäufe haben Ugrino das Genick gebrochen, also

mittelbar meine Baupläne. Unter den Bauern der Gegend sprach sich nämlich rasch herum, was im Tun war; sie begannen schwierig zu werden und die Preise hinaufzutreiben. (...) So kauften wir schließlich zu einem verrückten Preis, der uns mit den anderen Summen zusammen ruinierte. (...)

Wir hatten nun ein gewaltiges Areal erworben. Es bestand aus Weide, Wäldern und Heide und war die schönste aller deutschen Landschaften. Auf einem Hügel allein standen 10 000 alte Wacholder, mit Findlingen und Heide dazwischen: eine paradiesische Urlandschaft. Wir hatten nicht umsonst zwei Jahre gebraucht, bis wir sie gefunden hatten. Aber es ist über diesem Land wie ein Fluch. Vor fünf Jahren sind alle diese Wacholder darauf einem riesigen Brand zum Opfer gefallen, über 80 000 an der Zahl. Ich war nicht dabei und brachte es erst zwei Jahre später über mich, diese Wüste zu betreten. Jetzt haben wir wieder einige tausend Wacholder gepflanzt. Es ist sozusagen mein abgebrannter Traumbesitz. Das Gelände mißt 1,5 x 1,25 Kilometer, also 1,5 Millionen Quadratmeter. Ursprünglich war es doppelt so groß, wir mußten später die Hälfte wieder verkaufen. Ich habe dann auf eigene Rechnung noch etwas weiteres Land hinzuerworben. Alle hielten mich damals für wahnsinnig und rückten vollends von mir ab, und doch hätte ich in der Folgezeit allein durch den Verkauf dieser neuen Stücke unser Unternehmen finanzieren können. Trotzdem hatten sie mit ihren Vorwürfen recht, denn mit mehr Geduld wäre alles viel besser herausgekommen. Aber andererseits wäre ja auch Ugrino als ein Ergebnis der Geduld nicht denkbar gewesen, da es sich ja darum handelte, ein neues Weltbild durchzusetzen.«

1933 verläßt Jahnn abermals Deutschland; er fürchtet sich vor der neuen, der braunen Zeit.

»Ich habe mich mit Händen und Füßen dagegen gesträubt, Deutschland zu verlassen; aber was nützt mich meine Heimat, in der ich verhungern muß.«

Zuerst übersiedelt er nach Zürich zu seinem Freund, dem Literaturprofessor Walter Muschg, bald darauf auf die dänische Insel Born-

holm, wo er einen Bauernhof bewirtschaftet. Jahnn gehört jedoch nicht zum Kreis der politischen Emigranten. Obwohl er 1938 aus der Reichsschrifttumskammer ausgeschlossen wird, hält er – obgleich zu keiner Zeit Sympathisant der Nazis – mit Deutschland Kontakt, reist auch hin und wieder dorthin, verhandelt mit Gustaf Gründgens in Berlin erfolglos über die Aufführung seiner Stücke. Gründgens hatte schon 1928 sein Stück »Der Arzt, sein Weib, sein Sohn« an Erich Ziegels damaligen Kammerspielen inszeniert – die von Jahnn selbst finanzierte Aufführung endete mit einem eklatanten künstlerischen und finanziellen Mißerfolg. Schon 1926 hatte die Uraufführung von Jahnns »Medea« einige Kritiker zu Verdikten wie »Triebgebrüll« und »Tierhaftigheiten« provoziert. Jahnns Selbsteinschätzung entspricht diesem Urteil:

»Ich bin nicht verboten, aber auch nicht zugelassen.«

Auf Bornholm taumelt der Dichter mit seiner Familie und seinen Freunden von einer finanziellen Schwierigkeit in die nächste und führt unter entbehrungsreichen Umständen das Leben eines einfachen Bauers und Viehzüchters fern von Deutschland, aber auch fern von seinen dänischen Nachbarn.

»Ich kann nicht leugnen, daß der neue Beruf mich manchmal nervös macht. Ich mußte wieder einmal durch die Ställe gehen, um zu erwägen, welche Kuh abgestoßen werden könnte, ob die zwei kranken Schweine nicht totzuschlagen seien, ob der kleine Schafbock nicht jetzt ein wenig Geld einbringen könnte. Also Kuh Nr. 27 ist seit Anfang August von Zeit zu Zeit brünstig. Der Stier hat sie an die 8mal besprungen. Sie wird aber nicht trächtig. Es ist also in ihrem Organismus etwas in Unordnung. Man könnte versuchen, durch Hinzuziehen des Tierarztes etwas zu richten. Aber nun fällt ihre Milchleistung. Etwas Geld muß angeschafft werden. So überantworte ich sie dem Schlachter. Der Bock wird verkauft. Die kranken Schweine bekommen eine Gnadenfrist von einer Woche. Mir fällt (ein) unvorteilhaftes Bild ein: Das Vieh kommt und geht. Die Tiere sind nur mehr oder minder willkommene Gäste. Sie entsprangen einem frommen unwissenden Mutterleib.

Gleich ist der Schmutz da. Die Sonne eines Sommers oder zweier machen ihnen das Fell warm. Sie fressen mit dem Glück ihrer Unwissenheit. Ihre Lüste sind schwach, die Befriedigung gewalttätig. Wenn sie auserwählt sind, dürfen sie gebären oder zeugen. Die meisten, ohne Schuld, verfallen der Verschneidung und einem trüben frühen Tod.

Nur die Pferde scheinen eine Heimat zu haben. Ihr Stall ist deshalb der glücklichste Ort des Hofes. Ihr Geruch ist, wenn auch scharf, der menschlichen Nase angenehm. Ihr Fell ist ein Wunder an Weichheit. Sie sind groß und stark und doch leitsam. So gibt es zwei Augenblicke am Tag, an denen ich mich still sammle. Des Morgens, wenn ich meinen Teller voll Milch und Hafergrütze gegessen habe, und mich in das Frau Héron gehörende Sofa setze. Und die Wärme des Ofens für ein paar Minuten mit Bewußtsein aufnehme und daran denke, es gibt viele Menschen, die diese Minuten nicht haben. Des Abends, wenn ich beim Rundgang durch die Ställe eine halbe oder ganze Minute im Pferdestall verweile, dem einen Tier die Schenkel beklopfe, dem anderen den Hals, Mira oder Lise mich beschnuppert. Heute pfeift und platscht jenes berüchtigte Wetter, bei dem man, dem Sprichwort nach, einen Hund nicht vor die Tür jagen mag. Das Barometer ist allmählich auf 738 mm Quecksilber gefallen. (Der) * Sturm brüllt. Eisgekühlte Regenschauer verwandeln die Wege in Moraste. Trübe Rinnsale gurgeln überall. Wenn man eine Tür aus der Hand verliert, kracht sie gegen Pfosten oder Mauer. Die Wetterfahne kreischt, wirbelt sich herum. Kein Stillstand. Eine Bodenluke wurde aus den Angeln gehoben, stürzte auf den Hof. Der Winddruck auf die Steildächer ist zeitweilig so stark, das man das Schwanken des Gebälks in den Zimmern spürt. Um den jungen Bock zu holen, stampfe ich über die umgebrochenen Äcker. Mein Mantel, meine Mütze waren durchnäßt in wenigen Minuten. Mir fällt der Vers Baudelaires ein:

›Die armen Toten haben es nicht gut.‹

So komme ich auf die Litanei vom Anfang zurück. Es ist kaum verwunderlich, daß der Verfall der Begräbnisriten vom Lande ausgeht – und damit der Verfall aller Religion. Man soll sich nicht täuschen. Ohne Totenkult keine Religion. Wo der Tote nichts Heiliges ist, und bedenkenlos einer Wissenschaft zur Obduktion überliefert wird, Gesetze selbst einen letzten Willen durchbrechen können, der etwa Unversehrtheit der Leiche fordert, kann es die Achtung vorm Leben nicht geben, da ist das Dasein schon von der Verwesung und Hoffnungslosigkeit geprägt. Es gibt in diesen christlichen Staaten keine Möglichkeit, daß jemand, mit welchen Mitteln auch immer, sich ein Grab erwirbt, das auf Jahrhunderte oder Jahrtausende unberührt bleibt. – Den Juden gesteht man das Recht zu. –

Diese von der Aufklärung verdorbenen Menschen tun so, als ob sie den Todt kennten. In Wahrheit haben sie auch nicht einen Schein von Ahnung, was er bedeutet. Ganz allgemein wird den Totengebeinen keine Bedeutung beigemessen. Der Teufel mag wissen, wo die Totengräber mit den unverwesten Knochen abkommen, die sie nach 10 oder 20 Jahren aufgraben. Und gerade die Knochen sind das, was ich einen Erinnerungsspeicher nenne, der Sitz feinster Ausstrahlungen. Der Mensch geht ja erst, falls er nicht verbrannt wird, oder von den Raben gefressen, oder seine Knochen (?) durch Säuren ausgelaugt werden, erst nach 1000 oder 2000 Jahren ins Allgemeine über.«

Charakteristisch für Jahnns oft verstörende, stellenweise aber auch faszinierende, eindringliche Theaterstücke ist ein Monolog des Königs in »Die Krönung Richard III« – auch für des Dichters eigenes Lebensgefühl. Richard verweist wiederholt auf seine Häßlichkeit, offenbart sich als Getriebener, dessen Haltlosigkeit und Brutalität vergeblich die Angst vor dem Leben und erst recht die Angst vor dem Tod bekämpfen:

»Das war Triumph verschmähter Liebe, die meine Häßlichkeit gezeugt. Nur solche schlug ich tot, die ich nicht liebte. Das ist schlimm; mein Blut blieb unerlöst und heiß. (…) Der Stein bewegt sich nicht, wenn ich die Stimme löse, die Berge stürzen nicht zu Tal bei meiner Stimme, kein Baum verneigt sich meiner Hoheit, kein Blümlein welkt vor meinem Purpur, die Wolken gehen nicht vom Firmament bei meinem Wunsch. Kann ich die Stuten, die in meinen Ställen genährt und aufgezogen werden, auch ein

Gesetz nur lehren, das sie treulich mir befolgen? (...) Was höhnst Du Deinen Schöpfer, Mensch, indem Du sprichst, die Majestät befahl?! – Weißt Du es nicht: ich kann zertrümmern lassen hier auf Erden, was mich ärgert, doch schon die Wolken bleiben ernst und ruhig. (...) Und ernst und ruhig ziehn die Sterne ihre Bahnen, sie hören meine Stimme nicht, sie sehen meine Fäuste nicht, nicht meinen Zorn.«

Ähnlich bitter fällt später Jahnns Lebensbilanz aus:

»Ich begreife, daß ich alles, was ich gewollt oder erreicht habe, einzig durch Fleiß, Arbeit und Eigensinn gewonnen habe – nicht als Berufener. Wenn ich nun betrachte, welchen aufreibenden Kampf ich mit der Sprache allein geführt habe, werde ich von offenem Neid auf jene befallen, denen es leichter fällt, seit jeher leichter gefallen ist. (...) Und sieh mein Leben! Ich hätte wirklich Großes als Orgelbauer leisten können, aber den Weg dorthin konnte ich nicht demütig genug gehen. Ich wollte alle meine Ideen von der Orgel verwirklichen und nicht ein Geschäft daraus machen. Auch meine Literatur ist eine einzige Fehlspekulation, vom Wirtschaftlichen her gesehen. Ich habe in Wirklichkeit nie gerechnet, nie etwas Großes angestellt.«

Am Ende seines Lebens, wieder nach Hamburg zurückgekehrt, engagiert sich Hans Henny Jahnn leidenschaftlich und mit vehementer Einseitigkeit im Kampf gegen Aufrüstung, gegen die Feindschaft gegenüber dem Osten, die Politik der Adenauer-Ära.

»Dieser verfluchte Staat, in dem wir leben, ist reaktionär, kritisch verseucht, unehrlich und korrupt in jeder Beziehung. (...) Jedenfalls ist die Hoffnung auf den Weiterbestand der Menschheit zu einem fast Nichts geworden. Es ist nicht zu ersehen, wie auf dem Hintergrund der heute bestehenden Gesinnungen und des vorhandenen Kernwaffenpotentials und des rapide wachsenden Bevölkerungsdrucks, der ›Freiheitsansprüche‹ des Westens und der Unterdrückung farbiger Völker in weiten Gebieten der Erde, ein gutes Ende durch Verhandlungen erzielt werden kann. (...) Es ist unsere Pflicht, uns den Erkenntnissen der warnenden Wissenschaftler anzuschließen und nicht den Spekulationen der Militärs und Politiker, die mit dem Leben anderer Menschen kalkulieren.«

Jahnn, der zum Ärger westlicher Politiker verschiedentlich in die DDR reist, wo er sich mit befreundeten Autoren wie Stephan Hermlin, Peter Huchel oder Anna Seghers trifft, verschleißt sich zunehmend in seinem Kampf gegen Atomrüstung und Naturzerstörung. 1955 erzielt sein Stück »Thomas Chatterton« in der Inszenierung von Gustaf Gründgens am Hamburger Schauspielhaus noch einmal einen großen Erfolg. Darin spricht wiederum die Stimme des restlos desillusionierten Dichters, der sich auch als Mitbegründer der Freien Akademie der Künste in Hamburg bald nur Ärger einhandelt:

»Es ist ein für allemal bewiesen, daß ich ein Feind der redlichen Handelsstadt bin, ein Verlorener, ein Auszustoßender. Die gewaltigen Herren der Banken und Schiffe verachten die Künste, hassen sie, bekämpfen sie, indem sie über die Freiheit des Geistes herfallen.«

Nachdem er noch an einem Studentenkongreß gegen die Atomrüstung in Berlin teilgenommen hat, stirbt Jahnn an den Folgen eines Herzinfarkts am 29. November 1959 in einem Hamburger Krankenhaus. Auf dem Nienstedter Friedhof befindet sich sein Grab. Thomas Mann hatte einmal über ihn geschrieben: »Mit seinem literarischen Sturm- und Drangtum mag er Anstoß erregen bei anderen, nicht bei mir, dem, als so bürgerlich er auch verschrien wird, das künstlerisch Kühne immer ein Hauptspaß ist.« Elsbeth Wolffheim, deren kritisch-verständnisvolle Jahnn-Monographie besonders empfehlenswert ist, meint über das voluminöse Gesamtwerk dieses Hamburger Dichters, das – wie sie schreibt – vor allem mit den beiden großen Romanen »Perrudja« und »Fluß ohne Ufer«, aber auch mit einigen Dramen einen Höhepunkt in der deutschen Literatur bezeichnet: »Wollte man es unter ein Motto stellen, so wären es die Sätze aus »Thomas Chatterton«: ›Wir wollen wenigstens die Abtrünnigkeit für uns. Widersacher wollen wir sein. Wir sind das Beispiel für andere, die weniger mutig beginnen.‹«

»FRÜHLINGSSCHREI EINES MÜLLESELS«

PETER GAN (1894–1974)

An den Leser

Les' ich selber, was ich selber schrieb,
muß ich notgedrungen eingestehn,
daß dem Leser manches dunkel blieb,
was der Schreiber besser eingesehn.

Daher fürchte ich gewiß mit Recht,
daß ein fremder Leser nichts versteht,
weil das Überlegen wirklich schlecht
mit der Reimerei zusammengeht.

Immerhin: ein ungefährer Sinn,
der sich allerdings nur ahnen läßt,
steht, zwar wacklig, aber immerhin
in gewissen Grenzen für ihn fest,

wenn er das Gelesne wiederliest.
Dann erst geben sich die Worte hin
und bekommen, wenn er sich entschließt,
sie zu überlegen, sogar Sinn.

Die zweite Geige

»Seit einigen Jahren spiele ich mit ein paar Freunden Kammermusik; und zwar finden Quartette und Quintette reihum bei meinen Freunden, Duette und Streichtrios aber bei uns statt, in Rücksicht auf den verfügbaren Raum, und weil wir kein Klavier haben.

Es wird dich, lieber Leser, nicht verwundern, daß ich von Anfang an nichts anderes zu spielen willens war als nur die zweite Geige. Es schmeichelte mir, die erhabenen Einfälle aus der ersten

Hand des Konzertmeisters in versteckterer Tonlage wiederholen und ein wenig abwandeln zu dürfen; ja ich gestehe, daß ich bei unisono fortissimis von längerer Dauer unbemerkt ein wenig gegen den Strom zu streichen mir nicht versagen konnte, ohne daß ich jedoch den unwiderstehlichen Reiz dieses Unterfangens (der nur zum Teil in der Gefahr der Entdeckung bestehen kann) je ganz ergründet hätte. (...) ›Du bist schon wieder ›raus'‹, sagte Eugen, der die erste Geige spielte, gegen Schluß des dritten langsamen Satzes. ›Unmöglich‹, erwiderte ich, ›ich war überhaupt noch nicht drin.‹ Meine einsamen Triolen, die sich umsonst gegen die Übermacht der Duolen und Synkopen auf sich selber zu besinnen versuchten, hatten mich verraten: ich brach um zwei Takte verspätet mit einem jäh verstummenden Solo in die Generalpause ein und stand da am Pranger meiner Unzulänglichkeit.

Ich habe mit zehn Jahren zu geigen angefangen und bin sieben Jahre lang unterrichtet worden. Mein Vater sah darauf, daß ich beim Streichen auf der G-Saite unter dem rechten Arm eine Kleiderbürste festhielt, wie meine kleine Schwester bei ihren Tonleitern auf dem Klavier einen Taler auf dem schmalen Handrücken balancieren mußte. Hierdurch erhielt mein Handgelenk eine Biegung, wie die Natur sie ursprünglich nur den Hälsen von Schwänen zugedacht hatte. Es sah zwar prächtig aus, klang aber unerbaulich, so daß mein Vater nunmehr zwei Bürsten anordnete. Mein guter Lehrer, dessen kleine Schülergemeinde ihm und seiner Familie mühselig genug die Butter auf das tägliche Brot, und öfters kaum dieses, zusammenstrich, mochte damals seine Gegengedanken gehabt haben, aber er äußerte sie nicht. War aber mein Vater zur Tür hinaus, so half er mir und den borstigen Quälgeistern aus der borstigen Klemme, behielt aber die Bürsten in der Hand, um sie, sollte mein Vater etwa plötzlich zurückkehren – wie's denn auch wohl geschah – unter Zanken in ihre Achselhöhle zurückzujagen.

Ach, wie viele Menschen laufen immer noch umher mit einer unsichtbaren Bürste unterm Arm, und wieviel junge Unschuld geht um einen falsch plazierten Taler zugrunde!«

Wer war dieser Dichter, dessen Werk schon zu seinen Lebzeiten nur wenige Eingeweihte kannten? Wer ihm noch begegnete, wird sich des zierlichen und zurückhaltenden Herrn in korrekt hanseatischem Bürger-Habit noch gut erinnern: melancholisch, aber von scharfem Witz, äußerst höflich und bescheiden, aber von exquisiter Kompetenz in Kunst-Dingen, drängte er sich nie nach vorne. Er sprach von Zeit zu Zeit einen geistvollen Kommentar des exzellenten NDR-Nachtprogramms, tauchte fast nie bei den Zusammenkünften der literarischen Welt auf und verkörperte einen Dichter-Typus, den man in Hamburg sonst vergeblich sucht, weil er eher in Paris, in Wien oder in München zu Hause ist: den literarischen Flaneur und nachdenklich umherschweifenden Connaisseur. Obgleich er selbst wie ein Hanseat aus dem Bilderbuch aussah, blieb er unter den Hanseaten ein Fremder. Daran aber, so darf man vermuten, hatte er seine Freude, und für die laute Arena eignete sich sein Schreiben ohnehin nicht. Zu seiner Scheu vor großen Auftritten paßte auch das Versteckspiel mit seiner Identität: Peter Gan hieß nicht Peter Gan, sondern Richard Moering.

Preislied auf P.G.
(Eine Geburtstagsepistel von R.M.)

(…)
Mein lieber Peter Gan, dein treuster Leser
(auch fast dein einziger) hat wohl ein Recht,
als auftragloser Testamentsverweser
dich, freilich nicht dem heutigen Geschlecht,

zu präsentieren. Das hat Zukunftssorgen,
dieweil uns mehr Vergangenes betrifft,
daher wir beide uns um Heut und Morgen
im vollen Einklang mit der heiligen Schrift

nur wenig kümmern (außer in Gedanken).
Mit einem Wort: ich trete vor dich hin,
um mich bei dir für manches zu bedanken
(woran ich nicht ganz unbeteiligt bin).

Dein Testament – du weißt's – hat keine Erben,
so wie du selber keine Enkel hast,
was einem Mann sein Leben wie sein Sterben
erleichtert und erschwert, wie's Theophrast

in seinen weltberühmten Charakteren
(wenn ich nur wüßte, wo?) geschildert hat:
»Was wir am meisten lieben und verehren,
hat unser Erbe meist am meisten satt.«
Du hast den Alltag nüchtern hochgehalten,
hast seine Unschuldssprache tief geliebt,
hast, wurzelgläubig, alles gern beim Alten,
wenn's irgend ging, gelassen: tief betrübt

wenn auf der Weltenorgel Urregistern
der Erdgeist sich rebellisch atonal
erging und ungebührlich werdelüstern
dem Chaos dreist ein Stück Verwirrung stahl.

Des Sonntags Ruhepause war dir heilig
(und kann nicht jeder Tag ein Sonntag sein?).
Du hattest es auch wochentags nicht eilig,
denn Eile, selbst mit Weile, macht gemein.

Doch sonntags spielt das Menschenkind mit Sternen,
und nur ein Mensch, der spielt, wird wieder Kind.
An Kinderspielen können wir es lernen,
wie man das Himmelreich zurückgewinnt.

Du warst ein Liebender, daher ein Hasser
der Heuchelei, die nur zu lieben schien.
Du hast auch, wie der Hirsch nach frischem Wasser,
(nur stumm), nach guter Kompanie geschrien.

Denn stets allein und gegen alle andern
– und wär es auch nur »in aestheticis« –
auf längst verlaßnen Seitenpfaden wandern,
ist alles eher als ein Paradies.

Als Sohn des Hamburger Rechtsanwalts Dr. Guido Möring und einer holländischen Konzertsängerin wurde Richard Moering – oder Peter Gan – am 4. Februar 1894 in Hamburg geboren. Er besuchte einige Jahre das Johanneum, schloß aber die Schulzeit mit dem Abitur in Donaueschingen ab. Danach studierte er in Oxford, nahm als Leutnant am Ersten Weltkrieg teil, erhielt neben anderen Auszeichnungen auch das »Hamburger Hanseatenkreuz«, wurde verwundet. In Marburg, Bonn und Hamburg studierte er Rechtswissenschaften bis zum »Dr. jur.«, aber auch Anglistik und Philosophie.

Herr Kähnle

»›A being darkly wise and rudely great.‹
Pope

Auf der Gelehrtenschule, in die ich ging, war der Zeichenunterricht zusammen mit den Turnstunden einem alten, zwar ehrwürdigen aber ungelehrten Manne übertragen worden, der diese beiden gering geschätzten Fächer in Personalunion versah, und zwar, dem humanistishen Bildungsrahmen entsprechend, zur linken Hand.

Als wir zur ersten Zeichenstunde mit Holzkohle, Pinseln und Wasserfarben anrückten und mit offenen Augen und Ohren der neuen Offenbarungen harrten, warf uns der prächtige Greis (er sah aus wie eine Volksausgabe des alten Kaisers) ein paar martialische Monumentalregeln als ästhetische Glaubensartikel an den Kopf, die wohl ihre Richtigkeit haben mochten, in solcher Apodiktik aber schlechthin unbegreiflich blieben.

Ich habe keine von ihnen vergessen. Die erste lautete kurz und bündig: ›Sehr wenig Farbe – sehr viel Wasser!‹ Das galt fürs Aquarellieren und traf den Kern dieser Kunst.

Die zweite Regel hieß, nicht minder drastisch: ›Immer mit das dicke Fleisch!‹ Das galt fürs Kohlezeichnen und bedeutete, daß wir nicht ängstlich kritzeln, sondern, auf den fleischigen Teil des unteren Daumens, die sogenannte ›Maus‹, gestützt, großzügig übers Papier fahren sollten. Auch das war treffend gesagt und prägte sich durch den kühnen Akkusativ unvergeßlich ein. Die dritte Regel verlangte sonderbarerweise, daß ›lebende Wesen stets nach rechts gucken müßten‹. Aber auch sie hatte ihren guten Sinn, da die rechte Hand nach ihrer natürlichen Lage viel lieber und leichter Wesen malt, welche nach links blicken; weswegen Wesen der entgegengesetzten Blickrichtung entschieden eine übendere Wirkung auf sie haben.

Den Schluß dieser am Anfang jeder Stunde wiederholten Regeln bildete jedesmal der schlichte imperatorische Infinitiv: ›Malen!‹

Ich habe wenig Gaben für bildende Künste mitbekommen. Immerhin brachte ich's in etwa drei Monaten so weit, daß ich eine ausgestopfte männliche Wildente in Wasserfarben abmalen durfte. Dieser lohnenden Aufgabe unterzog ich mich mit besonderem Fleiße, da ich auf eine Rangerhöhung spekulierte, die meinem besten Freunde und Sitznachbarn auf der letzten Bank schon lange zuteil geworden war. Dieser Freund durfte, während ich ins Reich der Fauna verbannt blieb, die erhabenen Wesen eines ungleich höheren Bezirks abmalen, nämlich Götter. Voll Neid sah ich ihn Stück für Stück den Apoll von Belvedere aufs Papier bringen; und um solcher Gunst auch teilhaftig zu werden, wandte ich alle Sorgfalt, deren ich fähig war, an das Federkleid meiner Ente und gab ihr die leuchtendsten Farben. Als ich fertig war, meldete ich mich und erwartete mit Herzklopfen Herrn Kähnle's Urteil. Der alte Mann trat hinter mich, setzte umständlich sein schwarzes Pincenez auf, sah sich mein Werk an und sagte in seiner kurzen Weise: ›Das hat Er jut jemacht!‹ ›Herr Kähnle‹, sagte ich, ›darf ich nun auch Götter malen wie Walter Hommel?‹ Der Alte überlegte lange, sah erst mich an, dann meine Ente: ›Wird nichts!‹ sagte er. ›Er bleibt bei der Jans!‹ Mein ganzer innerer Olymp brach lautlos zusammen, und statt einer Minerva bekam ich eine Eule als Modell.

Kinderzeichnungen gab es zu jener Zeit noch nicht. Sie hätten auch schlecht in den Stil der alten Gelehrtenschule gepaßt. Es war schon – für damals – ganz richtig, daß der Zeichenunterricht vom Umriß zum Schatten, und vom Schatten zur Perspektive fortschritt und in der Prima – das heißt nur für die Begabteren, die das fakultative Fach noch mitmachten – mit einer Art Gesellenstück aufhörte, nämlich mit der getreuen Kopie des Schulgebäudes in einer besonders verzwickten perspektivischen Verkürzung, die sich nur aus der linken Ecke des Schulhofs ergab. Die besten Arbeiten wurden im Vorzimmer des Zeichensaales aufgehängt; und so waren im Lauf der Jahre einige hundert solcher Kopien zusammengekommen, die sich ähnlich waren wie ein Ei dem anderen. Nie wäre uns, auch nicht den Begabtesten, der Gedanke gekommen, man könne es je so weit bringen, eine Wüste mit Palmen und Kamelen zu malen oder gar eine Feuersbrunst mit Flammen und Wehgeschrei. Und gerade hiermit hat neulich die Untertertia angefangen; und Ferdinand, mein zehnjähriges Söhnchen, hat ein Troja nach Hause gebracht, von dem die roten und gelben Flammen fast gar nichts mehr übrig gelassen hatten – Flammen, in deren schrecklicher Glorie der fromme Aeneas, den Vater auf den Schultern und den kleinen Julius an der Hand, sich recht rührend ausnahm.

Besonders pfiffig hatte sich ein anderer Junge zu helfen gewußt, indem er seine virgilische Illustration auf das bloße Feuermeer beschränkt und einen orangefarbenen Bogen abgeliefert hatte – nach dem Vorbilde jenes Malers, der das Rote Meer darstellte, indem er die ganze Wand rot anstrich und behauptete, die Juden seien schon hindurch und die Ägypter ertrunken.«

In den späten zwanziger Jahren lebte Peter Gan als Korrespondent der »Frankfurter Zeitung« eine Zeitlang in Paris. Er wurde dort ein exquisiter Bilder-Sammler und Kunsthändler. Dann zog es ihn nach Berlin. Die Nazi-Jahre hielt er dort nur bis zum November 1938 aus. Er floh, von der Gestapo zunehmend bedrängt, zurück in das vertraute Paris. Nach Kriegausbruch teilte Peter Gan das Schicksal vieler anderer deutscher Emigranten. Er wurde zunächst in einem Fußballstadion interniert, glücklicherweise jedoch schnell wieder freigelassen. Doch er wurde erneut festgenommen und in das berüchtigte Emigrantenlager Gurs in den Pyrenäen deportiert, über dessen schwere Lebensbedingungen Emigranten wie Lion Feuchtwanger oder Walter Hasenclever in ihren Erinnerungen ausführlich berichtet haben. Von Gurs aus gelang ihm die Flucht nach Spanien, wo er bis

zum Kriegsende in einem amerikanischen Quäker-Büro Arbeit fand und sich unter bescheidensten Verhältnissen irgendwie durchschlug.

Gan kehrte 1945 in das befreite Paris zurück, begann als literarischer Übersetzer aus dem Englischen und Französischen zu arbeiten. Seine brillanten Mallarmé-Übertragungen ließen die Fachwelt aufhorchen. 1949 erschien ein Band mit eigenen Gedichten. Und Gan wurde mit verschiedenen Literaturpreisen ausgezeichnet. Weitere Gedichtbände folgten.

Epistel an einen bedeutenden Kritiker

(…)

Verehrter Freund und Gönner! allzulange
herrscht Schweigen zwischen uns, doch eine sehr
bedrängend dringliche und seelenbange
Vertrauensfrage gibt von ungefähr

mir endlich Ihnen diesen Brief zu schreiben
die hochwillkommene Gelegenheit.
Zunächst das Wichtigste: »was tun und treiben
Sie eigentlich in dieser großen Zeit?«

Ich sage ›groß‹: denn alle Zeiten scheinen
mir groß, wo sich der Einzelne zuletzt,
auf gar nichts stehend als auf seinen Beinen,
dazu vom Zeitengeist halbtot gehetzt,

besinnen muß, ob nolens oder volens,
auf nichts geringeres als eben sich!
Die Pause eines bloßen Atemholens
genügt bisweilen – Sie verstehen mich.

(…)

Ich bringe leider laute alte Sachen,
die mir so fremd sind wie die neue Zeit.
Ich fühle auch, daß das Gedichtemachen
mir nicht mehr von der Hand geht etwa seit,

nun, sagen wir seit anno dazumalen.
(O Morgenröte unsrer Mitternacht!)
Ich hab' seitdem – und wenn, dann unter Qualen –
kaum jeweils wieder ein Gedicht gemacht.

Die Anzahl der gesammelten Gedichte
wird schätzungsweise etwa hundert sein.
Für mich enthalten sie die Weltgeschichte
des selbsterlebten Lebens, aber ein

noch so geneigter, unbekannter Leser
hält meinen Weizen ganz mit Recht für Spreu.
(Genau so sind zum Beispiel Whitman's »Gräser«
für meine Wenigkeit nur welkes Heu.)

(...)

Noch etwas andres macht mir Schwierigkeiten.
Man sagt mir oft, ich sei ein Humorist,
wo mir doch, insgeheim, zu allen Zeiten
meist überaus bedrückt zumute ist.

Ich habe daraufhin mal nachgelesen,
was Brockhaus eigentlich darüber schreibt;
ich sehe aber ein, daß mir das Wesen
des Lachens (wie humorvoll!) dunkel bleibt.

Ob so was möglich ist: »Humor zu haben
und dabei nicht zu wissen, was man hat?«
Gewöhnlich findet doch bei andern Gaben,
Gott sei's geklagt, das Umgekehrte statt!

(…)

Es macht mir Spaß, den Leser zu dupieren,
(und lese ich mich selber etwa nicht?),
ihn liebend in die Irre einzuführen,
die jasagt, wo sie scheinbar widerspricht.

Der Idealfall: niemand anzurempeln
und schlechthin überall beliebt zu sein,
geht freilich nur als ein mit Gummistempeln
gedrucktes Buch ins heutige Leben ein.

Nun sind zwar solche Bücher ziemlich häufig
gleich jener Geisterart, die ungerügt
und jederzeit nach Rückendeckung läufig
mit jedem jeweils goldnen Kalbe pflügt.

Sie wollen alle nur die Welt verbessern,
das heißt – sein wir gerecht! – zunächst mal sich:
ein einig Volk von Beck- und Taschenmessern,
zusammenklappbar und untadelig.

(…)

Grad' geht mein letztes Briefpapier zu Ende.
Das Manuskript des Büchleins füg' ich bei.
Ich lege es der Vorwelt in die Hände.
Die Mit- und Nachwelt ist mir einerlei.

Offenbar hatte Peter Gan ein recht zwiespältiges Verhältnis zu Hunden. Wiederholt hat sich der Dichter ihrer angenommen, ihrer Faszination, aber auch ihren Ansprüchen konnte er sich nie ganz entziehen. Einer seiner guten Bekannten war der ganz und gar unhanseatische, geradezu maghrebinisch verschmitzte Rundfunkkommentator und Lebemann Frank Freytag von Loringhoven, der so wunderbar zu kochen und herrlich planlos zu schwadronieren verstand. Seine regelmäßigen NDR-Sendungen, »Dabei fiel mir ein«, waren in den

sechziger Jahren äußerst beliebt. Er hatte eine besondere Liebe für elegante Schoßhunde, Möpse und dergleichen, die sich in seiner vornehmen Wohnung in der Schlüterstraße auf seidenen Bezügen lümmelten. Peter Gan hat Hunde einmal gehütet:

Abschiedsepistel

an Fluffi und Pucky, die meiner Pflege
eine Woche lang anvertraut waren

Für Nora Hahn

Lebt nun wohl, ihr tagtäglichen
Nägel zu meinem Sarge!
zärtlich geliebt, ihr Unsäglichen,
denen ich *eins* nur verarge:

grell euer Zetergeschrei,
wollt' ich alleine euch lassen.
Das ist nun freilich vorbei,
aber es war auch zum Hassen! –

War ich nicht, wehrloses Schaf,
stets euch in allem zu Willen,
um euch, ergebener Sklav,
jeglichen Wunsch zu erfüllen?

Hab' ich nicht brav mich bequemt,
Kiesel zu schleudern ins Weite,
bis mir der Arm wie gelähmt
kraftlos hing an der Seite?

Rannt' ich im Regen nicht
emsig durch triefende Wiesen,
bis ihr die heilige Pflicht
prompter Verdauung bewiesen?

Bin ich nicht täglich neu
zitternder Kniee verblichen,
wenn euch der grimmige Leu
knurrend am Kreuzweg umschlichen?

Sah ich nicht, kreidig erblaßt,
Pucky schon tot und zerrissen?
Aber du Zwerglein hast,
David, den Goliath gebissen!

Hab ich nicht Braten und Reis
versucht untrennbar zu mischen?
Dennoch gelang's eurem Fleiß,
stets nur das Fleisch zu erwischen.

Ach, und die Nächte! Wenn kaum
sich Schlummers mildes Erbarmen
nahte mit tröstendem Traum,
lagt ihr mir schon in den Armen;

lecket vom Angesicht
des Dulders im Dunklen die Zähre,
bettelnd (wie zart!), daß er nicht
euch diese Wiege verwehre.

Schlaft nur! und laßt zum Lohn
den Wachen die Trennung beweinen;
denn SIE, die Herrin, wird schon
in wenigen Stunden erscheinen.

Fliegt nur mit Jubelgebell
der Göttin ans Herz, in die Arme,
in die Haare und schnell
wie der Blitz um den Hals an die warme

langentbehrte die Brust
der Herrlichen, während ich linde
aus diesem Taumel der Lust
einsam, ihr Lieben, entschwinde.

Lob des Alters

»›Haec habui de senectute quae dicerem.‹
Cicero

›Über Gartenzäune und über das Lachen‹

In unserm Garten, der mir damals die Welt und das Paradies bedeutete, denn ich kannte ihren Unterschied noch nicht, – in unserm Garten lief neben dem Hause am Weg entlang ein Beet, hinter welchem sich die Rasenebene zum Ufer des Mühlteichs senkte.

Dieses Beet trug in Vergeltung der Mühe, welche sich der Gärtner und die Natur mit ihm gaben, das ganze Jahr hindurch die schönsten Blumen: Ranunkeln, Kolodorniazeen, Krypto- und Phanerogamen, Lilien, Tränendes Herz und, wenn der Herbst kam, leuchtende Zispidilien in allen Farben, so daß mein Großvater es für angebracht hielt, einen Zaun um dasselbe zu ziehen, damit Romeo und Juliette, die fortgesetzt, trotzdem mein Vater für die Zeit, die mein Großvater zu Besuch war, ihre Erziehung übernommen hatte und sich jede Mühe gab, ihnen die versäumten Grundbegriffe eines gehörigen Betragens beizubringen und sie zu diesem Zweck sozusagen in eine nachträgliche Prokrusteswiege tat, um ihre unbefangenen Seelen zwischen Zuckerbrot und Peitsche (wozu noch ein altes Korallenhalsband kam) auf den rechten Pfad zu bringen, doch ohne daß … mit einem Wort: sie sprangen fortgesetzt über das Beet hinweg und brachen den Koloquinten, besonders aber den hochstämmigen Fuchsien, die mein Vater eigenhändig zu pfropfen pflegte, die Köpfe ab.

Den genannten Zaun zu errichten, machte sich nun mein Großvater, in der Absicht, mit dem allgemeinen zugleich den privaten Nutzen einiger Körperübung zu verbinden, eigenhändig ans Werk. Er ließ sich vom Gärtner ein Bündel Stäbe bringen und steckte sie kreuzweise in die Erde, so daß sie ein leichtes, nur passager gemeintes Gitter bildeten.

Bei dieser Arbeit leistete ich ihm in meinem Kinderwagen Gesellschaft; und ein guter Freund unseres Hauses, den nun der Rasen deckt, erzählte mir später, daß wir uns ausgezeichnet dabei unterhalten hätten, obwohl mein Großvater nicht des Deutschen, ich aber überhaupt noch keiner Sprache mächtig war.

Als mein Großvater etwa zwei Stunden an seinem Zaun gewebt hatte, richtete er sich mit einem Seufzer in die Höhe, faßte sich mit der linken Hand ins Kreuz, trocknete sich mit dem Taschentuch die Stirn und stellte mit Genugtuung fest, daß sein Werk kurz vor der Vollendung stand. ›Hallo‹, rief er, als er meinen Vater, der mit Romeo und Juliette von einem Spaziergang zurückkam, durch die Gartentür treten sah – ›Hallo, meine Kinderchen!‹ rief er und klatschte in die Hände. Romeo und Juliette schossen auf ihn zu, an ihm empor, um ihn herum und flitzten dann ohne eigentlichen Zweck, aus bloßer Lebensfreude ein halbes dutzendmal hin und wider über den neuen Zaun. ›Gott soll mich verdammen!‹ sagte mein Großvater, riß den letzten Stecken aus der Erde und schleuderte ihn hinter den Hunden her. Er war rechtschaffen ärgerlich und schien so wenig gewillt, neben seinen Unmut zu treten und das Ereignis versöhnlich und von der geistigen Seite zu nehmen, daß mein Vater mit eiligen Schritten seine unwillkommene Heiterkeit hinter die Haustür rettete.

›Bist du spazieren gewesen?‹ fragte meine Mutter. ›Nein‹, sagte mein Großvater. ›Sondern?‹ fragte meine Mutter mit sanfter Teilnahme und sah meinen Großvater an. ›Sondern ich habe den Zaun um das Beet gezogen‹, sagte mein Großvater und blickte von meiner Mutter zu meinem Vater hinüber, der seinen Teller nicht aus den Augen ließ. ›Heuchlerin!‹ sagte er plötzlich und lachte, bis ihm die Tränen kamen.

Was ist doch Lachen für ein seltsames Ding! So selbstverständlich wie das Atmen und ebenso unbegreiflich. So tausendfältig in seinen Verwandlungen, daß neben ihm der alte Proteus zur Salzsäule wird; und doch unteilbar einfach wie, bis vor kurzem, die Atome. ›Es webt hier‹, würden die Philosophen sagen, wenn sie ehrlich wären, ›es webt hier ein Geheimnis.‹

Zwei Hunde springen über einen Zaun. Sie hätten über sämtliche Zäune der Welt springen können, und niemand hätte darüber gelacht. Ein einziger Zaun macht eine Ausnahme, und der steht (welch ein Zufall!) in unserem Garten. Wo liegt das Geheimnis?

Ich habe all die Jahre hindurch darüber nachgedacht und habe es doch nicht gefunden. Nur ein paar unzusammenhängende Geringfügigkeiten, die wie von fern auf dasselbe hindeuten, will ich berichten. Vielleicht daß einmal eine von ihnen einen wirklichen Philosophen auf die Fährte bringt, und er den Weltgeist an einem, wenn auch bescheidenen, Zipfel seines wallenden Mantels erwischt. Schreibt sich nicht unser ganzes Maschinenalter von dem Geklapper eines Topfdeckels her (der Topf gehörte James Watt); und steckten nicht zahllose Greuel und Kriege (auch unser gegenwärtiges Elend) mit etwas Holzkohle und Schwefel vermischt in jenem Mörser, den Berthold Schwarz mit großem Stößel rührte?

Ich habe fünferlei festgestellt:

Erstens hätte der Zaun nicht höher sein dürfen als ein Meter; sonst hätten Romeo und Juliette nicht drüberwegspringen können. Zweitens mußten sie vormittags über den Zaun springen; denn als sie nach Tisch wiederum drüberwegsprangen, lachte niemand mehr, sondern mein Vater sperrte sie für eine Stunde in den Kohlenkeller. Drittens: mein Großvater mußte an Gott glauben; denn ohne solche positive Beziehung aufs Absolute hätte er niemals vermocht, hinter dem Einzelnen wie hinter einem durchsichtigen Spiegel das Allgemeine zu erblicken, so daß er begriff, wie der Geist (allgemein gesprochen) als ein Münchhausenscher Enten-Speckwürfel unbeschädigt durch alle Unbill hindurch er selber bleibt und sogar über der Verzweiflung aufgeht wie die Sonne früh um sechs über dem Zaun unsers (sic!) Nachbars und über Gerechte und Ungerechte. – Hier werden Sie mir den Einwand machen, daß mein Großvater ja gar nicht an Gott glaubte, sondern nur einen kurzen Blick in die Kirche warf, und als er sah, daß Frackers predigte, nach Hause ging. Und freilich war er, wenn er es auch niemals zugegeben hätte, durchaus und ganz und gar kein Christ. Mehr kann ich Ihnen aber hier nicht einräumen.

Viertens waren junge Rebhühner die Lieblingsspeise meines Großvaters; und wenn nicht zufällig ein solches Hühnchen, sauber in einer Speckwindel gedünstet, vor ihm gestanden hätte, als meine Mutter ihn fragte – ich behaupte, wenn es statt dessen gefüllte Gurken gegeben hätte, die mein Großvater nicht mochte, so hätte er trotz aller sonstigen Vorbedingungen nicht gelacht.

Fünftens (und auf diesen Punkt lege ich das meiste Gewicht): wären Romeo und Juliette nicht so zierlich und anmutig in ihren Sprüngen gewesen, wer weiß, ob mein Großvater anstatt zu lachen, sie nicht geprügelt hätte. Denn auch beim Lachen sind, wie beim Denken, die Sympathien meist entscheidend.

Sie meinen, das sollte nicht so sein? Mein Großvater und, wie mir scheint, auch der liebe Gott, sind andrer Meinung.«

1958 kehrte Peter Gan für immer nach Hamburg zurück. Er erhielt den Alexander Zinn-Preis, arbeitete für das Nachtprogramm des NDR und übersetzte Werke von Evelyn Waugh, Henry James und Jean Giroudoux. 1974 ist er, 80 Jahre alt, in Hamburg gestorben. Sein Grab findet man auf dem Ohlsdorfer Friedhof. Kurz nach seinem Tod erschien ein letzter Gedichtband.

Frühlingsschrei eines Müllesels

Du röchelst, rahlst und stöhnst, als gönntest du
nur widerwillig jeden Atemzug
der widerlichen Welt. Doch könntest du
dein Leid auch sagen und »es ist genug!«

zum Himmel flehn, dein Flehn begriffe nie
die ganze Hölle, wie sie dein Geschrei
der tauben Gasse beichten möchte, die
sich, jäh geweckt, ins Alltagseinerlei

der Eile schickt, verschlafen und gekränkt.
Wir haben März. Der Morgenwind wie mild!
So milde, daß dein schwerer Kopf sich senkt
und dir das Zepter des Tyrannen schwillt.

Auf eine alte Lithographie von Hamburg

Da bist du! Sommerlich und unbestimmt
bleicht über dir der Himmel, blau und blaß.
Auf seinem stillen Spiegelbilde schwimmt
ein Alsterdampfer. Und wenn irgendwas

dir diesen Frieden, abendlich und blaß,
prophetisch kränken könnte, daß du bangst,
und weißt doch nicht um was, und weißt nur, daß
du innerlichst an künftiger Klage krankst,

so ist's der Eisenwurm, der zwischen Büsch-
und Schillerdenkmal feuerspeiend kreucht,
so daß vor seinem Donnern dem Gebüsch
die dreiste Brut der Sperlinge entfleucht;

und der geradenwegs und gräßlich schnell
sich fortbegibt zum fernen Altona.
»Du bist«, sagt Bürgermeister Ruckdeschell,
»noch gar nicht richtig fort und bist schon da!«

O alte Badeanstalt »Alsterlust«!
Hellas aus Holz! wie manchen langen Ju-
lisommernachmittag und, im August,
wie viele ganze Tage bracht' ich zu

auf deinen heißen Planken, echsenhaft
Apollons güldnen Pfeilen ausgesetzt,
bis Leichenblässe sich durch Feuerkraft
in dunkles Kupfer wandelte zuletzt. –

Ich sah im Sommer neunzehnhundertund …
(doch ich vergaß die akkurate Zahl)
von deinem Dach, wie flammentodeswund
Sankt Michaelis' Turm in stummer Qual

in sich zusammenknickte und versank.
Schwarz eine Wolke wallte hoch und blieb
am hellen Himmel stehen stundenlang,
bis sie der Abendwind nach Westen trieb.

Felix Culpa

Was es heißt: den Zug versäumen,
weiß ich schmerzlich und konkret;
denn wie alle, die gern träumen,
komm ich überall zu spät.

Gleich zu Anfang, kaum geboren,
kam ich viel zu spät zur Welt.
Ob ich alles hier verloren
oder nichts, bleibt hingestellt.

»Amüsier' dich, aber lerne!«
sagte warnend mein Papa.
Doch ich dachte: »Hab mich gerne!«
Mea culpa maxima!

Deshalb (Gott, auf welcher Bühne!)
bin ich heute auch Statist
ohne Lohn (mein Lohn!) und sühne,
was nicht mehr zu ändern ist.

»Auf! Beginn' ein neues Leben!«
ruft mein Wecker jeden Tag.
Aber, ach, das ist es eben:
daß ich nicht beginnen mag!

Turn' ich morgens mit der Hantel?
Wuchre ich mit meinem Pfund?
Lasse ich zum Rock den Mantel?
Lieb' ich meinen Feind, den Hund?

Ärgert mich mein Auge, reiß ich
mir es tapfer aus wie du
doch verlangst? Mit nichten: fleißig
drücke ich das andre zu!

Fleißig, – ja, ich wär' es gerne!
Lessing sagt: »Genie ist Fleiß.«
Ohne Fleiß kein Preis. Ich lerne
wie man lernt, um keinen Preis.

Sommers liege ich im Garten,
höre, was die Amsel singt;
übe mich, auf nichts zu warten,
was mir mühelos gelingt.

Möwen in der Luft zu füttern,
wird kein Winter mir zu lang;
aber auf dem Eis zu schlittern,
war ich immer schon zu bang.

Peter Gans lyrisches Gesamtwerk ist, das zeigt eine vorzüglich edierte Werkausgabe, äußerst umfangreich. Beeindruckend sei, so schreibt der Herausgeber Friedhelm Kemp, »die Vielfalt der Stimmungen und Gattungen: Besinnliches und Lässiges, Nachdenkliches, Bedenkliches und Leichtsinniges; Preislieder, Lehrgedichte, Episteln und Lieder, Spruchartiges und Epigrammatisches; Reimstrophen, antike Metren und freie Verse; einerseits Improvisationen, Gelegenheitsgedichte und andererseits durch Jahrzehnte hin zurückgehaltene, gehätschelte, mehrfach überarbeitete Gedichte, die er nur ungern entließ«. Peter Gan fühlte sich als ein geistiger Nachfahre des 18. Jahrhunderts, als ein aus der Gegenwart Gefallener. Er hinterließ einen großen Kreis von Freunden und Bewunderern. Seinen Weg in die Vergessenheit hat das lange nicht aufhalten können.

Die Zeit

Siehst du die Zeit? da geht sie hin;
hat anderes als du im Sinn.
So laß sie gehn, sich zu begraben.
Du hast sie; sie glaubt dich zu haben.

Homo sapiens

Wie sonderbar ist doch der Mensch! Er lebt und denkt
und spaltet selbst das Haar, an dem er selber hängt.

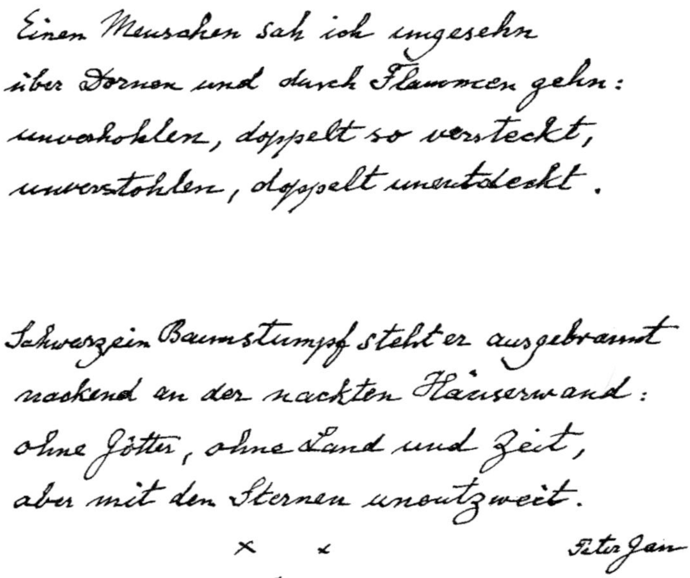
Einen Menschen sah ich ungesehn
über Dornen und durch Flammen gehn:
unverhohlen, doppelt so versteckt,
unverstohlen, doppelt unentdeckt.

Schwarz ein Baumstumpf steht er ausgebrannt
nackend an der nackten Häuserwand:
ohne Götter, ohne Land und Zeit,
aber mit den Sternen unentzweit.

× ×
×

Peter Gan

Die Handschrift Peter Gans

Selbstverständlich

Ich bin mir selbstverständlich,
sonst kennte ich mich nicht;
und kenne selbstverständlich
mich deshalb grade nicht.

Die Hand

Nichts hat Bestand; nur eins besteht bestimmt:
Die Hand, die gibt, ist auch die Hand, die nimmt.

Ende

Ich bin am Ende. Was ich auch beginn',
es ist am Ende, was ich bin, ein Ende.
Ich weiß nur, daß ich so zur Stelle bin
und nirgends eine beßre Stelle fände.

Denn nur das Ende weiß, was anfangs war,
blickt hoffend hinter sich und kennt die Treue.
Der Anfang nimmt stets nur sich selber wahr
und liebt, in sich verliebt, stets nur das Neue.

Das Ende ist mein Herr. Es sagt: halt aus!
und läßt mich stehn auf dem verlornen Posten.
Der Himmel ist mein stilles Schilderhaus.
So halt ich gerne aus auf Seine Kosten.

DOCK VII

»SCHULDIG SIND WIR ALLE«
WILLI BREDEL (1901–1964)

Offener Brief
An den Reichspropagandaminister Joseph Goebbels

Vor zehn Jahren mußten Sie in öffentlichen Versammlungen der NSDAP in Essen und Dortmund einem jungen Metallarbeiter gegenübertreten, der Sie und Ihre Partei angriff.

Dieser Metallarbeiter war ich.

Sie sprachen vom Jahre 1813, von Deutschlands Freiheitskampf, von Leipzig und Waterloo, von Fichte und Arndt, Scharnhorst und Gneisenau. Sie nannten jenes Jahr »Preußens großes Jahr« und riefen: »Seht, Deutsche, so wollen wir Nationalsozialisten Deutschlands großes Jahr!«

Ich nahm zu Ihren (...) Ausführungen Stellung und erinnerte daran, mit welchen Versprechungen Junker und Hohenzollern sich damals zu Führern des revoltierenden Volkes aufgeschwungen hatten. Eine Verfassung sollte das Volk erhalten, die Leibeigenschaft sollte aufgehoben und die Bürgerfreiheit proklamiert werden. Ich wies darauf hin, wie treulos und verräterisch die Führer waren. Kaum, daß das Volk mit seinem Blut (...) in den Krieg gezogen war und Napoleon vertrieben hatte, machten diese Führer aus Preußen-Deutschland ein Zuchthaus. Und nun berief ich mich auf Fichte und Arndt und Reuter und erinnerte an die »Demagogenhatz« der Heiligen Allianz, von der die deutschen Freiheitskämpfer aufs Schafott, ins Zuchthaus oder in die Verbannung geschickt wurden. Wenn das an der Schwelle der bürgerlichen Entwicklung Deutschlands, in der »großen Stunde Preußens«, geschehen konnte, um wieviel schamloser würde es sich in der Epoche des Niedergangs dieser Entwicklung, in »Deutschlands großem Jahr«, wiederholen? So fragte ich Sie, Herr Dr. Goebbels, der Sie damals in Dortmund wie ein Freischärler von Anno 13 agierten.

Ich kann Ihnen auch Ihre Erwiderung ins Gedächtnis zurückrufen. Sie gaben mir vollkommen recht: ja, damals ...

405 | Willi Bredel im Hamburger Hafen, Oktober 1962

Sie nahmen mich am Schluß der Versammlung beiseite – erinnern Sie sich – und sagten zu mir: »Sie sind ein ehrlicher Kerl: man spürt Ihren ehrlichen Willen. Sie werden bald in unseren Reihen stehen.« Mein Lächeln wehrten Sie mit den Worten ab: »Sie sind eine Kämpfernatur, Sie werden Ihren Weg finden. Und – wenn Sie auch nicht in den Kampfjahren zu uns finden. Sie kommen. Wenn wir gesiegt haben. Wenn Sie sehen, daß wir es ehrlich meinen.«

Seitdem sind zehn Jahre verflossen.

Nein – seien Sie unbesorgt, ich will Sie nicht des Betruges bezichtigen, mich haben Sie ja nicht enttäuscht. Auch will ich keine peinlichen Fragen an Sie stellen, will Sie nicht nach der wirklichen Zahl der Arbeitslosen in Deutschland fragen, nicht nach der »Brechung der Zinsknechtschaft«, nicht nach der Beseitigung des »raffenden Kapitals«, will Sie auch nicht fragen, wo Strasser, Roehm und Heines sind, die Sie vor zehn Jahren »deutsche Helden« genannt haben. Ich will Ihnen heute nur berichten, wie es mir in Deutschland erging, nachdem Ihre Partei die politische Macht erschlichen hatte.

Dreizehn Monate lang habe ich im Konzentrationslager Fuhlsbüttel bei Hamburg Ihren »staatsbürgerlichen Unterricht« genossen. Als ich dann aus Deutschland geflohen war, expatriierten Sie mich; eine nette Geste – Ihre Parteigenossen haben mir im Konzentrationslager viel drastischer attestiert, daß ich kein »Volksgenosse des Dritten Reiches« bin. Aber weder Sie noch Ihre Prügelpädagogen (...) konnten meine Verbundenheit mit Deutschlands Freiheitskämpfern dieses Jahrhunderts zerstören. Aus meinem Buch *Die Prüfung*, das ich Ihnen mit diesen Zeilen übersende, mögen Sie ersehen, was den »ehrlichen Kerlen« in Deutschland widerfährt, seitdem Sie und Ihresgleichen gesiegt haben.

Das Buch ist den Helden meiner Heimatstadt Hamburg gewidmet, den während Ihrer Regierungszeit Hingerichteten, Ermordeten, in den Tod Gehetzten, und den unerschrockenen illegalen Kämpfern für die soziale und nationale Befreiung Deutschlands, die meine Genossen nennen zu können ich stolz bin.

Prag, November 1934 Willi Bredel

»Im Jahre 1906 endete eins der scheußlichsten Kapitel Hamburger Schulgeschichte. Die sogenannte ›Strafschule‹ wurde endlich aufgelöst. Die organisierten Arbeiter hatten in einem langen, erbitterten Kampf diese Forderung durchgesetzt. Das Schulwesen in Hamburg befand sich um die Jahrhundertwende in einem entsetzlichen Tiefstand. Bis 1870 bestanden nur Privatschulen. Sie genügten der Hamburger Kaufmannschaft, denn in ihnen wurden die Söhne der Handels- und Schiffsherren, der Makler und Börsianer herangebildet. Ihre Privilegien blieben damit gesichert. Im Jahre 1870 erst wurde die ›allgemeine Volksschule‹ eingeführt. Aber noch 1872 erhielten Tausende Kinder in Hamburg keinen Schulunterricht. 1875 gab es für die drei Stadtteile Hoheluft, Eppendorf und Winterhude eine einzige Schule. In einer Klasse wurden mehr als einhundertunddreißig

Willi Bredel (links) als Betriebsratsmitglied mit seinen Arbeitskollegen der Fa. Nagel & Kaemp, Hamburg 1928

Jungen und Mädel unterrichtet. Da die Schulbänke nicht ausreichten, mußten die meisten während des Unterrichts auf dem Fußboden hocken. Die lichtlosen, freudlos-öden, kasernenartigen Schulbauten wurden hinter großen Handelshäusern errichtet, gleichsam versteckt vor der Öffentlichkeit. In den Jahren von 1881 bis 1890 wurden in die ›Strafschule‹ mehr als zweitausend Hamburger Kinder geschickt. Schulschwänzen und ungehöriges Verhalten im Unterricht genügte, um in diese Strafanstalt zu kommen. In ihr herrschte absolute Schweigepflicht. Wer dagegen verstieß, wurde mit Stockhieben und Karzer bestraft. Die Verpflegung bestand aus Gefängniskost. Die Fenster der Schule waren vergittert. In der Freizeit mußten die Kinder alte Schiffstaue zerpflücken; das Werg wurde zugunsten der Schule verkauft. Die Straferziehungsanstalt war nach englischem Muster errichtet, und in der Elbestadt und darüber hinaus in Deutschland fand sich kein Charles Dickens, der das grauenvolle Martyrium der Kinder öffentlich geißelte.

Vorläufer dieses Schandhauses war das sogenannte ›Rauhe Haus‹, das der evangelische Theologe Johann Hinrich Wichern um die Mitte des vorigen Jahrhunderts gegründet hatte. Die reichen Kaufleute in Hamburg zeigten sich nicht knauserig, die Opfer ihrer gesellschaftlichen Ordnung in strenger Zucht zu halten, handelte es sich doch um die Kinder der Arbeiter. Senator Hudtwalcker erklärte in der Börsenhalle im Jahre 1836: ›Ich muß es einmal öffentlich aussprechen, daß die in Hamburg vorhandenen Mittel für die religiöse und sittliche Bildung der ärmeren Klassen nicht entfernt hinreichen … Solange wir hier nicht eingreifen … mit Mitteln, wie man sie in England, dem gesunden, tatkräftigen, weil christlichen England anwendet: solange ist an eine Abnahme der Verwilderung gar nicht zu denken, sie wird vielmehr in immer steigender Progression zunehmen, bis endlich das Kind zum Riesen erwächst, der dann mit Bildungsmitteln nicht mehr zu bezähmen ist.‹

Das ›Rauhe Haus‹ war eine ausgesprochene Marterstätte für die jungen Menschen, die hier mit christlichem Geschwafel unter der Zuchtrute gehalten wurden. Es war der Vorläufer der berüchtigten ›Alsterdorfer Anstalten‹, einer sogenannten Bewahranstalt für ›geistig und körperlich gesunde, aber sittlich gefährdete Kinder‹, einer Anstalt, die heute noch besteht.

Die erstarkende Arbeiterbewegung hat auch in Hamburg die gröbsten Auswüchse dieses bourgeoisen Schulwesens beseitigt. Im Kampf gegen Zwangserziehungs- und Strafanstalten und für die allgemeine Volksschule wuchs eine von sozialistischen Ideen beeinflußte Volksschullehrerschaft heran, die zu den bedeutendsten Pädagogen und Schulreformern Deutschlands zählten. Zu ihren besten Vertretern gehören Männer wie Wilhelm Jensen und Wilhelm Lamszus. Ein Höhepunkt fortschrittlichen Hamburger Schulwesens wurde in den Jahren nach dem ersten Weltkrieg erreicht. Unter Hitler aber wurden die Schulen wieder Kasernen. Nach dem zweiten Weltkrieg gab es anfänglich Ansätze zu einer humanen und fortschrittlichen Pädagogik in Hamburg. Es blieb eine nur kurze Blütezeit. Angesichts der neuen militärisch-imperialistischen Entwicklung in der Bundesrepublik haben die Führer der Sozialdemokratie in Hamburg, die Bürgermeister und Senatoren stellen, sebst eine Errungenschaft nach der anderen, auch im Schulwesen, zurückgenommen. Im Jahre 1960 wurde in den Hamburger Volksschulen sogar die Prügelstrafe wieder eingeführt.«

Willi Bredel – ein Dichter aus Hamburg? Man hat ihm zumindest den Titel des Arbeiterdichters verliehen, doch damit war er für viele feinsinnige Literaten schon tabuisiert – erst recht nach 1933. Daß er nach dem Zweiten Weltkrieg zu einem gefeierten Apologeten und Würdenträger der DDR wurde und dort – wie andere große Kolleginnen und Kollegen – zu aberwitzigen ideologischen Simplifizierungen und Realitäts-Leugnungen Zuflucht nahm (die angeblich sanktionierte Prügelstrafe war nicht der einzige Unsinn, den der Autor über die ›kapitalistische‹ Bundesrepublik verbreitete), hat ihn nicht nur in Hamburg in Vergessenheit geraten lassen.

In der polnischen Zeitschrift »Nowa Cultura«, Nr. 38, aus dem Jahre 1951 widmete ein Marceli Ranitzki Willi Bredel einen längeren Aufsatz. In der in Ost-Berlin im gleichen Jahr veröffentlichten deutschen Übersetzung heißt es: »Der große deutsche Schriftsteller Willi Bredel wurde im Mai 1951 50 Jahre alt. Sein Leben ist dem

Kampf für Fortschritt und Kommunismus gewidmet. Sein ganzes, vom Streben zum Humor erfülltes Schaffen ruft zum Kampf gegen die Feinde des Volkes auf und dient der Befreiung des Menschen. Seine Werke sind ein flammender Appell – wie jene rote Fahne, die Arnold Clasen und Karl Fischer auf dem Schornstein der Hamburger Fabrik hißten.«

Die Episode mit der roten Fahne entstammt Bredels Roman »Dein unbekannter Bruder«, der vom Kampf der illegalen Arbeiterbewegung gegen den Nationalsozialismus in den Jahren 1934 und 1935 in Hamburg erzählt. Der Roman zeige, so Marceli Ranitzki, »die antifaschistische illegale Arbeit der Hamburger Arbeiter umfassend und eingehend. Er schildert in dramatischen und erschütternden Szenen, in einfachen und unmittelbaren Beschreibungen den täglichen Kampf der Illegalen, der so schwer, so gefahrvoll und so langwierig war. Er zeigt die ganze Ungeheuerlichkeit des bestialischen Gestapoterrors und den Heldenmut der Menschen, die ohne Rücksicht auf Mißerfolge und Niederlagen den Kampf gegen die braune Übermacht mit übermenschlicher Kraft fortsetzen ... Ohne den Kampf der deutschen Kommunisten während der langen Jahre der Naziherrschaft würde in der Geschichte der deutschen Arbeiterklasse und in der Geschichte des deutschen Volkes eine gewaltige Lücke klaffen.«

So richtig diese Feststellung ist, so zwiespältig mag sie heute, ein halbes Jahrhundert nach dem Ende des ›Dritten Reiches‹, manchem in den Ohren klingen. Doch sollte uns unser heutiges Wissen um die grausige Geschichte des ›real existierenden Sozialismus‹ nicht den Blick für die Relativität historischer Wahrheiten verstellen. Der da über Willi Bredel urteilte, war kein Unbeteiligter: auch er, wie Bredel zeitweilig in Gestapo-Händen (eingeschlossen in das Warschauer Ghetto), hatte die Hölle des Hitler-Reiches eben noch überlebt und war in Polen kurz vor Kriegsende aus einem Versteck in lebensbedrohlicher Lage von Kommunisten gerettet worden. Als er längst in der Bundesrepublik lebte und es nicht opportun war, den in der DDR zu hohen Ehren gelangten Hamburger Arbeiterschriftsteller zu rühmen, gehörte Marcel Reich-Ranicki, wie er sich inzwischen nannte, zu den wenigen, die das Werk Bredels noch ernst nahmen. Ebenso respektvoll wie zutreffend schrieb er: »Der Arbeiterschrift-

steller Willi Bredel war wirklich ein Arbeiter und wirklich ein Schriftsteller. Vor allem aber war er immer ein Kommunist ... Bredel kann beobachten, Gestalten zeichnen und Milieus schildern. An Phantasie fehlt es ihm nicht. Und er hat Sinn für dramatische Szenen und anekdotische Episoden.«

»Das Ernst-Drucker-Theater am Spielbudenplatz auf Sankt Pauli, ein ausgesprochenes Volkstheater, hatte als Publikum Seeleute, Hafenarbeiter, Fischhändler, Straßenverkäufer, Huren, und die dargebotenen Schauspiele waren Burlesken und Possen, meistens im hamburgischen Platt, derb, urwüchsig, gesund; der Schubbejack auf der Bühne bekam am Ende Prügel, und die arme Unschuld wurde erlöst und erhöht. So gefiel es diesem Publikum, das mit Beifall nicht geizte und oft am Schluß der Vorstellungen den Schauspielern statt Blumen eine Runde Bier spendierte oder einen dicken Räucheraal hinaufreichte. Nun, einer der Dramaturgen dieses Volkstheaters war vor Jahren auf den Gedanken gekommen, die Gretchentragödie aus dem ›Faust‹ herauszuschälen und zur Aufführung zu bringen. Vielleicht fehlte ihm gerade ein Stück; vielleicht wollte er dem Volk auch einmal ernstere Kost bieten. Die Aufführung wurde denn auch ernst und aufmerksam aufgenommen. Laute Klagen erschollen aus den Reihen des Publikums, als Gretchen sich in Gewissensqualen wand. Und beim Klatsch der Mädchen am Brunnen schrien einige Männer erregt: ›Jojo, so is dat! Düsse verdammten Klatschwiewer!‹ Am Schluß aber gab's einen so mörderischen Skandal, wie ihn das altehrwürdige Theater noch niemals erlebt hatte, und in dessen Verlauf das entrüstete biedere Hamburger Publikum einen vollständigen Sieg über Goethe davontrug. Als Doktor Faust sein Gretchen im Kerker zurücklassen und sich mit seinem Teufelsbegleiter aus dem Staube machen wollte, half es absolut nichts, daß eine Stimme vom Himmel rief, sie sei gerettet. Das war den Hamburgern, in denen noch ein Gefühl für Recht und Gerechtigkeit lebte und deren Herz für die Unschuld schlug, nun doch ein zu mystischer und unsicherer Trost ... Männer wie Frauen erhoben sich, aufs höchste empört, und schrien: ›Watt heet hier gerettet? Datt is Mumpitz! Heiroden sall he se! Heiroden sall he se! Her mit denn Doktor! He sall se heiroden!‹ Das Publikum schrie im Chor: ›Heiroden! Heiroden! Heiroden!›

Schreckensbleich stürzte der Regisseur auf die Bühne und bat um Ruhe. Er wies darauf hin, daß dieser Schluß nicht von ihm stamme, daß ihn vielmehr Goethe nun einmal so gedichtet habe. Er wurde niedergeschrien. ›Watt heet hier Goethe! Datt sünd nur Utreden! Heiroden sall he se! Heiroden! Heiroden!‹

Endlich traten Gretchen und Doktor Faust, letzterer wie ein zerknirschter, reuiger Sünder, vor den Vorhang. Als es im Zuhörerraum still geworden war, begann der Doktor: ›Verzeih mir, Gretchen, ich habe schlecht an dir gehandelt. Ich will es gutmachen, darum frage ich dich: Willst du mich heiraten?‹ Und Gretchen antwortete leise: ›Ja, Heinrich!‹

Darauf gaben sie sich die Hand und küßten sich. Die korrigierte Schlußszene wurde mit unbeschreiblichem Jubel aufgenommen. Mehrere Male mußten Faust und Gretchen vor den Vorhang und sich vom Beifall des nun vollkommen zufriedengestellten Publikums überschütten lassen. Der Gastwirt vom ›Roten Finken‹ in der Finkenstraße auf St. Pauli lud alle Schauspieler zum Freibier ein. Gretchen bekam einen Blumenstrauß und Faust eine Handvoll Zigarren auf die Bühne gereicht.

Das war der Theaterskandal, den Hardekopfs miterlebt hatten, und noch heute empfand Frau Pauline Genugtuung darüber, daß durch die Stimme des Volkes dies unmoralische Stück einen anständigen Schluß erhalten hatte.«

»Meine Onkel – Arthur (Tischler), Heinrich (Mechaniker) und Gustav (Dreher) – und mein Vater (Zigarrenarbeiter) waren Sozialdemokraten und hielten immer fest zusammen. Sie waren gemeinsam im Arbeitergesangverein und im Arbeiterskatklub, waren mit ihren Familienangehörigen im Sparverein ›Maiengrün‹, in dem mein Vater Vergnügungsobmann war, meine Onkel und Tanten gingen bei uns ein und aus, wir waren eben eine Familie. Wenn Wahlen zum Reichstag bevorstanden, eine Zeit, vor der meine Mutter eine tiefe Abneigung hatte, dann wurde nicht gesungen, nicht Skat gespielt, noch Familienausflüge unternommen, dann beherrschte die Politik unser Familienleben. Mein Vater und mein Onkel liefen von Haus zu Haus, treppauf, treppab und verteilten Flugblätter der Sozialdemokratie, besuchten sämtliche Wahlversammlungen ihrer Partei, standen am Wahltag von morgens bis abends mit Wahlplakaten vor den Wahllokalen. Hinterher feierten sie noch drei Tage und drei Nächte bei Bebel und Otto Stolten, und dann begann wieder die ruhige Zeit, die meine Mutter liebte, wo sie dem Männergesang und dem Skatspiel huldigten und die ganze Familie einmal im Monat mit dem ›Maiengrün‹-Verein ins Grüne zog.«

Am 2. Mai 1901 wurde Carl Willy Friedrich Bredel in der Hamburger Rosenstraße 20, 3. Stock, geboren. Der Vater entstammte einer Bürgerfamilie, trat zuerst der SPD und später der KPD bei. Der Großvater war, wie Bredel berichtete, »seinerzeit ehrsamer Kunstschlossermeister am Barkhof in Hamburg« gewesen. Die Mutter, bei der Geburt ihres Ältesten noch keine 22 Jahre alt, entstammte einer Arbeiterfamilie.

»Als junges Mädchen hat sie in ihrem Dienst bei wohlhabenden Leuten in Hamburg hart arbeiten, und auch als jungverheiratete Frau hat sie noch mitverdienen müssen, um zu helfen, eine Familie zu gründen. Sie hat lange Zeit nicht nur ihre Familie betreut und ihren Haushalt geführt, sondern stets »nebenbei« noch gearbeitet als Reinemachefrau, Toilettenfrau, Wäscherin, als Verkäuferin in den von meinem Vater gepachteten Zigarrengeschäften oder als Zigarrensortiererin und als Kistenbekleberin, ein Handwerk, das sie in ihrer Jugend in einer Hamburger Zigarrenfabrik erlernt hatte.«

Die Ankunft des in seinen späteren Werken oft akribisch autobiographischen Willy Bredel in dieser Welt könnte sich in etwa so abgespielt haben wie die seines Helden Walter Brenten (die Anfangsbuchstaben sind mit denen des Autors identisch) in dem Roman »Die Väter«.

»›Nun aber raus! R-raus! Ist ja nicht auszuhalten!‹ Die drei Frauen am Bett der Kreißenden drängen so eilig zur Tür, als erwarteten sie im nächsten Augenblick Prügel. Auch die krumme Frau Rüscher will hinaus.

›Rüscher! A-also Rüscher, du bleibst natürlich hier!‹ sagt Frau Hardekopf, schon wieder ruhiger. Eine schnelle Sekunde wundert sie sich über ihr ›Du‹. ›Rüscher, du wartest hier bei Frieda; ich hol die Hebamme. Laß niemand rein!‹ Und schon ist Frau Hardekopf draußen.

Noch nie ist sie die steile Treppe so schnell hinuntergekommen. Mit langen Schritten eilt sie die Steinstraße entlang. Hat man so was schon erlebt: stehn händeringend herum und jammern! Die Rüscher ist auch so ein Trampeltier!

Zehn Häuser weiter wohnt die Hebamme Niehus, Henriette Niehus, staatlich geschulte und geprüfte Hebamme, die auch Frau Hardekopf bei ihrem Letzten Geburtshilfe geleistet hatte und deren Rat vor Geburten ebenfalls etwas wert war.

Frau Hardekopf reißt an der Klingelschnur. Es hallt wie Kuhglockengebimmel in der Wohnung, aber niemand kommt, um zu öffnen. Abermals wird von ihr die Klingel in Bewegung gesetzt. Niemand meldet sich. ›Ist doch ein Skandal!‹ knurrt sie vor sich hin. ›Bei Hebammen hat ständig jemand zu Hause zu sein. Na aalso, der werd ich ja einen Tanz machen.‹

Was nun? Wieder auf die Straße eilend, überlegt sie, was zu tun ist. Schon befreundet sie sich mit dem Gedanken, es schließlich selber zu versuchen. So ganz unerfahren ist sie nicht. Aber wie leicht konnte eine Komplikation eintreten, vor der man dann ratlos dastand. Nein, eine Hilfe mußte aufgetrieben werden. Natürlich wohnten in der Nähe noch andere Hebammen; sie erinnert sich unklar an Schilder mit der Aufschrift ›Geburtshilfe‹, aber sie kann sich im Augenblick nicht besinnen, wo sie die gesehen hat. Sie hatte sich nicht sonderlich darum gekümmert. Sie würde hoffentlich keine mehr brauchen. Da gewahrt sie einen Schutzmann. Der müßte es doch wissen!

Schutzmann Christian Martens, in der Steinstraße, seinem Revier, allgemein der ›dicke Krischon‹ genannt, galt den einen als eine ›Seele von Mensch‹, den anderen war er ein ›brutaler Wüterich‹. Er konnte an der Straßenecke plaudern und scherzen, auch in bester Laune ein Glas Bier bei Sternberg trinken und im nächsten Augenblick, sofern er glaubte, seine Pflicht erfordere es, wütend dazwischenschlagen, arretieren und seine Opfer auf die

Polizeiwache schleppen. Er besaß zupackende Fäuste; wo sie indes nicht ausreichten, zögerte er durchaus nicht, seine Plempe zu ziehen. So flößte er mehr Angst als Vertrauen ein. Sah man, daß er gut gelaunt war, nickte man ihm zu, grüßte ihn. Blickte er jedoch verdrossen vor sich hin, ging man ihm gern aus dem Wege oder schlich eiligst vorüber.

Frau Hardekopf kümmert sich den Teufel um seinen Gemütszustand; als des Schutzmanns markante Erscheinung vor ihr auftaucht, steuert sie kurz entschlossen auf ihn zu und bestürmt ihn mit Fragen.

›Wie? Was? Was wollen Sie?‹

›Eine Hebamme brauche ich!‹ wiederholt Frau Hardekopf ärgerlich. ›Wo wohnen hier in der Nähe Hebammen?‹ Der dicke Krischon funkelt sie halb verblüfft, halb unwillig an, erwidert aber kein Wort mehr; er macht nur eine abwehrende Handbewegung und will an ihr vorübergehen. So leicht gibt ihn Frau Hardekopf nicht frei; sie hält ihn am Ärmel seines Uniformrocks zurück und ruft aufgebracht: ›Mein Gott, Sie müssen doch wissen, wo Hebammen wohnen?‹

Die Steinstraße war damals eine der bevölkertsten Straßen Hamburgs; insbesondere an der Kreuzung Mohlenhofstraße bewegte sich der Hauptverkehr vom Hafen herauf ins Innere der Stadt. In den Abendstunden, vor allem an nebligen Tagen, trieb sich in dieser Gegend allerlei lichtscheues Volk herum: Bummler, Taschendiebe, Zuhälter, Strichmädchen, denn in der Mohlenhofstraße befanden sich mehrere Bordelle und recht fragwürdige Kellerwirtschaften. Frau Hardekopfs lautes, erregtes Sprechen, das verblüffte Schweigen des Polizisten – das alles war so ungewöhnlich, daß die Leute zusammenliefen. Im Nu hatten einige Dutzend Menschen Frau Hardekopf und den dicken Krischon umringt. Der ganze Verkehr geriet ins Stocken.

›Was sagt sie?‹ – ›Er will sie verhaften?‹ – ›Warum will er sie verhaften?‹ – ›Hebamme? Was hat ’ne Hebamme damit zu tun?‹ – ›Gib’s ihm ordentlich, er hat wohl wieder seinen sauren Tag!‹ – ›Er soll die Frau in Ruhe lassen!‹ – ›Paßt auf, daß er nicht den Sabul zieht!‹

Die Volksstimmung, anfangs scherzend, neckend, wird zusehends bedrohlicher für den dicken Krischon, und das läßt ihn schnell die Frage wiederfinden. Mit weithin schallender Stimme ruft er: ›Wer weiß, wo eine Hebamme wohnt? Eine Hebamme wird dringend gesucht!‹

Lautes Gelächter der Umstehenden antwortet ihm. Scherzhafte Zurufe fliegen von einer Straßenseite zur andern. Einige Halbwüchsige johlen: ›Immer rut mit datt Gör in de Freujohrsluft ...‹

Ein Strichmädel drängt sich durch die Menge. ›Die Erna ist mal Hebamme gewesen‹, ruft sie. Ein zweites Mädel versucht, sie zurückzuhalten. ›Das kannst du doch nicht machen.‹ – ›Warum denn nicht, wenn es eilig ist.‹

›Und es ist sehr eilig, Fräulein‹, wirft Frau Hardekopf ein, die sonst niemals eine Prostituierte anredet, geschweige denn ›Fräulein‹ genannt hätte. Sie geht mit den beiden in die Springeltwiete, gefolgt von einem Haufen sensationslüsterner Nichtstuer.

›Mein Gott, eine Aufregung‹, stöhnt Frau Hardekopf, ist aber doch froh, daß sie eine Hilfe gefunden hat. Na a a-also, an diesen Abend werde ich noch lange denken, sagt sie sich im stillen. – ...)

Unter solcherlei wohltuenden Selbstgesprächen hatte Frau Hardekopf die kurze Wegstrecke zurückgelegt, denn in derselben Straße, in der sie wohnte, hatte auch ihre Tochter in einem Vorderhaus eine kleine Wohnung. Entschlossen, zielsicher, von ihrer gerechten Sache restlos durchdrungen, war sie die schmale, steil hinaufführende Sahltreppe hochgestiegen.

Bei ihrem Eintritt hatte die Tochter einen Seufzer der Erleichterung ausgestoßen. Jetzt war alles nicht mehr so arg. Jetzt konnte vor allem nichts mehr fehlgehen; die Mutter war gekommen, die Mutter wußte immer Rat. Unendlich groß war das Vertrauen der Tochter zur Mutter. Sie war beruhigt, fühlte sich gerettet; ein Lächeln glitt über ihre schmerzverzerrten Züge. Frau Hardekopf hatte die bucklige Nachbarin, Frau Bollers, die ihr nicht schnell genug Platz machte, beiseite geschoben. ›A-also, wie geht es dir, meine Tochter?‹ Das sollte absichtlich unzart, sogar schroff klingen. – ›Ach, ganz gut, Mutter!‹ Die Tochter wußte, vor der Mutter mußte man sich zusammennehmen, die konnte ›Anstellerei‹ nicht leiden. ›Wird wohl bald soweit sein. Wenn nur die Schmerzen … nicht noch … stärker werden.‹

Die Bucklige und die dicke Jüdin, Frau Klingenthal, die das Bett der Kreißenden umlagerten, wimmerten und stöhnten bei jeder Wehe, als seien sie es, die gebären sollten. Frau Hardekopf fuhr herum und befahl barsch: A-also lassen Sie gefälligst das Flennen. Was wollen Sie überhaupt hier? Helfen Sie lieber, anstatt die Bude vollzuheulen!‹

›Die Hebamme ist noch nicht da‹, flüsterte die Rüscher zaghaft. ›Die Hebamme war noch nicht hier?‹ Frau Hardekopf blickte verwundert auf. ›Sie ist nicht zu Hause, Mutter. Niemand weiß, wo sie steckt.‹ Im selben Augenblick hatte Frieda sich das Bettuch bis an den Mund gezogen, die Augen verrollt und gewimmert. Dann war ein gräßlicher Schrei gefolgt, den sie hatte zurückdrängen wollen.

Keine Hebamme. Jeden Augenblick konnte das Kind kommen. Und die verfluchten Weiber heulten und rangen die Hände. Frau Hardekopf hatte steil aufgerichtet eine halbe Minute reglos überlegend dagestanden. Aber eine halbe Minute nur, dann hatte sie die Weiber aus dem Zimmer gejagt, war zur Hebamme Niehus gerannt, hatte den Schutzmann angesprochen – und jetzt war sie, gefolgt von einer neugierigen Menge, auf dem Weg nach einer Aushilfshebamme.

In der Springeltwiete, einer Nebengasse der Steinstraße, steht Frau Hardekopf vor einem Haus, das Holzjalousien vor den Fenstern hat. In dem engen Aufgang wirft eine Lampe trübrotes Licht auf die von einem Läufer bedeckten Treppen. Warmer, süßlicher Parfümgeruch schlägt ihr entgegen. Von einer schrecklichen Ahnung erfaßt, wendet sie sich an die beiden Mädchen, denen sie gefolgt war. ›A-also, sagen Sie mal, Fräulein, ist die Frau eine – ein Kontrollmädchen?‹

›Ach was!‹ lautet die ausweichende Antwort.

›Soso! Na a-also, denn ist ja man gut!‹

Eine dicke, vollbusige Person mit feuerroten Haaren macht Einwände, als sie hört, was man von ihr verlangt, fragt mehrere Male, ob es denn wirklich unbedingt nötig sei. Schließlich geht sie aber doch mit. Die Neugierigen, die vor dem Bordell warteten, begrüßen die Heraustretenden mit lautem Hallo, besonders die fette Bordellwirtin, die also auch die Hebammenkunst beherrschte. Einem Triumphzug gleich geht es durch die schmale Twiete und dann die Steinstraße entlang. Immer mehr Menschen schließen sich an. Alle möglichen Gerüchte schwirren durch die Luft. Der dicke Krischon sieht die Frauen zurückkommen, und eitel Freude liegt auf seinem Gesicht. Endlich hat man das Haus erreicht, in dem Frieda Brenten auf Hilfe wartet. Etliche laufen den Frauen nach, bleiben im Treppenaufgang und beobachten, wie hoch sie steigen. ›Dritte Etage!‹ schreit einer. Auf der Straße blicken die Menschen zum dritten Stockwerk hinauf, wo ein neuer Erdenbürger ans Licht der Welt will.

Frau Rüscher kommt den Frauen entgegen, bleich und an allen Gliedern schlotternd. Die rote Erna sieht sofort, daß sie auch nicht fünf Minuten zu früh gekommen ist. Frau Hardekopf reicht ihr eine Schürze. Die fremde Nothelferin bindet sie um und bestimmt laut und ein wenig fahrig: ›Hierher die Tücher und die Watte! Ja, das Wasser stellen Sie dorthin!‹ Ihr starker Busen wogt. Sie beugt sich über die Kreißende, will gerade die Bettdecke fortnehmen, als Frau Hardekopf mit Donnerstimme dazwischenfährt: ›A-also, wollen Sie sich vorher nicht gefälligst die Hände waschen?‹

Gründlich und nachdenklich trocknet sich die rote Erna in der Küche die Hände ab, jetzt erst überlegend, in was für ein Abenteuer sie sich eingelassen. Ein furchtbarer Schrei. Die Tür wird aufgerissen, und Frau Hardekopf ruft wütend: ›Nun also, kommen Sie endlich – oder sie sind überflüssig!‹

Die Aushilfshebamme hebt ein winziges violettfarbenes Geschöpf mit dünnem Körper und großem Kopf in die Höhe und beklopft mit ihrer fleischigen Hand seinen Hintern, denn es will absolut nicht ja sagen zu diesem Leben; es weigert sich, zu atmen. Die wackere Frau, in den letzten Minuten übereifrig und freudig erhitzt vor Glück, daß alles glatt abgelaufen ist, entfärbt sich mehr und mehr. Ihre Schläge auf Hintern und Rücken des leblos in ihren Händen liegenden Wesens werden zusehends nervöser. Sie beginnt zu zittern, wirft erschrockene Blicke auf die Großmutter und hebt ratlos, wie bedauernd, die Schultern.

Frau Hardekopf hat schon eine ganze Weile mit verkniffenen Lippen stumm den Bemühungen der Hebamme zugesehen. Sie steht noch unter dem ersten Schreckenseindruck, den der Anblick des Neugeborenen ihr eingeflößt hat. Ein Riesenkopf mit affenhaft faltigem Gesicht auf dünnem Hals und leblose, unnatürlich kurze Arme und Beine. Sie selbst hat fünf Kinder geboren, jedoch keins scheint ihr so häßlich gewesen zu sein wie dieser Enkel – wahrscheinlich ein Krüppel. Na a-also, kein Wunder, bei solchem kurzbeinigen, kurzhalsigen und verluderten Vater! Dennoch tritt sie, da die angstvollen Bemühungen der Hebamme nicht fruchten wollen, hinzu, nimmt ihr das Neugeborene, dem noch der Lebensodem fehlt, aus den Händen und setzt es resolut mit dem Hintern in die Schüssel kalten Wassers. Ein konvulsivisches Zucken fährt durch den kleinen Körper, die Beinchen und Ärmchen bewegen sich, zugleich öffnen sich erschrocken die Augen, und ein mörderischer Schrei folgt.«

1908 bis 1916 besucht Bredel die »öffentliche Volksschule in Hamburg«. Vom neunten bis zum fünfzehnten Lebensjahr war der Knabe, der eine sehr gute Stimme besaß und im Hamburger Sing-Wettbewerb für Schüler einmal den ersten Platz errang, Chorknabe am Hamburger Stadttheater. Immerhin brachte jeder Auftritt den Eltern 50 Pfennige oder gar eine Mark für das spärliche Familienbudget ein. Bei seinen zahlreichen Opern- und Schauspiel-Aktivitäten erhielt er wichtige, sein ganzes Leben prägende Einblicke in die Welt des Theaters und der Literatur (Bredels absoluter Lieblingskomponist war Verdi). Einmal durfte er sogar mit Enrico Caruso auf der Bühne stehen. Der schenkte ihm danach eine Tafel Schokolade. 1913 beobachtete der Zwölfjährige zusammen mit seinem Vater den Streik der Hamburger Werftarbeiter. Im selben Jahr starb August Bebel, und ein Jahr später brach der Erste Weltkrieg aus.

»Der 4. August zerstörte die Eintracht unserer Familie. Die Tage, die vorangingen, waren schon recht bewegt, und ich erinnere mich an einen Abend, wo meine Onkel bei meinem Vater im Zimmer saßen und sehr ernst miteinander sprachen. Sie waren gegen den Krieg und glaubten auch nicht, daß er ausbrechen würde. Am 4. August jedoch kamen Onkel Arthur und Onkel Heinrich leicht angesäuselt zu uns, waren ausgelassen und übermütig, riefen Hurra und wollten die ganze Welt zusammenhauen und zusammenschießen. Mein Vater war entsetzt und lange unfähig, ein Wort hervorzubringen; er starrte sie nur minutenlang an. Meine Mutter, die ahnen mochte, daß ein Unglück nahte, lief in die Küche und weinte. Schließlich sagte mein Vater zu beiden so gründlich Umgewandelten: ›Und die Sozialdemokratie?‹ – ›Sei kein Spielverderber, Karl‹, rief Onkel Arthur. ›Unsere Mitgliedschaft ruht.‹ – ›Ja‹, fügte Onkel Heinrich hinzu, ›jetzt heißt es zu siegen. Wir müssen siegen … Weißt du, der Zar ist doch gegen uns … und August Bebel schon hat gesagt …‹ – ›Also ihr seid plötzlich für den Krieg?‹ fragte mein Vater. – ›Was heißt das?‹ rief Onkel Arthur, ›jetzt ist Krieg. Daran ist nichts zu ändern. Und natürlich müssen wir siegen. Bedenke doch …‹ – ›Meine Mitgliedschaft ruht auch‹, schrie mein Vater. Schon hatte er sein Mitgliedsbuch des Sozialdemokratischen Wahlvereins hervorgezogen. Ritsch-ratsch war es mitten durchgerissen. Die Stücke warf er meinen beiden Onkeln vor die Füße. ›Da ruht sie!‹ schrie er in höchster Erregung. ›Geht nur in den Krieg. Laßt euch für euren Kaiser totschießen, ihr Tröpfe. Aber hinaus aus meiner Wohnung! … Hinaus!‹ – Onkel Arthur wollte den Rasenden besänftigen, aber mein Vater schrie nur: ›Hinaus!‹ … Hinaus!‹ Schließlich schlichen die beiden davon. Meine Mutter in der Küche weinte.«

In Zeiten äußerster Not und Sorge verließ Bredel im dritten Kriegsjahr die Schule. Sein Zeugnis enthielt nur die Noten »gut« und »sehr gut«. Der jetzt Fünfzehnjährige mußte jedoch bis 1920 das Dreher-Handwerk in der Hamburger Armaturenfabrik und Metallgießerei »Gebrüder Leser, G. Wittmann Nachfolger« erlernen. Die Firma war ein Rüstungsbetrieb; auch die Lehrlinge hatten täglich neuneinhalb Stunden im Akkord zum Stücklohn zu arbeiten. Der junge Willy Bredel war gezwungen, weitgehend allein den Lebensunterhalt der Mutter und der beiden jüngeren Geschwister zu bestreiten, denn der Vater war noch Soldat im Krieg.

1916 organisierte sich Bredel gewerkschaftlich und wurde Mitglied des sozialdemokratischen Arbeiterjugendbundes. In den Ju-

gendgruppen wurde marxistische Literatur studiert und diskutiert, es wurden Spartakus-Briefe verbreitet und Feldpostbriefe mit antimilitaristischen Losungen an die Front geschickt. Nächtelang verpackte man Material und schrieb Adressen. Kurz nach der russischen Oktoberrevolution wurde Bredel Mitglied der »Bremer Linken«, einer links-oppositionellen Gruppe innerhalb der deutschen Arbeiterbewegung. Er schloß sich dann dem Spartakusbund an, aus dem die KPD hervorging. Von seinem 18. Lebensjahr an war Bredel leidenschaftlich gläubiger Kommunist.

»Wir Mitglieder des Jugendverbandes waren trotz Krieg und Hunger eine fröhliche, wissenshungrige und stets zum Redestreit aufgelegte Gemeinschaft; wir besuchten oft Theateraufführungen und lasen vorher das Stück mit verteilten Rollen. Fortschrittliche Politiker, Schriftsteller, Wissenschaftler und Künstler hielten in unserer Gruppe Vorträge über wichtige Perioden der Geschichte, diskutierten mit uns über Fragen der bildenden Kunst und der Literatur, über letzte Errungenschaften in der Technik, über neue Erkenntnisse und Entdeckungen in den Naturwissenschaften. Mich interessierten Geschichte und Literatur allerdings am meisten, und nach der Fabrikarbeit las ich alles, was ich über den deutschen Bauernkrieg, die Reformation, die bürgerlichen Revolutionen in Frankreich und die Große Sozialistische Oktoberrevolution auftreiben konnte.«

Bredel liest aber nicht nur Ideologisches; er liebt besonders Charles Dickens und Jonathan Swift, Cervantes, Kleist und Hebbel. Seine autodidaktische literarische Bildung ist bald außergewöhnlich. Nach Abschluß der Lehre im Jahr 1920 durchstreifte Bredel erst einmal zu Fuß Sachsen, Thüringen und Bayern und verdingte sich dann auf einer Hamburger Werft.

»Und es trieb mich zu schreiben. Tagsüber an der Werkbank in der Fabrik lebte ich mit den heroischen Gestalten aus der Großen Französischen Revolution; ich fieberte der Feierabendstunde entgegen, um zu Hause meine Gedanken und Visionen aufs Papier zu bringen. Todmüde, aber von einer aus dem Innern kommenden Glut wachgehalten, schrieb ich in toller Besessenheit, bis die Mutter gewöhnlich ein letztes Machtwort sprach und das Licht abdrehte. Drei umfangreiche Dramen entstanden damals: ›Septembersturm über Paris‹ – ein Revolutionsdrama aus den Septembertagen 1792 um Danton, Dumouriez und Marat, ›Lazare Carnot‹ – ein Drama über den Schöpfer der revolutionären Freiheitsarmee, ›Gracchus Babeuf‹ – ein Drama über die Verschwörung des Bundes der Gleichen 1796/97. Angeregt, ich möchte sagen, angefacht waren diese Stücke von Büchners ›Dantons Tod‹, Hugos ›1793‹ und Balzacs ›Chouans‹. Wieviele Monate ich daran geschrieben habe, weiß ich heute nicht mehr, das eine aber weiß ich noch recht gut: ich hatte keinen Vertrag mit einem Verleger, deshalb auch keinen Vorschuß, und es gab keine Regierung und keine Institution, von der ich auch nur die geringste Unterstützung zu erhoffen gehabt hätte. Gewiß träumte auch ich damals davon, daß meine Dramen einmal gedruckt, womöglich sogar aufgeführt werden würden. Aber ich gab das Geschriebene nicht aus der Hand. Und je länger es in meiner Schreiblade blieb, desto mehr erkannte ich, daß es Anfänge waren.«

Willi Bredel an seiner Drehbank bei der Maschinenfabrik Nagel & Kaemp, um 1928

»1922 wanderte ich mit zweien meiner Kameraden, die gleich mir Mitglieder der sozialistischen Jugendbewegung waren, zu Fuß von Hamburg nach Venedig. In Padua und in Venedig erlebten wir den faschistischen Umsturz in Italien. Schon in der Südtiroler Stadt Bozen bekamen wir die ersten Kolonnen der Schwarzhemden zu Gesicht, die mit dicken Knüppeln bewaffnet die Bevölkerung unter Terror setzten. In Mestre, kurz vor Venedig, wurden wir von Schwarzhemden verhaftet und aufs Polizeipräsidium in Venedig geschafft. In den Tagen des allgemeinen Wirrwarrs verdanken wir es einigen besonnenen italienischen Polizeibeamten, daß wir den Händen der Schwarzhemden entrannen und per Schub mit einem Dampfer von Venedig nach Triest und von dort an die österreichische Grenze abgeschoben wurden. Das war meine erste Begegnung mit dem Faschismus.«

In Hamburg waren im Jahr 1923 schlimme Zeiten angebrochen:

»In der Morgendämmerung des 23. Oktober drangen unbewaffnete Arbeitertrupps in den Vororten Hamburgs, in Barmbeck, Uhlenhorst, Winterhude, Eimsbüttel, Schiffbeck, Hamm und Bramfeld in die Polizeiwachen ein und überrumpelten und entwaffneten die anwesenden Polizisten. Als der Tag anbrach, waren in diesen Arbeitervierteln die nunmehr bewaffneten Arbeiter die Herren der Lage. Begeistert nahmen Tausende Männer, Frauen und Jugendliche an dem Kampf teil. Barrikaden wurden gebaut. Verborgen gehaltene Waffen herangeholt. Mannschaftsverpflegung für die Kämpfer vorbereitet. Arbeitersamariter meldeten sich und stellten sich den kämpfenden Arbeitern zur Verfügung …

Zum ersten Male in der Geschichte revolutionärer Aufstände gingen die Arbeiter Hamburgs in ihrem Abwehrkampf gegen einen mit modernen Kampfmitteln ausgerüsteten Gegner zu neuen Kampfmethoden über. Sie kämpften nicht mehr nur auf Barrikade, sondern verteidigten ihre Arbeiterviertel von den Dächern aus. So wurden Handgranaten und Panzer, über die Polizei und Militär verfügten, unwirksam. Doch nicht nur das. Glaubten die Polizeitruppen einen Wohnbezirk eingekesselt, und gingen sie nun vor, diesen Aufstandsherd zu liquidieren, fanden sie zu ihrem größten Erstaunen nicht einen einzigen kämpfenden Arbeiter mehr vor. Und ehe sie überhaupt begriffen, was geschehen war, sahen sie sich selbst eingeschlossen und von allen Seiten unter Feuer genommen. Die Arbeiter hatten auf den unterirdischen Wegen der städtischen Kanalisation ihre alten Stellungen verlassen und im Rücken der Polizei neue Kampfpositionen bezogen. So zog sich der Kampf mit wechselnden Fronten hin; verstummte er an der einen Seite, flammte er an einer anderen wieder auf.

Drei Tage und drei Nächte wurde in den Arbeiterstraßen gekämpft, und es gelang den vereinigten Kräften der Polizei, der Reichswehr und Marine nicht, den Aufstand zu unterdrücken. Die von Ernst Thälmann gefundene, den Erfordernissen und Umständen angepaßte bewegliche Kampftaktik brachte Unsicherheit und Verwirrung in die Reihen des Gegners und machte es ihm unmöglich, seine überlegenen Kräfte konzentrisch einzusetzen.«

Bredel half bei der Beschaffung von Waffen, wurde dabei verhaftet und für mehrere Monate ins Gefängnis gesteckt, wo ein Buch über Marat entstand. Nach der Entlassung wurde er von der KPD für die Pressearbeit in Bremen, Magdeburg und Essen eingesetzt; 1925 arbeitete er wieder als Maschinendreher in Hamburg, ein Jahr später fuhr er als Maschinenschmierer zur See. Wegen kommunistischer Beiträge für Parteizeitungen wurde er 1927 abgemustert, um schließlich als Dreher in der Maschinenfabrik »Nagel und Kaemp«, also auf dem heutigen »Kampnagel«-Gelände, zu arbeiten. 1930 wurde Willi Bredel wegen sogenannten literarischen Hoch- und Landesverrates zu zwei Jahren Festungshaft verurteilt. Drei Romane entstanden in der Zelle, darunter »Maschinenfabrik N. u. K.«, in dem es um den Kampf einer kleinen, kommunistischen Betriebszelle gegen Rationalisierungsmaßnahmen, kapitalistische »Ausbeutung« und – nicht zuletzt – ihre sozialdemokratische Unterstützung geht:

»Mitten durch die Halle liefen Schienen, auf denen halbfertige Kräne standen. Unter der Hallendecke hingen Laufkräne, die schwere Eisenteile transportierten. An den Seiten, vor den verschmutzten Fenstern, standen die Werkzeugtische, und in einer angebauten Vertiefung brannten mehrere Schmiedefeuer, wo die Schweißer arbeiteten. Hier war ein Höllenlärm, ein Getose und Gedröhne. Das durcheinandertönende tiefe und helle Eisenschlagen, der Gleichklang des Schmiedens, das Zischen und Fauchen der Schweißapparate, das Sausen und Schlurren der großen Schleifsteine, das gegenseitige Anbrüllen der Arbeiter, die sich nur so in diesem Lärm verständlich machen konnten, war die so oft angedichtete Sinfonie der Arbeit, in der die Arbeiter von morgens bis abends ihr ganzes Leben lang schufteten und lebten.

Der Laufkran fuhr einen riesigen Greifer über die Köpfe der Arbeitenden hinweg. Schmächtige, kaum der Schule entwachsende Jungen turnten zwischen den Eisenteilen umher und reichten den Gesellen Werkzeugteile zu. Dort stand ein hünenhafter Arbeiter und wischte sich von der verschmutzten, öligen Hand Blut. An den Werkzeugbänken wurde gehämmert und gefeilt. Überall lagen die blauen Zeichnungen. Es arbeiteten immer mehrere Arbeiter in einer Kolonne zusammen, die ihr bestimmtes Arbeitspensum schaffen mußte. Es waren zum größten Teil eingearbeitete Facharbeiter, die ohne viel Reden ihre Arbeit machten. Zum Umsehen war dabei allerdings auch keine Zeit.

In der Maschinenhalle standen die Dreh-, Hobel- und Bohrbänke. Eine lange Reihe Drehbänke stand an der Fensterfront. Inmitten der Halle waren riesige Karussell- und Plandrehbänke in den Boden gemauert. Am anderen Ende standen die Hobelbänke und Bohrmaschinen. Geteilt wurde die Halle durch eine Glasbude, von der aus die Meister den Arbeitsgang kontrollieren konnten.

In Reih und Glied hintereinander, so wie die Bänke standen, arbeiteten natürlich auch die Dreher. Die verschiedenartigsten Artikel wurden hergestellt. Von der kleinsten Schraube, dem einfachsten Bolzen bis zu den kompliziertesten Kugellagergehäusen und Trapezgewindespindeln lagen sie auf den Arbeitstischen bei den Drehbänken. Es wurden nur solche Artikel in Arbeit genommen, die sich zur Massenfabrikation eigneten und dann, nach Zahl und Arbeitsvorgang geordnet, gestapelt wurden.

An den Riesen- und Karussellbänken schleppten wieder

Laufkräne das oft zentnerschwere Arbeitsstück heran, das dann mit ganzer Kraft und genauer Berechnung an der Drehscheibe der Bank befestigt wurde.

Die kleinen Bänke liefen in rasendem Tempo. Erstaunlich, mit welcher Schnelligkeit der für das Material zurechtgeschliffene Stahl das Eisen herunterschälte. Ein pfeifendes Sausen begleitete den Vorgang.

Die großen Bänke liefen langsam und stöhnten, dröhnten und ächzten. Der Stahl quälte sich gewaltsam in den spröden Guß, daß die ganze Drehbank zitterte.

Etwas abseits standen die Bohr- und Hobelmaschinen. Bei dauernder starker Kühlung mit sogenanntem Seifenwasser (Ölwasser) fraß sich unter Quietschen und Kreischen der Bohrer ins Material. Die kleinsten und größten Bohrungen wurden in einmaligem Vorgang fertiggestellt. Neben dieser Abteilung war die Werkzeugmacherei, in der das Werkzeug instand gehalten und ausgeliehen wurde. (…)

Es war (…) interessant, zu beobachten, wie sich besonders hier in der Montagehalle die Generationen schieden. Der alte Kriegs- und Vorkriegsstamm der Arbeiter, die teilweise ihr fünfundzwanzigjähriges Jubiläum bei der Firma schon gefeiert hatten oder dicht davor standen, waren durchweg verspießert und verbürgert. Entweder waren sie politisch fatalistisch eingestellt und hatten ihren Schrebergarten oder Gesangverein, oder sie waren mehr oder weniger fanatische Parteigänger des sozialdemokratischen Wahlvereins, wie sich ja heute immer noch die einzelnen Ortsgruppen der SPD nennen. Sie liefen sich für einige Pfennige Kaiserprozente nach Feierabend die Füße wund und verteilten treppauf, treppab Flugblätter, in denen Zörgiebel und Severing als die größten Sozialisten unserer Zeit verherrlicht wurden. Dabei schimpften sie über die heutige Jugend, die politisch unaufgeklärt sei und sich vor der nötigen Kleinarbeit drückte.

Es gab tatsächlich nur wenige Jungarbeiter, die aktive Parteigänger der SPD waren. Die Fünfundzwanzig- und Dreißigjährigen im Betriebe waren entweder Fanatiker des Fußballs, des Boxringes oder des Tanzbodens, und was politisch aufgeklärt und interessiert war, schloß sich durchweg der kommunistischen Opposition im Betrieb an. Die SPD-Führung beurteilten sie instinktiv durchaus richtig als reaktionär. Natürlich waren nicht nur die Jungarbeiter revolutionär. Es gab gute Revolutionäre aus der Bebel-Generation, die sich noch heute unermüdlich und selbstlos für die Forderungen der Arbeiterklasse einsetzten, wie sie es als aktive Funktionäre innerhalb der Sozialdemokratie während ihrer heroischen und revolutionären Vergangenheit getan hatten. Aber der Nachwuchs, die Jungen, waren doch die stärksten Gruppen in der Front der proletarischen Revolution. Das war nirgends so auffällig wie in der Montage. Meister und Kolonnenführer durchweg Sozialdemokraten, viele Arbeiter passiv, aber ein großer Teil der Jüngeren gehörte der Opposition an.«

Nachdem Hamburg nicht rot, sondern braun geworden war, setzte sich Bredel noch für eine Einheitsfront von SPD und KPD ein, wurde jedoch am 1. März 1933 erneut festgenommen und im Zuchthaus Fuhlsbüttel inhaftiert.

»Dreizehn Monate wurde ich dort festgehalten, wurde wiederholt, weil ich Schriftsteller und kommunistischer Redakteur war, ausgepeitscht, in Dunkelheit geworfen und elf Monate in Einzelhaft gesteckt. Monatelang durfte ich keinen Schritt aus meiner Zelle machen, bekam keine Zeitung, kein Buch, keine Arbeit, konnte nur tagsüber vom Fenster zur Tür und von der Tür zum Fenster auf- und abgehen. Nur nachts sorgten die SS-Wachtmeister für Abwechslung und drangen mit drei und vier Mann, – mit Ochsenziemer und Stuhlbeinen, Peitschen und Totschlägern bewaffnet, in die Zellen der Einzelhäftlinge, sehr oft auch in meine, und prügelten hemmungslos auf den wehrlosen, von zermürbender Haft und der Gefängniskost sowieso schon entkräfteten Gefangenen. Meine nächsten Freunde, jahrelang mutige Mitkämpfer für eine freie, menschenwürdige, sozialistische Gesellschaftsordnung, starben um mich; einige wurden totgeprügelt, zwei in ihren Zellen ›auf der Flucht‹ erschossen, viele haben sich, um den unerträglichen Mißhandlungen zu entrinnen, erhängt oder die Pulsadern geöffnet.«

Manche Szenen in seinem wenig später entstandenen, bereits in der Haft konzipierten Roman »Die Prüfung«, einem der wenigen authentischen Bücher über das Innere der Nazi-Gefängnisse, sind erschreckend – aber Bredel wußte aus leidvoller Erfahrung, wovon er sprach:

» ›Reinkommen!‹

Am ganzen Leibe zitternd, tritt Miesicke über die Türschwelle. Er sieht sechs SS-Uniformierte um einen Tisch stehen. Sein Begleiter steht hinter ihm an der Tür, den Revolver immer noch in der Hand.

›Herkommen! Los!‹

Miesicke reißt alle Kraft zusammen und geht auf ein klobiges, quadratisches Gesicht zu. Ein ängstlicher, flüchtiger Blick durchs Zimmer. Nichts steht drinnen außer dem Tisch. Der Fußboden ist schmutzig; Papierstücke und Zigarettenstummel liegen herum. ›Du heißt?‹

›Gottfried Miesicke!‹

›Lauter, du Schwein! Und dann heißt's:
Herr Wachtmeister!‹

›Gottfried Miesicke, Herr Wachtmeister!‹

›Bist Jude, was?‹

›Ja, Herr Wachtmeister!‹

›Das heißt: Jawohl!‹

›Jawohl, Herr Wachtmeister!‹

›Kommunist?‹

›Nein, Herr Wachtmeister!‹

›Du Lump lügst!‹

›Ich bin kein Kommunist, Herr Wacht …‹

Ehe Miesicke weiß, wie ihm geschieht und wer von den sechsen es ist, hat einer seine Hände um Miesickes Kehle gelegt, ein zweiter seinen rechten Arm gepackt, gedreht und zur Seite gerissen. Mit einem schmerzhaften Ruck, bei dem Miesicke wie ein Tier aufheult, wird er über den Tisch gezerrt. Fast gleichzeitig wird auf ihn geschlagen. Aufs Gesäß, auf den Rücken, auf die Beine. Einige Hiebe klatschen auf seinen Körper, andere kommen dumpf und hart; ihm ist, als träfen sie direkt die Knochen.

Er hat zunächst nur den Gedanken: Wo kommen nur die vielen Menschen her, die ihn verprügeln, und woher haben sie plötzlich die Prügelinstrumente? Dann trifft ihn ein dumpfer Schlag quer übers Kreuz. Er schreit, heult auf, brüllt, brüllt, brüllt. Und immer toller hageln die Schläge auf ihn herab. Er spürt einen furchtbaren Schmerz in der linken Seite und stößt einen wahnsinnigen, gellenden Schrei aus.

Da hören die Schläge auf. Miesicke wagt nicht, sich zu rühren; er liegt, mit dem Gesicht nach unten, keuchend auf dem Tisch.

›Runter mit dir vom Tisch, du Sau!‹

Miesicke sucht mit den Händen einen Halt, um sich herunterzulassen. Das geht den SS-Leuten offensichtlich zu langsam; einer zieht ihn am Bein vom Tisch. Miesicke kann sich gerade noch an der Tischkante halten.

›Dreh dich rum! Bist du Kommunist?‹

Miesicke will reden, erklären, um Gnade bitten – er war doch zwei Jahre im Feld, hat eine Frau, hat sich nie um Politik gekümmert –, aber er bekommt keinen Ton heraus. Vor seinen Augen verschwimmt alles. Der Rücken brennt. In der linken Seite spürt er bei der geringsten Bewegung entsetzliche Stiche.

›Rede! Gib Antwort, du Sittenstrolch!‹

Miesicke schüttelt nur den Kopf.

Wieder wird er auf den Tisch gezerrt. Er brüllt, bevor er den ersten Schlag erhält. Er gräbt die Nägel ins Holz, drückt sein Gesicht auf die Tischplatte und brüllt unausgesetzt. Allmählich geht sein Brüllen in Stöhnen über. Schließlich wimmert er nur noch.

›Dich schlagen wir kaputt, wenn du nicht gestehst!‹

Dicht vor sich sieht Miesicke ein wutverzerrtes Gesicht. Er wischt sich mit dem Handrücken Speichelschaum vom Mund. Nur nicht mehr schlagen! Er ist zu allem bereit.

›Bist du Kommunist? Gib Antwort!‹

Miesicke nickt.

›Wolltest du den Kommunisten Geld geben?‹

Miesicke nickt.

›John Tetzlin sollte dem Kurier'n Schiff nach Kopenhagen besorgen! Ist doch so, was?‹

Miesicke nickt.

›Warum hast du Hund erst gelogen!‹

Miesicke taumelt von einem furchtbaren Schlag ins Gesicht zu Boden.

Ohne sich um den Bewußtlosen weiter zu kümmern, verläßt der Sturmführer mit seinen Leuten das Zimmer. Zwei geflochtene Peitschen und ein vierkantiges Tischbein haben sie hinter der Tür an die Wand gestellt. Der SA-Mann mit dem Revolver lehnt am Türpfosten und blickt den Korridor entlang den Davonschreitenden nach.

›Von diesen Mischpokes könnt ich täglich ein Dutzend verarschen!‹

›Alles was recht ist, da war der Rodebeck ein anderer Kerl. Den haben wir eine Stunde vorgenommen, Kurt, Alwin, Otto und ich, der hat kein Wort gesagt. Nicht mal geschrien hat er. Solche Natur, der Junge. Eiser!‹

›Dabei rann ihm das Blut aus den Mundwinkeln. Ein Fanatiker! Ein unglaublicher Fanatiker!‹ (...)«

Nach seiner Entlassung floh Bredel über Prag nach Moskau. »Die Prüfung« erschien im Malik-Verlag London. Als eines der ersten Bücher über die Grausamkeit Hitler-Deutschlands wurde es in zwanzig Sprachen übersetzt und erschien weltweit in hohen Auflagen (allein in der Sowjetunion wurden eine Million Exemplare gedruckt). In Moskau gab Bredel, gemeinsam mit Bert Brecht und Lion Feuchtwanger, die kommunistische Emigrantenzeitschrift »Das Wort« heraus. Da Brecht sich noch in Dänemark aufhielt und Feuchtwanger in Frankreich lebte, ist anzunehmen, daß der linientreue Bredel allein als verantwortlicher Herausgeber fungierte. 1937 gehörte Bredel neben anderen marxistischen Exil-Autoren zu den Internationalen Brigaden im Spanischen Bürgerkrieg, deren Mitwirkung am Kriegsgeschehen jedoch nicht mit Fronteinsätzen zu vergleichen war. 1939, nach einiger Zeit in Paris, lebte Bredel wieder in Moskau, arbeitete beim Rundfunk und nach Kriegsbeginn als Propagandabrigadist. Er war Augenzeuge der deutschen Kapitulation in Stalingrad und Gründungsmitglied des Nationalkommitees »Freies Deutschland«. Noch vor der Kapitulation kehrte Bredel im Schutz russischer Truppen nach Deutschland zurück und leistete in Mecklenburg »politische und kulturelle Aufbauarbeit«.

»An irgendwelche größere schriftstellerische Arbeiten kann zur Zeit nicht gedacht werden. Es ist für mich eine Selbstverständlichkeit, daß jede freie Minute heute den dringendsten Erfordernissen der Zeit gehört: Ideologisch-politische Ausrottung des Faschismus und Schaffung der geistigen Grundlagen für ein demokratisches Deutschland.«

Bredel wurde Landesvorsitzender des Kulturbundes in Schwerin (einer seiner Mitarbeiter war Ehm Welk) und Gründungsmitglied der SED. Damit gehörte er nun zu den kulturellen Aushängeschildern von Walter Ulbrichts »Arbeiter- und Bauernstaat«. Stefan Hermlin hat über Willy Bredel einmal gesagt: »Er war einer der ganz, ganz wenigen, von denen man sich alles sagen ließ, weil er die fischige Kälte verachtete, die manche für Prinzipienfestigkeit halten. Er hatte die Gescheitheit, die Sehnsucht nach Schönheit, die Noblesse, die kennzeichnend sind für die alten deutschen Arbeiterrevolutionäre.«

Bilder aus jener Zeit zeigen ihn in korrektem Anzug mit der obligaten silbernen Krawatte: ein würdevoller Dichter-Funktionär an der Seite seiner jungen Ehefrau. Bredel schrieb und veröffentlichte viel, war Chefredakteur, Mitglied des Zentralkommitees der SED, ab 1956 Vizepräsident der Ost-Berliner Akademie der Künste und ab 1962 ihr Präsident. Die literarischen Hervorbringungen waren nun kaum noch mehr als angepaßt. Die neue Identität fern der Arbeiterschaft hatte seine erzählerischen Mittel abgeschliffen. Die Beschäftigung mit der Hamburger Vergangenheit und Bredels mutiger Kampf gegen den Faschismus wurden weitgehend dem Jargon des Kalten Krieges untergeordnet. Dennoch wäre es falsch, in Bredel einen ›Hardliner‹ zu sehen – er war eben ein unerschütterlicher Kommunist. In seinem Roman »Die Väter« läßt er seinen Helden Johann Hardekopf einmal sagen: »Schuldig sind wir alle, Gustav ... alle.« Seine eigene Rolle im DDR-System hat der fest zur roten Fahne Stehende nie in Frage gestellt. Er reiste viel umher, nach Rußland, Schweden und China, besuchte anläßlich des Prozesses um die Schergen von Fuhlsbüttel noch einmal Hamburg. Dort hieß man ihn nicht gerade willkommen – seine Heimat war nun das Deutschland der DDR, und das war Feindesland.

Während einer Beratung in der Akademie der Künste erlag Willy Bredel am 27. Oktober 1964 in Berlin einem Herzinfarkt. An seinem Grab sagte Anna Seghers: »Er war einer von denen, die beides sein konnten, sehr ernst und sehr lustig ... Ganze Opern konnte er singen, wenn uns der Sinn danach stand. Als sehr junger Mensch, in Hamburg, hat er begonnen als schreibender Arbeiter, dann wurde er ein schwer arbeitender Schriftsteller, der zugleich für sein Werk und sein Leben geliebt und verehrt wird.«

»Die Hamburger besitzen einen recht seltsamen Erkennungsruf. In Hamburg selbst hört man ihn kaum – wozu auch? In der weiten Welt aber hat er seinen Sinn und seinen Wert. Wenn in Yokohama oder in Buenos-Aires, in Hongkong oder New-Orleans, in Wladiwostock oder Kopenhagen ein Hamburger ein Lokal betritt und gern wissen möchte, ob Menschen aus seiner Heimatstadt anwesend sind, braucht er nicht zu fragen: ›Gibt es hier Hamburger?‹ – sondern nur ›Hummel! Hummel!‹ zu rufen, und jeder Hamburger wird mit einem ›Mors! Mors!‹ antworten.

Ruf und Antwort haben ihren geschichtlichen Ursprung.

Um die Mitte des vorigen Jahrhunderts gab es in der Stadt den Beruf des Wasserträgers, denn gutes Trinkwasser mußte aus Brunnen geholt werden, die außerhalb der Stadtmauern lagen. Einer dieser Wasserträger, der entlassene Soldat Johann Wilhelm Bentz, war ein wenig schwermütig und absonderlich. Möglich, daß lange und schwerer Soldatenzeit seinen Sinn getrübt hatte. Es war ihm zur Gewohnheit geworden, die beiden Eimer mit Wasser, die er an einer Tracht trug, hin und her zu schwenken und dabei, war er guter Laune, wenn auch nicht melodisch, so doch laut, im Brummbaß zu singen. Das machte den Straßenjungen einen Mordsspaß, und sie nannten diesen Brummbär ›Hummel‹. Immer wenn sie seiner ansichtig wurden, rannten sie hinter ihm her und riefen unermüdlich ›Hummel! Hummel!‹ Den Wasserträger Bentz ärgerte dieser Spottruf maßlos, und wurde es ihm gar zu toll, dann antwortete er wütend: ›Mors! Mors!‹

Das heißt auf gut hamburgisch dasselbe, was Goethes Götz von Berlichingen in gepflegtem Deutsch dem Hauptmann des Kaisers antwortete.«

»DIE UNWIEDERBRINGLICHE ZEIT« JOACHIM MAASS (1901–1972)

»Im Laufe der letzten Jahrzehnte ist es mir ein paarmal widerfahren, daß ich mich angesichts der exorbitanten Dinge, die man sich in Deutschland leistete, gefragt habe: ob ich es eigentlich noch nötig hätte, mich als Deutschen zu betrachten? Nicht aber ist es vorgekommen, daß ich mich gefragt habe: ob ich noch Hamburger wäre? Denn das ist eine Spezialbeschaffenheit, mit der man unwiderruflich und auf Gedeih und Verderb antritt, und man kann sich ihrer genausowenig erwehren, wie wenn man mit einem Buckel oder schön wie Maureen O'Hara das Licht der Welt erblickt hätte. Es wäre auch wenig damit getan, wenn man sich auf die alten Gegensatzpaare berufen wollte: weiteres Vaterland und Heimat oder Politik und Gemüt. Hamburger ist man ganz und gar oder überhaupt nicht, und das Hamburgertum hat seine politischen wie seine gemüthaften Aspekte. Ganz gleich, was im Laufe der Zeiten aus Deutschland wurde, Hamburg hat seine eigene, hanseatische Geschichte, war eine zunächst zwar oligarchisch regierte, aber grundsätzlich doch demokratische Stadtrepublik, ein Staat im Staate, als welcher er sich bisweilen ein recht eigentümliches Gebaren erlaubt hat. Noch in meiner Jünglingszeit ist es geschehen, daß wir einmal Streit mit Preußen hatten und den ungezogenen Großnachbarn sehr sinnfällig straften, indem wir unsere Straßenbahnen, die das preußische Altona mitversorgten, einfach am Nobistor stehen und das arme Altona ostentativ beiseite liegen ließen, in größter Verlegenheit und ohne Verbindung und Verkehr, was zugleich eine nicht unerhebliche Schädigung für die Altonaer bedeutete ... Doch, auf dergleichen verstehen wir uns, auf Grund einer von langen Geschlechtern ererbten und jedem Hamburger eingeborenen Kalkulations-Trockenheit, die wir notfalls in Anwendung zu bringen uns durchaus nicht genieren.

Der reizende, helläugige Theodor Fontane, der sich über Storms Husumerei lustig zu machen pflegte, hat hier und da auch

über die Hamburgerei ein kräftiges Wörtlein gesagt, lobend über die appetitliche Frischgewaschenheit unserer jungen Frauenzimmer, spöttisch über unsere englische Vornehmtuerei (die ja tatsächlich sogar in unserem Volksdialekt, in unserem ›Missingsch‹, zum Ausdruck kommt) und nicht ohne eine zarte Empörtheit über unsere grenzenlose Einbildung. Ich glaube aber, wir Hamburger, wofern wir überhaupt Bücher lesen (wozu uns allerdings meistens die Zeiten zu ernst und unsere Geschäfte zu wichtig sind), haben ihn deswegen nur um so lieber; denn es gehört eben zu unserer Einbildung, daß wir, wenn man uns durchhechelt, herzlich und geschmeichelt in Gelächter miteinstimmen, weil es uns auch nicht im entferntesten in den Sinn kommt, daß man es anders als schmeichelhaft meinen könnte – und übrigens sind wir aristokratisch genug, uns unsere Laster genauso hoch anzurechnen wie unsere Tugenden. Als unverzagter Hamburger frage ich mich: Wie könnte man unser hamburgisches Geistes-, Seelen- und Sittenerbe mit ein paar Worten umreißen und es, uns zum Preise und einer ehrfürchtig lauschenden Welt zur Belehrung, auf einen Nenner bringen?«

Wer diese Worte aus dem Jahre 1961 unvorbereitet vernimmt, könnte meinen, daß sich der Autor in seiner Vaterstadt wirklich ganz zu Hause fühlen, daß er in seligem Einklang mit ihr leben durfte. Und in der Tat zieht sich das Leitmotiv einer unverbrüchlichen Liebe zu Hamburg durch das umfangreiche Werk des Schriftstellers Joachim Maass. Doch die vielfache Beschwörung und Verklärung einer Hamburger Idylle bezeugen nur die eine Hälfte einer sehr viel komplizierteren Liebesgeschichte. Nur in der ersten Hälfte seines Lebens war diese Liebe eine glückliche – die Enttäuschung, die später folgte, war um so bitterer. Als Joachim Maass, den Hermann Hesse 1935 als den »begabtesten und erfreulichsten unter den jüngeren deutschen Romanciers« bezeichnet hatte, diese Worte schrieb, hatte er Hamburg längst den Rücken gekehrt und seine Heimat mit den Vereinigten Staaten von Amerika vertauscht.

»Es ist aber … gerade die … gefährlich-schwärmerische Jugendzeit, die mir am innigsten zu Herzen spricht. Ich verbrachte sie in meiner Hamburg-altonaischen Heimat, die ich mehr liebte, als ich sagen kann, mit Freunden, die mir jetzt, nach 25 Jahren, so nahe sind wie damals, mit Weggefährten, wie ich sie mir besser, treuer und geistreicher nicht hätte wünschen können, mit meinen Brüdern besonders, Edgar und Waldemar Maas, mit Martin Beheim-Schwarzbach und dem unvergessenen Freund Friedo Lampe – und mit vielen jungen Frauen und Mädchen, denen ich schöne, traurige und verliebte Lieder ersann. Köstliche Zeit, reich an leisen Gnaden!«

Selbstgespräch

Will die Nacht denn garnicht enden?
Schlaf, der gute Geisterwind,
nicht die Bilder von mir wenden,
die so unwillkommen sind?

Draußen glänzt der Schnee im Land
über Baum und Fluß und Berg;
drinnen ruht enttäuscht die Hand
über dem getanen Werk.

Ich bin bei mir selbst zu Gast,
seh mich an und frage:
Ist das alles, was du hast,
für den Bettler nach dem Tage?

Künstler, auch von deinem Tisch
fielen nur die Krumen –
nur ein Dunst statt Brot und Fisch,
nur ein Duft statt Blumen.

Wilhelm Heinz Joachim Maass wurde am 1. September 1901 als Sohn eines wohlhabenden Exportkaufmanns in Hamburg geboren. Von 1911 bis 1917 besuchte er das Johanneum. Die Kindheit erschien Maass stets als ein verlorenes Paradies:

»Je weiter ich mich von ihr entferne, desto schöner will sie mir scheinen. Was ich damals sah, ist heute noch das Requisit meiner Phantasie; und so viele Städte ich seither kennenlernte, das Hamburg der Kindheit bleibt im magischen Schein die herrlichste von allen.«

In einem seiner vielen Romane, die diese Kindheit in Hamburg nur wenig verschlüsselt beschreiben, »Die unwiederbringliche Zeit«, hat Joachim Maass von der Atmosphäre Hamburger Schulbänke des Jahrhundertbeginns erzählt:

»(...) Es war wieder Sommer. Die überhelle Sonnigkeit waberte heiß im Klassenzimmer, Borbe stand aufgerufen ohne Antwort, den Blick auf der Pultplatte, neben ihm wartete Fräulein Schlatermund, und je länger es dauerte, desto glühender und auch verstockter wurde Borbe, er konnte nicht einmal mehr versuchen, eine Antwort zu finden. Endlich sagte Frau Schlatermund: »Wieder nichts.« Aber es klang verträumt, sie drückte ihn ohne Heftigkeit auf seinen Platz zurück, ja, sie ließ ihre Hand noch einen Augenblick auf seiner Schulter liegen, indes sie schon ein anderes Kind aufrief, das erst kürzlich in die Klasse gekommen war; es hieß Herbert Jerumin, und Borbe betrachtete oft seinen langen intelligenten Kopf mit dem kurz geschorenen Haar. Aber heute sah er nicht auf; er schaute auf seine gefalteten Hände. Allmählich fühlte er, wie die glosende Echolosigkeit sich immer dichter in der Hitze der Klasse verwob und wie die Stunde sich immer langsamer und entseelter ihrem Ende entgegenzögerte, es war, als wäre die Zeit eingenickt. Wie aus einer anderen Welt, die noch im Fluß war, hörte er draußen die Automobile hupen und die Bahnen klingeln, hier herrschte ein Dornröschenschlaf, und selbst das Zischeln von Fräulein Schlatermund hatte etwas Trockentöniges und Unzutreffendes, es ging ihn nicht an, er hörte es nur.

Er erschrak fast, als das langdauernde Läuten anhub, die Stille wartete noch einen Augenblick, dann flog draußen eine Tür auf, Schritte liefen, ein Kind rief etwas, und nun setzte das helle Johlen ein, wuchs schnell bis unters Dach des Treppenhauses und hielt sich in gleicher Stärke. Die Schule war aus. Schon hörte man die ersten Kinder ins Freie jubeln; Fräulein Schlatermund schrieb auf ihrem Katheder, die Kinder packten still, höchstens flüsternd in den Bänken, die Tür auf den Flur ging auf, und die Klasse fing an, sich zu leeren. Im Treppenhaus verminderte sich das Gejohl, dafür sammelte und verstärkte es sich draußen vor dem Schulhaus. Borbe schob sich mit seiner Mappe aus der Bank. ›Borbe!‹ rief Fräulein Schlatermund. Sie hatte das Gesicht schon wieder aufs Klassenbuch gedrückt, Borbe stand unten neben dem glattgerundeten hohen Katheder. Er fühlte sich verschüttet. Er sah Fräulein Schlatermunds massiges Knie neben dem Katheder vorgebogen und darunter das Bein im krausgerutschten dicken Wollstrumpf, der Fuß drückte schräg geknickt ins Holz des Podiums. Dieses unförmige Fräulein Schlatermund lastete auf seinem Leben, er haßte sie. Im Treppenhaus war es still geworden. ›Schließ die Tür!‹ befahl Fräulein Schlatermund.

Borbe tat, wie ihm geheißen, jetzt stand er wieder neben dem Katheder. Er fühlte, daß sie auf ihn herabschaute; hinter ihm schien die Klasse sich unsäglich leer zu dehnen.

›So geht es nicht weiter‹, sagte sie schließlich, aber so, als redete sie von etwas anderem, ›du lernst nichts, nie eine richtige Antwort.‹ Borbe schwieg; er starrte auf ihr großes Knie, es ekelte ihn. ›Du mußt doch mitkommen‹, sagte sie, ›verstehst du nicht, was ich sage? Frag mich doch, wenn du nicht mitkommen kannst.‹ In seinen Widerwillen mischte sich ein Gefühl von Schuld und verstärkte seinen Trieb, von hier loszukommen. ›Hörst du, was ich sage?‹ fragte sie. ›Sag doch was!‹ Er blickte ganz kurz, ohne den Kopf zu heben, über seine Brille zu ihr auf, ihr fleischiges Gesicht hing mit einem tief verunglückten Ausdruck dort über ihm, die schwachsichtigen Augen waren wässerig und der fischmaulige Mund weich und verquert. ›Warum spielst du nie mit den anderen?‹ fragte sie weiter. ›Warum bist du immer allein? Das ist doch nichts, daß du immer so herumstehst auf dem Hof; die Pausen sind zum Spielen da.‹ Sie wartete vergeblich auf eine Antwort. ›Hast du denn keinen Freund?‹ fragte sie. ›Es ist doch so schön, einen zu haben, mit dem man spielt, und, und …‹ Sie verwirrte sich, indem sie weitersprach, und sagte: ›… und mit dem man alles bereden kann.‹

Borbe empfand für den Bruchteil einer Sekunde, daß jetzt eine Antwort dringend not wäre, aber der Trieb wegzukommen zerrte übermächtig in ihm, er fühlte gleich nichts anderes mehr.

›Du mußt dich anschließen‹, sagte Frau Schlatermund, und ihre Augen ruhten rund und beinahe ängstlich auf ihm. ›Antworte mir doch‹, sagte sie leise, sie streckte die Hand nach ihm aus und faßte sein Kinn, die Hand war ohne Festigkeit und von einer heißen Feuchte, Borbes Kopf ruckte heftig vor der Berührung zurück, er starrte ihr mitten ins Gesicht. ›Pfui!‹ schrie sie, ihr Gesicht war verzerrt. ›Verstockt, faul, nichts lernen, nie eine richtige Antwort!‹

Sie starrten einander voll lodernden Hasses an. ›Sitzenbleiben wirst du!‹ schrie sie. Dafür sorge ich! Weg mit dir! Was stehst du da!‹ Borbe bebte vor Entsetzen und Haß, ihr niederstirniges Gesicht war geduckt, er zog den Blick mit Anstrengung von ihr los, es fiel ihm plötzlich schwer, sich in Bewegung zu setzen.

(...) Aber auch bei Fräulein Bieber blieb er ausgeschlossen. Sie lehrte in ungestörter Heiterkeit Schönschreiben und Heimatkunde, stand vor dem großen Plan von Hamburg, in dem man das Alsterbecken blau, die Straßen als zarte lange und kurze Balken, die Wiesen aber in einem leuchtenden und, wo sie morastig wurden, mit einem gestrichelt nassen Grün eingezeichnet waren (sic!), und suchte mit schrägem Kopf; auf einmal tippte sie erlöst das Gefundene mit dem Finger an, sie wandte sich in die Klasse zurück und fuhr fröhlich im Unterricht fort; Borbe saß, den Brillenblick auf seinen gefalteten Händen, er hörte ihr Reden, Fragen und Lachen vögelchenhaft die Klasse durchschwirren, es wurmte ihn fortwährend, und er konnte es nicht begreifen, daß sie sich so treulos gegen ihn verschworen hatte. Er versuchte sich des stickigen Empfindens zu entschlagen, wenn er, beide Daumen unter die Schulterriemen des Ranzen gedrückt, nach Schulschluß über die Lombardsbrücke trabte, allein, da Peter nun im Alten Land auf Ferien war. Der Dampfer strebte unablässig und abgefunden über die weite Fläche hin, in der Maschine hörte man manchmal Kohlenschaufeln, aber sonst war nichts als das weiche seidige Wegflitzen des Wassers zu hören, aus dem zuweilen, unterm Rand des Schiffes, rauchblubbernde Blasen hervorkamen. Zu

Hause setzte er sich an seinen Tisch, er holte Bücher und Hefte aus seiner Mappe, aber dann fühlte er seine Dumpfheit plötzlich schwammig und sich selbst wie knochenlos werden; in einem Trieb, sich widerstandslos hinzugeben, legte er die Arme auf die Tischplatte und die Wange darauf, er schaute blicklos in den heißen abgeschlossenen Dämmer, der wie immer in seinem Zimmer war. Er verhielt sich lange mit offenen Augen ruhig, in seine Traurigkeit mischte sich die zarte, fast schmeichlerische Wollust, daß es keinen Ausweg daraus gab.

(...) Am nächsten Abend ging Borbe den Schwanenwik entlang. Er hatte sich erboten, für Minna ein Pfund Kaffee von Fräulein Stube zu holen. Es war ein stiller Sommerabend; die vollen Bäume standen als brütende Massen am Ufer, und dahinter sah man das kleine tuckernde Rundfahrtschiff ›Amsel‹ oder ›Zaunkönig‹ auf die Haltestelle Walhalla zuziehen. Fox lief hechelnd vor Borbe hin und her, machte schnüffelnd und mit resigniertem Gesicht das Bein hebend an diesem und jenem Baumstamm halt und lief weiter. Borbe wandte das Gesicht zur Häuserseite; nach ein paar breiten Stufen abwärts lag Bodes Krämerei, und hinter der Tür stand Frau Bode, doch heute war sie nicht wie sonst in einer blauen Kleiderschürze, sondern in einem Schlafrock von verblichenem rosa Flausch, eine Strähne graublonden Haares hing ihr ums verkümmerte kleine Gesicht, ihr Mund stand etwas auf, und obgleich er ihre Augen, die nur an der Nasenwurzel befestigt, nach den Schläfen hin aber eingesunken schienen wie zwei Pflaumen an einem Stengel, deutlich hinter den Pincenezgläsern auf sich gerichtet zu sehen glaubte, erwiderte sie doch seinen Gruß weder mit einem Nicken noch mit einem Lächeln, sie guckte einfach auf die erhöhte Straße und offenbar durch ihn hindurch.

Als hätte der ungewohnte Anblick auch Fox nachdenklich gemacht, so tippelte er jetzt mit hängenden Ohren verloren neben Borbe hin. Sie kamen unter das abendliche Laubdach des Uhlenhorster Weges, darin die Vögel nur noch matt schilpten und sangen. Vor Fräulein Stubes Laden in der Papenhuder Straße ließ Borbe Fox sich setzen, dann trat er ein. Es war niemand in dem Laden, in dem es würzig nach frischer Schokolade und geröstetem Kaffee duftete. Borbe stand vor dem Ladentisch, er betrachtete die verlockenden Auslagen, feine Kognakkirschen, Fruchtpasteten und schokoladebezogene Ingwersplitter, die in Glasschüsseln lagen, mit einer silbernen Zange darin, und mehr noch vorne auf offenen Schalen die Fünf- und Zehnpfennigstangen mit Nougat-, Marzipan- und Cremefüllung und die großen Negerküsse mit Waffelboden und zähem weißen Schaum in der glatten schwarzen Halbkugel. Am Ende des schmalen, nicht langen Ladens führte ein Treppchen mit einer gardinenverhängten Tür in Fräulein Stubes Wohnung, Borbe sah hin, nichts rührte sich, und Borbe stampfte, um sich bemerkbar zu machen, mit dem Fuß und räusperte sich. Auch darauf erfolgte nichts. Draußen ratterte klingelnd eine Bahn vorbei, doch im übrigen sah man durch die Scheibe der Eingangstür die Leute lautlos vorübergehen. Die Negerküsse lagen Borbe am nächsten, sie fesselten ihn auch am meisten, er berührte einen mit seiner Hand, aber in diesem Augenblick öffnete sich oben die Tür, Borbe verschlug der Atem, seine Hand fuhr zurück, er fühlte den Negerkuß darin, Fräulein Stube mit einem Gepust hellen glanzlosen Haares um das weißsamtige, scharfzügige Gesicht kam das Treppchen herunter, stand hinter dem Ladentisch und fragte nach seinen Wünschen. Borbe stieß hervor, daß er Kaffee wünsche, ein Pfund von dem gewöhnlichen, er meinte, daß allein sein atemloses Sprechen ihn verraten müßte, doch Fräulein Stube machte sich, wie immer die Unterlippe unentwegt vor- und zurückschiebend, mit Umstand daran, den Kaffee aufs Gramm auszuwiegen und ihn perlig in den hohen roten Trichter der Mühle zu schütten. Borbe ließ den Negerkuß unter dem Gummizug seiner Waschbluse verschwinden. Das nickelblanke Schwungrad der Kaffeemühle lief surrend und mahlte knistern. Das mahlende Geräusch wurde dünner und vereinzelter und verschwand, Fräulein Stube, die lippenschiebend zusah, stellte die Maschine ab, und das Rad lief lautlos aus.«

Die »Unwiederbringliche Zeit« erschien 1935 unter dem Titel »Borbe schaut in die Welt« im »Hamburger Fremdenblatt« als Fortsetzungsserie und im gleichen Jahr, erheblich verändert und erweitert, als Buch bei S. Fischer in Berlin. In den Jahren, da die politischen Ver-

hältnisse in Deutschland unter der NS-Herrschaft immer düsterer und gefährlicher wurden, erinnerte sich Maass noch einmal voller Melancholie und Trauer, aber auch voller impressionistisch ausgemalter Details an die Jahre seines Aufwachsens:

»Die Ferien waren da, und die Brüder zogen aus, in der Gegend des Eppendorfer Moores fleischfressende Pflanzen zu suchen. Jakob hatte den Rucksack auf dem Rücken, Borbe trug an langen Riemen die grüne Botanisierbüchse, in die vorläufig die feineren Genußmittel, Obst, Schokolade, Keks und Bonbons, verstaut waren. Die Mutter, die hinter dem Fenster des Salons saß und versunken hinausgeschaut hatte, nickte mit einem Lächeln zu ihnen hinunter, und beide nickten zurück. In der Adolphstraße wurde ihnen das idiotische Kind im Rollstuhl entgegengeschoben; es hielt sein gedunsenes rotes Gesicht gesenkt und lallte benommen vor sich hin; plötzlich bellte es gellend auf, wobei es den Kopf mit gerissenem Mund seitlich in die Höhe warf, aber die dicke Schwester im gestreiften Kleid schob ruhig hinter dem Rollstuhl weiter und sah vor sich ins goldgrüne Laublicht, und Jakob und Borbe marschierten an ihnen vorüber. Auf der besonnten Höhe der Langenzugbrücke hingen die Goldregen ausgetropft vor dem opalfarbenen Himmel und schwankten im warmen Wind, der dann und wann im schwer durchwühlten Grün der Bäume aufrauschte. Zu Füßen der Brücke, ausgerichtet am langen Steg, schwappten Kanus und Ruderboote im klickernden, blitzenden Wasser, und ein kleines rundes Segeldingi mit leerem Mast nickte versonnen vor sich hin.

Sie gingen die Sierichstraße hinauf und gelangten zur Winterhuder Brücke; federnd schritten sie über die weichfaserigen Holzbohlen und bogen nach Eppendorf hinein, vorbei an der alten Johanniskirche, an deren Turm das Gold der Zeiger und des Zifferblattes auf schwarzduffem Grunde in der dörflichen Sonnenstille strahlte. Strohgedeckt lagen unterm leisen Rauschen mächtiger Eichen die niedrigen Backsteinhäuschen. Bald fingen sie sich zu lichten an, die Bäume standen von blauendem Himmelshell durchschossen mit bewegten Ästen am Straßenrand. Der Wind, der allmählich stärker wurde, schwang aus dem gedehnten flachen Land warme Ströme süßer und krautiger Wiesendüfte herüber, er harkte weich übers Riedgras zur Linken und ließ es in sanft gedehnten Quirlen wispernd kreiseln und sich wieder schließen. In den Pappeln der Ochsenzoll-Chaussee aber, unter denen Licht und Schatten in ständigem Widerspiel einander durchwirkten, brauste es unermüdlich, und darüber flogen, vom Wind geblasen, aus der Tiefe des Horizontes sonnige Wolken in endlosem Zuge hin. Jakob und Borbe marschierten unter den brausenden Pappeln entlang; sie wurden immer kleiner und zogen, endlich ganz verschwindend, mitten hinein in den großen windigen Sommertag.«

In einem anderen Abschnitt lebt die Erinnerung an das familiäre Paradies während eines Hamburger Weihnachtsfestes um die Jahrhundertwende noch einmal auf:

»Wie immer am Nachmittag des Heiligen Abend legten die Brüder sich, Groggi allein, Borbe und Jakob in Borbes Bett. Zuerst flüsterten und wisperten sie noch, doch dann überließen sie sich jeder seiner Erwartung, ihre Köpfe lagen still nebeneinander auf dem Kissen, und sie schauten vor sich hin in die Ofenglut. Im Zimmer war es dunkel, zu der Müdigkeit der schweren Sättigung kam das einschläfernde, leise knisternde Treiben und Flacken des Feuers hinter der Roste, über Holzfußboden, Möbel und Zimmerdecke spielte der matte rötliche Flammenschein, und darin lag der Terrier Fox und schlief, den Kopf schräg über den Vorderbeinen. Draußen hörten sie noch die Eltern flüstern und in den Keller hinabsteigen, und darüber fielen ihnen die Augen zu.

Als Minna sie weckte, trieb sie mächtig das Bewußtsein an, daß es jetzt nicht mehr lange dauern und dann soweit sein würde. Sie zogen sich voll fiebernden Eifers an, Borbe durch allerhand kleine Hantierungen von Jakob unterstützt, sie stiegen emsig in den Keller hinab, Groggi gesellte sich zu ihnen, und nun warteten sie alle in der großen Kachelküche, auch Minna stand im schwarzen Kleid und Spitzenschürzchen dabei, nur die Köchin rumorte noch in ihrer Stube. Doch als es dann endlich in all ihre Spannung und Erregung dreimal lang und scharf hineinklingelte und nach einer Sekunde schweigenden Aufhorchens die drei Brüder zur Treppe eilten, Groggi voran, dann Jakob und an seiner Hand Borbe, da flog auch ihre Tür auf, und sie folgte mit Minna dem stürmischen Zug.

Sie hasteten bis zum oberen Flur, hier sahen sie die Frühstückszimmertür offen und den flackernden Kerzenglanz darin stehen, es war, als hemmte sie die plötzliche Verwirklichung ihrer langen Sehnsucht; die Gesichter goldig angestrahlt, gingen sie langsam auf den bewegten Glanz zu und starrten in die vielen brennenden Kerzen, die sich in ihren Augen spiegelten, hinter ihnen standen die beiden Mädchen.

Aber im nächsten Augenblick waren sie alle an ihren Geschenken, die Eltern schauten zu, gingen von einem zum anderen, sprachen und erklärten, die Mutter stand bei den Mädchen, die Hand- und Küchentücher, Bettlaken und Kissenbezüge befühlten, die Wäsche lag in großen blanken Stapeln auf dem Tisch und dazwischen Strümpfe, Seifenkästen und eine mächtige Schüssel voll Apfelsinen, Äpfeln, Nüssen, Datteln, Feigen, Marzipan und buntgezuckerten Schokoladenkringeln. Groggi drehte an der Filmvorrichtung einer schwarzlackierten Laterna magica und guckte durch die bunten Glasbilder ins Licht des Baumes, Jakob schüttete den großen Ankersteinbaukasten aus, daß Rundbogen, blaue Giebelsteine, rote Säulen, Fensterscheiben aus Marienglas und metallgehämmerte Bodenplatten für Brückengänge und Laufstege lärmend durcheinanderrutschten; Borbe aber verharrte fassungslos vor einer Ritterrüstung, die neben dem Baum aufgestellt war; die Kerzenlichter spiegelten sich golden in dem silberblanken Metall des gewölbten Harnischs und der Helmkugel, die mit einem Hahnenkamm rotwollenen Federschmucks geziert war, golden waren die Scharniere des heruntergeklappten Visiers und die drei Rundknöpfe am Kreuz des Schwertgriffs, Arm- und Beinschienen hatten an Ellenbogen und Knien spitze Gelenke, die Beine standen gespreizt, und die Arme mit ihren leeren Handöffnungen waren über dem Schwertknauf vorm Bauche gekreuzt.

Die Schüsseln voll Obst, Lebkuchen und Weihnachtssüßigkeiten, die an jedem Platz standen, beachteten sie kaum, ebensowenig, daß auch für den Vater und die Mutter ein Tisch bereitet war, alles redete und lachte durcheinander, Jakob rief hell und laut nach der Mutter und zog sie an der Hand herbei, sie schlug in großer Verwunderung die Hände zusammen, der Vater rief: ›Na, Kinder, dann können wir die Sachen ja nun wieder wegpacken!‹

Aber sie hörten es nicht einmal. Zwischen allem tippelte der Terrier Fox hin und her und bekam hier und da ein Stück Gebäck, das er vorsichtig mit schrägem Kopf aufkaute. Borbe wurde die Rüstung angetan, die Eltern waren ihm mit Andrücken und Schnallen behilflich, gestiefelt und gespornt ging er unter ihren Händen hervor und bewegte sich mit einem starren, ungläubigen Lächeln zwischen den dastehenden Erwachsenen und den Brüdern umher, die auf dem Fußboden hockten, Schwertscheide und herzförmige Schutzplatten, die von dem Brustharnisch hinabhingen, klapperten gegen die Beinschienen, das Visier mit den unheimlichen Augenschlitzen war hochgestellt über der rundglasigen Brille, der Vater lachte und sagte: ›Unser Ritter von der traurigen Gestalt!‹ Auch die Mutter lachte und sah ihm mit einem Kopfschütteln nach.«

Nach Abschluß der Untersekunda 1917 rief erst einmal das Militär, aber Maass wurde dann doch nicht mehr zum Kriegseinsatz eingezogen. Nach dem Krieg machte er Abitur, wollte ursprünglich Rechts- und Staatswissenschaft studieren, trat aber auf Wunsch des Vaters eine kaufmännische Lehre an. Danach allerdings widmete er sich nur noch seinen literarischen Interessen, schrieb Lyrik, dramatische Skizzen und Romane. Mit Essays und Rezensionen im »Hamburger Fremdenblatt« und in der »Vossischen Zeitung« finanzierte er seinen Lebensunterhalt. Die Romane »Bohème ohne Mimi«, »Der Widersacher« und »Die unwiederbringliche Zeit« erschienen. Der Bruder Edgar, ein Chemiker, der sich später ebenfalls schriftstellerisch betätigte (sein Liebesroman um Pauline Bonaparte erschien 1957 bei Rowohlt und wurde ein großer Erfolg), war bereits 1926 in die USA ausgewandert. 1936 brach auch Joachim Maas zu einer ersten Amerika-Reise auf, nicht zuletzt, um für enge jüdische Freunde die Möglichkeiten von deren Auswanderung zu sondieren. Doch obgleich er selbst nicht oder nur wenig politische Verfolgung zu befürchten

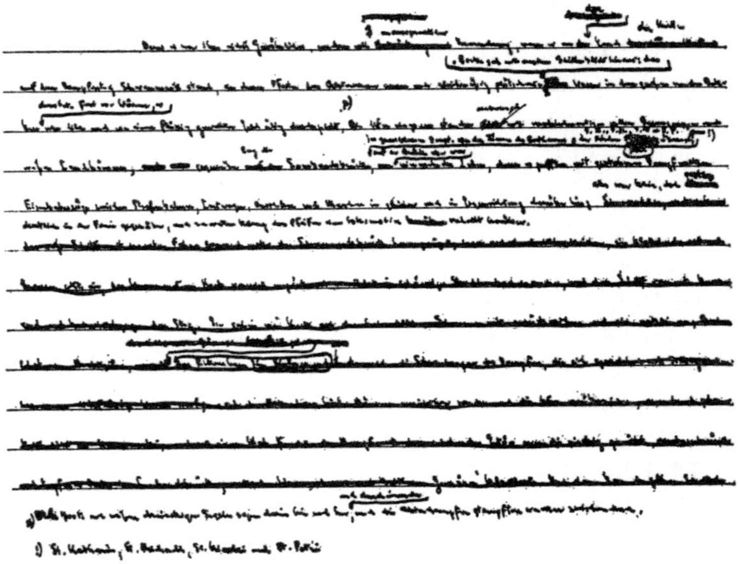

Die Handschrift Joachim Maass'

hatte – weder war er Jude noch Kommunist, noch war er überhaupt politisch hervorgetreten – reiften nun auch in ihm Pläne zur Auswanderung. Zwar kam er noch einmal nach Hamburg zurück, doch 1939 verließ er Deutschland endgültig.

Gottfried Bermann-Fischer berichtete in seiner Autobiographie »Bedroht, Bewahrt« über den Autor und Freund: »Er verließ Deutschland aus freien Stücken, da seinem humanen, freien, unabhängigen Geist die Atmosphäre des ›Dritten Reiches‹ unerträglich wurde. Mit den Einnahmen aus einer für den Vorabdruck in der ›Berliner Illustrierten‹ für diesen Zweck zurecht gemachten Version seines Romans ›Ein Testament‹ ermöglichte er noch vorher seinen nächsten Freunden, einem jüdischen Hamburger Arzt und seiner Frau, die in unmittelbarer Lebensgefahr schwebten, die Auswanderung nach den Vereinigten Staaten. Er selbst folgte bald. (...) Die gemeinsam verbrachten Jahre der Emigration haben uns eng aneinander gekettet.«

Für Joachim Maass war die Entscheidung für das Exil unumgänglich:

»Ich vollzog meine Emigration, achtunddreißig Jahre alt, aus freien Stücken. Allerdings hatte ich zwingende Motive. Erstens wünschte ich, das Los meiner jüdischen Freunde zu teilen, das war eine Sache des menschlichen Anstands. Zweitens wünschte ich, mich der spukhaften Verkommenheit und Verlogenheit zu entziehen, die das Leben und leider auch das Wesen der deutschen immer giftiger durchschwärzten; das war eine Sache demonstrativer Abkehr und Trennung, und, zugegeben, auch eine Sache des seelischen Selbstschutzes. Ich verstand mich nicht mehr mit meinem eigenen Volk – man schwieg, man schwieg zu allem.«

Das freiwillig gewählte Exil ohne jede materielle Basis war von Anfang an äußerst hart. Zuerst lebte Maass in der Nähe seiner Freunde, in New York. Eine Berufung an das berühmte Smith-College in Northampton, zwei Autostunden von Boston entfernt (dieses College hat übrigens eine Hamburger Dependance, die heute an der Rothenbaumchaussee residiert), lehnte er ab. Kein Geringerer als Albert Einstein, der eine Zeitlang dort wirkte, hatte ihn eingeladen. Maass schrieb ihm:

»Zu den zweitausend Girls kann ich leider nicht kommen, denn das würde genau die gegenteilige Wirkung haben, nämlich mich von meinen Arbeiten ablenken, während ich mich doch gerade in eine edle Klausur begeben will.«

Aber als er ein wenig später, nun in erheblicher existentieller Not, mit Hilfe eines Flüchtlings-Komitees eine Berufung an ein anderes Frauen-College, das Mount Holyoke College in South Hadley, Massachusetts, erhielt, willigte er ein. Anfänglich hatte er dort keinerlei Lehrverpflichtungen und zog sich auf den Sommersitz eines Bekannten zurück, wo er ein weiteres Buch über seine Kindheit in Hamburg – »Das magische Jahr« – und zunehmend auch literarische Vorträge ausarbeitete. Der Sommersitz war allerdings nichts anderes als ein umgebauter Hühnerstall.

»Ich bin kein Opfer. Ich bin nur aus dem Kotregen der Zeit davongerannt, bis ich in diese Einsamkeit kam, die kalt und sauber ist. Mein Geruchssinn ist zu verwöhnt für Gestank, mein Instinkt zu empfindlich für Lüge und Verdrehung, meine Vorstellungskraft zu deutlich für Mord und Folter im Verborgenen. Und besser auf jeden Fall im Einsamen als unterm Pöbel, der sich im eigenen Dreck suhlt! Es ist auch ungefährlicher: bin ich nicht wohlgehütet in diesem schneeumflirrten Häuschen? Ein anderer Jonas im Walfischbauche?«

Richtig wohl gefühlt hat sich Joachim Maass in den Vereinigten Staaten nie. Er störte sich an der kulturellen Fremdheit, litt unter den Erschwernissen der Emigranten, tat sich oft schwer – obgleich sonst ein heftiger Frauenfreund – mit den Amerikanerinnen, die er einmal ärgerlich als »unerotisch«, als »kalte Fische« apostrophierte. Er vertiefte sich in die deutsche Literaturgeschichte, mied aber weitgehend den Kontakt mit Emigranten – abgesehen von häufigen Besuchen bei seinem Freund und Gönner Thomas Mann und dessen Familie, worüber Thomas Manns Tagebücher an verschiedenen Stellen Aufschluß geben. Die Freundschaft mit seinem Verleger Gottfried Bermann-Fischer erstreckte sich auch auf dessen Familie. Im amerikanischen Exil entstand seine romanhafte, aber sorgfältig recherchierte Kleist-Biographie »Die Fackel Preußens«.

Wanderer in zwei Fremden (1958)

»Das weltvergessene Zauberberg-Leben, das ich seit Jahren führe, fern der Heimat, die mir schon verloren war, bevor ich sie Anfang 1939 verließ, üblen Kräften weichend – diese Schatten-Existenz ist des Erzählens nicht wert, und der Himmel weiß, daß ich mir nichts darauf zugute halte. Aber da ich sie einmal auf mich habe nehmen müssen, so schmeichle ich mir wohl, daß sie, was sie mit der einen Hand nahm, mir mit der anderen zurückgab; denn das Exil entblößt den Menschen des einzig tiefen und urtümlichen Behagens, das ihm auf Erden vergönnt ist – und was bleibt ihm in seinem Froste, als sich selber die Feuer zu entzünden, an denen er sich ein bißchen erwärmen kann? Nach Grillparzers Wort ›ein Wanderer, der zwei Fremden und keine Heimat hat‹, habe ich das versunkene Vineta meiner Herkunft, das Hamburg der Jahrhundertwende und die träumerische Zeit der Frühe, *Das Magische Jahr* meiner Kindheit, mit dem Odem der Sehnsucht wiedererweckt. Ich habe meine Verluste an Daseins-Heiterkeit und -Gewißheit und mein vergeblich umgetriebenes Suchen nach einer tröstlichen Wahrheit auf einen Berufeneren, einen Heldenjüngling meiner Phantasie, übertragen und habe ihn die Schauer des Todes erfahren lassen, ich habe ihn das Gute beinah umsonst lieben und das Böse beinah umsonst hassen lassen, ohne daß doch die erlebte Heimsuchung, Der Fall Gouffé, ihn ganz unter die Füße träte. Und ich habe mir die erschütterndste, einprägsamste und legendärste Gestalt tragischen deutschen Geistes, Kleist, Die Fackel Preußens, noch einmal in meine und meiner Freunde Vorstellung zurückgeladen, damit wir, was uns aufgetragen, nicht zu leicht und unsere Verzweiflung nicht zu schwer nähmen. Hauptsächlich aber habe ich mir auf dem Zauber-Instrumente der deutschen Sprache vorgeschwärmt, meine Bücher mit Bildern und Melodien erfüllt und sie nach Herzenslust wie Symphonien aufgebaut – was man mir ›zu Hause‹ zuweilen wie einen plagiatslüsternen Mangel an Sprache und als Stillosigkeit vorgeworfen hat.

Es bleibt wahr, daß schon die Jahre vor meiner Emigration unter den frostigen Schatten einer immer gespenstischer um sich greifenden Verfremdung lagen, so daß, als ich wirklich ging, ich es nur als den Vollzug einer Notwendigkeit empfand. Ich war darauf vorbereitet; das letzte Buch, das ich in meinem alten Altonaer Gehäuse in der Palmaille schrieb, manchmal schweren Herzens auf die Elbe ausschauend, war genau in dem Sinne seines Titels als Ein Testament gedacht. In einer romanhaft-phantastischen Form, die es vor dem Zugriff des zur Macht gelangten Gesindels schützen sollte, wünschte ich, abschiednehmend meinem Herzen Luft zu machen und ohne Rücksicht auf die politische Verruchtheit, die uns alle besudelte, die Werte zu preisen, ohne die dazusein sich doch nicht verlohnt: Reinheit, Klarheit, Geist und die Liebe zum Menschen und seiner sittlichen Würde, und ich habe Grund zu glauben, daß man mich an falscher und an richtiger Stelle recht wohl verstand und mir entsprechend lohnte.

Auf andere Weise aber hatte ich der widrigen deutschen Gegenwart von damals schon vor diesem Buch den Rücken gekehrt. Die Idylle Borbe und der Roman Die unwiederbringliche Zeit waren Rückblicke gewesen in eine schönere Vergangenheit, die im Welt-Wirklichen wohl für immer zugrunde gesunken und nur im Herzens-Wirklichen als Vermächtnis zu bewahren war. Ja, sogar schon, bevor das Graus zum Ausbruch kam, bereits 1932, hatte meine traktathafte Erzählung Der Widersacher die Ablehnung jeder Art von Diktatur als ethisches Erfordernis proklamiert und durch Wort und Tat des unheldischen Helden verkündet, daß mir zur Erfüllung dieser Forderung jedes Mittel recht, und daß, sich notfalls zu entziehen, immer noch besser schiene, als sich den Rechtspraktiken der Gewalt zu unterordnen.«

Nach dem Ende des Krieges wurde Joachim Maass Mitherausgeber der »Neuen Rundschau«, die als Vierteljahresschrift damals noch im Ausland erschien. Anfang 1946 begann er, über einen Deutschland-Besuch, ja vielleicht auch die endgültige Heimkehr nachzudenken. So schrieb er im März 1946 an seinen Bruder Edgar:

»Zu einem Versuch fühle ich mich aus mancherlei Gründen bedrängt. Von denen des nach Möglichkeit Nutzens und Helfens brauche ich nicht weiter zu reden. Sie verstehen sich von selbst. Doch spielt in meinem Falle vielleicht die entscheidende Rolle das Folgende: allen Katastrophen unserer Zeit habe ich, wie die Umstände und eigene Entschlüsse es fügten, immer nur vom Lehnstuhl aus beigewohnt; ich war zu jung, am ersten Weltkrieg teilzunehmen; als das Mörder- und Banditenpack sich in unserem Lande vollends auszutoben begann, habe ich mich entzogen; während der zweite Weltkrieg Europa heimsuchte und die deutschen Städte in Trümmer versanken, habe ich wohlversorgt, unbehelligt und friedlich geborgen im schönen Neu-England gesessen. Da stellt sich mir allmählich die Frage, ob nicht mein ganzes Leben im Geist und für die Kunst doch eine Ivory Tower Existenz gewesen und ob ich nicht wenigstens mit leibhaftigen Augen und Sinnen Kenntnis von der ungeheuren Verwüstung nehmen sollte, die unsere Städte in Schutt und Asche gelegt hat.«

Doch erst Anfang der fünfziger Jahre kehrte Joachim Maass, mittlerweile gesundheitlich angeschlagen, wieder nach Deutschland zurück. Die Enttäuschung darüber, daß man ihn hier längst vergessen hatte, traf ihn tief. Doch der Roman »Der Fall Gouffé«, der von einem Mord in Paris in den achtziger Jahren des 19. Jahrhunderts erzählt, dessen Schauplätze dann aber in die Vereinigten Staaten wechseln und der die eigene Exil-Erfahrung des Autors unmerklich einbezieht, wurde ein Erfolg und in zahlreiche Sprachen übersetzt. Maass verbrachte zwar noch einige Zeit in Hamburg – er beteiligte sich an der Gründung der Freien Akademie der Künste –, doch das einstige Zugehörigkeitsgefühl zu seiner Vaterstadt und seinem Land wollte oder konnte sich nicht mehr einstellen.

»Nirgends und bei niemandem fand ich auch nur einen Nachhall des Entsetzens, des Zornes, Hasses oder Widerwillens, kurz aller jener Reaktionen vor, die das unsägliche Treiben der Naziprominenz und ihrer nur allzu willigen, emsigen Handlangerhorden doch in jeder gesunden und stolzen Seele unbedingt hätten hinterlassen müssen. (…) Was für eine außerordentliche, erschreckende Indifferenz! Ich bin zu deutsch für ein Deutschland, in dem es derart gespenstisch zugeht; und meine Auffassung von dem, was Deutschlands Größe, Ehre und Berufung in der Welt ausmacht, ist zu hoch gespannt, zu verwöhnt, meinethalben zu donquitesk, als daß ich mit einiger Hoffnung auf Erfolg sie den heutzutage in Deutschland gültigen Meinungen anzupassen versuchen könnte.«

Von 1952 bis 1954 blieb Maass in Hamburg. Er war es auch, der am 4. November 1952 die Grabrede für Hedwig Fischer, die Witwe Samuel Fischers, in Königstein/Ts. hielt. Dann zog er sich wieder in eine bescheidene Bleibe in der 171. Straße von New York zurück. Einmal noch kehrte er für kurze Zeit nach Deutschland zurück, als ihm die Bayrische Akademie der Schönen Künste – nicht etwa eine Hamburger Institution – 1961, gemeinsam mit Ilse Aichinger, ihren Literaturpreis verlieh. Günter Eich sagte in seiner Laudatio: »Der Dichter Joachim Maass ist uns ein überzeugendes Beispiel, wie große Tradition ein ganz und gar neues und eigenes Werk hervor-

zubringen vermag. In seinen Schriften, den biographischen und essayistischen, und in seinen großen Romanen werden die Gefährdungen und Möglichkeiten unserer Welt aufgezeigt, genau und beschwörend und in keiner Zeile überhörbar.«

Am 15. Oktober 1972 starb Joachim Maass nach einer zuletzt mit Heines »Matratzengruft« vergleichbaren leidvollen Existenz in New York. In Hamburg, der Stadt, von der er traurig und trotzig behauptet hatte: »Hier bin ich zu Hause«, erinnern kein Straßenname und keine Plakette an ihn. Selbst dann, wenn sich die Hamburger Medien in nostalgischer Erinnerung an das alte Hamburg ergehen, fällt sein Name nicht mehr: Die Folgen der Vertreibung aus Hitler-Deutschland, sie können auch in Hamburg endlos sein.

»DAFÜR KANN MAN HAMBURG MANCHES VERZEIHEN«

HANS ERICH NOSSACK (1901–1977)

Hans Erich Nossack gehörte zu den angesehensten, von der Literaturkritik hochgelobten Autoren der Nachkriegszeit. Fast 20 Jahre nach seinem Tode ist auch von diesem Ruhm nur noch wenig übriggeblieben – und eine »Hans-Erich-Nossack-Straße« sucht man in Hamburg erst recht vergebens.

Am 30. Januar 1901 als Sohn eines begüterten Importkaufmanns in Hamburg geboren, hatte Hans Erich Nossack zu seiner Stadt und seiner Herkunft stets ein gespanntes, aber dennoch liebendes Verhältnis. Als Bürgersohn, der die Normen der Gesellschaft mit Skepsis betrachtete, und als Hamburger, der dieser Stadt freilich über viele Jahre fernblieb, war er zeitlebens ein störrischer Außenseiter, obwohl er großen Wert darauf legte, nicht als solcher erkannt zu werden. Er besuchte von 1910 bis 1919 das Johanneum und studierte danach drei Jahre lang Rechtswissenschaft und Philosophie in Jena. Um sich endlich aus der Abhängigkeit seines Elternhauses zu befreien, arbeitete er danach zuerst als Fabrikarbeiter, später als Angestellter einer Hamburger Bank. 1933 schloß er sich dann doch der väterlichen Firma an und tat mit mäßiger Begeisterung seinen Dienst in deren Kontor. Für den Kaufmannsberuf eignete er sich wohl wenig – darin ging es ihm nicht viel anders als dem Lübecker Kaufmannssohn Thomas Mann. Mit 14 Jahren begann Nossack zu schreiben. Da er sich jedoch als junger Mann für kurze Zeit der Kommunistischen Partei verbunden hatte, durfte er nach 1933 nicht publizieren. Die meisten seiner während des sogenannten ›Dritten Reichs‹ entstandenen Manuskripte sind nie gedruckt worden, weil sie dem Bombenhagel auf Hamburg zum Opfer fielen. Die Zerstörung seiner Stadt, seines Hauses und seiner Aufzeichnungen hat Hans Erich Nossack nach dem Ende des Kriegs in seiner Erzählung »Der Untergang« protokolliert. Diese Zerstörung war die prägende Erfahrung seines Lebens, und mit dem »Untergang« gelang ihm das bedeutendste literarische Dokument über die Bombardierung Hamburgs, die am 24. Juli 1943 ihren Anfang nahm:

»(…) Am 21. Juli 1943, es war ein Mittwoch, fuhr ich frühmorgens nach Horst bei Maschen, einem Heidedorf mit Wochenendsiedlungen ungefähr 15 Kilometer genau südlich des Hamburger Stadtrandes. Misi war einen Tag früher gefahren und hatte mich am Abend vorher angerufen, daß es ihr endlich gelungen sei, eine kleine Hütte für vierzehn Tage zu mieten; nach wie vielen vergeblichen Versuchen und Bitten die Wochen vorher! Und auch jetzt nur, weil sie als Gegenleistung ein Viertel Pfund Kaffee anbot. Seit fünf Jahren war es das erste Mal, daß ich Hamburg zur Erholung verließ. Es gibt keine Erklärung dafür, warum ich nicht auch diesmal Nein sagte; denn es stand alles gegen diese Ferien, und wenn nichts anderes, so meine krankhafte Abneigung, die Stadt und mein Zimmer zu verlassen, um, wie ich es zu nennen pflegte, irgendwo Zeit zu vergeuden, bevor ich es zu etwas Greifbarem gebracht hätte. (…) Die ersten beiden Tage verliefen unter Kopfschmerzen, wie immer in der Heideluft; dann gewöhnten wir uns ein. Außer wenn wir ins Dorf gingen, um einzukaufen, sahen wir kaum einen Menschen. (…) In der Nacht von Sonnabend auf Sonntag weckte Misi mich. Sie rief von oben: ›Hörst du es gar nicht? Willst du nicht lieber aufstehen?‹ Ich hatte den Alarm verschlafen; in der Heide hört man die Sirenen, die irgendwo in fernen Dörfern wie Katzen durcheinanderheulen, nur, wenn die Windrichtung günstig ist. Außerdem hatten wir uns die ganzen Jahre daran gewöhnt, nicht schon bei Alarm das Bett zu verlassen, sondern erst, wenn stärkeres Abwehrfeuer einen tatsächlichen Angriff vermuten ließ; eine Gewohnheit, die viele das Leben gekostet hat.

Ich wollte auch diesmal eine unwillige Antwort geben und mich auf die andere Seite drehen, da hörte ich es. Ich sprang auf und rannte barfuß ins Freie, in dies Geräusch hinein, das wie eine drückende Last zwischen den klaren Sternbildern und der dunklen Erde schwebte, nicht da und nicht dort, sondern überall im Raume; es gab keine Flucht davor.

Im Nordwesten zeichneten sich die Hügel diesseits und jenseits der Elbe vor der schmalen Dämmerung des vergangenen Tages ab. Lautlos duckte sich die Landschaft an den Boden, um nicht gefunden zu werden. Nicht weit entfernt stand ein Scheinwerfer; man hörte Kommandorufe, die sofort jeden Zusammenhang mit der Erde verloren und im Nichts zerflatterten. Nervös tastete der Scheinwerfer den Himmel ab, manchmal traf er sich mit anderen Zeigern, die gleich ihm in weitem Ausschlag pendelten; dann bildeten sie für einen Augenblick geometrische Figuren und Zeltgerüste, um erschrocken wieder auseinanderzufahren. Es war, als söge dies Geräusch zwischen Himmel und Erde ihr Licht auf und machte sie sinnlos. Aber die Sterne leuchteten wie im Frieden durch das unsichtbare Unheil hindurch.

Man wagte nicht, Luft zu holen, um es nicht einzuatmen. Es war das Geräusch von achtzehnhundert Flugzeugen, die in unvorstellbaren Höhen von Süden her Hamburg anflogen. Wir hatten schon zweihundert oder auch mehr Angriffe erlebt, darunter sehr schwere, aber dies war etwas völlig Neues. Und doch wußte man gleich: es war das, worauf jeder gewartet hatte, das wie ein Schatten seit Monaten über all unserm Tun lag und uns müde machte, es war das Ende. Dies Geräusch sollte anderthalb Stunden anhalten, und dann in drei Nächten der kommenden Woche noch einmal. Gleichmäßig hielt es sich in der Luft. Gleichmäßig hörte man es auch dann, wenn sich das viel lautere Getöse der Abwehr zum Trommelfeuer steigerte. Nur manchmal, wenn einzelne Staffeln zum Tiefangriff ansetzten, schwoll es an und streifte mit seinen Flügeln den Boden. Und doch war dies furchtbare Geräusch wieder so durchlässig, daß auch jeder andere Laut zu hören war: nicht nur die Abschüsse der Flak, das Krepieren der Granaten, das heulende Rauschen der abgeworfenen Bomben, das Singen der Flaksplitter, nein, sogar ein ganz leises Rascheln, nicht lauter als ein dürres Blatt, das von Ast zu Ast fällt, und wofür es im Dunkeln keine Erklärung gab. (…) Über Hamburg standen zahlreiche Leuchtschirme, die der Volksmund Tannenbäume nennt. Manchmal zehn Stück, manchmal nur zwei oder einer, und wenn einmal keiner zu sehen war, schöpfte man Hoffnung, daß es vorbei wäre; bis wieder neue abgeworfen wurden. Viele lösten sich auf, während sie niedersanken, und es sah aus, als flössen glühende Metalltropfen vom Himmel auf die Städte. Anfangs konnte man diese Leuchtschirme verfolgen, bis sie am Boden verlöschten; später verschwanden sie in einer Rauchwolke, die durch das Feuer der Stadt von unten her rot angestrahlt war. Die Rauchwolke wuchs von Minute zu Minute und kroch langsam nach Osten. Ich achtete nicht, wie bei früheren Angriffen, auf die Richtung der Scheinwerfer und die Brennpunkte des Abwehrfeuers. Die Leuchtspuren der kleinen Flak sah man nur ganz zart, und die Granaten der schweren Geschütze explodierten überall. Nur wenn das Feuer genau über mir lag und die Splitter pfeifend und klatschend in nächster Nähe zur Erde kamen, trat ich unter das Dach der Veranda. Einige wenige Flugzeuge gerieten in Brand und fielen wie Meteore ins Dunkel. Aber es erweckte kein jägerisches Interesse wie früher. Wo sie aufschlugen, erhellte sich die Gegend für Minuten. Einmal stand der Schattenriß einer fernen Windmühle vor einer solchen weißen Helligkeit. Das Gefühl grausamer Befriedigung über einen abgeschossenen Feind blieb aus. (...)

Gegen halb zwei Uhr war das Gericht zu Ende. Aus einer unwirklichen Ferne klang das Signal der Entwarnung herüber, so verschüchtert, als wage es nicht zu verlangen, daß jemand an die Lüge glaube. Der Nordhimmel war rot wie nach Sonnenuntergang. Über die nahe Autobahn heulten die Sirenen der Feuerwehren, die aus den Nachbarstädten zu Hilfe eilten. Und damit setzte ein pausenloses Fahren auf allen Straßen der Umgegend ein, am Tage und nachts, diese Flucht aus Hamburg, ohne zu wissen, wohin. Es war ein Strom, für den es kein Bett gab; fast lautlos, aber unaufhaltsam überschwemmte er alles, und die Unruhe sickerte durch kleine Rinnsale bis in die entlegensten Dörfer. Manchmal glaubte sich ein Fliehender an einem Ast halten zu können und ein Ufer gefunden zu haben, aber nur für ein paar Tage oder Stunden, und er warf sich wieder in den Strom, um sich weitertreiben zu lassen. Es wußte keiner, daß er die Friedlosigkeit wie eine Krankheit mit sich trug, und alles, was davon berührt wurde, verlor seine Festigkeit.

In der zweiten oder dritten Angriffsnacht – denn ich will dies vorwegnehmen – geriet ein Munitionszug in Brand und detonierte bis weit in den Morgen hinein. Und in der letzten der Nächte steigerte sich das Wüten der Welt gegen sich selbst über alle menschliche Vorstellungskraft hinaus. Unmittelbar vor dem

Angriff hatte sich eine schwere Gewitterwolke über das Elbetal gesenkt und begann, sich im Augenblick des Alarms zu entladen, als habe sie die Sirenen als ein letztes Aufheulen der Stadt verstanden: Mach ein Ende mit mir. Der Angriff sollte wohl dem restlichen Viertel von Hamburg gelten. Doch die Angreifer konnten ihr Ziel unter dem Gewitter nicht finden und warfen die Bomben blindlings in der Umgegend ab. Es war nicht mehr zu unterscheiden, ob es blitzte und donnerte oder ob Bomben fielen oder die Abwehr schoß. Ringsum flammten Bauerngehöfte auf, und die Heide fing an zu brennen. Die Erde schüttelte sich im Todeskampfe. Wir fürchteten, die Hütte würde einstürzen. Misi kam zu mir heraus, und wir warfen uns ins Heidekraut. Und dann stolperten wir durch das Dunkel irgendwohin, wo wir andere Menschen vermuteten.

Nach kurzem, lähmendem Schlaf standen wir am Sonntagmorgen auf. Die Sonne hob sich gerade über die beiden Kiefern. Die Meisen zwitscherten, und auch der kleine Kirschendieb lebte noch. Wir machten uns Feuer im Herd und schafften Tisch und Stühle ins Freie, um zu frühstücken. Von Norden nach Osten über ein Drittel des Horizontes lag es wie schwarze Watte. Wir sahen nicht hin. Wir sprachen nicht von der Nacht. Wir wollten einem Traum nicht mehr Gewicht eingestehen, als ihm zukam. Wir hatten ja Ferien.

(…) Die Heide war übersät mit schmalen Streifen Staniolpapiers, die auf einer Seite geschwärzt waren. Sie hatten das Rascheln in der Nacht verursacht, aber niemand kannte ihren Zweck. Man warnte davor, sie anzufassen, da sie vergiftet sein könnten. Erst später erfuhr man, daß die Streifen abgeworfen wurden, um der Abwehr die Anpeilung durch Meßgeräte unmöglich zu machen. Man fand auch Flugblätter, hob sie auf, las einige Zeilen und warf sie gelangweilt wieder fort. Es wurde darin mit Zahlen bewiesen, warum Deutschland den Krieg verlieren müsse. Welchen Sinn hatten Zahlen noch?

Jede Stunde war neuer Alarm, doch erst am Nachmittag wurde wieder angegriffen. Aber was hatte das mit dem Grauen der Nacht zu tun? Es war fast lieblich anzusehen. Man blickte in ein klares, blaues Meer, und als habe jemand etwas hineingeworfen, stiegen kleine Wölkchen aus seinem Grunde auf und zeichneten eine Spur, die sich langsam von Nordwesten, schräg an Hamburg vorbei, weiterschob. Genau über uns brach sie im rechten Winkel ab, als hätte sie sich eines anderen besonnen, und strebte auf Hamburg zurück. Und dann sah man sie am Kopf der Spur, winzige Wassertierchen, die in der Sonne silbern aufblinkten. Unbeirrt schwammen sie durch das Blau, irgendeinem Trieb folgend. Nicht einzeln, sondern wie fest untereinander verbunden und zu Figuren aufgereiht, die von unsichtbaren Fäden vorwärtsgezogen wurden. Es waren acht oder zehn solcher Staffeln, und ich glaubte, in jeder von ihnen dreißig Einzelwesen zählen zu können. Und diese Figuren waren wiederum umgeben von hurtigen weißen Würmern, wie von Delphinen, die sich lustig um ein Schiff tummeln. Das war der begleitende Jagdschutz der Angreifer. Der Angriff dauerte nicht länger als eine Viertelstunde. Aus Hamburg wuchsen dunkle Rauchpilze auf; im Hafen waren Öllager getroffen. Am Montag wiederholte sich das Schauspiel noch einmal.

(…) Wir erfuhren am Dienstagvormittag, daß wir alles verloren hätten. Misi war auf das Bürgermeisteramt gegangen, um Lebensmittelkarten zu fordern, da die erwartete Post aus Hamburg nicht einlief. Dort traf sie einen Soldaten, der in unserer Gegend gewohnt hatte und seine geflüchtete Familie in Maschen suchte. Er berichtete, daß das Haus, in dem unsere Wohnung gewesen war, nicht mehr stände. Ich war nicht mitgegangen, ich saß mit einem Buch im Garten und versuchte zu lesen. Als Misi in die Gartenpforte trat, sagte sie: Ja, nun ist es soweit. Mehr nicht, und wir sprachen auch dann nicht viel. Wir taten beide so, als hätten wir es schon lange gewußt. Für den Weg vom Bürgermeister zu unserer Hütte brauchte man eine halbe Stunde. Ich frage mich heute, was Misi in dieser halben Stunde gedacht hat, und es erschreckt mich nachträglich, daß sie allein war. Wir wollten gleich am Mittwoch nach Hamburg fahren. Dann kam in der Nacht der neue Angriff, und wir verschoben es auf Donnerstag. Und von Donnerstag wieder auf Freitag, ich weiß nicht, aus welchem Grunde. Und, da in der Nacht auf Freitag wieder angegriffen wurde, unterließen wir auch Freitag die Fahrt. Erst am Sonnabend rafften wir uns auf. Übrigens war es nicht leicht, nach Hamburg zu fahren, Eisenbahnen verkehrten nicht. Auch liefen die wildesten Gerüchte um: In Hamburg wären Seuchen ausgebrochen, und es würde niemand über die Elbbrücke gelassen. Oder auch umgekehrt: Man käme nicht wieder heraus, jede brauchbare Kraft würde dort festgehalten und zu Bergungsarbeiten eingesetzt. Dies alles entsprach nicht den Tatsachen oder stimmte nur halb. Doch lag es eher im Bereich des Möglichen, und die wenigen amtlichen Bekanntmachungen, die aus der Stadt eintrafen, waren voller Widersprüche. (...) Nichts konnte die Gedanken daran hindern, nach Hamburg zu gehen.

(...) Am Sonnabend also fuhren wir endlich nach Hamburg. Es war vor dem letzten Angriff, der dann am Montag erfolgte. Die Fahrt ging folgendermaßen vor sich: Man hielt auf der Landstraße ein Lastauto an, auf dem man noch Platz vermutete, und fuhr so weit mit, wie es paßte. Dann wartete man auf einen anderen Wagen und gelangte so nach drei- oder viermaligem Umsteigen verhältnismäßig rasch in die Stadt. Es waren Autos aus dem ganzen Reich für diese Fahrten eingesetzt. Später, als die Züge wieder fuhren und der Autoverkehr wieder aufgehoben wurde, brauchte man sehr viel mehr Zeit, ungefähr je vier Stunden hin und zurück für die kurze Strecke. Am Bahnhof Maschen, wenn der Zug aus Lüneburg endlich einlief, mußte man um einen Platz kämpfen und dann in Harburg noch einmal. Die Leute stiegen durch die Fenster und hingen während der Fahrt wie Trauben auf den Trittbrettern. (...) Auf dem ersten Wagen, der uns Hamburg näherbrachte, erlebte ich in mir etwas, worüber ich noch mit keinem sprach und was mich mit scheuer Verwunderung erfüllt, weil ich die Deutung dafür nicht zu geben wage. Für Misi hatte sich auf einer Gemüsekiste ein Platz gefunden mit dem Rücken gegen die Wand des Führersitzes, so daß sie einigermaßen vor Zug geschützt war. Ich stand dicht gedrängt mit zwanzig oder dreißig anderen Menschen. Wir hielten uns an den Stangen für die Wagenplane fest, um nicht hinausgeschleudert zu werden. Oft mußten wir uns ducken, wenn uns die Zweige der Obstbäume peitschen wollten, die die Straße beschatteten. Es war gegen acht Uhr morgens und die Luft frisch und jung. Das Getreide stand in voller Reife. Auf den satten Marschwiesen kauten die schwarzweißen Kühe verschlafen wider. Hier und da staunte ein Fohlen über den Zaun und sprang dann jäh zurück, um der Mutter von uns zu erzählen. Und aus der fruchtbaren Fläche hoben sich vertraute Inseln von Eichengruppen, unter denen alte Bauernhöfe sich verbargen. Manchmal ragte eine Dorfkirche hervor oder das barocke Dach eines Pastorats. (...) Kurz nach Wilhelmsburg begannen die Zerstörungen, auf der Veddel hatte man bereits das Bild der völligen Vernichtung vor sich. (...) (A)uf der kurzen Strecke über die Elbbrücke (...) begannen (alle), die Türme der Stadt zu zählen. Ach, und mit welchen Kosenamen wurden sie einzeln aufgerufen! Und wo war der schönste von ihnen, der Turm der Katharinenkirche? Und warum hatte sich das Rathaus in eine Pagode verwandelt? – Doch damit waren wir schon über den Fluß hinüber und fuhren in den Friedhof ein.

Gleich zur Linken brannte ein riesiger Kokshaufen – er erlosch erst nach drei Wochen –, und sekundenlang wurde man von glühendem Höllenatem angehaucht, wie um gefeit zu werden, ehe man passieren durfte, und dann war man innerhalb. Der Wagen schwankte und tastete sich durch den Paß, der zwischen den Trümmern notdürftig freigelegt war, über Geröllhalden zusammengebrochener Gebäude, an Kratern vorbei und unter zerknickten Brücken hindurch, von denen Waggons wie Girlanden ins Wasser der Hafenbecken hingen, aus denen der Bug einer Schute emportauchte, erschrocken über die plumpen Körper von Oberländerkähnen, die leblos auf der Seite trieben. An den Rändern des Passes lagen längliche Bündel, und man sagte, es wären Leichen. Alle so still, und viel lauter glaubte man den Todesschrei der Autos gellen zu hören, die, gelbausgeglüht und in letzter Not sich erbarmungswürdig aufbäumend, den vergeblichen Fluchtweg bezeichneten.

Und nirgends Querstraßen, um in das seitliche Dickicht zu gelangen; alles ineinander verfilzt. Nur selten ein Blick frei durch eine schwarze Fensterwölbung. Und darüber statt der Grabschriften unverständliche Reklametafeln. Plötzlich zog man den Kopf ein, weil eine sechsstöckige Fassade sich über die Straße neigte und durch die Erschütterung des Wagens zu fallen drohte.

War man vorbei und wandte sich um, sah man ganz oben einen Balkon hängen und darüber eine aufgespannte Markise und sogar einen Balkonkasten mit roten Geranien. Doch alles ganz schweigsam, ohne Bewegung und Veränderung; des Zeitlichen entkleidet und ewig geworden.

(…) Wie waren wir hochmütig und eingebildet auf unseren Geschmack! Was taten wir uns nicht zugute auf unser geistreiches Urteil! Und welch zynischen Ekel maßten wir uns an, die Lebensgewohnheiten der Unzähligen abzulehnen! Haben wir nicht gesprochen: Dies ist ein häßlicher Stadtteil, menschenunwürdig und abbruchreif; die Straße eng und voller Geschrei; die Höfe ohne Licht, ohne Farbe, ohne Luft; die Häuser schmutzig und stumpf? Wie konnten hier Millionen Menschen leben, ohne daß ihr Atem die Enge sprengte! Und auf den Treppen roch es nach Essen und kleinen Leuten; wir rümpften die Nase darüber. Aus den Wohnungen schlug uns der Dunst kochender Wäsche entgegen, und die Stuben waren kalt von ungebrauchten Möbeln. Und das Plüschsofa mit gehäkelten Deckchen? Und all die ungeschickten Fotografien von Hochzeiten und Jubiläen? Und der Buntdruck mit süßlichen Nymphen, der über dem Ehebett hing?

Wer würde es noch wagen, über diese Dinge zu spotten! Warum riecht es nicht mehr auf den Treppen? Warum trocknet keine Wäsche mehr auf dem Gestell vor dem Küchenfenster? Wurde nicht sonntags manchmal ein Kuchen gebacken? War nicht in jeder der unzähligen Wohnungen, deren Umrisse sich jetzt nur an den Mauerresten abzeichneten, eine Hausfrau, die tagaus, tagein die Fußböden scheuerte und die Möbel abstaubte; die den Nachbar fürchtete und doch von ihm beneidet sein wollte?

(…) Ratten und Fliegen beherrschten die Stadt. Frech und fett tummelten sich die Ratten auf den Straßen. Aber noch ekelerregender waren die Fliegen. Große, grünschillernde, wie man sie nie gesehen hatte. Klumpenweise wälzten sie sich auf dem Pflaster, saßen an den Mauerresten sich begattend übereinander und wärmten sich müde und satt an den Splittern der Fensterscheiben. Als sie schon nicht mehr fliegen konnten, krochen sie durch die kleinsten Ritzen hinter uns her, besudelten alles, und ihr Rascheln und Brummen war das erste, was wir beim Aufwachen hörten. Dies hörte erst später im Oktober auf. Und dann der Geruch von verkohltem Hausrat, von Fäulnis und Verwesung, der über der Stadt lag. Und dieser Geruch war sichtbar als ein trockener roter Mörtelstaub, der über alles hinwehte. In uns erwachte plötzlich eine Gier nach Parfüm.«

Für den Autor bedeutete die Vernichtung seiner materiellen und geistigen Existenz die endgültige Befreiung zum Dichter. Daß auch das Theater für Nossacks Schreiben nicht ohne Auswirkungen blieb, bezeugen seine Erinnerungen an frühe, den Schriftsteller prägende Bildungserlebnisse. Im »Weg nach draußen« schreibt er:

»Nur mit Schaudern denke ich an meine Jugend zurück. Es ergeht mir dabei beinahe so wie dem sprichwörtlichen Reiter über den Bodensee. Mit vierzehn Jahren stieß ich in der Bibliothek meines Vaters auf die Tagebücher von Hebbel und nahm mir vor, ein Mann wie Hebbel zu werden. Ganz gleich, was ich mir darunter vorstellte, einen Zweifel an meinem Entschluß gab es nicht. Weder bei uns zu Haus noch im Johanneum war bisher die Rede von Hebbel gewesen, wenigstens nicht von dem Hebbel der Tagebücher, auf den es ankommt. Die Bibliothek meines Vaters war für ein bürgerliches Hauswesen recht ansehnlich; es hätte also genausogut irdendein anderes und, sagen wir, zeitgemäßeres Buch sein können, das mir in die Hände geriet. Warum gerade Hebbel? Ich stehe ihm heute recht kritisch gegenüber und könnte mir einen passenderen Lehrmeister für mich denken. Aber das zählt nicht, sondern allein die Tatsache, daß ich von dem Augenblick an einem Manne verpflichtet war, der schon längst nicht mehr lebte, und zwar mehr verpflichtet als allem, was Familie, Schule und Umgebung von mir verlangten. So komisch es auch sein mag, wenn heute jemand Einwände gegen Hebbel erhebt, denen ich verstandesmäßig zustimme, dann fühle ich mich persönlich beleidigt und nehme Hebbel in Schutz.

Der zweite Fall von Überwältigung war weitaus gefährlicher für mich. Es ist ein Wunder, daß ich ihn überstanden habe. Es geschah im Kleinen Saal der Musikhalle, wo ein Schauspie-

Die St. Katharinenkirche nach den Luftangriffen vom Juli 1943

ler das ›Traumspiel‹ von Strindberg rezitierte. Ich war erst siebzehn und fühlte mich so erschlagen, daß ich mir aus Selbsterhaltungstrieb vornahm, von diesem Strindberg nie etwas zu lesen, bevor ich nicht selbständiger geworden wäre. Ich wollte also dem Anruf ausweichen, und mein Instinkt war richtig. Soweit ich mich entsinne, blieb ich auch bei meiner Absicht. Nur eines übersah ich dabei und konnte es damals auch nicht wissen: daß die expressionistischen Dramatiker, denen ich mich natürlich mit Begeisterung überließ, größtenteils von Strindberg abhingen, so daß auf die Weise das Strindbergische trotz aller Vorsichtsmaßnahmen in mich eindrang. Ein paar Jahre darauf sah ich dann in den Hamburger Kammerspielen ›Nach Damaskus‹, und da war es um mich geschehen. So pathetisch es auch klingt, wenn man dergleichen in meinem Alter hinschreibt: als ich aus dem Theater nach Hause kam, befand ich mich in allergrößter Lebensgefahr.«

Nossacks Briefe aus den letzten Kriegsjahren und den ersten danach formulieren die Umstände von Not, Hunger und Kälte mit stoischer Noblesse. Oft befassen sie sich mit literarischen Vorhaben und Ideen, die er nach dem Kriege zu verwirklichen trachtete. Die Abneigung gegen das kaufmännische Handwerk und die entschiedene Hinwendung zur Literatur hatten ihren Preis: Fortan lebte Nossack in sehr knappen finanziellen Verhältnissen, die er sich jedoch, stets korrekt gekleidet wie ein hanseatischer Kaufmann, nie anmerken ließ. Für den Massenmarkt war sein Werk nicht ›glatt‹ genug, und den Hamburgern blieb der Autor fremd, der so große Scheu hatte, mehr als ›nur‹ das Literarische von sich preiszugeben. Die restaurative Atmosphäre nach dem Kriege und die offensichtliche Verweigerung eingehender Selbstkritik hat Nossack mit Enttäuschung und Entsetzen registriert. Ein Beispiel dazu aus einem Brief des Jahres 1945 an den Autor und Verlagslektor Herman Kasack:

»Glücklicher sind die Menschen, die sich um ein geistiges Ergebnis unseres Schicksals keine Gedanken machen, sondern einfach darauf losräubern, wo es etwas zu räubern gibt.

(...) Übrigens hörte ich (im Radio) kürzlich den Wortlaut der

Ansprache von Ernst Wiechert, die er 1936 vor den Münchener Studenten hielt und die der Anfang seiner Verfolgung wurde. Alle Hochachtung! Wie verhält sich nun der Durchschnitt des Publikums dazu? Leider durchaus ablehnend und mißtrauisch. (...) Wenn zum Beispiel zufällig über Stefan Zweig geredet wird, beginnen sie über die Juden zu schimpfen. (...) Sie verharren ganz einfach im Bisherigen und warten zu gleicher Zeit, daß ihnen geholfen wird, und schimpfen, wenn sich die Lage nicht von heute auf morgen bessert, ohne an die zwölf Jahre Mißwirtschaft, an der sie zum mindesten als Opportunisten mitschuldig sind, zu denken. Ich erlebe das täglich bis zum Erbrechen, und zwar bei Leuten mit guten Hamburger Namen, die früher eine führende Rolle im Wirtschaftsleben spielten.«

Nossack wußte, wovon er sprach, denn er wohnte damals in einer vornehmen Straße, dem Leinpfad, wo es in den Nachkriegsjahren indes nicht immer vornehm zuging:

Das Geländer

»Das hier Erzählte geschah im Herbst 1945. Wir wohnten damals am Leinpfad in Hamburg. Der Leinpfad, ein ehemaliger Treidelweg, wie man in der Schule gelernt hat, ist eine Uferstraße, die an dem kanalisierten Alsterzufluß entlangläuft, und zwar vom Winterhuder Fährhaus bis zur Krugkoppelbrücke, wo das große Alsterbecken beginnt. Die Straße ist nur einseitig mit Villen aus der Zeit vor 1914 bebaut. Es war früher eine ausgesprochen vornehme Wohngegend, die übrigens verhältnismäßig wenig durch Bombenangriffe beschädigt worden war. Welch eine soziale Ungerechtigkeit selbst bei solchen Anlässen, möchte man sagen.

Die andere Straßenseite war – und ist – ein Promenadenweg, der gegen die Böschung zum Wasser hin durch ein Geländer geschützt war.

Dies Geländer bedarf wegen des Folgenden einer genauen Schilderung. Es bestand aus schmalen Betonpfeilern in schätzungsweise zweieinhalb Meter Abstand, die durch je drei grünbemalte Holzbalken von etwa zwölf Zentimeter Dicke verbunden waren. Ein solides Geländer, wie es sich für Hamburg ziemt. Da also wohnten wir. Oder genauer: da waren wir untergebracht, mehr schlecht als recht. Ausgebombte waren Treibgut; man duldete sie nur unter größtem Mißtrauen in seiner Nähe. Eigentlich hatten sie doch nur Pech gehabt, und das gab ihnen kein Recht, Forderungen zu stellen, so empfand man es. Not lehrt nicht beten, wie es so schön heißt, sondern weckt die unerbittlichsten kreatürlichen Instinkte. Selten ist die soziale Kluft zwischen Besitzenden und Habenichtsen so unüberbrückbar gewesen wie damals. Deswegen braucht man nicht bitter zu werden, aber die Tatsache läßt immerhin die schönen Modelle der Soziologen etwas zweifelhaft erscheinen. Kurz, es fehlte uns an allem: an Nahrung, Kleidung und an Heizmaterial. Und natürlich an Geld. Frieren ist schlimmer als hungern, und der Winter stand vor der Tür. Meine Frau und ich hatten die Keller zerstörter Häuser schon wochenlang nach Koksresten abgesucht. Auch Fensterstöcke und anderes unverbranntes Holz hatten wir aus den Trümmern herausgezerrt. In die Keller zu kriechen, war nicht immer ganz ungefährlich, denn die Trümmermassen konnten jederzeit zusammensacken. Doch auf dergleichen nahm man keine Rücksicht. Auch der Schmutz störte nicht.

Das alles reichte jedoch nicht, um den Kanonenofen zu speisen, auf dem wir auch kochten. Eines Nachmittags stand ich am Fenster unseres Zimmers im zweiten Stock und blickte auf die Straße. Da entdeckte ich, daß etliche von den Balken des Geländers fehlten. Nachts hatte ich schon manchmal ein Krachen wie von abbrechenden Zweigen gehört, ohne mir den Kopf darüber zu zerbrechen. Nun war alles klar. Voller Empörung rief ich meine Frau und sagte: ›Was für eine Gemeinheit! Da klaut man uns unser Holz. Denn schließlich wohnen wir hier. So geht das nicht weiter.‹

Gleich nach Dunkelwerden machten wir uns an die Arbeit. Mit einer unhandlichen Bogensäge unter dem Mantel verborgen. Straßenbeleuchtung gab es noch nicht wieder. Trotzdem war einige Vorsicht geboten, denn zwei Häuser weiter war eine englische Offiziersmesse. Möglich, daß die Engländer sich gar nicht darum gekümmert hätten, aber genau konnte man das nicht wissen. ›Wenn jemand vorbeikommt, spielen wir ein Liebespaar. Das hat internationale Geltung‹, hatten wir verabredet. Meine Frau stand Wache, und ich begann, einen der oberen Balken des Geländers anzusägen. Eine langwierige Arbeit. Es war gutes Holz, und besonders kräftig war ich nicht mehr.

Plötzlich waren Schritte zu hören, und es kam jemand vorbei. Wir lehnten uns sofort an das Geländer und taten zärtlich. Dabei wären wir um ein Haar rücklings die Böschung hinab ins Wasser gekippt; denn der angesägte Balken brach von unserem Gewicht durch. Dieser komische Zufall brachte uns erst auf die richtige Idee. Die Balken absägen zu wollen, war das verkehrte Verfahren. Sie waren nämlich mit den Betonpfeilern durch eine Eisenlasche verzapft, und an dieser Stelle war das Holz leicht verfault. Es genügte ein einziger Schlag mit der Rückseite eines Beiles, und der Balken splitterte aus dem Zapfen heraus. Es gehörte nicht einmal viel Kraft dazu; man mußte nur die richtige Stelle treffen.

Mühe machte dann nur noch, die zweieinhalb Meter langen Balken ins Haus und in unser Zimmer im zweiten Stock zu schaffen. Mehr als drei Balken auf einmal vermochte ich nicht zu schleppen. Obendrein mußten wir einen Moment abpassen, wenn das Treppenhaus frei war. Denn wir durften nicht dabei ertappt werden; die anderen Leute im Haus hätten uns Diebe genannt, denn sie hatten noch luxuriöse Rechtsbegriffe, die wir uns nicht mehr leisten konnten. Nachher mußten dann die Balken noch in gebräuchliche Stücke zersägt werden. Aber wie wunderbar brannte das Holz. Es war mit Karbolineum getränkt.

Wir wurden nur ein einziges Mal ernstlich gestört. Eine Viertelstunde oder länger ging da ein verdächtiger Zivilist beim Geländer auf und ab, die Hände auf dem Rücken. Ein Kriminalbeamter? Secret Service? Endlich hielt meine Frau ihn an und sagte: ›Sie wollen doch sicher dasselbe wie wir. Gehen Sie doch bitte etwas weiter.‹ Und so war es auch. Der Mann hatte ein Beil unter der Jacke verborgen, darum hielt er die Hände auf dem Rücken. Wir machten uns also wieder an die Arbeit, und bald war auch aus der Ferne ein Krachen zu hören.

Es gelang uns in den nächsten Wochen, sage und schreibe

dreiundsiebzig dieser grünen Balken in unser Zimmer zu schaffen. Sie lagen aufgestapelt unter den Betten und standen hinter Schränken und Vorhängen. Welch ein befriedigendes Gefühl! Und noch befriedigender war, daß der Vorrat sich jederzeit ergänzen ließ. Der Leinpfad ist eine lange Straße, so schnell war das Geländer nicht verbraucht. Die Situation für den Winter schien also schon gesichert. Leider stellte sich das als Trugschluß heraus. Eines schönen Morgens waren nur noch die Betonpfähle von dem Geländer übriggeblieben. In der Nacht war jemand, der besser zu organisieren verstand, mit einem Lastwagen gekommen und hatte sämtliche Balken abmontiert und aufgeladen. Selbst eine schöne weiße Holzbank war dabei den Weg des Verbrennungstodes gegangen. Diese Bank hätten wir niemals anzurühren gewagt. Das ist seltsam, wenn man es bedenkt. Irgendwelche Rudimente bürgerlicher Erziehung hinderten uns daran.

Solche Anekdoten lassen sich zu Hunderten erzählen; zwanzig Jahre danach klingen sie recht harmlos und sogar lustig. Aber jener Winter war alles andere als harmlos. Manche Leute sind verhungert oder erfroren, und auch uns hätte es fast erwischt. Zum Glück hatte man damals keine Zeit, sich selbst zu bemitleiden, und auch jetzt liegt kein Anlaß vor, damit großzutun, daß man etwas Schweres durchgemacht hat. Auch in anderen Jahrhunderten hat es schwere Zeiten gegeben.

Wichtig allein scheint die Erfahrung zu sein, die wir an uns selbst gemacht haben: nämlich, daß Recht und Ordnung keine absoluten Werte sind, sondern sich als unbrauchbare Abstraktionen erweisen, wenn es ums nackte Überleben geht. Wenn es möglich wäre, sich selber historisch zu sehen, so wird man unsere ganze Generation aus dieser schockierenden Erfahrung heraus beurteilen müssen.

Wir fragen uns seitdem mehr oder weniger bewußt, und ganz gleich, ob besorgt oder zynisch: Gibt es über die gebrechlichen Rechtsbegriffe und Übereinkünfte, deren Wirksamkeit eine Zivilisation zur Voraussetzung haben, ein Gesetz, das man auch in äußerster Not nicht verletzen würde? Sozusagen ein menschliches Gesetz, das uns Verlaß auf uns selbst gewährt? Denn sonst sähe es ganz hoffnungslos um die Zukunft aus. Kein noch so ausgeklügelter und mit Ideologien, Religionen und Verhaltenslehren aufgeputzter Funktionalismus würde uns vor der endgültigen Katastrophe schützen können.

Übrigens, das Geländer ist inzwischen erneuert worden.«

1956 hat Hans Erich Nossack die väterliche Firma aufgelöst. Von da an lebte er zuerst in Aystetten bei Augsburg, 1962 zog er nach Darmstadt, drei Jahre später nach Frankfurt. Erst 1969 kehrte er wieder nach Hamburg zurück. Da galt er bereits als einer der wichtigsten deutschen Autoren der Nachkriegszeit. 1961 war er von der Darmstädter Akademie mit dem Georg-Büchner-Preis ausgezeichnet worden. Seine Romane »Nekyia. Bericht eines Überlebenden« (1947), »Spätestens im November« (1955), »Spirale. Roman einer schlaflosen Nacht« (1956), »Der Fall d'Arthez« (1968) und zahlreiche Erzählungen und Aufsätze hatten ihn zu einem herausragenden Repräsentanten der neuen Literatur werden lassen. Er kam freilich so unauffällig zurück, wie er aus Hamburg fortgegangen war. Man konnte ihn gelegentlich in Buchhandlungen oder im Theater antreffen: Bescheiden und mit auffallender Liebenswürdigkeit hielt er sich distinguiert im Hintergrund. Daß ihn die Hamburger kaum kannten, quittierte er mit Gelassenheit, aber auch mit Melancholie.

Nachtgespräch auf der Lombardsbrücke

»Eines Tages kam ein Engel nach Hamburg. Man sollte es nicht für möglich halten. Aber die Frauen hatten sich seiner angenommen, die aus St. Pauli und die aus Pöseldorf oder Klein-Flottbek, darin waren sie sich einig. ›So kannst du hier nicht herumlaufen‹, sagten sie, ›die Leute denken ja, du bist aus Ohlsdorf entsprungen.‹ Und sie führten ihn zu einem Herrengeschäft in den Alsterarkaden oder in den Großen Bleichen, damit er sich einen vernünftigen Anzug kaufte. Echt Hamburger Börsenstoff, unverwüstlich. Sie machten sich auch Sorge, ob er genug zu essen hätte. So erkannte ich ihn nicht sofort und hielt ihn für einen Hamburger. Es war nämlich spät nachts, er lehnte bei einem der schönen Kandelaber an der Balustrade der alten Lombardsbrücke und blickte auf das Wasser der Binnenalster, in dem die Lichter des Jungfernstiegs tanzten. Er wird schlechter Laune sein, dachte ich, das passiert einem in Hamburg leicht, denn auch ich war schlechter Laune. Ich war im Schauspielhaus gewesen und ging zu Fuß nach Haus, um mich auszulüften, das ist immer noch das beste Mittel; denn wenn man im Theaterkeller hocken bleibt und über das Stück schwatzen muß, ist einem kaum mehr zu helfen.

Um ihn nicht allein zu lassen, stellte ich mich neben ihn und sagte nach einer Weile – das heißt, ich glaubte, er würde es nicht hören, denn hinter uns brausten die Autos über die Lombardsbrücke, und auch ein Vorortszug ratterte zum Dammtorbahnhof. Oder war es der Nachtzug nach Basel, der schon aus Kopenhagen kommt und dem in Altona die Schlafwagen angehängt werden, bei denen man sich immer fragt: Wer liegt da wohl in den Betten? Wie gut haben sie es, daß sie morgens woanders aufwachen dürfen. Nicht in Basel, denn was ist schon Basel, aber der Zug fährt ja noch weiter, irgendwohin bis ans Mittelmeer –, ich sagte und wies auf die Binnenalster: ›Dafür kann man Hamburg manches verzeihen.‹ Doch er hatte gute Ohren und sah mich tadelnd an. Da erkannte ich ihn und rief erschrocken: ›Was willst du denn hier?‹ ›Sollten Sie nicht endlich aufhören, schlecht über Ihre Mutterstadt zu reden?‹

›Über was?‹

›Einer gut aussehenden, eleganten Dame, die noch dazu über mehr praktische Vernunft verfügt als wir, vorzuwerfen, daß sie nicht musisch sei, halten Sie das etwa für geistreich? Da ist doch die Dame viel geistreicher, wenn sie über die Städte, die sich Theaterstadt nennen oder sich mit sonst irgendeinem protzigen Titel behängen, meint: Die da in der Provinz müssen es wohl sehr nötig haben, weil sie keinen Hafen haben und die Fremden nicht von selbst zu ihnen kommen. Aber ihrem Teint nützt es auch nichts, wenn sie sich musisch nennen.‹

›Ihrem Teint?‹

›Stellen Sie sich doch einmal auf die Landungsbrücken. Nicht wegen des bleigrünen Wassers und der Schiffe, die ein- und ausfahren, das sind Selbstverständlichkeiten. Auch nicht wegen der Helgenaufbauten auf der andern Seite und nicht wegen des

Mennigrots der in den Werften aufgedockten Dampfer, das kann man sich auch in Reiseprospekten ansehen. Aber die Luft darüber, die Atmosphäre, die zarten Aquarellfarben und die sanft streichelnden Schatten, das wagt man doch kaum zu träumen. Und so etwas nennen Sie amusisch?‹

›Das liegt am Feuchtigkeitsgehalt der Luft.‹

›Na, sehen Sie.‹

›Was geht uns der Teint der Weiber an! Ich kann dir ohne erst nachzudenken ein Dutzend Leute aus meiner Generation nennen, die von der Vergangenheit gar nicht zu reden, die sich hier von deiner Mütterlichkeit wie gelähmt fühlten und darum fortgingen, um sich woanders einen Namen zu machen.‹

›Sollen sie doch, wenn es ausreicht, ein Hamburger Mädchen zu heiraten.‹

Da schlug ich mit der Faust auf die Balustrade und tat mir weh dabei. ›Du redest ja wie die Alte, die neben mir im Schauspielhaus saß. Eine Geborene, wenn du weißt, was das ist. Eine von deinen Müttern aus den fünfzig oder hundert Familien, die hier allein zählen, ja, immer noch, trotz zweier Kriege und Inflation und was sonst noch alles, und obwohl die Mädchen heute ohne Korsett und dergleichen herumspringen, aber aus Mädchen werden Mütter, und alles bleibt beim alten, so verflucht stark ist diese Stadt ...‹

›Na, sehen Sie.‹

›Hör endlich mit deinem *Sehen Sie* auf. Sogar Erzberliner, die nach Kriegsende hierherflohen, brachten kein Leben in die Bude, sondern benahmen sich nach zwei, drei Jahren karikiert hamburgisch. Es ist zum Kotzen. (...)

Wollen wir nicht irgendwo noch einen Schnaps trinken?‹

›Ist denn noch ein Lokal offen?‹

›Wenigstens der Wartesaal im Dammtorbahnhof wird noch offen sein, das ist nicht weit.‹

›Vielen Dank, aber ich muß fort, vielleicht um mir woanders einen Namen zu machen‹, sagte er lächelnd – denn er war ein Engel mit Humor, ein sehr hamburgischer Engel. (...) Und weg war mein Engel, wie das so die Gewohnheit bei Engeln ist. Das mit dem Verschweigen ist keine schlechte Idee, vielen Dank. Darüber muß ich erst einmal schlafen als braver Sohn dieser Stadt. Meinetwegen auch Mutterstadt.‹

Nossacks eigenständiger, durch Verlust und Entwurzelung beförderter Existentialismus hat schon die Aufmerksamkeit Jean Paul Sartres erregt: Nossack gehörte zu den deutschen Dichtern der unmittelbaren Nachkriegszeit, die auch in Frankreich auf Resonanz stießen. Seine Erfahrung des Fremdseins in einer verwalteten Welt, seine Ablehnung jeglicher Ideologien, sein selbstgewähltes »Partisanen-Dasein«, seine Sprachskepsis, seine Methode des Schreibens als Mittel der Selbstfindung, das traf das Zeitgefühl der Nachkriegsjahre.

Am 2. November 1977 ist Hans Erich Nossack, geehrt mit dem Bundesverdienstkreuz und dem Orden »Pour le Mérite«, in Hamburg gestorben.

SKANDAL UM MEPHISTO
KLAUS MANN (1906–1949)

Am 21. März 1999 jährte sich zum 50. Male der Todestag eines Autors, dessen erfolgreichstes und umstrittenstes Buch – der Roman »Mephisto« – auf Hamburger Erlebnissen basiert. Die Vorlage seiner Hauptfigur, Gustaf Gründgens, steht für ein großes Kapitel Hamburger Theatergeschichte. Schon in jenen »Hamburger Kammerspielen« feierte Gründgens große Triumphe – lange vor der Zeit seines legendären Hamburger Mephisto.

Über Klaus Manns Buch ist seit seinem Erscheinen viel gestritten worden. Als der Autor seinen Roman außerhalb Deutschlands schrieb – schreiben mußte –, war er, was die Zustände im Inneren des Hitler-Reichs anging, auf Informationen anderer, auf Vermutungen und Konstruktionen angewiesen. Das betraf auch die Rolle seines einstigen Freundes und Schwagers Gustaf Gründgens, des mehr oder weniger direkten Vorbilds seines Protagonisten Hendrik Höfgen. Gründgens' Wirken als Intendant in Berlin gibt noch immer manche Rätsel auf. Beispiele für seine Unterwerfung unter das diktatorische Regime sind so zahlreich wie solche seiner Courage, seiner mutigen Hilfe gegenüber Verfolgten. Es gab aber noch ein anderes Motiv für die Themenwahl Klaus Manns, welches vor die Zeit des Hitler-Reichs zurückreicht: Schon 1932 hatte Klaus Mann einen Roman veröffentlicht, in dem die Figur Gregor Gregori unverkennbar Züge Gustaf Gründgens' trägt. Wie später der »Mephisto«, so war auch »Treffpunkt im Unendlichen« bereits das literarische Dokument eines privaten Zerwürfnisses und einer Haßliebe.

Kein zweites deutschsprachiges Buch (abgesehen von der anonym erschienenen, vermutlich vom »Bambi«-Autor Felix Salten verfaßten »Geschichte der Josefine Mutzenbacher«) war von einem so nachhaltigen Skandal begleitet wie »Mephisto«. Die juristische Seite des Skandals gehört seit dem vorläufigen Verbot des Buchs durch das Bundesverfassungsgericht vom 27. Februar 1971 zur deutschen Rechtsgeschichte und hat bis heute für die juristischen Implikationen sogenannter »Schlüsselromane« exemplarische Bedeutung.

475 | Klaus Mann bei einem Rundfunkinterview bei RIAS, Berlin, Mai 1948

Klaus Mann hatte den Roman im Januar 1936 in Sils Baselgia im Engadin geschrieben. Das Emigrantenblatt »Pariser Tageszeitung« veröffentlichte ihn im Juni 1936 als Vorabdruck. Im Oktober desselben Jahres erschien im Amsterdamer Exilverlag Querido die erste Buchausgabe mit einer »Selbstanzeige« des Autors:

»Dieses Buch ist nicht gegen einen Bestimmten geschrieben; vielmehr: gegen den Karrieristen; gegen den deutschen Intellektuellen, der den Geist verkauft und verraten hat. Daß er begabt ist, macht die Sache erst doppelt arg. Höfgen – der Typ Höfgen, das Symbol Höfgen – stellt der ruchlosen, blutbefleckten Macht ein großes Talent zur Verfügung. Für die propagandistischen Zwecke eines infernalischen ›totalen Staates‹ läßt er zynisch etwas mißbrauchen, was fast Genie sein könnte, wenn es nur moralisch von einer reineren Substanz wäre.

Kein Roman kann nur polemisch konzipiert sein. Das Epische hat seine eigenen Rechte und Gesetze. Ich mußte versuchen, einen Menschen aus diesem Typus, diesem Symbol Hendrik Höfgen zu machen – einen Menschen von Fleisch und Blut, mit seinen Schwächen, seinen Lächerlichkeiten, Zartheiten, seinen Aufschwüngen und seinen Niederlagen. Auch die Figuren, die ich um ihn herum gruppierte, durften nicht nur die Repräsentanten von Gesinnungen sein, wenngleich die Gesinnungen eine dominierende Rolle spielen in diesem zunächst und vor allem satirisch-politischen Roman: einige Figuren müssen sogar sterben für ihren politischen Glauben; andere gehen um seinetwillen in die Emigration; der komödiantische ›Held‹ aber hat keinen Glauben, sondern nur den unbedingten, radikalen und zynischen Willen zum Aufstieg.

Ich versuche es, seinen fürchterlichen Ehrgeiz aus Minderwertigkeitskomplexen – die teils soziale, teils erotische Ursachen haben – zu erklären. In diesem Zusammenhang nimmt die Geschichte seiner Ehe einen ziemlich breiten Raum ein. Ich bemühe mich aufzuzeigen, warum der ›mephistophelisch gewordene Kleinbürger‹ zum großen Verräter werden mußte.

Um die Größe und das Ausmaß dieses Verrats anschaulich zu machen, war es notwendig, das Inferno der deutschen Gegenwart vorzuführen, mit pathetischen oder mit satirischen Mitteln. So ist viel Hohn und viel Haß in mein Buch gekommen: es war nicht genug, die Nachläufer der blutbefleckten Macht zu charakterisieren; ich mußte versuchen, die verzerrte Fratze der Macht selber zu beschwören.«

Zu den Empfängern der Rezensionsexemplare gehörte an erster Stelle jener Berliner Intendant, der in diesem Roman für den »Typus« des karrieresüchtigen Schauspielers und machthungrigen Opportunisten herhalten mußte: Gustaf Gründgens. Er wird später erklären, das Buch niemals gelesen zu haben. Sein langjähriger Dramaturg Rolf Badenhausen hat hingegen berichtet, daß Gründgens den »Mephisto« fast auswendig gekannt habe. Gründgens selbst erklärte nach dem Krieg, das Buch habe im Nazi-Berlin wie eine Denunziation gewirkt. Der Sicherheits- und SS-Chef Reinhard Heydrich habe es gelesen und daraus entnommen, daß Gründgens lange Zeit einen sogenannten Halbjuden als Sekretär beschäftigt habe. Der Betreffende ist tatsächlich verhaftet worden. Durch Gründgens' Eingreifen – das ist erwiesen – wurde der Sekretär jedoch nicht, wie ursprünglich geplant, ins Konzentrationslager, sondern ins Exil geschickt.

Auch andere lasen in Deutschland Klaus Manns Buch, zum Beispiel Gottfried Benn, der an seinen Freund Richard Oelze schrieb: »Geistig sehr schwach, sachlich abgestanden, kritisch unergiebig (…) es interessiert eigentlich niemanden.«

Auf eine westdeutsche Neuausgabe nach Ende des Krieges hoffte Klaus Mann vergeblich. Am 12. Mai 1949 schlug er einem Verleger in Berlin eine Ausgabe von »Mephisto« vor. Der aber lehnte ab – wegen der Rolle, die Gustaf Gründgens inzwischen wieder im deutschen Theaterleben spielte. Neun Tage später lebte Klaus Mann nicht mehr.

Ende 1952 konnte Erika Mann mit einem anderen (West-)Berliner Verleger endlich einen Verlagsvertrag über eine Neuausgabe von »Mephisto« abschließen. Die Ankündigung des Buches genügte, um Drohbriefe der Rechtsanwälte von Gründgens zu provozieren. Der Verleger ließ von dem ehemaligen Hamburger Staatsanwalt Gerhard Kramer (ein späterer Kultursenator der Hansestadt) ein Rechtsgut-

achten anfertigen, in dem dieser von einer Veröffentlichung abriet. Das Buch sei zweifellos ein denunziatorischer Schlüsselroman und verletze die Rechte des inzwischen wieder zu neuem Glanz aufgestiegenen Schauspielers und Intendanten Gründgens erheblich. Daraufhin verzichtete der Verleger auf die Veröffentlichung. Erika Mann erreichte jedoch beim Ost-Berliner Verlag Aufbau den Druck einer Neuausgabe; dort erschien »Mephisto« im Jahre 1956 (allerdings mit geringfügigen Namensänderungen) und wurde auch in die Bundesrepublik verkauft. Schon seit 1937 waren außerdem zahlreiche Übersetzungen erschienen. Im Februar 1963 erschien in einem Münchner Verlag eine Gesamtausgabe der Werke Klaus Manns, in der auch »Mephisto« angekündigt wurde. Inzwischen lebte Gustaf Gründgens nicht mehr, doch als sein Adoptivsohn Peter Gorski beim Hamburger Landgericht Klage gegen die geplante Veröffentlichung des Romans einreichte, kam es zu einem verspäteten »Duell zweier Toter«. Das Gericht entschied sich am 25. August 1965 zunächst gegen Gorskis Antrag und damit für eine Freigabe. Erst in einem Revisionsverfahren, ein knappes Jahr später, entschied sich das Oberlandesgericht Hamburg für ein Verbot. »Ich hoffe«, schrieb damals Marcel Reich-Ranicki in der »Zeit«, »daß gegen das Urteil diejenigen protestieren werden, in deren Rechte hier eingegriffen wurde – die Schriftsteller also und die Leser.« Er hoffte vergebens: Drei Jahre später untersagte das Bundesverfassungsgericht fürs erste endgültig die Veröffentlichung des Romans. Der Skandal war zu einem vorläufigen Abschluß gekommen.

Doch Bücher sind auch durch den Rechtsweg nicht totzukriegen.

1979 brachte die Regisseurin Ariane Mnouchkine in Frankreich eine Theaterfassung des »Mephisto« auf die Bühne. Die Aufführung machte Furore und wurde auch in der Bundesrepublik, beim Theaterfestival 1980, gezeigt. Daraufhin wanderte die gleiche Fassung weiter nach Basel, Freiburg und Stuttgart. 1980 hat der Rowohlt-Verlag nach eingehender Prüfung der möglichen Gefahren eine Taschenbuchausgabe riskiert. Das Urteil des Verfassungsgerichts hatte bei genauerem Hinsehen ein Schlupfloch gelassen: Ein Passus darin besagte nämlich, daß eine Veröffentlichung erst dann möglich sei, wenn eine neue Generation von Lesern keine genaueren Kenntnisse mehr von Gustaf Gründgens habe. Daß dem bereits so war, bestätigte nicht zuletzt eine Umfrage des Senders Freies Berlin auf den Straßen von Neu-Kölln. Das Ergebnis hörte sich 1980 folgendermaßen an:

> Frage: »Wissen Sie, wer Gründgens war?«
> Antwort: »Nö! Keine Ahnung.«
> Frage: »Wissen Sie, wer Gründgens war?«
> Antwort: »Na, 'n Theaterregisseur, warum?«
> Frage: »Können Sie sich noch an den erinnern?«
> Antwort: »Na ja, der is ja nu schon – wie lange is det her? – jute zehn Jahre tot, wa?«
> Frage: »Wissen Sie noch etwas über Gründgens' Verhalten im Dritten Reich?«
> Antwort: »Also, er war so'n bißchen Linkshänder, nich wahr? Verstehste – anders veranlagt.«
> Frage: »Sie sind Schüler, beide, darf ich Sie mal fragen: Wissen Sie, wer Gründgens war?«
> Antwort: »Ein Schauspieler war das, ja.« – »Ich wüßte't nich.«
> Frage: »Wissen Sie, wer Gründgens war?«
> Antwort: »Ja, Schauspieler.«
> Frage: »Wissen Sie zufälligerweise etwas über sein Verhalten im Dritten Reich?«
> Antwort: »Also, Nationalsozialist war er nich, also war er gegen die Nationalsozialisten.«

Fast ein halbes Jahrhundert nach der Erstveröffentlichung fand sich jetzt auch kein Kläger mehr. Peter Gorski, längst nicht mehr in Hamburg, sondern auf einer spanischen Insel lebend, schritt nicht mehr ein. Inzwischen war dem Buch – so die »Süddeutsche Zeitung« – »ein ganz anderer Rang zugewachsen, der es der vergangenen Auseinandersetzung entheben oder sie zumindest maßgeblich verschieben müßte: der Rang des authentischen geschichtlichen Dokuments«.

Auch wenn es immer fragwürdig ist, fiktive Personen auf reale Vorbilder festzulegen, so sind doch einige Übereinstimmungen mit den Hamburger Erinnerungen Klaus Manns unverkennbar. Oskar H. Kroge ist das literarische alter ego Erich Ziegels, der 1918 die Ham-

burger Kammerspiele am Besenbinderhof gegründet hatte. Unter seiner Leitung entwickelte sich das Theater in St. Georg zu einer der lebendigsten deutschen Bühnen. Ziegel verhalf Autoren wie Bert Brecht und Ödön von Horváth, Frank Wedekind und Klabund, Ernst Toller und eben Klaus Mann zu großen Erfolgen. Aber auch viele Schauspieler starteten oder beförderten hier ihre Karriere: Fritz Kortner oder Gustaf Gründgens (im Roman Hendrik Höfgen), Elisabeth Bergner (im Roman Dora Martin) oder Pamela Wedekind (Nicoletta) und Erika Mann (Barbara).

Klaus Mann beschreibt die ›Hamburger Verhältnisse‹ in seinem Roman sehr anschaulich – wie die folgenden Passagen aus dem »Mephisto« zeigen:

»Es war ohne Frage ein Fehler von ihm gewesen – nur zu bald sollte es ihm klar werden –, sein stimmungsvolles kleines Haus in Frankfurt aufzugeben. Das Hamburger Künstlertheater, dessen Direktion man ihm im Jahre 1923 anbot, war freilich größer. Deshalb akzeptierte er. Das Hamburger Publikum aber erwies sich als längst nicht so zugänglich dem leidenschaftlichen und anspruchsvollen Experiment, wie jener zugleich routinierte und enthusiastische Kreis, der den Frankfurter Kammerspielen treu gewesen war ... Kroge klagte über die Indifferenz der Hamburger Jugend im Besonderen und über die Ungeistigkeit einer Öffentlichkeit im Allgemeinen, die sich allem Höheren entfremdet habe. ›Wie schnell es gegangen ist!‹ stellte er mit Bitterkeit fest. ›Im Jahre 1919 lief man noch zu Strindberg und Wedekind; 1926 will man nurmehr Operetten.‹ Oskar H. Kroge war anspruchsvoll und übrigens ohne prophetischen Geist. Hätte er sich beschwert über das Jahr, wenn er sich hätte vorstellen können, wie das Jahr 1936 aussehen würde? – ›Nichts Besseres zieht mehr‹, grollte er noch. Sogar bei den Webern gestern ist das Haus halb leer gewesen‹ ... Hedda von Herzfeld – Kroges alte Mitarbeiterin und Freundin, die schon in Frankfurt Dramaturgin und Schauspielerin bei ihm gewesen war – bemerkte: ›Du siehst alles mal wieder schwarz in schwarz, Oskar H.! Es ist ja schließlich keine Schande, Dora Martin gastiern zu lassen – sie ist wundervoll –, und übrigens kommen unsere Hamburger auch, wenn Höfgen spielt.‹

(…) Für den nächsten Tag hatte Hendrik den Beginn der Probe auf halb zehn angesetzt. Pünktlich versammelte sich das Ensemble, so weit es in Frühlings Erwachen beschäftigt war, teils auf der zugigen Bühne, teils im spärlich beleuchteten Parkett. Nachdem man etwa eine Viertelstunde lang gewartet hatte, entschloß sich Frau von Herzfeld dazu, Höfgen aus dem Bureau zu holen, wo er sich seit neun Uhr mit den Direktoren Schmitz und Kroge besprach.

Gleich bei seinem Eintritt waren sich alle darüber klar, daß er sich heute in der ungnädigsten Stimmung befand – der strahlende Causeur vom vorigen Abend war nicht wiederzuerkennen. Die Schultern auf nervöse Art hochgezogen, die Hände in den Hosentaschen vergraben, ging er eilig durch das Parkett und bat, mit einer vor Gereiztheit fast tonlosen Stimme, um ein Exemplar des Textbuches. ›Ich habe meines zu Hause liegen lassen.‹ Er hatte einen bitter gekränkten Ton, der gleichsam allen Anwesenden einen leisen aber intensiven Vorwuf aus dem Umstand machte, daß er, Hendrik, beim Weggehen vergeßlich und zerstreut gewesen war. ›Nun, darf ich bitten?‹ Es gelang ihm, zugleich wegwerfend gedämpft und sehr schneidend zu sprechen. ›Hat denn niemand so ein Heftchen für mich?‹ Die kleine Angelika reichte ihm das ihre. ›Ich brauche mein Buch nicht mehr‹, sagte sie errötend. ›Ich kann meinen Text.‹ – Hendrik, anstatt sich zu bedanken, bemerkte kurz: ›Das will ich auch hoffen!‹ – und wandte sich von ihr ab.

(…) Die altmodische Villa, in deren Erdgeschoß er ein Zimmer bewohnte, lag in einer jenen stillen Straßen, die vor dreißig Jahren zu den vornehmsten der Stadt gehört hatten. Mit der Inflation waren die meisten Bewohner der feinen Gegend arm geworden; ihre Villen mit den vielen Zinnen und Giebeln sahen schon recht heruntergekommen aus – verwahrlost, wie die großen Gärten, die sie umgaben. Auch Frau Konsul Mönkeberg, der Hendrik monatlich vierzig Mark für eine geräumige Stube bezahlte, fand sich in bedrängten Verhältnissen. Trotzdem war sie eine tadellose, stolze alte Dame geblieben, die ihre sonderbaren Kostüme mit Puffärmeln und Spitzenumhang würdevoll trug, auf deren glatten Scheitel niemals ein Haar sich widerspenstig zu zeigen wagte und um deren schmale Lippen ironische aber nicht bittere Fältchen spielten. Die Witwe Mönkeberg war überlegen genug, an den Exzentritäten und diversen Unartigkeiten ihres Mieters keinen Anstoß zu nehmen, sondern ihnen eher die drolligen Seiten abzugewinnen. Im Kreise ihrer Freundinnen – alten Damen von ähnlicher Feinheit, ähnlicher Armut und fast dem gleichen Aussehen wie sie – pflegte sie mit trockenem Humor von den Narreteien ihres Untermieters zu berichten: ›Was wollen Sie, meine Lieben? Ein Künstler … Vielleicht ein bedeutender Künstler‹, sprach die alte Patrizierin langsam und bewegte die hageren weißen Finger, an denen sie seit zehn Jahren keine Ringe mehr trug, auf der verblichenen Spitzendecke des Teetisches.

(…) Die Saison ging weiter, es war keine schlechte Saison für das Hamburger Künstlertheater. Oskar H. Kroge war entschieden ungerecht gewesen, als er gesagt hatte, Höfgen werde überzahlt mit tausend Mark Monatsgehalt. Ohne diesen Schauspieler und Regisseur hätte das Institut gar nicht auskommen können: Höfgen gewann sich die Kinderherzen als witziger und schöner Prinz im Weihnachtsmärchen; die Damen fanden ihn unwiderstehlich in französischen Konversationsstücken und in den Komödien von Oscar Wilde; der literarisch interessierte Teil des Hamburger Publikums diskutierte seine Leistungen in Frühlings Erwachen, als Advokat in Strindbergs Traumspiel, als Léonce in Büchners Léonce und Lena. Er konnte elegant sein, aber auch tragisch. Er hatte das ›aasige‹ Lächeln, aber auch den Leidenszug an den Schläfen. Er bezauberte mit übermütigem Esprit, er imponierte mit herrisch gerecktem Kinn, abgehacktem Kommandoton und stolz-nervösen Gebärden; er rührte durch Demut, hilflos irrenden Blick, weltfremd zarte Verstörtheit. Er war gütig und gemein, hochfahrend oder zärtlich, schneidig oder gebrochen – ganz wie das Repertoire es verlangte.

(…) Höfgen arbeitete sechzehn Stunden am Tag und hatte jede Woche mindestens einen Nervenzusammenbruch. Diese Krisen traten stets sehr heftig und in abwechslungsreichen Formen auf. Einmal fiel Höfgen zur Erde und und zuckte stumm; das nächste Mal hingegen blieb er zwar stehen, schrie aber grauenhaft, und dies fünf Minuten lang ohne jegliche Unterbrechung; dann wieder behauptete er auf der Probe, zum Entsetzen aller, er bekäme plötzlich seine Kiefer nicht mehr auseinander, ein Krampf habe eingesetzt; es sei scheußlich, nun könne er nur noch murmeln, und das tat er denn auch. Vor der Abendvorstellung, in der Garderobe, ließ er sich (...) die untere Gesichtshälfte massieren, stöhnte und murmelte mit aufeinander gepreßten Zähnen. Eine Viertelstunde später, auf der Bühne, gehorchte ihm sein Mundwerk wie je; er benutzte es mit Geschicklichkeit, strahlte und hatte Erfolg.

(...) Hendrik fühlte, daß Barbaras prüfender Blick mit sympathievoller Neugier auf ihn gerichtet war. Er glaubte zu wissen, daß er dem Mädchen gefiel. Schönste Hoffnungen erfüllten sein bewegtes Herz ...

Man trennte sich spät und in bester Stimmung. Hendrik machte seinen Heimweg zu Fuß. Er mußte über Barbara nachdenken. Das Gefühl einer reinen Verliebtheit war völlig neu für ihn und wurde übrigens angenehm gesteigert durch die Wirkung der starken und erlesenen alkoholischen Getränke. ›Was ist das Geheimnis dieses Mädchens?‹ sann der Entzückte. ›Ich glaube, es ist das Geheimnis der vollkommenen Anständigkeit. Sie ist der anständigste Mensch, den ich jemals gesehen habe. Sie ist auch der natürlichste Mensch, den ich jemals gesehen habe. Sie könnte mein guter Engel sein.‹ Er blieb stehen, mitten auf der Straße, die Dunkelheit war mild und duftete. Es war ja schon beinah Sommer. Er hatte gar nicht gemerkt, daß es einen Frühling gegeben hatte. Und nun war schon beinah Sommer. Sein Herz erschrak vor einem Glück, von dem es niemals gewußt hatte, auf das es sich durch keine zarte Übung vorbereitet fand. ›Barbara wird mein guter Engel sein.‹

(...) Nicoletta hatte ihr klirrendes Lachen: ›Heirate sie! – es ist für euch beide ganz entschieden das Praktischste. Übrigens wird es auch für Deine Karriere günstig sein; der alte Bruckner hat Einfluß.‹ Auch hieran hatte Hendrik schon gedacht. Der Rausch seiner Verliebtheit, der anhielt – oder von dem er doch gern glauben wollte, daß er dauerhaft sei –, vermochte Erwägungen kühlerer Art nicht ganz zu verdrängen. Geheimrat Bruckner war ein großer Mann, auch nicht arm; die Verbindung mit seiner Tochter würde Vorteile bringen, neben allem Glück.

Hatte Nicoletta recht mit ihren zynischen und dezidierten Reden? Erwog Barbara die Möglichkeit einer Verbindung mit Hendrik Höfgen? Wie weit ging ihr Interesse an ihm? War es nicht nur spielerischer und oberflächlicher Natur? Ihr Madonnengesicht mit dem spitzbübischen Zug war undurchschaubar. Nichts verriet ihre von goldenen Tönen gesättigte, tiefe, klingende Stimme. Was aber verrieten ihre forschenden Augen, die so oft mit Neugier, mit Mitleid, Freundschaft, vielleicht mit Zärtlichkeit auf Hendrik gerichtet waren? … Es wurde ein langes Gespräch, und es endigte damit, daß Hendrik auf die Knie stürzte und weinte. Weinend bat er Barbara, sie möge Erbarmen haben. ›Ich brauche dich‹, schluchzte er, die Stirne auf ihrem Schoß. ›Ohne Dich muß ich ganz zugrunde gehen. Es ist so viel Schlechtes in mir. Allein bringe ich die Kraft nicht auf, es zu besiegen, du aber wirst das Bessere in mir stark machen!‹

(…) Ohne mit ihren Händen das nasse Gesicht zu berühren, das er ihr hinhielt; ohne die Lider zu heben, sagte sie langsam: ›Wenn du es so gerne willst, Hendrik … Wir können es ja versuchen …‹ Daraufhin stieß Hendrik Höfgen einen leisen, heiseren Schrei aus, der wie ein gedämpftes Triumphgeheul klang. Dieses war die Verlobung.«

1925 wagten die Hamburger gemeinsam mit den Münchner Kammerspielen erneut die Uraufführung eines Stücks von Klaus Mann: »Anja und Esther«. Regie: Gustaf Gründgens. In den vier Hauptrollen: Erika, ihre Freundin Pamela Wedekind, Gustaf Gründgens und der Autor selbst. Dieser hat später in seiner Autobiographie »Der Wendepunkt« von der gemeinsamen Arbeit an den Hamburger Kammerspielen erzählt:

»Wir waren alle noch halbe Kinder, als wir uns in Hamburg zusammenfanden, um mein Stück Anja und Esther aufzuführen. Gründgens war der vielseitige Star der Hamburger Kammerspiele, die sich unter der Direktion von Erich Ziegel zu einer literarischen Bühne ersten Ranges entwickelt hatten. Er glitzerte und sprühte vor Talent, der charmante, einfallsreiche, hinreißende, gefallsüchtige Gustaf! Ganz Hamburg stand unter seinem Zauber … Gustaf war brillant, witzig, blasiert, mondän. Mit welch nachlässiger Eleganz servierte er die Pointen in Oscar Wildes The Importance of Being Earnest! Gustaf war düster und dämonisch, Gustaf war müde und dekadent, Gustaf war von überströmender Lebendigkeit; er war abwechselnd jugendlicher Liebhaber, ›père noble‹, Intrigant und Bonvivant; er war alles und nichts. Er war der Komödiant par excellence.

Er litt an seiner Eitelkeit wie an einer Wunde. Es war diese fieberhafte, passionierte Gefallsucht, die seinem Wesen den Schwung, den Auftrieb gab, an der er sich aber auch buchstäblich zu verzehren schien. Wie tief muß der Inferioritätskomplex sein, der sich in einem solchen Feuerwerk von Charme kompensieren will! Welche Beunruhigung, welch gequältes Mißtrauen versteckt sich hinter dieser exaltierten Munterkeit! Wer sich seiner selbst sicher wäre, gäbe wohl nicht so an. Wer sich auch nur von einem Menschen wirklich geliebt wüßte, hätte es kaum nötig, ständig zu verführen. Der Gustaf jener frühen Epoche, der noch unbewiesene, noch unberühmte, von Ehrgeiz verzehrte Anfänger, war nicht ohne rührende, ja nicht ohne tragische Züge (…). In einem Gesicht, das ohne Schminke merkwürdig fahl, fahl wie Asche, schien, schillerten seine kalten, traurigen Juwelenaugen wie die eines sehr seltenen, sehr kostbaren, vielleicht verzauberten Fisches.

(…) Die Uraufführung (von *Anja und Esther,* Anm. d. Hrsg.) fand, im Herbst des Jahres 1925, gleichzeitig in Hamburg und München statt. In München, wo Otto Falckenberg das Stück in den Kammerspielen herausbrachte, war die Reaktion gleichermaßen gehässig bei Presse und Publikum. Unsere Hamburger Veranstaltung hingegen darf wohl als ein durchschlagender Erfolg bezeichnet werden – mindestens als ein ziemlich lauter succès de scandale. Von den Gestaden der Nordsee bis nach Wien, Prag und Budapest gab es ein Gerausche im Blätterwald: ›Dichterkinder spielen Theater!‹ Manche der Artikel waren boshaft, während andere sich durch einen gnädig herablassenden Ton auszeichneten; einige Kritiker brachten sogar ein gewisses Verständnis für die Intentionen und Qualitäten meines Stückes auf. Aber ob die Kommentare spöttisch oder enthusiastisch waren, ihre Überfülle mußte uns als Reklame willkommen sein.

Die ›Dichterkinder‹ spielten vor vollen Häusern.«

Das Urteil von Presse und Publikum über »Anja und Esther« war, um es höflich auszudrücken, zwiespältig. In München hagelte es Verrisse, in Hamburg fiel das Echo etwas milder aus. Der Hamburger Korrespondent der »Frankfurter Zeitung« sprach von einem »verrucht parfümierten Gegenstück zu Wedekinds ›Frühlings Erwachen‹«; das »Hamburger Fremdenblatt« meinte: »Klaus Mann und Gustaf Gründgens ... schwammen in einer fast unerträglich dekadenten Atmosphäre.« Immerhin war das eigentliche Thema des Stücks eine delikate Beziehung zwischen zwei Frauen: Anja und Esther. Eingeweihte wußten, wer damit gemeint war: Erika Mann und Pamela Wedekind.

Während der Probenzeit traf ein Augenzeuge einmal Klaus Mann und seinen Kreis nachts auf St. Pauli:

Die »Dichterkinder«: Erika und Klaus Mann mit Pamela Wedekind und Gustaf Gründgens

»Zwei Jünglinge, die durch Gesprächsfetzen oder durch das mittlerweile auf dem Titelblatt der Berliner Illustrierten erschienene Photo der Mann-Kinder nebst Pamela mitbekommen hatten, wer nebenan saß, kamen unter ergebenen Bücklingen an unseren Tisch und sagten in klassischem Hamburgisch: ›Padong, wir wollden uns, tscha, man bloß bei Ihrem Hään Vater hääzlich bedanken für Tonio Kröga‹, worauf Klaus sich seinerseits in wohlgesetzter Rede bei ihnen bedankte. Nach 10 Minuten kamen die beiden nochmals: ›Wir wollden uns auch noch seehr hääzlich für die Buddenbrooks bedanken.‹ Wiederum höflicher Dank von Klaus, schon mit stark gelangweiltem Unterton. Nach abermals 10 Minuten, – man hörte die beiden gewissermaßen ihre Bildungskommodenschubladen umkramen – zum dritten Mal: ›Tscha, un dann noch gans besonders hääzlichen Dank an Ihren Hään Vater für'n Tod in Wenedich‹, worauf wir fluchtartig das Weite suchten.«

Aber folgen wir wieder dem Roman »Mephisto«:

»Hendrik Höfgen litt, wenn er im H.K. die Berliner Zeitungen las; sein Herz zog sich zusammen und schmerzte vor Neid und Eifersucht … ›Erster zu sein in Hamburg – das ist schon was Rechtes!‹ beklagte er sich bei Frau von Herzfeld, die sich nach dem Grunde seines üblen Aussehens teilnahmsvoll erkundigt hatte und nun versuchte, ihn zu beruhigen mittels kluger Schmeicheleien. ›Liebling eines provinziellen Publikums zu sein – ich bedanke mich schön. Lieber fange ich in Berlin noch mal von vorne an, als daß ich diesen kleinstädtischen Betrieb hier länger mitmache.‹ Frau von Herzfeld erschrak. ›Sie wollen doch nicht wirklich weg von hier, Hendrik?‹ … ›Der Professor hat mich aufgefordert‹, sagte er und putzte sein Monokel mit dem Seidentuch. ›Eine ganz nette Rolle. Eigentlich wollte ich ablehnen, wegen der schlechten Saison: wer ist schon in Wien, jetzt im Juni? Aber schließlich habe ich mich doch entschlossen anzunehmen. Man weiß ja nie, was für Folgen so ein Gastspiel beim Professor haben kann … Übrigens wird die Martin meine Partnerin sein‹, bemerkte er noch, während er sich das Monokel wieder vors Auge klemmte. ›Der Professor‹ war jener Regisseur und Theaterleiter von legendärem Ruhm und ungeheurem internationalen Ansehen, der mehrere Theater in Berlin und Wien beherrschte. Wirklich hatte sein Sekretariat dem Schauspieler Höfgen eine mittlere Rolle in der Altwiener Posse angeboten, die der Professor während der Sommermonate mit Dora Martin in einem seiner Wiener Häuser spielen lassen wollte.

Hinter dem Professor verbirgt sich natürlich niemand anderes als Max Reinhardt. Über ihre tatsächlich stattgefundene Hochzeit mit Gustaf Gründgens – die Ehe wurde 1929 bereits wieder geschieden – hat Erika Mann sich in einem Brief an Pamela Wedekind folgendermaßen geäußert:

Friedrichs(hafen), Juni 1926

Viele, viele Grüße, meine geliebte Göttin, von der Ehefrau … Ja, Pamela, es war schon ein großer Schreck! Wie so der Herr auf dem Standesamt noch ganz freundlich »Fräulein Mann« zu mir sagte, als er uns ermahnte doch lieber richtig herum den Tatort zu betreten – G.G. links und ich rechts (wir hatten es natürlich falsch gemacht!) und dann plötzlich herrschte er mich an »jetzt unterschreiben Sie, Frau Gründgens!« Ein großer Schreck war es schon! Aber dann gings ja alles ganz gut. In Feldafing aß sichs zu Mittag und das Abendfest war sogar recht lieb. Eine fein-rührende Rede hielt der Zauberer … Und jetzt sind wir einfach im Kurgartenhotel, wo groß und klein uns frivol behandeln muß, da niemand und der Klügste nicht, den Ehestand uns glauben kann. Aber daß wir (Du und ich!) in der Kurliste des vorigen Monats stehen – ich als Schauspielerin und Du als Herr Wedekind aus München, ist mir lieb. – Meine Pamela, bitte, bitte komm bald. So schrecklich gern möchte ich es, weil ich Dich eben doch über die Maßen liebe. Schau, das Kläuschen kommt wohl am Sonntag oder Montag. Willst Du nicht mit ihm reisen? – G.G. sprach ich schon davon und auch er sähe Dich gern und würde das Beisammensein begrüßen.

Alles Zärtliche E.

Erika Mann hatte sich nach ihrer Schulzeit am Münchner Luisengymnasium entschlossen, Schauspielerin zu werden. Max Reinhardt hatte die 18jährige nach Berlin engagiert, wo sie auch bald größere Rollen spielen durfte. 1924 trat sie am Bremer Schauspielhaus u. a. als Haitang in Klabunds »Der Kreidekreis« auf, der Paraderolle Carola Nehers und Elisabeth Bergners. Nach ihrem Auftritt in »Anja und Esther« wurde Erika Mann an die Münchner Kammerspiele und an das dortige Staatstheater engagiert. In Berlin spielte sie danach die Hauptrolle in Shaws »Die Heilige Johanna« und die Lavinia in »Androklus und der Löwe« – wie Bruder Klaus schwärmend kommentierte: »im großen Faltenwurf und im Antlitz der Duse«.
1927 spielte sie auf einer Tournee, die über viele deutsche Bühnen führte, in Klaus Manns »Revue zu vieren«. Die »Hamburger Nachrichten« meinten nach der Aufführung: »Dichterkinder, die die Tinte nicht halten konnten ... Klaus darf nicht ferner seine Notdurft an jeder Theaterecke verrichten ... Könnte auch ›Revue auf allen vieren‹ heißen.« Danach, 1930, spielte sie noch in Klaus Manns von der Kritik ebenso einhellig verrissenem Stück »Geschwister«, schließlich auch in Molières »Schule der Frauen«. Filme wie »Mädchen in Uniform« und »Peter Voß, der Millionendieb« kamen hinzu. Inzwischen aber hatte sich das Klima in Deutschland verändert: Wegen ihrer Teilnahme an einer Versammlung der »Internationalen Frauenliga für Frieden und Freiheit« und ihrer Mitwirkung im Kabarett »Die Pfeffermühle« wurde Erika Mann von den Nationalsozialisten öffentlich angegriffen und als »pazifistische Friedenshyäne«, als »Zuhälterin des jüdischen Sklavenhalters« geschmäht. Die Zeichen standen bereits auf Sturm.

Nach der Geburt Erikas hatte der Vater des Kindes an seinen Bruder Heinrich geschrieben: »Es ist also ein Mädchen: eine Enttäuschung für mich, wie ich unter uns zugeben will, denn ich hatte mir sehr einen Sohn gewünscht und höre nicht auf, es zu thun. Warum? Ist schwer zu sagen. Ich empfinde einen Sohn als poesievoller, mehr als Fortsetzung und Wiederbeginn meiner selbst unter neuen Bedingungen.«

Bekanntermaßen wurde gerade Erika später, bis zu seinem Lebensende, Thomas Manns wichtigste Ratgeberin und Helferin. Im darauffolgenden Jahr schließlich, am 18. November 1906, war es

soweit: Katja und Thomas Mann wurden Eltern eines Knaben, der den beziehungsreichen Namen Klaus Heinrich Thomas Mann erhielt. Klaus Heinrich heißt auch die Hauptfigur in »Königliche Hoheit«. Dieser ist ein Prinz, der es ertragen muß, gleichermaßen auserwählt und ausgeschlossen zu sein.

1916 kam Klaus Mann auf das Münchner Wilhelmsgymnasium. Die Mutter erteilte ihm außerdem noch Unterricht in Griechisch, Latein und Mathematik. Ebenso wie seine Schwester wollte auch Klaus Schauspieler werden, wurde aber von seiner Mutter – gewiß zu Recht – belehrt, daß er dazu kein Talent besitze. So wollte er sich als Tänzer versuchen.

Nach dem Besuch der Odenwaldschule, jenes Internats, das auch ein anderer »Dichter in Hamburg«, Wolfgang Hildesheimer, besucht hat, wurde er schließlich Schriftsteller. Er begann, für die angesehene »Neue Rundschau« zu schreiben, wurde 1924 Theaterkritiker in Berlin beim »Zwölf Uhr Blatt«; dann folgten Romane und Theaterstücke, stets begleitet von der rastlosen Arbeit als Journalist und einem äußerst sprunghaften, für ihn gefährlich-labilen Lebenswandel.

Die Anregung zu »Mephisto« erhielt Klaus Mann, der sich im Exil zunächst als Lektor des Amsterdamer Querido-Verlages über Wasser halten mußte, in einem Brief vom 15. November 1935 von Hermann Kesten:

»(...) Da mir aber Landshoff sagte, Sie suchten nach einem neuen Stoff für Ihren neuen Roman, und da ich selbst für mich, für meinen neuen Roman, hin und her überlege, so überlegte ich mir – für mich – dieses und jenes und kam an eine Sache, von der ich glaube, daß ich sie sehr schlecht und Sie sie sehr gut machen könnten. Um es kurz zu machen, meine ich, Sie sollten den Roman eines homosexuellen Karrieristen im dritten Reich schreiben, und zwar schwebte mir die Figur des von Ihnen künstlerisch (wie man mir sagt) schon bedachten Herrn Staatstheaterintendanten Gründgens vor. (Titel: Der Intendant) Dabei denke ich nicht daran, daß Sie eine hochpolitische Satire schrieben, sondern – fast – einen unpolitischen Roman, Vorbild der ewige Bel-Ami von Maupassant, der schon Ihrem Onkel das köstliche Schlaraffenland entdecken half ... Das Ganze im ironischen Spiegel einer großen versteckten, freilich spürbaren Leidenschaft. Keine politischen Darstellungen. Gesellschaftssatire. Satire auf gewisse homosexuelle Figuren. Satire auf den Streber, auf – vielleicht – viele Arten Streber ... Ich glaube, solch ein Stoff könnte Ihnen sehr gelingen und könnte durch die dritte Reich-Sphäre auch größere Chancen bieten. Ich sprach mit Landshoff darüber, und er ist gleichfalls meiner Meinung – wird es Ihnen wohl auch schreiben. Es würde mich sehr freuen, wenn ich Ihnen eine vage Anregung zu einem ›Theater‹-Roman damit gegeben hätte.«

Gustaf Gründgens hatte das Berliner Theater inzwischen zu großen Erfolgen geführt – und wurde für den ruhm- und prunksüchtigen Hermann Göring, dessen Frau, die Hamburgerin Emmy Sonnemann, an seinem Theater mitwirken durfte, unverzichtbar. Daß es das deutsche Theater noch oder – wie die Nazis meinten – wieder gab, das symbolisierte vor allem Gustaf Gründgens. Gelegentlich machten Geschichten über seine Affären die Runde. Aber Göring verstand es, den Mantel des Schweigens darüber zu hüllen, freilich nur gegen die gestrenge Auflage an Gründgens, sich jeder derartigen Betätigung zu enthalten. Gründgens und Göring verband nicht nur die gegenseitige Bewunderung – nicht nur die Ehefrau des einen und die Schauspielerin des anderen –, sondern auch die Sucht nach Opiaten.

»Mephisto« wurde zu einer Abrechnung mit dem einstigen Freund und Schwager, wohl auch ein Dokument einer persönlichen, wie auch immer motivierten Enttäuschung, die sich durch die verschiedenen politischen Ufer der beiden dramatisch gesteigert hatte. »Mephisto« ist der Roman eines Karrieristen unter den Verhältnissen der Diktatur. Der größere Teil des Buches spielt im Nazi-Berlin. In dem Buch »Escape to Life«, das Klaus und Erika gemeinsam im April 1939 veröffentlichten, heißt es:

»Die Karriere unseres alten Freundes Gründgens, der in der Tat einmal mit Erika verheiratet gewesen ist und heute die allerhöchsten Ehren in Berlin genießt, hatten wir ziemlich genau verfolgt. Die krasse Wendung, die seine Gesinnung und seine Entwicklung genommen hatten, konnte uns kaum überraschen: wir kannten ihn, und wir wußten, daß sein ungeheurer zynischer Ehrgeiz stärker war als irgendeine andere Eigenschaft seines ziemlich kompliziert zusammengesetzten Wesens. Erika äußerte, mit einem etwas verächtlichen Wohlwollen: ›Möge er glücklich sein, mein komischer alter Gustaf! … Wirklich – ich habe mich allen Ernstes geschämt, daß in meinem Paß einmal ›Frau Gründgens‹ stand.‹ «

Als Klaus Manns »Mephisto« 1936 erschien, schrieb Thomas Mann seinem Sohn: »Dein Roman also hat mir großes Vergnügen gemacht. Er ist leichtfüßig und amüsant, ja brillant, sehr komisch oft und sprachlich fein und sauber. Die Beobachtung kann man ja machen, daß ein so sehr an die Wirklichkeit gebundenes Werk am gefährdetsten ist und gewissermaßen ratlos wird, wo es frei von ihr abweichen und sie verleugnen möchte. Da ist dann leicht nicht alles in Ordnung, manches ist mehr unrichtig als frei und manches so gar nicht ganz recht – so kommt es uns vor. Mit Mielein (Katia Mann) stimme ich darin überein, daß das Gelungenste und kritisch-erzählerisch Glänzendste die Schilderungen aus dem Berliner Theater- und Literatenleben von vor dem Umsturz sind. Aber freilich muß man sich gerade unter dem Eindruck dieses witzigen Bildes fragen: Wenn es so war, so albern und so korrupt, konnte es dann so fortgehen, und mußte nicht etwas anderes kommen, vielleicht notwendig das, was kam? Diese Frage ist gefährlich, und der Republik geschieht doch wohl unrecht damit. Ich weiß nicht, ob Du Dich hier als Moralist gefühlt hast, aber im Ganzen des Buches bist Du es, und das ist das Merkwürdige und Neue daran, das, was dem Roman sein geistesgeschichtliches Gepräge gibt und woran man ihn später einmal erkennen wird … Die besten und bedeutendsten Momente in Deinem Roman sind vielleicht die, wo die Idee des Bösen vermittelt und gezeigt wird, wie der komödiantische Held seine Sympathie dafür entdeckt und sich ihm dann verschreibt. Es ist eine richtige Teufelsverschreibung. Daß es den Teufel wieder gibt, ist schon was wert für die Dichtung. Und wie wird sie auch fromm werden, wenn sich auch Gott wieder offenbart, nämlich dadurch, daß die Bösen am Schlusse wirklich der Teufel holt, worauf wir hoffen.«

Klaus Mann gehörte zu den markantesten Publizisten der Exil-Literatur. Das veranlaßte den Intendanten am Berliner Schauspiel-

haus, den Schriftsteller Hanns Johst, am 10. Oktober 1933 zu folgendem Brief:

Mein lieber Heinrich Himmler!

Die Freude über unsere letzte Begegnung bei den Bauern ist nun wieder durch den Arbeitsbetrieb überrauscht. Aus diesem Arbeitsbetrieb darf ich nun heute vielleicht einen kulturpolitischen Vorschlag machen: In Amsterdam erschien das derzeit unflätigste Emigrantenblatt Die Sammlung. Sie werden sich ja jederzeit Belegexemplare verschaffen können, sonst übersende ich Ihnen auch gern ein Exemplar dieses Schmutzes. Als Herausgeber zeichnet der hoffnungsvolle Sproß des Herrn Thomas Mann, Klaus Mann. Da dieser Halbjude schwerlich zu uns herüber wechselt, wir ihn also leider nicht auf's Stühlchen setzen können, würde ich in dieser wichtigen Angelegenheit doch das Geiselverfahren vorschlagen. Könnte man nicht vielleicht Herrn Thomas Mann, München, für seinen Sohn ein wenig inhaftieren? Seine geistige Produktion würde ja durch eine Herbstfrische in Dachau nicht leiden, denn wir wissen aus unseren eigenen Reihen, welches famose Schrifttum gerade von nationalsozialistischen Häftlingen zur glücklichen Niederschrift kam. Ich erinnere nur an Hitler und Röhm. Ich erwähne dieses, damit wir in diesem Punkt gefeit sind, falls man uns Barbaren heißt. Wir gehen aber nur gegen das verleumderische Fleisch vor und also nicht gegen den europäischen Geist des Herrn Mann.

Ich nehme diese Gelegenheit wahr, Ihnen noch einmal schriftlich aus vollem Herzen und kameradschaftlichen Gefühlen zum Geburtstag zu gratulieren.

Mit Handkuß für Ihre Gattin und Handschlag für Sie
immer Ihr getreuer Hanns Johst

Als im Sommer 1943 die schweren Angriffe auf Hamburg begannen, entsann sich Klaus Mann in einem Essay noch einmal jener Stadt, in der er so gerne gewesen war, die für ihn mit freudigen Aufbrüchen und dem Zerbrechen einer Freundschaft verbunden war:

»Ich hatte es gut in Hamburg. Die Tage mit Erika, Pamela, Gustaf und einer bunten Auswahl von neuen Freunden, die Abende im

Theater, die Nächte in den Kaschemmen und Matrosen-Dancings von St. Pauli, alles war danach angetan, mich restlos glücklich zu machen. Wie lange? Sechs Wochen lang oder acht … Meine Unrast – oder meine Angst vor Wiederholung, Monotonie und Überdruß – ließ mich niemals an einem Ort, bei einem Freundeskreis, einer Beschäftigung verweilen. Es trieb mich fort. Immer trieb es mich zum Aufbruch, zum neuen Abenteuer. Ich gefährdete (oder rettete) menschliche Beziehungen, riskierte berufliche Chancen, unterbrach Studie und Amüsements – nur aus dem nervös-irrationalen Bedürfnis nach Wechsel und Bewegung.

(…) Die Nachricht, ein derart lebendiger und individueller Organismus wie Hamburg habe aufgehört zu existieren – jedenfalls vorläufig –, muß zwangsläufig bei allen, die diese Stadt so lange und gründlich gekannt haben, wie es zufällig bei mir der Fall ist, eine Fülle von Erinnerungen und Gedanken hervorrufen. Nicht, daß ich Mitleid für die Stadt und ihre Bewohner empfände. Haben sie denn Bedauern gezeigt bei der Bombardierung von Warschau und Coventry, London und Rotterdam? Haben sie denn gegen die schweren Verbrechen protestiert, die von der deutschen Regierung und der deutschen Armee in Rußland und Norwegen, in Polen und Griechenland, in Frankreich und den Niederlanden begangen wurden? Falls die Deutschen (die Einwohner Hamburgs eingeschlossen) diese Greueltaten mißbilligt haben, so ist es ihnen leider überhaupt nicht gelungen, ihrer Empörung Gehör zu verschaffen. Nein, es geht nicht darum, Mitleid zu haben mit Hamburg oder irgendeiner anderen Hochburg Hitlers, die von den Streitkräften der Alliierten hart bestraft wurde oder noch bestraft werden wird. Und doch ist es seltsam und traurig, über die unwiederbringliche Fülle an Traditionen und Energien nachzudenken, die dabei zwangsläufig zerstört wird. Und warum geschieht das alles? Weil das deutsche Volk die gefährliche Neigung hat, jedem wahnsinnigen Scharlatan zu folgen, der ihm die Weltherrschaft verspricht. Das Hamburg, welches ich kannte, wird es niemals mehr geben. Sicherlich, die Stadt wird wieder aufgebaut werden; vielleicht wird sie sogar zu gegebener Zeit ihre frühere Stärke und ihren Wohlstand zurückgewinnen. Aber ihr Antlitz und ihre Atmosphäre werden wesentlich verändert sein.«

Klaus Mann diente der amerikanischen Armee. Kaum aber war der Krieg zu Ende, eilte er sofort nach Deutschland, streifte deprimiert durch die Trümmer, besuchte Freunde der Familie von einst. Er war entschlossen, nach den quälenden und entbehrungsreichen Jahren des Exils, auf heimischem Boden noch einmal einen Neuanfang zu riskieren. Nicht viele Emigranten taten es ihm damals gleich. Aber die Menschen, die er antraf – so jedenfalls hat er selbst es beschrieben –, zeigten ihm die kalte Schulter. Er fühlte sich, wie andere Emigranten auch, im eigenen Land nur als Fremder und Außenseiter. Klaus Manns deutsche Übersetzung von »The Turning Point« sollte gegenüber der amerikanischen Ausgabe ein neues Buch entstehen lassen. Es ist sein schönstes geworden. Doch in Wahrheit stand es schlecht um ihn. Enttäuschungen und Depressionen, Unrast und Geldnot, Sucht und Isolation gewannen endgültig eine Macht über ihn, die er nicht mehr besiegen konnte.

»24. Oktober 1948: Furchtbare Traurigkeit alles überschattend. Der Todeswunsch. 25. Oktober: Der Todeswunsch – sonst nichts. 26. Oktober: Der Todeswunsch … (Wie lange erträgt man das?) 27. Oktober: Der Todeswunsch. Ich wünsche mir den Tod. Der Tod wäre mir sehr erwünscht. Ich möchte gerne sterben. Das Leben ist mir unangenehm. Ich mag nicht mehr leben. Es wäre mir äußerst lieb, nicht mehr leben zu müssen. Der Tod wäre mir entschieden angenehm. Ich wünsche mir den Tod.«

Er plante noch einen Roman mit dem Titel »The Last Day«, der aber Fragment blieb. Dagegen wurde für ihn selbst der 20. Mai 1949 der letzte Tag. Klaus Mann, gerade von einem mißglückten Selbstmordversuch genesen, starb in Cannes an einer Überdosis Schlaftabletten. Golo Mann schrieb über den Tod des Bruders: »Eine Reihe heterogener Ursachen, Kummer über Politik und Gesellschaft, Geldnot, Mangel an Echo, Drogenmißbrauch, addierten sich, aber … die Neigung zum Tod war in ihm gewesen von Anfang an; er hatte nie alt werden können oder wollen, er war am Ende.«

Und Gustaf Gründgens?

Als die Russen bei Kriegsende nach Berlin vordrangen, verhafteten sie ihn. Neun Monate verbrachte er im Konzentrationslager

Jamlitz. Im April 1946 wurde er entlassen. Sofort begann er wieder am Deutschen Theater zu spielen und Regie zu führen. 1947 wurde er Generalintendant der Städtischen Bühnen in Düsseldorf, 1955 Generalintendant des Deutschen Schauspielhauses in Hamburg. Er war an den Ort, von dem aus Klaus Manns »Mephisto« seinen Anfang genommen hatte, zurückgekehrt und führte nun das Deutsche Schauspielhaus in Hamburg zu Triumphen. Wieder wurde er als Mephisto in der eigenen »Faust I & II«-Inszenierung umjubelt; die Aufführung gastierte in New York und Moskau. Als er 1963 die Leitung des Deutschen Schauspielhauses abgab, schrieb er in einem bislang nicht veröffentlichten Abschiedsbrief an den damaligen Kultursenator Hans Harder Biermann-Ratjen: »Bleiben wird eine große Anhänglichkeit an Hamburg und sein Publikum und eine herrliche Freundschaft für Sie, bleiben wird die Erinnerung an 8 Jahre Deutsches Schauspielhaus, an die in keinem Augenblick gefährdete harmonische Zusammenarbeit sowohl mit der Kulturbehörde als auch mit meinen künstlerischen und technischen Mitarbeitern.«

Gustaf Gründgens hatte sich, von einem rastlosen Arbeitsleben erschöpft, auf ruhigere Zeiten gefreut, ihnen aber gleichzeitig auch mit Furcht entgegengesehen. Er starb wenig später, in der Nacht vom 6. zum 7. Oktober 1963, in Manila.

»ICH TRAGE EINE EULE NACH ATHEN«

WOLFGANG HILDESHEIMER (1916–1991)

»Wieder ist, wie Du, lieber Max, wahrscheinlich bereits festgestellt hast, ein Jahr vergangen, und ich weiß nicht, ob es Dir so geht wie mir: allmählich wird mir dieser ewig währende Zyklus ein wenig leid. Jedenfalls bin ich gegen das neue Jahr bestens gerüstet, bin gegen Diebstahl, Feuer, Hagel und Leben versichert, nicht zu reden von höherer Gewalt, über die ich selten rede, eigentlich nur, wenn sie sich bemerkbar macht, und selbst dann nicht immer, ja, vielleicht sogar gerade dann nicht. Der Hund liegt begraben, die Schäfchen sind im Trockenen, das Huhn ist im Topf, der Hase liegt im Pfeffer, die Flinte im Korn, unter einer steigenden Schneedecke, nach der sich zu strecken ich den stürzenden – verzeih das Wort – Pistenfahrern überlasse.

Dabei fällt mir ein: ich habe auch ein Problem. Wie es auf mich kam, weiß ich nicht, wahrscheinlich hat es sich allmählich gebildet, oder jemand hat es, während ich schlief, auf mich gewälzt – ich weiß wenig über Herkunft, Genese und Zusammensetzung von Problemen, jedenfalls ist es schon länger her. Wie auch immer: mein Problem ist inzwischen ziemlich groß geworden, ja, überlebensgroß (als ob das Leben nicht schon groß genug und das Leben überhaupt noch zu bewältigen wäre!). Es handelt sich, wie Du Dir vorstellen kannst, um ein echtes Problem: mit Minderem würde ich mich niemals abgeben. Es ist ein ziemlich kompliziertes Problem, und meine Freunde, oder zumindest die wohlmeinenden unter ihnen, raten mir, es zu lösen. Aber dazu kann ich mich nicht recht entschließen; ich habe mich an es gewöhnt. Manchmal frage ich mich: was wäre ich ohne mein Problem?, bleibe mir aber die Antwort schuldig. Gewiß aber wäre ich nicht derselbe, womit ich nicht etwa sagen möchte, daß ich darauf bestehe, immer derselbe zu sein. Wenn Dich mein Problem interessiert, lieber Max, was ich jedoch für wenig wahrscheinlich

halte, kann ich Dir es gern einmal leihweise überlassen. Oder hast Du etwa ein eigenes? Dann möchte ich Dich natürlich nicht zusätzlich belasten, denn ich weiß, wie anstrengend und zeitraubend und enervierend so ein rechtes Problem sein kann. Zudem glaube ich, aber da mag ich mich irren, daß Probleme so schwer übertragbar sind wie Identitätskarten, Identitätskrisen oder Komplexe, Neurosen, Psychosen oder Skabiosen, wobei ich bei dem letzteren nicht sicher bin, ob es sich um eine psychische Störung oder ein Hautleiden handelt, in welchem letzteren Falle sie natürlich doch übertragbar wäre, aber das ist in diesem Falle natürlich gleichgültig. Ich bin sicher, Du verstehst, was ich meine. Eine Neurose habe ich natürlich auch. Keine Zwangsneurose, sondern eine freiwillige. Sie ist verhältnismäßig leicht zu züchten, beinahe noch leichter als eine Rose, weil sie wetterunabhängiger und jahreszeitlich ungebunden ist.«

Dies ist ein Ausschnitt aus Wolfgang Hildesheimers »Pessimistischem Manifest«, einem langen Brief an den Freund Max Frisch und einem satirischen Gespräch über die letzten Dinge, mit dem sich der Autor im Jahre 1983 von der Schriftstellerei verabschiedete. Unsere Welt sei zum Untergang bestimmt, meinte er und veröffentlichte fortan nichts – oder doch fast nichts – mehr. Sein satirisch gebrochener Skeptizismus, dem freilich eine entschlossene Liebe zum Leben, zur Kunst und zum Dialog gegenüberstand, zieht sich durch das gesamte Œuvre des Autors wie ein Leitfaden: »das Nichts und der Mensch«. Das ist das Motiv der Romane »Tynset« und »Masante«, der Erzählungen, Hörspiele, Essays und zahlreicher Traktate.

Wolfgang Hildesheimer war, darin auf den Spuren von Beckett und Ionesco wandelnd, ein Meister des Absurden. Aus der Unverständlichkeit der Welt, dem melancholischen Wissen um eine Endzeit, erwachsen spielerischer Unsinn, kunstvolle Satire und, vor allem, fein geschliffene literarische Kabinettstücke.

Gespräch über Sprichwörter

A: Viele Köche verderben den Brei.
B: Was für einen Brei?
A: Darüber sagt das Sprichwort nichts.
B: Schließlich gibt sich ein Koch auch nicht mit Brei ab.
A: Das Sprichwort will aber sagen, daß ein Koch den Brei nicht verderben würde.
B: Das hängt natürlich von dem Koch und dem Brei ab. Ißt du jemals Brei?
A: Ungern.
B: Ißt du ihn ungern, weil zu viele Köche daran gearbeitet und ihn verdorben haben?
A: Nein, ich mag auch unverdorbenen Brei nicht.
B: Wenn du Brei nicht magst, so weißt du nicht, ob er verdorben oder unverdorben ist.
A: Doch. Es gibt auch innerhalb des Negativen Gradierungen.
B: Wann hast du das letzte Mal Brei gegessen?
A: Als ich Diät halten mußte.
B: Und wie war er?
A: Schlecht.
B: Aber nicht verdorben?
A: Nein.
B: Also hat nur ein einziger Koch daran gearbeitet.
A: Es war eine Köchin.
B: Das ist wieder ein neuer Gesichtspunkt. Wären viele Köchinnen am Werk gewesen, wäre er dann nicht nur schlecht, sondern sogar verdorben gewesen?
A: Wenn das Sprichwort stimmt, ja.
B: Das Sprichwort spricht nur von Köchen, nicht von Köchinnen.
A: Aber es impliziert auch weibliches Personal.
B: Das Sprichwort will doch wohl sagen, daß wenn zu viele Leute an einer Sache arbeiten, die Sache nichts wird.
A: Das nehme ich an.
B: Damit ist aber nicht gesagt, daß wenn nur einer an der Sache arbeitet, diese Sache etwas wird.

A: Meiner Meinung nach will es sagen, daß eine Sache größere Chancen hat zu gelingen, wenn nur einer daran gearbeitet hätte.
B: Der eine müßte dann aber gut sein.
A: Allerdings.
B: Das Sprichwort will also sagen: ein Koch bereitet guten unverdorbenen Brei.
A: Zumindest verdirbt er ihn nicht.
B: Gut. Es gibt also nur einen Koch auf der Welt, der unverdorbenen Brei zubereiten kann.
A: Vielleicht gibt es auch mehrere.
B: Wo hören mehrere auf und werden viele?
A: Wenn mehrere Leute an einem einzigen Brei arbeiten, dann sind es schon viele.
B: Du meinst, möglicherweise verderben schon zwei Köche den Brei.
A: Möglicherweise.
B: Während, wenn nicht beide an dem gleichen Brei beschäftigt wären, jeder der beiden den seinen nicht verderben möge.
A: Richtig.
B: Das bedeutet, daß das Sprichwort also heißen müßte: wenn viele Köche an einem einzigen Brei arbeiten, so verderben sie ihn.
A: Nicht anders ist es gemeint.
B: Es klingt aber anders. Es klingt so, als wollte es sagen: viele Leute bestehen ihre Prüfungen nicht.
A: Es mag das bedeuten, aber vor allem bedeutet es, daß wenn alle an der gleichen Prüfung arbeiten würden, sie nicht bestanden würde.
B: Das stimmt aber nicht. Bei der Prüfung gibt es richtig und falsch.
A: Und beim Brei gibt es verdorben und unverdorben.
B: Aber darüber hinaus noch gut und schlecht.
A: Darüber sagt aber das Sprichwort nichts.
B: Gut, lassen wir das.

Als Sohn eines Chemikers, der für ausländische Firmen in Deutschland tätig war, wurde Wolfgang Hildesheimer am 9. Dezember 1916 in Hamburg geboren. Hier und bald darauf (wegen der häufigen Um-

züge seiner Eltern) in Berlin, Cleve und Mannheim verbrachte er seine Kindheit. Von 1929 bis 1933 besuchte er ein angesehenes Internat bei Darmstadt: die Odenwaldschule, an der auch andere Autoren, zum Beispiel Klaus Mann, ihre Jugend verlebt hatten. Autobiographische Erinnerungen hat Hildesheimer nur in geringem Umfang hinterlassen.

»Mein Vater entstammte einer alten Rabbinerfamilie in Berlin. Sie war emanzipiert, geistig aufgeschlossen, weltzugewandt, aber seltsamerweise hatte sie, außerhalb des religiösen Lebens, mehr Sinn für Unernstes als für Ernstes, zog die Operette der Oper vor, das Kabarett dem Konzert. Die Familie meiner Mutter – mein Großvater und mein Großonkel waren Buchhändler in Hamburg – fühlte sich zwar vage jüdisch, ging aber niemals zum Gottesdienst, das tradierte Kulturgut war deutsch, war Literatur, vor allem Schiller. Mein Großonkel war mit Dehmel und Liliencron befreundet, meine Tante wurde Anhängerin Stefan Georges, war mit einigen seiner Jünger befreundet, bis diese – im Gegensatz zu ihrem Meister – Nazis wurden. Meine Familie hat persönlichen Antisemitismus niemals zu spüren bekommen, wohl nicht, weil sie Situationen gemieden hat, die zu Beleidigung oder Angriff hätten führen können. Mein Vater war als Chemiker technischer Direktor der Fabrik eines großen Nahrungsmittelkonzerns. Der Aufsichtsrat, dem er unterstand, saß in Holland, was er als wohltuend empfand. In der Odenwaldschule ging es, solange es überhaupt noch ging, vor 1933, um anderes, Traditionen und Idealismen anderer Art; jüdische Schüler traten als solche nicht in Erscheinung.«

Noch im Jahr der nationalsozialistischen Machtergreifung verließ die Familie Hildesheimer Deutschland. Zuerst emigrierte sie nach London; von dort ging es weiter nach Jerusalem, wo Hildesheimer Innenarchitektur und Möbeldesign studierte. 1937 kehrte er noch einmal nach London zurück, um Bühnenbildnerei zu studieren. Zwei Jahre später ging er erneut nach Palästina und lebte dort während des Kriegs als Englischlehrer und Informationsoffizier der britischen Regierung.

1945 zog es ihn zurück nach England, genauer: nach Cornwall – ein Landstrich, den er besonders liebte und dem er später ein Buch gewidmet hat: »Zeiten in Cornwall«. Doch schon im folgenden Jahr rief ihn die britische Besatzungsarmee als Simultandolmetscher zu den Kriegsverbrecher-Prozessen nach Nürnberg.

»Drei Jahre lebte ich als Angehöriger der Besatzungsmacht in einem großen Zimmer im Grand-Hotel in Nürnberg, das ich mir als Atelier hergerichtet hatte, um mich beim Zeichnen und Malen vom Schrecken dieser ausführlich rekapitulierten Vorgänge abzulenken, was mir gelang. Es gelang mir sogar mehr, nämlich beim ehemaligen Feind, den Deutschen, zwischen gut, halbgut und böse zu unterscheiden, was vielen anderen, vor allem den Emigranten unter den Besatzern, schwer gelang; ihre Abneigung war schwerer überwindbar. Immerhin habe ich aus den Nürnberger Jahren viel gelernt. ich glaube, daß mein Sensorium für die diversen Manifestationen des Antisemitismus in meinem jeweiligen Gegenüber so gut ausgebildet ist wie mein Differenzierungsvermögen zwischen Juden und Nichtjuden.

(...) Habe ich mich der Erkenntnis verschlossen, daß einige mir Nahestehende Dreck am Stecken haben? Ein Freund ist involviert: Günter Eich; zwei weitere Tote, die ich sehr geschätzt habe: Peter Suhrkamp und Johannes Bobrowski; zwei Leute, die ich gerne öfters treffen würde: Wolfgang Koeppen und Peter Huchel. Gegen meinen Willen also schien ich aufgefordert, in mich hineinzuhorchen. Aber ich hörte nichts, noch nicht einmal das Echo der Frage. Auch keinerlei Impuls zu jener Überprüfung, die bei so manchem zu dieser elenden Geste der Vergebung führt, der Milchmädchenaufrechnung von Schuld- und Sühne- und Reuekonten. Ich bin an jeder Wiedergutmachung so unschuldig, wie an dem, was sie wiedergutmachen soll. Wer Nazi ist, bestimme ich. Diese Maxime, die ich mir und für mich nach meiner Rückkehr als Besatzungsangehöriger gesetzt habe, die sich mir, mit und trotz ihrer irrationalen Komponente, aufgedrängt hat, mag manchem überheblich, falsch oder sogar verwerflich erscheinen. Für mich hat sie sich als richtig erwiesen; ich habe sie niemals überprüfen oder revidieren müssen.«

Nach dem Ende der Nürnberger Prozesse, die in seinem Werk ausgespart bleiben, ließ sich Hildesheimer – seiner späteren Frau wegen – für eine Weile in Ambach am Starnberger See nieder. Hier hat ihn, der ursprünglich Maler werden wollte, am 18. Februar 1950 der literarische Funken in seinem Atelier ereilt – der Entschluß, es mit dem Schreiben zu versuchen:

»Ich fror an den Händen und mußte in die Nähe des Ofens rücken, wo es aber zum Malen zu dunkel war. Unlustig – die Unlust hat in meinem Leben immer eine große, wenn nicht gar die entscheidende Rolle gespielt, und ich habe ihr viel zu verdanken – unlustig also nahm ich ein Blatt Papier zur Hand, um wenigstens zu zeichnen, aber wider jegliches Erwarten begann ich eine Geschichte zu schreiben. Am nächsten Tag schrieb ich eine zweite, und so wurde ich allmählich Schriftsteller, denn wenn man einmal mit dem Schreiben angefangen hat, scheint es schwer, wieder damit aufzuhören, selbst wenn man will, und ich habe seitdem schon mehrfach gewollt …«

Sehr bald erschien mit den »Lieblosen Legenden« das erste Buch. Es machte Hildesheimer über Nacht zu einem bekannten Schriftsteller, den Kritik und Leser begeistert als Repräsentanten der ›absurden‹ Literatur feierten.

Ich trage eine Eule nach Athen

»Heute ist es ein Jahr her, daß ich abends auf der Akropolis stand und, mit einem Gefühl tiefer Erfüllung, eine Eule entflattern ließ, die ich nach Athen getragen hatte. Der Entschluß zu dieser Tat war eines Nachts in mir gereift, als ich nicht schlafen konnte. In solchen dunklen Stunden fasse ich Entschlüsse, die ich dann, wenn die Umstände es auch nur irgendwie erlauben, unmittelbar in die Tat umsetze. Dieser neue und bis dahin vielleicht kühnste Entschluß ließ sich nun zwar nicht ohne weiteres verwirklichen, wohl aber konnte seine Ausführung sofort vorbereitet werden. Ich kleidete mich an und machte mich auf den Weg zu meinem

Vogelhändler. Sein Laden ist selbstverständlich nachts geschlossen, Stammkunden bedienen sich einer versteckten Nachtglocke. Ich läutete und stand bald darauf zwischen tuchbedeckten Käfigen in der nächtlich-trüben Vogelhandlung. Der Händler fragte mich, was es sein dürfe.

›Eine Eule, bitte‹, sagte ich.

›Aha‹, sagte er und zwinkerte mit den Augen, als behage ihm die gewiegte Kennerschaft seines Gegenüber; ›Sie sind ein Kenner. Die meisten Kunden machen den Fehler, sich ihre Eulen bei Tageslicht auszusuchen. – Soll sie ein Geschenk sein?‹

›Nein. Sie ist für mich. Ich möchte sie nach Athen tragen.‹

›Nach Athen – aha!‹ Der Vogelhändler führte Daumen und Zeigefinger langsam über sein Kinn, daß die Stoppeln knirschten, und sagte: ›Da würde ich Ihnen zu einem Steinkauz raten. Ich fürchte, Waldohr- oder Schleiereulen sind den Strapazen einer längeren Reise nicht gewachsen. Ein Steinkauz dagegen ist zäh und hat übrigens auch ein handlicheres Format.‹

›Einen Kauz nach Athen tragen – –?‹ sagte ich langsam, mit stillem Zweifel diese Vorstellung prüfend. Schon allein der Rhythmus sagte mir nicht zu.

›Dieselbe Familie‹, meinte der Händler. Ich schwieg. ›Nachtraubvögel‹, fügte er hinzu, von der Beharrlichkeit meines Schweigens angestachelt. Offensichtlich war ihm das Wesen meiner Bedenken unbekannt. Vielleicht wird mancher Leser ein ähnliches Dilemma schon erfahren haben und daher meine Zweifel verstehen. Jedenfalls – ich will es gestehen – siegte praktische Vernunft über philologische Deutelei: ich kaufte den Kauz. Die allzu pedantische Widerlegung einer den Gipfel des Absurden darstellenden antiken Zumutung schien es nicht wert zu sein, die Gefahr einer kurz vor dem Ziel verendenden Eule auf sich zu nehmen. Vor allem aber wollte ich die Eulenseele nicht vergewaltigen, indem ich ihren Träger zum Opfer seiner klassischen Assoziationen machte. Der Mensch weiß, daß ihn Gott nach seinem Ebenbild geschaffen hat, und er trägt mitunter schwer an dieser Bürde. Dem Tier indessen sind Gleichnis und Vergleich fremd, und meiner Meinung nach gewinnt seine animalische Würde aus eben der Tatsache, daß es noch nicht einmal die einfältigste Fabel über sich selbst kennt. Entlang dieser Bahn liefen meine Überlegungen, als ich, mit dem Kauz im Messingkäfig und einem großen Paket mit Brenzels Eulenfutter beladen, durch die stillen Straßen nach Hause ging. Denn die Gedanken über Wesen und Sein, über Mensch und Tier, kommen mir nur – wenn überhaupt – innerhalb dieser dunklen, ahnungsschwangeren Zeitgrenze zwischen Nacht und Morgen, zu welcher Stunde selbst ein Steinkauz über seine irdische Gestalt hinauswächst. Ich trug sozusagen ein Symbol im Käfig: das Tier schlechthin.

Andrerseits verursachte mir mein philologisches Verantwortungsbewußtsein ein ungutes Gefühl, dem zu entwischen ich mich vergeblich bemühte. Es war und blieb ein Kauz, was ich da im Käfig trug, ein Vogel also, der ganz und gar andere Gedankenbilder hervorruft als eine Eule. Mochten ihn auch alle Nicht-Zoologen für eine Eule halten: ich würde bis an mein Lebensende wissen, daß ich einen Steinkauz nach Athen getragen hätte. Im Morgengrauen besah ich den schlafenden Vogel, der von meinen Bedenken und von seiner Legendenumwobenheit nichts wußte: ahnte das gute, harmlose Tier ja noch nicht einmal, daß es ein Steinkauz und keine Eule war. Ich weiß nicht, warum dieser letztere Gedanke mich rührte – vielleicht verspüre ich in diesen Stunden zartere Regungen, die mich der Kreatur näher bringen –, jedenfalls beschloß ich, komme, was da wolle, dieses Tier nach Athen zu tragen. Und mein Entschluß wurde belohnt. Ein morgendlicher Blick in Brehms Tierleben belehrte mich, daß ich mit der Wahl des Kauzes, wider besseres Wissen, das Rechte getroffen hatte. Denn während die Schleiereule auf den zoologischen Namen ›Strix flammea‹ hört, die Waldohreule dagegen ›Otis vulgaris‹ heißt (welch letzteres Adjektiv übrigens das hübsche Tier meiner Überzeugung nach zu Unrecht trägt), heißt der Steinkauz ›Athene noctua‹, und bei Ansicht der Abbildung wurde mir nunmehr klar, daß dieser tatsächlich der Vogel antiker Darstellung war. Hier hatte ich ihn, schwarz auf weiß, und ich durfte sein lebendiges Ebenbild getrost nach Athen tragen. Wenige Tage später bestieg ich den Orient-Expreß. Mein Abteilgefährte war ein Herr, dessen Aussehen den Gelehrten verriet. Offensichtlich fuhr er nach Athen, wenn auch natürlich in anderer Mission. Mit verhaltener Spannung sah er mir zu, während ich den Käfig im Gepäcknetz verstaute, und noch als ich mich setzte und den Pausanias aus der Tasche zog, hing sein Blick an dem Vogel, der ruhig schlafend auf seiner Stange saß. ›Eine Eule‹, bestätigte ich, ohne von meinem Buch aufzusehen, in tiefer, von allen Zweifeln erlösten Seelenruhe.

›Ein Kauz‹, meinte er.

›Wenn Sie so wollen‹, sagte ich und sah nun doch von meinem Buch auf. ›Jedenfalls entspricht das Tier genau dem Zweck, den ich verfolge.‹

›Beabsichtigen Sie etwa‹, fragte der Herr lauernd, ›diesen Vogel nach Athen zu tragen?‹ ›Das ist in der Tat meine Absicht.‹

Jetzt lächelte der Herr. Er schob ein Lesezeichen in sein Buch, klappte es zu, legte es beiseite und machte es sich in seiner Ecke bequem, als bereite er sich auf die längere Erörtung eines interessanten Standpunktes vor.

›Sie haben, junger Freund‹, so hub er an, ›Ihren Aristophanes unaufmerksam gelesen oder falsch verstanden!‹ Hier setzte er zunächst einmal ab, als wolle er mich vernichtet der Wahl zwischen diesen beiden Möglichkeiten überlassen. Aber ich wählte nicht – die Anschuldigungen treffen nicht zu –, sondern entgegnete lässig, bevor er Gelegenheit hatte fortzufahren: ›Ich weiß, ich weiß. Es gilt als Inbegriff der Überflüssigkeit, Eulen nach Athen zu tragen. Dennoch bin ich, wie Sie sehen, soeben dabei, eine solche nach Athen zu tragen.‹

›Einen Kauz, meinen Sie‹, sagte der Gelehrte etwas spitzig, wie mir schien, als nehme er mir die Abweichung von der Konvention, den Vogel der Athene – sei er nun Kauz oder Eule – nach Athen zu tragen, richtig übel. Lässig, mit der linken Hand, spielte ich den Trumpf aus: ›Athenes Eule war bekanntlich ein Steinkauz. Die Übersetzung des Wortes ›glauko opis‹ mit ›eulenartig‹ ist eine philologische Ungenauigkeit, die auszumerzen ich mich berufen fühle.‹ Damit hatte ich ihn der Möglichkeit einer Entgegnung beraubt. Und so entgegnete mir der Herr denn auch nichts mehr. Offensichtlich war er Philologe, und sein Anteil an der übernommenen Schuld ließ ihn verstummen. Er nahm die Lektüre wieder auf und tat von diesem Punkt an – wir passierten soeben den Bahnhof von Großhesselohe –, als existiere der Kauz nicht. Mit keinem Wort mehr hat er ihn erwähnt, keines Blickes mehr gewürdigt, und dafür wiederum muß ich ihm dankbar sein, denn das Tier tat immerhin einiges, was rückblickend vielleicht nicht mehr erwähnenswert ist, wohl aber in der Gegenwart von vielen Reisenden als störend, wenn nicht gar als unpassend empfunden werden mag. Hier nun einige kurze Ratschläge für solche, die, von meinem Beispiel angespornt, beschlossen haben, ihm zu folgen: Eulen sind in der Liste der zollpflichtigen Gegenstände nicht enthalten, daher man eventuellen Zahlungsaufforderungen von seiten der Beamten energisch entgegentreten darf. Käfige dagegen sind zwar an sich zollpflichtig, aber nur fabrikneue Stücke, und ein von einem Steinkauz bewohnter Käfig ist nach kurzer Zeit nicht mehr neu. Trinkgelder sind empfehlenswert. Mit Verständnis von seiten des ständig wechselnden Zugpersonals sollte nicht gerechnet werden: wer also die Sprache und Gestikulationen der Durchgangsländer nicht beherrscht, beraubt sich der Möglichkeit wirkungsvoller Verteidigung. Im ganzen – das sei zugegeben – ist ein Eulentransport nach Athen mit kleineren Mühen verbunden, aber ich wäre ein Lügner, wollte ich leugnen, daß er dieser Mühe wert ist. Wer sich von Handlungen wie etwa ›Holz in den Wald tragen‹ oder ›Wasser in den Brunnen gießen‹ eine ähnliche Genugtuung erhofft, der wird sich – so fürchte ich – bitter getäuscht sehen. Gewiß: der Mangel an ideellem und materiellem Aufwand solcher letzterwähnter Aktionen ist bestechend und verlockt zur Durchführung; aber der geringe Vorteil ihrer Einfachheit wird bei der von mir vollbrachten Tat durch die tiefe Befriedigung am Ziel reichlich wettgemacht. Denn als ich gegen Abend meines ersten Tages in Athen mit meinem Eulenkäfig zur Akropolis hinanstieg, da überkam mich das Gefühl inbrünstiger Zufriedenheit. Hier vollzog sich eine Handlung, die nicht, wie so viele Experimente von heute, darauf angelegt war, die Thesen der Erzieher und Weltverbesserer von gestern zu widerlegen, sondern die sie – im Gegenteil – bestätigte. Ich war dabei, mich selbst zu überzeugen, wie müßig es wirklich war, Eulen nach Athen zu tragen; nicht etwa, weil es dort so viele gibt – weder habe ich noch hat irgendein mir bekannter Athener dort jemals auch nur eine einzige Eule gesehen –, nein: die Tat war müßig, weil Eulen dort, wie letzten Endes auch bei uns, unbrauchbar sind. Mein Glücksgefühl wird daher ein jeder verstehen, der, wie ich, am liebsten solchen Beschäftigungen nachgeht, deren Konzeption bereits von vornherein verrät, daß sie zu nichts führen können, deren Ausübung daher reiner, seliger Selbstzweck ist.

Ich löste meine Eintrittskarte, durchschritt die Propyläen und stellte mich vor den Parthenon. Mit zitternden Fingern öffnete ich den Käfig. Es war ein großer Moment. Die Eule hob sich in die Lüfte und flatterte empor, zum Giebel des Tempels, wo sie zunächst sitzen blieb. Ein klassischer Anblick! Gegen den blauen attischen Nachthimmel, der das Weiß des Marmors hervorhob und ihn, gespenstisch schön, wie porösen Samt erscheinen ließ, hob sich mein Steinkauz ab, Lebewesen und Symbol zugleich. Ich und kein anderer hatte ihn nach Athen getragen!

›Siehst Du, Selma‹, hörte ich einen Mann neben mir sagen, ›die Bestätigung des klassischen Wortes, daß es unnötig sei, Eulen nach Athen zu tragen? Sogar auf dem Parthenon sitzen sie.‹ ›Es ist ein Kauz‹, erwiderte die Frau. Der Mann schwieg, wahrscheinlich betreten. Auch er war wohl Humanist, und sein Humanismus hatte sich bei ihm, wie es öfters geschieht, auf Kosten seiner Zoologie gebildet. Indessen, dem Mann konnte geholfen werden. Ich wandte mich den beiden zu, die ich unschwer als ein Paar auf der Hochzeitsreise erkannte, und sprach: ›Es ist ein Steinkauz: der wahre Vogel der Göttin Pallas Athene. Heute wissen das die meisten Menschen noch nicht. Aber sie werden es bald wissen!‹ Mit dieser zuversichtlichen Äußerung schritt ich davon, der Wirkung meiner Worte gewiß. Ich hatte einem Hochzeitspaar zu einem vollkommeneren Bild antiker Wirklichkeit verholfen, oder doch zumindest den Keim zu einer Korrektur gelegt.

Den Käfig verkaufte ich bei einem Altmetallhändler und trat am nächsten Tag die Heimreise an. Ich bin ein vielbeschäftigter Mann und muß meine Zeit genauestens einteilen. Selbstdisziplin verbietet es mir, derartige Eskapaden vom Alltag beliebig auszudehnen. Wenige Wochen später traf auch der Steinkauz wieder bei meinem Vogelhändler ein. Zahme Nachtraubvögel entwickeln eine große Anhänglichkeit an ihre Besitzer; eine Eigenart, die durchaus zu den zoologischen Merkwürdigkeiten zu zählen ist. Die Natur ist voller wunderbarer Geheimnisse, und es bedarf oft nur des glücklichen Zufalls, ein kleines davon zu ergründen.«

Ein »unheimlich curioses, großartiges Buch!« hat Walter Jens damals, in einer ersten Rezension, die »Lieblosen Legenden« genannt. Hildesheimer war damit zu den wichtigsten Autoren der Nachkriegsjahre gestoßen. Er wurde daher auch sogleich von Hans Werner Richter zu den Tagungen der »Gruppe 47« eingeladen.

Eine andere berühmt gewordene »Lieblose Legende« trägt den Titel »Das Ende einer Welt«. Sie zeigt uns, wohin der Fluchtweg in die Kunst führt, wenn man die Wirklichkeit aus den Augen läßt. Hildesheimer gilt zu Recht als ein Meister des Absurden; doch hinter dem Absurden lauert natürlich doch eine Botschaft: die seines eigenen Lebensgefühls, des Zuspätkommens, der vergeblichen Suche nach der verlorenen Zeit.

Zu Hildesheimers Methode der Arbeitsvorbereitung gehörte die Niederschrift spontaner Gedanken auf kleine Zettel, die er sorgfältig aufbewahrte. Diese »nächtlichen Memoranden«, wie er sie nannte, hat er später teilweise veröffentlicht. Sie finden sich auch in seiner großen Werkausgabe, die kurz vor Hildesheimers Tod erschienen ist. Hier einige Beispiele:

> »Vor ein paar Jahren hat die Zukunft begonnen. Inzwischen ist sie bald vorbei. Was kommt jetzt?«

> »Meine Eltern haben mir das Leben geschenkt, ohne mich zu fragen. Ehrlich gesagt: Ein anderes Geschenk hätte mich mehr gefreut.«

> »Wenn man in den Wald hineinruft, währt er am längsten.«

»Religion: gewiß, auch ich hätte ein anderes Verhältnis zu diesem Handwerk, wenn alles einen Sinn hätte, aber den hat es doch nun einmal nicht, und es hat doch keinen Sinn, so zu tun, als hätte es einen.«

»Fitneß ist das erste Symptom einer gefährlichen Seuche, weshalb man denn auch bei den ersten Anzeichen den Arzt aufsuchen sollte.«

»Wagners Gestalten sind alle beinahe noch spießiger, als er selbst es war. Kaum einer von ihnen hatte Geist, Größe oder Würde, keiner ist ein Mensch zum Greifen. Am ehesten ist es noch Hans Sachs oder die arme, mißbrauchte Brünhilde. Keine von Wagners Gestalten hat das Zeug zum Archetypen. Das einzig Menschliche an ihnen ist ihre Niedertracht, ihre – manchmal freilich entwaffnende – Schurkerei. Selbst die Helden sind Lumpen. Außerdem sind sie meist auf penetrante Weise Analphabeten.«

»Bücher, wie sie beim Aufräumen einer Bibliothek übrigbleiben: Findelsen, Bickle und Möhricht: Grundlagen der Sportmedizin; Luffersen und Harwig: Die männliche Keimdrüse und ihre Funktion; Kleine Düngerfibel; Rainer Vogel: Freude an Zwergkaninchen; Enzyklopädie der weiblichen Handarbeiten; Pönsgen-Pscherer: Aufriß der Sozialhygiene, Bd. 2; René Müller-Beils, Sigrid Bunsen (Fotos): Heiteres Pakistan; Adolph Kleinmann: Tausend Jahre Käse; Sebastian Moll: Kleine Bettlektüre für Zwillinge.«

»Wenn in der Neunten Beethovens der Satz vorkommt: ›O Freunde, nicht diese Töne‹, müßte eigentlich die Musik abbrechen. Schön wärs. Freude ist einerseits ein Funken, andrerseits eine Tochter mit einem sanften Flügel. Der Funken ist ein Götterfunken, und die Tochter stammt aus Elysium. Wessen Tochter sie ist, wird nicht verraten. Jedenfalls werden unter ihrem Flügel alle Menschen Brüder. Ich kann nur hoffen, daß ich das nicht mehr erlebe.«

»Wer von nichts eine Ahnung hat als von Literatur, hat von nichts eine Ahnung.«

Hildesheimers Skepsis gegenüber der Zukunft und seine verzweifelte Komik dürfen jedoch nicht dazu verleiten, sein vehementes Eintreten für den Kampf gegen die Hoffnungslosigkeit zu übersehen. Der Schriftsteller, geprägt durch die Erfahrungen von Vertreibung, Heimatlosigkeit, Krieg und Rassenwahn, aber ebenso durch seine Liebe zu Musik und Malerei, Natur und Literatur – übrigens auch zum Kochen! –, hat sich bis zuletzt sehr engagiert (zum Beispiel durch die Mitarbeit an Bürgerinitiativen sowie durch Gespräche in Schulen) gegen die Zerstörung der Umwelt zur Wehr gesetzt.

»Ich bin zu Greenpeace gestoßen, weil ich mich mit seinem Programm und seinen Absichten und Zielen bedingungslos identifizieren kann und jedes andere Engagement für mich sinnlos wäre. Greenpeace ist für mich die einzige institutionalisierte Bewegung, die dem Menschen seinen Platz und seine Rolle auf dieser Erde zuweist, indem sie ihn nicht als die Krone der Schöpfung sieht, sondern als einen Teil der ›animierten Natur‹. Wann wird der Mensch endlich einsehen, daß die systematische Verwüstung seines Lebensraumes, die er für Nutzbarmachung hält, ihn selbst ausrotten muß? Daß das sogenannte Wirtschaftswachstum – schreckliches Wort! – ein Wachstum zum Tode ist? Antwort: er wird es niemals einsehen und ist somit zum Untergang bestimmt.

Seit 1957 wohnte Hildesheimer – aus klimatischen Gründen und nicht etwa, weil er Deutschland politisch mißtraute – in dem kleinen Schweizer Ort Poschiavo, der nicht allzuweit von St. Moritz, jenseits des Bernina-Passes, nahe der italienischen Grenze liegt. Er hat hier sein eigentliches Zuhause gefunden; noch heute lebt seine Frau dort. Selbst Malerin, betreut sie dort sein Atelier und seine hinterlassenen literarischen und malerischen Arbeiten.

»Poschiavo ist die Wahlheimat des Autors dieser Zeilen. Der Wahlheimat steht man vielleicht niemals ganz objektiv gegenüber, sonst hätte man sie nicht gewählt. Zudem vertritt der Autor die Ansicht, daß Objektivität ohnehin eine Fiktion ist. Hier, wo es nur einen einzigen, dazu beinahe unsichtbaren Polizisten gibt, wo soziale Unterschiede nach bestem Wissen ignoriert werden, wo eine Geburt ein Ereignis und ein Tod willkommene Gelegenheit zu allgemeiner Anteilnahme wird, wo kein vernünftiger Mensch so viel zu tun hat, daß er nicht zu jeder Tageszeit bereit wäre, eine halbe Stunde bei einem Glas Wein und einem Schwatz – das Wort heißt hier ›badoz‹ – zu verbringen, bemächtigt sich des Zugezogenen das Gefühl, in einer intakten Welt zu leben, und wer gibt sich nicht gern dem Gefühl hin?«

In Poschiavo entstanden Theaterstücke (Gustaf Gründgens inszenierte zum Beispiel in Düsseldorf Hildesheimers »Drachenthron«; August Everding zeigte in Mühlheim den Einakter »Pastorale«), vielbeachtete Hörspiele und die Romane »Marbot« (die biographische Wahrheit über eine fiktive Kunstfigur), »Tynset« (eine monologische Konstruktion der Trauer), und »Masante« (eine resignative, aber geistsprühende Meditation über das Leben).

Hildesheimer, der sich mehr noch als Maler denn als Schriftsteller verstand, malte viel in seinem Atelier und entwarf geheimnisvolle, schwer zu durchdringende Collagen – bildnerische Dokumentationen seiner von depressiven wie heiteren Zügen gleichermaßen geprägten Seele. In Poschiavo entsteht schließlich auch jenes Buch, das sich Hildesheimers konzentriertem musikalischem Interesse verdankt: »Mozart«. Dieses Buch, das ein Bestseller wurde, ist eine zugleich poetische und biographische Hymne auf ein Genie und eine radikal subjektive Interpretation der Forschung und des Werkes Mozarts jenseits konventioneller biographischer Pfade:

»Wir haben keinerlei Zeugnis, daß Mozart nach 1782, außer zur Aufführung seines eigenen liturgischen Werkes, überhaupt noch jemals zur Kirche ging. Schon auf seinen frühen Italienreisen hat er sich kritisch und satirisch über Priester und Patres geäußert. In seinem Kreis wurde bis zuletzt abfällig über ihn gesprochen. Kirchlich-Religiöses berührte ihn nicht, es gehörte nicht zu seiner Gedankenwelt, seine häufigen brieflichen Ausrufe ›O Gott‹

haben mit Gott nichts zu tun. Mozart war Musiker und Dramatiker. Seine Musik beantwortet die Frage nach seiner Gläubigkeit nicht. Seine Messen mögen bei Gläubigen religiöse Inbrunst hervorrufen, sie waren bewußt darauf angelegt, doch nicht vom Glauben eingegeben, sondern vom Willen, ihn darzustellen. Meist klingt das Verlangen des Dramatikers mit, eine Oper zu komponieren. Dies sei nicht etwa als Schmälerung ihrer Qualität verstanden, die sich in einzelnen Kirchenwerken ins Grandiose steigert, und gewiß erleben wir Augenblicke, als vom Thema seines Textes aufs höchste inspiriert. Für solches Erleben wird jeder seine eigenen Belege haben; für mich sind etwa die Wendung von g-Moll zu Es-Dur am Ende des ›Qui tollis‹ der c-Moll-Messe oder das leise Ostinato des doppelchorigen ›Salve nos‹ im ›Rex tremendae‹ des Requiem atemberaubende Passagen.

(…) Wahrscheinlich hat die Zäsur, die sein Tod bedeutete, noch nicht einmal Mozarts enge Mitwelt erschüttert, und niemand hat geahnt, als man am 6. Dezember 1791 den schmächtigen und verbrauchten Körper in ein dürftiges Grab senkte, daß hier die sterblichen Reste eines unfaßbar großen Geistes zu Grabe getragen wurden, ein unverdientes Geschenk an die Menschheit, in dem die Natur ein einmaliges, wahrscheinlich unwiederholbares – jedenfalls niemals wiederholtes – Kunstwerk hervorgebracht hat.«

Als Wolfgang Hildesheimer am 21. August 1991 nach zwei Herzinfarkten im Alter von 75 Jahren in Poschiavo starb, hinterließ er ein vielbändiges Werk, gehörte er zu den angesehensten Autoren der deutschen Literatur. Viele Preise, darunter der Literaturpreis der Hansestadt Bremen und der Georg-Büchner-Preis, hat er erhalten. Hamburg hat diesem großen Sohn keine besondere Aufmerksamkeit – und schon gar nicht einen angemessenen Literaturpreis – zukommen lassen. Wer ihn hier kennt, ist überrascht zu erfahren, daß er ein »waschechter Hamburger« war. Hildesheimer scheute den Literaturbetrieb eher, hielt sich lieber an einen kleinen Kreis enger Freunde und versteckte sich mit seiner Frau gerne in seinem Schweizer Refugium, wo man ihn zum Ehrenbürger ernannt hatte und seine engagierte Mithilfe an örtlichen Geschehnissen schätzte.

Hildesheimer reiste aber auch viel und besaß zeitweilig einen zweiten Wohnsitz in Italien. In jenem Jahr, in dem er sein Schreiben – nicht hingegen seine Malerei – für beendet erklärte, wurde ihm das Bundesverdienstkreuz verliehen. Er bedankte sich dafür mit den folgenden Worten:

»Ich danke dem Herrn Präsidenten der Bundesrepublik Deutschland für die mir erwiesene Ehrung, die mir als deutschem Schriftsteller gilt. Da ich aber inzwischen Schweizer Bürger bin, wäre ich geneigt, diese Ehrung als ein Abschiedsgeschenk zu betrachten, wenn es mir gegeben wäre, in Staatszugehörigkeiten zu denken. Es ist mir aber nicht gegeben. Ich habe es mir auf dieser Erde niemals so ordentlich, so sicher und ruhevoll einrichten wollen, da für mich von je ein großer Reiz des Lebens eben in einer so vielschichtigen wie wechselvollen Vergänglichkeit lag. Manche sagen, wir seien nur Gäste auf dieser Erde, aber ich wüßte nicht, wer in meinem Falle der Gastgeber wäre. Und nun, da meine Zeit abläuft, ist mir eher daran gelegen, langsam meine irdischen Bindungen zu lockern, was mir angesichts der Schrecken unserer Zeit nicht allzu schwer fällt. Ich freue mich aufrichtig über die Auszeichnung, denn sie bedeutet ja, daß mein ehemaliges Heimatland auch jene geistige Leistung zu schätzen weiß, die nicht unmittelbar seiner staatlichen Festigung gilt. Dafür danke ich ihm. Meiner neuen Heimat Graubünden aber habe ich dafür zu danken, daß sie mich als Mensch aktiv in ihre Gemeinschaft aufgenommen hat.«

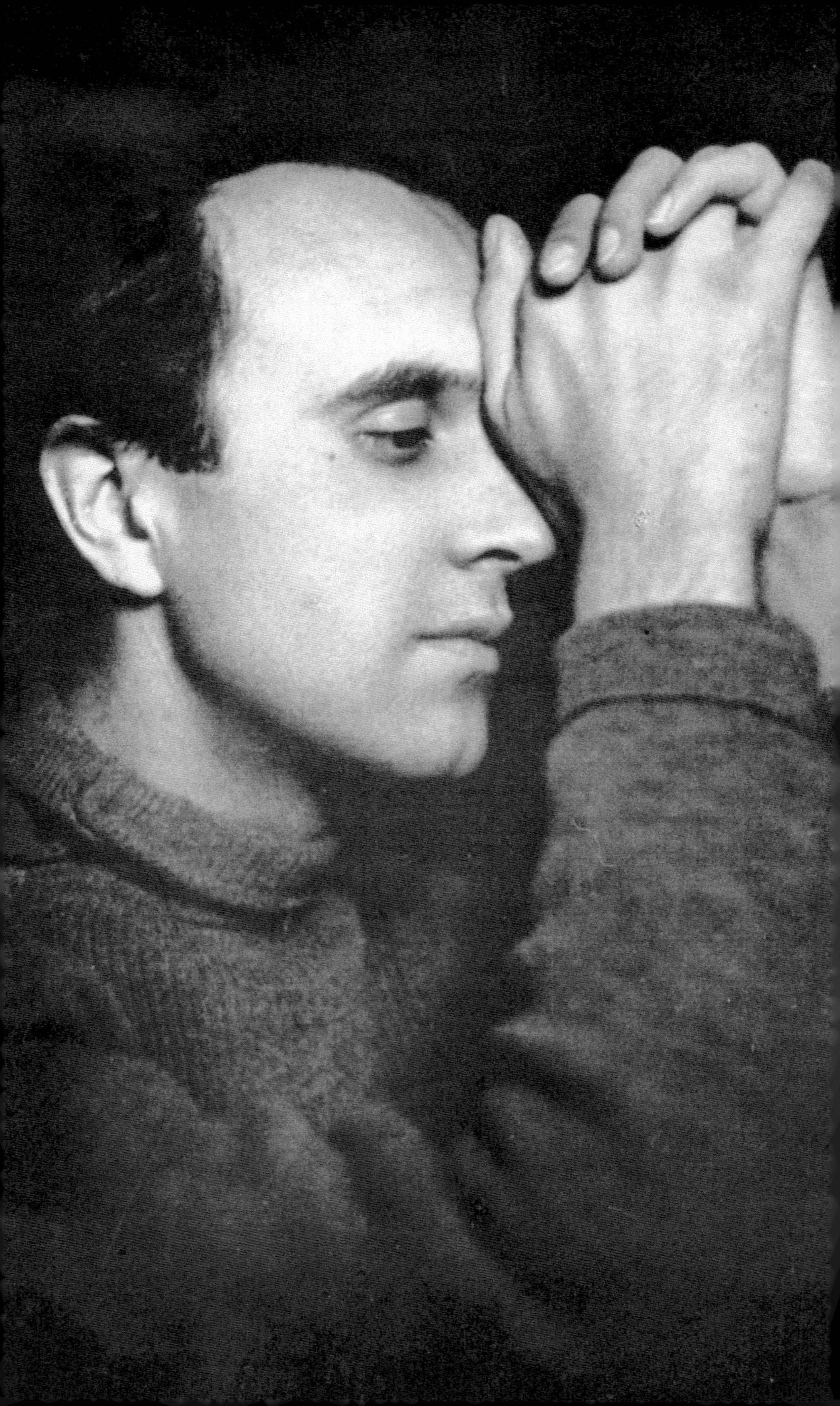

»DIE GÖTTIN GROẞSTADT HAT UNS AUSGESPUCKT«

WOLFGANG BORCHERT (1921–1947)

In Hamburg

In Hamburg ist die Nacht
nicht wie in andern Städten
die sanfte, blaue Frau,
in Hamburg ist sie grau
und hält bei denen, die nicht beten,
im Regen Wacht.

In Hamburg wohnt die Nacht
in allen Hafenschänken
und trägt die Röcke leicht,
sie kuppelt, spukt und schleicht,
wenn es auf schmalen Bänken
sich liebt und lacht.

In Hamburg kann die Nacht
nicht süße Melodien summen
mit Nachtigallentönen,
sie weiß, daß uns das Lied der Schiffssirenen,
die aus dem Hafen stadtwärtsbrummen,
genau so selig macht.

Mit der Uraufführung von »Draußen vor der Tür« am 21. November 1947 in den Hamburger Kammerspielen feierte das meistgespielte, meistgelesene und am meisten umjubelte deutschsprachige Theaterstück der Nachkriegszeit seinen ersten, triumphalen Erfolg. Sein Autor erlebte ihn nicht mehr. Im Spätherbst des Jahres 1946 hatte er, von einem Leberleiden bereits schwer gezeichnet, die Szenenfolge innerhalb einer Woche zu Papier gebracht. Am 13. Februar 1947 hatte eine Hörspielfassung des NDR bei den Hörern heftige Pro- und

Contra-Reaktionen ausgelöst. Einen Tag vor der Uraufführung starb Wolfgang Borchert in einem Krankenhaus in Basel. Er wurde nur sechsundzwanzig Jahre alt. So wurde die Premiere von »Draußen vor der Tür« auch zu einer beklemmenden Totenfeier für den jungen Hamburger Dichter.

»Draußen vor der Tür« ist, wie Peter Rühmkorf – Borcherts erster und bis heute wichtigster Biograph – gesagt hat, »das Drama einer verlorenen Heimkehr«. Auf den vom Kriege zurückgekehrten Soldaten Beckmann wartet keine Penelope. Seine Frau trifft er an der Seite eines anderen Mannes an. Die Elbe, in die er sich fallen lassen möchte, spuckt ihn an den Strand. Bei einem Mädchen kann er nicht bleiben, weil ihn der Schatten von deren Mann, der in Gefangenschaft sitzt, aus dem Hause drängt. Der Oberst, dem Beckmann die Verantwortung zurückgeben will, hält ihn für eine Lachnummer. Beim Kabarett kann man ihn nicht gebrauchen. Die Eltern sind nicht mehr da, und weder der Tod noch der greisenhafte »liebe Gott« wissen mit dem Heimkehrer etwas anzufangen.

Das Stück traf mitten in die deutsche Nachkriegs-Seele. Manche Kritiker haben schon damals und seither verschiedentlich wieder

HAMBURGER

KAMMERSPIELE

LEITUNG: IDA EHRE

Freitag, den 21. November 1947, 19 Uhr

URAUFFÜHRUNG

Draußen vor der Tür

von Wolfgang Borchert

Inszenierung: Wolfgang Liebeneiner – Bühnenbild: Helmut Koniarsky

Beckmann	Hans Quest	Ein Oberst	Gerhard Ritter	Frau Kramer	Luise Franke-Booch
Seine Frau	Gisela Borries	Seine Frau	Karin Hagemann	Der alte Mann	Willi Schweisguth
Deren Freund	Jürgen Wulf	Seine Tochter	Helga Aust	Der Beerdigungsunternehmer	Hermann Schomberg
Ein Mädchen	Käte Pontow	Deren Mann	Gerd Möllenberg	Der Andere	Hermann Lenschau
Ihr Mann	Heinz Scheider	Ein Kabarettdirektor	Erwin Geschonneck	Die Elbe	Heidi Boyes

Weitere Aufführungen siehe Wochenspielplan

Wir machen die Theaterbesucher darauf aufmerksam, daß Zuspätkommende erst nach dem 1. Akt den Zuschauerraum betreten können · Vorverkauf 6 Tage im voraus werktags von 10 bis 13 Uhr an der Tageskasse und in den bekannten Vorverkaufsstellen · Preise von RM 4.- bis 10.- · Fahrverbindungen: Linie 18, 22, 27 bis Hallerstraße, U-Bahn bis Hallerstraße, S-Bahn bis Dammtor

HAMBURG 13 – HARTUNGSTRASSE 9

Handzettel zur Uraufführung

an dem Stück der »Stunde Null« auch Schwächen erkannt, haben Brüche und Undeutlichkeiten, sentimentale Verklärungen und Vereinfachungen gerügt. Solche Einwände, mögen sie noch so gerechtfertigt sein, sind heute wohlfeil. Das wenige Monate vor dem Tode hastig hingeschriebene, szenische Vermächtnis eines erst 26jährigen Autors hat einer wahrlich »verratenen Generation«, die sich ihr Leben anders vorgestellt hatte, wieder zu einer literarischen Sprache verholfen. Es hatte eine mit Blut besudelte Jugend gegen die Nachgeborenen in Schutz genommen. Es hatte mit dem Krieg auf ebenso reale wie surreale, autobiographische wie verfremdete Weise abgerechnet. Borcherts hastiger, aber wirkungsvoller Entwurf war das Stück eines Verzweifelten, um sein Leben Betrogenen. Doch Borcherts literarisches Werk zeigt an einigen Stellen auch, wie heiter und unbeschwert dieser Autor erzählen konnte:

Der Stiftzahn

»Es war ein niedliches kleines Kino. Und niedrig. Es roch nach Kindern, Aufregung, Bonbon. Es roch im ganzen Klub nach Rahmbonbon. Das kam davon, weil man vorne neben der Kasse welche kaufen konnte. Für zehn Pfennig fünf Stück. Deswegen roch es nach Rahmbonbon an allen Enden. Aber sonst war es ein niedliches Kino. Und niedrig. Es gingen kaum zweihundert Menschen hinein. Es war ein richtiges kleines Vorstadtkino. Eines von denen, die man gutmütig Flohkiste nennt. Ohne Gehässigkeit. Unser Kino hieß Viktoria-Lichtspiele. Sonntags nachmittags gab es Kindervorstellungen. Für halbe Preise. Aber die Rahmbonbon waren beinahe noch wichtiger. Sie gehörten dazu, zum Sonntag, zum Kino. Fünf Stück einen Groschen. So rentierte sich das auch für den Besitzer. Leider besaß mein Vetter dreißig Pfennig. Das waren eine Unmasse Rahmbonbon. Wir waren mit die Glücklichsten unter den zweihundert Kindern. Ich nämlich auch. Denn ich saß neben ihm und dafür war er mein Vetter. Wir waren sehr glücklich. Das leider kam erst später.

Dann wurde es langsam und genießerisch dunkel. Das schmatzende Lutschgeräusch von zweihundert Mäulern flaute augenblicklich ab. Statt dessen wälzte sich ein Indianergeheul, Fußgetrampel und anhaltendes Pfeifkonzert durch das kleine Kino. Selige Freudenkundgebung allsonntaglich zum Beginn der Vorstellung. Dann war es dunkel. Die Leinwand wurde hell, und hinten surrte etwas. Dann gab es auch noch Musik. Das Indianergeheul brach ab. Man hörte wieder das Lutschen an allen Enden. Und beinahe zweihundert Herzen schlagen. Der Film begann. Hinterher kann man das nie mehr so genau auseinanderhalten. Auf jeden Fall wurde sehr viel geschossen, geritten, geraubt und geküßt. Alles war in Bewegung. Und vor der Leinwand zweihundert lutschende Zungen. Wenn man nachher im Hause erzählen sollte, wußte man nur noch, daß geschossen, geritten und geraubt wurde. Das Küssen unterschlug man. Das war ja sowieso Quatsch.

Je mehr auf der Leinwand geritten und geschossen wurde, um so mehr wurden die Rahmbonbon von einer Backe in die andere geschoben. Und das konnte man alles hören. Eine wüste Flucht zu Pferde auf der Leinwand – und das Lutschgeräusch schwoll an wie ein Wasserfall. Es roch nach Kindern, Aufregung, Bonbon. An allen Enden nach Rahmbonbon. Plötzlich, gerade wurde der blonde, heldenmütige Held auf seinem treuen Schimmel von sieben schwarzbärtigen Räubern über die Leinwandprärie gejagt –, gerade sandte er einen dringenden Heldenblick zum düster bewölkten Tragödienhimmel – gerade zogen die verbrecherischen Verfolger ihre haarscharfen Trommelrevolver und verbargen sich hinter einer riesigen Hecke von blühenden Kakteen – da schrie es! Das war an sich nichts Besonderes, denn alle aufregenden Vorgänge auf der Leinwand wurden mitfühlend von zweihundert Kindermäulern untermalt und kommentiert. Aber dieser Schrei war aus der Art gefallen. Er war zu groß und zu erschrocken. Es lief mir heiß den Rücken herauf. Und mir ganz besonders, denn der geschrien hatte, war mein Vetter. Und dann schrie er noch einmal. Laut und wehklagend wie ein getretenes Hündchen. Und dann zum drittenmal: Entsetzt und nicht zu überhören. So schrie mein Vetter.

Er hatte Erfolg. Das, was über die Leinwand gelaufen war, blieb mitten im Laufen stehen und surrte nicht mehr. Die Musik machte auch nicht mehr mit, und das Licht ging an. Es war nicht leicht, aus dem Heulenden, Schimpfenden, Schluchzenden, was vorher mein Vetter gewesen war, herauszubekommen, was den Ansporn zu seinem dreiteiligen Schrei gegeben hatte. Aber dann verstand man ihn doch und der Kinobesitzer, der zugleich Kassierer und Rahmbonbonverkäufer war, widmete seinen Rahmbonbon einen männlichen Fluch. Und insbesondere den Rahmbonbon, die er an meinen Vetter verkauft hatte. Aber Schuld hatte er natürlich selbst, mein Vetter. Wie oft und eindringlich war ihm zu Hause und vom Zahnarzt eingeschärft worden, um Himmels willen nie und niemals Rahmbonbons zu essen. Er hatte es trotzdem getan. Dabei war es passiert. Der Stiftzahn – mein Vetter trug damals schon, und er wurde von uns allen bestaunt und daran geachtet, einen richtigen Stiftzahn – dieser Stiftzahn hatte sich von der Rahmbonbonmasse betören lassen und hatte seinen Stift heimlich verlassen. Und da mein Vetter bei den atemberaubenden Vorfällen auf der Leinwand den Mund vor Atemnot weit aufsperrte, war der Stiftzahn heimtückisch und häßlich aus der Gemeinschaft seiner Brüder entflohen und abenteuersüchtig unter den Bänken des Kinos von dannen gerollt.

Nach zehn Minuten mußte das Suchen aufgegeben werden. Der Stiftzahn hatte zu viele Vorteile für sich. Wer hätte sich erkühnen wollen, unter den dunklen Bänken, auf denen zweihundert Kinder hin und her rutschten, einen Stiftzahn wiederzufinden? Pfeifen und Rufen half erst recht nichts. Vielleicht hatte er längst als herzklopfenmachende Beute in einer fremden Hosentasche Unterkunft gefunden. Jedenfalls war er weg. Es wurde wieder dunkel, die Leinwand wurde wieder hell und bewegte sich da weiter, wo sie stehengeblieben war. Und die Musik machte auch wieder mit. Und neben mir schwiegen schwermütig die tränenerstickten Reste meines vorhin noch stolz lutschenden Vetters.

Einmal geht alles zu Ende. Am ehesten eine Kindervorstellung im Vorstadtkino. Die Leinwand konnte nicht mehr, die Musik auch nicht. Sie waren auch überanstrengt, deswegen machten sie Schluß. Aber dafür gingen zwei immer wieder überraschende Seitentüren vorne auf und ließen den hellen sonntäglichen Sonntagmittag in das Kino herein. In wenigen Minuten plapperten und klapperten die Zweihundert aus den Türen und ihrem sonntäglichen Abenteuer an die sonntägliche Luft. Als allerletzte, mit verfinsterten Gemütern und dunklen Vorahnungen, mein zahnloser Vetter und ich. Wir sahen uns an. Stumm und gefaßt. Und beinahe männlich. Trotz unserer zwölf Jahre beinahe schon männlich. Mir kam es allerdings so vor, als ob in den Augen meines Vetters eine ungeheure Warnung für mich lauerte. Diese Warnung sagte: Wenn du jetzt anfängst zu lachen, hau ich dich tot! Ich lachte nicht. Ich lachte erst fünf Minuten später. Dann aber um so ausführlicher.

Wir waren nur noch zwei, drei Schritte vom Ausgang entfernt, und die Sonntagssonne kam uns, gänzlich unangebracht, freudestrahlend entgegengeblinzelt, da schrie es abermals. Diesmal war ich es, der schrie. Ich stand und blieb stehen, als ob meine Zehen in einer Mausefalle säßen. Dann schrie auch ich zum zweitenmal. Siegesbewußt: Mensch, ich hab ihn! Mein Vetter konnte nur dumm flüsternd fragen: Wen? Da schrie ich zum drittenmal: Mensch, den Stiftzahn! Ich stehe drauf! Und damit nahm ich meinen Fuß von dem dicken, roten, dreckigen Teppich hoch. Da lag der Stiftzahn und tat, als ob nichts geschehen wäre! Das harte Steinchen, das gegen meine Sohle gedrückt hatte, war der treulose Zahn. Vierhundert Füße hatten ihn wohl durch das Kino vor sich hergestoßen. Allein hätte er sich kaum so weit gewagt. Mein Vetter schrie nun auch noch einmal zum Abschluß. Dann riß er den Stiftzahn an sich, strahlte ihn mit beiden Augen strafend aber doch selig an und beförderte ihn – ohne ihn wenigstens an der Jacke abzuwischen – wieder an seinen Platz. Und dann konnten wir endlich lachen. Bis uns die Tränen in den sauberen Sonntagskragen liefen. Denn auch mein Vetter hätte furchtbar gern gelacht, als der Zahn plötzlich nicht mehr da und weg war. Wenn es nur nicht gerade sein eigener Zahn gewesen wäre. Aber jetzt war er wieder an Ort und Stelle und wir sahen nicht ein, warum wir uns jetzt nicht halbtot lachen sollten.

Rahmbonbon hat mein Vetter nie wieder angesehen. Nicht mal angesehen. Ich kann das verstehen.«

Borchert war zeitlebens ein äußerst sensibler und eigenwilliger Außenseiter. Er liebte die Menschen, er liebte die Frauen, er liebte seine Stadt, aber er hatte, wie Peter Rühmkorf meinte, »ein sonderbares Mißbehagen an geforderter und geförderter Gemeinschaft«. Als Mitglied der romantisierenden »Bündischen Jugend« war er in die Hitler-Jugend übernommen worden – er entzog sich ihr durch passiven Widerstand. Er wollte Schauspieler werden, verließ nach der Obersekunda (die elfte Klasse) die Schule, begann eine Buchhandelslehre bei C. Boysen in Hamburg, nahm Schauspielunterricht bei Helmut Gmelin, dem Begründer des Zimmer-Theaters, und fing an, unter Anlehnung an Vorbilder wie Benn und Trakl Gedichte zu schreiben.

»Ich gebe zu, daß ich Gedichte oder Prosa nie während des Schreibens erarbeite oder erkämpfe. Der Einfall kommt, wird hingeschrieben und nicht mehr verändert. Ich brauche zu einem Gedicht kaum mehr Zeit, als nötig ist, die gleiche Menge Worte aus einem Buch abzuschreiben. Hinterher feilen oder verändern kann ich nicht – lieber schreibe ich es in drei Jahren noch einmal.«

Aber erst einmal bestand der hoffnungsvolle Dichter 1941 vor der »Reichstheaterkammer« die Schauspielprüfung und wurde an die »Landesbühne Osthannover« engagiert. Wenig später jedoch erhielt er den Gestellungsbefehl. In Weimar-Lützendorf folgte eine Ausbildung zum Panzergrenadier. Danach wurde er an der Rußland-Front eingesetzt.

»Nach einer kurzen Theaterzeit bin ich nun Soldat geworden. Es ist laut in Europa, aber nicht von Schillers großem Pathos, sondern vom Lärm der Massen (…). Im Augenblick tötet die brutal aufgezwungene Welt des Zwanges und der Uniform-Einform alles Schöne, alle Kunst in mir – und ich muß oft an mich halten, nicht in einer plötzlichen Aufwallung der Reaktion gegen diesen Zwang eine Dummheit zu begehen … Es ist kaum zu ertragen – aber: es muß ja ertragen werden.«

»Schnee hing im Astwerk. Der Maschinengewehrschütze sang. Er stand in einem russischen Wald auf weit vorgeschobenem Posten. Er sang Weihnachtslieder und dabei war es schon Anfang Februar. Aber das kam, weil Schnee meterhoch lag. Schnee zwischen den schwarzen Stämmen. Schnee auf den schwarzgrünen Zweigen. Im Astwerk hängengeblieben, auf Büsche geweht, wattig, und an schwarze Stämme gebackt. Viel viel Schnee. Und der Maschinengewehrschütze sang Weihnachtslieder, obgleich es schon Februar war. Hin und wieder mußt du mal ein paar Schüsse loslassen. Sonst friert das Ding ein. Einfach geradeaus ins Dunkle halten. Damit es nicht einfriert. Schieß man auf die Büsche da. Ja, die da, dann weißt du gleich, daß da keiner drin sitzt. Das beruhigt. Kannst ruhig alle Viertelstunde mal eine Serie loslassen. Das beruhigt. Sonst friert das Ding ein. Dann ist es auch nicht so still, wenn man hin und wieder mal schießt. Das hatte der gesagt, den er abgelöst hatte. Und dazu noch: Du mußt den Kopfschützer von den Ohren machen. Befehl vom Regiment. Auf Posten muß man den Kopfschützer von den Ohren machen. Sonst hört man ja nichts. Das ist Befehl. Aber man hört sowieso nichts. Es ist alles still. Kein Mucks. Die ganzen Wochen schon. Kein Mucks. Na, also dann. Schieß man hin und wieder mal. Das beruhigt. Das hatte der gesagt. Dann stand er allein. Er nahm den Kopfschützer von den Ohren und die Kälte griff mit spitzen Fingern nach ihnen. Er stand allein. Und Schnee hing im Astwerk. Klebte an blauschwarzen Stämmen. Angehäuft überm Gesträuch. Aufgetürmt, in Mulden gesackt und hingeweht. Viel viel Schnee. Und der Schnee, in dem er stand, machte die Gefahr so leise. So weit ab. Und sie konnte schon hinter einem stehen. Er verschwieg sie. Und der Schnee, in dem er stand, allein stand in der Nacht, zum erstenmal allein stand, er machte die Nähe der andern so leise. So weit ab machte er sie. Er verschwieg sie, denn er machte alles so leise, daß das eigene Blut in den Ohren laut wurde, so laut wurde, daß man ihm nicht mehr entgehen konnte. So verschwieg der Schnee. Da seufzte es. Links. Vorne. Dann rechts. Links wieder. Und hinten mit einmal. Der Maschinengewehrschütze hielt den

Atem an. Da, wieder. Es seufzte. Das Rauschen in seinen Ohren wurde ganz groß. Da seufzte es wieder. Er riß sich den Mantelkragen auf. Die Finger zerrten, zitterten. Den Mantelkragen zerrten sie auf, daß er das Ohr nicht verdeckte. Da. Es seufzte. Der Schweiß kam kalt unter dem Helm heraus und gefror auf der Stirn. Gefror dort. Es waren zweiundvierzig Grad Kälte. Unterm Helm kam der Schweiß heraus und gefror. Es seufzte. Hinten. Und rechts. Weit vorne. Dann hier. Da. Da auch. Der Maschinengewehrschütze stand im russischen Wald. Schnee hing im Astwerk. Und das Blut rauschte groß in den Ohren. Und der Schweiß gefror auf der Stirn. Und der Schweiß kam unterm Helm heraus. Denn es seufzte. Irgendwas. Oder irgendwer. Der Schnee verschwieg den. Davon gefror der Schweiß auf der Stirn. Denn die Angst war groß in den Ohren. Denn es seufzte.

Da sang er. Laut sang er, daß er die Angst nicht mehr hörte. Und das Seufzen nicht mehr. Und das der Schweiß nicht mehr fror. Er sang. Und er hörte die Angst nicht mehr. Weihnachtslieder sang er und er hörte das Seufzen nicht mehr. Laut sang er Weihnachtslieder im russischen Wald. Denn Schnee hing im schwarzblauen Astwerk im russischen Wald. Viel Schnee. Aber dann brach plötzlich ein Zweig. Und der Maschinengewehrschütze schwieg. Und fuhr herum. Und riß die Pistole heraus. Da kam der Feldwebel durch den Schnee in großen Sätzen auf ihn zu. Jetzt werde ich erschossen, dachte der Maschinengewehrschütze. Ich habe auf Posten gesungen. Und jetzt werde ich erschossen. Da kommt schon der Feldwebel. Und wie er läuft. Ich habe auf Posten gesungen und jetzt kommen sie und erschießen mich. Und er hielt die Pistole fest in der Hand. Da war der Feldwebel da. Und hielt sich an ihm. Und sah sich um. Und flog. Und keuchte dann: Mein Gott. Halt mich fest, Mensch. Mein Gott! Mein Gott! Und dann lachte er. Flog an den Händen. Und lachte doch: Weihnachtslieder hört man schon. Weihnachtslieder in diesem verdammten russischen Wald. Weihnachtslieder. Haben wir nicht Februar? Wir haben doch schon Februar. Dabei hört man Weihnachtslieder. Das kommt von dieser furchtbaren Stille. Weihnachtslieder! Mein Gott nochmal! Mensch, halt mich bloß fest. Sei mal still. Da! Nein. Jetzt ist es weg. Lach nicht, sagte der

Feldwebel und keuchte noch und hielt den Maschinengewehrschützen fest, lach nicht, du. Aber das kommt von der Stille. Wochenlang diese Stille. Kein Mucks! Nichts! Da hört man denn nachher schon Weihnachtslieder. Und dabei haben wir doch längst Februar. Aber das kommt von dem Schnee. Der ist so viel hier. Lach nicht du. Das macht verrückt, sag ich dir. Du bist erst zwei Tage hier. Aber wir sitzen hier nun schon wochenlang drin. Kein Mucks. Nichts. Das macht verrückt. Immer alles still. Kein Mucks. Wochenlang. Dann hört man allmählich Weihnachtslieder, du. Lach nicht. Erst als ich dich sah, waren sie plötzlich weg. Mein Gott. Das macht verrückt. Diese ewige Stille. Diese ewige!

Der Feldwebel keuchte noch. Und lachte. Und hielt ihn fest. Dann lachten sie beide. Im russischen Wald. Im Februar. Manchmal bog sich ein Ast von dem Schnee. Und der rutschte dann von den schwarzblauen Zweigen zu Boden. Und seufzte dabei. Ganz leise. Vorne mal. Links. Dann hier. Da auch. Überall seufzte es. Denn Schnee hing im Astwerk. Der viele viele Schnee.

In den Jahren, in denen andere die Liebe erforschen und erfahren, mußte Wolfgang Borchert unter grausigen Umständen als Soldat Dienst tun. Er, der weder das Zeug zum kriegerischen Helden hatte noch in diesem von anderen Deutschen angezettelten Weltenbrand auch nur den geringsten Sinn erkannte, dessen Herz für das Theater, die Kunst und die Literatur schlug, hat unter dem Zwang zur männlichen Durchhalte-Gemeinschaft unsäglich gelitten.

Marguerite

»Sie war nicht hübsch. Aber sie war siebzehn und ich liebte sie. Ich liebte sie wirklich. Ihre Hände waren immer so kalt, weil sie keine Handschuhe hatte. Ihre Mutter kannte sie nicht, und sie sagte: Mein Vater ist ein Schwein. Außerdem war sie in Lyon geboren.

Einen Abend sagte sie: Wenn die Welt untergeht – mais je ne crois pas – dann nehmen wir uns ein Zimmer und trinken viel Schnaps und hören Musik. Dann drehen wir das Gas auf und küssen uns, bis wir tot sind. Ich will mit meinem Liebling sterben, ah oui! Manchmal sagte sie auch mon petit chou zu mir. Mein kleiner Kohl.

Einmal saßen wir in einem Café. Die Klarinette hüpfte wie zehn Hühner bis in unsere Ecke. Eine Frau sang sinnliche Synkopen, und unsere Knie entdeckten einander und waren unruhig. Wir sahen uns an. Sie lachte, und darüber wurde ich so traurig, daß sie es sofort merkte. Mir war eingefallen – ihr Lachen war so siebzehnjährig –, daß sie einmal eine alte Frau sein würde. Aber ich sagte, ich hätte Angst, daß alles vorbei sein könnte. Da lachte sie ganz anders, leise: Komm. Die Musik war so mollig gewesen, daß uns draußen fror, und wir mußten uns küssen. Auch wegen den Synkopen und dem Traurigsein.

Jemand störte uns. Es war ein Leutnant und der hatte kein Gesicht. Nase, Mund, Augen – alles war da, aber es ergab kaum ein Gesicht. Aber er hatte eine schöne Uniform an und er meinte, wir könnten uns doch nicht am hellichten Tage (und das betonte er) auf der Straße küssen. Ich richtete mich auf und tat, als ob er recht hätte. Aber er ging noch nicht. Marguerite war wütend: Wir können nicht? Oh, wir können! Nicht wahr, wir können. Sie sah mich an. Ich wußte nichts, und die Uniform ging immer noch nicht. Ich hatte Angst, daß er etwas merken würde, denn Marguerite war sehr wütend: Aber Sie! So ein Mensch! Ihnen würde ich nicht mitten in der Nacht Küsse geben! Oh! Da ging er. Ich war glücklich. Ich hatte eine Heidenangst gehabt, daß er merken würde, daß Marguerite Französin war. Aber Offiziere merken wohl auch nicht immer alles. Dann war Marguerite wieder vor meinem Mund.

Einmal waren wir uns sehr böse. Im Kino marschierte die Pariser Feuerwehr. Sie hatte Jubiläum. Sie marschierte ausgesprochen komisch. Deswegen lachte ich. Das hätte ich überlegen sollen. Marguerite stand auf und setzte sich auf einen andern Platz. Mir war klar, daß ich sie beleidigt hatte. Eine halbe Stund ließ ich sie allein. Dann konnte ich nicht mehr. Das Kino war leer und ich schlich mich unbemerkt hinter sie: Ich liebe dich. Dein Haar liebe ich und deine Stimme, wenn du mon petit chou sagst. Ich liebe deine Sprache und all das Fremde an dir. Und deine Hände. Marguerite! Und ich dachte, daß wir wohl nur deswegen dem Reiz des Fremdartigen verfallen sind, weil es so süß ist, zuletzt immer wieder das schon Gekannte zu entdecken. Nach dem Kino bat Marguerite um meine Pfeife. Sie rauchte sie und ihr war übel dabei. Aber sie wollte mir beweisen, daß sie mich noch viel mehr lieb habe.

Wir standen am Fluß. Der war schwarz vor Nacht und schmatzte geheimnisvoll an den Pfeilern der Brücke. Manchmal glomm es gelb und vereinzelt, hob und senkte sich wie auf einer atmenden Brust; Sterne spiegelten sich, gelb und vereinzelt. Wir standen am Fluß. Aber der segelte mit der Nacht und riß uns nicht mehr mit in ein unbekanntes Land. Vielleicht wußte er auch nicht, wohin die Fahrt ging und ob das Ziel aller Fahrt das Paradies sei. Doch wir hätten uns bedingungslos dem Segel der Nacht anvertraut – aber der Fluß verriet uns nichts von seinem Zauber. Er schwatzte und gluckste und wir ahnten ein weniges von seiner geheimnisvollen Schönheit. Unseretwegen hätte er über seine Ufer treten können – und über unsere, über die Ufer unseres Lebens. Wir hätten uns fortspülen, überschwemmen lassen diese Nacht. Wir atmeten tief und erregt. Und Marguerite flüsterte: Das riecht wie Liebe. Ich flüsterte zurück: Aber das riecht doch nach Gras, nach Wasser, Flußwasser und Nebel und Nacht. Siehst du, flüsterte wieder Marguerite, und das riecht wie Liebe. Riechst du nicht? Es riecht nach dir, flüsterte ich noch leiser, und du riechst wie Liebe. Siehst du – flüsterte es da noch mal. Dann flüsterte der Fluß: Wie Liebe – siehst du – wie Liebe – siehst du – – –. Vielleicht meinte er aber etwas ganz anderes. Aber Marguerite dachte, er hätte uns belauscht.

Plötzlich wuchsen Schritte auf uns zu und eine Lampe zwang uns, die Augen zu schließen. Streife! Man suchte minderjährige Mädchen, denn die blühten nachts wie Blumen in den Parks in den Armen der Soldaten. Aber Marguerite schien dem Streifenführer erwachsen genug. Wir wollten schon gehen, da fiel ihm etwas an Marguerite auf. Ich glaube, es war ihre Schminktechnik. So malten sich unsere Mädchen nicht an. Feldwebel sind manchmal gar nicht so dumm, wie sie aussehen. Er verlangte ihren Paß. Sie zitterte kein bißchen. Hab ich mir doch gedacht!

Sagte er, Französin, so ein Tuschkasten. Marguerite blieb still, und ich mußte auch still bleiben. Dann schrieb er meinen Namen auf und wir standen wieder allein.

Ich wußte, ich würde mindestens vier Wochen nicht aus der Kaserne rauskommen. Von den andern Strafen gar nicht zu reden. Ich wartete noch, aber mir fiel nichts Besseres ein. Und ich sagte es Marguerite. Du kommst vier Wochen nicht? Oh, dann ist alles aus, ich weiß. Du bist nur feige. Bin ich feige? Habe ich gezittert? Ach, du läßt dich vier Wochen einsperren! Pfui, du hast keine Courage. Du liebst mich nicht. Oh, ich weiß! Es half nichts, Marguerite glaubte, ich wäre nur zu feige, abends über den Zaun zu klettern. Von den hundert kleinen Maßnahmen, die das verhinderten, ahnte sie nichts. Ich dachte an die vier Wochen und wußte auch nichts mehr zu sagen. Dann, nach einer Weile, versuchte sie es noch einmal: Du kommst nicht? Vier Wochen? Nein? Ich kann nicht, Marguerite. Mehr wußte ich nicht. Und das war Marguerite nicht genug: Gut! Sehr gut! Weißt du, was ich jetzt tue? Ich wußte es natürlich nicht. Jetzt geh ich in mein Zimmer und wasch mir mein Gesicht. Das ganze Gesicht. Ja. Und dann mach ich mich schön und suche mir einen neuen Liebling! So! Ah oui! Dann war sie von der Dunkelheit aufgefressen. Weg, aus – für immer.

Als ich allein den Weg zu den Kasernen machen mußte, hätte ich am liebsten geweint. Ich versuchte es. Ich hielt meine Hände vors Gesicht. Sie hatten einen heimlichen Geruch: Frankreich. Und ich dachte, daß ich meine Hände heute abend nicht mehr waschen würde. Das Weinen kam nicht zustande. Es lag an den Stiefeln. Sie knarrten bodenlos gemein bei jedem Schritt: Mon petit chou – mein kleiner Kohl – mein kleiner Kohl – – –

Du Riesenkohlkopf, feixte ich den Mond an. Er war unverschämt hell. Sonst hätte die Streife das gar nicht merken können. Das mit dem Tuschkasten.

Zu Jahresbeginn 1942 erkrankte der Soldat Borchert an Gelbsucht. Er wurde zudem an der linken Hand verwundet und in ein Lazarett eingeliefert. Weil man ihn verdächtigte, sich absichtlich selbst verwundet zu haben, wurde er mehr als drei Monate in der Einzelhaft

eines Nürnberger Gefängnisses gefangengehalten. Kaum wieder frei, wurde er erneut inhaftiert und zu sechs Wochen verschärfter Haft mit anschließender Frontbewährung verurteilt – wegen kritischer Äußerungen gegen Staat und Partei. An der russischen Front befiel ihn wieder die Gelbsucht, hinzu gesellte sich Fleckfieber. Nach Aufenthalten in verschiedenen Lazaretten kam er im Urlaub wieder nach Hamburg. Beim anschließenden Aufenthalt in einer Kompanie in Kassel wurde Borchert wegen Weitergabe politischer Witze denunziert:

Anklageverfügung und Haftbefehl!

Gegen den Pz.-Gren. Wolfgang BORCHERT
Geboren am 20.5.1921 in Hamburg
wird die Anklage verfügt, weil er hinreichend verdächtig ist, am 30.11.1943 in Kassel-Wilhelmshöhe öffentlich den Willen des deutschen Volkes zur wehrhaften Selbstverteidigung zu lähmen und zu zersetzen gesucht zu haben, indem er auf der Stube 32 der Durchgangs-Kp. Div. 409 (Hindenburg-Kaserne) im Kreise von Kameraden bei dem Versuch, Reichsminister Dr. Goebbels zu parodieren, folgendes sagte: »Das deutsche Volk kann ruhig sein, Lügen haben kurze Beine, aber es ist meinem Orthopäden gelungen, mein rechtes Bein auf die normale Länge zu bringen; Volksgenossen und Volksgenossinnen, unsere Führung hat euch luftige und helle Wohnungen versprochen, wir haben unser Versprechen gehalten, die Wohnungen habt ihr jetzt; der deutsche Soldat wird kämpfen bis zur letzten Patrone, dann wird er das große Laufen kriegen. Ihr werdet erlauben, daß ich schon jetzt vorauslaufe, da ich am Gehen behindert bin.«

– Verbrechen nach § 5 Abs. 1 Ziff. 1 KSSVO. –
Beweismittel:
a) Eigene Angaben des Beschuldigten.
b) Zeuge: Gefr. Karl Holzbach,
c) Die zu verlesenden Aussagen der Zeugen:
Gren. Kurt Bulgrin
Pionier Wilhelm Koswig
Gefr. Gerhard Czyvik
Gren. von Grünewald

Das Feldkriegsgericht ist nach § 9 KstVO zu besetzen.
Der Beschuldigte ist in Untersuchungshaft zu nehmen, weil dringender Tatverdacht vorliegt und militärische Belange die Verhaftung erfordern.

Der Gerichtsherr:

gez. von Hase	gez. Selckmann
Generalleutnant	Kriegsgerichtsrat

Nach einer »Feindbewährung« wurde der gesundheitlich längst schwer Angeschlagene im Frühjahr 1945 bei Frankfurt von den Franzosen festgenommen.

Er floh und schlug sich nach Hamburg durch. Sofort strebte er wieder ans Theater. Für kurze Zeit wurde er Regieassistent am Deutschen Schauspielhaus – aber schon bald ein weitgehend an das Bett gefesselter Patient. Im Elisabeth-Krankenhaus – heute ein Altersheim – entstanden »Die Hundeblume« und andere Erzählungen. Die nicht zuletzt durch Will Quadfliegs Schallplattenaufnahme berühmt gewordene Erzählung »Schyschyphusch« gehört gewiß zu den besten Kurzgeschichten der deutschsprachigen Literatur, sie wurde erst im Nachlaß gefunden. Die Ärzte wußten um den baldigen Tod ihres Patienten. Am 22. September 1947 verließ der Schwerkranke mit dem Nachtzug Hamburg – Freunde hatten ihm den Aufenthalt in einem Basler Hospital ermöglicht. An der Grenze zur Schweiz mußte sich seine Mutter von ihm verabschieden – den letzten Abschnitt seiner Reise in den Tod mußte er alleine antreten.

Dabei wäre er so gerne in Hamburg geblieben. Emphatischer und verzweifelter, liebender und verklärender hat niemals ein Dichter aus Hamburg diese Stadt beschrieben. Er hatte sie als Inbegriff des Lebens, als lockendes Paradies gefeiert.

Die Stadt

»Ein Nächtlicher ging auf den Schienen. Die lagen im Mond und waren schön blank wie Silber. Nur kalt, dachte der Nächtliche, kalt sind sie. Links weit ab ein vereinsamtes Geglüh, ein Gehöft.

Und dabei ein rauhgebellter Hund. Das Geglüh und der Hund machten die Nacht zur Nacht. Dann war der Nächtliche wieder allein. Nur der Wind machte seine langatmigen U-Töne an den Ohren vorbei. Und auf den Schienen tupfige Flecken: Wolken überm Mond.

Da kam der Mann mit der Lampe. Die schaukelte, als sie zwischen die beiden Gesichter gehoben wurde. Der Mann mit der Lampe sagte: Na, Junge, wohin denn? Und der Nächtliche zeigte mit dem Arm auf das Helle hinten am Himmel. Hamburg? Fragte der mit der Lampe. Ja, Hamburg, antwortete der Nächtliche. Dann polterten unter ihren Schritten leise die Steine. Stießen sich klickernd. Und der Draht an der Lampe quietschte hin und her, hin und her. Vor ihnen lagen die Schienen im Mond. Und die Schienen liefen silbern auf das Helle zu. Und das Helle am Himmel in dieser Nacht, das Helle war Hamburg.

So ist das aber nicht, sagte der mit der Lampe, so ist das nicht mit der Stadt. Das ist hell da, o ja, aber unter den hellen Laternen gehen auch nur welche, die Hunger haben. Das sag ich dir, du. Hamburg! Lachte der Nächtliche, dann ist das andere gleich. Da muß man doch wieder hin. Und dann, das sagte er, als ob er sich viel dabei dächte, das ist das Leben! Das einzige Leben!

Die Lampe quietschte hin und her, hin und her. Und der Wind uhte molltönig an den Ohren vorbei. Die Schienen lagen mondgeglänzt und kalt. Dann sagte der mit der pendelnden Lampe: Das Leben! Mein Gott, was ist das: Sich an Gerüche erinnern, nach Türdrückern fassen. Man geht an Gesichtern vorbei und fühlt nachts den Regen im Haar. Das ist dann schon viel.

Da weinte hinter ihnen die Lokomotive wie ein riesiges Kind voll Heimweh auf. Und sie machte die Nacht zur Nacht. Dann polterte ein Güterzug hart an den Männern vorbei. Und er grollte wie Gefahr durch die sternbestickte seidige Nacht. Die Männer atmeten mutig dagegen. Und die runden rotierenden Räder rollten ratternd unter rostroten roten Waggons. Rasten rastlos rumpelnd davon – davon – davon. Und viel ferner noch leise: davon – davon –

Da sagte der Nächtliche: Nein, das Leben ist mehr, als im Regen laufen und nach Türdrückern fassen. Das ist mehr, als an

Gesichtern vorbeigehen und Gerüche erinnern. Das Leben ist: Angst haben. Und Freude haben. Angst haben, daß man unter den Zug kommt. Und Freude, daß man nicht unter den Zug gekommen ist. Freude, daß man weitergehen kann. Dann lag an den Schienen ein schmales Haus. Der Mann machte die Lampe kleiner und gab dem Jungen die Hand: Also, Hamburg!

Ja, Hamburg, sagte der und ging.

Die Schienen lagen schön blank im Mond. Und hinten am Himmel ein heller Fleck: Die Stadt.

Am 20. November 1947 vormittags ist Wolfgang Borchert im St.-Clara-Spital zu Basel gestorben. Im Bericht des Arztes heißt es: »Am Nachmittag des 19. November habe ich Ihren Sohn gefragt, ob ich seine Mutter bitten solle, zu ihm zu kommen, worauf er mir antwortete: ›Schreiben Sie nur, es gehe mir nicht gut.‹ Gegen Abend wurde das Bewußtsein immer mehr getrübt, und ca. von 22 Uhr an war Ihr Sohn bis zum Eintritt des Todes vollständig bewußtlos. So konnte er hinüberschlummern, schmerzlos und ohne Kampf.« Die Urne mit den sterblichen Überresten des Toten wurde im Februar 1948 auf dem Ohlsdorfer Friedhof beigesetzt.

»Aber in Ohlsdorf – da schwatzen die Toten, die unsterblichen Toten vom unsterblichen Leben! Denn die Toten vergessen das Leben nicht – und sie können die Stadt, ihre Stadt nicht vergessen.«

Vielleicht mehr als an jeden anderen Dichter in Hamburg hat die Stadt das Andenken an Wolfgang Borchert bis heute hochgehalten. In der Staats- und Universitätsbibliothek Carl von Ossietzky kann man noch die Einrichtung seines Arbeitszimmers besichtigen. Dort werden in einem vorbildlich geordneten Archiv das Leben und das Werk des Dichters weiter erforscht. Sein schmales, aber gewichtiges literarisches Gesamtwerk ist, anders als das so vieler anderer Dichter in Hamburg, vom Buchmarkt nicht mehr wegzudenken. Viele Leser und Leserinnen in ganz Deutschland haben seine Texte schon in der Schule kennengelernt. Wolfgang Borchert, der tragische Sänger einer ganzen Generation, wurde mehr und mehr zum Synonym

des Dichters an der Elbe. Er war der jüngste, aber zugleich auch der erfolgreichste »Dichter in Hamburg«. Er selbst hat diesen Ruhm nicht mehr erfahren dürfen.

Das Geburtshaus Wolfgang Borcherts

NACHBEMERKUNG

Die hier ausgewählten Texte der Reihe »Dichter in Hamburg« an den Hamburger Kammerspielen wurden für dieses Buch gründlich überarbeitet. Einzelne Porträts wurden, wo notwendig (besonders dort, wo der Anteil musikalischer Beiträge es erforderte), gekürzt oder erweitert. Da nicht ein akademisch-akribisches, sondern ein informatives und unterhaltsames »Lese-Buch« entstehen sollte, das Lust auf weitere Lektüre weckt, beschränken sich unsere Literaturhinweise weitgehend auf die Nennung von Gesamt- bzw. Einzelausgaben der Werke.

Neu formuliert wurden die Titel zu Heinrich Heine (das Programm im Theater bezog sich auf dessen 200. Geburtstag) und Friedrich Hebbel. Die Reihe an den Hamburger Kammerspielen wird fortgesetzt.

M. W.

AUF DER BÜHNE WURDEN DIE TEXTE DER DICHTER GELESEN VON:

Brockes/Hagedorn: Gerhard Garbers, Heinz Lück (Gesang: Miriam Scharouni, Klavier: Johanna Wiedenbach)

Klopstock: Barbara Nüsse, Gerhard Garbers (Cembalo: Johanna Wiedenbach)

Lessing: Dietmar Mues

Claudius: Ulrich Wildgruber (Gesang: Miriam Scharouni, Klavier: Johanna Wiedenbach)

Voght: Manfred Steffen

Hebbel: Christian Quadflieg

Heine: Donata Höffer, Peter Franke (Klavier: A. Weber)

Gotthelf: Fritz Lichtenhahn

Liliencron: Joachim Kersten

Dehmel: Dietmar Mues (Gesang: Miriam Scharouni, Klavier: Johanna Wiedenbach)

Gorch Fock: Burkhardt Klaußner

Ringelnatz: Dietmar Mues

Petersen: Ulrich Tukur (mit Gesang, Klavier, Akkordeon)

Ossietzky: Christian Quadflieg

Leip: Ulrich Tukur (mit Gesang, Klavier, Akkordeon)

Jahnn: Christian Redl

Gan: Maria und Matthias Fuchs

Bredel: Gerhard Garbers, Burkhardt Klaußner

Maass: Matthias Fuchs

Nossack: Otto Sander

Klaus Mann: Ulrich Tukur, Barbara Nüsse

Hildesheimer: Wolf Dietrich Sprenger, Elisabeth Schwarz

Borchert: Barbara Nüsse, Dietmar König

QUELLENHINWEISE

Brockes/Hagedorn

Brockes, Barthold Hinrich: B. H. Brockes Irdisches Vergnügen in Gott: bestehend in Physicalisch- und Moralischen Gedichten, nebst einer Vorrede. Hg. v. Weichmann. Hamburg: Schiller & Kissner 1721

Hagedorn, Friedrich von: Hagedorns Gedichte. Ausgew. u. eingel. v. Albert Köster. Hg. im Auftrage der Ges. Hamburgischer Kunstfreunde v. Alfred Lichtwark. Hamburg: Commeter/Luetcke & Wulff 1898

– Des Herrn Friedrichs v. Hagedorn Sämmtliche poetische Werke, 3 Bde. Hamburg: Bohn 1760

Kopitzsch, Franklin: Grundzüge einer Sozialgeschichte der Aufklärung in Hamburg und Altona. 2., erg. Aufl. (Beiträge zur Geschichte Hamburgs, 21). Hamburg: Verlag Verein für Hamburgische Geschichte 1990

Klopstock

Klopstock, Friedrich Gottlieb: Werke und Briefe: historisch-kritische Ausg., Hamburger Klopstock-Ausg., begr. v. Adolf Beck, ... Hermann Tiemann. Hg. v. Horst Gronemeyer. Berlin (u.a.): de Gruyter, 1974ff

Klopstock, Meta geborene Moller: Briefwechsel mit Klopstock, ihren Verwandten und Freunden. Hg. v. Hermann Tiemann. Hamburg: Maximilian Gesellschaft 1956

Lessing

Lessing, Gotthold Ephraim: Hamburgische Dramaturgie (1767), Frankfurt/M.: Insel-Verlag 1986

– Werke. Hg. v. Herbert G. Göpfert. 8 Bde. München: Hanser 1970ff

Drews, Wolfgang: Gotthold Ephraim Lessing in Selbstzeugnissen und Bilddokumenten. Reinbek: Rowohlt Taschenbuch Verlag 1962

Hildebrandt, Dieter: Lessing. Biographie einer Emanzipation. München: Hanser 1979

Claudius

Claudius, Matthias: Sämtliche Werke. Mit Nachw. u. Bibliogr. v. Rolf Siebke, Anm. v. Hansjörg Platschek. München: Winkler 1984

Roedl, Urban: Matthias Claudius. Sein Weg und seine Welt. Berlin: Wolff 1934

Voght

Voght, Caspar: Caspar Voght und sein Hamburger Freundeskreis: Briefe aus einem tätigen Leben, bearb. v. Kurt Detlev Möller. Aus seinem Nachlaß hg. v. Anneliese Tecke. Hamburg: Christians 1959

– Flotbeck in ästhetischer Ansicht. Hg. u. kommentiert v. Charlotte Schoell-Glass. 2. Aufl. Hamburg: Christians 1990

– Lebensgeschichte. Hg. v. Charlotte Schoell-Glass. Hamburg: Christians (in Vorbereitung)

Heine

Heine, Heinrich: Sämtliche Schriften in 12 Bdn. Hg. v. Klaus Briegleb. Frankfurt am Main (u.a.): Ullstein 1981

Hauschild, Jan Christoph u. Michael Werner: »Der Zweck des Lebens ist das Leben selbst«. Heinrich Heine: eine Biographie. Köln: Kiepenheuer und Witsch 1997

Kleinknecht, Karl Theodor: Heine in Deutschland. Dokumente seiner Rezeption, 1834-1956. Mit einer Einl. hg. v. Karl Theodor Kleinknecht. Tübingen: Niemeyer 1976

Gotthelf
Gotthelf, Jeremias: Werke in 20 Bdn. Hg. v. Walter Muschg. Basel: Birkhäuser 1948ff
Muschg, Walter: Jeremias Gotthelf. Eine Einführung in seine Werke. Bern: Francke 1954

Hebbel
Hebbel, Friedrich: Werke. 5 Bde. Hg. v. Gerhard Fricke, Werner Keller u. Karl Pörnbacher. München: Hanser 1964ff
Matthiesen, Hayo: Friedrich Hebbel in Selbstzeugnissen und Bilddokumenten. Reinbek: Rowohlt Taschenbuch Verlag 1970

Liliencron
Liliencron, Detlev v.: Gesammelte Werke. Hg. v. Richard Dehmel. Berlin: Schuster & Löffler 1911ff
Spiero, Heinrich: Detlev von Liliencron. Sein Leben und seine Werke. Berlin: Schuster & Loeffler 1913

Dehmel
Dehmel, Richard: Gesammelte Werke in 10 Bdn. Berlin: Fischer 1906ff
Bab, Julius: Richard Dehmel. Die Geschichte eines Lebens-Werkes. Leipzig: Hässel 1926
Schiefler, Gustav: Eine Hamburgische Kulturgeschichte 1890-1920, Beobachtungen eines Zeitgenossen. Bearb. v. Gerhard Ahrens, Hans Wilhelm Eckardt u. Renate Hauschild-Thiessen. Hamburg: Verlag Verein für Hamburgische Geschichte 1985

Gorch Fock
Gorch Fock: Seefahrt ist not! Roman. Hamburg: Glogau 1913
– Sämtliche Werke in 5 Bdn. Hg. v. Jacob Kinau. Hamburg: Glogau 1925ff

Petersen
Petersen, Julius Adolf: Der Lord von Barmbeck. Das Leben des berüchtigten Ein- und Ausbrechers Julius Adolf Petersen, von ihm selbst erzählt. Hg. v. Helmut Ebeling. Reinbek: Rowohlt 1973 / Hamburg: Carlsen 1999

Ringelnatz
Ringelnatz, Joachim: Das Gesamtwerk in 7 Bdn. Hg. v. Walter Pape. Zürich: Diogenes 1994
Günther, Herbert: Joachim Ringelnatz in Selbstzeugnissen und Bilddokumenten. Reinbek: Rowohlt Taschenbuch Verlag 1964

Ossietzky
Ossietzky, Carl von: Sämtliche Schriften. Oldenburger Ausg. Hg. v. Werner Boldt. Reinbek: Rowohlt 1994
Kraiker, Gerhard u. Elke Suhr: Carl von Ossietzky. Reinbek: Rowohlt Taschenbuch Verlag 1994

Leip
Leip, Hans: Die Hafenorgel. Gedichte und Zeichnungen. Ebenhausen bei München: Langewiesche-Brandt 1977
– Das Hans Leip Buch. Erinnerungen, Gedichte, Gedanken, Erzählungen. Zsgest. v. Joachim Jessen. Hamburg: Kabel (u.a.) 1983
– Der Nigger auf Scharhörn. Hamburg: Hamburgische Bücherei 1947
– Begegnung zur Nacht. Geschichten von Häfen und Küsten. Mit Zeichnungen d. Verf., 1.-3. Tsd. Stuttgart: Cotta 1938
– Der Widerschein. Eine Rückschau 1893–1943. Stuttgart: Cotta 1943
Andersen, Lale: Der Himmel hat viele Farben: Leben mit einem Lied. Stuttgart: Deutsche Verlags-Anstalt 1972

Jahnn
Jahnn, Hans Henny: Werke und Tagebücher in 7 Bdn. Hg. v. Thomas Freeman u. Thomas Scheuffelen. Hamburg: Hoffmann & Campe 1974
Wolffheim, Elsbeth: Hans Henny Jahnn. Mit Selbstzeugnissen und Bilddokumenten. Reinbek: Rowohlt Taschenbuch Verlag 1989
Gan
Gan, Peter: Gesammelte Werke. Hg. v. Friedhelm Kemp. Göttingen: Wallstein 1997
Bredel
Bredel, Willi: Wie ich Schriftsteller wurde. In: Maschinenfabrik N. & K., Nachwort. Köln: Pahl-Rugenstein
– Gesammelte Werke in Einzelausgaben. Berlin (u.a.): Aufbau-Verlag 1963ff
Maass
Maass, Joachim: Die unwiederbringliche Zeit. Frankfurt am Main: Fischer 1985
– Wanderer in zwei Fremden... Ein Selbstporträt. In: Welt und Wort 13 (1958), S. 361f
Bermann Fischer, Gottfried u. Brigitte Bermann Fischer: Briefwechsel mit Autoren. Hg. v. Reiner Stach mit e. Einf. v. Bernhard Zeller. Frankfurt: Fischer 1990
Nossack
Nossack, Hans Erich: Die Erzählungen. Hg. v. Christof Schmid. Frankfurt am Main: Suhrkamp 1987
– Der Untergang. Mit einem Nachw. v. Siegfried Lenz. 2. Aufl. Frankfurt am Main: Suhrkamp 1991
Mann
Mann, Klaus: Mephisto. Roman einer Karriere. Überarb. Neuausg. Reinbek: Rowohlt Taschenbuch Verlag 2000
– Der Wendepunkt. Reinbek: Rowohlt Taschenbuch Verlag 1989
Mann, Klaus u. Erika: Escape to Life. Deutsche Kultur im Exil. Reinbek: Rowohlt Taschenbuch Verlag 1992
– Briefe und Antworten (1922–1949/50). Reinbek: Rowohlt Taschenbuch Verlag 1986/87
Naumann, Uwe: »Ruhe gibt es nicht bis zum Schluß«. Klaus Mann (1906–1949), Bilder und Dokumente hg. v. Uwe Naumann. Reinbek: Rowohlt 1999
Spangenberg, Eberhard: Karriere eines Romans. Mephisto, Klaus Mann und Gustaf Gründgens. Ein dokumentarischer Bericht aus Deutschland und dem Exil 1925–1981. München: Edition Spangenberg im Ellermann-Verlag 1982
Hildesheimer
Hildesheimer, Wolfgang: Lieblose Legenden. Frankfurt am Main: Suhrkamp 1962
– Gesammelte Werke in 7 Bdn. Hg. v. Christiaan Lucas Hart Nibbrig u. Volker Jehle. Frankfurt am Main: Suhrkamp 1991
Borchert
Borchert, Wolfgang: Die traurigen Geranien. Reinbek: Rowohlt Taschenbuch Verlag 1967
– Allein mit meinem Schatten und dem Mond. Reinbek: Rowohlt 1996
– Das Gesamtwerk. Hamburg: Rowohlt 1949
Rühmkorf, Peter: Wolfgang Borchert in Selbstzeugnissen und Bilddokumenten. Reinbek: Rowohlt Taschenbuch Verlag 1961

ABBILDUNGSVERZEICHNIS

Umschlag: Binnenalster – Fotografie von Michael Pasdzior, Hamburg
Seite 10 u. 2: Bildnis Barthold Hinrich Brockes, nach einer Vorlage von Denner gestochen von Wolfgang o.O., 1743; 30,5 x 20 cm – Kupferstich – SUB: P 21 : B 156
Seite 14 u. 2: Porträt von Friedrich von Hagedorn, unbekannt – Druck eines Stiches, 22,5 x 14 cm – SUB: P 21 : H 13
Seite 22: Harvestehude – Buchillustration aus: Hagedorns Gedichte. Ausgew. u. eingel. v. Albert Köster. Hg. im Auftrage der Ges. Hamburgischer Kunstfreunde v. Alfred Lichtwark, Hamburg: Commeter/Luetcke & Wulff 1898, S. 69
Seite 34 u. 2: Friedrich Gottlieb Klopstock – Farbpunktierstich, 1812 von John Chapman (tätig 1792–1823) nach Porträt, 1777, von John Elias Haid (1739–1809) – Bl. 18 x 11 cm – AKG
Seite 46: Meta Klopstock geb. Moller nach dem Porträt des Dominicus van der Smissen – Museum für Hamburgische Geschichte
Seite 52 u. 3: Bause, Johann Friedrich: Bildnis Gotthold Ephraim Lessing, nach einer Vorlage von Anton Graff gestochen von J. F. Bause Leipzig, 1772; 39,7 x 29 cm – Kupferstich – SUB: P 22 : L 50
Seite 54: Gotthold Ephraim Lessing; Kritiker, Dichter u. Philosoph; 1729–1781. Werke: Hamburgische Dramaturgie (1767) – Titelblatt des 1. Bandes der Erstausgabe, Hamburg (J.H. Cramer) 1767 – AKG
Seite 59: Wandrahminsel: Brook und Hinter dem Boden – Reproduktion – LMZ
Seite 66: Herder, Lessing u. Claudius vor dem »Baumhaus« – Holzschnitt v. Speckter, Reproduktion – LMZ
Seite 80 u. 3: Bildnis Matthias Claudius, Otto Speckter lith. Hamburg, o. D.; 41,5 x 31,7 cm – Lithographie – SUB : P 21 : C 43
Seite 90: »Ein Weihnachtsabend bei Claudius« – (Wandsbeck, Haus des Philosophen Friedr. Heinr. Jacobi, 24.12.1796: Friedr. Perthes verliebt sich in Caroline Claudius; v. li. Perthes, Jacobi, Caroline, Rebekka & Matthias Claudius, Gebr. Stolberg, Klopstock) – Holzstich, 1865, koloriert, nach Zeichnung von Theobald von Oer (1807–1885) – AKG
Seite 106 u. 3: Caspar Voght nach einer Lithographie von Gröger und Aldenrath – Staatsarchiv Hamburg
Seite 108: Abendgesellschaft bei Baron Voght, um 1815 – Tuschzeichnung, 38 x 49 cm – Staatsarchiv Hamburg
Seite 132 u. 2: Heinrich Heine. Dichter. Düsseldorf 13.12.1797 – Paris 17.2.1856 – Porträt- Holzstich, koloriert, um 1880, nach Gemälde, 1831, von Moritz Daniel Oppenheim (1799–1882) – AKG
Seite 135: Der Jungfernstieg in Hamburg, Reproduktion eines Stiches von Suhr – LMZ
Seite 146 u. 2: Bildnis Jeremias Gotthelf – Druck von L. Angerer nach einem Stich von C. Gonzenbach nach einem Bild von Dietler, o.O., o.D. – Druck – SUB: CS 1 : Bitzius : 3
Seite 159: Der Hamburger Hafen in der Segelschiffszeit. Das Haus vor dem Gebäude mit dem Turm ist der erste Sitz der Firma Sloman – LMZ
Seite 166 u. 2: Friedrich Hebbel – Lithographie von J. Kriehuber, 1858 – AKG
Seite 176: Der Hopfenmarkt mit St. Nicolai vor dem Brand – LMZ
Seite 177: Der Hamburger Brand von 1842 – Reproduktion einer Lithographie von F. Wurzbach – Hamburger Feuerkasse

Seite 190 u. 3: Detlev von Liliencron nach einer Aufnahme aus den 1880er Jahren – SUB: LN 180
Seite 204: Bildnis Detlev von Liliencrons zusammen mit unbekannter Person, unbekannter Fotograf, o.O., o.D. – Ganzbild – SUB: DA : Br. : L : 1321
Seite 208 u. 3: Richard Dehmel – SUB: DA : Var. 15
Seite 214: Richard und Ida Dehmel – SUB: Ida Dehmel 50
Seite 225: Innenansicht des Richard Dehmel-Hauses, Blankenese, Richard Dehmelstraße 1, November 1950 – LMZ
Seite 230 u. 3: Gorch Fock – Porträtaufnahme von Braune – LMZ
Seite 241: Finkenwerder zu Anfang des 20. Jahrhunderts: Fischer-Ewer HF 31 – Fotografie von Hans Breuer – LMZ
Seite 256 u. 4: Julius Adolf Petersen – Aus: Julius Adolf Petersen: Der Lord von Barmbeck. Das Leben des berüchtigten Ein- und Ausbrechers Julius Adolf Petersen, von ihm selbst erzählt. Hg. v. Helmut Ebeling. Reinbek: Rowohlt 1973
Seite 259: Steckbrief – Aus: Julius Adolf Petersen: Der Lord von Barmbeck. Das Leben des berüchtigten Ein- und Ausbrechers Julius Adolf Petersen, von ihm selbst erzählt. Hg. v. Helmut Ebeling. Reinbek: Rowohlt 1973 (Schutzumschlag)
Seite 266: Während des I. Weltkrieges fest im Griff der Frauen: Fahrerin, Zugbegleiterin und Haltestellenwärterin der Hamburger Hochbahn fertigen einen Hochbahnzug nach Barmbek ab. – Hamburger Hochbahn AG
Seite 280 u. 4: Joachim Ringelnatz, eigentl. Hans Bötticher, Schriftsteller, Kabarettist und Maler, Wurzen 7.8.1883 – Berlin 17.11.1934 – Fotografie, undat. – AKG
Seite 289: Ringelnatz in seiner Wohnung – Aufnahme um 1932 – AKG
Seite 300 u. 4: Carl von Ossietzky vor dem Gefängnis in Berlin-Tegel, 10.5.1932 – Porträtaufnahme von Lotte Jacobi – bpk
Seite 303: Blick aus Ossietzkys Wohnung auf die Außenalster – Fotografie um 1916 – KTG
Seite 326 u. 5: Hans Leip – LMZ
Seite 338: Handschriftliches Gedicht von Hans Leip – Aus: Hans Leip, eingel. v. Wilhelm Duwe, hg. v. der Freien Akademie der Künste in Hamburg (Hamburger Bibliographien, 1). Hamburg: Christians 1968, S. 19
Seite 341: Lale Andersen singt »Lili Marleen«, 1943 – DIZ
Seite 343: Zeichnung von Hans Leip zu »Irrlicht am Kanal« – Aus: Hans Leip: Begegnung zur Nacht. Geschichten von Häfen und Küsten. Mit Zeichnungen d. Verf. Stuttgart: Cotta 1938, S. 66
Seite 345: Zeichnung von Hans Leip zu »Der Gingkobaum« – Aus: Hans Leip: Begegnung zur Nacht. Geschichten von Häfen und Küsten. Mit Zeichnungen d. Verf. Stuttgart: Cotta 1938, S. 34
Seite 354: Zeichnung von Hans Leip zu »Lili Marleen« – Aus: Hans Leip: Die Hafenorgel. Gedichte und Zeichnungen, Ebenhausen bei München: Langewiesche-Brandt 1977, S. 10
Seite 356 u. 5: Hans Henny Jahnn – Porträtaufnahme von Jan von Tucholka, 21.2.1927 – SUB: Jahnn: Porträtsammlung Mappe 16
Seite 372: Der Dammtorbahnhof – Fotografie von Willi Beutler vom 18.7.1949 – LMZ
Seite 382 u. 5: Peter Gan, gezeichnet von Karl Kluth, 1960/61 – Aus: Werner Kayser: Peter Gan. Mit Beiträgen von Max Rychner und Johannes Pfeiffer. Hg. von der Freien Akademie der Künste in Hamburg (Hamburger Bibliographien, 15). Hamburg: Christians 1972, S. 9

Seite 402: Handschriftenprobe von Peter Gan – Aus: Werner Kayser: Peter Gan. Mit Beiträgen von Max Rychner und Johannes Pfeiffer. Hg. von der Freien Akademie der Künste in Hamburg (Hamburger Bibliographien, 15). Hamburg: Christians 1972, S. 15
Seite 404 u. 4: Willi Bredel im Hamburger Hafen, anläßlich des Prozesses gegen den ehemaligen stellvertretenden Kommandanten des KZ Fuhlsbüttel, gegen den er als Zeuge aussagte (Oktober 1962) – adk
Seite 407: Willi Bredel als Betriebsratsmitglied mit seinen Arbeitskollegen der Fa. Nagel & Kaemp (Kampnagel), Hamburg 1928 – adk
Seite 422: Willi Bredel an seiner Drehbank bei der Maschinenfabrik Nagel & Kaemp (Kampnagel), 1928/29 – adk
Seite 434 u. 4: Porträt von Joachim Maass – Aus: Gitta Schaaf: Joachim Maass. Eingel. von Martin Beheim-Schwarzbach. Hg. von der Freien Akademie der Künste in Hamburg (Hamburger Bibliographien, 13). Hamburg: Christians 1970, S. 13
Seite 446: Handschriftenprobe von Joachim Maass – Aus: Gitta Schaaf: Joachim Maass. Eingel. von Martin Beheim-Schwarzbach. Hg. von der Freien Akademie der Künste in Hamburg (Hamburger Bibliographien, 13). Hamburg: Christians 1970, S. 9
Seite 454 u. 4: Hans Erich Nossack – Porträtaufnahme von Fritz Kempe, 1951 – LMZ
Seite 464: St. Katharinenkirche vom Gotenhof (?) aus gesehen, nach den Luftangriffen vom Juli 1943 – Fotografie von Willi Beutler vom August 1943 – LMZ
Seite 474 u. 5: Klaus Mann bei einem Rundfunkinterview bei RIAS, Berlin, Mai 1948 – AP
Seite 486: Die »Dichterkinder«: Erika und Klaus Mann mit Pamela Wedekind und Gustaf Gründgens – Sammlung Blahak
Seite 498 u. 5: Wolfgang Hildesheimer – Porträtaufnahme von Herlinde Koelbl
Seite 516 u. 5: Wolfgang Borchert – Porträtaufnahme von Rosemarie Clausen – Wolfgang Borchert Archiv
Seite 518: Handzettel der Hamburger Kammerspiele zur Uraufführung von »Draußen vor der Tür« – Wolfgang Borchert Archiv
Seite 534: Das Geburtshaus Wolfgang Borcherts – Wolfgang Borchert Archiv

SIGELVERZEICHNIS

adk = Stiftung Archiv der Akademie der Künste, Archivabteilung Literatur
AKG = Sammlung Archiv für Kunst und Geschichte, Berlin
AP = Associated Press
bpk = Bildarchiv Preußischer Kulturbesitz
DIZ = Dokumentations- und InformationsZentrum München GmbH, Süddeutscher Verlag – Bilderdienst
KTG = Kurt Tucholsky Gedenkstätte, Schloß Rheinsberg, Sammelfundus Richard von Soldenhoff
LMZ = Landesmedienzentrum Hamburg, Medienarchiv Bild
SUB = Handschriftensammlung der Staats- und Universitätsbibliothek Hamburg Carl von Ossietzky

DANKSAGUNGEN

Autor und Verlag danken den Rechtsnachfolgern von Peter Gan, Wolfgang Hildesheimer, Hans Henny Jahnn, Hans Leip sowie von Hans Erich Nossack für die freundliche Genehmigung zum Abdruck von Werkauszügen der Genannten.

Der Abdruck von Auszügen aus »In Hamburg«; »Der viele, viele Schnee«; »Die Stadt« aus: Wolfgang Borchert: Das Gesamtwerk © 1949 by Rowohlt Verlag GmbH Hamburg, »Der Stiftzahn«; »Marguerite«, aus: Ders.: Die traurigen Geranien © 1967 by Rowohlt Taschenbuch Verlag GmbH, Reinbek sowie diverser Brief- und Aktenauszüge aus: Ders.: Allein mit meinem Schatten und dem Mond © 1996 by Rowohlt Taschenbuch Verlag GmbH, Reinbek erfolgt mit freundlicher Genehmigung der Rowohlt Verlag GmbH.

Gleiches gilt für Auszüge aus Klaus Mann: Mephisto © 1993 by Rowohlt Verlag GmbH, Reinbek; Ders.: Der Wendepunkt © 1989 by Rowohlt Verlag GmbH, Reinbek; Klaus und Erika Mann: Escape to Life © 1992 by Rowohlt Verlag GmbH, Reinbek; Dies.: Briefe und Antworten (1922–1949/50) © 1986/87 by Rowohlt Verlag GmbH, Reinbek; Carl von Ossietzky: Sämtliche Schriften © 1973 by Rowohlt Verlag GmbH, Reinbek sowie Julius Adolf Petersen: Der Lord von Barmbeck © 1973 by Rowohlt Verlag GmbH, Reinbek.

Der Abdruck des Briefes von Thomas Mann an Klaus Mann erfolgt mit freundlicher Genehmigung der S. Fischer Verlag GmbH, Frankfurt am Main.

Für die Genehmigung zum Abdruck von Auszügen aus Joachim Maass: Die unwiederbringliche Zeit © Suhrkamp Verlag, Frankfurt am Main; Hans Erich Nossack: Der Untergang © Suhrkamp Verlag, Frankfurt am Main 1963 sowie »Ich trage eine Eule nach Athen« aus Wolfgang Hildesheimer: Lieblose Legenden © Suhrkamp Verlag, Frankfurt am Main 1962 danken wir dem Suhrkamp Verlag, Frankfurt am Main.

Der Abdruck von Auszügen aus Joachim Ringelnatz: Das Gesamtwerk in sieben Bänden © 1994 Diogenes Verlag AG, Zürich erfolgt mit freundlicher Genehmigung des Diogenes Verlages, Zürich.

Für unbürokratische Hilfe bei der Zusammenstellung der Abbildungen gebührt unser Dank allen Mitarbeitern der angesprochenen Institutionen - besonders aber Frau Christians vom Landesmedienzentrum, Medienarchiv Bild sowie Frau Sommer und Herrn Jonas von der Staats- und Universitätsbibliothek Hamburg Carl von Ossietzky. Nicht für alle ausgewählten Abbildungen ließ sich die Urheberschaft zweifelsfrei klären. Die Bildrechte der Archive und Institutionen wurden unbeschadet der Rechte Dritter gewährt. Diese werden hiermit vorsorglich und ausdrücklich anerkannt. Gleiches gilt für alle nicht ermittelbaren Urheberrechte an hier abgedruckten Textauszügen.

* 1922 in Stuttgart
Rudolf Haas
Prof. für Literatur
Vater der Amerikanistik
Schwäbisch ->
Wolfram v. Eschenb.

+ 27.10.2004

Die Deutsche Bibliothek – CIP-Einheitsaufnahme

Wegner, Matthias:
Ja, in Hamburg bin ich gewesen - Dichter in Hamburg / Matthias Wegner. Unter Mitarb. von Sonja Valentin. Mit einem Vorw. von Ulrich Tukur und Ulrich Waller. - Hamburg : Christians, 2000
ISBN 3-7672-1347-8

Gestaltung: Groothuis und Consorten, Hamburg
Gesamtherstellung: Christians Druckerei & Verlag, Hamburg
ISBN 3-7672-1347-8
Printed in Germany